- **1846**
영국으로부터 오리곤 지역을 양도받음.
미국이 멕시코 전쟁(1846년~1847년)에 몰두하고, 영국 또한
아일랜드 분쟁에 휘말리면서 오리건 조약이 자연스럽게 체결됨.

- **1803**
프랑스로부터 루이지애나를 매입. 미국 역사상 최대
이곳을 구입함으로써 미국의 크기는 2배가 되었고 둘
서부 확장에 강력한 추진력을 확보함.

- **1848**
멕시코 전쟁의 종전 조약
(과달루페 이달고 협정Treaty of Guadalupe Hidalgo)에
따라 애리조나, 캘리포니아, 네바다, 뉴멕시코, 텍사스,
유타, 서부 콜로라도 지역이 미국에 편입.

- **1853**
1848년, 멕시코 전쟁이 끝난 후 이 지역은
미국에 양도되어 뉴멕시코의 일부가 됐고
1853년, 애리조나 남부, 뉴멕시코 남부 지역을
천만 달러에 거래한 개즈던 매입에 의해 병합.

- **1845**
멕시코의 통치에 불만을 가진 주민들이 1836년, 자체적인 결의에
텍사스 공화국의 독립을 선포, 이를 멕시코가 무력을 동원해 저지히
자립 국가로 성장하기 위해 분투했으나 1845년 미국령이 되어 미

- **1867**
러시아로부터 알래스카 매입.
북아메리카 대륙 북서 첨단에 있는 땅을 에이커당 약 2센트인 720만 달러로 매입.

미국의 영토 확장

1842

뉴햄프셔
메인
버몬트
매사추세츠
뉴욕
로드아일랜드
코네티컷
펜실베이니아
뉴저지
델라웨어
메릴랜드

미네소타
위스콘신
미시건
아이오와
오하이오
웨스트버지니아
버지니아
일리노이
인디애나
1783
미주리
캔터키
노스캐롤라이나
테네시
사우스캐롤라이나
아칸소
미시시피
앨라배마
조지아
루이지애나

플로리다

1812
1810
1819

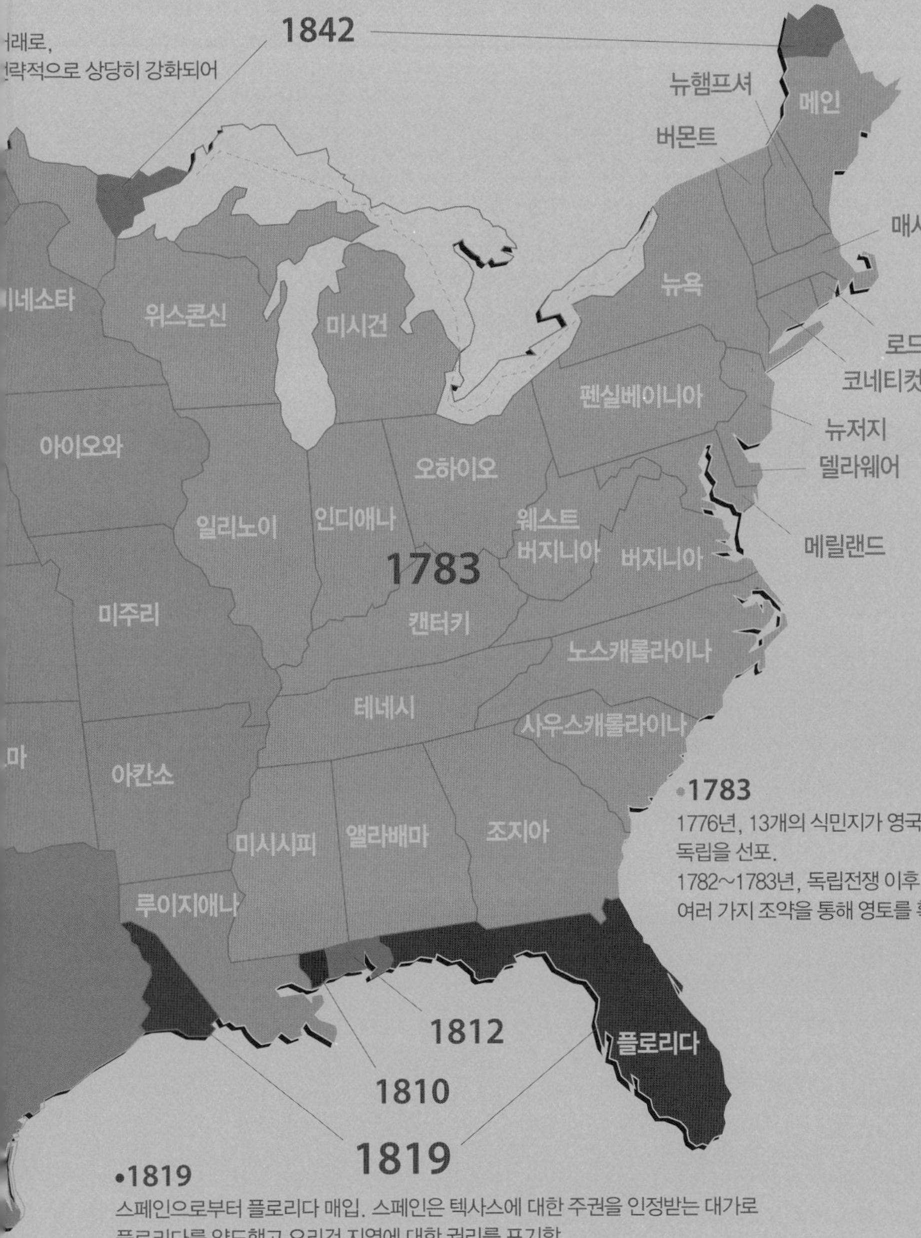

• **1783**
1776년, 13개의 식민지가 영국 통치로부터 독립을 선포.
1782~1783년, 독립전쟁 이후 영국과의 여러 가지 조약을 통해 영토를 확정.

• **1819**
스페인으로부터 플로리다 매입. 스페인은 텍사스에 대한 주권을 인정받는 대가로 플로리다를 양도했고 오리건 지역에 대한 권리를 포기함.

...래로,
략적으로 상당히 강화되어

...나 실패함.
...째 주가 됨.

• **1898**
미국인 설탕산업 관계자들의 선동으로 쿠데타가 일어나 군주제를 전복하고 하와이 공화국을 건설.
1898년 미국은 이 공화국과 합병에 동의했고 이듬해 미국의 영토가 됨.

1898 하와이

미국민중사

A People's History of the **United States**

옮긴이   유강은 libromio@jinbo.net

국제문제 전문번역가. 국제연대정책정보센터(PICIS)에서 활동했으며 현재 번역에 전념하고 있다. 하워드 진의 다른 책으로는 『달리는 기차 위에 중립은 없다』(2002 이후)와 『전쟁에 반대한다』(2003 이후)를 옮긴 바 있다.

A PEOPLE'S HISTORY OF THE UNITED STATES
Copyright ⓒ 1980, 1995, 1998, 1999, 2003 by Howard Zinn
All rights reserved.

Korean translation copyright ⓒ 2006 by E-Who Publishing Co.
Korean translation rights arranged with The Rick Balkin Agency, Inc.
through EYA(Eric Yang Agency)

이 책의 한국어판 저작권은 EYA(Eric Yang Agency)를 통한 The Rick Balkin Agency, Inc.사와의 독점계약으로 도서출판 이후에 있습니다.
저작권법에 의하여 한국 내에서 보호를 받는 저작물이므로 무단전재와 복제를 금합니다.

미국민중사1

지은이 | 하워드 진
옮긴이 | 유강은
펴낸이 | 이명희
펴낸곳 | 도서출판 이후
편　집 | 김은주·신원제
마케팅 | 김우정
표지 디자인 | Studio Bemine

초　판 제1쇄 찍은 날 | 2006년 8월 31일
보급판 제4쇄 찍은 날 | 2011년 11월 30일

등　록 | 1998. 2. 18(제13-828호)
주　소 | 121-754 서울시 마포구 동교동 165-8 엘지팰리스 1229호
전　화 | 대표 02-3141-9640 편집 02-3141-9643 팩스 02-3141-9641

ISBN 978-89-6157-019-0 04940 / ISBN 978-89-6157-018-3(전 2권)

미국민중사
A People's History of the United States

1

하워드 진 | 유강은 옮김

e이후

차례

- 감사의 글   7
- 한국의 독자들에게   8

1 콜럼버스, 인디언, 인간의 진보   13
2 피부색에 따른 차별   53
3 천하고 상스러운 신분의 사람들   83
4 폭정은 폭정이다   115
5 일종의 혁명   145
6 친밀하게 억압당한 사람들   187
7 풀이 자라거나 물이 흐르는 한   225
8 다행히도 정복으로 차지한 땅은 하나도 없다   265
9 복종 없는 노예제, 자유 없는 해방   301
10 또 하나의 남북전쟁   369
11 악덕 자본가들과 반란자들   435
12 제국과 민중   505
13 사회주의의 도전   547

- 참고문헌   610
- 찾아보기   628

A People's History of the United States

2권 차례

14 전쟁은 국가의 건강한 상태이다
15 어려운 시절의 자조
16 인민의 전쟁?
17 "아니면 폭발해 버릴까?"
18 불가능한 승리: 베트남
19 놀라운 사건들
20 1970년대: 이상무?
21 카터-레이건-부시: 양당 합의
22 보고되지 않은 저항
23 다가오는 간수들의 반란
24 클린턴 시대
25 2000년 선거와 '테러와의 전쟁'
26 후기

일러두기

1. 인명이나 지명, 그리고 작품명은 될 수 있는 한 '외래어 표기법'(1986년 1월 문교부 고시)과 이에 근거한 『편수자료』(1987년 국어연구소 편)를 참조해 표기했으나, 주로 원어에 가깝게 표기하는 것을 원칙으로 삼았다.

2. 원문에서 이탤릭체나 진한 글씨로 강조된 부분은 고딕체로 표기했다. 단, 원문에서 이탤릭체로 인용된 시나 노래 가사는 명조체로 표기했다.

3. 단행본, 전집, 정기간행물 겹낫쇠(『 』)를, 논문이나 논설, 기고문, 단편 등에는 홑낫쇠(「 」)를, 그리고 영상, 음반, 공연물에는 단꺽쇠(< >)를 사용했다.

4. 17세기 영어 표현, 흑인 영어, 인디언 영어, 맞춤법이 틀린 표현 등은 뉘앙스를 살려 옮겼다. 참고문헌에 없는 본문의 국역본은 각주로 처리(각주는 모두 옮긴이 주이다)했으며, 인명 중 성姓만 나오는 것은 이름까지 원어로 밝혔다.

5. 본문에 들어 있는 '〔 〕' 안의 내용은 옮긴이가 독자들의 이해를 돕기 위해서 덧붙인 것이다. 단, 지은이가 덧붙였을 경우에는 '지은이'라고 명기했다.

감사의 글

이루 헤아릴 수 없는 도움을 준 두 명의 편집자, 하퍼앤드로 출판사의 신시아 머먼과 로즐린 진에게 감사한다.

이 책이 나온 이래 모든 역사를 함께 하며 경탄할 만한 도움과 지원을 해준 하퍼컬린즈 출판사의 휴 밴 두센에게 감사한다.

결코 지치지 않는 세심한 대리인이자 친구인 릭 발킨에게 감사한다.

이 특별판을 만들어 준 샐리 킴에게 감사한다.

일라 애버나시의 시 일부를 인용하게 해준 모호크족 자치구의 『애쿼새스니 노트』에 감사한다.

『폴 로렌스 던바 시전집』에서 「우리는 가면을 쓴다」의 일부를 인용하게 해준 도드·미드앤드컴퍼니에 감사한다.

카운티 컬린의 「사건」(Copyright 1925 by Harper & Row Publishers, Inc.; renewed 1953 by Ida M. Cullen.)을 인용하게 해준 하퍼앤드로 출판사에 감사한다.

『랭스턴 휴즈 시선집』에서 「나, 또한」의 일부를 인용하게 해준 앨프리드 A. 노프 출판사에 감사한다.

시 「그렇지 않다!」를 인용하게 해준 애리조나 주 피닉스의 피닉스 인디언 학교 1953년 연감 『새로운 길』에 감사한다.

『표범과 채찍: 랭스턴 휴즈의 우리 시대의 시편』에서 「레녹스 로의 벽화」 구절을 인용하게 해준 랜덤하우스 출판사에 감사한다.

이디스 블릭실버가 켄달/헌트 출판사에서 1987년에 펴낸 『미국 소수인종 여성』에 처음 실린 자신의 시 「그녀의 인생」을 인용하게 해준 에스타 시튼에게 감사한다.

제이 고미 작사, E. Y. 하버그 작곡 「이보게, 10센트짜리 하나 줄 수 있나?」(ⓒ1932 Warner Bros. Inc. Copyright Renewed. All Rights Reserved. Used By Permission.)를 인용하게 해준 워너브라더스 사에 감사한다.

한국의 독자들에게

미국의 역사를 다룬 제 책이 한국에서 번역·출간된다니 기쁨을 감출 수가 없습니다. 저는 다른 나라 말로 된 문헌의 번역을 통해 세계 모든 사람들이 서로 만나게 될 뿐만 아니라, 우리가 언어와 민족적 자부심이라는 장벽으로 분리되지 않을 미래에 더욱 가깝게 다가갈 수 있다고 생각합니다. 이 책을 통해 한국 사람들이 미국의 역사를 알게 됨으로써 미국을 더욱 잘 이해하게 되기를 기대해 봅니다.

물론 미국의 역사를 다룬 책들은 수없이 많고 그 중 여럿이 한국어로 번역·소개되었으리라고 생각합니다. 하지만 제가 보기에 『미국민중사』는 이 책들과 다르며, 미국에서 100만 명이 넘는 사람이 제 책을 본 이유는 통상적인 관점과는 매우 다른 시각을 발견했기 때문이라고 생각합니다.

세계 다른 나라 사람들뿐만 아니라 미국인 스스로도 미국을 두 가지 방식으로 오해하고 있습니다.

미국에 대한 오해 가운데 하나는 흔히 '민주주의'라는 단순한 표현으로 묘사되는, 지구상 어느 곳과도 다르게, 아니 어느 곳보다도 우월하게 자유와 정의를 추구한다는 이 나라의 장점에 대한 과장된 시각에서 기인하는 것입니다. 북아메리카에 정착한 최초의 유럽인 가운데 한 명이었던 영국의 매사추세츠 식민지 초대 총독은 이렇게 말했습니다. "우리는 언덕 위의 도시를 세울 것이다 — 모두의 눈이 우리를 주시하고 있다." 이런 발언이 얼마나 오만한 것인가는 그 직후인 1636년에 백인 정착민들이 자기네 땅을 잠식해 들어오는 데 항의하는 인디언 수백 명을 학살한 데서 극명하게 드러났습니다.

『미국민중사』는 크리스토퍼 콜럼버스의 이야기로 시작되는데, 1492년에 대서양을 건넌 콜럼버스는 아메리카를 '발견'한 사람으로 많은 역사책에서 치켜세워지고 그의 이름을 딴 도시와 입상立像도 많이 있습니다. 제 책을 펼쳐 든 많은 독자들은 황금에 눈먼 콜럼버스가 에스파뇰라 섬에서 발견한 인디언들을 납치하고 노예로 삼고 수족을 절단하고 살해한 사실을 서술하는, 콜럼버스를 둘러싼 낭만적인 이야기의 뿌리를 뒤흔드는 처음 몇 쪽을 읽자마자 커다란 충격을 받았습니다.

이것이 서반구에서 유럽 제국주의가 한 첫 번째 행동이었고 마찬가지로 그 뒤의 역사도 잔혹했습니다. 미국 학생들이 배우는 여러 교과서는 서쪽으로는 대서양에서 태평양으로, 남쪽으로는 멕시코 만灣을 향해 대륙을 가로질러 나아간 행진을 '서부 정착'이니 '서부 개척'이니 하면서 영웅적이고 긍정적인 방식으로 묘사합니다. 그러나 사실 이면에는 이제 미국 땅이 되어 버린 곳에 살았던 수십만 인디언들의 절멸과 추방과 더불어 멕시코 침략 전쟁이 자리잡고 있습니다.

오늘날에도 미국인들은 흔히 미국이 세계 다른 나라와의 관계에서 온화하고 관대한 태도로 일관해 왔다는 시각을 갖고 있습니다. 그러나 여러분이 이 책을 통해 알게 될 것처럼, 이것은 심각한 사실 왜곡입니다. 20세기가 시작될 무렵, 미국은 스페인의 지배에서 쿠바를 해방시키겠다고 하면서 쿠바의 지배권을 손에 넣었고, 이러한 지배는 1959년에 카스트로의 혁명이 일어날 때까지 계속되었습니다.

이와 동시에 미국은 필리핀을 침략, 피비린내 나는 기나긴 전쟁을 치르면서 필리핀인 수십만 명을 죽음으로 몰아갔고, 제2차 세계대전이 끝날 때까지 근 반세기 동안 필리핀 군도를 점령했습니다.

20세기 초반, 미국은 중앙아메리카의 모든 나라에 해병대를 파견했고, 멕시코 연안을 폭격했으며, 아이티와 도미니카공화국을 수년 동안 점령했습니다. 표준적인 역사책들에서는 이런 사실을 뭉뚱그려 미국이 '세계 강대국'이 되었다고 설명합니다. 당시 미국이 제국주의 강대국이 되었다고 말하는 게 아마 좀더 정확한 설명일 테지요.

제2차 세계대전 이후에도 미국의 군사 개입은 계속되었는데, 때로는 한국이나 베트남의 경우처럼 공공연하게 이루어졌고, 때로는 이란이나 과테말라, 칠레 등의 정부를 전복할 때처럼 비밀리에 이루어졌습니다. 오늘날 미국이 세계에서 가장 강력한 나라로서 중동을 비롯해 세계 곳곳에서 무력을 행사하여 사람들에게 해를 끼치고 있음은 주지의 사실입니다. '테러와의 전쟁'은 미국의 팽창을 은폐하는 미사여구에 지나지 않습니다.

따라서『미국민중사』는 세계에서 오로지 선만을 행하는 존재로 그려진 미국의 상을 바로잡고 미국의 대외정책을 그 정책으로 피해를 입은 해외 희생자들의 시각에서 바라보고자 합니다. 이처럼 미국의 역사에 대한 수정된 시각은 미국의 민중뿐만 아니라 한국의 민중에게도 유익할 것입니다.

미국이 나라 바깥에서 침략과 폭력을 일삼긴 했어도 자국에서는 여러 면에서 민주주의 체제임은 분명한 사실입니다. 군사 독재자가 통치하고, 표현의 자유가 완전히 억압당하고, 사람들이 대표자에게 찬성표만을 던지는 세계의 수많은 나라들보다 미국은 확실히 더 민주적입니다.

그러나 제 나라는 비록 여러 가지 측면에서 훌륭하지만 진정한 민주주의 국가가 되기에는 한참 부족합니다. 부와 권력을 지닌 소수의 남성들—노예소유주, 상인, 토지 투기업자―이 미국 헌법을 만들어 낸 초창기부터 오늘날에 이르기까지 정부는 줄곧 부유층의 이익을 옹호했고, 보통 사람들이 아닌 대기업의 편을 드는 법률을 통과시켰습니다.

이 나라 역사의 오랜 시기 동안 흑인은 노예였고, 1865년에 노예제가 폐지된 뒤에도 100년 동안 이 나라의 많은 지역에서 인종차별이 계속되었다는 사실 역시 잊어서는 안 됩니다.

이로써 자연스럽게 미국 역사에 대한 그릇된 설명의 두 번째 논점으로 넘어가게 됩니다. 미국이 해외에서 침략적인 행태를 보였고 국내에서도 그다지 민주적이지 못했다는 점을 인정하는 경우에도 역사라는 그림의 중요한 부분이 생략되는 일이 허다합니다. 부당하다고 생각되는 정책에 맞서 미국 민중이 벌인 저항이 바로 그것입니다.

헌법이 채택되고 나서 민중의 요구에 따라 권리장전이 만들어져 표현의 자유와 언론의 자유, 공정한 재판 등의 원칙이 확립된 것을 출발점으로 하여 이런 저항은 매우 일찍부터 시작되었습니다. 각지에서 일어난 노예들의 반란과 노예 출신 흑인들이 백인 노예폐지론자들과 힘을 합쳐 노예제를 폐지하기 위한 운동을 구축한 것도 이런 저항에 속합니다. 당시 노예제 반대 운동의 힘이 어찌나 거셌던지 에이브러햄 링컨 대통령과 의회는 압력을 견디다 못해 노예제와 인종차별을 종식시키는 내용으로 헌법을 수정하기까지 했습니다.

1950년대와 1960년대에 이르러서도 연방정부가 새로운 헌법상의 권리를 실행에 옮길 기미를 보이지 않자 남부 흑인들은 반란을 일으켰고 결국 남북전쟁 이래 계속되어 온 인종차별을 끝장내는 데 성공했습니다.

미국 헌법은 노동자들에게 아무런 권리도 부여하지 않았습니다. 흔히 강력한 대기업인 고용주들은 노동자들에게 생존 임금에도 못 미치는 돈을 주면서 안전 규정도 전혀 없는 작업장에서 장시간 노동을 강요했습니다. 노동자들은 가장 야만적인 자본주의에 종속되었습니다. 그리하여 노동자들은 노동조합을 결성하고 수백 차례 파업을 벌이면서 하루 8시간 노동을 비롯한 여러 권리를 얻어 내는 데 성공했습니다. 1930년대의 경제 위기 동안 파업과 선동으로 자본주의 체제가 위협을 받게 되자 프랭클린 D. 루즈벨트가 이끌던 정부는 어쩔 수 없이 몇 가지 중요한 개혁을 도입했습니다. 노인 사회보장제, 최저임금제, 실업보험 등은 모두 이때 생겨난 것입니다.

미국이 해외에서 전쟁을 벌이는 내내 반전운동과 제국주의 반대 운동이 끊이지 않았습니다. 그 가운데 가장 큰 성공을 거둔 운동은 베트남 전쟁 반대 운동으로 베트남에서 귀국한 병사들을 비롯한 수백만 명이 운동에 참여해서 거대한 물결을 이루었습니다. 미국 역사상 처음으로 반전운동이 전쟁을 종식시키는 데 핵심적인 역할을 했습니다.

따라서 이 책은 그 동안 미국이 자행한 폭력과 불의뿐만 아니라 미국의 행태를 바꾸려고 노력한 민중의 여러 운동도 다루고 있습니다. 그러므로 이 책은 어두운 시대에 희망을 던지려는 시도입니다. 언젠가 미국인들이 세계와 평화롭게 공존하는 나라를 만들고, 자신의 부를 국내의 복지를 위해 사용하고, 세계 다른 지역의 절망적인 사람들을 돕게 될 날이 오기를 희망해 봅니다.

한국 민중과 미국 민중이 평화와 정의라는 공통된 목표를 위해 점점 더 힘을 합치게 될 것임을 믿어 의심치 않는다는 말을 마지막으로 이만 줄이고자 합니다.

Howard Zinn
July 18, 2006

A People's History of the United States

1

콜럼버스, 인디언, 인간의 진보

1492	• 크리스토퍼 콜럼버스, 산타마리아 호를 몰고 포르투갈 리스본 항을 떠난 지 70일 만에 카리브 해의 바하마 군도에 도착
1497	• 존 캐벗, 영국 왕명을 받아 현재 캐나다 영토인 뉴펀들랜드와 노바스코샤에 상륙
1521	• 코르테스, 멕시코의 아스텍족 정복
1531	• 피사로, 페루의 잉카족 정복
1607	• 영국인들이 버지니아에 도착하여 영국인 최초의 마을인 제임스타운 건설

호기심에 가득 찬 황갈색 피부의 벌거벗은 아라와크족Arawaks 남녀들이, 섬 해안가의 마을에서 나와 그 이상하고 커다란 배를 자세히 보기 위해 헤엄쳐 왔다. 콜럼버스와 선원들이 칼을 든 채 기이한 소리를 내뱉으며 물가에 닿자, 아라와크족은 그들을 맞이하러 달려 나왔고 음식과 물, 선물을 가져다줬다. 콜럼버스는 나중에 항해일지에 이렇게 적었다.

> 그들은 …… 앵무새와 솜뭉치, 창 외에도 많은 물건을 가져와서 유리구슬이나 매종[hawks' bell. 사냥용 매의 다리에 묶는 종]과 바꿨다. 그들은 자기들이 갖고 있는 물건들을 기꺼이 교환했다……. 그들은 탄탄한 체구에 잘생긴 외모를 지닌 건장한 사람들이었다……. 이들은 무기를 가지고 있지 않으며 심지어 무기가 무엇인지조차 모른다. 내가 칼 한 자루를 보여주자 아무 생각 없이 칼날을 쥐다가 손을 베이기도 했다. 이들에게는 철鐵이 없다. 이들의 창은 막대기에 불과하다……. 이들은 좋은 하인이 될 듯하다……. 50명만 있으면 이들 모두를 정복해서 마음껏 부릴 수 있을 것이다.

유럽인들이 거듭 이야기하듯이, 바하마 군도의 아라와크족은 친절하게

신대륙에 도착한 콜럼버스

호기심에 찬 인디언들이 우호적으로 유럽인을 바라본 것에 비해 유럽인들은 인디언을 노예나 하인 이상으로 생각하지 않았다. 인디언들의 선물에 대한 보답으로 콜럼버스가 마련한 답례는 엄청난 대량학살로 인한 인디언의 절멸이었다.

유럽인들을 맞이하며 무엇이든 기꺼이 나누려고 했던 대륙의 인디언들과 아주 흡사했다. 이런 모습은 로마교황의 종교와 국왕의 정부, 서구 문명을 특징짓는 돈에 대한 열망, 그리고 이런 문명을 아메리카 대륙에 처음 전한 크리스토퍼 콜럼버스 등이 지배하던 르네상스기의 유럽에서는 결코 볼 수 없는 특성이었다.

콜럼버스는 이렇게 썼다.

나는 처음 발견한 섬인 서인도 제도에 닿자마자 이곳에 대한 어떤 정보라도 얻기 위해 원주민 몇 명을 강제로 끌고 왔다.

콜럼버스가 무엇보다도 원했던 정보는 황금의 위치에 관한 것이었다. 황금과 향료를 찾기 위해 탐험 원정에 나선다고 스페인 왕과 여왕(페르난도 왕과 이사벨 여왕으로 당시 공동 통치자였다)을 설득해 자금을 마련했기 때문이다. 콜럼버스는 대서양 건너편 — 인도제국과 아시아 — 에 있으리라고 예상했던 새로운 땅과 재물을 기대했다. 당대의 식견 있는 다른 사람들과 마찬가지로, 그 역시 지구가 둥글기 때문에 서쪽으로 항해하다 보면 극동에 도착하게 된다는 사실을 알고 있었다.

스페인은 프랑스나 영국, 포르투갈처럼 얼마 전에 새로운 근대적 민족국가로 통일을 이룬 상태였다. 대부분이 가난한 농민이었던 스페인 국민들은, 전체 인구의 2퍼센트에 불과하면서도 땅의 95퍼센트를 소유하고 있던 귀족을 위해 일하고 있었다. 스페인은 가톨릭교회와 긴밀히 연결되어 모든 유대인과 무어족을 몰아내고 있었다. 다른 근대 국가들과 마찬가지로 스페인은 어떤 것이든 살 수 있기 때문에 땅보다 더 유용하며 부의 새로운 지표로 등장하고 있던 황금을 찾아 헤매고 있었다.

수세기 전에 마르코 폴로를 비롯한 사람들이 육로 탐험을 통해 신기한 물건들을 가져온 이후, 유럽인들은 아시아에 황금을 비롯한 비단과 향료가 풍부할 거라고 생각하게 되었다. 하지만 투르크인들이 콘스탄티노플과 지중해 동부를 정복해 아시아로 통하는 육로를 장악하고 있었기 때문에 바닷길이 필요했다. 포르투갈 선원들은 이미 아프리카 남단을 돌아 항해하고 있었다. 스페인은 미지의 대양을 건너 기나긴 항해를 감행하기로 결정했다.

황금과 향료를 가져오는 대가로 콜럼버스는 이익의 10퍼센트와 새로 발견한 땅의 총독 지위, 그리고 '대양의 제독'이라는 새로운 칭호와 명예를 약속 받았다. 콜럼버스는 이탈리아의 제노바 출신으로 상점 점원과 시간제 직조공(그의 아버지는 숙련 직조공이었다)을 거친 노련한 선원이었다. 그는 범선 세 척을 이끌고 항해를 시작했는데, 그 중 가장 큰 배는 산타마리아 호로 길이가 약 30미터였고 선원은 39명이었다.

지구의 크기를 실제보다 작게 상상한 콜럼버스는 자신이 계산한 거리보다 수천 킬로미터나 멀리 떨어져 있던 아시아에 결코 다다르지 못했을 것이다. 아마도 콜럼버스는 광대한 바다 한가운데에서 운명의 여신 앞에 굴복했을지도 모른다. 그러나 운이 좋았다. 아시아까지 거리의 4분의 1쯤 되는 곳에서 미지의 땅, 즉 유럽과 아시아 사이에 놓여 있는 지도에도 없는 땅과 맞닥뜨린 것이다. 바로 아메리카 대륙이었다. 1492년 10월 초순의 일로, 콜럼버스와 선원들이 아프리카의 대서양 앞바다에 있는 카나리아 제도를 떠난 지 33일째 되는 날이었다. 바다 위에 떠다니는 잔가지와 나무토막이 보였다. 새떼도 보였다. 육지가 가까이 있다는 표시였다. 10월 12일, 로드리고라는 선원이 새벽 달빛에 비친 하얀 모래밭을 보고 소리를 질렀다. 카리브 해 바하마 군도의 한 섬이었다. 육지를 처음 발견한 사람에게는 평생 동안 매년 1만 마라베디[스페인의 옛 동전으로 34분의 1레알real]의 연금을 지급하도록 되어 있었지만, 로드리고는 한 푼도 받지 못했다. 콜럼버스가 자신이 전날 저녁에 불빛을 보았다고 주장했던 것이다. 연금은 콜럼버스의 차지가 됐다.

이렇게 해서 그들은 육지에 다가갔고 그들을 맞이하려고 헤엄쳐 나온 아라와크 인디언들과 마주치게 되었다. 아라와크족은 마을공동체를 이루어 살면서 옥수수, 얌[yam. 북미 남부와 중남미에서 자라는 고구마의 일종], 카사바[cassava. 남미가 원산지인 감자의 일종] 등을 재배하는 발달된 농경을 가지고 있었다. 실을 잣고 옷감을 짜기는 했지만 말이나 가축을 부리지는 않았다.

철은 없었으나 귀에 조그마한 황금 장신구를 달고 있었다.

금 귀걸이는 엄청난 결과를 야기하게 될 것이었다. 콜럼버스는 금을 캐낸 장소로 안내받기 위해서 아라와크족 몇 명을 포로로 잡아 배에 태웠다. 그리고 나서 쿠바로, 다음에는 에스파뇰라(오늘날의 아이티와 도미니카공화국을 이루고 있는 섬)로 배를 몰았다. 그곳의 강에서 육안으로도 보이는 사금파리와 한 인디언 추장이 콜럼버스에게 선물한 황금가면 때문에 금광을 향한 열광적인 환상이 일었다.

콜럼버스는 에스파뇰라에서 좌초한 산타마리아 호에서 목재를 떼어내 서반구에서 최초로 유럽의 군사기지가 된 보루를 세웠다. 나비다드(Navidad. 크리스마스를 의미한다)라고 이름붙인 이 보루에 39명의 선원을 남겨둔 콜럼버스는 금을 찾아 쌓아놓으라고 명령했다. 콜럼버스는 많은 인디언을 포로로 잡아 남아 있던 두 척의 배에 실었다. 섬 한쪽에서는 선원들이 인디언에게 활과 화살을 교환하자며 요구했으나 거절당했고, 이를 빌미로 그들과 싸움을 벌이기도 했다. 두 명이 칼에 맞아 피를 흘리며 죽었다. 그리고 나서 니냐 호와 핀타 호는 아조레스 제도와 스페인을 향해 출발했다. 날씨가 추워지자 인디언 포로들이 죽어가기 시작했다.

콜럼버스는 마드리드 궁정에 터무니없이 과장된 내용을 보고했다. 그는 자신이 아시아(그것은 쿠바였다)와 중국 연안의 한 섬(에스파뇰라)에 도착했다고 주장했다. 설명의 일부는 사실이었지만 일부는 허구였다.

> 에스파뇰라는 기적의 땅입니다. 산과 언덕, 들판과 초원이 모두 기름지고 아름답습니다. …… 항구는 믿지 못할 만큼 훌륭하고 수많은 넓은 강에는 대부분 금이 쌓여 있사옵니다……. 향료도 헤아릴 수 없을 정도로 많고 엄청난 금광을 비롯해 여러 광물이 있습니다…….

콜럼버스는, 인디언들이 "직접 보지 않고서는 믿지 못할 정도로 너무나도 순진하고 재산 관념이 없습니다. 자신이 가진 것을 누군가가 달라고 하면 거절하는 법이 없습니다. 오히려 어느 누구와도 나누어 가지려 합니다"라고 보고했다. 콜럼버스는 말을 끝내면서 국왕 부부에게 좀 더 도와달라고 청했고, 그 대가로 다음 항해에서 "필요하신 만큼의 황금과 …… 원하시는 만큼의 노예"를 가져오겠다고 약속했다. 콜럼버스의 보고는 종교적 어휘로 가득 차 있었다. "그리하여 영원한 하나님, 우리 주님께서는 주님을 따르는 이들에게 언뜻 불가능해 보이는 장벽을 넘어 승리를 주시옵나이다."

이런 과장된 보고와 약속 덕택에 콜럼버스의 두 번째 원정에는 17척의 배와 200여 명의 선원이 투입됐다. 목표는 당연히 노예와 황금을 가져오는 것이었다. 그들은 카리브 해의 섬들을 차례로 돌며 인디언을 포로로 잡았다. 그러나 유럽인들의 속셈이 입에서 입으로 전해지면서 텅 빈 마을만을 발견하는 경우가 점점 많아졌다. 아이티에서 그들은 나비다드 보루에 남아 있던 선원들이 주검이 되어 있는 모습을 발견했다. 선원들은 무리지어 돌아다니며 황금을 약탈하고 여자와 어린이들을 성적 노리개와 노예로 사로잡았는데, 이 일로 인디언과 충돌이 있었기 때문이었다.

아이티에 근거지를 마련한 콜럼버스는 이제 내륙을 향해 차례로 원정대를 보냈다. 금광은 찾지 못했지만 이익 배당에 필요한 물건이라면 어떤 것이라도 스페인으로 돌아가는 배에 가득 채워야 했다. 1495년에 콜럼버스 일행은 대규모 노예사냥에 나섰다. 그들은 아라와크족의 남자, 여자, 어린이 1,500명을 스페인인들과 개들이 지키고 있는 우리 안으로 몰아넣은 뒤, 우수하다고 생각되는 500명을 골라 배에 실었다. 이들 500명 가운데 200명이 항해 도중에 목숨을 잃었다. 살아남은 인디언들은 스페인에 도착해 도시의 부주교에 의해 경매에 붙여졌는데, 부주교는 노예들이 "태어난 모습 그대로 벌거벗고 있음에도 마치 동물들처럼 부끄러움을 모른다"고 말했다. 콜럼버스는 훗날 이렇게 기록했다. "성부, 성자, 성령의 이름으로 팔 수 있는 모든 노예를 계속 잡아 보냅시다."

그러나 너무도 많은 노예가 도중에 죽어갔다. 그런데도 투자한 사람들에게 배당금을 돌려주기 위해 필사적이던 콜럼버스는 황금으로 배를 가득 채우겠다던 약속을 이행해야만 했다. 콜럼버스와 선원들은 거대한 금광이 있을 것이라고 짐작한 아이티의 시카오Gcao 지방에서, 14세 이상의 원주민 모두에게 석 달마다 일정한 양의 금을 모아오라고 명령했다. 금을 가져오면 목에 구리표식을 달아줬다. 구리표식을 달지 못한 인디언은 발견되는 즉시 두 팔이 잘린 채 피를 흘리며 죽어갔다.

인디언들은 다할 수 없는 임무를 부여받은 것이다. 주변에 있던 황금이라고는 개울에서 모은 약간의 금가루뿐이었다. 결국 인디언들은 도망치는 수밖에 없었고 사냥개를 대동한 선원들에게 붙잡혀 죽어갔다.

아라와크족은 저항군을 모아 갑옷과 머스켓총, 칼, 말을 보유한 스페인인들에 맞섰다. 스페인인들은 사로잡은 포로의 목을 매달거나 불태워 죽였다. 아라와크족 사이에서 카사바 독을 먹고 집단자살하는 일이 벌어졌다.[1] 스페인인들의 손에서 구하려고 어린아이를 자기 손으로 죽이기도 했다. 2년 동안 학살과 수족절단, 자살로 인해 아이티의 인디언 25만 명 가운데 절반이 목숨을 잃었다.

남아 있는 금이 하나도 없다는 사실이 분명해지자 인디언들은 훗날 봉토[2]

---

[1] 카사바 덩이뿌리에는 시안산이라는 독성이 있다. 이 독성은 열을 가하면 없어지므로 원주민들은 항상 감자처럼 쪄서 먹는다.
[2] encomienda: 원래는 중세 스페인의 레콩키스타(Reconquista, 국토회복운동)에서 큰 공을 세운 기사騎士에게 주는 당대에 한하는 토지분양 제도였으나, 아메리카 대륙 발견 직후 급속한

라 알려진 대토지의 노예 노동력으로 끌려갔다. 인디언들은 잔혹하게 혹사당했으며 수천 명씩 죽어갔다. 1515년에 이르면 약 5만 명만이 남게 됐다. 1550년에는 그 수가 500명으로 줄었다. 1650년의 한 보고서는 그 섬에 순수한 아라와크족이나 후손들이 한 사람도 남아 있지 않음을 보여준다.

콜럼버스가 바하마군도에 도착한 뒤에 어떤 일이 벌어졌는지를 보여주는 주요한 자료 — 그리고 많은 문제들에 관한 유일한 자료 — 는 젊은 성직자로서 쿠바 정복에 참여한 바르톨로메 데 라스 카사스 Bartolomé de las Casas의 기록이다. 라스 카사스는 한때 인디언 노예를 사용하는 대농장을 소유하기도 했지만 이내 그만뒀고 스페인의 잔학성을 격렬하게 고발하는 비판자가 됐다. 라스 카사스는 콜럼버스의 일지를 베껴뒀고 50대에 여러 권으로 구성된 『인디아스의 역사 *History of the Indies*』를 집필하기 시작했다. 이 책에서 그는 인디언들의 모습을 묘사하고 있다. 그의 말에 따르면, 인디언은 몸이 날래고 헤엄을 잘 치며 특히 여자들이 뛰어나다. 완전히 평화적이지만은 않아서 이따금 다른 부족과 싸움을 하기도 하나 죽거나 부상을 당하는 경우는 많지 않으며, 싸움을 벌일 경우에도 족장이나 왕의 명령에 의해서가 아니라 어떤 불만 때문에 싸워야 한다는 각자의 느낌에 의해서였다.

인디언 사회에서 여성들은 스페인인들을 놀라게 할 정도로 좋은 대우를 받았다. 라스 카사스는 남녀관계를 이렇게 묘사했다.

혼인법은 존재하지 않는다. 남자나 여자나 다 같이 마음 내키는 대로 짝을

원주민 노예화와 인구격감에 대처하기 위해 1503년 인디오의 보호를 조건으로, 왕으로부터 위탁받은 토지 및 인민 사용권으로서 수립됐다. 그러나 점차로 종신·세습의 봉건영지화하는 한편, 금지된 토지매가 진행됨으로써 중남미 독립 뒤에도 많은 영향을 남기는 특이한 제도가 됐다.

인디언 부족의
생활

16세기 버지니아 주 팸리코 강 유역에 살던 인디언 부족의 생활을 묘사한 그림이다. A는 죽은 왕들의 납골당, B는 제관들이 주문을 외고 기원하는 기도처, C는 인디언들의 축제, D는 축제 때 먹는 음식, 위쪽의 E는 담배밭, 그리고 위 오른쪽의 F는 날짐승이나 새들로부터 옥수수밭을 지키기 위해 망을 보는 곳이다. 평화롭고 자연과 동화된 삶을 잘 보여준다.

택하며 비난하거나 질투하거나 노여워하지 않고 짝을 버린다. 인디언들은 엄청나게 다산을 한다. 임신한 여자들은 해산 당일까지 일을 하며 거의 진통도 느끼지 않고 아이를 낳는다. 다음날 강에서 목욕을 하면 출산 전처럼 깨끗하고 건강해진다. 남편이 지겨워지면 사산을 유발하는 약초를 먹고는 나뭇잎이나 무명천으로 부끄러운 부위를 가리고서 낙태를 한다. 하지만 전체적으로 보면 인디언 남녀들은 마치 우리가 머리나 손을 보는 것처럼 거리낌 없이 벌거벗은 몸을 대한다.

라스 카사스는 말하기를, 인디언들은 종교가 없으며 하물며 사원도 없다. 그들이 사는 곳은,

> 600명이 한꺼번에 들어갈 수 있는 종 모양의 넓은 공동가옥으로 …… 아주 튼튼한 나무로 뼈대를 세우고 야자 잎으로 지붕을 덮은 것이다……. 다채로운 색깔의 새 깃털과 물고기 뼈로 만든 구슬, 귀와 입술을 장식하는 녹색 및 흰색 돌을 귀하게 여기지만 금이나 다른 진귀한 보석은 아무짝에도 쓸모없다고 생각한다. 사고파는 습관은 전혀 없으며 생계에 필요한 모든 것은 자연환경에 의존한다. 자기가 가진 물건에 대해 더할 나위 없이 관대하며, 같은 이유로 친구가 가진 물건을 탐내고 그 또한 자신과 마찬가지로 인색하지 않기를 기대한다…….

『인디아스의 역사』 2권에서 (처음에는 인디언 대신 더 튼튼해서 살아남을 수 있는 흑인 노예를 쓰자고 권했으나 뒤에 흑인들에게 가해진 결과를 보고는 마음이 누그러진) 라스 카사스는 스페인인들이 인디언을 어떻게 다루었는지 말해 준다. 하나밖에 없는 설명으로 길게 인용할 만한 가치가 있는 말이다.

끝없는 증언들은 …… 원주민의 온화하고 평화로운 기질을 입증해 준다……. 그러나 우리가 한 일은 그들을 성나게 하고 유린하고 죽이고 난도질하고 파괴한 것이었다. 만약 그들이 이따금 우리 중 누군가를 죽이려 하더라도 그리 놀랄 일은 아닐 것이다……. 제독〔콜럼버스〕은 그의 뒤를 이어 온 사람들과 마찬가지로 눈이 멀었고, 국왕 폐하를 기쁘게 하려고 안달이 난 나머지 인디언들에게 돌이킬 수 없는 죄를 저질렀다…….

라스 카사스는 스페인인들이 얼마나 "자만심에 빠져 있으며" 심지어 얼마 후에는 조금도 걸으려 하지 않았다고 말해 준다. 그들은 "급한 일이 있으면 인디언의 등에 올라타거나" 인디언들이 교대로 둘러메고 달리는 그물침대를 타고 갔다. "이 때 인디언들은 커다란 나뭇잎으로 햇빛을 가려 주고 또 거위날개로 부채질까지 해야 했다."

전면적인 지배는 전면적인 가혹함을 불러왔다. 스페인인들은 칼날이 잘 섰는지를 시험해 보려고 "인디언을 열 명, 또는 스무 명이나 칼로 베었고 살점을 잘라내는 일도 아무렇지도 않게 생각했다." 라스 카사스는 "이른바 기독교인이라는 두 사람이 어느 날 앵무새 한 마리씩을 들고 가는 인디언 소년 두 명을 만나자, 앵무새는 빼앗고 아이들의 목을 재미 삼아 베어 버린" 일에 관해서도 이야기했다.

스스로를 방어하려는 인디언들의 노력은 허사로 돌아갔다. 언덕으로 도망친 인디언들은 발견되는 즉시 살해됐다. 라스 카사스는 "인디언들은 도움을 청할 수 있는 사람이 세상 어디에도 없다는 사실을 깨닫고는, 광산을 비롯한 노역지에서 절망적인 침묵 속에 고통받으며 죽어갔다"라고 보고한다. 그는 인디언들이 광산에서 했던 노동을 이렇게 묘사했다.

금광의 인디언 노예 | 스페인 정복자들에 의해 금광 채굴 노예로 동원된 인디언의 모습이다. 사람을 이주시켜 식민지를 만들었던 영국과 달리 스페인은 신대륙의 풍부한 자원에 큰 관심을 두고 있었다.

이 산 저 산이 봉우리에서 기슭까지, 그리고 기슭에서 봉우리까지 수천 번 파헤쳐진다. 한 무리의 인디언이 땅을 파고 바위를 쪼개고 돌을 옮기고 강물에 헹구려고 흙을 등에 지고 가는 한편, 사금을 물에 걸러내는 인디언들은 줄곧 허리를 구부리고 일하는 바람에 허리가 결딴난다. 광산에 물이 차오르면 냄비 모양의 그릇으로 하나 가득 물을 퍼내는 작업을 해야 하는데 이것이 무엇보다 고통스럽다…….

녹여서 금 덩어리로 만들 수 있을 만큼의 사금을 한 사람이 파내는 데 6개월에서 8개월의 시간이 필요했다. 그 기간 동안의 광산 작업을 마친 뒤에는 참여한 인원의 3분의 1에 달하는 남자들이 죽었다.

남자들이 몇 킬로미터 떨어진 광산으로 끌려가 일하는 동안, 남겨진 부인들은 밭에서 일을 하는 한편 카사바 재배를 위해 수많은 언덕을 파서 일구는 견디기 힘든 일을 해야만 했다.

그리하여 남편과 부인들은 8개월이나 10개월 만에 한 번 얼굴을 보게 됐고, 그렇게 만나도 서로 너무 지치고 풀이 죽어 있었으며 …… 이제 더 이상 아이를 낳지 않았다. 새로 아이가 태어나는 경우에도 지나치게 혹사당하고 굶주린 어미에게서 젖이 나오지 않았기 때문에, 내가 쿠바에 있던 석 달 동안에만 7,000명의 갓난아이가 죽어갔다. 어떤 어미들은 절망의 극단에서 아이를 물에 빠뜨려 죽이기까지 했다……. 이런 식으로 남편은 광산에서 죽고, 부인은 일하다가 죽고, 아이들은 젖이 없어 죽었으며 …… 얼마 지나지 않아 광대하기 그지없고 풍요롭고 기름지던 이 땅에서 사람들의 모습이 보이지 않았다……. 내 두 눈은 인간의 본성에 전혀 맞지 않는 행위를 보았으며, 이 글을 쓰는 지금 온몸이 떨린다.

에스파뇰라에 도착한 1508년에 라스 카사스는 이렇게 말했다. "이 섬에는 인디언을 포함해서 6만 명이 살고 있다. 결국 1494~1508년까지 300만 명 이상이 전쟁과 광산, 노예 노동으로 사라진 것이다. 장차 그 누가 이 사실을 믿을 것인가? 식견 있는 목격자로서 이것을 기록하고 있는 나 자신도 믿기가 어려우니……."

500년 전, 아메리카 대륙에서 살고 있던 인디언들에 대한 유럽의 침략적인 역사는 이렇게 시작됐다. 설령 라스 카사스가 남긴 수치가 과장된 것이라 할지라도(라스 카사스의 말처럼 300만의 인디언을 출발점으로 잡아야 할까, 아니면 일부 역사가들이 계산한 것처럼 100만 미만이었을까, 그도 아니면 최근의 역사가들이 믿듯이 800만이었을까?), 그의 기록에서 알 수 있듯이 아메리카의 시초는 정복, 노예제, 죽음으로 얼룩져 있다. 미국의 어린이들이 배우고 있는 역사책에서는, 이 모든 것이 유혈이 전혀 없는 영웅의 모험담으로 시작되며 콜럼버스 기념일[Columbus Day. 10월 12일]은 축제일로 되어 있다.

초등학교와 중고등학교 과정이 지나서야 다른 어떤 일도 있었다는 몇 가지 암시를 가끔 접할 수 있을 뿐이다. 하버드의 역사학자인 새뮤얼 엘리어트 모리슨Samuel Eliot Morison은 콜럼버스에 관한 가장 저명한 저술가로서 여러 권으로 구성된 콜럼버스 전기를 집필했으며 몸소 뱃사람이 되어 콜럼버스의 항로를 따라 대서양을 항해하기도 했다. 1954년에 펴낸 인기 저서『항해자 크리스토퍼 콜럼버스*Christopher Columbus, Mariner*』에서 모리슨은 노예제와 살육에 관해 이야기한다. "콜럼버스가 시작하고 후대의 계승자들이 이어받은 잔혹한 정책은 완전한 인종말살을 낳았다."

이 구절이 있는 한 페이지는 위대한 모험담으로 가득 찬 이야기 속에 파묻혀 있다. 모리슨은 책의 마지막 구절에서 콜럼버스에 관한 자신의 견해를 정리한다.

> 콜럼버스에게는 결점과 허물이 있었지만, 그를 위대한 인물로 만든 것은 바로 그런 성격상의 결점들이었다 ― 불굴의 의지, 하나님에 대한 지극한 믿음과 그리스도의 담지자[Christ-bearer. 콜럼버스의 이름 '크리스토퍼'는 '그리스도를 담지한 사람'이라는 뜻이다]로서 바다 건너의 대륙을 향한 선교를 믿은 신실함, 무관심과 가난과 실의에 맞선 끈질긴 고집. 그러나 그의 성격 중에서 가장

두드러지고 본질적인 면이라 할 수 있는 뱃사람다움에는 어떤 결함도 어두운 면도 없었다.

어떤 사람은 과거에 관해 순전히 거짓말로 일관할 수 있다. 또 어떤 사람은 받아들이기 힘든 결론을 초래할지 모르는 사실들을 의도적으로 생략해 버릴 수도 있다. 모리슨은 이 중에서 어떤 짓도 하지 않는다. 그는 콜럼버스에 관해 거짓을 말하지 않았다. 또 대량학살 이야기를 생략하지도 않았다. 사실 그는 가장 혹독한 단어(인종말살)로 그런 사실을 묘사하고 있다.

하지만 다른 무언가가 있다 ─ 모리슨은 진실을 재빨리 언급하고는 자신이 보기에 더 중요한 다른 이야기로 얼른 넘어가 버린다. 철저한 거짓말이나 조용한 생략은 만에 하나 발각될 경우에 독자들이 저자를 믿지 못할 수도 있는 위험이 있다. 그렇지만 사실을 말한 뒤에 다른 수많은 정보로 그것을 덮어 버리면 독자에게 어떤 전염병과도 같은 평온함을 가지고 말할 수 있다. "그렇다, 대량학살은 벌어졌다, 하지만 그것은 그다지 중요하지 않다, 그것은 우리의 최종적인 판단에서 극히 작은 무게를 지녀야 하며 우리가 세계에서 행하는 일들에 극히 작은 영향만을 미쳐야 한다"라고.

역사가가 어떤 사실은 일부러 강조하지 않고 다른 사실을 강조할 수 있다는 말이 아니다. 실제적인 목적에 유용한 도법을 찾아내기 위해 우선 지구의 모양을 평평하게 만들거나 왜곡한 뒤 어마어마한 양의 지리 정보 가운데에서 이러저러한 지도의 목적에 따라 필요한 부분을 선택해야 하는 지도 제작자의 경우처럼, 역사가에게 있어 취사선택은 자연스러운 일이다.

역사가와 지도 제작자가 모든 것을 어쩔 수 없이 선별하고, 단순화하며, 강조하는 일에 대해 반대하고자 함이 아니다. 지도 제작자의 왜곡은 지도가 필요한 모든 사람들의 공통된 목적을 위해 기술적으로 필요한 것이다. 역사가의 왜곡은 기술적이라기보다는 이데올로기적인 것이며, 경쟁하는 이해관계의 세계 속에서 (역사가가 의도하든 그렇지 않든 간에) 정치, 경제, 인종, 민족, 성적인 차원의 이해관계를 뒷받침하게 된다.

더욱이 이런 이데올로기적인 이해관계는, 지도 제작자의 기술적 이해관계가 명백한 것("이 지도는 장거리 항해용 메르카토르식 투영도법임 — 근거리 항해에는 다른 도법을 사용하는 것이 좋음")과는 달리 공공연하게 드러나지 않는다. 오히려 역사책을 읽는 모든 독자들이 역사가가 최대한의 능력을 다해 봉사하는 이해관계를 공유하는 것처럼 나타난다. 이것은 의도적인 기만이 아니다. 역사가는 교육과 지식을 경쟁하는 사회계급, 인종, 민족들을 위한 도구가 아니라 학문의 우열을 가르는 기술적 문제로 여기는 사회에서 길들여져 왔다.

항해자이자 발견자로서 콜럼버스와 후대 계승자들의 영웅적 행위를 강조하고 그들이 저지른 인종말살을 무시하는 것은 기술적으로 필요한 일이 아니라 이데올로기적인 선택이다. 그것은 이미 벌어진 행위를 자기도 모르게 정당화하는 데 이바지한다.

내가 말하고자 하는 요점은 우리가 역사를 말함에 있어 콜럼버스를 결석재판에 회부해 기소하고 심판한 뒤, 유죄를 판결해야 한다는 게 아니다. 그러기에는 이미 너무 늦었다. 학문이 도덕에 대해 쓸데없는 권한을 행사하는 짓일 뿐이다. 하지만 통탄할 일이기는 하나, 잔학행위를 진보를 위해 치렀어야 할 대가라고 쉽게 용인하는 것이기도 하다(서구 문명을 구하기 위한 히로시마와 베트남, 사회주의를 구하기 위한 크론슈타트와 헝가리, 우리 모두를 구하기 위한 핵 확산) — 이런 잔학행위는 여전히 우리 곁에 있다. 이런 잔학행위가 여전히 자행되는 이유 가운데 하나는 우리가 마치 방사능 폐기물을 용기에 넣어 지구 속에 묻어두듯이 이들 잔학행위를 다른 수많은 사실들 속에 묻어두도록 교육받아 왔기 때문이다. 우리는 교사와 저술가들이 가장 훌륭한 교실과 교과서에서 종종 그 잔학행위들에 부여하는 것과 정확히 똑같은, 균형적인 관심을 갖도록 배워왔다. 학자의 객관성이라는, 외견상 명백한 사실에서 기인하는 이런 학습된 도덕적 균형 감각은, 기자회견장에서 정치인들의 입을 통해 나올 때보다 더 쉽게 받아들여진다. 그래서 더욱 치명적이다.

영웅(콜럼버스)과 그 희생자들(아라와크족)이라는 방식, 또한 진보라는 이름으로 정복과 살육을 조용히 받아들이는 방식은 정부, 정복자, 외교관, 지도자들의 관점에서 과거를 서술하는 역사 접근의 한 측면일 뿐이다. 마치 그들이 콜럼버스처럼 만장일치로 받아들여질 자격이 있는 것처럼, 마치 그들(건국의 아버지들Founding Fathers, 잭슨, 링컨, 윌슨, 루즈벨트, 케네디, 의회 지도자들, 저명한 연방대법원장들)이 나라 전체를 대표하는 것처럼 보인다. 때로 갈등과 다툼이 벌어지기는 하지만 근본적으로는 공통의 이해관계를 가진 사람들의 공동체인 "합중국"이라는 어떤 실체가 마치 존재하는 듯이 가장하는 것이다. 헌법과 영토 팽창, 의회에서 통과된 법률, 법원의 판결, 자본주의의 발전, 교육 문화와 대중매체 등에서 본보기로 삼는 "전 국민적 이해"가 실제로 존재하는 것처럼 보인다.

첫 저서 『복구된 세계 *A World Restored*』에서 "역사는 국가들의 기억이다"라고 주장한 헨리 키신저는, 19세기 유럽의 역사를 오스트리아와 영국 지도자들의 시각에서 서술하면서 바로 그 정치가들의 정책으로 고통받은 수백만의 사람들을 무시하고 있다. 키신저의 관점에서 보면, 프랑스혁명 전에 유럽이 누렸던 "평화"는 몇몇 국가 지도자들의 외교를 통해 "복구"된 것이었다. 그러나 영국의 공장 노동자와 프랑스의 농민, 아시아와 아프리카의 유색인, 상류계급에 속하지 못한 전 세계의 여성과 어린이들에게는 그 평화란 정복과 폭력, 굶주림, 착취의 세계였다. 복구되기는커녕 오히려 붕괴된 세계였다.

미국의 역사를 서술하는 나의 관점은 다르다. 국가들의 기억을 우리 자신의 것으로 받아들여서는 안 된다. 국가는 공동체가 아니며 그런 적도 없었다. 어떤 나라의 역사가 한 가족의 역사처럼 보이더라도 사실 정복자와 피정복자, 주인과 노예, 자본가와 노동자, 인종 및 성별상의 지배자와 피지배자 사이에서 (때로는 폭발하지만 대부분은 억압되는) 이해관계의 격렬한 갈등을 감추고 있다. 그리고 이런 갈등의 세계, 희생자와 가해자의 세계에서 알베르 카뮈의 표현처럼 가해자의 편에 서지 않는 것이 생각 있는 사람이 할 일이다.

그리하여 역사에서 선택하고 강조하는 행위로부터 나오는, 어느 편에 설 것인가 하는 피할 수 없는 문제에 있어서 나는 아라와크족의 시각에서 본 아메리카 대륙 발견의 역사를, 노예의 관점에서 본 헌법제정의 역사를, 체로키족의 눈에 비친 앤드루 잭슨Andrew Jackson의 역사를, 뉴욕의 아일랜드인들이 본 남북전쟁의 역사를, 스코트 부대의 탈영병들이 본 멕시코 전쟁의 역사를, 로웰 방직공장에서 일하는 젊은 여성들의 눈에 비친 산업주의 발흥의 역사를, 쿠바인들이 본 스페인-미국 전쟁의 역사를, 루손 섬〔필리핀 군도의 본섬〕 흑인 병사들의 눈에 비친 필리핀 정복의 역사를, 남부 농민의 시각에서 본 금박시대 Gilded Age의 역사를, 사회주의자들이 본 제1차 세계대전의 역사를, 평화주의자들의 시각으로 본 제2차 세계대전의 역사를, 할렘 흑인들의 눈에 비친 뉴딜의 역사를, 라틴아메리카의 날품팔이 노동자들이 느낀 전후戰後 미 제국의 역사를 서술하려고 노력하고자 한다. 그리고 더 나아가 어떤 사람이건 아무리 애쓰더라도 한계에 부딪칠 정도까지 다른 이들의 시각에서 역사를 '보고자' 한다.

내 말의 요점은 희생자들을 애도하고 가해자들을 비난하자는 것이 아니다. 과거를 향해 던져진 눈물과 분노는 현재를 위한 우리의 도덕적 에너지를 고갈시켜 버린다. 그리고 그 구분선이 항상 분명하지만도 않다. 장기적으로 보면 압제자도 결국 희생자이다. 단기적으로는 (그리고 지금까지의 인류의 역사는 단기로만 이루어져 왔다) 스스로가 자포자기하고 자신을 억누르는 문화에 오염된 희생자들이 다른 희생자들에게 화살을 돌린다.

그럼에도 이 책은 이런 복잡한 현실을 풀어나가는 동시에, 정책과 문화를 통해 보통 사람들을 공통의 이해관계를 가장하는 거대한 거미줄로 사로잡으려는 정부의 시도들을 회의적으로 바라볼 것이다. 나는 체제의 화물칸에 빽빽하게 갇힌 희생자들이 서로에게 가한 잔인한 행위를 간과하지 않으려 애쓸 것이다. 희생자들을 낭만적으로 그릴 생각은 없다. 하지만 나는 (정확한 구절은 아니지만) 전에 읽은 한 문구를 분명히 기억하고 있다. "가난한 이들의 외침이 항상 정의롭지는 않지만, 그들의 말에 귀를 기울이지 않는다면 정의가 무엇인지 결코 알지 못할 것이다."

민중운동을 위해 승리의 기록을 날조하고 싶지는 않다. 그러나 역사 서술의 목적이 과거를 지배하는 실패만을 요약하는 것이라고 생각한다면 역사가들은 끝없는 패배의 순환에서 공모자가 되어 버린다. 역사가 창조적이려면, 또 과거를 부정하지 않고도 가능한 미래를 예견하려면, 덧없이 스쳐 지나간 일일지언정 사람들이 저항하고, 함께 힘을 모으며, 때로는 승리한 잠재력을 보여준 과거의 숨겨진 일화들을 드러냄으로써 새로운 가능성들을 강조해야 마땅하다고 믿는다. 어쩌면 순전히 희망사항일 수도 있지만, 우리의 미래는 수세기에 걸친 전쟁의 견고함에서가 아니라 덧없이 지나간 공감의 순간들에서 발견될지도 모른다고 생각한다.

할 수 있는 한 가장 둔감해지는 것, 이것이야말로 미국의 역사를 대하는 나의 접근법이다. 독자 여러분은 더 읽어나가기 전에 이 점을 알아두는 게 좋겠다.

콜럼버스가 바하마 군도의 아라와크족에게 한 일을, 코르테스는 멕시코의 아스텍족Aztec에게, 피사로는 페루의 잉카족Inca에게, 버지니아와 매사추세츠에 정착한 영국인들은 포우하탄족Powhatans과 피쿼트족Pequots에게 자행했다.

멕시코의 아스텍 문명은 마야, 사포텍Zapotec, 톨텍Toltec 문화의 유산에서 태어났다. 아스텍 문명은 석기연장과 인간의 노동으로 거대한 건축물을 세웠고 문자와 제사장제도를 발전시켰다. 또한 (이 점을 간과해서는 안 되는데) 수천 명의 사람을 희생시켜 신들에게 바치는 제물로 삼는 살해의식도 거행했다. 그러나 아무리 잔혹했다 하더라도 아스텍인들의 순결함이 완전히 사라져 버린 것은 아니었다. 스페인 함대가 베라크루스VeraCruz에 모습을 드러내고 철갑옷을 입은 수염 난 백인 남자 한 명이 이상한 짐승(말)을 대동하고 상륙했을 때, 사람들은 그가 300년 전에 다시 돌아오겠다는 약속을 남기고 죽어간 아스텍의 전설적인 신인神人 — 신비로운 케트살코아틀Quetzalcoatl — 이라고 생각했던 것이다. 그래서 그를 아낌없이 환대하며 맞이했다.

그는 상인이나 지주들의 자금과 하나님의 대리인들이 내려준 축복을 등에 업고 황금을 찾겠다는 단 하나의 집요한 목적으로, 스페인에서 원정대를 이끌고 온 에르난도 코르테스였다. 아스텍의 왕 몬테수마Montezuma는 코르테스가 정말 케트살코아틀인지에 관해 의심을 가졌음이 분명하다. 코르테스에게 100명의 사자를 보내 엄청난 양의 보석과 기묘한 금은 세공품을 선물하면서 돌아가 달라고 간청했으니 말이다. (화가 뒤러는 몇 해 뒤에 원정을 마치고 막 스페인으로 돌아온 코르테스 일행의 모습을 직접 본 후, 황금 태양과 은제 달 등 어마어마한 재물의 광경을 그림으로 남겼다.)

곧이어 코르테스는 이 마을 저 마을을 돌며 죽음의 행진을 시작했다. 그는 속임수를 쓰고, 아스텍인들을 서로 반목하게 만들며, 급작스러운 소름끼치는 행동으로 사람들의 의지를 마비시킨다는 전략 아래 의도적인 살육을 자행했다. 촐룰라Cholulu에서는 촐룰라국Cholula nation의 지도자들을 광장으로 초대했다. 수천 명의 비무장 신하를 대동하고 지도자들이 도착했을 때, 광장 주위를 빙 둘러 대포를 배치하고 석궁으로 무장한 채 말을 타고 있던 코르테스의 소규모 스페인 군대는 이들을 마지막 한 사람까지 남김없이 살해했다. 그러고는 도시를 약탈하고 다른 도시로 옮겨갔다. 살육의 기마행진이 끝났을 때, 그들은 멕시코시티에 있었고 몬테수마는 죽었으며 산산이 부서진 아스텍 문명은 스페인인들의 수중에 떨어졌다.

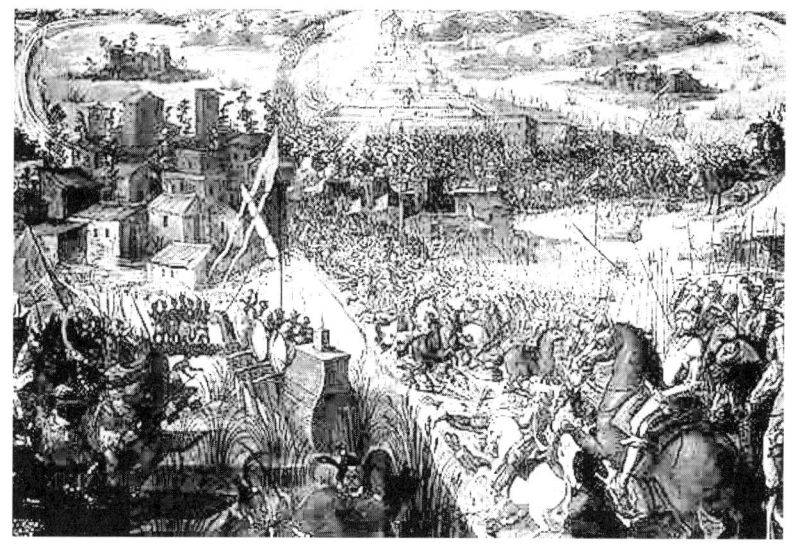

아스텍 문명의 붕괴 | 아스텍 문명은 남아메리카 안데스 산맥의 잉카 문명과 더불어 쌍벽을 이루고 있었다. 오래된 역사와 놀라운 유적들을 보유하고 있었으나 1521년 코르테스를 비롯한 스페인인들에게 정복당했다. 잉카 문명 역시 1533년 피사로에게 정복당했다.

이 모든 설명은 스페인인들 스스로가 말한 것이다.

페루에서는 또 다른 스페인 정복자 피사로가 같은 이유 — 유럽 초기 자본주의 국가들의 황금과 노예, 토지 생산물에 대한 열광, 그리고 탐험 원정대의 채권보유자와 주주들에게 이익을 배당하고, 서유럽에서 발흥하고 있던 군주관료제의 재정을 조달하고, 봉건제로부터 태동하는 새로운 현금경제의 성장에 박차를 가하고, 훗날 맑스가 "자본의 원시적 축적"이라 칭한 과정에 참여하려는 광적인 노력 — 로 똑같은 전술을 사용했다. 이 모두가 그 후 5세기 동안 세계를 지배하게 될 정치, 경제, 문화, 기술이 뒤얽힌 체제의 폭력적인 시초였다.

북아메리카의 영국 식민지에서도 콜럼버스가 바하마 군도에서 보여준 것과 비슷한 약탈이 일찌감치 시작됐다. 버지니아에 영국인 정착지가 생기기 전인 1585년, 리처드 그렌빌은 일곱 척의 배를 이끌고 그곳에 당도했다. 그가 만난 인디언들은 친절했으나 그 중 한 명이 작은 은잔을 훔쳐가자 그렌빌은 마을 전체를 약탈하고 불태워 버렸다.

제임스타운은 그 자체가 추장 포우하탄이 이끄는 인디언 연방의 영토 안에 세워진 것이었다. 포우하탄은 자기 부족의 땅에 영국인들이 정착하는 광경을 보았지만 공격하지 않았고 침착한 태도도 잃지 않았다. 1610년 겨울 '기아의 시간'이 닥쳐왔을 때 몇몇 영국인은 정착지에서 도망쳐 나와 적어도 굶주리지는 않고 있던 인디언 마을에 합류했다. 여름이 오자 식민지 총독은 포우하탄에게 사절을 보내 도망자들을 돌려달라고 요청했고 이에 대해 포우하탄은, 영국인들의 설명에 따르면, "잘난 체하고 거드름을 피우는 답변"을 보내왔다. 그래서 "복수를 하기 위해" 병사 몇 명을 보냈다. 병사들은 인디언 마을을 습격해서 15명 혹은 16명을 죽이고, 집을 불태우고, 마을 주변의 옥수수를 베어 버렸다. 추장의 부인과 아이들은 배로 끌고 와서 강물에 아이들을 던져 버리고 "물속에 처박힌 애들의 머리통을 쏴 버렸다." 추장 부인은 다른 곳으로 데리고 가서 칼로 찔러 죽였다.

12년 뒤 영국인들의 정착촌이 계속 늘어나는 것을 보고 놀란 인디언들은 그들을 영원히 없애버리기로 마음을 굳힌 것처럼 보였다. 인디언들은 사납게 날뛰며 347명의 남자, 여자, 어린이들을 학살했다. 그 이후로는 줄곧 전면전이었다.

인디언을 노예로 만들지도 못하고 같이 공존할 수도 없었던 영국인들은 인디언을 절멸시키기로 결심했다. 에드먼드 모건은 초창기 버지니아의 역사를 담은 『미국의 노예제도와 미국의 자유*American Slavery, American Freedom*』에서 이렇게 쓰고 있다.

> 인디언은 영국인보다 뛰어난 산사람들이어서 뒤를 쫓기가 사실상 불가능했기 때문에, 평화를 가장해 그들을 정착하게 만들고 원하는 곳 어디든 옥수수를 심으라고 한 다음, 수확 직전에 습격해 최대한 많은 사람을 죽이고 옥수수를 불태우는 방법을 택했다……. 대학살이 발생한 지 2, 3년 만에 영국인들은 그날의 죽음을 몇 배로 되갚아 줬다.

백인들이 버지니아에 정착한 첫 해인 1607년에 포우하탄은 존 스미스〔John Smith. 버지니아 제임스타운에 북아메리카 최초의 영국 식민지를 건설한 사람〕에게 항의를 제기한 적이 있었는데, 결과적으로 보면 미래를 예언한 것이었다. 그 내용의 정확성 여부에는 의문의 여지가 있지만[3], 그 뒤 많은 인디

---

[3] 인디언이 남긴 기록은 대부분 당시의 백인들이 인디언의 글이나 말을 영어로 옮긴 것이다. 그 과정에서 백인의 입맛에 맞게 각색하는 일이 다반사였다.

언들이 이와 비슷하게 진술했으므로 첫 번째 항의를 담은 이 서한은 거칠기는 해도 인디언들의 정신을 정확하게 반영하는 것으로 볼 수 있다.

나는 두 세대에 걸쳐 내 종족이 죽어가는 모습을 보았다……. 나는 내 나라 어느 누구보다도 전쟁과 평화의 차이를 잘 안다. 나는 이제 늙었고 얼마 안 있어 죽어야 하지만, 내 자리는 내 동생 오페찬카노Openchancanough, 오핏차판 Opitchapan, 카타토Catatough에게 — 그리고 그 다음에는 두 여동생과 두 딸에게 물려주어야 한다. 나는 이들이 나만큼 잘 알기를 바라며 그들에 대한 당신의 사랑이 내가 당신에게 느끼는 사랑과 같기를 바란다. 사랑으로 조용하게 가질 수도 있는 것을 왜 힘으로 얻으려 하는가? 왜 당신들에게 먹을거리를 주는 우리를 짓밟으려 하는가? 전쟁으로 무엇을 얻을 수 있단 말인가? 우리는 식량을 숨기고 산 속으로 도망칠 수 있고, 그러면 당신들은 당신 친구들에게 나쁜 짓을 한 대가로 굶주리게 될 것이다. 왜 우리를 질시하는가? 우리는 무기가 없고 당신들이 친구처럼 대하면 원하는 것은 무엇이든 기꺼이 줄 것이다. 또한 영국인을 피해 도망 다니면서 산 속에서 추위에 떨며 잠을 자고 도토리나 나무뿌리 같은 나부랭이를 주워 먹고 추적을 피하느라 먹지도 자지도 못하는 것보다는, 맛 좋은 고기를 먹고 편하게 잠을 자고 아내와 아이들과 조용하게 살고 영국인들과 웃고 즐기며 구리와 도끼를 바꾸는 게 더 좋다는 사실을 모를 만큼 우리는 단순하지도 않다. 요즘 전쟁에서 내 부족 젊은이들은 종일 눈에 불을 켜고 앉아 나뭇가지 하나라도 부러지는 소리가 들리면 "스미스 선장이 온다!"라고 외쳐댄다. 그러면 나는 내 가련한 삶을 끝마쳐야 한다. 우리 모두의 신경을 곤두세우게 만드는 당신네 총과 칼을 거두지 않으면, 당신들 모두가 똑같은 방법으로 죽게 될 것이다.

순례자⁴⁾들이 뉴잉글랜드에 처음 도착했을 때도 비어 있는 땅이 아니라 인디언 부족들이 살고 있는 영토에 자리를 잡은 것이었다. 매사추세츠 만 식민지 총독 존 윈스럽은 이 지역이 법적으로 "공지空地"라고 선포함으로써 인디언의 땅을 취할 수 있는 구실을 만들어냈다. 그의 말에 따르면, 인디언들은 땅을 "정복"하지 않았으므로 땅에 대한 "자연"권만 보유할 뿐 "시민권"은 지니고 있지 않았다. "자연권"은 법적 효력을 가질 수 없었다.

청교도들은 또한 성경 시편 2장 8절의 구절에 호소했다. "내게 청하여라. 뭇 나라를 유산으로 주겠다. 땅 이 끝에서 저 끝까지 너의 소유가 되게 하겠다." 그리고 무력으로 그 땅을 빼앗는 행위를 정당화하기 위해 로마서 13장 2절을 들춰냈다. "그러므로 권세를 거역하는 사람은 하나님의 명을 거역하는 것이요, 거역하는 사람은 심판을 받게 될 것입니다."

청교도들은 현재의 코네티컷 남부와 로드아일랜드에 해당하는 지역에 거주하고 있던 피쿼트족 인디언들과 불편한 휴전 상태로 살았다. 그러나 그들은 출구를 찾으려 했다. 자신들의 땅을 원했던 것이다. 그리고 이 지역에 있는 코네티컷 정착민들에 대해 굳건한 통치체제를 수립하고 싶어했다. 인디언 납치꾼으로 골칫덩어리였던 한 백인 교역상이 살해당한 사건은 1636년 피쿼트족과 전쟁을 벌이는 구실이 됐다.

토벌 원정대가 피쿼트족과 연합한 블록 섬의 나라간세트족Narragansett 인디언들을 공격하기 위해 보스턴을 출발했다. 윈스럽 총독의 기록을 보자.

---

4) Pilgrims: 아메리카에 정착한 청교도들 가운데 특히 1620년 메이플라워 호를 타고 플리머스에 도착한 사람들로서 흔히 '순례자 아버지들Pilgrim Fathers'이라 불리며, 그들보다 앞서 버지니아에 도착한 정착민들 대신에 미국의 진정한 시조로 추앙받는다.

원정대는 블록 섬의 남자들을 죽이고 여자와 어린이들은 사로잡아 올 것이며 섬을 점령하고, 더 나아가 피쿼트족에게 가서 스톤 선장을 비롯한 영국인들을 죽인 자들을 넘겨주고 손해배상으로 1,000길(fathom. 약 1,830미터)에 해당하는 조가비구슬(wampom. 당시 북아메리카 원주민의 화폐) 등을 내놓을 것을 요구하며 부족 아이들을 인질로 달라고 하고, 만약 거절하면 강제로 데려오라는 명령을 받았다.

영국인들은 섬에 도착해 인디언 몇 명을 죽였으나 나머지 인디언들이 울창한 숲으로 숨어 버리자 빈 마을을 돌아다니며 농작물을 해쳤다. 그러고는 육지로 배를 돌려 연안을 순회하며 피쿼트족 마을을 습격하고는 재차 농작물을 훼손했다. 원정대의 한 관리는 그들이 만난 피쿼트족에 관해 몇 가지 시사점을 주는 설명을 남겼다. "우리를 알아본 인디언들이 떼를 지어 물가로 달려와 외쳤다. 안녕하시오, 영국인들, 안녕하시오, 여기는 무슨 일로 오셨소? 우리가 전쟁을 벌이러 왔다는 걸 알지 못한 그들은 계속 유쾌한 표정으로 따라왔다……."

피쿼트족과의 전쟁은 그렇게 시작됐다. 양측 모두 대량학살을 저질렀다. 영국인들은 앞서 코르테스가 사용했었고 훗날 20세기에 훨씬 더 체계적으로 사용된 전술을 개발했다. 적에게 겁을 주기 위한 목적으로 비전투원을 계획적으로 공격한 것이었다. 민족역사학자 프랜시스 제닝스는 존 메이슨 선장이 롱아일랜드 해협 인근의 미스틱 강 연안에서 한 피쿼트족 마을을 공격한 사실을 이렇게 해석하고 있다. "메이슨은 전투 경험도 없고 믿음직스럽지 못한 자기 부대에게 부담이 될 피쿼트족 전사와의 싸움은 피하라고 말했다. 그런 전투는 안중에도 없었다. 전투는 오로지 적의 싸우려는 의지를 꺾는 방법 중 하나에 불과하다. 대량학살을 하게 되면 위험은 덜 무릅쓰면서도 똑같은 목적을 이룰 수 있으므로 메이슨은 대량학살을 자신의 목표로 삼기로 결심했다."

그리하여 영국인들은 마을의 오두막집에 불을 질렀다. 그들의 설명을 들어보자. "선장은 또 말했다. 오두막집들을 태워 버려야 한다고. 그 즉시 오두막집으로 들어가 …… 불붙은 관솔을 가지고 나와 오두막집을 덮고 있는 거적에 갖다 대어 집들에 불을 질렀다." 윌리엄 브래드퍼드는 당시 저술한 『플리머스 식민의 역사*History of the Plymouth Plantation*』에서 존 메이슨의 피쿼트족 마을 습격을 이렇게 묘사했다.

불을 피해 집밖으로 뛰쳐나온 사람들은 칼로 난도질당했다. 몇 명은 도끼질에 온몸이 갈가리 찢어졌고 또 몇 명은 칼에 정통으로 찔렸으며, 재빨리 해치웠기 때문에 도망친 사람은 얼마 되지 않았다. 이 한 번의 공격으로 약 400명을 해치운 것으로 생각됐다. 불길 속에서 인디언들이 튀겨지고 피가 냇물을 이뤄 불이 꺼지는 광경은 차마 눈뜨고 보기 힘들 정도였으며 코를 찌르는 냄새 또한 오싹하게 만드는 것이었다. 그러나 희생을 치르면서도 승리는 감미로운 듯 보였고, 그들은 자신들을 위해 기적처럼 역사하시어 적들을 수중에 넣도록 해주시고 교만하고 무례한 적에 맞서 신속한 승리를 안겨주신 하나님께 기도를 올렸다.

청교도 신학자인 카튼 매서Cotton Mather 박사는 이렇게 적고 있다. "그날 피쿼트족의 600여 영혼이 지옥의 나락으로 떨어진 것으로 보였다."
전쟁은 계속됐다. 영국인들은 인디언 부족들 사이를 이간질해 서로 대립하게 만들었기 때문에 그들과의 싸움에서 인디언들은 결코 단결할 수 없어 보였다. 제닝스는 이렇게 요약한다.

인디언들 사이에 매우 심각한 두려움이 자리잡았지만 얼마 안 있어 두려움의 근원을 곰곰이 생각하기에 이르렀다. 인디언들은 피쿼트 전쟁에서 세 가지 교훈을 이끌어냈다. (1) 영국인들은 가장 엄숙하게 한 서약이라도 그에 따른 의무가 이익에 배치될 때면 언제나 깨버린다. (2) 영국인들의 전쟁 방식에는 양심의 가책이나 자비라고는 전혀 없다. (3) 인디언의 무기는 유럽인들이 대량으로 제조한 무기에 비하면 거의 아무런 쓸모가 없다. 인디언들은 이런 교훈을 가슴 깊이 새겨 뒀다.

버질 보글Virgil Vogel의 책 『이 땅은 우리 땅이었다This Land Was Ours』(1972)의 한 각주에는 이렇게 나와 있다. "지금 코네티컷에 살고 있는 피쿼트족의 공식 숫자는 21명이다."

피쿼트 전쟁이 끝난 지 40년 뒤 청교도와 인디언들은 다시 싸움을 벌이게 됐다. 이번에는 매사추세츠 만 남쪽 해안에 거주하면서 유럽인들에게 방해가 되고 매사추세츠 만 식민지 바깥의 사람들과 영토 일부를 거래하던 왐파노아그족Wampanoags이 그 대상이었다. 왐파노아그족 추장 마사소이트Massasoit가 죽었다. 그의 아들 왐수타Wamsutta는 이미 영국인들에게 살해당했기 때문에 왐수타의 동생 메타콤Metacom(훗날 영국인들은 그를 필립 왕King Philip이라 불렀다)이 추장이 됐다. 영국인들은 구실을 만들기 위해 한 살인사건을 메타콤의 소행으로 돌렸고 왐파노아그족에 대한 정복 전쟁을, 그들의 땅을 차지하기 위한 전쟁을 시작했다. 영국인들은 분명 침략자였음에도 예방적 목적을 위해 공격하는 것이라고 주장했다. 어느 누구보다도 인디언들에게 우호적이었던 로저 윌리엄스가 말했듯이, "양심 있고 분별력 있는 사람들은 자신들의 전쟁을 공격 전쟁으로 만들지 않기 위해 바람을 거슬러 배를 젓는다."

제닝스는 청교도 엘리트들만이 전쟁을 원했을 뿐, 일반적인 영국인들은 전쟁을 원치 않았거나 종종 나가 싸우기를 거부하기도 했다고 말한다. 인디언들은 확실히 전쟁을 바라지 않았으나 잔학행위에는 잔학행위로 맞섰다. 1676년에 전쟁은 영국인들의 승리로 끝났지만 모든 자원이 고갈됐다. 영국인 남성 600명이 목숨을 잃었다. 메타콤을 포함해 인디언 사망자는 3,000명이었다. 그러나 인디언들은 습격을 멈추지 않았다.

잠시 동안 영국인들은 보다 온건한 전술을 택했다. 그러나 궁극적으로 보면 그 역시 인디언을 절멸시키려는, 동전의 이면과도 같은 전술이었다. 콜럼버스가 첫발을 내디뎠을 때, 멕시코 이북에 살고 있던 1,000만 명의 인디언은 결국 100만 명 이하로 줄어들게 될 운명이었다. 백인들이 지니고 온 질병 때문에 엄청난 수의 인디언들이 죽어갔다. 1656년 뉴네덜란드(New Netherland. 오늘날의 뉴욕 시 일대)를 여행한 한 네덜란드인은 이렇게 기록했다. "인디언들은 …… 기독교도들이 들어오기 전, 그러니까 천연두가 퍼지기 전에는 인구가 지금보다 열 배나 많았지만, 이 질병 때문에 열에 아홉 꼴로 죽어가 숫자가 급격하게 줄어들었다고 단언하고 있다." 영국인들이 마서즈비니어드 섬에 처음 정착한 1642년에 그곳의 왐파노아그족의 수는 3,000명 정도였다. 이 섬에서는 한번도 전쟁이 벌어지지 않았으나 1764년에 이르러서는 313명의 인디언만이 남게 됐다. 마찬가지로 블록 섬의 인디언도 1662년에 1,200에서 1,500명 가량이었으나 1774년에는 51명으로 줄어들었다.

영국의 북아메리카 침략의 이면에는, 또한 인디언 대학살과 속임수와 야만성의 이면에는, 사유재산에 뿌리를 둔 문명에서 태동한 독특하고 강력한 충동이 있었다. 그것은 도덕적으로 모호한 충동이었다. 공간, 즉 땅에 대한 욕구는 현실적이고 인간적인 욕구였다. 그러나 땅이 부족한 상황에서, 경쟁이 지배하는 역사의 야만기에서 이런 인간적인 욕구는 종족 전체를 살육하는 것으로 전환됐다. 그것을 두고 로저 윌리엄스는 이렇게 말했다.

마치 가난하고 굶주리고 목마른 뱃사람들이, 모진 비바람 속에서 오랫동안 먹지도 못하고 메스꺼운 항해를 하고 난 뒤에 느끼는 것과 같이, 더 많은 땅이 없어서 가난과 위험에 허덕이는 것처럼, 이 희미해지는 삶의 꿈과 그림자, 더 많은 땅, 이 황무지의 땅을 좇는 타락한 욕망이었다.

콜럼버스로부터 코르테스, 피사로, 청교도들에게 이어진 이 모든 유혈과 속임수가 인류가 야만에서 문명으로 진보하기 위해 꼭 필요한 것이었을까? 인종말살의 이야기를, 보다 중요한 인간 진보의 이야기 속에 묻어 버린 모리슨이 옳았던 것일까? 스탈린이 소련의 산업 발전을 위해 농민들을 죽였을 때라든지, 처칠이 드레스덴과 함부르크를 폭격했을 때, 트루먼이 히로시마에 원자탄을 투하했을 때 말한 것처럼 설득력 있는 주장을 펼 수 있을지도 모르겠다. 그렇지만 손실이 아예 언급조차 되지 않거나 스쳐 지나가듯이 잠깐 언급해버려 득과 실의 균형이 도무지 맞지 않는다면 어떻게 판단할 수 있단 말인가?

정복하는 측인 "진보된" 나라의 중간계급과 상류계급은 그런 재빠른 처리("그래, 유감스럽기는 하나 어쨌든 했어야 할 일이 아닌가")를 받아들일 수 있을지도 모른다. 그러나 아시아와 아프리카, 라틴아메리카의 가난한 사람들이나 소련 강제노동수용소의 죄수들, 도심 빈민가의 흑인들, 지정거주지의 인디언들—세계의 소수 특권층에게 이익을 가져다준 바로 그 진보의 희생자들도 그 주장을 받아들일 수 있을까? 미국의 광부와 철도 노동자들, 공장 직공들, 일터나 집에서 사고와 질병으로 수십만 명씩 죽어간 남성과 여성들—진보가 동반한 인적 손실의 대상이 된 사람들에게 과연 그런 서술이 받아들일 만한 일이었을까?(단지 피할 도리가 없었던 일이 아니었을까?) 그리고 심지어 소수 특권층까지도—조직적인 반란이나 비조직적인 폭동, 법률과 국가에 의해 범죄라는 딱지가 붙은 개인적인 절망감의 폭력적 분출행위 등으로 표출되는 희생자들의 분노 때문에 위협받게 될 때, 아무리 특권을 누리고 있어도 버릴 수 없는 현실감각을 갖고 그런 특권의 가치를 다시 생각해서는 안 된단 말인가?

만약 인간 진보를 위해 반드시 치러야만 하는 희생이라는 게 **존재한다면**, 희생당하는 바로 그 사람들이 스스로 결정을 내려야 한다는 원칙을 견지하는 게 가장 중요치 않을까? 우리는 누구나 자신이 가진 무언가를 포기하는 결정을 할 수 있지만 질병이나 건강, 삶이나 죽음처럼 명백하고 당면한 문제가 아닌 어떤 진보를 위해 다른 사람의 아이들, 심지어 자신의 아이들까지도 활활 타오르는 장작더미 속으로 던져 버릴 권리가 있는가?

스페인 사람들은 아메리카 대륙의 인디언들에게 닥친 그 모든 죽음과 야만행위로부터 무엇을 얻었는가? 그들은 역사의 극히 짧은 기간 동안 서반구에서 스페인제국의 영광을 누렸을 뿐이다. 한스 코닝은 『콜럼버스: 그의 모험 *Columbus: His Enterprise*』에서 이렇게 요약하고 있다.

> 금과 은을 도둑질해 스페인까지 배로 실어 날랐음에도 스페인 사람들이 더 부자가 된 것은 아니었다. 잠시 동안 국왕들이 힘의 균형에서 우위를 점할 수 있었고 더 많은 용병을 고용해 전쟁을 수행할 수 있었을 따름이었다. 어쨌든 결국 그들은 그 모든 전쟁에서 패했고 남은 것이라곤 치명적인 인플레이션과 기아에 시달리는 국민, 빈익빈 부익부, 농민계급의 몰락뿐이었다.

이 모든 문제는 제쳐두고라도, 파괴된 문화와 사람들이 열등한 것이라고 어떻게 확신할 수 있는가? 콜럼버스와 선원들에게 선물을 주려고 해안으로 나와 헤엄쳐 온 사람들, 코르테스와 피사로가 자기들 마을에서 말을 타고 가로질러 가는 모습을 바라본 사람들, 버지니아와 매사추세츠에서 최초의 백인 정착민들을 숲 속에서 뚫어지게 쳐다본 이 사람들은 누구였는가?

콜럼버스는 그들을 인디언이라 불렀다. 지구의 크기를 잘못 계산했기 때문이다. 꺼림칙하기는 하지만 이 책에서도 인디언이라고 부른다. 정복자들이 붙여준 이름으로 부르는 일은 다반사이기 때문이다.

그러나 그들을 인디언이라 부를 이유가 있기는 하다. 약 2만 5,000년 전에 베링 해협을 가로지르는 땅(훗날 바다 속으로 가라앉았다)을 건너 아시아에서 알래스카로 왔기 때문이다. 그러고는 따뜻한 기후와 농토를 찾아 남쪽으로 이동해 수천 년에 걸친 여행 끝에 북아메리카와 중남미에 도착했다. 니카라과와 브라질, 에콰도르에서는 약 5,000년 전에 멸종된 들소의 자취와 나란히 있는 사람 발자국 화석이 아직도 남아 있어 적어도 그 당시에 이미 인디언들이 남미에 이르렀음을 알 수 있다.

광대한 아메리카 대륙 곳곳으로 흩어진 그들의 수는 콜럼버스가 당도한 무렵에 이르면 대략 7,500만 명이었고 그 중 2,500만 명이 북아메리카에 살고 있었다. 각기 다른 토양과 기후에 맞춰 그들은 수백 개의 부족문화를 발전시켰고 언어만도 2,000여 가지에 이르렀다. 그들은 농경을 개선시켰고, 자생으로는 잘 자라지 않는 옥수수를 심고, 가꾸고, 거름을 주고, 수확하고, 껍질을 벗기고, 알갱이를 떼어내는 방법을 익혔다. 또 땅콩과 초콜릿, 담배, 고무뿐만 아니라 여러 종류의 채소와 과일을 독창적으로 개발했다.

인디언들은 비슷한 시기에 아시아, 유럽, 아프리카 사람들이 일으킨 거대한 농업혁명을 독자적으로 이뤄냈다.

여전히 많은 부족이 떠돌아다니는 평등한 공동체를 이룬 채 유목사냥꾼이나 식량채집자로 살아가고 있었다. 그러나 다른 몇몇 부족은 정착 공동체를 만들어 보다 많은 식량을 생산하고 인구를 늘렸으며, 성별분업을 발달시키고, 추장과 제사장을 먹여 살리기 위한 잉여생산물을 창출하고, 예술 및 사회 활동과 주택 축조를 위한 여가시간을 만들어냈다. 기원전 10세기 경, 오늘날

뉴멕시코 지방의 주니족Zuñi과 호피족Hopi 인디언은 적으로부터 방어하기 위해 낭떠러지와 산으로 둘러싸인 곳에 한 마을당 방이 수백 개에 이르는 거대한 계단식 축조물로 이루어진 마을들을 짓기 시작했는데, 이것은 당시 이집트와 메소포타미아에서 만들어지고 있던 건축물에 비견되는 것이었다. 유럽인 탐험가들이 도착하기에 앞서, 인디언들은 이미 관개수로와 댐을 이용하고 있었고 도자기를 굽고 바구니를 엮고 면화로 옷을 만들어 입고 있었다.

예수와 율리우스 카이사르의 시대에 오하이오 강 유역에는 이른바 흙언덕축조자들Moundbuilders의 문화가 발달했다. 그 인디언들은 수천 개에 이르는 거대한 사람, 새, 뱀 등의 조각을 흙으로 만들어 때로는 무덤으로 때로는 진지로 삼았다. 그 중에는 길이가 5.6킬로미터에 면적이 100에이커에 이르는 것도 있었다. 흙언덕축조자들은 오대호, 극서부(Far West. 로키산맥 서쪽 태평양 연안 일대), 멕시코 만에 이르는 광대한 지역을 아우르는 장신구 및 무기의 복잡한 교역체계의 일부였던 것으로 보인다.

오하이오 강 유역의 흙언덕축조자 문화가 쇠퇴의 길로 접어들던 서기 500년 경, 서쪽에서는 또 다른 문화가 지금의 세인트루이스를 중심으로 한 미시시피 강 유역에서 발달했다. 수천 개의 마을로 이루어진 이 문화는 농업을 발달시켰고, 3만 명 정도 되는 주민이 모여 살던 광대한 인디언 중심지 근처에 무덤이나 의식장소로 거대한 흙언덕을 축조했다. 가장 큰 흙언덕은 높이가 30미터였고 그 사각 모양의 토대는 이집트의 대피라미드(Great Pyramid. 기자 Giza에 있는 쿠푸 왕의 피라미드)보다도 넓었다. 커호키아Cahokia라는 이름의 이 도시에는 연장 제작공, 가죽옷 마무리공, 도공, 보석 제조공, 직조공, 제염업자, 구리 조각자, 훌륭한 도예가 등이 있었다. 1만 2,000개의 조개구슬로 만든 장례용 담요도 있었다.

지금의 펜실베이니아와 뉴욕 주 북부인 애디론댁 산맥에서 오대호에 이르는 지역에는 동북부에서 가장 강력한 부족들인 오논다가족[Onondagas, 산사람족], 카유가족[Cayugas, 배 닿는 곳에 사는 족], 오나이다족[Oneidas, 돌멩이족], 세네카족[Senecas, 큰 언덕에 사는 족], 모호크족[Mohawks, 부싯돌족] 등이 이로쿼이 공용어를 중심으로 굳게 뭉쳐 이로쿼이 연맹League of the Iroquois을 이루어 살고 있었다.

모호크족 추장 히아와타Hiawatha에게 환영幻影으로 나타난 전설적인 인물 데카니위다5)는 이로쿼이인들에게 말했다. "우리는 나무 한 그루가 쓰러진다 해도 흔들리거나 깨지지 않을 만큼 서로의 손을 굳게 잡고 강력한 집단을 만들어 한데 뭉쳤으므로, 우리와 우리의 후손들은 안전과 평화와 행복을 누리며 이 집단을 이어갈 것이다."

이로쿼이 촌락에서는 땅을 공동으로 소유하고 공동으로 노동했다. 사냥도 함께 했으며 잡은 짐승은 마을 성원 모두가 나누어 가졌다. 가옥 또한 공동의 재산으로 간주됐고 한 집에서 여러 가족이 더불어 살았다. 토지와 가옥에 대한 사적 소유라는 관념은 이로쿼이족에게는 낯선 것이었다. 1650년 대에 이로쿼이족을 만난 프랑스 예수회의 한 사제는 이렇게 적어뒀다. "이들에게는 빈민원이 필요치 않다. 거지나 가난뱅이가 한 명도 없기 때문이다……. 이들은 친절하고 인정 많고 예의가 바르기 그지없어 가지고 있는 물건에 관대할 뿐만 아니라 공동 물품이 아니면 어떤 것도 소유하는 법이 없다."

이로쿼이 사회에서는 여성들이 중요한 위치를 차지하고 존중받았다. 가족은 모계로 이루어졌다. 다시 말해 여성 구성원을 따라 이어지는 가계에 남편이 합류하는 것이었고 결혼하는 아들은 부인의 가족으로 들어갔다. 각각

---

5) Dekaniwidah: 15세기 말 혹은 16세기 초에 그전까지 살인과 전쟁을 일삼던 다섯 부족을 통일하고 이로쿼이 연맹의 헌법을 제정한 것으로 간주되는 인물이다.

의 확대 가족은 '공동주택long house'에서 살았다. 이혼을 원하는 부인은 남편 물건을 문밖으로 내놓기만 하면 됐다.

가족들이 모여 씨족을 이루었고 10여 개 씨족이 한 마을을 구성하곤 했다. 마을의 여자 연장자들이 마을 및 부족 회의에서 씨족들을 대표하는 남자들을 지명했다. 여자 연장자들은 또한 이로쿼이 연맹을 총괄하는 다섯 부족 회의를 구성하는 49명의 추장을 지명했다. 여자들은 씨족 회의에 참여해서 둥그렇게 둘러앉아 발언하고 표결하는 남자들 뒤에 서 있었으며, 자신들이 바라는 바와 너무 동떨어진 주장을 펴면 남자들의 지위를 박탈해 버렸다.

여자들은 곡식을 가꾸고 마을의 전반적인 일을 떠맡은 데 비해 남자들은 항상 사냥이나 낚시를 했다. 또한 원정 전쟁을 떠나는 전사들에게 필요한 노루가죽 신발과 식량을 여자들이 마련했기 때문에 군사적인 문제에 관해서도 일정한 통제력을 행사할 수 있었다. 초창기 아메리카에 관한 매혹적인 저서 『홍인, 백인, 흑인Red, White, and Black』에서 게리 B. 내시Gary B. Nash가 지적했듯이, "이렇게 해서 남녀가 권력을 공유했으며, 모든 문제에서 남성의 지배와 여성의 종속으로 나타나는 유럽적인 관념을 이로쿼이 사회에서는 전혀 찾아볼 수 없었다."

이로쿼이 사회의 어린이들은 자기 부족의 문화유산 및 유대감을 배우는 한편으로 고압적인 권위에 복종하지 말 것을, 독립심을 가질 것을 배웠다. 또한 아이들은 신분의 평등과 재산의 공유를 배웠다. 이로쿼이 사람들은 아이들에게 가혹한 벌을 내리지 않았다. 일찍부터 젖을 떼거나 배변 훈련을 시키지 않았고, 아이가 자기 스스로를 돌보는 법을 천천히 배우도록 내버려 뒀다.

이 모든 것은 최초의 식민지 이주민들이 가지고 온 유럽의 가치, 즉 성직자와 통치자, 가부장이 지배하며 부유한 자와 가난한 자들로 이루어진 사회와는 날카로운 대조를 이뤘다. 가령 순례자 식민지의 사제 존 로빈슨은 교구 주민들에게 아이를 다루는 법을 이렇게 충고했다. "확실히 모든 아이들에게는 ……
천성적인 자만심에서 우러나오는 고집스러움과 완강함이 있으므로, 우선 이
것부터 깨뜨리고 눌러버려야 합니다. 교육의 기초는 겸손함과 순종에 있는
것이고 그런 후에야 다른 덕성을 함양시킬 수 있습니다."

게리 내시는 이로쿼이 문화를 이렇게 묘사하고 있다.

> 유럽인들이 도착하기 전에는 법률이나 포고령, 보안관이나 경찰, 판사나 배심
> 원, 법원이나 감옥 같은 유럽 사회의 권력 기구들을 동북부의 삼림지대에서
> 전혀 찾아볼 수 없었다. 그럼에도 허용되는 행동의 범위는 견고하게 정해져
> 있었다. 이로쿼이 사람들은 자신들이 자율적인 개인임을 자랑하긴 했지만 올
> 바름과 그름에 관해서는 엄격한 규준을 갖고 있었다……. 남의 음식을 훔치거
> 나 전쟁에서 비겁한 행동을 한 자는 부족민들에게 "모욕을 당했으며", 그가
> 자기 행동을 보상하고 도덕적으로 죄를 씻었음을 충분히 보여줄 때까지 배척
> 당했다.

이로쿼이인들뿐만 아니라 다른 인디언 부족들도 비슷하게 살고 있었다.
1635년 메릴랜드 인디언들은 만약 영국인을 죽일 경우 범인을 넘겨 영국법에
따라 벌을 받도록 해야 한다는 식민지 총독의 요구에 답변을 보냈다. 인디언들
은 이렇게 말했다.

> 그런 사건이 벌어지면 우리는 그렇게 살해당한 사람의 목숨을 팔 길이의 100
> 배에 해당하는 조가비구슬로 보상하며, 당신들은 이곳 우리나라에 들어온
> 이방인이므로 당신네 관습을 강요하기보다는 우리나라의 관습에 따름이 마
> 땅하다…….

이처럼 콜럼버스와 후대의 계승자들은 텅 빈 황야에 들어온 것이 아니라, 곳에 따라서는 유럽만큼이나 인구가 조밀하고, 문화가 복잡하고, 인간관계가 유럽보다 평등하고, 남자, 여자, 어린이, 자연 사이의 관계가 아마 세계 어느 곳보다도 아름답게 이루어진 공간으로 들어온 것이었다.

비록 문자언어는 없었지만 인디언들은 그들만의 법률과 시, 역사를 기억 속에 간직한 채, 유럽의 어휘보다 더 복잡한 구술언어와 더불어 노래와 춤, 의례극으로 전승하고 있었다. 인디언들은 인격의 발달과 강력한 의지, 독립심과 융통성, 열정과 잠재력, 동반자로서의 동료 및 자연과의 관계 등에 세심한 주의를 기울였다.

1920년대와 1930년대에 미국 서남부에서 인디언들과 함께 살았던 미국인 학자 존 콜리어John Collier는 인디언의 정신에 관해 이렇게 말했다. "만약 우리가 그들의 정신을 가질 수 있다면, 영원히 고갈되지 않는 대지에서 끝없이 지속되는 평화를 이루며 살게 될 것이다."

콜리어의 말에는 낭만적인 신화가 자리잡고 있을지도 모른다. 그러나 인디언 전문가 윌리엄 브랜든William Brandon이 최근 수집한, 16세기와 17세기, 18세기에 아메리카를 여행한 유럽인들이 직접 목격한 증거들은 이런 신화의 대부분을 압도적으로 뒷받침해 준다. 신화라는 것은 결함이 있기 마련이라는 점을 감안하더라도, 여러 종족을 절멸시키면서 진보가 내세운 구실과 정복자와 서구 문명 지도자들의 시각에서 서술된 역사에 의문을 던지게 만들기에는 충분한 것이다.

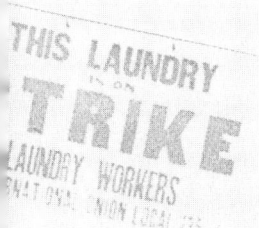

A People's History of the United States

2

피부색에 따른 차별

1619	· 버지니아에 20명의 흑인 노예들 첫 도착 · 제임스타운에 대의제 민의원 개원
1620	· 순례자들Pilgrims 102명이 탄 메이플라워 호가 플리머스에 도착 　이후 100여 년 동안 동부 해안을 따라 영국인들의 정착지가 계속 확대
1624 ~1626	· 네덜란드인들이 지금의 뉴욕에 도착하여 뉴암스테르담 건설 　네덜란드 총독 미누에트는 원주민들로부터 단돈 24달러에 맨해튼을 매입 　이후 1664년 영국은 네덜란드로부터 뉴암스테르담을 빼앗아 뉴욕으로 개명
1637	· 미국인의 띄운 첫 노예선 디자이어 호가 매사추세츠 주의 마블헤드 항을 출항

흑인 미국 작가 손더스 레딩J. Saunders Redding은 1619년 북아메리카 대륙에 도착한 배 한 척을 이렇게 묘사한다.

돛을 걷고 둥그스름한 선미에 깃발을 늘어뜨린 배 한 척이 조류를 타고 다가왔다. 그 배는 기괴했으며 실로 누구에게든 공포감을 자아내는 신비스러운 배였다. 어느 누구도 그 배가 상선인지, 사략선私掠船[privateer. 전시에 이용되는 민간 무장선으로 정부의 허가를 받아 적군의 상선을 공격하는 임무를 맡았다]인지, 군함인지 알지 못했다. 뱃전에는 시커먼 대포가 입을 벌리고 있었다. 네덜란드 깃발이 달려 있긴 했지만 선원들은 여러 나라 사람이었다. 배의 기항지는 영국인 정착지로 버지니아 식민지의 제임스타운이었다. 배는 교역을 하고는 곧 가버렸다. 아마 현대사에서 이보다 더 놀라운 화물을 싣고 온 배는 없을 것이다. 배의 화물이 무엇이냐고? 20명의 노예였다.

세계 역사에서 인종주의가 오랫동안 미국보다 더 중요했던 나라는 없다. 또 W. E. B. 두보이스W. E. B. Du Bois가 지적하듯이, 이 문제는 지금까지 우리에게 남아 있다. 따라서 인종주의가 어떻게 시작됐는가 하는 물음은 순전히 역사적인 질문을 넘어선다. 또한 어떻게 인종주의를 끝낼 수 있는가 하는 물음은 훨씬 더 시급한 질문이다. 아니, 달리 표현하면, 백인과 흑인이 증오심 없이 함께 살아가는 것이 가능한가라고 물을 수도 있다.

역사가 이런 질문에 답하는 데 일조할 수 있다면, ― 최초의 백인들과 흑인들의 도래를 추적해 볼 수 있는 대륙인 ― 북아메리카 노예제도의 출발점이 적어도 몇 가지 단서는 줄 수 있을 것이다.

어떤 역사가들은 버지니아의 최초의 흑인들이 유럽에서 이주해 온 백인 연기年期계약 하인[6]들과 마찬가지로 하인으로 간주됐다고 생각한다. 그러나 비록 '하인'(영국인들에게 더 익숙한 범주)으로 등록됐다 하더라도, 흑인들은 백인 하인과 다른 존재로 간주됐고 다르게 대우받았으며 실상은 노예였다고 보는 것이 훨씬 더 타당하다. 어쨌든 노예제도는 빠르게 제도화됐고 신세계에서 백인에 대한 흑인의 전형적인 노동관계로 확립됐다. 노예제도와 더불어 독특한 인종적 정서 ― 증오든 경멸이든 아니면 동정심이나 선심이든 ― 가 형성되어 다음 350년 동안 미국에서 흑인의 열등한 지위를 따라다녔다. 우리는 이런 열등한 지위와 경멸적인 사고의 결합을 인종주의라고 부른다.

최초의 백인 정착민들이 경험한 모든 것이 흑인의 노예화를 향한 압력으로 작용했다.

1619년의 버지니아인들은 살아남는 데 충분한 식량을 재배하기 위해 노동력이 절실하게 필요했다. 그들 가운데는 '기아의 시간'이었던 1609~1610년 겨울 동안 먹을 것이 없어 나무열매와 산딸기를 찾아 숲을 헤매고, 무덤을

---

[6] indentured servant: 개척 초기의 백인 하인들은 대서양을 건너오는 데 드는 뱃삯을 지불하지 못해 농장주가 대납하고 일정 기간 동안 농장 노동으로 갚은 빈민들, 본국에서 추방된 범법자나 채무자로 형을 면제받는 대신 식민지에서 노역을 하기로 한 집단, 유럽에서 마구잡이로 납치한 어린이와 집시 등이었다.

파헤쳐 주검을 뜯어먹고, 떼죽음을 당해 결국 500명에서 60명만 살아남은 경우도 있었다.

버지니아 하원의 『의사록 Journals』에는 제임스타운 식민지의 첫 12년간에 관해 말해 주는 1619년의 문서가 하나 있다. 이 최초의 정착지에는 100명의 사람들이 있었는데 이들은 끼니때마다 보리쌀 한 국자를 먹었다. 더 많은 사람들이 도착했을 때는 먹을 것이 훨씬 적었고 사람들은 땅을 파서 동굴 같은 구멍에서 살았다. 1609~1610년 겨울은 그들에게 혹독한 시간이었다.

> 참을 수 없는 굶주림으로 내몰린 나머지 천성이 거부하는 것들, 즉 우리 민족이든 인디언이든 가리지 않고 사람의 살점과 배설물을 먹었는데, 묻힌 지 사흘 뒤에 파낸 한 남자를 전부 게걸스럽게 먹어치웠다. 아직 덜 굶주려 자기만큼 야위지 않은 사람들의 몸을 탐낸 다른 사람들은 기다렸다가 죽여서 먹어 버리겠다고 그들을 위협했다. 어떤 사람은 자기 품안에서 자고 있는 부인을 죽여서 시체를 토막 내고 소금에 절여 머리를 뺀 모든 부분을 깨끗이 먹어 치웠다……

30명의 이주자들이 하원에 제출한 청원서는 토머스 스미스 경Sir Thomas Smith이 통치한 12년간의 총독정치에 불만을 표하면서 이렇게 말했다.

> 토머스 스미스 경의 12년에 걸친 통치기간은 대부분의 식민지가 여전히 가장 가혹하고 잔인한 법률 아래 심각한 부족과 곤궁에 시달려 왔다고 우리는 단언하는 바입니다……. 이 시기 동안 1인당 하루에 옥수수가루 200여 그램과 완두콩 반 파인트[pint. 1파인트는 약 0.55리터]만을 지급받았습니다. …… 그나마도 곰팡이가 피고 썩은데다가 거미줄과 구더기가 들끓어 역겨울 뿐만 아니라 짐승에게도 먹일 수가 없었습니다. 그래서 많은 사람들이 야만적인 적에게로

도망쳐 도움을 요청할 수밖에 없었는데, 다시 붙잡히게 되면 교수형, 총살형, 사지절단형 등 갖가지 방법으로 죽음을 당했습니다. …… 그 중 어떤 사람은 2에서 3파인트의 오트밀을 훔쳤다는 죄로 혀에다 송곳바늘을 꽂은 다음 굶어 죽을 때까지 나무에 사슬로 묶어뒀습니다…….

버지니아 사람들은 생존에 필요한 옥수수와 수출용 담배를 재배하기 위해 노동력이 필요했다. 이제 막 담배를 경작하는 법을 알아내어 1617년에 영국으로 첫 화물을 보내게 된 때였다. 도덕적 비난이라는 오명을 뒤집어쓴 모든 쾌락적인 약물과 마찬가지로 담배의 발견은 높은 부를 가져다줬다. 경작자들은 고결한 종교적인 담론에도 불구하고 그토록 수익성이 높은 것에 관해서는 어떤 질문도 하려 들지 않았다.

정착민들은 콜럼버스처럼 인디언들에게 강제 노동을 시킬 수 없었다. 인디언들에 비해 수적으로 열세였고, 우월한 무기로 인디언을 대량학살을 한다 해도 보복당할 우려가 있었다. 인디언을 생포해서 노예로 만들 수도 없었다. 인디언은 거칠고 지략이 있으며 반항적이었고, 이주한 영국인들과는 달리 숲속 생활에도 익숙했다.

유럽에서 건너온 백인 하인들은 아직 수가 충분치 않았다. 게다가 이들은 노예의 신분이 아니었으므로, 신세계에서 이주권을 얻어 새로운 출발을 하는 데 필요한 몇 년 동안의 노동계약 이상으로는 일을 하려 들지 않았다. 자유로운 신분의 백인 정착민들은 대부분 영국의 숙련 장인이거나 심지어 유한계급이어서 거의 일하려 들지 않았기 때문에, 초창기에 존 스미스는 일종의 계엄령을 선포해 노무대를 조직, 생존을 위해 그들에게 일하도록 강요해야 했다.

버지니아 사람들로 하여금 특별히 노예 주인이 되도록 고무시킨 이유는 인디언들이 자기 자신을 잘 돌보는 데 반해 자신들은 어리석기 그지없다는 데 대한 일종의 좌절된 분노가 있었을지도 모른다. 에드먼드 모건은 『미국의 노예제도와 미국의 자유』에서 이런 분위기를 그리고 있다.

> 만약 당신이 이주민이라면 당신은 자신의 기술이 인디언보다 우수하다는 것을 알게 된다. 당신은 문명인이고 인디언은 야만인인 것이다……. 하지만 당신의 우월한 기술은 자연에서 무엇인가를 획득하는 데 불충분하다는 것이 입증됐다. 인디언들은 왕래를 피하면서 당신의 우수한 방법을 비웃고 똑같은 땅에서 당신보다 덜 일하면서 더 풍요롭게 산다……. 게다가 당신네 사람들이 인디언과 함께 살려고 도망치기 시작하면서 그 수가 너무 많아졌다……. 그래서 당신들은 인디언을 죽이고 고문했으며 인디언 마을과 옥수수밭을 불태웠다. 이런 행위는 비록 농사에는 실패했으나 당신들이 우월하다는 점을 입증했다. 또 당신들은 인디언들의 야만적인 생활방식에 굴복한 당신네 사람들까지도 비슷하게 취급했다. 하지만 당신들은 여전히 많은 옥수수를 수확하지 못했다…….

흑인 노예가 답이었다. 또 비록 수십 년 동안 노예제도가 확립, 법제화되지는 못했지만 수입된 흑인들을 노예로 간주하는 것은 자연스러운 일이었다. 1619년에 이르면 이미 100만 명의 흑인이 노예로 일하기 위해 아프리카로부터 남아메리카와 카리브 해의 포르투갈 및 스페인 식민지에 와 있었기 때문이었다. 콜럼버스보다 50년 앞서 포르투갈인들은 10명의 흑인을 리스본으로 데리고 왔다. 이것이 정규적인 노예무역의 시작이었다. 아프리카 흑인들은 100년 동안 노예 노동자로 낙인이 찍힌 상태였다. 그러므로 강제로 제임스타운에 이주하게 된, 안정된 노동력을 갈망하던 정착민들에게 물건으로 팔린 20명의 흑인이 노예가 아닌 다른 대우를 받았다면 오히려 이상했을 것이다.

흑인들의 무력한 상황은 노예화를 더 쉽게 만들었다. 인디언은 자신들의 땅에 살고 있었다. 백인은 자기들 나름의 유럽 문화에서 살고 있었다. 흑인들은 자기 땅과 문화에서 강제로 떨어져 나왔고, 정말로 비범한 끈기로 유지할 수 있었던 잔존물 말고는 모든 언어, 의복, 관습, 가족관계 등의 유산이 하나둘씩 말살되어가는 상황으로 내몰렸다.

흑인들의 문화는 열등했을까? 또 그렇게 쉽게 파괴될 정도였을까? 군사적 역량에서는 총과 배를 가진 백인들에게 약할 수밖에 없었다. 하지만 실용적인 이유에서나 이윤을 노리는 이유에서 다른 문화를 종종 열등하게 여기는 경우가 아니라면, 다른 면에서는 결코 그렇지 않았다. 심지어 군사적인 측면에서도 서구인들은 아프리카 연안에 요새를 확보할 수는 있었지만 내륙은 정복할 수 없었고 추장들과 타협을 해야 했다.

아프리카 문명은 유럽만큼이나 독자적인 방식으로 발전되어 있었다. 어떤 면에서는 더 경탄할 만한 문명이었지만 역시 잔인함, 위계적 특권, 그리고 종교나 이윤을 위해 인간 생명을 희생하는 행위도 포함되어 있었다. 그것은 철기를 사용하고 농경기술이 뛰어난 1억 명의 문명이었다. 대규모 도시 중심지들이 있었고 직조와 도자기, 조각 등에서 놀라운 업적을 이룬 문명이었다.

16세기의 유럽인 여행자들은 유럽 각국이 이제 막 근대국가로 발전하기 시작하던 당시에 이미 견고하게 조직되어 있던 팀북투(Timbuktu. 지금의 말리 중부)와 말리의 아프리카 왕국에 깊은 인상을 받았다. 1563년 베네치아 통치자의 대신大臣인 라무시오Giovan Battista Ramusio는 이탈리아 상인들에게 이렇게 썼다. "팀북투와 말리의 왕에게로 가서 교역을 해보면 배와 상품 덕분에 환영받고 잘 대접받으며 원하는 물품을 하사받을 수 있을 것이니라……."

1602년경에 쓰여진 서아프리카 베냉Benin 왕국에 관한 네덜란드의 보고서는 이렇게 말했다. "도시에 들어서니 무척 커 보였다. 닦지 않은 넓고 큰 길에 발을 디디니 암스테르담의 와르뫼스 거리Warmoes Street보다 7, 8배는

| 베냉 왕국의 흑인 문화 | 기니 해안의 베냉 왕국에서 열린 축제 모습이다. 아프리카의 국가들은 그림에서처럼 수준 높은 문명을 유지하며 번영하고 있었다. 교역이나 문화 역시 유럽에 비해 열등하지 않았다.

넓어 보였다……. 이 도시의 주택들은 질서정연하게 서 있으며 네덜란드의 집들처럼 빽빽하게 줄지어 있다."

1680년경의 한 여행자는 기니 해안의 주민들이 "대단히 정중하고 친절하며, 대하기 쉽고, 유럽인들이 정중하게 요구하는 것에 대해 겸손하게 응하며, 우리가 주는 선물에 기꺼이 두 배로 답례한다"고 묘사했다.

아프리카는 농업에 바탕을 둔 유럽과 마찬가지로 일종의 봉건제가 형성되어 영주와 가신의 위계질서가 확립되어 있었다. 그러나 아프리카의 봉건제는 유럽처럼 고대 부족 생활을 파괴한 그리스와 로마의 노예제 사회로부터 나온 것이 아니었다. 아프리카에서는 공동체정신, 법과 처벌에서의 유연성 등과 같은 부족 생활이 여전히 강력했고 몇몇 장점이 여전히 존재하고 있었다. 또 유럽의 영주들과는 달리 아프리카 영주들에겐 무기가 없었으므로 그만큼 쉽게 복종을 명령할 수 없었다.

베이질 데이비드슨Basil Davidson은 『아프리카 노예무역The African Slave Trade』에서 16세기 초반 콩고의 법률과 포르투갈 및 영국의 법률을 비교하고 있다. 사유재산의 관념이 점점 강해지고 있던 이들 유럽 국가에서는 절도를 잔인하게 처벌했다. 영국의 경우에는 1740년에 이르러서도 무명포 한 조각을 훔쳤다는 이유로 어린아이를 교수형에 처할 수 있었다. 그러나 콩고에서는 공동체 생활이 지속됐고, 사유재산이라는 관념은 생소한 것이었으며, 절도에 대해서는 벌금이나 다양한 정도의 노역으로 처벌했다. 콩고의 한 지도자는 포르투갈 법전에 관해 이야기하면서 한 포르투갈인에게 짓궂은 질문을 던졌다. "포르투갈에서는 땅에 발을 디딘 사람에게 어떤 벌을 내립니까?"

아프리카 각국에는 노예제가 존재했고, 때로는 유럽인들이 이를 근거로 들어 자신들의 노예무역을 정당화하기도 했다. 그러나 데이비드슨이 지적하듯이, 아프리카의 '노예'는 유럽의 농노에 더 가까웠다. 다시 말해 유럽 인구의 대부분을 차지하는 사람들과 마찬가지였던 것이다. 이들은 가혹한 노역을 해야 했지만 아메리카로 끌려간 노예들이 갖지 못한 권리를 누렸고 "노예선과 아메리카 대농장의 인간 가축들과는 전혀 달랐다." 서아프리카의 아샨티Ashanti 왕국에 관해 한 관찰자는 이렇게 지적했다. "노예는 결혼을 하고 재산을 소유하며, 자신 또한 노예를 소유하고 선서를 하며, 합법적인 증인의 자격을 갖고 궁극적으로는 주인의 상속자가 된다……. 아샨티족의 노예는 십중팔구 가족의 양자가 되며 시간이 지나 자손들이 주인 일족과 융화되거나 서로 혼인관계를 맺기도 한다. 결국 단 몇 사람만이 자신의 혈통을 알 수 있다."

노예무역자인 존 뉴튼John Newton(훗날 노예제 반대 운동의 지도자가 됐다)은 지금의 시에라리온 사람들에 관해 이렇게 썼다.

우리가 보건대, 이 거친 야만인들 사이에서 노예의 처지는 우리 식민지들에서보다 훨씬 낫다. 한편으로 그들에게는 우리가 서인도 제도에 갖고 있는 대농장처럼 집약적인 경작을 하는 땅이 없으므로 우리의 노예들을 고갈시키는 과도하고 끊임없는 노동이 필요하지 않기 때문이다. 다른 한편으로는 노예에게 상처를 입히는 행동을 어느 누구에게도 허용하지 않았기 때문이다.

아프리카 노예제를 찬미할 수는 없다. 그러나 평생 벗어날 수 없고 도덕적으로 손상을 가하며 가족의 유대를 파괴하고 미래에 대한 어떤 희망도 가질 수 없는 아메리카의 대농장이나 광산 노예제와는 크게 달랐다. 아메리카 노예제를 역사상 가장 잔인한 형태의 노예제로 만든 두 가지 요소가 아프리카에는 없었다. 첫째는 자본주의적 농업에서 기인하는 끝없는 이윤을 향한 광란이다. 둘째는 피부색에 따라 백인은 주인, 흑인은 노예라고 가차없이 구분하고 인종적 증오심을 이용함으로써 노예를 인간 이하의 지위로 떨어뜨린 것이었다.

사실 아프리카 흑인들은 부족의 관습과 가족적 유대, 공동체적 삶과 전통적 의례를 갖춘 안정된 문화에서 살았기 때문에 이런 환경에서 격리되자 특히 무기력함을 느낄 수밖에 없었다. 흑인들은 내륙에서 (가끔은 그들 자신이 노예무역에 종사하는 흑인들에 의해) 잡혀 해안에서 팔렸고 뒤이어 말이 통하지 않는 다른 부족의 흑인들과 함께 우리 안에 갇혔다.

포획당하고 매매되는 상황은 흑인들이 우세한 힘 앞에서 느끼는 무력감을 압도적으로 각인시키기에 충분했다. 때로 1,600킬로미터에 이르는 해안까지의 행렬은 목에 차꼬를 찬 채 채찍과 총으로 위협받으면서 걸어야 하는

거래되는 흑인 노예들 | 차꼬와 족쇄를 찬 흑인들이 시장에서 팔리고 있다. 흑인들은 대규모로 사냥되어 낙인이 찍힌 채 유럽인의 노예가 되었다. 그 과정에서 엄청난 수의 흑인들이 목숨을 잃었다.

죽음의 행진이었고, 도중에 다섯에 두 명꼴로 죽어갔다. 해안에서는 뽑혀 팔릴 때까지 우리에 갇혀 있었다. 17세기 말경 존 바버트John Barbot라는 인물은 황금 해안(Gold Coast. 서아프리카 기니만灣의 북쪽 해안으로 지금은 가나공화국의 일부이며 노예무역 중심지였다]에 있는 노예 우리를 이렇게 묘사했다.

> 노예들이 내륙지방에서 피다Fida로 내려오면 …… 해변 근처의 간이 오두막이나 감옥에 수용된다. 유럽인들이 오면 노예들을 넓은 평지로 끌어낸 뒤 의사들이 남자든 여자든 완전히 발가벗기고 가장 어린아이까지 하나하나 구석구석 검사한다……. 우량하고 건강하다고 인정되면 한쪽으로 분리시키고 …… 가슴에 빨갛게 달군 인두로 프랑스나 영국, 네덜란드 회사 마크를 찍는다……. 그런 다음 낙인이 찍힌 노예들은 다시 오두막으로 돌아가 배에 실려 갈 때까지

기다리는데 때로는 열흘에서 보름 정도 기다리기도 한다…….

그러고 나서 노예선에 차곡차곡 실리는데, 어둡고 축축하고 더러운 배 밑바닥에 줄줄이 사슬로 묶인 채 관棺 하나만한 공간에서 자신의 배설물이 풍기는 악취에 숨이 막힌다. 당시의 문서들은 이 상황을 이렇게 그리고 있다.

때로는 칸막이 위아래 사이의 간격이 약 45센티미터에 불과했다. 그래서 이 불행한 인간들은 어깨 폭보다도 낮은 공간에서 돌아누울 수도, 아니 옆으로 누울 수도 없었다. 게다가 목과 다리는 대개 바닥에 사슬로 묶여 있었다. 그런 공간에서 느끼게 되는 비참함과 질식해 죽을 것 같은 공포감이 너무나도 큰 나머지 검둥이들은 …… 광포해진다.

어떤 경우에는 흑인들이 서로 사슬로 묶여 있는 배 밑에서 요란한 소리가 나는 것을 듣고 선원들이 뚜껑을 열어보면 노예들마다 각기 다른 질식사 단계에 빠져 있었다. 흑인들은 많은 수가 이미 죽었거나 일부는 필사적으로 숨을 쉬기 위해 옆에 있는 노예를 죽이기도 했다. 노예들은 종종 질식해 죽느니 차라리 물에 빠져 죽으려고 바다로 뛰어들기도 했다. 어떤 목격자는 노예들을 가둔 곳이 "피와 점액으로 뒤덮여 있어 마치 도살장을 보는 듯했다"고 말했다.

이런 상황 때문에 아마 세 명에 한 명꼴로 바다 한가운데서 죽었을 테지만, 엄청난 이윤(종종 한 번의 항해로 투자액의 두 배를 벌었다) 때문에 노예무역자들로서는 충분히 가치가 있는 일이었다. 결국 흑인들은 배의 짐칸에 물고기처럼 처넣어졌다.

처음에는 네덜란드, 다음에는 영국인들이 노예무역을 장악했다. (1795년경 리버풀에는 노예를 운반하는 배가 100척이 넘었고 유럽 전체 노예무역의 절반을 차지했다.) 뉴잉글랜드의 일부 아메리카인들도 사업에 뛰어들었고, 1637년에는 아메리카 최초의 노예선 디자이어Desire 호가 마블헤드Marblehead를 출항했다. 배의 짐칸은 족쇄와 빗장이 달린 가로 60센티미터 세로 180센티미터의 선반으로 나뉘어져 있었다.

1800년에 이르면 1,000만에서 1,500만 명의 흑인이 아메리카 대륙에 노예로 수송됐는데, 이 숫자는 아프리카에서 원래 잡은 수의 3분의 1 정도였다. 우리가 근대 서구문명의 시초라고 부르는 세기에, 세계에서 가장 발전된 나라로 간주된 서유럽과 아메리카의 노예무역자와 대농장 소유주들에 의해 아프리카는 5,000만 명을 죽음과 노예제로 잃어버린 것으로 추산된다.

1610년 산도발Sandoval 신부라는 아메리카 대륙의 가톨릭 사제는 유럽의 한 교회 직원에게 편지를 보내 아프리카 흑인을 포획, 수송, 노예화하는 것이 교회 교리에 합당한 것인지를 물었다. 1610년 3월 12일자로 된 루이스 브란다온Luis Brandaon 수도사의 답장은 산도발 신부에게 이렇게 말한다.

노예선
———————————

노예무역자들은 최대한의 이윤을 얻기 위해 가능한 한 많은 노예를 수송하려고 했다.

66 | 미국민중사

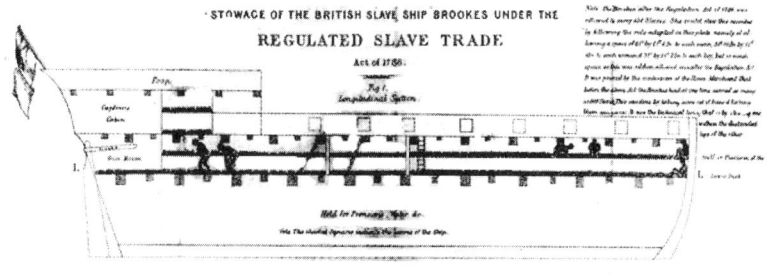
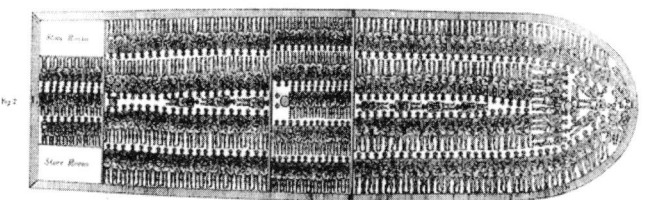
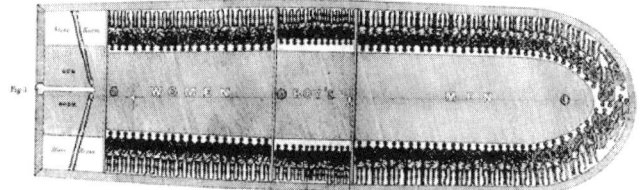
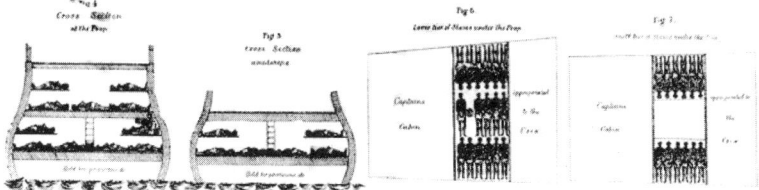

**노예선의
세부 모습**

노예선 모형과 세부 그림은 노예들이 인간 짐짝처럼 빼곡하게 실린 채 아메리카로 향했다는 사실을 생생하게 보여준다. 영국 하원에서 노예제 반대 논란이 벌어졌을 때, 노예제 반대론자였던 윌리엄 윌버포스William Wilberforce는 자신의 주장을 뒷받침하기 위해 이 그림을 이용했다.

신부님께서는 그곳으로 보내지는 검둥이들이 합법적으로 포획된 것인지를 알고 싶다고 쓰셨습니다. 이 문제에 관해 저는 신부님께서 아무런 양심의 가책도 받으실 필요가 없다고 답변을 드립니다. 이 문제는 리스본에 있는 양심위원회Board of Conscience에서 제기된 바 있으며, 그 위원들은 모두 학식 있고 양심적인 분들이기 때문입니다. 상투메(Sao Thome. 아프리카 서부의 도시로 지금은 상투메프린시페공화국의 수도)와 카보베르데(Cape Verde. 아프리카 서부의 군도), 그리고 여기 루안다(Loando. 지금의 앙골라의 도시)의 주교님들도 ― 모두 학식 있고 덕망 높은 분들이지요 ― 아무 문제점을 찾지 못하셨습니다. 우리는 이곳에서 40년 동안이나 살아 왔고 우리 가운데는 이루 말할 수 없이 학식이 높은 신부님들도 계십니다. …… 그분들은 한번도 노예무역을 불법이라고 보지 않으셨습니다. 그러므로 우리를 비롯한 브라질의 신부님들은 양심의 가책 없이 노예를 사서 하나님을 섬기는 데 이용하는 것입니다.

이 모든 것 ― 제임스타운 정착민들이 필사적으로 노동력을 찾고 있었다는 점, 인디언을 부리기는 불가능하고 백인을 이용하기는 어려웠다는 점, 이윤 추구를 위해 인간 육체를 거래하는 사람들이 점점 더 많은 수의 흑인들을 공급하고 있었다는 점, 목숨을 부지하고 살아남은 흑인들은 정신적, 육체적 무력감에 빠지게 만들었음이 분명한 시련을 겪은 직후였기 때문에 통제하기가 쉬웠다는 점 ― 을 감안해 보건대, 흑인들이 노예로 삼기에 가장 좋았다는 점이 과연 놀라운 일일까?

또 이런 상황에서 설사 몇몇 흑인들이 하인으로 간주됐다 하더라도 백인 하인과 똑같은 대우를 받았을까?

버지니아 식민지의 법원기록에 나타난 증거는 1630년에 휴 데이비스Hugh Davis라는 백인 남자가 "검둥이와 함께 누워 자기 몸을 더럽힘으로써

…… 자신을 능욕했다는 이유로 …… 호되게 태형을 당할 것"을 명령받았음을 보여준다. 10년 뒤, 여섯 명의 하인과 "레이널즈 씨 소유의 검둥이 한 명"이 도망친 일이 있었다. 백인들은 가벼운 판결을 받은 데 반해, "검둥이 이매뉴얼은 태형 30대와 뺨에 R자 낙인찍기, 주인이 용서할 때까지 1년 이상 족쇄를 차고 일하기" 등의 형벌을 받았다.

이 초기 몇 년간은 노예제가 일반화되거나 법제화되지 않았지만, 하인 명단에는 흑인들이 따로 분리되어 있었다. 1639년에 통과된 한 법률은 "검둥이를 제외한 모든 개인은" 무기와 탄약을 소지할 수 있다고 포고했다—아마 인디언에 맞서 싸우기 위해서였을 것이다. 1640년에 세 명의 하인이 탈주를 시도했을 때, 백인 두 명은 노역기간을 연장하는 가벼운 처벌을 받았다. 그러나 법원의 말에 따르면, "존 펀치John Punch라는 이름의 검둥이는 죽을 때까지 주인이나 양도인을 위해 일해야" 했다. 1640년에는 로버트 스웨트Robert Sweat라는 백인 남자의 아이를 낳은 검둥이 여자 하인의 사례도 있다. 법원은 "검둥이 여자는 태형기둥에 묶어 매질을 가하고, 스웨트는 내일 오전 중에 제임스 시市 교회에 출석해 자신이 저지른 죄를 공개적으로 참회할 것"을 판결했다.

이런 불평등한 대우, 경멸과 억압 및 감정과 행동의 점증하는 결합을 우리는 '인종주의'라 부른다. 이것이 과연 백인이 흑인에 대해 갖는 '자연스러운' 반감의 결과였을까? 이 질문은 중요한 것인데, 역사적 정확성의 문제만이 아니라 어떤 식으로든 '자연스러운' 인종주의를 강조하는 것은 사회체제의 책임을 완화시키기 때문이다. 인종주의를 자연스러운 것으로 볼 수 없다면, 그것은 어떤 특정한 상황이 낳은 결과이고, 따라서 우리는 그런 상황을 제거해야만 한다.

우리로서는 종속의 역사도 없고, 착취와 노예화를 유발하는 돈 욕심도 없으며, 강제노동을 필요로 하는 필사적인 생존경쟁도 없는 순조로운 상황 아래서 백인과 흑인이 서로에게 어떤 행동을 보이는지를 시험해 볼 방법은 없다. 17세기 아메리카에서 흑인과 백인이 처해 있던 상황은 모두 그와는 정반대로서 적대와 학대의 방향으로 강력하게 규정되어 있었다. 그런 상황 아래서는 두 인종 사이의 하찮은 인간애의 표시조차도 공동체를 바라는 인간의 기본적인 욕구를 보여주는 증거로 간주될 수 있다.

노예무역이 이제 막 시작되던 1600년 이전에도, 말 그대로든 상징적으로든 아프리카인들에게 노예의 낙인이 찍히기 전에도, 검은색이 혐오의 대상이었다고 지적하는 이들도 있다. 옥스퍼드 영어사전에 따르면 1600년 이전의 검은색은 " (1) 오물로 크게 더럽혀진, 때 묻은, 더러운, 불결한. (2) 음흉하거나 증오에 찬 의도를 가진, 악의적인, 죽음에 속하거나 죽음을 뜻하는, 치명적인, 유독한, 불길한, 사악한. (3) 악랄한, 간악한, 극악한, 끔찍할 정도로 사악한. (4) 불명예, 비난, 처벌 등을 가리키는. 등"을 의미했다. 엘리자베스 시대의 시는 으레 흰색을 아름다움과 결부시켜 사용했다.

우선하는 다른 요인이 없다면 어둠과 검은색은 밤이나 미지의 것과 연결되어 그런 의미를 띠게 될 것이다. 그러나 자기들과는 다른 인간이 존재한다는 것은 분명한 사실이며 그런 존재가 어떤 조건 아래 있는가 하는 점은, 단지 피부색에 따라 인간 이하의 존재로 격하시키는 최초의 편견이, 어떻게 잔인함과 증오로 전환되는지를 보여주는 관건이 된다.

검은색에 대한 그런 선입견과 17세기 아메리카 대륙에서 흑인의 독특한 예속관계에도 불구하고 백인과 흑인이 공동의 문제, 공동 작업, 주인에 대한 공동의 적대감을 가지게 되는 곳에서는 서로를 동등하게 대했다는 증거가 있다. 노예제 연구자의 한 사람인 케네스 스탬프Kenneth Stampp가 지적한 것처럼, 17세기의 흑인과 백인 하인들은 "눈에 보이는 육체적 차이에 관해서는 전혀 관심이 없었다."

흑인과 백인은 함께 일하고 서로 형제처럼 지냈다. 얼마 뒤 흑인과 백인 사이의 친밀한 관계를 금지하기 위해 법률을 제정하기까지 했다는 바로 그 사실이 두 인종의 관계가 얼마나 좋았는지를 알려준다. 1661년 버지니아에서는 "검둥이와 함께 도망친 영국인 하인의 경우에는" 도망친 검둥이의 주인을 위해 계약기간 외에 추가로 특별노역을 해야 한다고 규정한 법률이 통과됐다. 1691년에는 "사로잡혔든 자유롭든 흑인이나 흑백혼혈mulatto, 인디언 남녀와 결혼하는 자유 백인 남녀"를 버지니아에서 추방하는 법률을 제정했다.

인종적인 이질감이나 공포감과 아메리카 대륙에서 발생한 수백만 흑인의 대규모 노예화 사이에는 엄청난 차이가 있다. 전자에서 후자로의 이행은 '자연적인' 경향으로는 쉽게 설명할 수 없다. 역사적인 조건의 결과라고 이해하는 것이 합당하다.

노예제는 대농장제가 발전함에 따라 함께 성장했다. 그 이유는 자연적인 인종적 반감 이외의 다른 요인들로 쉽게 추적해 볼 수 있다. 자유민이든 연기계약 하인(대개 4~7년 계약)이든 유럽에서 건너온 백인들의 수는 대농장에 필요한 노동력의 수요를 총족시킬 수 없었다. 1700년 버지니아에는 전체 인구의 12분의 1에 해당하는 6,000명의 노예가 있었다. 1763년에 이르러서는 인구의 약 절반인 17만 명에 달했다.

흑인은 백인이나 인디언보다 노예로 만들기가 더 쉬웠다. 그렇지만 그들 역시 쉽게 노예가 되려 하지는 않았다. 아프리카에서 수입된 흑인 남녀들은 처음부터 백인들의 노예화에 저항했다. 결국 저항은 통제되고 남부지방에 300만 명의 흑인 노예제가 확립됐다. 그러나 극한적인 상황 아래서도, 수족이 절단되고 죽음을 당하는 고통 아래서도, 북아메리카의 200여 년에 걸친 노예화 과정을 통해 이들 아프리카계 미국인Afro-American은 반란을 멈추지 않았다. 조직적인 봉기는 이따금씩만 일어났다. 주인에게서 도망침으로써 예속을 거부하는 일은 더 자주 일어났다. 농기구 파괴와 태업, 그리고 자기 자신과 형제자매들만이 느꼈을지언정 인간으로서의 존엄성을 주장하는 미세한 형태의 저항은 훨씬 더 빈번했다.

저항은 아프리카에서 시작됐다. 한 노예무역상은 검둥이들이 "고집이 세고 자기 고장을 떠나는 데 질색한 나머지, 잡히면 카누나 보트, 배에서 물로 뛰어들어 빠져 죽을 때까지 물속에서 나오지 않았다"고 보고했다.

1503년 최초의 흑인 노예들을 에스파뇰라에 데려왔을 때, 에스파뇰라의 스페인 총독은 도망친 검둥이 노예들이 인디언에게 불복종을 가르치고 있다고 스페인 법원에 하소연했다. 1520년대와 1530년대에는 에스파뇰라, 푸에르토리코, 산타마르타〔Santa Marta. 지금의 콜롬비아 막달레나 지방〕, 그리고 지금의 파나마에서 노예 반란이 일어났다. 반란이 일어난 직후, 스페인은 탈주 노예를 추적하기 위해 특별경찰을 창설했다.

1699년의 버지니아 법령은 "검둥이 대부분의 완강함"에 관해 설명했고, 1680년 버지니아 하원은 "잔치와 싸움을 구실로 한" 노예들의 모임에 주목하면서 "위험스러운 결과"라고 생각했다. 1687년에는 버지니아 식민지의 노선네크Northern Neck에서 노예들이 지역에 있는 백인을 모두 죽인 후 장례식을 이용해 탈출하려고 한 계획이 발각됐다.

18세기 버지니아의 노예 저항을 연구한 제럴드 멀린Gerald Mullin은 『탈주와 반란Flight and Rebellion』에서 이렇게 서술했다.

18세기 버지니아의 노예제에 관한 입수가능한 자료들 — 대농장 및 군郡 기록 문서, 탈주 노예를 찾는 신문광고 — 은 반항적인 노예들과 그 밖의 몇몇 사람들을 묘사해 준다. 거기에 나타난 노예들은 게으르고 도둑질을 잘했다. 아픈

흑인(노예)들의 저항 | 일부 학자들은 흑인들이 인종적으로 열등하기 때문에 노예제에 쉽게 편입되었다고 주장한다. 그러나 노예로 잡힌 흑인들은 수동적이지만은 않았다. 오히려 이런 반란이 자연스러운 일이었다.

척하기를 잘하고 농작물, 비품, 연장 등을 망쳐 버리고 때로는 감독자를 습격하거나 죽이기도 했다. 노예들은 훔친 물건으로 암시장을 열었다. 도망자들은 여러 가지 유형으로 분류됐는데, 게으름뱅이(대개 자발적으로 되돌아온다), '무법자' …… 실제로 도망친 노예들, 친척을 방문한 사람들, 자유민으로 행세하려고 읍내에 온 사람들, 배를 타고 식민지를 떠나거나 서로 협력해 변경지방에 마을이나 은신처를 세우기 위해 뭉침으로써 노예 상태를 완전히 벗어나려고 애쓴 사람들 등등이었다. 또 다른 유형의 반항적인 노예들은 전면적으로 행동했다. 이들은 살인자, 방화범, 반란선동자가 됐다.

아직 공동사회의 유산을 버리지 않았던 아프리카에서 최근에 온 노예들은 집단적으로 탈주해 변경지방의 황야에서 도망자들의 마을을 세우려 했다. 다른 한편 아메리카에서 태어난 노예들은 혼자 도망쳐서 농장에서 배운 기술을 가지고 자유민으로 행세하려고 했다.

영국의 식민지 문서 가운데 영국 상무성에 보고된 1729년의 버지니아 부총독의 보고서는 "약 15명의 검둥이가 …… 주인집에서 도망쳐 인근 산악지대의 산채에서 숨어 살 계획을 꾸민 과정"을 말해 준다. "그들은 무기와 탄약을 확보할 수 있는 방법을 알아냈고 식량과 옷, 침구와 연장 등을 가지고 갔습니다……. 이런 시도는 다행히도 실패했지만 우리로 하여금 몇몇 효과적인 조치를 취하도록 깨우쳐 줬습니다."

노예제는 몇몇 노예주들에게 막대한 이윤을 가져다줬다. 제임스 매디슨James Madison은 미국혁명[American Revolution. 미국 독립전쟁] 직후 영국인 방문객에게 검둥이 한 명당 1년에 257달러를 벌어들일 수 있는 반면 먹여 살리는 데는 12 내지 13달러밖에 들지 않는다고 설명했다. 이보다 약 15년 전의 노예소유주인 랜던 카터Landon Carter의 관점은 달랐는데, 그는 노예들이 일을 아주 게을리 하고 매우 비협조적(일을 잘하지도 못하고 또 하려고 하지도 않는다)이기 때문에 노예를 데리고 있는 것이 가치 있는 일인지 회의가 든다고 불평했다.

어떤 역사가들은 —노예들의 조직적인 반란이 드물었고 남부지방에서 200년 동안이나 노예제를 유지할 수 있었다는 사실에 기초해— 주어진 조건 때문에 노예들이 예속적일 수밖에 없었다는 식으로 그림을 그려왔다. 스탠리 엘킨스Stanley Elkins의 말처럼, 아프리카의 유산이 파괴됨에 따라 노예들은 "깜둥이Sambo들", "무기력한 예속민들의 사회"를 형성하게 됐다는 것이다. 혹은 또 다른 역사가 얼리크 필립스Ulrich Phillips의 말대로 "인종적 특성상

복종적"이라는 것이다. 그러나 노예들의 행동 전체를 보고, 또 작업과정에서의 은밀한 비협조에서부터 탈주에 이르기까지 일상생활에서 저항한 모습을 보면 그림은 달라진다.

1710년 알렉산더 스파츠우드Alexander Spotswood 총독은 버지니아 하원에 이렇게 경고했다.

…… 자유는 혓바닥 없이도 노예제의 속박을 떨쳐 버리고자 갈망하는 모든 사람을 불러 모을 수 있는 모자를 쓰고 있으며 따라서 폭동이 일어날 경우 가장 끔찍한 결과를 가져올 것이 확실한 바, 내 생각에는 더 나은 방어태세를 갖추는 동시에 검둥이들의 단합을 예방할 수 있는 법률을 제정함으로써 폭동을 방지하는 일은 아무리 서두른다 해도 이르지 않습니다.

실로 탈주 노예에 대한 처벌이 가혹했음을 감안해 볼 때, 그토록 많은 흑인이 도망쳤다는 사실은 강력한 반항의 징표임이 틀림없다. 1700년대 내내 버지니아 노예법은 다음과 같았다.

노예들이 빈번하게 도망쳐 늪이나 숲 또는 눈에 띄지 않는 곳에 숨어살며 돼지를 잡아먹거나 주민들에게 다른 피해를 주는 까닭에 …… 만약 도망친 노예가 곧바로 돌아오지 않으면 누구든 …… 자기가 적합하다고 생각하는 …… 수단과 방법을 동원해 노예들을 잡아 죽여도 상관없다……. 만약 노예를 붙잡으면 …… 군郡 법원은 …… 상기上記 노예의 수족을 절단하는 등의 방법으로 처벌하도록 명하는 것이 합당하다……. 못된 버릇을 고치지 않는 노예를 교정시키고 다른 노예들이 그런 행동을 하지 못하도록 겁주는 데 적합한 방법이라고 생각하는 바에 따라 재량껏 그런 형벌을 내릴 수 있다.

멀린은 1736~1801년 사이에 1,138명의 남자 노예와 141명의 여자 노예를 찾는 신문광고를 찾아냈다. 노예가 끊임없이 도망치려 했던 이유 중에 하나는 자기 가족을 찾기 위해서였다. 이것은 결혼을 금지하고 가족들을 떼어놓음으로써 가족 간의 유대를 파괴하려 했던 노예제도의 시도에도 불구하고, 노예들이 죽음과 수족절단의 위험을 무릅쓰고서라도 서로 만나려고 했음을 보여준다.

1750년 당시 노예가 인구의 약 3분의 1이었던 메릴랜드에서는 노예제가 1660년대 이래 법률로 규정되어 있었고 반항적인 노예들을 통제하는 법령도 통과됐다. 이곳에서는 여자 노예들이 때로는 독약으로, 때로는 담배창고나 집에 불을 질러서 주인을 살해하는 경우가 있었다. 그에 대한 형벌은 태형, 낙인 등에서부터 처형에 이르기까지 매우 다양했지만 골치 아픈 문제는 끊이지 않았다. 1742년에는 노예 7명이 주인을 살해했다는 죄목으로 사형에 처해졌다.

노예 반란에 대한 두려움은 시종일관 농장 생활에 붙어 다니는 사실이었던 듯하다. 버지니아의 부유한 노예소유주인 윌리엄 버드William Byrd는 1736년에 이렇게 기록했다.

> 무기를 들기에 적합한 이 함의 자손들[descendants of Ham. 창세기 10장 1절에 나오는 말로 흑인을 가리킨다]은 이미 적어도 1만 명이나 있고 수입輸入이나 출생으로 매일 그 수가 늘어나고 있다. 그리하여 만약에 필사적으로 운명을 내거는 인간이 나타난다면, 그는 카틸리나[Lucius Sergius Cataline(B.C. 108?~62). 로마의 몰락 귀족 출신 정치가로 국가전복 음모를 꾸미다 발각되어 도망쳤으나 추격한 정부군과 전투 끝에 사망했다]보다 더 유리한 조건에서 노예 전쟁을 일으키고 …… 강물을 피로 물들일지도 모른다.

노예소유주들은 노동력 공급과 자기들의 생활방식을 유지하기 위해서 복잡하고 강력한 통제체제를 발전시켰다. 이 체제는 치밀하고도 노골적인 것으로서, 권력과 부를 유지하기 위해 사회질서에 도입된 모든 장치를 내포하고 있었다. 케네스 스탬프가 말하듯이,

> 현명한 주인이라면 검둥이가 타고난 노예라고 진심으로 믿지는 않았다. 그렇게 생각하는 주인은 거의 없었다. 주인들은 아프리카에서 새로 수입된 검둥이들을 노예의 신분으로 전락시켜야 하고 그 후손들은 신중하게 길들여야 한다는 점을 알고 있었다. 기꺼이 복종하려는 노예는 드물었으므로 이것은 쉬운 일이 아니었다. 더구나 완전히 순종하는 노예 역시 좀처럼 찾기 힘들었다. 적어도 노년이 되어 노예들이 무력한 상태가 되기 전까지는 대부분의 경우 끝없는 통제가 필요했다.

이 체제는 심리적인 동시에 육체적인 것이었다. 노예들은 규율을 배웠으며, '자신의 분수를 알고', 검은색을 종속의 징표로 보며, 주인의 힘을 경외하고, 자신의 개인적인 욕구를 버리고 주인의 이익을 자신의 이익이라 인식하도록 자신이 열등하다는 사고를 끊임없이 주입받았다. 이것을 이루기 위해서는 고된 노동 규율을 부과하고, 노예 가족을 해체시키고, 종교를 통해 마음을 달래주었다(어떤 노예소유주가 보고했듯이 때로는 '엄청난 악영향'을 초래하기도 했다). 또한 노예들을 밭에서 일하는 노예와 그보다 조금 더 특권을 누리는 가내노예로 나눔으로써 그들 사이의 연대감을 파괴했다. 마지막으로 법률의 힘과 감독의 직접적인 힘을 통해 태형, 단근질, 수족절단, 사형에 처하는 방법이 필요했다. 수족절단은 1705년의 버지니아 법전에서 규정됐다. 메릴랜드에서는 백인을 때린 흑인의 두 귀를 자르고, 중대한 범죄를 저지른

노예는 교수형에 처하며, 그 시체를 4등분해 전시하도록 규정한 법률이 통과됐다.

그럼에도 반란은 계속 일어났다 — 많지는 않았지만 백인 농장주들이 끊임없이 두려워하기에는 충분했다. 북아메리카에서 최초의 대규모 폭동은 1712년 뉴욕에서 일어났다. 뉴욕에서는 노예가 전 인구의 10퍼센트를 차지하고 있었는데, 이것은 보통 경제적 조건 때문에 많은 농장노예가 필요하지 않았던 북부 여러 지방states 가운데 가장 높은 비율이었다. 약 25명의 흑인과 인디언 2명이 한 건물에 불을 지르고는 현장에 온 백인 9명을 살해했다. 그들은 곧 군인들에게 체포됐고 재판을 받은 뒤 21명이 처형됐다. 총독은 영국에 이렇게 보고했다. "일부는 화형에 처하고 일부는 교수형에 처했으며, 한 명은 수레바퀴에 매달아 찢어 죽이고 또 하나는 사슬로 묶어 산 채로 매달아 죽였습니다……." 한 명은 여덟 시간에서 열 시간 동안 약한 불에 태워 죽이기도 했다. 이 모두가 다른 노예들에게 경고하기 위함이었다.

1720년 사우스캐롤라이나에서 런던에 보낸 한 편지는 이렇게 보고하고 있다.

> 최근에 이곳의 백인들을 모두 죽이고 찰스타운Charles Town 전체를 장악하려는 목적으로 검둥이들이 봉기를 꾸민 사악하고도 야만적인 음모가 있었습니다. 다행히 하나님의 뜻으로 그 음모를 발각해 그 검둥이 대부분을 죄수로 잡고 일부는 태워 죽이고 일부는 목매달아 죽이고 또 일부는 추방했음을 이제서야 알리는 바입니다.

이 무렵 보스턴과 뉴헤이븐New Haven에서는 여러 건의 화재가 발생했는데 검둥이 노예들의 소행으로 의심을 했다. 결국 검둥이 하나가 보스턴에서 처형됐고, 보스턴참의회Boston Council는 노예들이 둘 또는 그 이상으로 집단을 이루는 경우 모두 태형에 처하도록 규정했다.

1739년 사우스캐롤라이나의 스토노Stono에서는 노예 20여 명이 반란을 일으켜 창고지기 2명을 죽이고 총과 화약을 훔쳐 남쪽으로 달아나면서 도중에 사람들을 살해하고 건물에 불을 질렀다. 다른 노예들도 가담해 모두 합하면 대략 80여 명쯤 됐는데, 당시의 설명에 따르면, "자유를 외치고 깃발을 휘날리면서 두 개의 북을 치며 행진했다." 민병대가 그들을 추격해 공격했다. 잇따라 벌어진 전투에서 약 50여 명의 노예와 25명의 백인이 사망한 끝에 결국 봉기는 분쇄됐다.

허버트 앱시커Herbert Aptheker는 북아메리카의 노예 저항에 관한 상세한 연구서 『아메리카 흑인 노예의 반란American Negro Slave Revolts』에서 최소한 10명의 노예가 가담한 폭동이나 음모가 약 250건에 달한다고 말했다.

때로는 백인들이 노예 반란에 가담하기도 했다. 일찍이 1663년에 버지니아 글로스터Gloucester 군郡의 백인 계약 하인들과 흑인 노예들이 반란을 일으켜 자유를 얻기 위한 음모를 꾸몄다. 계획은 누설됐고 처형으로 끝났다. 멀린은 버지니아 신문의 탈주자 공고란에 "악의를 품은" 백인들이 도망친 노예를 숨겨준다고 경고하는 내용이 자주 실렸다고 보고하고 있다. 때로는 노예와 자유민들이 함께 도망을 가거나 범행을 공모하는 일도 있었다. 또는 흑인 남자 노예가 도망쳐 백인 여자와 함께 살기도 했다. 백인 선장과 선원들이 이따금씩 탈주자를 돕기도 했는데 아마 노예를 선원으로 삼기 위해서였을 것이다.

1741년 뉴욕에는 백인 1만 명에 흑인 노예 2,000명이 있었다. 그해 겨울은 몹시 추웠고, 노예든 자유민이든 가난한 사람들의 고통은 극에 달했다. 그때 의문의 화재가 발생했고, 흑인과 백인들이 공모했다고 기소됐다. 대중들의 광적인 분노가 피고인들에게 빗발쳤다. 밀고자들의 서릿발 같은 비난과 강요된 자백으로 가득 찬 재판이 끝난 뒤, 백인 남자 2명과 여자 2명이 사형을 당하고 18명의 노예는 교수형에, 13명의 노예는 산 채로 화형에 처해졌다.

    새로운 아메리카 식민지에서 흑인반란에 대한 두려움보다 더 큰 것은 단 한 가지였다. 불만을 품은 백인들이 흑인 노예와 합세해 기존 질서를 뒤집어엎을지도 모른다는 두려움이 바로 그것이었다. 노예제의 초기 단계, 특히 인종주의가 아직 사고의 틀로서 깊이 뿌리박히지 않고 오히려 백인 계약 하인이 흑인 노예만큼이나 나쁜 대우를 받고 있었을 때에는 백인과 흑인들이 힘을 합칠 가능성이 있었다. 에드먼드 모건이 보는 것처럼,

> 이 멸시받는 두 집단이 서로가 같은 곤경에 처해 있다고 여겼음을 보여주는 몇 가지 암시가 있다. 예를 들어 하인과 노예가 함께 도망간다든지 함께 돼지를 훔치고 함께 술을 마신다든지 하는 일이 흔했다. 그들이 서로 사랑을 나누는 것도 보기 드문 일은 아니었다. 베이컨의 반란Bacon's Rebellion에서 최후까지 항복하지 않은 집단 가운데 하나는 흑인 80명과 영국인 하인 20명으로 구성된 혼성 집단이었다.

    모건이 지적하듯이 주인들은 "적어도 처음에는 하인들이 항상 게으르고, 책임감 없고, 믿음직하지 못하고, 배은망덕하고, 정직하지 못하다고 …… 인식했던 것과 똑같이 노예들도 그러하다고 생각했다." 그리고 "희망이 어긋나버린 자유민들이 절망적인 희망을 품은 노예들과 공동의 대의명분을 갖게 되면, 베이컨이 일으킨 반란보다 더 나쁜 결과가 초래될지도 모른다."

    그리하여 여러 조치가 취해졌다. 버지니아 하원에서 규율과 처벌을 포함하는 노예법이 통과됨과 동시에,

버지니아의 지배계급은 백인이라면 누구나 흑인보다 우월하다고 선언했고, 더 나아가 (흑인을 제외한) 사회 열등계급에게 이전에는 베풀지 않았던 많은 은전을 베풀게 됐다. 1705년에는 계약기간이 끝난 백인 하인에게 남자의 경우 10부셸[bushel. 부피의 단위로 1부셸은 약 35리터]의 곡물과 30실링 및 총 한 자루, 여자 하인의 경우 15부셸의 곡물과 40실링을 주인이 지급하도록 하는 법률이 통과됐다. 아울러 새롭게 자유를 얻은 하인은 50에이커의 토지를 제공받게 됐다.

모건은 이런 결론을 내린다. "일단 소경작자가 과세로 인한 착취가 줄어들었다고 느끼고 생활이 조금 나아지기 시작하면, 온순해지고 덜 불온해지며 너그러운 사람이 된다. 이제 부유한 이웃을 착취자가 아니라 공동의 이익을 지켜주는 강력한 보호자로 보게 된 것이다."

우리는 이제 아메리카 흑인들을 노예제라는 함정으로 몰아넣은 역사적으로 복잡한 그물을 보게 된다. 굶주린 정착민들의 필사적인 생존 욕구, 고향에서 쫓겨온 아프리카 흑인들의 무력감, 노예무역상과 농장주의 강력한 이윤 추구, 가난한 백인들이 느낀 우월한 지위에 대한 유혹, 탈주와 반란을 막기 위한 정교한 통제체제, 흑인과 백인의 협력에 대한 법적, 사회적 처벌 등이 그것이다.

중요한 점은 이런 그물의 요소들이 결코 '자연적인' 것이 아니라 역사적인 것이라는 사실이다. 그렇다고 해서 뒤엉켜 있는 요소들을 쉽게 풀거나 벗겨버릴 수 있다는 말은 아니다. 다만 이제껏 실현되지 못한 역사적인 조건 아래에서는 무언가 다른 가능성이 존재한다는 점을 의미할 뿐이다. 이들 조건 가운데 하나는 가난한 백인들로 하여금 우월한 지위라는 작은 선물에 필사적으로 매달리게 만들어, 공동의 반란과 사회 재구성에 필요한 흑백 간의 단결을 가로막아 온 계급착취를 철폐하는 것이다.

1700년 무렵 버지니아 하원은 이렇게 공표했다.

이 지방의 기독교도 하인들은 대부분 유럽인 가운데 질이 좋지 않은 사람들이다. 또 …… 아일랜드를 비롯한 몇몇 나라에서 많은 사람들이 건너왔는데, 이들 가운데 상당수는 최근에 전쟁을 치른 병사들이기 때문에 우리가 처한 현재 상황에서는 거의 통치할 수가 없다. 만일 이들이 무기를 들고 소집되어 모일 기회를 갖는다면 우리에게 대항해 들고일어날지도 모른다는 두려움을 갖는 것도 아주 당연하다.

이것은 일종의 계급의식이자 계급적 공포였다. 초기 버지니아를 비롯한 식민지에서는 그런 공포를 정당화하는 일들이 벌어지고 있었다.

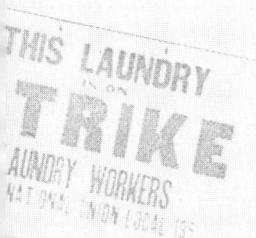

A People's History of the United States

3

천하고 상스러운 신분의 사람

1676	• 버지니아에서 베이컨의 반란 발발
1692 ~1714	• (스페인 왕위 계승을 둘러싸고 유럽에서 벌어진) 앤 여왕의 전쟁
1735	• 뉴욕의 신문 발행인이었던 피터 젱거가 기소된 것을 계기로 출판 자유 운동 전개
1740 ~1748	• (오스트리아 왕위 계승을 둘러싸고 벌어진) 조지 왕의 전쟁
1756 ~1763	• (영국과 프랑스-인디언 연합군이 벌인) 프랑스-인디언 전쟁 유럽에서는 '7년 전쟁'으로 부름
1763	• 파리 조약. 영국과 프랑스의 '7년 전쟁'을 마무리한 이 조약으로 서인도 제도의 몇몇 섬만 프랑스가 계속 차지하는 것을 제외하고는 북아메리카의 모든 프랑스 소유 영토를 영국이 차지

버지니아가 건설된 지 70년 뒤이자 미국혁명의 지도부가 형성되기 100년 전인 1676년, 식민지는 노예 및 하인들과 함께 변경 개척자들이 일으킨 반란에 직면했다. 이 반란이 너무나도 위협적이었던 나머지 총독은 불타는 수도 제임스타운을 버리고 도망쳤고, 영국은 4만 명이 거주하는 이주민 사회의 질서를 유지하길 바라면서 1,000명의 군인을 대서양 건너로 파견했다. 이것이 곧 베이컨의 반란이다. 봉기가 진압되어 지도자 너새니얼 베이컨Nathaniel Bacon이 죽고 동료들이 교수형을 당한 뒤, 왕립심의회Royal Commission의 한 보고서에서는 베이컨을 이렇게 묘사했다.

나이는 서른넷에서 서른다섯 정도이고, 키는 보통에다 호리호리하며, 검은머리에 험악하고 생각에 잠긴 우울한 모습에다가 무신론적 경향의 해롭기 그지없는 논리적 언술을 널리 퍼뜨린 인물이라고들 했다……. 베이컨은 평민과 가장 무지한 사람들(이런 종자들은 각 군郡의 3분의 2에 해당한다)을 현혹해 이제 그들의 모든 마음과 소망을 자신에게 이롭게 선동했다. 베이컨은 총독이 게으르고 사악하며 믿을 수 없고 무능하다고 비난하면서 법률과 조세가 부당하고 강압적이기 때문에 이의 시정이 절대적으로 필요하다고 주장했다. 그리하여 폭동을 조장했고, 떠들썩한 군중이 자신을 따르고 신봉하자 가세하는 사람들마다 커다란 종이 위에 둥글게 이름을 기재해 주모자가 드러나지 않게 했다. 이 둥그런 원 안에 들어온 사람들에게는 브랜디를 주어 정신을 미혹시켜 서로서로, 그리고 자신을 중심으로 굳게 단결하겠다는 서약을 선서하도록 명한 뒤, 반란이 무르익은 뉴켄트New Kent 군으로 가서 그곳에 악영향을 미쳤다.

베이컨의 반란은, 서부의 변경지대를 개척하려는 백인들 사이에서 그들을 끊임없이 위협하는 인디언들을 어떻게 다룰 것인가를 둘러싼 갈등으로 시작됐다. 제임스타운 주변의 거대한 땅에 대한 특허가 주어질 당시 무시당했던 백인들은 서부로 땅을 찾아 나설 수밖에 없었으며 거기에서 인디언과 마주치게 됐다. 이 변경의 버지니아인들은 제임스타운의 식민지 정부를 좌지우지하는 정치가와 토지귀족들이 자신들을 인디언의 영토인 서부로 몰아낸 뒤 인디언과의 싸움에 우유부단한 모습을 보이는 데 대해 분개했던 것일까? 이런 사실은 반反귀족 또는 반인디언의 어느 한 쪽으로만 쉽게 규정하기 어렵고, 사실상 이 반란의 성격은 양자 모두를 포함한다고 설명할 수 있을 것이다.

그리고 윌리엄 버클리William Berkeley 총독과 제임스타운의 군중들 — 그들은 동부에서 토지를 독점한 뒤 변경지방의 백인을 완충제로 활용할 수 있게 되었고 평화가 필요하게 되자 인디언(그들 일부를 첩자와 협력자로 끌어들이려고 노력했다)에 대해 더 타협적인 태도를 보이지 않았던가? 정부가 반란을 필사적으로 진압한 데에는 이중적인 동기가 있었던 듯하다. 우선 인디언을 통제하기 위해 그들을 분열시키는 정책을 발전시킬 필요가 있었다(당시 뉴잉글랜드에서 마사소이트의 아들 메타콤이 인디언 부족을 통일하려는 위협을 보이고 있었고, '필립 왕[메타콤의 별칭]의 전쟁King Philip's War'을 통해 청교도 정착지에 놀랄 만한 타격을 입힌 상태였다). 동시에 힘의 우위를 보여주며 영국 본토에서 군대를 불러오고 대규모 교수형을 집행함으로써 버지니아의 가난한 백인들에게 반란으로는 아무것도 얻을 수 없다는 점을 가르쳐 주려는 것이었다.

베이컨의 반란이 있기 전에도 변경지방에서는 폭력이 계속 늘어나고 있었다. 도그족Doegs 인디언 몇 명이 빚을 돌려받는 대신 돼지 몇 마리를 가져가자 백인들은 돼지를 되찾고 인디언 두 명을 죽였다. 이에 도그족은 전투부대를 파견해 백인 목축인 한 명을 죽였으며 다시 백인 민병대가 인디언 24명을 죽였다. 결국 수적으로 열세인 인디언들이 게릴라전으로 나오면서 일련의 습격사건이 이어졌다. 제임스타운의 하원은 인디언에게 전쟁을 선포했으며, 협력하는 자는 제외하겠다고 제안했다. 전면전을 원하긴 했으나 전쟁 때문에 고율의 세금이 부과되자 분개하고 있던 변경지방 사람들은 이에 격분했던 듯하다.

메타콤(필립 왕)

필립 왕 전쟁은 가장 많은 희생자를 낳은 사건이었다. 일설에 따르면 이 지역의 90개 정착촌 중에서 반수 이상이 공격을 받았으며 12곳이 파괴되었다고 한다. 학살이 벌어지지 않은 인디언 마을은 없었고 부족의 인구는 10분의 1로 줄었다. 살아남은 인디언들은 뿔뿔이 흩어져 도주했다. 이후 정착민들은 아무 두려움 없이 뉴잉글랜드의 남부지역을 넘어 인디언들의 옛 영토로 진출할 수 있었다.

1676년은 매우 어려운 해였다. 영국의 식민지 기록을 이용해 베이컨의 반란을 속속들이 규명한 윌컴 워시번Wilcomb Washburn은 이렇게 쓰고 있다. "매우 심각하게 가난하고 궁핍했다……. 동시대의 모든 자료를 보면 엄청난 규모의 사람들이 심각한 경제적 궁핍 속에서 살고 있었음을 알 수 있다." 식량으로 사용할 옥수수밭과 수출용 담배밭이 황폐화될 정도의 메마른 여름이었다. 70대의 총독 버클리는 직무에 지친 자신의 상황을 진저리난다고 적어뒀다. "적어도 7명 중 6명이 가난하고 빚에 쪼들려 불만으로 가득 차 있다. 게다가 무장태세를 갖추고 있는 무리들을 통치해야 한다니 얼마나 비참한 일인가."

버클리가 말하는 "7명 중 6명"이란 그렇게 가난하지 않은 상류계급이 존재하고 있었음을 암시해 준다. 사실상 버지니아에서는 이미 성장한 그런 계급이 존재하고 있었다. 베이컨 자신도 이 계급 출신으로 많은 땅을 소유하고 있었으며, 가난한 사람들의 불만거리를 들어주는 것보다는 인디언을 죽이는 일에 더 열정을 가지고 있었던 것 같다. 그러나 베이컨은 버지니아의 기성체제에 반대하는 대중적 분노의 상징이 됐고, 1676년 봄에는 하원의원에 선출됐다. 베이컨이 공적 통제의 외부에 있는 인디언과 싸우기 위한 특파부대의 조직을 고집하자, 버클리는 그를 반역자로 선포해 체포했고, 이에 대해 2,000명의 버지니아인들이 베이컨을 지지하며 제임스타운으로 행진했다. 버클리는 사과를 받고 베이컨을 석방시켰지만, 베이컨은 달아나 민병대를 모집해 인디언을 습격하기 시작했다.

1676년 7월 베이컨의 '민중의 선언Declaration of the People'에는 부유한 자들에 대한 민중의 분노와 인디언에 대한 변경 개척자들의 증오가 뒤섞여 있음을 볼 수 있다. 선언문은 버클리 행정부가 부당한 세금을 취하고, 자기가 총애하는 인물을 고위직에 임명하고, 비버모피 교역을 독점하며, 서부 지방

농민들을 인디언으로부터 보호하지 않았다고 고발했다. 뒤이어 베이컨은 우호적이던 파문키족Pamunkeys 인디언을 공격해 8명을 죽이고 나머지를 포로로 잡았으며 재산을 약탈했다.

베이컨의 반란군과 버클리의 정규군에 소속된 모든 사병들은 지도자들만큼 열정적이지 않았다는 증거가 있다. 워시번에 따르면 양쪽 모두에서 많은 탈영병이 있었다고 한다. 베이컨은 스물아홉 살의 가을에, 당대의 한 인물의 말을 빌자면, "몸속에서 자란 많은 기생충" 때문에 병에 걸려 죽었다. 분명 베이컨의 동조자가 아니었던 한 목사는 묘비명에 이렇게 적었다.

베이컨의 죽음을 진심으로 애도합니다.
그놈의 기생충, 그놈의 이질은 사형집행자의 몸에 있어야 하는데.

반란은 오래가지 않았다. 30문의 대포로 무장한 배가 요크 강을 순항하면서 질서 유지의 토대를 이루게 됐으며 선장인 토머스 그랜섬Thomas Grantham은 마지막 남은 반란군을 무장 해제시키기 위해 무력과 속임수를 썼다. 반란군의 주요 요새를 급습한 그랜섬은 그곳에서 자유민, 하인, 노예가 뒤섞인 400여 명의 무장한 영국인과 흑인을 발견했다. 그랜섬은 모든 사람을 용서하고 노예와 하인에게는 자유를 주겠다고 약속했으며, 이에 따라 무기를 버리지 않겠다고 고집을 부리는 흑인 8명과 영국인 20명을 제외하고는 모두 무기를 넘겨주고 해산했다. 그랜섬은 반란자들을 강 아래 요새로 데려가겠다고 약속했으나, 그들이 배에 오르자 대포를 돌려 그들을 겨냥하고는 무장 해제시키고 결국 노예와 하인들을 각자의 주인에게 넘겨줬다. 나머지 요새들도 하나씩 정복했다. 23명의 반란 지도자는 교수형에 처해졌다.

버지니아에서는 억압의 사슬이 복잡하게 얽혀 있었다. 변경의 백인 개척민들은 인디언을 약탈했고, 이 백인들은 다시 제임스타운의 엘리트들에게 세금을 뜯기거나 통제되었다. 또한 식민지 전체는 영국의 착취를 당하고 있었다. 영국은 식민지의 담배를 독단적으로 정한 가격으로 사들여 국왕을 위해 매년 10만 파운드를 벌어들였다. 버클리 자신도 영국 상인들에게 식민지 무역의 독점권을 주는 항해조례Navigation Acts에 항의하기 위해 몇 년 전에 영국으로 돌아가 이렇게 말한 바 있었다.

> …… 우리 담배를 사들이는 유일한 구매자로서 마음 내키는 대로 값을 치르고 또 마음 내키는 대로 값을 매겨 팔아치웁니다. 40명에 불과한 상인이 진실로 노예를 소유한 다른 어떤 사람보다도 싼값에 우리 4만 명을 하인으로 부리고 있는 것입니다. 그들을 부유하게 만들려고 4만 명의 민중이 가난에 빠져야 한다는 사실에 우리는 분노를 금할 수 없습니다…….

총독의 증언에서도 알 수 있듯이, 그에 대한 반란은 버지니아 주민의 압도적인 지지를 받고 있었다. 총독의 참의회(governor's council. 총독이 임명하는 일종의 상원)의 한 의원은 정부에 대한 불만이 "거의 일반적"이라고 보고하면서, 이를 "식민지 전체를 국왕의 손에서 가로채 자신의 소유로 하려는 헛된 욕망"을 가진 "몇몇 지독한 재산가들의 추잡한 성벽" 탓으로 돌렸다. 리처드 리Richard Lee 의원은 베이컨의 반란이 인디언 정책 때문에 시작됐다고 지적했다. 그러나 그의 말에 따르면, 베이컨을 지지하는 "대다수 민중의 열정"은 "평등에 대한 소망" 때문이었다.

'평등'이란 부의 균등화를 의미했다. 평등은 미국혁명이 일어나기 전 150년 동안 모든 영국 식민지에서 벌어졌던, 부자들에 대한 가난한 백인의 수많은 행동의 이면에 자리잡게 될 것이었다.

베이컨의 반란에 가담했던 하인들은, 그들을 어떻게 처리할 지 골머리를 앓던 유럽 각국 도시에서 북아메리카 식민지로 건너온 비참할 정도로 가난한 대규모 백인 하층계급의 사람들이었다. 영국에서는 1500년대와 1600년대의 상업 및 자본주의의 발전과 양모 생산을 위한 인클로저 운동enclosing of the land으로 도시가 유랑빈민으로 넘쳐나고 있었고, 엘리자베스 시대 이래로 줄곧 유랑빈민을 처벌하고 빈민원에 가두거나 추방하는 법률이 통과되고 있었다. '부랑자 및 유랑자'에 대한 엘리자베스 시대의 정의에는 이런 사람들이 포함됐다.

> 자신을 학자라고 칭하면서 구걸하러 다니는 모든 사람, 바다에서 배나 상품을 잃어버린 척하면서 나라를 떠돌며 구걸하는 모든 선원, 구걸하거나 교묘한 술책 또는 불법적 오락을 행하면서 나라를 떠돌아다니는 모든 게으른 사람 …… 외지를 방랑하는 비속한 막간극 배우와 음유시인 …… 사지가 멀쩡한데도 빈둥거리면서 세금이 부과되거나 일반적으로 주어지는 합당한 임금을 받고 일하기를 거부하며 방랑을 일삼는 모든 사람과 비속한 막노동자…….

구걸하다 발각되는 사람은 윗도리를 벗기고 피가 나도록 매질한 다음, 도시에서 내쫓아 빈민원으로 보내거나 나라 밖으로 추방할 수 있었다.

1600년대와 1700년대에 강제추방, 꼬임과 약속, 거짓말, 납치, 고향 땅의 생활조건을 탈피해야만 하는 시급한 필요성 등으로 인해 아메리카로 가기를 원했던 가난한 민중들은 상인, 무역상, 선장 그리고 결국에는 아메리카 현지의 주인들에게 이윤을 벌어다 주는 상품이 됐다. 애버트 스미스Abbot Smith는 계약 하인제도에 관한 연구서 『예속된 이주자들Colonists in Bondage』에서 이렇게 쓰고 있다. "아메리카 식민지로의 이주를 낳은 복잡한 유형의 요인들 가운데

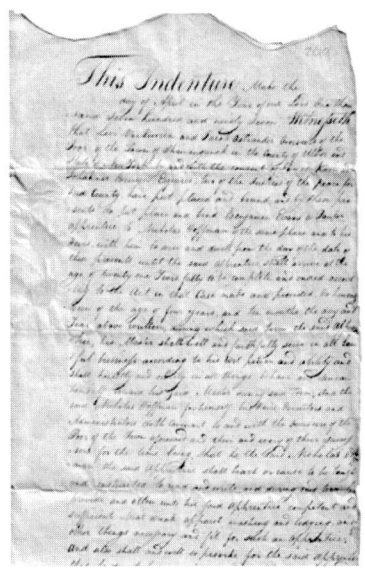 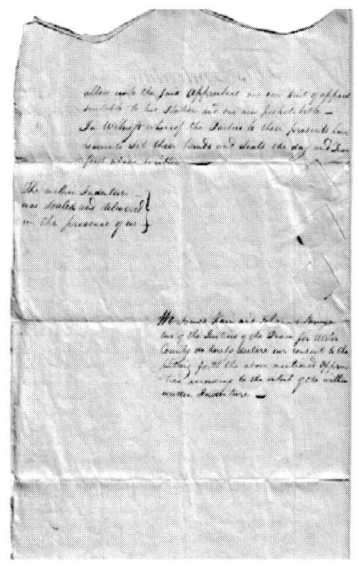

연기계약서 | 1797년에 작성된 이 계약서는 도시 빈민의 감독관과 치안판사 사이에서 체결됐다. 벤저민 에반스라는 4살에 불과한 어린아이를 도제로 삼는다는 내용이 담겨 있다.

하인의 이동을 유발한 가장 강력하게 두드러지는 동기가 있었다. 그것은 하인들을 배로 실어나름으로써 생기는 금전적인 이윤이었다."

이주민은 자신들의 항해에 드는 비용을 5~7년 동안 주인을 위해 일해서 치르겠다고 동의하는 내용의 노역계약서에 서명을 한 뒤 배가 출항하기 전까지 도망치지 못하도록 투옥되곤 했다. 1619년 아메리카에서 최초의 대표의회로 탄생한 버지니아 하원(그 해는 또한 최초로 흑인 노예가 수입된 해이기도 하다)은 하인과 주인 간에 이루어진 계약을 기록해두고 집행하는 법안을 마련했다. 힘에 있어서 불평등한 사이에 이루어지는 다른 계약에서처럼, 두 당사자는 서면상으로는 평등해 보일지라도 계약을 실제로 집행하는 일은 하인보다는 주인에게 훨씬 더 쉬웠다.

아메리카로의 항해는 8주나 10주, 12주 동안 계속됐으며, 하인들은 노예선과 다름없이 이윤을 광적으로 추구하는 배에 차곡차곡 실렸다. 날씨가 악화되어 항해가 길어지면 식량이 떨어졌다. 1741년에 벨파스트를 출발한 슬루프형 범선 시플라워Sea-Flower 호는 16주 동안이나 항해를 했는데, 보스턴에 도착했을 때는 106명 중 46명이 굶어죽었고 그 중 6명은 생존자들이 먹어 치운 상태였다. 또 어떤 경우에는 굶주림과 질병으로 죽은 아이들 32명이 바다에 내버려지기도 했다. 음악가 고틀리프 미텔베르거Gottlieb Mittelberger는 1750년경 독일에서 아메리카까지 여행하면서 그 항해에 관해 기록을 남겼다.

> 여행이 계속되는 동안 배는 가없은 궁핍의 흔적으로 가득 차 있다 ― 악취, 연기, 공포, 구토, 여러 가지 해상병, 열병, 이질, 두통, 일사병, 변비, 부스럼, 괴혈병, 암, 구강염 그리고 여러 가지 비슷한 질병들로 이 모든 것은 매우 더럽고 불결한 물 때문임은 물론이고, 음식, 그 중에서도 특히 고기가 오래된 데다 소금을 너무 많이 넣었기 때문이다……. 여기에다 또 음식의 부족, 굶주림, 갈증, 추위, 열기, 습기, 두려움, 정신적 고통, 고민, 한탄 그리고 다른 여러 가지 어려움이 덧붙여진다……. 우리가 타고 있던 배가 몹시 세찬 폭풍우를 만난 어느 날, 출산일이 다 됐으나 아이를 낳지 못하고 있던 한 부인이 창을 통해 바다로 던져지고 말았다…….

계약 하인들은 노예처럼 사고 팔렸다. 1771년 3월 28일자『버지니아 가제트*Virginia Gazette*』의 공고를 보면,

리즈타운Leedstown에 약 100명의 건장한 남자, 여자, 어린아이로 구성된 하인들

을 실은 저스티셔Justitia 호가 막 도착했음······. 판매는 4월 2일 화요일에 시작될 예정.

아메리카에서 더 나은 생활조건을 누렸다는 장밋빛 설명에 대해 우리는 한 이민자가 아메리카에서 보낸 편지와 같은 수많은 다른 설명을 덧붙여야 한다. "유럽에서 잘 사는 사람은 누구든지 그대로 남아 있는 편이 낫다. 어느 곳이든 마찬가지로 이곳 역시 비참하고 궁핍하며, 어떤 사람이나 어떤 조건의 경우에는 유럽과는 비교할 수도 없을 정도로 훨씬 더 심하다."

구타와 매질이 흔한 일이었다. 여성 하인들은 강간을 당했다. 한 목격자는 이렇게 증언했다. "말할 만한 가치도 없는 잘못을 놓고 피가 날 때까지 지팡이로 하인의 머리를 때리는 감독을 본 적도 있다······" 메릴랜드 법원 기록을 보면 많은 하인들이 자살했음을 알 수 있다. 1671년 버지니아의 총독 버클리는 그 전 몇 해 동안 이주해 온 하인들이 다섯 명에 네 명꼴로 병들어 죽었다고 보고했다. 하인들 대부분은 영국 도시의 길거리에서 수백 명씩 모아져 일을 시키기 위해 버지니아로 보내진 가난한 아이들이었다.

주인은 하인들의 성생활을 완전히 통제하려 했다. 여자 하인이 결혼이나 성관계를 갖지 못하도록 한 이유는 주인의 경제적 이해에 근거한 것이었는데, 아이를 갖게 되면 일하는 데 방해가 되기 때문이었다. 1736년 벤저민 프랭클린 Benjamin Franklin은 「비천한 리처드 Poor Richard」라는 이름으로 신문에 글을 쓰면서 독자들에게 충고를 했다. "그대의 하녀가 충실하고, 강하며, 검소하도록 하시오."

하인은 허락 없이는 결혼하지도 못했고, 가족과 헤어질 수도 있었으며, 여러 가지 이유로 매를 맞기도 했다. 17세기 펜실베이니아 법률에 따르면, "주인의 동의 없이" 하인이 결혼을 하면 "간통이나 간음으로 기소될 것이며,

그 아이들은 사생아로 간주될 것이다."

초기 법원 기록에 관한 포괄적 연구서인 리처드 모리스Richard Morris의 『초기 아메리카에 있어서 정부와 노동Government and Labor in Early America』을 통해 알 수 있듯이, 하인에 대한 과도한 행위를 금지하는 식민지 법률이 있기는 했지만 제대로 집행되지는 않았다. 하인은 배심원이 될 수 없었지만 주인은 될 수 있었다. (또 재산이 없는 하인은 투표도 할 수 없었다.) 1666년 뉴잉글랜드의 한 법원은 어느 하인이 여주인에게 발가락이 잘린 뒤 죽어 버린 사건으로 주인 부부를 기소했다. 배심원들은 무죄를 평결했다. 1660년대 버지니아에서는 여자 하인 두 명을 강간한 주인이 고발당했다. 이 주인은 자기 아내와 아이들까지 구타했다고 알려져 있었으며, 또 다른 하인을 구타하고 사슬로 묶어 죽도록 내버려두기도 했다. 주인은 법원에서 호되게 혼쭐이 났지만, 분명한 증거가 있는데도 특히 강간죄에 대해서는 결백하다는 판결을 받았다.

간혹 하인들은 반란을 조직했으나, 본토에서는 서인도 제도의 바베이도스Barbados에서 일어났던 하인들의 대규모 공모와 같은 사례를 찾아볼 수 없었다(애버트 스미스는 작은 섬에서 성공할 가능성이 더 높았기 때문임을 시사하고 있다).

그러나 1661년 버지니아의 요크York 군에서 아이작 프렌드Isaac Friend라는 하인이 다른 하인에게 먹을 것에 대해 심한 불만을 터뜨린 뒤 이렇게 제안했다. "약 40명이 모여 함께 총을 들면 제일 앞에 서서 그들을 이끌어 '누가 자유를 찾아 예속에서 해방될 것인가'라고 소리 외치기만 하면 사람들이 충분히 모일 것이고 온 마을을 돌면서 반대하는 자들을 죽일 것이며, 그렇게 되면 자유를 얻거나 아니면 자유를 위해 죽을 것이다." 이 계획은 결국 실행되지 않았으나, 2년 뒤 글로스터 군에서 하인들이 다시 총봉기를 계획했다. 그들 중 한 명이 음모를 누설해 네 명이 처형당했다. 밀고자는 자유와 담배 2,000여

킬로그램을 받았다. 하인들의 반란은 거의 찾아보기 힘들었지만, 위협은 항상 존재하고 있었고 주인들은 이를 두려워했다.

자신들의 상태가 참을 수 없는 것임을 알았으나 점점 조직화되는 사회에서 반란이 별 효과가 없다고 생각한 하인들은 개별적인 방식으로 반항하기 시작했다. 뉴잉글랜드 한 군郡 법원의 기록을 보면 하인이 쇠스랑으로 주인을 때린 사건이 있다. 어느 견습 하인은 "자기 …… 주인을 난폭하게 붙들어 두 번이나 메다꽂아 피를 흘리게 했으며 목을 부러뜨리겠다고 위협하고 얼굴에 의자를 던졌다……"고 고발당했다. 어떤 여자 하인은 "성질이 나쁘고, 안하무인이고, 무뚝뚝하고, 부주의하고, 해를 끼치며 복종하지 않는다"고 법정에 불려 나왔다.

베이컨의 반란에 하인들이 가세한 뒤, 버지니아 의회는 반란을 기도하는 하인을 처벌하는 법률을 통과시켰다. 법령의 전문前文은 이렇게 되어 있다.

> 최근의 무서운 반란에서 시대의 방만함과 자유를 이용한 많은 해악이 하인들에게 드러나고 있으며, 노역에서 이탈하고 반란에 가담해 주인이 시키는 일을 완전히 게을리 함으로써 주인들에게 큰 손실과 손해를 입히고 있으므로…….

앞으로 발생할 문제에 대비해 영국군 2개 중대가 버지니아에 남게 됐으며, 영국의 통상및농장규제국Lords of Trade and Plantation에 제출된 한 보고서는 군대의 주둔을 옹호했다. "버지니아는 지금 가난하고 어느 때보다도 인구가 많아졌다. 비참한 궁핍과 의복의 부족 때문에 하인들의 반란이 일어날 가능성이 높다. 하인들이 창고와 배를 약탈할지도 모른다."

반란보다는 도망이 쉬웠다. 리처드 모리스는 1700년대의 식민지 신문들에 대한 조사연구를 통해 "남부 식민지에서는 백인 하인들이 대규모로 탈주한

예가 수없이 많았다"고 언급하고 있다. 모리스의 말에 따르면 "17세기 버지니아의 분위기는 하인들이 한데 뭉쳐 도망치려 한다는 음모와 소문으로 가득차 있었다." 메릴랜드 법원 기록에서는 1650년대에 10여 명의 하인이 배를 훔쳐 타고 발각되면 무기로 저항하려 했던 음모를 볼 수 있다. 결국 잡힌 하인들은 태형을 받았다.

하인들을 통제하기 위한 기제는 엄청났다. 이방인들은 자유민임을 입증하기 위해 통행증이나 증명서를 보여주어야 했다. 식민지들은 협정을 통해 탈주 하인의 송환을 규정했다. 이런 협정이 "어느 주에서 사역이나 노역을 하도록 되어 있는 자가 …… 다른 주로 도피한 경우에 …… 인도되어야 한다"라는 미국 헌법 조항〔제4조 2절 3항〕의 토대가 됐다.

하인들은 때로 파업을 벌였다. 메릴랜드의 한 주인은 자신의 하인들이 "건방지고도 단호하게 평상시의 작업을 거부했다"고 지방법원에 고발했다. 하인들은 "콩과 빵"밖에 먹지 못해 "너무 힘이 없어 주인이 시키는 일을 하지 못하겠다"고 대답했다. 법원은 30대의 태형을 선고했다.

식민지 기간에 북아메리카 해안으로 온 이주민의 절반 이상이 하인이었다. 17세기에는 대부분 영국인이었고 18세기에는 아일랜드인과 독일인이었다. 하인들이 자유를 찾아 달아나거나 계약기간을 끝마치게 됨에 따라 점차 노예가 그들을 대신하게 됐지만, 1755년까지도 여전히 백인 하인이 메릴랜드 인구의 10퍼센트를 차지했다.

하인들은 자유를 찾은 뒤에 어떻게 됐을까? 하인들이 번창하게 되어 지주도 되고 유명인사가 되기도 했다는 흐뭇한 이야기들이 있다. 그러나 애버트 스미스는 세심한 연구를 통해 식민지 사회는 "민주적이지 않았으며 확실히 평등하지도 못했다"고 결론짓고 있다. "식민지 사회는 다른 사람에게 일을 시킬 수 있을 만큼 많은 돈을 가진 남자들이 지배했다." 그리고 "이들 가운데 계약 하인 출신은 극히 드물었으며, 사실상 이 계급에서는 한 명도 나오지 않았다."

하인을 "더럽고 게으르며 거칠고 무지하고 추잡하며 으레 범죄자인 남녀", 그리고 "물건을 훔치고 떠돌아다니며 사생아를 낳고 메스꺼운 질병으로 사회를 타락시키는 남녀"라고 보는 애버트 스미스의 경멸적인 태도를 따라가다 보면 "열 명 중 한 명 정도는 건전하고 옹골진 사람으로서 다행히도 '길들임'에서 살아남아 계약기간을 끝내고 땅을 차지해 남부럽지 않게 번창하게 됐음"을 보게 된다. 아마 열 명 중 또 다른 한 명은 장인artisan이나 감독이 됐을지도 모른다. "확실히 …… 뱅충맞고, 어찌할 도리가 없으며, 망가져 버린" 나머지 80퍼센트는 "계약기간 중에 죽거나, 계약기간을 끝내고 영국으로 돌아가거나, '가난한 백인'이 됐다."

최초의 하인 집단은 지주가 되어 정치에 적극적으로 참여했지만 세기 후반기에는 하인의 절반 이상이 자유를 얻은 지 10년이 지나도록 땅을 갖지 못했다. 17세기 메릴랜드의 하인들에 관한 최근의 연구는 스미스의 결론을 뒷받침해 준다. 하인들은 계약 기간 동안에도, 또 그 후에도 대규모 경작자에게 값싼 노동력을 제공하는 소작인이 됐다.

식민지 시대를 통해 계급 구분이 뚜렷해졌다는 사실은 매우 분명해 보인다. 부자와 빈자 간의 구별이 더욱 더 분명해졌다. 1700년경 버지니아에는 5만 파운드(당시로는 거액이었다)에 상당하는 부를 소유한 50개의 부유한 가문이 있었는데, 이들은 흑인 노예와 백인 하인의 노동에 의존해 살면서 농장을 소유하고 총독의 참의회에 참석하고 지방 행정관으로 일했다. 메릴랜드의 이주민들은 식민지에 대한 전면적인 통제권을 영국왕으로부터 하사받은 한 자산가의 통치를 받았다. 1650년부터 1689년 사이에 이 자산가에 대한 봉기가 다섯 차례에 걸쳐 일어났다.

1660년대 캐롤라이나에서는 종종 미국식 제도의 철학적 시조라고 여겨지는 존 로크John Locke가 캐롤라이나기본법Fundamental Constitutions을 작성했다. 로크의 헌법은 봉건적 유형의 귀족정aristocracy을 수립한 것이었는데, 8명의 귀족이 식민지 토지의 40퍼센트를 소유하고 귀족만이 총독이 되는 체제였다. 토지의 정비에 반대하는 반란이 일어난 뒤 국왕이 노스캐롤라이나를 직접 통치하게 되자, 부유한 투기업자들은 해변 가까이의 옥토를 독점해 50만 에이커를 소유했다. 땅을 갈구하는 가난한 민중들은 한 조각의 농토에 무단으로 정착했고, 미국혁명 이전까지 줄곧 지대를 거두려는 지주들의 시도에 맞서 싸움을 계속했다.

칼 브리던보그Carl Bridenbaugh의 식민지 도시 연구인 『황야의 도시들Cities in the Wilderness』은 윤곽이 뚜렷한 계급체제를 보여준다.

> 초기 보스턴의 지도자들은, 성직자들과 공동으로 아메리카에서 모국의 사회질서를 그대로 유지하고자 열심히 노력했던 상당한 재산을 소유한 신사들이었다. 교역과 상업을 장악함으로써, 교회와 읍민회의Town Meeting를 통해 주민들을 정치적으로 지배함으로써, 그리고 상호 간의 세심한 혼인 결연을 통해, 이들 소수 독재정치의 구성원들은 17세기 보스턴에서 귀족계급을 위한 기반을 형성했다.

매사추세츠 만 식민지Massachusetts Bay Colony가 설립되던 1630년, 총독 존 윈스럽은 통치자의 철학을 선언했다. "······ 모든 시대에 걸쳐서 일부는 부유해야 하고 일부는 가난해야 하며, 또한 일부는 권력과 위엄이 높고 탁월해야 하고 나머지는 천한 신분으로 복종해야 한다."

부유한 상인들은 대저택을 세웠다. '상류층' 사람들은 사륜마차나 의자가 마를 타고 다니고, 초상화를 그리게 하고, 가발을 썼으며, 화려한 음식과 마데이라산產 백포도주를 먹었다. 1678년에 디어필드 마을은 매사추세츠 총회〔Massachusetts General Court. 자유민들이 선거로 뽑은 식민지 정부〕로 청원서를 보냈다. "당신들은 땅 중에 최고의 땅, 토질이 가장 좋은 땅, 가장 좋은 위치에 놓여 있는 땅을 차지하고 있고, 또한 그것이 도시의 한복판에 위치하고 있을 뿐만 아니라 양적으로도 거의 절반을 8, 9명의 자산가가 소유하고 있다는 사실에 즐거워할지도 모릅니다……."

브리던보그가 밝혀냈듯이, 보스턴에서와 마찬가지로 로드아일랜드 뉴포트Newport에서도 "읍민회의는 겉으로는 민주적인 듯했으나 실제로는 중요한 관직을 독점하고 있는 동일한 상인 귀족집단이 해마다 장악했다……." 당대의 한 인물은 뉴포트의 상인들을 "…… 밝게 빛나는 노란색 레이스와 술 장식이 달린 타는 듯한 진홍색 코트와 조끼를 입고 있는 남자들"이라고 묘사했다. "교활한 퀘이커교도들은 감히 이런 매력적인 코트와 조끼를 입지는 못했지만 미려한 복장을 좋아했고, 찬장 위에 놓인 접시의 숫자를 세어보곤 했다."

뉴욕 귀족들이 가장 과시적이었다. 브리던보그는 "낙타천camlet으로 된 커튼, 옻칠을 한 탁자, 금테를 두른 안경, 스피넷〔spinet. 16~18세기의 소형 쳄발로〕, 8일에 한 번 태엽을 감는 육중한 시계 …… 화려하게 조각된 가구, 보석과 은쟁반 …… 흑인 가내하인들"에 관해 말해 주고 있다.

식민지 시대의 뉴욕은 봉건시대의 왕국과 같았다. 네덜란드는 허드슨 강 유역의 광활한 대지에 특권지주 체제patroonship system를 세웠고, 귀족들이 소작인의 생활을 완전히 통제했다. 1689년에 빈민들의 많은 불만은 제이콥 라이슬러Jacob Leisler와 그의 추종자들이 일으킨 농민반란으로 복합되어 나타났다. 라이슬러는 교수형을 당했고 대토지의 구획은 계속됐다. 총독 벤저민 플레처Benjamin Fletcher의 통치하에서 뉴욕의 4분의 3이 약 30명의 사람들에게 양도됐다. 총독은 자신의 친구에게 명목상의 지대로 매년 30실링을 받기로 하고 50만 에이커를 줬다. 1700년대 초 콘버리 경Lord Cornbury[본명은 에드워드 하이드Edward Hyde] 치하에서는 일단의 투기업자들에게 200만 에이커가 양도됐다.

1700년에 뉴욕 시 교회위원들은 "구제정책의 부재 때문에 빈자와 노약자들의 원성이 매우 심각하다"는 이유로 시市의회에 기금을 요청했다. 1730년대에는 "매일 거리를 방랑하며 고통스러워하는 많은 걸인"들을 수용하기 위한 기관이 필요하다는 요구가 높아지기 시작했다. 시의회는 안건을 통과시켰다.

> 도시 안에서 빈민들이 수적으로 끊임없이 증가하고 궁핍함이 매우 심각해짐에 따라 …… 일도 없이 게으르게 살면서 상기 도시에서 소매치기 등의 비행을 자주 저지르고 도둑질과 방탕한 생활을 배워 물들게 된다. 이들을 구제하기 위해 …… 훌륭하고, 튼튼하며, 편리한 집과 건물을 …… 즉시 짓기로 결의한다.

2층으로 된 벽돌건물은 "빈민원Poor House, 노역소Work House, 감화원House of Correction"으로 불리었다.

1737년 피터 젱거Peter Zenger의 뉴욕『저널Journal』에 실린 편지를 보면, 뉴욕에서 가난한 거리의 아이들에 대해 이렇게 묘사하고 있다. "추위에 떨면서 거의 반쯤 굶주린 채, 팔꿈치가 튀어나온 윗도리와 무릎이 불거져 나오는 바지를 입고 머리카락은 곤두선 인간의 형상을 한 물체……. 나이로 보아 4세에서 14세가량의 그들은 하루 종일 거리에서 시간을 보낸다……. 그러고는 4년, 5년, 6년 정도의 견습공으로 보내진다."

1700년대에 식민지는 급속히 성장했다. 영국인 정착민들에 이어 아일랜드 및 독일 출신 이민자들이 합세했다. 흑인 노예들이 쏟아져 들어왔다. 흑인 노예는 1690년 인구의 8퍼센트에서 1770년에는 21퍼센트로 늘어났다. 식민지 인구는 1700년의 25만 명에서 1760년에는 160만 명으로 늘어났다. 농업이 점점 성장했다. 소규모 제조업도 발전을 거듭했다. 선박 건조와 교역 역시 확대됐다. 대도시 ― 보스턴, 뉴욕, 필라델피아, 찰스턴 ― 의 규모는 두 배, 세 배로 커졌다.

이 모든 성장기간 내내 상류계급은 이득의 대부분을 취했고 정치권력도 독점했다. 1687년과 1771년의 보스턴의 세금명세서를 연구한 한 역사가는 1687년에는 전체 6,000명의 인구 가운데 약 1,000명이 재산을 소유하고 있었고, 그 중 상위 5퍼센트 ― 전체 인구의 1퍼센트 ― 가 50명의 부자로서 전체 부의 25퍼센트를 차지하고 있다는 사실을 밝혀냈다. 1770년에는 재산소유자 중 상위 1퍼센트가 부의 44퍼센트를 소유하게 됐다.

1687년부터 1770년에 걸쳐 보스턴이 점차 성장함에 따라, 가난해서 방 하나에 세를 들어 살거나 여인숙의 골방에서 잠을 자며 재산이라고는 하나도 없는 성인남자의 비율이 14퍼센트에서 29퍼센트로 배나 늘었다. 그리고 재산이 없다는 것은 곧 투표권을 잃는다는 사실을 뜻했다.

어디서나 가난한 사람들은 살아남기 위해, 단지 추운 날씨에 얼어 죽지 않기 위해 분투하고 있었다. 1730년대에는 모든 도시에 노인, 과부, 장애인, 고아 등을 위해서뿐만 아니라 실업자, 참전군인, 새로운 이주민 등을 위해서 빈민원이 지어졌다. 18세기 중반 뉴욕에서는 100명을 수용할 수 있는 시 빈민원에 400명이 몰려 살았다. 필라델피아의 한 시민은 1748년에 이렇게 썼다. "이번 겨울에 이 도시 주변에 걸인의 수가 얼마나 증가했는지를 보면 놀라울 따름이다." 1757년에 보스턴 관리들은 "자신과 가족이 하루하루 먹을 빵을 구하기도 어려운 …… 매우 많은 빈민들"에 관해 말했다.

식민지 시대 뉴잉글랜드를 연구한 케네스 로크리지Kenneth Lockridge는 유랑자와 극빈자가 계속 증가했고 "유랑하는 빈민"은 1700년대 중반 뉴잉글랜드 사회에 있어서 분명한 실체로 존재했다는 사실을 밝혀냈다. 제임스 T. 레먼James T. Lemon과 게리 내시도 1700년대 펜실베이니아 주 체스터Chester 군에 관한 연구를 통해 이것과 비슷한 부의 집중과 빈부격차의 확대를 발견했다.

식민지는 갈등하는 계급들로 이루어진 사회였던 것으로 보인다(이런 사실은 영국에 맞선 대외투쟁과 미국혁명에서 이주민들의 단결을 강조한 전통적인 역사서들에서는 간과된다). 그러므로 이 나라는 '자유롭게 태어난' 것이 아니라 노예와 자유민, 하인과 주인, 소작인과 지주, 부자와 빈자로 태어난 것이다. 내시에 따르면 그 결과, 정치당국은 "자주 소란스러운 그리고 때로는 폭력적인" 반대에 직면하게 됐다. "매사추세츠, 뉴욕, 메릴랜드, 버지니아, 노스캐롤라이나 등지에서 17세기의 마지막 사반세기는 소요로 점철됐으며 기존 정부가 무너지기도 했다."

자유 백인 노동자는 노예나 하인보다는 생활이 나은 편이었지만, 그럼에도 부유한 계급의 부당한 대우에 분개했다. 일찍이 1636년에 한 고용주는 메인Maine 앞바다의 선상에서 노동자와 어부들이 임금을 받지 못했다는 이유로 "폭동을 일으켰다"고 보고했다. 노동자와 어부들은 모두 도망갔다. 5년 뒤 메인의 목수들은 먹을 것이 부족하다고 항의하면서 태업에 들어갔다. 1640년대 글로스터의 조선소들에서는, 당국자의 골머리를 썩이는 조선공들에게 "좀더 일을 잘 할" 수 없겠냐고 요구하자, 리처스 모리스가 "미국 노동사상 최초의 공장폐쇄"라고 이름붙인 사건이 발생하기도 했다.

일찍이 술통 제조업자, 푸주한, 제빵업자들은 정부가 자신들이 받는 보수를 통제하자 이에 항의하며 파업을 벌이기도 했다. 1650년대 뉴욕에서는 짐꾼들이 소금 운반을 거부했고, 뉴욕 시에서 파업을 벌인 짐마차꾼들(짐수레꾼,

마부, 짐꾼)은 "신분에 어울리지 않게 명령을 거부하고 본분을 수행하지 않았다는 이유로" 기소됐다. 1741년 제빵업자들은 밀의 가격이 너무 비싸다는 이유로 단결해 빵 굽기를 거부했다.

1713년 보스턴에서는 심각한 식량부족 현상 때문에 시 행정위원들이 매사추세츠 총회에 "절박한 식량품귀" 때문에 "놀랄 정도로 높은 물가"가 초래되어 "다가오는 겨울에 빈민들의 궁핍이 매우 심각하게 될 것"이라고 경고했다. 부유한 상인 앤드루 벨처Andrew Belcher는 이윤이 더 높다는 이유로 카리브 해로 곡물을 수출하고 있었다. 5월 19일, 200명의 사람들이 보스턴 광장Boston Common에서 폭동을 일으켰다. 그들은 벨처 소유의 선박들을 습격하고 옥수수를 찾아 창고에 난입했으며, 부총독이 참견하려 하자 총을 쏘았다.

보스턴 광장에서 빵 폭동이 일어난 지 8년 뒤, 한 소책자 저자는 "가난한 사람들을 짓밟고", "자기 이웃을 억누르고 속이며 기만하는 방법"을 연구해서 부자가 된 사람들에게 항의했다. 이 저자는 "탐욕스러운 폭력으로 자신 앞에 있는 모든 것을 때려 부순……." "부자와 명사, 유력자들"을 비난했다.

1730년대 보스턴에서는 상인들이 정한 높은 가격에 항의하는 민중들이 (한 보수적 작가가 불평했듯이) "정부와 부자들에 대해 투덜거리면서" 도크광장Dock Square에 개장된 공설시장을 뒤엎어 버렸다. 시위자들은 만약 자신들을 체포할 경우 "엄숙한 맹약과 서약을 맺은 500명"을 동원해 부유한 상인들을 위해 개설된 다른 시장들을 모두 뒤엎어 버리겠다고 경고하고 난 뒤, 그 이후로는 단 한 명도 체포되지 않았다.

같은 시기에 뉴욕에서 발행된 한 선거 소책자는 뉴욕 유권자들에게, "상인Gripe, 상점 주인Squeeze, 법률가Spintext and Quible"에 대항해 "선원Tar, 가구장이Plane, 직조공Shuttle, 짐마차꾼Drive, 벽돌공Mortar, 소지주Smallrent, 재단사Snip, 소작인John Poor" 등과 힘을 모으라고 촉구했다. 또한 "천민, 폭도, 숙련기능공Mechanick 무리라고 부르는 이들"을 경멸하는 "지체 높은 자들"을 투표를 통해 관직에서 몰아내야 한다고 유권자들에게 촉구했다.

1730년대 보스턴 읍민회의의 한 위원회는 상인 엘리트들에게 진 빚을 갚기 쉽도록 지폐 발행을 원했던 보스턴 채무자들을 위해 목소리를 높였다. 그들은 "우리의 땀과 노고 위에서 사치와 방종에 빠져든 사람들이 빵과 물을 쌓아놓고 우리에게 분배하는 것"은 원치 않는다고 선언했다.

또 보스턴 사람들은 남자들을 해군으로 보내는 징병에 반대했다. 사람들은 총독의 집을 에워싸고 치안관을 구타하고 치안관보補를 가뒀으며 총회General Court가 있는 저택을 습격했다. 민병대는 진압 요청을 받았지만 응하지 않고 총독은 도망쳤다. 한 상인 집단은 군중들을 "외국인 선원, 하인, 검둥이 등을 비롯한 천하고 상스러운 신분의 사람들의 난폭하고 떠들썩한 집회"라고 비난했다.

1740년대에서 1750년대에 걸쳐 뉴저지에서는 지주들과 서로 자기 땅이라고 주장하는 땅에서 농사를 짓던 가난한 농민들은 지주들이 지대를 요구하자 폭동을 일으켰다. 1745년 새뮤얼 볼드윈Samuel Baldwin이라는 농민은 자신의 땅에서 오래 살면서 땅에 대한 인디언의 권리증서까지 갖고 있었는데, 소유주에게 지대를 지불하지 않았다는 이유로 체포되어 뉴어크Newark 감옥에 투옥됐다. 당시의 한 사람은 그 뒤에 일어난 일을 이렇게 묘사했다. "일반 대중은 소유주들이 자신들을 파멸시키려고 획책하고 있다고 생각해 …… 감옥으로 몰려가 문을 열고 볼드윈을 구출했다."

볼드윈을 풀어준 두 남자가 체포되자 뉴저지 시민 수백 명이 감옥 주변에 몰려들었다. 뉴저지 정부가 런던의 통상규제국Lords of Trade에 보낸 보고서는 당시 광경을 이렇게 묘사했다.

치안관의 명령을 받은 뉴어크 중대의 신임 지휘관 두 명이 북을 가지고 사람들에게로 가서 그곳에 있는 중대에 소속된 모든 사람들에게 북소리를 따라 감옥을 지키라고 요구했으나, 많은 사람이 있었음에도 아무도 따르지 않았습니다……. 군중들은 …… 오후 네 시에서 다섯 시 사이에 말에서 내려 만세를 부르고 막대기를 휘두르면서 감옥으로 달려갔습니다. …… 보초 가까이 다가간 군중은 막대기로 보초들을 내리쳤고 (발포 명령을 받지 않은) 보초들도 총대로 되받아쳤으니, 양쪽 모두 몇 명이 부상을 입었으나 죽은 사람은 한 명도 없었습니다. 군중들은 병사들의 대열을 무너뜨리고 감옥문으로 몰려들었는데, 치안관이 칼을 들고 서서 가까이 접근하지 못하게 막자 사람들은 그를 몇 대 때리고 강제로 끌어냈습니다. 뒤이어 도끼를 비롯한 도구를 이용해 감옥문을 부수고 두 명의 죄수를 빼냈습니다. 또 빚 때문에 감금되어 있던 다른 죄수 하나도 도망쳤습니다.

이 시기를 거치는 동안, 영국은 일련의 전쟁을 치르고 있었다(1700년대 초의 앤 여왕 전쟁Queen Anne's War, 1730년대의 조지 왕 전쟁King George's War). 몇몇 상인들은 이 전쟁으로 많은 재산을 모았으나, 대부분의 사람들에게 이들 전쟁은 더 많은 세금과 실업, 빈곤을 의미할 뿐이었다. 매사추세츠의 한 익명의 소책자 저자는 조지 왕 전쟁 이후 분노를 터뜨리며 그때 상황을 이렇게 묘사했다. "가난과 불만이 (부유한 자들의 안색을 제외하고) 모든 이의 얼굴에 나타나 있으며 모든 이의 혀에서 맴돌고 있다." 이 저자는 "권력에 대한 욕망, 명예에 대한 욕망, 돈에 대한 욕망"으로 가득한 몇몇 사람들이 전쟁 동안 부자가 됐다고 말했다. "그런 자들이 배와 집을 짓고 농장을 구입하고 대형마차와 사륜경마차를 만들며 호화롭게 살고 명성과 명예의 직위를 사들일 수 있다는 사실은 하나도 놀라울 것이 없다." 그는 그들을 "어느 곳에 살든, 사나운 맹금 …… 모든 사회의 적"이라고 불렀다.

1747년 보스턴에서는 강제 수병 모집에 반대하는 폭동이 일어났다. 더 나아가 군중들은 부유한 상인이자 식민지 관리로서 총독을 도와 폭동을 진압한 바 있고 가난한 사람들에게 불리하게 보이는 매사추세츠 통화通貨계획을 고안하기도 한 토머스 허친슨Thomas Hutchinson에게 반기를 들었다. 허친슨의 저택이 원인 모를 불에 탔고 거리에 모인 군중들은 허친슨을 욕하며 "타게 내버려 두라!"고 외쳤다.

미국혁명의 위기가 발발한 때인 1760년대에 이르면, 아메리카 본토에서 영국 식민지를 통치했던 부유한 엘리트들은 150년의 축적된 경험을 통해 어떻게 사람들을 지배해야 하는지에 관해 모종의 통찰력을 갖게 됐다. 그들은 여러 가지 두려움을 가지고 있긴 했지만 그런 두려움에 대처하는 전술 역시 개발하고 있었다.

부유한 엘리트들은 인디언들이 너무 다루기 힘들기 때문에 노동력으로 이용하기 어려우며 여전히 영토팽창의 장애물이라는 것을 알게 됐다. 반면 흑인 노예는 통제하기 쉬웠으며, 남부 농장에서는 노예를 이용한 이윤 획득이 가능해짐에 따라 노예 수입이 크게 늘어났다. 어떤 식민지에서는 노예가 다수를 차지하는 곳도 있었고, 전체적으로는 식민지 인구의 5분의 1을 차지하게 됐다. 그러나 흑인들도 전적으로 순종적인 것은 아니었으며 그 수가 점차 늘어남에 따라 노예 반란의 가능성도 커지게 됐다.

식민지 엘리트들은 인디언의 적대행위와 노예 반란의 위험성에 더해 백인 빈민들—하인, 소작인, 도시빈민, 무산자, 납세자, 군인, 선원—의 계급적 분노까지 고려해야 했다. 식민지 역사가 100년이 넘어 1700년대 중반으로 접어들면서 빈부격차가 확대되고 폭력의 위협 및 폭력 그 자체가 증대됨에 따라, 빈민들을 통제하는 문제 역시 더욱 심각해졌다.

이렇게 멸시받는 각기 다른 집단—인디언, 노예, 백인 빈민—이 하나로

뭉친다면 어떻게 될 것인가? 흑인이 그리 많지 않던 17세기에도 애버트 스미스가 지적했듯이 "하인들이 흑인이나 인디언과 합세해 몇 명 되지 않는 주인들을 타도할지도 모른다는 두려움이 생생하게" 존재했다.

여성의 수가 부족하고 농장에서 인디언을 이용해서 늘 접촉이 이루어지던 남아메리카나 중부아메리카와는 달리, 북아메리카에서는 백인과 인디언이 손을 잡을 수 있는 기회가 거의 없었다. 백인 여성이 희박했던 조지아와 사우스캐롤라이나에서만 백인 남자와 인디언 여자 사이의 성적 결합이 어느 정도 존재했다. 일반적으로 인디언은 보이지 않는 곳, 접촉할 수 없는 곳으로 밀려났다. 그런데 한 가지 사실이 이런 상태를 교란시켰다. 백인들이 도망쳐 인디언족에 가담하거나 전투에서 사로잡혀 인디언들 틈에서 살곤 했는데, 이런 경우에 백인들은 떠날 기회가 주어지더라도 인디언 문화에서 머무르는 쪽을 택했다. 똑같은 선택권을 줄 경우 인디언들은 대부분 백인과 함께 살려고 하지 않았다.

근 20년을 아메리카에서 살았던 프랑스인 엑토르 생 장 크레브쾨르Hector St. Jean Crevecoeur는『아메리카의 한 농부가 보낸 편지Letters from an American Farmer』에서, 7년 전쟁Seven Year's War 기간 중 잡혀서 인디언들 틈에서 자라고 계속 그들과 함께 살아오다가 부모들에 의해 발견된 어린이들이 왜 인디언들과 헤어지지 않으려고 하는가를 언급했다. "그들의 사회적 유대관계 속에는 우리들이 자랑스럽게 여기고 있는 것 이상으로 독특하게 매혹적이고 훨씬 뛰어난 무엇인가가 있음이 분명하다. 수천 명의 유럽인이 인디언이 되는 반면에, 선택의 기회를 가졌던 이들 원주민이 한 명이라도 유럽인이 된 예를 찾아볼 수 없기 때문이다."

그러나 이런 사실에 영향을 받은 사람은 극히 드물었다. 보통 인디언은 멀리 떨어져 있었다. 그리고 식민지 관리당국은 이런 위험을 줄이는 방법을 찾아냈다. 즉 동부 해안지대의 비옥한 땅을 독점함으로써 땅 없는 백인들을 서부 변경으로 보내 인디언과 충돌시키고 해안지대의 부자들을 위해 인디언 문제에 대한 완충 역할을 할 수밖에 없도록 만들었으며, 한편으로 정부의 보호에 더욱 의존하게 만든 것이다. 베이컨의 반란은 교훈을 줬다. 백인 개척자 집단의 분노를 무릅쓰고 감소 추세에 있는 인디언을 회유하는 일은 매우 위험했다. 엘리트들의 안전을 위해서는 인디언과 전쟁을 벌여 백인의 지지를 얻고 가난한 백인들을 인디언과 맞서게 만들어, 있을 수 있는 계급 충돌을 다른 곳으로 돌리는 것이 더 나았다.

흑인과 인디언이 합세해 백인이라는 적에게 맞설 수 있었을까? 북부의 식민지들(긴밀한 접촉과 성적 결합이 있었던 케이프코드Cape Cod, 마서즈비니어드, 로드아일랜드를 제외한)에서는 아프리카인과 인디언이 대규모로 접촉할 수 있는 기회가 그다지 많지 않았다. 북부에서는 뉴욕에 가장 많은 노예가 살고 있었으며, 아프리카인과 인디언이 합세해서 벌인 1712년의 폭동 등 몇 차례에 걸친 흑인과 인디언의 접촉이 있었다. 그러나 이런 폭동은 금세 진압됐다.

그러나 캐롤라이나에서는 인접한 인디언과 흑인들의 수가 백인보다 많았다. 1750년대 2만 5,000명의 백인에 비해 흑인 노예가 4만 명, 크리크족Creeks, 체로키족, 촉토족Choctaws, 치카소족Chickasaws 등 그 지역의 인디언이 6만 명이었다. 게리 내시의 말을 들어보자. "식민지 시기를 점철했던 인디언 봉기와 일련의 노예 반란, 그리고 비록 미리 봉쇄되기는 했지만 끊임없이 계속된 반란 음모 등으로 인해 사우스캐롤라이나 사람들은 물샐틈없는 경계와 적을 분열시키는 정책을 통해서만 상황을 통제를 할 수 있다는 사실을 넌더리나게 알고 있었다."

캐롤라이나의 백인 지배자들은, 누군가 말했듯이 "인디언과 흑인의 막강한 수적 우세에 의해 우리가 차례차례 밀려나지 않으려면 그들이 서로를 억제하도록 만드는" 정책이 필요함을 의식하고 있었던 듯하다. 그리하여 자유 흑인이 인디언 지역으로 여행하는 것을 금지하는 법률이 통과됐다. 인디언 부족과 맺은 조약에도 탈주 노예를 돌려보낼 것을 규정한 조항이 들어 있었다. 1738년 사우스캐롤라이나의 총독 리틀타운Lyttletown〔지은이의 착오인 듯하다. 당시 사우스캐롤라이나의 총독은 윌리엄 불William Bull(1737~1738 재임)이었고 윌리엄 헨리 리틀턴William Henry Lyttleton(1724~1808)은 1756~1760년에 총독을 지냈다〕은 "그들〔인디언〕에게 검둥이에 대한 반감을 불어넣는 것은 언제나 본 정부의 정책이었다"고 썼다.

　이런 정책에는 인디언과 싸우는 사우스캐롤라이나 민병대에 흑인 노예를 이용하는 것도 포함됐다. 그럼에도 정부는 여전히 흑인의 반란을 우려했으며, 1760년대 체로키 전쟁 동안 인디언과의 싸움에 500명의 노예를 동원하려는 동의안이 캐롤라이나 하원에서 단 한 표차로 부결됐다.

　흑인들은 인디언 마을로 달아났으며, 크리크족과 체로키족은 탈주 노예를 수백 명씩 숨겨 줬다. 이들 대부분은 인디언 부족과 결혼을 했고 아이를 낳았다. 그러나 가혹한 노예법과 흑인 반란자들을 진압하는 데 도움을 준 인디언에게 뇌물을 주는 두 가지 방법을 동시에 사용함으로써 계속 사태를 통제할 수 있었다.

　부유한 백인 농장주들이 가장 두려워했던 것은 백인 빈민과 흑인의 결합이었다. 몇몇 이론가들이 가정한 대로 자연적인 인종적 반감이 있었다면 통제하기가 더 쉬웠을 것이다. 그러나 성적인 이끌림은 인종적 구별을 넘어설 정도로 더 강렬했다. 1743년 사우스캐롤라이나 찰스턴의 대배심은 "이 지방에서는 검둥이를 비롯한 하녀와의 범죄적인 성관계Criminal Conversation가 너무 흔한 일"이라고 비난했다. 버지니아, 매사추세츠, 메릴랜드, 델라웨어, 펜실베이니아, 캐롤라이나, 조지아 등지에서는 인종 간의 결혼을 금지하는 법률이 있었는데도, 식민지 시기 내내 흑백 간의 결합으로 혼혈아가 계속 태어났다. 태어난 아이는 사생아로 공표됐기 때문에 흑인 가족이 따로 키웠고 따라서 백인 인구는 계속 '순수하게' 유지되고 통제될 수 있었다.

버지니아의 지배자들이 베이컨의 반란을 특히 두려워했던 이유는 흑인 노예와 백인 하인이 세력을 규합했기 때문이었다. 마지막에 항복한 사람들은, 한 요새에서는 "무장한 400명의 영국인과 검둥이"였으며 다른 요새에서는 300명의 "자유민, 아프리카인, 영국인 노예bond-servant"였다. 400명을 진압한 해군 사령관은 "나는 그들에게 집으로 돌아가라고 설득했으며 대부분이 그렇게 했으나, 검둥이 80명과 영국인 20명은 무기를 넘기려 하지 않았다"고 기록했다.

초기의 전 시기에 걸쳐 도망을 막기 위해 통과시킨 법률과 법원 기록에서 볼 수 있듯이, 흑인 및 백인 노예와 하인들은 함께 도망쳤다. 1698년 사우스캐롤라이나에서는 농장주로 하여금 성인남자 흑인 6명 당 1명의 백인 하인을 고용하도록 하는 "결손법deficiency law"을 통과시켰다. 1682년 남부 식민지들에서 보낸 한 편지는 "우리의 검둥이들을 감독하거나 검둥이들의 폭동을 진압할 백인이 없다……"고 불만을 토로했다. 1691년에 영국 하원House of Commons은 "침략이 있을 경우 무기를 드는 것뿐만 아니라 흑인을 다스리기 위한 상당한 수의 백인 하인이 없이는 농장을 유지할 수 없다고 설명하는 …… 해외 농장과 교역을 하는 여러 상인, 선주, 농장주 등의 청원서"를 접수했다.

1721년 영국 정부에 보내온 보고서를 보면, 사우스캐롤라이나에서 "최근 흑인 노예들이 폭동을 일으켜 거의 새로운 혁명을 이룰 뻔했는데 …… 향후에는 더 많은 백인 하인들을 잘 대우해 주도록 하는 몇 가지 새로운 법률을 제안할 …… 필요가 있을 것입니다. 이 지역의 민병대는 2,000명을 넘지 못하고 있습니다." 분명히 2,000명으로는 위협에 맞서기에 충분하다고 생각되지 않았다.

이런 두려움이 1717년에 영국 의회가 범죄에 대한 법적 처벌권을 신세계에 넘겨주게 된 이유를 설명하는 데 도움이 될 것이다. 그 후 수만 명의 죄수들을 버지니아, 메릴랜드 등의 식민지로 보낼 수 있었다. 이런 두려움을 염두에 두면 베이컨의 반란 이후 버지니아 하원이 반란에 가담한 백인 하인들만 사면시킨 이유도 이해할 수 있다. 노역기간을 끝마친 백인은 양식 및 돈과 함께 머스켓총을 받을 수 있었음에 비해, 흑인에게는 일체의 무기 소지가 금지됐다. 백인 하인과 흑인 하인의 신분 차별은 점점 더 뚜렷해졌다.

1720년대 버지니아에서는 노예의 반란에 대한 두려움이 점차 커지면서 백인 하인들이 자유 백인을 대신해 민병대에 참여할 수 있게 됐다. 이와 동시에 "검둥이들의 폭동이 일어날지도 모를 …… 커다란 위험"을 방지하기 위해 버지니아에 노예감시대가 설립됐다. 가난한 백인들은 이 감시대의 대원이 되어 그 대가로 얼마의 보수를 받았다.

인종주의가 점점 현실화되고 있었다. 에드먼드 모건은 버지니아 노예제에 관한 주의 깊은 연구에 근거해 인종주의를 흑백 간의 "자연적" 차이가 아니라, 계급적 멸시에서 기인하는 것, 즉 통제를 위한 현실적 장치로 보고 있다. 기대가 어긋난 자유민들이 절망 상태의 노예와 공동전선을 펴게 된다면 그 결과는 베이컨이 야기했던 것보다 훨씬 더 나쁠 수도 있었다. 굳이 말하지 않더라도 명백했기 때문에 점차 인식되었겠지만 이 문제에 대한 해답은 인종적 멸시라는 눈가리개를 통해 자유 백인을 위험한 흑인 노예들로부터 분리시키는 인종주의였다.

식민지들이 성장함에 따라, 아메리카 역사를 통틀어 엘리트의 끊임없는 지배를 위해 결정적인 중요성을 갖게 된, 또 다른 통제기제가 있었다. 큰 부자

및 극빈층과 나란히 소농장주, 독립자영농, 도시 장인들이 성장했고, 이들은 상인 및 농장주들에게 힘을 더해 주는 대가로 작은 보수를 받으면서 백인 극빈층, 흑인 노예, 변경의 인디언 등에 대한 튼튼한 완충 지대를 형성하게 되었던 것이다.

도시의 성장과 더불어 숙련 노동자들이 점점 많아졌고, 정부는 백인 숙련 기능공들을 노예 및 자유 흑인들과의 경쟁에서 보호해 줌으로써 그들의 두터운 지지를 확보했다. 1686년 뉴욕 참의회는 "어떤 검둥이나 노예도 본 도시의 안팎으로 수출, 수입되는 상품을 나르는 짐꾼으로 다리 위에서 일해서는 안 된다"고 명령했다. 남부의 몇몇 도시에서도 백인 장인과 교역상들은 흑인과의 경쟁에서 보호됐다. 1764년 사우스캐롤라이나 의회는 찰스턴의 고용주들이 기능공이나 수작업 직종에 흑인이나 노예를 고용하는 것을 금지했다.

중간계급의 아메리카인들은 기존 부자들의 부패에 반대함으로써 새로운 엘리트로 초대받을 수 있었다. 뉴욕인 캐드월러더 콜던Cadwallader Colden은 1747년에 발표한 『자작농들에게 드리는 글Address to the Freeholders』에서 부유한 자들은 (그 자신은 부자일지언정) 다른 사람의 복지에는 무관심한 탈세자들이라고 공격하며 "우리의 자유와 재산"에 대해 시민들이 믿을 수 있는 "중간계층midling rank of mankind"의 정직성과 신뢰성을 주창했다. 이것은 다수에게 "우리의" 자유, "우리의" 재산, "우리의" 나라를 떠벌리는 소수의 지배를 위해 결정적으로 중요한 수사修辭적 도구가 될 것이었다.

마찬가지로 보스턴에서는 부호 제임스 오티스James Otis가 왕당파Tory의 토머스 허친슨을 공격하면서 중간계급에게 호소할 수 있었다. 제임스 헨레타 James Henretta는 보스턴을 통치하는 것은 부자들이지만, "수레바퀴살 감별자", "석탄 채굴 바구니 계량자", "울타리 감독관" 등과 같은 적당한 재산을 가진 사람들도 정치를 할 수 있다고 역설했다. 오브리 랜드Aubrey Land는 메릴랜드에서 부자들만큼 농장제 사회의 "수혜자"는 아니지만, 농장주라고 불릴 만한 특성을 가졌으며 "도로 감독관, 부동산 감정인, 그리고 다른 비슷한 업무에 종사하면서 지역사회에 대한 의무를 가지고 있는 존경할 만한 시민"인 소농장주 계급을 발견했다. "지역 정치활동과 …… 때로는 술에 취해 싸움이 벌어져 중단되곤 하는 사교춤, 경마, 닭싸움 등의 제반 활동에 참여하는" 중간계급을 사회적으로 받아들이는 것은 동맹관계에 도움이 됐다.

1756년에 『펜실베이니아 저널Pennsylvania Journal』은 이렇게 썼다. "이 지역 사람들은 일반적으로 중간 부류에 속하며, 현재 상당히 많은 수가 그런 부류에 속한다. 이들은 주로 근면한 농부, 기술자, 소매상 등이다. 이들은 자유를 누리길 좋아하고, 이들 가운데 가장 천한 사람들은 자신이 일류 명사들로부터 정중한 대우를 받을 권리를 갖고 있다고 생각한다." 실제로 이런 묘사에 어울리는 중간계급이 있었다. 그들이 "사람들"이라고 부른 것은 흑인 노예, 백인 하인, 쫓겨난 인디언을 빠뜨린 것이었다. 그리고 리처드 호프스태터Richard Hofstadter가 지적했듯이, "중간계급"이라는 용어는 이 나라에 있어 오랫동안 진실이었던 한 가지 사실을 감추었다. "이 나라는 …… 상층계급이 대부분을 지배하는 중간계급 사회였다."

이들 상층계급은 지배를 위해, 자신의 부나 권력에는 손상을 입지 않은 채 노예, 인디언 및 백인 빈민을 희생시킴으로써 중간계급에 어느 정도 양보를 할 필요가 있었다. 이런 양보는 충성을 가져왔다. 그리고 이런 충성을 물질적 이익보다 훨씬 강력한 무언가로 묶어두기 위해서 1760년대와 1770년대에 지배계급은 놀랄 만큼 유용한 도구를 찾아냈다. 그 도구는 곧 자유와 평등이라는 언어였고, 이를 통해 노예제나 불평등을 종식시키지 않은 채로도 영국에 맞서 혁명전쟁을 수행하기에도 충분할 정도의 백인들을 결속할 수 있었다.

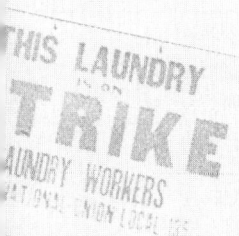

A People's History of the United States

4

폭정은 폭정이다

1770	• 보스턴 학살. 영국 정부의 인지세법(일명 타운센드 법)과 징용에 대한 미국인들의 반발이 거세지고 있던 가운데 일어난 유혈사태. 3월 5일, 보스턴 세관 앞에 모인 군중들에게 영국군이 총격을 가해 5명이 죽고 여러 명의 다친 사건
1773	• 보스턴 차 사건. 12월 16일 밤, 영국 정부의 차 조례에 반대하던 일부 세력들이 인디언으로 분장한 뒤 보스턴 항에 정박해 있던 배를 습격해 7만 5,000달러어치나 되는 동인도회사의 차를 바다로 집어던진 사건
1774	• 제1차 대륙회의(9월 5일)
1775	• 렉싱턴과 콩코드 전투(4월 19일). 식민지 민병대와 영국 군대 간의 첫 교전 • 제2차 대륙회의(5월 10일). 조지 워싱턴을 지도자로 선정하고 전쟁을 결의
1776	• 1월, 토머스 페인의 〈상식〉 출간. 3개월 만에 15만 부 판매 • 7월 4일, 독립선언서 선포

1776년경 영국령 식민지의 유력한 인사들은 향후 200년 동안 아메리카에서 엄청나게 쓸모 있다고 입증될 중요한 발견을 이루었다. 합중국이라 불리는 하나의 국가, 상징, 법적 통일체를 창설함으로써 대영제국의 총신寵臣들로부터 토지와 이윤, 정치권력을 넘겨받을 수 있음을 알게 된 것이다. 이 과정에서 그들은 수많은 잠재적인 반란을 억제하고, 새로운 특권적 지도층의 통치에 대한 대중적 지지라는 합의점을 형성할 수 있었다.

이런 관점에서 미국혁명을 보면, 그것은 뛰어난 업적이며 건국의 아버지들은 몇 세기에 걸쳐 받아왔던 경외와 찬사를 받을 만하다. 그들은 현대에 고안된 가장 효율적인 국가 통치체제를 만들었으며 온정주의와 명령을 결합함으로써 얻을 수 있는 이점을 미래 세대의 지도자들에게 보여줬다.

버지니아에서는 베이컨의 반란을 시작으로 1760년까지 식민지 정부의 전복을 목적으로 한 반란은 18번에 걸쳐 일어났다. 또 사우스캐롤라이나에서 뉴욕에 이르기까지 흑인 반란이 6번 있었고 여러 가지 원인으로 인한 폭동도 40번이나 있었다.

이때쯤이면 또한 잭 그린Jack Greene의 말처럼, "지방에는 안정되고 논리적이며 효율적인, 일반적으로 인정받는 정치, 사회적 엘리트들"이 출현했다.

그리고 1760년대에 이르면 이 지역적인 지도층은, 영국과 식민지의 영국인 관리들에 대항하는, 반란적인 에너지의 많은 부분을 지도할 수 있는 가능성을 보게 됐다. 의식적인 음모가 아니라 전술적으로 대응하면서 경험을 축적하게 된 것이었다.

7년 전쟁(아메리카에서는 프랑스-인디언 전쟁French and Indian War으로 알려졌다)에서 영국이 프랑스에 승리를 거둬 북아메리카에서 프랑스인들을 몰아낸 1763년 이후, 이제 식민지의 야심 찬 지도자들은 프랑스의 위협을 받지 않았다. 그들에게는 이제 영국인과 인디언들이라는 두 라이벌만이 남았다. 영국은 인디언의 협조를 받으려는 노력의 일환으로 애팔래치아 산맥 너머를 백인이 출입할 수 없는 인디언의 땅이라고 선언했다(1763년 포고령 Proclamation of 1763). 아마도 일단 영국인들이 방해만 하지 않는다면, 인디언은 어떻게든 다룰 수 있었을 것이다. 이번에도 역시 식민지 엘리트들이 의식적으로 사전에 고려한 전략이 아니라 사태가 진전됨에 따라 점차 깨닫게 된 것이었다.

프랑스가 물러나자 영국 정부는 식민지들에 대한 통제를 강화하는 쪽으로 관심을 돌렸다. 전쟁 비용을 치르기 위한 세입이 필요했던 영국은 식민지로 눈을 돌린 것이다. 아울러 식민지 무역은 영국 경제에 점점 더 중요한 위치를 차지하게 됐을 뿐만 아니라 많은 이익을 가져다줬다. 1700년에 약 50만 파운드였던 식민지 무역은 1770년에는 280만 파운드로 늘어났다.

그러므로 아메리카의 지도층이 영국의 지배를 덜 필요로 할수록 오히려 영국은 식민지의 부를 더 필요로 하게 됐다. 이런 요인들이 충돌을 가져왔다.

전쟁은 장군에게는 명예, 사병에게는 죽음을, 상인에게는 부를, 빈민에게는 실업을 가져다줬다. 프랑스-인디언 전쟁이 종결됐을 때 뉴욕에는 2만 5,000명이 살고 있었다(1720년에는 7,000명이었다). 한 신문의 주필은 시내

| 7년 전쟁 | 영국과 프랑스가 지리적 영역을 확대하면서 벌어진 전쟁으로 유럽의 열강이 모두 참여했다. 이들은 북아메리카 및 인도를 둘러싸고 주로 식민지에서 패권경쟁을 벌였다. |

거리에 "걸인과 방랑하는 빈민의 수"가 증가하고 있다고 기록했다. 신문에 투고된 편지들은 부의 분배에 의문을 던졌다. "우리의 가까운 이웃이 덤플링〔Dumpling. 우리의 수제비와 비슷하게 밀가루를 반죽해서 끓이는 요리〕이라도 해먹을 만큼의 밀가루를 얻는 일은 매우 어려운데 반해, 교역용 밀가루 수천 배럴이 거리를 뒤덮고 있는 일이 얼마나 흔한가?"

게리 내시의 도시 세금명세서에 대한 연구를 보면, 1770년대 초반의 보스턴 납세자 가운데 상위 5퍼센트가 도시의 납세 대상 자산의 49퍼센트를 차지하고 있었다. 필라델피아와 뉴욕에서도 역시 부가 점점 더 편중됐다. 법원에 기록된 유언장들을 보면 1750년 당시 도시에서 가장 부유한 사람들은 2만 파운드(오늘날의 약 500만 달러)의 유산을 남겼다.

보스턴의 하층계급은 읍민회의를 통해 불만을 터뜨리기 시작했다. 매사추세츠 총독은 이런 읍민회의가 열릴 때면 "가장 천한 주민들이 …… 끊이지 않고 참석해 으레 다수를 차지하게 됐고 신사, 상인, 유복한 무역상 등 주민들 중 잘사는 모든 자들을 투표로 압도했다"고 쓴 바 있다.

보스턴에서는 상류계층에 포함되는 변호사, 신문 주필, 상인들이지만 영국과 긴밀했던 지배집단에서는 배제된 ―제임스 오티스와 새뮤얼 애덤스Samuel Adams 등과 같은― 몇몇 사람들이 "보스턴 명사회Boston Caucus"를 결성해 연설과 글을 통해 "근로계급의 여론을 형성하고 '군중'에게 행동을 호소하고 행동 방침을 정했던" 것으로 보인다. 이것은 "전반적인 부가 줄어들고 있다는 사실과 보통 읍민들의 분노를 날카롭게 인식하면서 대중의 여론을 반영하는 동시에 형성하고 있던" 오티스에 관한 내시의 설명이다.

우리는 여기서 미국 정치의 오랜 역사, 즉 상류계급 정치인들이 자신의 목적을 위해 하층계급의 에너지를 동원하는 역사의 전조를 본다. 이것은 순전히 기만만은 아니었다. 부분적으로나마 하층계급의 불만을 실제로 인정했고, 이런 면을 볼 때만이 수세기에 걸쳐 하나의 전술로 효율성을 가져온 이유를 알 수 있다. 내시가 지적하듯이,

> 제임스 오티스, 새뮤얼 애덤스, 옥스브리지 새처Oxenbridge Thacher, 로열 타일러Royall Tyler 등의 일군의 보스턴인들은 인근 선술집, 소방대, 보스턴 명사회 등의 그물망을 통해 장인과 막노동자들을 연결시켰고, 근로계급의 견해를 신뢰하는 정치를 지지했으며, 장인은 물론이고 막노동자들까지도 정치 과정에 참여하는 것을 전적으로 정당하다고 생각했다.

1762년 오티스는 토머스 허친슨으로 대표되는 매사추세츠 식민지의 보수적 지배자들에 반대하는 발언을 하면서, 변호사가 도시 숙련기능공과 장인을 동원하는 데 사용할 법한 미사여구를 보여줬다.

여러분들의 대다수가 그런 것처럼 나 역시 이마에 땀을 흘리며 내 두 손으로 일을 해서 생계를 유지할 수밖에 없으며, 내 위에 군림할 수 있는 어떤 자연권이나 신수권神授權도 가지고 있지 않으면서, 가난한 사람들의 얼굴을 짓밟음으로써만 위세와 명예를 얻게 된 몇몇 사람들의 불쾌한 표정 아래, 이런저런 좋고 나쁜 세평을 어쩔 수 없이 들어야만 합니다.

당시의 보스턴은 계급적 분노로 가득 찼던 듯하다. 1763년의 보스턴 『가제트Gazette』에서는 누군가가 "권력을 가진 몇 사람"이 "사람들을 비천하게 만들 목적으로 계속 가난하게 내버려두려는" 정치적 계획을 조장하고 있다고 썼다.

보스턴의 부자들에 대해 누적된 이런 불만이 1765년의 인지세법Stamp Act 이후 군중 행동의 폭발성을 설명해 줄 수 있다. 이 법을 통해 영국은 대영제국의 팽창을 위해 식민지인들이 고통을 겪은 대對프랑스 전쟁의 비용을 충당하려고 이주민들에게 세금을 부과했다. 그해 여름 에비니저 매킨토시Ebenezer Macintosh라는 제화공이 군중을 이끌고 앤드루 올리버Andrew Oliver라는 보스턴의 부유한 상인의 집을 파괴했다. 2주일 뒤 군중은 영국의 이름으로 식민지를 지배하는 부유한 엘리트의 상징인 토머스 허친슨의 집으로 향했다. 군중들은 도끼로 집을 부수고 지하저장실에 있는 포도주를 마셔 버리고 가구를 비롯한 물건을 약탈했다. 영국 식민지 관리의 한 보고서는 이 사건을 두고 "일반적 평등을 도모하고 부자와 빈자의 구별을 없애버리려는 약탈 전쟁"의 일환으로

15명의 부자들의 집을 파괴하려는 대규모 계획의 일부분이라고 말했다.

이 사건은 부자들에 대한 분노가 오티스 같은 지도자들이 원했던 수준을 넘어선 순간들 중 하나였다. 계급적 증오가 친영국 엘리트들에게만 초점이 맞춰지고 민족주의 엘리트들은 비켜날 수 있었을까? 보스턴에서 저택 습격이 있던 그 해, 뉴욕에서는 누군가가 뉴욕『가제트』에 이렇게 기고했다. "사람들이 이웃의 가난 덕택에 부를 누리는 일이 빈번할진대, 99명 아니 999명이 한 사람의 사치나 위세를 위해 고통을 받아야 하는 것이 정당한 일인가?" 혁명의 지도자들은 그런 정서를 적당히 유지하는 데 고심하고 있었다.

식민지 도시의 숙련기능공들은 정치적 민주주의를 요구하고 있었다. 즉 선거구민이 자신들의 대표자를 점검할 수 있도록 하는 대표의회의 공개회합, 입법의사당의 공공방청, 호명투표의 공표 등을 요구했다. 숙련기능공들은 야외 회합을 열어 주민들이 정책 입안, 공정한 조세, 가격 통제, 숙련기능공을 비롯한 보통사람들의 정부 직책 피선출 등에 참여하기를 원했다.

내시에 따르면, 특히 필라델피아에서는 하층 중간계급의 성장한 의식이, 영국에 공감하는 보수적 왕당파들만이 아니라 혁명의 지도자들 가운데서도 모종의 강경한 사고를 야기했음에 틀림없다. "1776년 중반에 노동자, 장인 및 소상인들은 선거 전략이 실패하자 실정법의 테두리를 벗어나는 수단을 채택해 필라델피아에서 뚜렷한 주도권을 장악했다." 몇몇 중간계급 지도자들(토머스 페인Thomas Paine, 토머스 영Thomas Young 등)의 도움을 받은 그들은 "부에 대해서, 그리고 더 나아가 무제한적인 사적 소유를 획득할 수 있는 권리에 대해서도 전면적인 공격에 착수했다."

1776년 펜실베이니아 헌법 구상 총회의 선거 기간 동안, 하위직위원회 Privates Committee는 "사회 내에 차별을 만들어 내기 너무도 쉬운 …… 거대하고 지나치게 비대한 부자들"에 반대하라고 유권자들에게 촉구했다. 하위직위원회는 "몇몇 개인에게 너무 많은 재산이 귀속되어 있어 인간의 권리를 위협하고 보편적인 행복을 파괴하고 있다. 그러므로 모든 자유로운 국가는 법률에 의해 그런 재산 소유를 억제할 수 있는 권리를 갖는다"라는 내용을 비롯한 권리장전을 헌법에 삽입하기 위해 작성했다.

대부분의 사람들이 살고 있던 시골에서도 부자와 빈자 사이에서 비슷한 충돌이 벌어졌다. 정치지도자들은 주민들을 영국에 대항하도록 동원하고는 그 과정에서 반란에 참여한 빈자들에게 약간의 이익만을 주었고 자신들은 훨씬 많은 이익을 차지했다. 1740년대 뉴저지의 소작인 폭동, 1750년대와 1760년대 허드슨 강 유역에서 있었던 뉴욕 소작인 봉기, 그리고 버몬트를 뉴욕주에서 분리시킨 결과를 낳은 동북부 뉴욕에서의 반란 등은 모두 산발적인 폭동을 넘어서는 항거였다. 이런 항거는 오래 지속된 사회운동으로서 대항정부countergovernment를 창설하기도 할 만큼 고도로 조직화된 것이었다. 소작인들의 운동은 한 줌도 안 되는 부유한 지주들을 대상으로 했으나, 이들은 멀리 떨어진 곳에 있었으므로 종종 소유자로부터 분쟁의 원인이 된 땅을 임차한 농민들을 향해 분노의 화살을 돌려야만 했다(농촌반란에 관한 에드워드 컨트리먼Edward Countryman의 선구적인 저서를 보라).

저지Jersey의 반란자들이 친구들을 풀어주려고 감옥을 쳐들어갔던 것처럼, 허드슨 강 유역의 폭도들은 보안관으로부터 죄수들을 구출했고 한때는 보안관을 죄수로 감금하기도 했다. 소작인들은 "주로 인간 찌꺼기"로 여겨졌으며, 1771년 올버니Albany 군의 보안관이 베닝턴Bennington으로 이끌고 갔던 무장대에는 지방 권력구조의 특권적인 상층부도 포함되어 있었다.

토지 폭도들은 자신들의 싸움을 부자에 대항한 빈자의 싸움으로 보았다. 1766년 뉴욕에서 반란 지도자의 재판에 출석한 한 증인은 지주에게 내쫓긴 농민은 "정당한 권리를 가지고 있으나 그들은 가난하고 …… 가난한 사람들은 으레 부자들의 억압을 받기 때문에 법의 심판과정에서 보호받을 수 없다"고 말했다. 버몬트에서 이선 앨런Ethan Allan의 그린마운틴Green Mountain 반란자들은 자신들을 "황폐한 지역에 정착하는 데 지친 …… 가난한 사람들"이라고 묘사했으며, 자신들의 적에 대해서는 "장신구, 의례적인 인사말, 프랑스식 기교를 갖춘 변호사를 비롯한 신사들"이라고 서술했다.

땅에 굶주린 허드슨 강 유역 농민들은 아메리카의 지주들에 대항하기 위해 영국에 지지를 호소했다. 그린마운틴 반란자들도 마찬가지였다. 그러나 가난한 소작인들이 부자에 대한 분노 때문에 영국의 편을 드는 경향이 있음을 알아챈 식민지의 독립운동 지도자들은, 영국과의 충돌이 격렬해짐에 따라 시골 사람들을 자기편으로 설득하기 위한 정책을 채택했다.

1766년부터 1771년 동안에 노스캐롤라이나에서는 부유하고 부패한 관리들에 반대하는 백인 농민들의 강력한 운동이 조직되었고, 정확히 같은 시기에 동북부 도시들에서는 영국에 반대하는 운동이 성장하면서 계급문제를 밀어냈다. 노스캐롤라이나의 운동은 감시단원운동Regulator movement이라 불렸는데, 이 운동에 관한 전문가인 마빈 L. 마이클 케이Marvin L. Michael Kay의 말에 따르면, 감시단원운동은 "각각의 군郡에서 지방 정부를 민주화하고자 노력하는 서부의 계급적으로 각성된 백인 농민들"로 구성됐다. 감시단원들은 자신들을 "가난하지만 근면한 농부", "노동자", "비참한 빈민", "부유하고 강력하며 …… 뱃속이 검은 괴물들"에 의해 "억압받는 자들"이라고 불렸다.

감시단원들은 부와 정치권력의 결합이 노스캐롤라이나를 지배하고 있다고 보았으며, "자신들의 부를 증대하는 데만 노력을 기울이는" 관리들을 비난했다. 그들은 가난한 사람들에게 가장 큰 부담을 지우는 조세체계에, 그리고 끊임없이 시달리는 농민들에게 빚을 징수하기 위해 법원에서 일하는 변호사와 그들과 결탁하는 상인들에 대해 분개했다. 운동이 발전했던 서부 군郡들에서는 매우 적은 비율의 가구만이 노예를 거느리고 있었고, 한 군郡을 예로 들자면 노예의 41퍼센트가 2퍼센트 미만의 가구에 집중되어 있었다. 감시단원들은 하인이나 노예를 대표하지는 않았으며 소자영농, 무단경작자squatter, 소작인 등을 대변했다.

오렌지Orange 군의 감시단원운동에 관한 당시의 설명은 이렇게 상황을 묘사했다.

> 오렌지의 민중들은 보안관에게 모욕을 당했고, 대표자들에게 빼앗기고 약탈당하고 …… 무시와 힐난을 받았으며, 행정관리들에게 혹사당했다. 관리의 탐욕에 의해서만 조절되는 각종 수수료를 지불할 수밖에 없었고, 끊임없이 민중들 위에 군림하는 소수를 부자로 만들고 강성하게 하는 데 쓰일 것으로 생각한 세금을 내지 않을 수 없었다. 그들은 이 모든 해악에서 벗어날 길을 보지 못했다. 권력과 법률을 가진 자들은 근로인민을 억압하고 근로인민에게서 이익을 뽑아내는 데만 관심을 두는 사람들이었다.

1760년대 오렌지 군의 감시단원들은 세금 징수나 세금체납자에 대한 재산 몰수를 막기 위해 단결했다. 관리들은 "오렌지 군에서 위험한 반란이 발생했다"고 말하면서 진압을 위한 군사계획을 세웠다. 한번은 무장 농민 700명이 체포된 감시단원 지도자 2명을 석방하게 만들기도 했다. 1768년 감시단원들은 "부자나 권력자들과 분쟁할 때 빈자와 약자가 불평등한 기회를 가질 수밖에 없다"고 언급하면서 정부에 불만을 하소연했다.

앤슨Anson 군에서는 한 지방 민병대 대장이 "현재 이 군郡을 괴롭히는 미증유의 소요, 폭동, 동요"에 불만을 토로했다. 한때 100명이 군郡 재판소의 재판 진행을 방해하기도 했다. 그들은 또한 "우리 의회의 다수는 법률가, 목사 및 그들과 연관된 자들로 구성되어 있다……"고 주장하면서 농민을 의원으로 선출하려 했다. 1770년 노스캐롤라이나의 힐즈버로Hillsborough에서는 대규모 폭동이 일어나 법원을 뒤엎고 판사를 도망가게 만들었으며, 세 명의 변호사와 두 명의 상인을 구타하고 상점을 약탈했다.

이런 모든 결과로 의회는 얼마간 미온적인 개혁입법을 통과시켰으나, 동시에 "폭동과 소요를 금지하는" 법을 제정했으며 총독은 무력으로 진압할 준비를 했다. 1771년 5월에는 결정적인 전투가 벌어져 수천 명의 감시단원들이 대포를 사용하는 잘 훈련된 군대에 짓밟히고 말았다. 감시단원 6명이 교수형에 처해졌다. 케이는 감시단원운동이 집중됐던 오렌지, 앤슨, 로언Rowan의 세 군郡에서 세금을 내는 약 8,000명의 백인 가운데 6,000에서 7,000명이 운동을 지지했다고 말하고 있다.

이 쓰라린 충돌이 낳은 한 가지 결과는, 감시단원운동이 벌어졌던 군郡에서는 소수의 사람들만이 혁명전쟁에 애국파patriots로 참여한 것처럼 보인다는 사실이다. 대부분의 사람들은 중립을 지켰다.

〔미국〕혁명운동으로서는 다행스럽게도 중요한 전투는 대부분 북부에서 벌어졌으며, 이곳 도시들에서 식민지 지도자들 아래의 백인 주민들은 분열되어 있었다. 지도자들은 숙련기능공을 설득해 자기편으로 만들 수 있었는데, 숙련기능공들은 일종의 중간계급으로 영국 제조업자들과 경쟁을 벌이고 있었으므로 영국에 대항한 싸움에 이해관계가 있었다. 가장 큰 문제는 대對프랑스 전쟁에 뒤이은 위기에서 일자리를 잃고 굶주리고 있던 가난한 대중을 통제하는 것이었다.

보스턴에서는 최하층계급의 경제적 불만이 영국에 대한 분노와 뒤섞여 군중 폭력으로 폭발했다. 독립운동의 지도자들은 영국에 대항하는 이런 군중의 에너지를 이용하려 하면서도 군중이 자신들에게 너무 많은 것을 요구하지 않도록 에너지를 억누르고자 했다.

1767년 인지세법에 반대하는 폭동이 보스턴을 휩쓸자 북아메리카의 영국군 사령관 토머스 게이지Thomas Gage 장군은 이렇게 분석했다.

> 처음에는 많은 지도자급 주민들에게 선동되고 약탈에 미혹되어 움직였던 보스턴의 폭도들은 곧 자발적으로 들고일어나 부총독의 저택을 비롯한 몇 채의 가옥을 습격, 약탈, 파괴했다······. 뒤이어 사람들은 자신들이 일으킨 기백에 놀라고 대중의 분노를 인도할 수 없음을 깨닫기 시작했으며, 각 개인들은 자기가 다음 약탈의 희생물이 되지 않을까 두려워했다. 똑같은 두려움이 다른 지역으로 퍼져 나갔으며, 그 후 민중의 폭동을 막는 데에는 그 전에 그들을 자극하기 위해 기울였던 만큼이나 많은 노력이 필요했다.

게이지의 언급은 인지세법에 반대하는 운동의 지도자들이 군중행동을 선동했지만 곧 그것이 다시 자신들의 재산으로 행동 방향이 돌려질지도 모른다는 생각에 별안간 두려워졌음을 암시하고 있다. 당시 보스턴 납세자들의 상위 10퍼센트가 납세 대상 재산의 약 66퍼센트를 차지하고 있었던 반면, 하위 30퍼센트는 납세 대상 재산을 전혀 소유하지 못하고 있었다. 재산이 없는 사람들은 투표할 수 없었고, 따라서 (흑인, 여성, 인디언과 마찬가지로) 읍민회의에 참여할 수 없었다. 선원, 직인journeyman, 도제apprentice, 하인 등도 여기에 포함됐다.

혁명기 보스턴의 군중행동에 대한 연구자인 더크 호어더Dirk Hoerder는 혁명 지도부를, 대영제국에 반대하는 행동을 고무시키기를 원하면서도 식민지 내에서는 군중들에 대한 통제를 유지하느라 애태우고 있었던 "중간계층과 유복한 상인들로 이루어진 자유의 아들들Sons of Liberty 같은 ······ 우유부단한 지도자들"이라고 지칭했다.

이런 지도자들이 자신이 처한 딜레마를 알게 된 계기는 인지세법 위기였다. 로열나인Loyal Nine이라 불린 보스턴의 정치집단 — 인지세법에 반대했던 상인, 주류 제조업자, 선주, 마스터master craftsman — 은 1765년 8월 인지세법에 항의하는 행진을 조직했다. 그들은 50명의 마스터를 선두에 세웠으나, 노스엔드North End의 선박 노동자들과 사우스엔드South End의 숙련기능공 및 도제들을 동원해야 했다. 2,000에서 3,000명이 행진에 참가했다(흑인은 배제됐다). 행진대열은 인지담당관의 집 앞으로 가서 그의 인형을 불태웠다. 그러나 시위를 조직했던 '신사'들이 떠난 뒤, 군중들은 더욱 격해져서 인지담당관의 재산 일부를 파괴했다. 로열나인 중 한 사람이 말했듯이, 이들은 "놀라울 정도로 흥분된 민중들"이었다. 로열나인은 인지담당관의 화려한 가구를 민중들이 직접 습격하는 것을 보고 크게 놀랐던 것 같다.

부자들은 무장순찰대를 창설했다. 이제 읍민회의가 소집됐고, 시위를 계획했던 바로 그 지도자들이 폭력사태를 비난하면서 군중들의 행동을 부인했다. 인지세법이 발효되는 날인 1765년 11월 1일과 교황의 날Pope's Day인 11월 5일에 더 많은 시위가 계획되자, 폭동 지도자들을 설득하기 위한 만찬이 베풀어졌다. 그리고 압도적인 저항 때문에 인지세법이 철회되자 보수파 지도자들은 폭도들과 관계를 끊었다. 호어더에 따르면, 보수파 지도자들은 인지세법 반대 시위 1주년 기념식을 개최했을 때도 폭도들이 아니라 "주로 상류 및 중간계급 보스턴 사람들을 초대했으며, 그들은 화려한 연회를 위해 록스버리Roxbury나 도체스터Dorchester까지 사륜마차와 대형마차를 타고 갔다."

영국 의회가 이번에는 큰 반대가 일어나지 않기를 바라면서 일련의 세금을 식민지에 부과하기 위한 새로운 시도를 취하려 하자, 식민지 지도자들은 불매운동을 조직했다. 그러나 그들은 "폭도가 되거나 소요를 일으켜서는 안 되며 가장 증오스러운 적들이나 그 재산에 대해서도 안전하게 놓아둬야 한다"고 강조했다. 새뮤얼 애덤스는 "어떤 폭도—어떤 혼란—어떤 소요도 있어서는 안 된다"라고 충고했다. 그리고 제임스 오티스는 "아무리 억압적이라 하더라도 평민들의 소요와 무질서를 정당화할 만한 상황은 생각할 수 없다"고 말했다.

영국의 징용과 군대 숙영은 선원을 비롯한 노동대중에게 직접적인 피해를 주었다. 1768년 이후 2,000명의 군인 숙소가 보스턴에 할당됐고 군중과 병사들 간에 알력이 커갔다. 일자리가 부족한 상황에서 병사들이 노동대중의 일자리까지 차지하기 시작했다. 숙련기능공과 소매상인들은 식민지인들의 영국 상품에 대한 불매운동 때문에 일자리나 사업 기회를 잃어버렸다. 1769년 보스턴에서는 "교역과 상업이 줄어들면서 나날이 그 수가 늘고 궁핍해지는 빈민들을 고용할 적절한 방법을 모색하기 위한" 위원회가 설치됐다.

1770년 3월 5일, 영국군 병사들이 일자리를 빼앗아간 데 대해 밧줄 제조공들이 불만을 품게 되어 결국 싸움이 벌어졌다. 군중들이 세관 앞에 모여 병사들을 자극하자 병사들이 발포해 흑백혼혈 노동자 크리스퍼스 애턱스Crispus Attucks를 비롯한 몇 명이 죽었다. 훗날 보스턴 학살Boston Massacre이라 불리게 된 사건이었다. 영국에 대항하는 감정이 급격히 고조됐다. 영국군 여섯 명이 무죄방면되자 분노가 폭발했다(두 명은 엄지손가락을 인두로 지지는 처벌을 받고 군대에서 쫓겨났다). 영국 병사들에 대한 변호를 맡았던 존 애덤스John Adams는 학살 당시의 군중들을 "불손한 아이들, 검둥이들, 흑백혼혈, 아일랜드 놈과 촌뜨기 선원들로 이루어진 잡다한 폭도"라고 묘사했다. 1만 6,000명의 보스턴 사람들 중 1만 명이 학살 희생자들의 장례행렬에 참가했다. 이에 영국은 보스턴에서 군대를 철수하고 사태를 진정시키려고 애썼다.

보스턴 학살의 배경에는 징용이 자리잡고 있었다. 1760년대 내내 뉴욕과

보스턴 학살 | 1775년에 폴 리비어Paul Revere가 그린 동판화. 나라 전역에 알려진 이 사건으로 사람들은 미국 독립혁명이 일어나기 여러 해 전부터 영국 정부를 배척하게 되었다.

로드아일랜드의 뉴포트에서는 징용에 반대하는 폭동이 벌어졌는데, 뉴포트에서는 영국의 징용이 있은 지 5주 뒤에 500명의 선원, 소년, 흑인들이 폭동을 일으켰다. 보스턴 학살이 있기 6주 전에 뉴욕에서도 일자리를 차지한 병사들에 대항한 선원들의 싸움이 벌어져 선원 한 명이 사망했다.

더크 호어더에 따르면, 1773년 12월에 일어난 보스턴 차 사건7)에서는, 영국에 반대하는 행동을 조직하기 1년 전에 결성된 보스턴교신위원회Boston Committee of Correspondence가 "처음부터 차조례에 반대하는 군중행동을 통제했다." 보스턴 차 사건으로 영국 의회는 탄압법Coercive Act을 제정, 매사추세츠에서 사실상 계엄령을 실시하면서 식민지 정부를 해체하고 보스턴 항구를 폐쇄했으며 군대를 파견했다. 그럼에도 여기에 반대하는 읍민회의와 대중집회가 열렸다. 영국이 한 밀가루 상점을 압류하자, 보스턴 전역에서 4,000명의 남자들이 부유한 관리들의 화려한 저택이 있는 케임브리지로 몰려들었다. 군중의 압력을 받은 관리들은 사임할 수밖에 없었다. 보스턴을 비롯한 여러 도시의 교신위원회들은 이 집회를 환영했으나 사유재산은 파괴하지 말라고 경고했다.

『저항에서 혁명으로From Resistance to Revolution』에서 1776년 이전 10년 동안 영국 반대 운동의 발전과정을 연구한 폴린 메이어Pauline Maier는 지도자들이 온건했으며 비록 저항을 바라긴 했지만 "질서와 자제를 강조"했다고 역설하고 있다. 메이어의 말을 들어보자. "자유의 아들들의 간부와 위원회 위원들은 거의 모두가 식민지 사회의 중간 및 상류계급이었다." 당대의 한 저자에 따르면, 예컨대 로드아일랜드의 뉴포트에서는 자유의 아들들 중에 "재산, 분별력, 정중함 등에서 으뜸가는 몇몇 신사들이 포함되어 있었다." 노스캐롤라이나에서는 "가장 부유한 신사이자 자유토지소유자freeholder 중의 한 사람"이 자유의

---

7) Boston Tea Party: 영국의 차조례茶條例에 반대해, 보스턴의 급진파가 항구에 정박 중이던 영국 배를 습격해 차를 바닷물에 던진 사건으로 미국 독립전쟁의 시발점이 됐다. 사라사 인디언 복장을 입고 배를 습격한 이들이 갑판에서 떠들썩하게 놀았다고 해서 '보스턴 다회茶會'라는 이름이 붙었다. 이하에서는 문맥에 따라 '보스턴 차 사건' 또는 '보스턴 다회'로 옮긴다.

아들들을 이끌었다. 버지니아와 사우스캐롤라이나에서도 마찬가지였다. 그리고 "뉴욕의 지도자들 또한 소규모이긴 하지만 상당한 독자적인 투기사업에 관여하고 있었다." 그러나 그들의 목적은 자신들의 조직을 확장시키는 것, 임금소득자라는 대중기반을 확대하는 것이었다.

자유의 아들들에 속하는 많은 사람들은 코네티컷의 밀퍼드Milford에서처럼 무법상태를 "가장 혐오한다"고 공언했으며, 애너폴리스Annapolis에서처럼 "공공의 평화를 어지럽히는 경향이 있는 모든 폭동과 불법집회"에 반대했다. 존 애덤스는 똑같은 두려움을 이렇게 표현했다. "사적인 과오에 대한 분노로, 또는 사사로운 편견과 열정에 사로잡혀 이처럼 타르를 바르고 깃털을 붙이는 일〔당시 유행한 사형私刑이었다〕, 이처럼 버릇없고 무례한 폭도들이 저택에 난입하는 일에는 반대해야 한다."

버지니아의 교양 있는 젠트리들은 하층계급을 설득해 혁명의 대의에 가담시키고 그들의 분노를 영국 쪽으로 돌리기 위해 무언가를 해야 한다는 사실을 분명히 알고 있었던 듯하다. 한 버지니아인은 1774년 봄에 일기에 이렇게 적었다. "이곳의 하층계급 민중들이 보스턴에서 들려오는 소식 때문에 격동하고 있는 바, 그들 대부분은 영국에 대항해 나가 싸우라는 압력과 강요를 은근히 기대하고 있다!" 인지세법이 제정될 무렵, 한 버지니아의 연설가는 빈민들에게 충고했다. "신사들 역시 당신들처럼 가장 비천하고 가난한 사람들과 똑같은 물질로 만들어지지 않았습니까? …… 우리를 나누려는 가르침에 귀를 기울이지 말고 형제처럼 손에 손을 잡고 나갑시다……."

그것은 패트릭 헨리Patrick Henry의 수사학적 재능이 눈부시게 들어맞은 문제였다. 라이즈 아이작Rhys Isaac이 말하듯이, 헨리는 "젠트리층의 세계에 확고하게 소속되어 있었지만" 버지니아의 가난한 백인들이 충분히 이해할 수 있는 언어로 연설을 했다. 헨리의 동료인 버지니아인 에드먼드 랜덜프

Edmund Randolph는 그의 스타일이 "단순하고 경솔하기까지 하다"고 회상했다. "말을 잠시 멈추는 경우에는 그 사이가 너무 길어 때로 사람들이 주의를 돌려 버릴까 염려스럽기도 했으나, 기대감을 불러일으킴으로써 더욱 많은 주의를 끌었다."

패트릭 헨리가 버지니아에서 한 연설은 상층 및 하층계급 간의 계급적 긴장을 완화시키고 영국에 대항하는 결속을 형성하기 위한 방법을 제시했다. 그 방법이란 불만 사항을 나열함에 있어 사람들에게 영국에 대한 분노를 갖게 만들기에 충분할 만큼 구체적이고, 반란자들 사이에 계급적 충돌을 피할 수 있기에 충분할 만큼 모호하며, 저항운동에 대한 애국적 정서를 구축하기에 충분할 만큼 감동적으로 모든 계급을 고무하는 언어를 찾아내는 것이었다.

1776년 초에 처음 출판되어 아메리카 식민지에서 가장 인기를 모은 소책자인 톰 페인의 『상식Common Sense』이 바로 이런 일을 했다. 『상식』은 그런대로 글을 읽을 줄 아는 사람이라면 이해할 수 있는 언어로 작성된, 최초로 대담하게 독립을 주장한 책이었다. "사회는 어떤 상태에 있어서나 하나의 축복이지만, 정부는 최선의 상태에 있어서도 하나의 필요악에 불과하다……."

페인은 정복왕 윌리엄William the Conqueror이 프랑스에서 건너와 영국 왕위에 오른 1066년의 노르만 정복Norman Conquest 때까지 거슬러 올라가 영국 군주제의 역사를 신랄하게 비판함으로써 왕권신수설의 이념을 폭로했다. "무장 강도들을 데리고 상륙해 본토인의 의사와는 무관하게 영국왕을 자처한 일개 프랑스인의 서자는 그 근본이, 솔직히 말해서 아주 미천하고 흉악스러운 것이다. 그 속에 신성神性이란 전혀 없다."

페인은 영국에 집착할 경우와 분리할 경우 각각에 대한 실질적인 이점을 분석했다. 그는 경제의 중요성을 알고 있었다.

나는 이 대륙이 대영제국과 연결됨으로써 거둘 수 있는 이점을 한 가지만이라도 내보이려는 열렬한 화해 주장자에 반대한다. 나는 반대를 되풀이하거니와, 여기에서는 아무런 이점도 나올 수 없다. 우리의 곡물은 유럽의 어느 시장에서나 제값을 부를 수 있을 것이며, 또 어디에서 사더라도 우리가 수입하는 물품의 대가는 지불해야만 하는 것이다.

영국과 연결되는 것에서 오는 부정적인 효과에 관해 페인은 영국이 아메리카를 끌어들여서 치렀던 전쟁, 값비싼 생명과 돈을 희생시켰던 모든 전쟁에 관한 식민지인들의 기억에 호소했다.

그러나 그런 연결로 말미암아 우리가 받는 침해나 불이익은 무수하다……. 대영제국에 대한 어떤 복종이나 의존도 이 대륙을 곧장 유럽의 전쟁과 분규 속에 말려 들어가게 하고, 분쟁에 참여하지 않으면 우리의 우방이 될 수 있는 …… 나라들과 사이가 쉽게 틀어지기 때문이다.

페인은 서서히 감정을 고조시켰다.

정당하고 자연스러운 모든 사리가 분리를 지지하고 있다. 살해된 자의 피와 인간 본성의 흐느끼는 목소리가 "지금이야말로 갈라설 때다"라고 외치고 있다.

1776년에 『상식』은 25판이나 거듭되어 수십만 부가 팔려 나갔다. 아마 글을 읽을 수 있는 거의 모든 식민지인이 『상식』을 읽었거나 그 내용을 알고 있었을 것이다. 이 무렵의 소책자 저술은 영국과의 관계를 둘러싼 논쟁의 주된 장이었다. 1750년부터 1776년까지 인지세법, 보스턴 학살, 보스턴 차 사건 또는 법률 불복종을 둘러싼 전반적인 문제, 정부에 대한 충성, 권리와 의무 등에 관해 400여 종의 소책자가 출간되어 논쟁을 주도했다.

페인의 소책자는 영국에 격분한 식민지인들의 광범위한 여론에 호소했다. 그러나 이 소책자는 애국파의 대의는 가졌으나 민주적 방향으로 지나치게 진전되지 않기를 바라는 존 애덤스와 같은 귀족들을 전율하게 만들었다. 페인은 이른바 상원과 하원의 균형된 정부라는 것은 기만책이라고 비난하면서 인민을 대표할 수 있는 단 하나의 대의체를 요구했다. 애덤스는 페인의 계획이 "아무런 제약 또는 심지어 아무런 균형이나 평형을 이루려는 노력조차 없이 너무도 민주적인 것이어서 혼란과 모든 사악한 행위를 초래할 것이 틀림없다"고 비난했다. 애덤스는 대중적인 의회란 "성급한 결과와 터무니없는 판단을 낳을" 것이므로 반드시 저지해야 한다고 생각했다.

페인 자신은 영국의 "하층민" 출신이었다 ― 코르셋 제조공, 세무관리, 교사 등을 거쳐 아메리카로 온 가난한 이주자였다. 페인은 1774년에 필라델피아에 도착했는데, 당시는 이미 식민지에서 영국에 반대하는 선동이 강하게 일고 있을 때였다. 필라델피아의 장인 기능공들은 직인, 도제, 일반 노동자들과 함께 정치적으로 의식화된 민병대를 형성하고 있었으며, 지방 귀족들이 묘사하듯이, "대개 빌어먹을 쓰레기 ― 더럽고 반항적이며 불만으로 가득 차 있었다." 단도직입적으로 이야기하자면, 페인은 정치적으로 의식화된 하층계급 민중을 대표할 수 있었다(그는 펜실베이니아에서 선거권자에 대한 재산상의 제한조건에 반대했다). 그러나 페인의 가장 큰 관심사는 중간집단을 대변하는 것이었던 듯하다. "커다란 부뿐만 아니라 극도의 빈곤도 있으니, 한 사람이 가진 지식의 범위만을 맴돎으로써 보편적인 지식을 얻을 기회는 줄어든다."

일단 혁명이 진행되자, 페인은 ― 1779년 제임스 윌슨James Wilson의 저택을 습격했던 민병대와 같은 ― 하층계급 민중들의 군중행동에 찬성하지 않는다는 입장을 점점 더 분명히 했다. 윌슨은 가격통제에 반대하고 1776년의 펜실베이니아 헌법으로 이루어진 정부보다 더 보수적인 정부를 원했던 혁명의 지도자였다. 페인은 펜실베이니아에서 가장 부유한 사람인 로버트 모리스 Robert Morris의 동료가 됐고, 모리스가 창설한 노스아메리카 은행Bank of North America의 후원자가 되기도 했다.

훗날 페인은 헌법 채택을 둘러싼 논쟁 기간 동안 다시 한 번 강력한 중앙정부를 선호하는 도시 장인들을 대표하게 됐다. 페인은 그런 정부가 어느 정도 큰 공동의 이해를 대표할 수 있다고 믿고 있는 듯했다. 이런 점에서 그는 ─단합된 민중을 위한 것이라는─ 혁명의 신화에 완벽하게 들어맞았다.

독립선언서는 그 신화에 최고의 설득력을 부여했다. 한층 가혹해진 영국의 각종 통제수단 ─애팔래치아 산맥 너머로는 식민지인들의 정착을 불허하는 1763년의 포고령, 인지세법, 차세를 비롯한 타운센드세[8], 군대의 진주와 보스턴 학살, 보스턴 항구 폐쇄, 매사추세츠 입법부의 해산 등─ 은 식민지 반란을 혁명으로까지 끌어올렸다. 식민지인들은 인지세법회의Stamp Act Congress, 자유의 아들들, 교신위원회, 보스턴 차 사건 그리고 마지막으로 ─미래의 독립정부의 전신이 된 불법기구인─ 1774년 대륙회의Continental Congress 창설 등으로 대응했다. 대륙회의가 분리를 결정한 것은 1775년 4월 렉싱턴Lexington과 콩코드Concord에서 식민지 민병대Minutemen와 영국 군대 간의 군사적 충돌이 일어난 뒤였다. 대륙회의는 독립선언서를 작성하기 위한 소위원회를 조직했고 토머스 제퍼슨Thomas Jefferson이 초안을 썼다. 독립선언서는 1776년 7월

---

8) Townshend taxes: 영국 재무장관 찰스 타운센드Charles Townshend가 세입을 늘리기 위해 1767년에 식민지에 부과한 관세로 차茶 이외에도 영국에서 식민지로 수입되는 흑연, 페인트, 종이 등에 부과됐다.

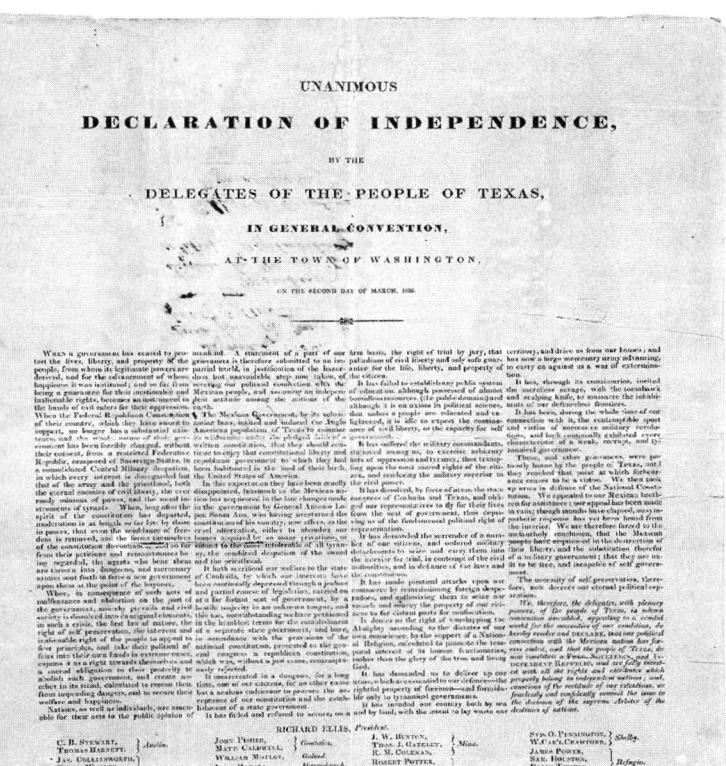

미국 독립선언서 | 1776년 7월 4일에 공포된 독립선언서는 영국의 통치로부터 13개 식민지의 독립을 선포하면서 인간의 자연권과 계약에 의한 통치 원칙을 밝히고 있다.

2일에 대륙회의에서 채택되어 7월 4일에 공포됐다.

    이때쯤이면 이미 독립을 향한 강력한 정서가 존재하고 있었다. 1776년 5월 노스캐롤라이나에서 채택되어 대륙회의에 보내진 결의안은 영국에 대한 독립을 선포했으며, 모든 영국법은 무효라고 주장하면서 군사적 준비를 촉구했다. 거의 같은 무렵 매사추세츠의 몰든Malden 읍은, 그 주에 있는 모든 읍은 독립에 관한 견해를 공표해야 한다는 매사추세츠대표의회Massachusetts House of Representatives의 요구에 답하면서 읍민회의를 소집해 만장일치로 독립을 주장했다. " …… 그러므로 우리는 경멸을 보내면서 노예 왕국과의 연계를 끊는 바이다. 우리는 영국에 마지막 인사를 고한다."

"인류의 역사에서 한 민족이 다른 민족과의 정치적 결합을 해체할 필요가 있게 되면 …… 그 이유를 선언해야 한다……." 독립선언서의 첫 구절이다. 두 번째 문단에서는 강력한 철학적 선언이 이어진다.

> 우리는 모든 사람은 평등하게 태어났고, 조물주는 몇 개의 양도할 수 없는 권리를 부여했으며, 생명과 자유와 행복의 추구가 그것이라는 사실을 자명한 진리라고 주장한다. 이런 권리를 확보하기 위해 인류는 정부를 조직했으며, 이 정부의 정당한 권력은 피지배자의 동의에서 유래하는 것이고, 어떤 형태의 정부든 이런 목적을 파괴할 때에는 언제든지 정부를 변혁하거나 폐지하고 새로운 정부를 설립하는 것은 인민의 권리이다…….

그리고 이어서 "이 땅에 절대 전제정치를 세우는 것을 직접적인 목적으로 한, 악행과 착취를 되풀이한 역사"인 국왕에 대한 불만을 열거하고 있다. 즉 식민지 정부의 해체, 재판관에 대한 통제, "우리 인민을 괴롭히는 많은 관리들"과 점령군의 파견, 세계 다른 지역과 식민지와의 교역 차단, 식민지인의 동의 없는 세금 부과, 식민지에 대한 전쟁 수행, "죽음과 황폐와 폭정을 완수하기 위한 외국 용병 대부대의 수송" 등에 대해 국왕을 비난했다.

이런 모든 것, 즉 정부에 대한 인민 통제, 반란과 혁명의 권리, 정치적 폭정과 경제적 속박 및 군사적 공격에 대한 분노의 언어는 대다수 식민지인을 결속시키고 상호간에 불만을 가진 사람들조차도 영국에 반기를 들도록 설득하기에 매우 적합한 언어였다.

일부 아메리카인 — 인디언, 흑인 노예, 여성 — 은 독립선언서에 표현된 이런 단합된 이해집단에서 분명히 제외됐다. 실제로 독립선언서의 한 구절은 국왕이 노예 반란과 인디언의 습격을 선동했다고 비난하고 있다.

> 국왕은 우리들 사이에 내란을 선동했고, 변경의 주민에 대해서는 연령, 남녀, 신분의 차이를 막론하고 무차별로 살해하는 것을 전쟁의 규칙으로 하는, 무자비한 인디언을 자기편으로 만들려고 했다.

독립선언이 발표되기 20년 전인 1755년 11월 3일, 매사추세츠 의회의 포고령은 피놉스코트족Penobscots 인디언을 "반란자이자 적, 반역자"라고 선언했으며, "인디언 남자의 머리가죽을 가져오면 …… 40파운드, 인디언 여자나 12세 이하의 인디언 남자의 머리가죽에 대해서는 …… 20파운드"의 보상금을 규정했다.

토머스 제퍼슨은 독립선언서 초안에서 국왕이 아프리카에서 식민지로 노예를 실어오고 있으며 "이런 저주스러운 상행위를 금지하거나 억제하려는 모든 입법 시도를 억압하고 있다"고 비난하는 구절을 썼다. 이것은 노예제와 노예무역에 대한 도덕적 분노를 표현하는 듯했다(노예제에 대한 제퍼슨의 개인적 혐오감은 그가 죽는 날까지 수백 명의 노예를 소유했다는 사실과 더불어 고려해야 한다). 그 이면에서는 식민지의 흑인 노예 수(총인구의 20퍼센트)가 점점 늘어나고 이에 따른 노예 반란의 위험이 커지는 것에 대한 버지니아인을 비롯한 일부 남부인들의 두려움이 확대되고 있었다. 노예소유주들이 노예무역을 종식시키는 것이 바람직하다는 데 동의하지 않았으므로 제퍼슨의 구절은 대륙회의에 의해 삭제됐다. 결국 흑인 노예에 대한 그런 제스처조차도 미국혁명의 위대한 자유선언에서 삭제되고 말았다.

"모든 사람all men은 평등하게 태어났다"는 말을 쓴 것은 아마도 여성에 관해 언급하려는 의도적인 시도는 아니었을 것이다. 여성은 그 속에 포함될 가치조차도 없는 존재로 생각됐다. 여성은 정치적으로 보이지 않는 존재였다. 현실적 필요성에 따라 여성이 집이나 농장, 산파 같은 직업에서 일정한 권위를 부여받기는 했지만, 정치적 권리에 대한 고려라든가 시민적 평등의 개념에서는 그저 간과될 뿐이었다.

독립선언서의 언어 그 자체에서도 생명, 자유 및 행복을 백인 남성에게만 국한시킨다고 말하는 것이 독립선언서의 작성자와 서명자들을 18세기의 특권층 남성들에게서 기대되는 사고를 가졌다고 비난하는 것은 아니다. 역사를 불만스럽게 바라보는 개혁론자와 급진론자들은 종종 지나간 정치적 시대로부터 너무 많은 것을 기대한다고 비난을 받곤 한다─또 때로는 실제 그러기도 했다. 그러나 독립선언서에서 인권의 범주를 벗어나는 주장들을 지적하는 것은, 몇 세기가 지난 지금 무의미하게 그 당시에 대해 불가능한 도덕적 책임을 부과하려는 의도에서가 아니다. 독립선언서가 일부 아메리카인 집단은 동원하고 다른 사람들은 무시하기 위해 작동한 방식을 이해하고자 노력하려는 것이다. 확실히 튼튼한 합의를 만들어 내기 위한 영감적 언어는 그런 합의 과정에서 발생되는 심각한 이해의 충돌을 가리기 위해, 또 많은 사람들이 배제되고 있음을 숨기기 위해, 오늘날에도 여전히 이용되고 있다.

정부는 생명, 자유 및 행복을 확보하려는 인민에 의해 세워지는 것이며, 그런 목적에 부합되지 않을 때는 폐지되어야 한다는 독립선언서의 철학은 종종 『통치론Second Treatise on Government』의 존 로크의 사상으로까지 거슬러 올라간다.『통치론』이 출판된 1689년에 영국인들은 전제군주에 맞서 반란을 벌이면서 의회정부를 세우고 있었다. 로크의『통치론』과 마찬가지로 독립선언서는 정부와 정치적 권리에 관해서는 언급하고 있으나 현존하는 재산상의 불평등에는 눈을 감았다. 도대체 부에 있어서 명백한 불평등이 존재하는 상황에서 어떻게 사람들이 진정으로 평등한 권리를 누릴 수 있었을까?

로크 자신은 비단무역과 노예무역에 대한 투자, 대부나 저당으로 수입을 얻는 부자였다. 자유민주주의의 고전적 주장인『통치론』을 저술한 몇 년 뒤, 로크는 잉글랜드 은행Bank of England의 제1차 주식발행에 막대한 투자를 했다. 캐롤라이나의 고문을 지낼 때는 부유한 지주귀족들이 운영하는 노예소유주의 정부를 제안하기도 했다.

인민의 정부에 대한 로크의 주장은 국내 및 해외에서의 상업자본주의의 자유로운 발전을 위해 영국에서의 혁명을 옹호했다. 로크 자신은 가난한 어린이들의 노동이 "보통 12세나 14세가 될 때까지는 사회에서 인정받지 못한다"는 사실을 유감스럽게 생각했으며, 구호대상 가정의 3세 이상 어린이는 모두 "어려서부터 …… 노동에 단련"되도록 "노동학교"에 보내야 한다고 주장했다.

17세기 영국의 혁명은 대의정부를 가져왔으며 민주주의에 관한 논의를 열어줬다. 그러나 영국 역사가 크리스토퍼 힐Christopher Hill이『청교도혁명The Puritan Revolution』에서 쓰고 있듯이 "의회지상권 및 법에 따른 지배의 확립은 의심의 여지없이 주로 재산가들에게 이로운 것이었다." 재산의 안전을 위협하던 자의적인 과세가 폐지됐고, 상업에 더 자유로운 지배권을 제공하기 위해 독점이 종식됐으며, 아일랜드 정복을 비롯한 해외에서의 제국주의적 정책을 위해 해상력이 사용되기 시작했다. 평등을 경제 영역으로 확대시키고자 했던 두 가지 정치운동, 즉 수평파Levellers와 개간파Diggers는 청교도혁명에 의해 저지됐다.

우리는 로크가 지지했던 청교도혁명에 뒤이은 영국의 계급 분할과 충돌에서 대의정부에 관한 로크의 훌륭한 구절들이 갖는 실체를 살펴볼 수 있다. 아메리카의 정세가 점차 긴장되고 있었던 1768년에, 영국은 빵값 상승과 비참한 임금으로 인한 ― 석탄운반부, 제재소 노동자, 모자 제조공, 직조공, 선원 등의 ― 폭동과 파업으로 골머리를 앓고 있었다. 『연감*The Annual Register*』은 1768년 봄과 여름의 사태를 자세하게 살폈다.

> 불행히도 최하층 민중 사이에서 전반적인 불만이 널리 퍼졌다. 이런 성급함은 부분적으로 식료품 가격의 상승에 기인한 것이고 또 부분적으로는 다른 이유 때문에 발생한 것인데, 빈번한 소요와 폭동 행위로 나타났기 때문에 결국에는 가장 우울한 결과를 낳게 됐다.

영국의 한 하원의원은 로크의 인민주권론의 핵심에 자리잡고 있는 '인민'을 이렇게 정의했다. "이것은 군중을 의미하지 않는다……. 이것은 영국의 중간계층, 즉 제조업자, 자작농yeoman, 상인, 농촌 지주gentleman를 의미한다……."

아메리카에서도 역시 독립선언서(애덤 스미스Adam Smith의 자본가 선언인 『국부론*The Wealth of Nation*』과 똑같은 해에 발표됐다)의 구절 이면에 놓인 현실은, 성장하는 유력한 인사들의 부류가 150년간의 식민지 역사를 거치면서 발전해 온 부와 권력의 관계를 그다지 흩뜨리지 않은 채, 영국을 물리치기에 충분할 정도의 아메리카인을 자신들의 편으로 끌어들일 필요가 있다는 사실이었다. 실제로 독립선언서에 서명한 사람의 69퍼센트가 영국 치하에서 식민지 관리를 지낸 적이 있었다.

보스턴 읍사무소의 발코니에서 독립선언서의 현란한 급진적 언어가 발표됐을 당시, 그것을 낭독한 사람은 로열나인의 구성원으로 영국에 대한 군사행동에 반대해 온 보수파인 토머스 크래프트Thomas Craft였다. 나흘 뒤 보스턴교 신위원회는 군의 징병을 위해 광장에 나오라고 읍민들에게 통고했다. 결국 나중에 드러난 일이지만, 부자들은 돈을 주고 대리인을 사서 징병을 피할 수 있었으나 가난한 사람들은 군에서 복무해야만 했다. 이로 인해 폭동이 일어났고 고함소리가 터져 나왔다. "어떤 놈이 하든 폭정은 폭정이다."

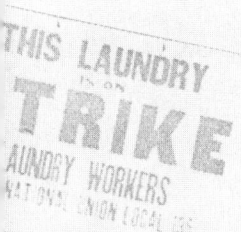

A People's History of the United States

5

일종의 혁명

1777	• 대륙회의에서 〈연합헌장〉 채택 • 새라토가 전투에서 영국군 트렌턴 전투에 이어 참패
1781	• 영국군의 콘월리스 장군, 요크타운에서 항복. 7여 년에 걸친 독립전쟁 미국의 승리로 종결 • 〈연합헌장〉 비준
1783	• 파리조약 서명. 미국 독립 승인
1786	• 12월, 매사추세츠 주에서 셰이즈의 반란
1787 ~1788	• 제헌의회에서 헌법 제정. 각 주에서 헌법 비준
1789	• 조지 워싱턴, 초대 대통령 취임
1791	• 연방의회에서 헌법 수정조항 10개조(권리장전) 비준
1798	• 선동금지법 통과

영국군에 대한 아메리카의 승리는 이미 무기를 가진 민중들이 있었기 때문에 가능한 일이었다. 거의 모든 백인 남자는 총을 가지고 있었고 사격을 할 줄 알았다. 혁명 지도부는 가난한 군중을 믿지 않았다. 그러나 지도자들은 혁명이 노예와 인디언에게는 아무런 호소력이 없음을 알고 있었다. 무기를 가진 백인 주민들에게 구애해야만 할 형편이었다.

쉽지는 않은 일이었다. 그렇다. 숙련기능공과 선원을 비롯한 일부 사람들은 영국에 대해 격분하고 있었다. 하지만 전쟁에 대한 전반적인 열정은 강하지 않았다. 백인 남성 상당수가 전쟁 기간 동안 한두 번씩 복무했으나, 군에 오래 머무른 사람은 극소수였다. 존 샤이John Shy는 혁명군에 관한 연구(『수많은 무장한 인민A People Numerous and Armed』)에서, 백인 남자들이 "지방 안전위원회, 물자보급부대 하사관, 혁명군을 자처하면서 총을 들고 설쳐대는 남루한 이방인 무리 등에게 괴롭힘을 당하는 일에 점차 지쳐버렸다"고 지적했다. 샤이는 인구의 5분의 1 정도가 적극적인 반역자였다고 추정한다. 존 애덤스는 3분의 1은 반대, 3분의 1은 지지, 나머지 3분의 1은 중립적이었다고 추산한 바 있다.

조지 워싱턴의 부관으로 새로운 엘리트 집단에서 전도유망한 인물이었던 알렉산더 해밀턴Alexander Hamilton은 사령부에서 이렇게 썼다. " …… 우리

동포들은 당나귀 같은 어리석음과 양과 같은 수동성을 모두 지니고 있다…….
이들은 자유를 얻겠다는 결심을 하지 않았다……. 우리가 구제되려면, 프랑스와 스페인이 우리를 구해 주어야 한다."

남부에서는 노예제도가 장애물이었다. 1739년 스토노에서 노예 반란이 일어난 뒤 불안에 떨던 사우스캐롤라이나는 영국에 맞서 싸울 수가 없었다. 민병대로 노예를 통제해야 했던 것이다.

처음 식민지 민병대에 가세한 사람들은 대개 지역사회에서 "신분이 높은 사람들이거나 적어도 완전한 시민권을 갖춘 이들이었다"고 샤이는 말하고 있다. 우호적인 인디언, 자유 흑인, 백인 하인, 안정된 집이 없는 자유 백인 남성들은 민병대에서 제외됐다. 그러나 전세가 절망적으로 흐르면서 신분이 낮은 백인들도 신병으로 받아들이게 됐다. 매사추세츠와 버지니아는 '무숙자(방랑자)'를 민병대에 선발하는 규정을 마련했다. 실제로 군대는 가난한 사람들에게 계급이 올라가고 얼마간 돈을 벌고 사회적 지위를 바꿀 수도 있는 희망의 터전이 됐다.

이것이야말로 어떤 사회에서든 사회질서를 책임지는 사람들이 완강하게 반항하는 사람들을 동원하고 규율을 부과하는 전통적인 장치였다. 군복무라는 모험과 보상을 제공함으로써 가난한 사람들이 자신의 대의로 분명하게 받아들이지 않을 수도 있는 어떤 대의를 위해 싸우도록 만들었던 것이다. 벙커힐Bunker Hill에서 부상당한 한 아메리카인 중위는 영국파Tory인 피터 올리버Peter Oliver(스스로도 인정하듯이, 이런 대답을 바라고 있었을 것이다)와의 면담에서 자신이 어떻게 반란군에 가담하게 됐는지 말해 줬다.

나는 제화공이었고 내 노동으로 먹고살았소이다. 이 반란이 일어났을 때, 나보다 잘나지 않은 이웃 사람들 몇몇이 장교로 임용되는 것을 보았소. 나는 매우 야심에 차 있고 그 사람들이 나보다 잘 나가는 걸 보고 싶지 않았소. 사병으로 입대하라는 말을 들었으나 …… 중위 계급을 주면 징병에 응하겠다고 말했고 결국 그렇게 됐소이다. 이제 승승장구 계급이 오르는 모습을 상상하게 됐소. 전장에서 죽으면 결국 끝장일 테지만, 윗대가리 대위가 죽으면 내 계급이 올라갈 테고 더 높이 올라갈 기회도 있을 것이오. 이렇게 아랫사람한테 경례를 받는 일이 군대에 들어온 유일한 이유였소. 대영제국과 식민지 간의 싸움에 관해서는 아는 바 없소이다…….

존 샤이는 벙커힐의 이 중위가 이후에 겪은 일을 조사했다. 그는 뉴햄프셔 피터버로Peterborough의 윌리엄 스코트William Scott로, 영국의 포로로 있다가 1년 후 도망쳐 다시 아메리카 군대로 돌아왔다. 뉴욕에서 전투에 참가했으나 또 다시 영국군에 잡혔고, 이번에는 야밤을 틈타 목에다 칼을 묶고 모자에는 시계를 핀으로 꽂고서 허드슨 강을 헤엄쳐 도망쳤다. 스코트는 뉴햄프셔로 되돌아와 장성한 두 아들을 포함한 자신의 중대를 모집했고 몸이 허락할 때까지 여러 전투에서 싸웠다. 스코트는 6년 동안 복무했던 장남이 야영지에서 발생한 열병으로 죽는 것을 보았다. 피터버로의 농장은 인플레이션 때문에 아무 가치도 없게 된 지폐 한 장을 받고 판 상태였다. 전쟁이 끝난 뒤 스코트는 뉴욕 항에서 배가 뒤집혀 물에 빠진 8명의 사람을 구조해 세간의 관심을 끌었다. 그 후에는 군대와 함께 서부의 땅을 측량하는 일자리를 얻었지만 열병에 걸려 1796년에 죽었다.

스코트는 가난하고 미천한 출신으로 군에서 낮은 지위에 속했던 많은 혁명전사 중 하나였다. 피터버로의 파견대에 관한 샤이의 연구는 이 읍의 명사와 자산가들은 전쟁에서 짧은 기간 동안만 복무했음을 보여주고 있다. 아메리카의 다른 읍들도 똑같은 형태를 보여준다. 샤이가 지적했듯이 "혁명기

아메리카는 당시 다른 어떤 사회보다도 행복하고 번창하는 중간계급의 사회였을지 모르지만, 무척 가난한 사람들은 매우 많았고 계속 증가하고 있었다. 그들 대부분은 1775~1783년 사이에 실제로 대부분의 전투를 치르고 고통을 받았는데 이것은 아주 흔한 이야기이다."

영국과의 군사적 충돌 그 자체가 당대의 모든 것을 지배함으로써 다른 문제들을 왜소화시켰고, 사회적으로 중요했던 하나의 싸움에서 사람들로 하여금 편을 택하게 만들었으며, 독립에 대한 관심이 전혀 분명하지 않은 혁명의 편으로 사람들을 몰아댔다. 지배 엘리트들은 세대를 거치면서 ─의식적이든 그렇지 않든─ 전쟁이 내부의 문제로부터 안전을 보장해 준다는 사실을 배운 듯하다.

군사적 태세라는 힘은 중립적인 사람들을 전선으로 몰아넣는 결과를 낳았다. 가령 코네티컷에서는 정부 관리, 목사, 예일대 학생과 교수, 흑인, 인디언, 흑백혼혈을 제외하고 16세에서 60세 사이의 모든 남자에게 군복무를 요구하는 법안이 통과됐다. 군복무를 명받은 사람은 대리인을 내세우거나 5파운드를 내면 면제받을 수 있었다. 군복무를 기피한 18명의 남자가 수감됐는데, 석방되려면 전쟁에 나가 싸우겠다는 서약을 해야 했다. 샤이는 "그들을 정치적으로 개종시키는 기제가 민병대였다"고 말하고 있다. 현대에 이르러 군대에서 민주화처럼 보이는 것은 다른 어떤 것, 즉 달가워하지 않는 많은 사람들에게 민족적 대의에 찬동하도록 강요하고 그 과정의 끝에서 그런 대의를 믿게 만드는 방식임이 드러난다.

다름 아닌 자유를 위한 전쟁에서도 다른 경우와 마찬가지로 재산을 식별하는 징병이 있었다. 영국에 대항한 징병반대 폭동이 여전히 사람들의 뇌리에 남아 있었는데도, 1779년까지 아메리카 해군의 선원 징병이 이루어졌다. 펜실베이니아의 한 관리는 이렇게 말했다. "우리는 이런 행위가 대영제국에 종속되어 있을 당시 영국인 관리의 행위와 얼마나 비슷한가를 인식하지 않을 수 없으며, 전과 같은 불행한 결과, 즉 …… 당국에 대한 사람들의 호의가 줄어들게 되어 쉽게 공공연하게 반대하면서 …… 더 나아가 유혈사태로 이어질 것이라고 확신한다."

워싱턴 군대의 새롭고 빈틈없는 규율을 지켜본 매사추세츠 콩코드의 한 목사는 이렇게 말했다. "새로운 귀족과 새로운 법률이다. 엄격하기 그지없는 정부가 세워지고 장교와 사병 사이에 뚜렷한 구분이 생기고 있다. 누구나 자신의 자리를 알고 그 자리를 지키게 됐으며, 혹여 이탈했다가 잡힐 경우 곧바로 묶여서 30에서 40대의 태형을 당한다."

아메리카인들은 전쟁의 첫 번째 전투, 즉 벙커힐, 브루클린 고지Brooklyn Heights, 할렘 고지Harlem Heights, 최남부 지방Deep South 등에서 패했다. 그렇지만 트렌턴Trenton, 프린스턴Princeton 등의 소규모 전투와 전쟁의 전환점이 된 1777년 뉴욕의 새라토가Saratoga에서 벌어진 대전투에서는 승리했다. 워싱턴의 얼어붙은 군대가 밸리포지Valley Forge에서 옴짝달싹 못하는 동안, 벤저민 프랭클린은 영국에 복수를 하고 싶어 안달이 나 있던 프랑스 군주정과 동맹을 협상했다. 남부로 옮겨간 전쟁에서 영국은 연전연승을 거뒀지만, 대규모 프랑스군의 도움을 받은 아메리카군은 프랑스 해군이 영국의 물자와 증원부대를 차단하고 있는 틈을 타 1781년 버지니아의 요크타운Yorktown에서 마침내 승리를 거뒀다.

이 모든 전쟁 과정 내내 아메리카의 부자와 빈자 간의 억눌렸던 갈등은 계속 재발했다. 에릭 포너Eric Foner가 "몇몇 식민지인들에게는 엄청난 이윤의 시대이자 나머지 사람들에게는 끔찍한 궁핍의 시대"라고 말한 전쟁의 절정기에 필라델피아에서는 인플레이션(그해 한 달 동안 물가가 45퍼센트나 올랐다)으로 인해 선동과 행동 호소가 등장했다. 필라델피아의 한 신문은 유럽에서는

"매점꾼들의 탐욕 때문에 빵이 부족해지면 민중들은 항시 스스로 정의를 행했다"고 상기시켜 주는 기사를 실었다. "민중들은 창고문을 강제로 부수고 — 값을 치르지 않고 물건을 가져갔으며 — 어떤 경우에는 그런 궁핍을 불러온 범죄자들의 목을 매달기도 했다."

1779년 5월, 필라델피아 포병대 제1중대는 의회에 "중간계급과 빈민"들의 곤경에 관해 청원하고, "지역사회의 덕망 있는 사람들을 파멸시키면서 탐욕스럽게 부의 축적에 전념하고 있는 자들"에 맞서 폭력을 행사하겠다고 위협했다. 바로 그 달에 불법적인 대중집회가 열려 물가인하를 요구했으며, 식량을 틀어쥐고 시장에 풀어놓지 않았다고 비난받는 필라델피아의 부호 로버트 모

요크타운 포위전 | 체서피크 만 해역을 장악한 프랑스 해군의 엄호 아래 지상전과 해상전에서 연합군이 승리를 거두면서 미국의 독립전쟁은 사실상 종결되었다.

리스에 대한 조사에 착수했다. 10월에는 '윌슨 요새 반란Fort Wilson riot'이 일어나 민병대가 시내를 행진했고, 1776년 펜실베이니아에서 채택된 민주헌법과 가격통제에 반대해 온 부유한 법률가이자 혁명 관리인 제임스 윌슨James Wilson의 저택까지 행진을 벌였다. 민병대는 부유한 필라델피아 시민들의 '상류계급여단silk stocking brigade'에 의해 밀려났다.

약간의 땅을 가졌거나 재산이 전혀 없는 식민지 백인들 대다수는 그래도 노예나 계약 하인, 인디언보다는 형편이 좋았고, 설득을 통해 혁명세력에 가담시킬 수 있었던 것으로 보인다. 그러나 전쟁으로 인한 희생이 심해질수록 부자의 특권과 안전도 받아들이기 힘들어졌다. 백인 인구의 약 10퍼센트(『혁명기 아메리카의 사회구조The Social Structure of Revolutionary America』에서 잭슨 메인Jackson Main이 한 추정), 즉 대지주와 대상인들은 적어도 개인 자산으로 1,000파운드 이상, 토지로 1,000파운드 정도를 소유하고 있었으며, 국부國富의 거의 절반을 소유하고 전체 인구의 7분의 1을 노예로 부리고 있었다.

전쟁 내내 식민지를 통치한 대륙회의는 사업과 가족관계에 의해 파벌과 계약으로 결합된 부유한 남성들이 지배하고 있었다. 이런 결합관계가 남과 북, 동과 서를 연결했다. 예를 들면 버지니아의 리처드 헨리 리Richard Henry Lee는 매사추세츠의 애덤스 가家 및 펜실베이니아의 시펀Shippen 가와 연결되어 있었다. 중부 및 남부 식민지의 대표자들은 상업과 토지 투기를 통해 펜실베이니아의 로버트 모리스와 연결되어 있었다. 모리스는 재무감독관이었고 그의 보좌관은 구버뉴어 모리스Gouverneur Morris였다.

모리스의 계획은 대륙회의에 돈을 빌려준 사람들에게 확실한 보증을 해주고, 전쟁에서 끝까지 싸운 장교에게 평생 동안 급여의 반을 주겠다고 제안해 장교들의 지지를 얻는 것이었다. 이것은 아무런 급료도 받지 못하고 추위로 고통받고 질병으로 죽어가면서, 민간인 폭리 획득자들이 부자가 되는 모습을 지켜본 일반 병사들을 무시한 처사였다. 1781년의 새해 첫날, 뉴저지 모리스타운Morristown 인근의 펜실베이니아 군대는 럼주를 마시고 용기를 내어 장교들을 쫓아 버리고 대위 한 명을 죽였으며, 다른 사람 몇 명에게 부상을 입힌 뒤 대포를 비롯해 완전무장한 채 필라델피아에 있는 대륙회의로 행진했다.

조지 워싱턴은 사태를 조심스럽게 다루었다. 앤서니 웨인Anthony Wayne 장군으로부터 상황을 보고받은 워싱턴은 웨인에게 무력을 사용하지 말라고 말했다. 반란이 자기 군대에까지 확산될까봐 두려웠던 것이다. 워싱턴은 웨인에게 병사들의 불만 사항을 일일이 수집하게 했고, 대륙회의에는 필라델피아를 버리고 도망칠 경우 필라델피아 시민들이 병사들의 대열에 가담할 것이므로 도망가지 말라고 전했다. 워싱턴은 3개월분의 급료를 받아오도록 녹스Henry Knox에게 자신의 말을 주어 뉴잉글랜드로 파견하는 한편, 최후의 수단으로 폭도들을 진압할 1,000명의 병사를 준비시켰다. 평화적으로 협상이 이루어지자 절반은 제대를 하고 나머지 절반은 휴가를 얻었다.

그 직후 뉴저지 전선에서 이보다 작은 폭동이 발생해 200명의 사병이 장교들에게 항명하고 수도 트렌턴으로 향하기 시작했다. 이제 워싱턴은 준비가 되어 있었다. 식량과 군복을 충분히 지급받은 군인 600명이 폭도들에게 진격해 그들을 에워싸고 무장을 해제시켰다. 세 명의 주모자가 현장에서 즉결재판에 회부됐다. 한 명은 사면을 받았지만 나머지 두 명은, 눈물을 흘리면서 방아쇠를 당긴 자기 친구들로 이루어진 총살형 집행대의 총을 맞았다. 워싱턴은 이 처형을 '본보기'라고 말했다.

2년 뒤 펜실베이니아 전선에서 또 다른 폭동이 일어났다. 전쟁이 끝나고 군대는 해산됐지만, 80명이 급료를 요구하면서 필라델피아의 대륙회의 본부에 밀어닥쳤고, 대륙회의 대표자들은 강을 건너 프린스턴으로 도망갈 수밖에 없었다 — 한 역사가가 유감스럽게 서술한 것처럼(존 피스크John Fiske의 『결정적 시기The Critical Period』), "한 줌의 술 취한 폭도들에 의해 수치스럽게도 문밖으로 쫓겨났다."

혁명 과정에서 권력자에 대한 반란은, 병사들의 경우에 드물게만 일으킬 수 있었던 반면, 시민들은 훨씬 더 쉽게 할 수 있었다. 로널드 호프먼Ronald Hoffman은 이렇게 말한다. "혁명은 델라웨어, 메릴랜드, 노스캐롤라이나, 사우스캐롤라이나, 조지아, 그리고 미약하나마 버지니아 등의 지방을 분열을 야기하는 민간인 충돌로 몰아넣었고, 이것은 혁명 내내 계속됐다." 남부의 하층계급은 혁명에 동원되는 데 저항했다. 그들은 영국에 승리하든 패하든 그들 자신은 정치 엘리트의 지배를 받을 것이라는 사실을 알고 있었다.

한 예로 1776년 메릴랜드의 신헌법에 의하면 지사governor에 입후보하려면 5,000파운드의 재산을 소유해야 하고, 상원의원에 출마하려면 1,000파운드의 재산을 소유해야 했다. 따라서 주민의 90퍼센트는 관직에서 배제됐다. 그래서 호프먼이 이야기하는 것처럼, "소규모 노예소유주, 노예를 소유하지 않은 농장주, 소작인, 차지인, 날품팔이 노동자 등은 휘그파 엘리트들에게 사회통제라는 심각한 문제를 제기했다."

흑인 노예가 인구의 25퍼센트나 됐기 때문에(어떤 군郡에서는 50퍼센트였다) 노예 반란에 대한 두려움이 증대됐다. 조지 워싱턴은 자유를 찾기 위해 혁명군에서 싸우겠다는 흑인들의 요구를 거절했다. 따라서 버지니아의 영국군 사령관 던모어 경Lord Dunmore이 자신의 군대에 합류하는 버지니아 노예에게 자유를 주겠다고 약속했을 때, 식민지인들은 매우 놀랐다. 메릴랜드의 한 군郡의 보고서는 노예의 탈주를 조장하는 백인 빈민들에 관해 우려를 표명했다.

우리 군郡에는 검둥이의 오만함이 극에 달해 지난 토요일에 어쩔 수 없이 검둥이들을 무장 해제시켜야 했다. 우리는 약 80자루의 총과 약간의 총검, 칼 등을 빼앗았다. 백인 하층계급 가운데 일부가 악의적이고 경솔한 발언을 해 검둥이들이 자신들의 자유가 영국 국왕 군대의 승리 여하에 달려 있다고 믿게 만들었다. 그러므로 우리는 우리의 노예들에게 이런 생각을 조장하고 고무하는 자들에 대해 아무리 경계해도 지나치지 않으며 또한 아무리 엄격해도 지나치지 않다.

혁명 지지파로서 생필품을 비축해 두고 있다는 의심을 받던 주요 가문에 반대하는 메릴랜드의 백인 폭동은 훨씬 더 불온한 것이었다. 어떤 사람은 이런 불충한 민중들 가운데 일부가 갖고 있는 계급적 증오를 이렇게 표현했다. "민중들은 당시처럼 노예상태에 빠져들어 지배당하고 명령을 받느니보다는 차라리 무기를 버리고 영국 국왕과 의회가 부과하는 관세와 세금을 내는 편이 더 나았다." 메릴랜드의 부유한 지주인 찰스 캐럴Charles Carroll은 자신을 둘러싼 험악한 분위기에 주목했다.

저열하고 천하며 더러운 시기심이 모든 계층에게 슬며시 스며든 나머지 사람들은 재산이나 공적功績, 동료 시민에 대한 이해심 등에 있어 어느 누구든 우월한 자를 내버려두지 않는다―그 중 어느 하나만 가져도 분명히 그 사람에 대한 전반적인 악의와 증오심을 불러온다.

이런데도 메릴랜드 당국은 지배를 유지했다. 당국은 토지와 노예에 대해 더욱 무겁게 과세하고 채무자들에게 지폐로 변제할 수 있도록 하는 양보조치를 취했다. 이것은 권력을 유지하기 위한 상층계급의 희생이었고 효과를 발휘했다.

그러나 호프먼에 따르면, 캐롤라이나와 조지아 등의 하남부지방(lower

South. 당시의 사우스캐롤라이나와 노스캐롤라이나, 조지아 등을 가리키며 버지니아와 메릴랜드는 상남부지방upper South이라고 한다)에서는 "광대한 지역이 당국의 모습이라곤 조금도 찾아볼 수 없이 방치됐다." 자신들과 아무 상관도 없는 전쟁에는 가담하지 않겠다는 것이 일반적인 분위기였다. "양쪽의 당국자들은 일반 민중에게 물자를 공급하고, 소비를 줄이고, 가족을 버리고, 심지어 목숨까지도 바치라고 요구했다. 어려운 결정을 강요당한 많은 사람들은 좌절감에 빠져 몸부림치거나 도피했으며, 처음에는 한 쪽에 그리고 다음에는 다른 쪽에 공공연하게 반항했다……."

하남부지방의 워싱턴군 사령관 너새니얼 그린Nathanael Greene은 불충不忠에 대해서 경우에 따라 양보하는 정책으로 다루기도 하고 무자비하게 대응하기도 했다. 토머스 제퍼슨에게 보낸 편지에서 그린은 자신의 군대가 영국파 Loyalists를 급습한 광경을 묘사했다. "그들은 무시무시한 대학살을 벌였으니, 100명 이상 죽었으며 나머지 사람들도 난도질당했소이다. 이 날의 공격으로 이 나라의 많은 불만분자들에게 아주 만족스러운 영향을 미쳤소이다." 그린은 휘하의 한 장군에게 "우리의 적은 소름끼치게 만들고 우리의 친구들에게는 기백을 주라"고 말했다. 다른 한편 조지아의 지사에게는 "당신네 지방의 불만분자들이 들어올 수 있도록 문을 열어두라……"고 충고했다.

전체적으로 볼 때 식민지의 모든 지방에서는 최소한의 수준으로 양보를 국한시켰다. 1776년부터 1780년까지 모든 주에서 작성된 신헌법은 과거의 헌법과 거의 다를 바가 없었다. 몇몇 주의 경우 투표와 관직 출마에 필요한 재산조건이 낮아졌지만 매사추세츠에서는 오히려 높아졌다. 펜실베이니아만이 이런 조건을 완전히 폐지했다. 새로운 권리장전에는 제한규정이 있었다. 종교의 자유를 인정한 노스캐롤라이나에서는 "여기에 포함된 어떤 내용도 반역적이거나 선동적인 설교를 한 목사를 법적 재판이나 처벌로부터 면제할 수 있다고 해석되어서는 안 된다"는 구절을 추가했다. 메릴랜드, 뉴욕, 조지아, 매사추세츠도 똑같은 주의를 기울였다.

간혹 미국혁명 덕택에 정교분리가 이루어졌다고 이야기한다. 북부의 주들은 그렇게 선언했지만, 1776년 이후에는 모든 사람에게 의무적으로 기독교의 가르침을 지지하도록 강요했다. 윌리엄 G. 매클러플린William G. McLoughlin은 1892년 대법원 판사 데이비드 브루어David Brewer의 "이 나라는 기독교 국가이다"라는 말을 인용하면서 혁명기의 정교분리에 관해 분리는 "상상도 할 수 없었고 실천으로 옮겨질 수도 없었다"고 말하고 있다. "종교는 방임되기는커녕 아메리카인의 삶의 모든 측면과 제도 속으로 깊이 파고들었다."

혁명이 계급관계에 미친 영향을 검토하다 보면, 도망간 영국파로부터 몰수한 토지를 놓고 어떤 일이 벌어졌는지 알게 된다. 몰수한 토지는 혁명의 지도자들에게 이중의 기회를 제공하는 방식으로 분배됐다. 지도자들과 그 친구들은 부자가 됐고, 새 정부에 대한 폭넓은 지지기반을 구축하기 위해 소농민에게도 약간의 토지가 분배됐다. 실제로 이것이 곧 새로운 국가가 과거와는 다른 특징이 됐다. 광대한 부를 소유하게 된 이 나라는 역사상 유례가 없는 부유한 지배계급을 만들어 낼 수 있었으며, 동시에 부자와 무산자 사이에서 완충 역할을 하는 중간계급을 충분히 창출할 수 있었다.

영국파의 거대한 토지소유는 혁명을 유발시킨 중대한 동기 가운데 하나였다. 버지니아의 페어팩스 경Lord Fairfax은 21개의 군郡에 걸쳐서 500만 에이커 이상을 소유하고 있었다. 메릴랜드의 소유지에서 볼티모어 경Lord Baltimore이 벌어들이는 수입은 1년에 3만 파운드가 넘었다. 혁명 이후에도 페어팩스 경은 보호를 받았다. 조지 워싱턴의 친구였기 때문이다. 그러나 다른 영국파의 대규모 토지소유주, 특히 부재지주들은 땅을 몰수당했다. 뉴욕에서는 혁명 후 자작소농의 수가 늘어났고, 혁명 발발 몇 해 전 동안 큰 문제를 일으키곤

했던 소작농이 줄어들었다.

롤런드 버소프Rowland Berthoff와 존 머린John Murrin에 따르면, 자영농의 수가 늘었다 하더라도 "계급구조의 근본적인 변동은 없었다." "보스턴이나 뉴욕, 필라델피아에서 신흥 상인가문들이 …… 매우 확실하게 사회적 지위 ―그리고 때로는 사업에 실패하거나 영국 국왕에 충성했다는 이유로 재산을 몰수당하거나 망명길에 오른 자들의 집―를 슬그머니 차지"하게 되면서 지배집단은 인적 구성상의 변화를 겪었다.

에드먼드 모건은 혁명의 계급적 성격을 이렇게 요약하고 있다. "하층계급이 항쟁에 가담했다는 사실이 항쟁 그 자체가 일반적으로 상층계급 구성원들의 공직과 권력을 둘러싼 투쟁, 즉 기존의 인물에 대한 새로운 인물의 투쟁이었다는 사실을 덮어 버려서는 안 된다." 리처드 모리스는 혁명 후의 상황을 보면서 "어디를 보든 불평등이 발견된다"고 논평하고 있다. 모리스는 "인민", "우리 합중국 인민"〔미국 헌법의 첫 구절〕(갑부인 구버뉴어 모리스가 만들어 낸 표현)이 인디언이나 흑인, 여성, 백인 하인을 뜻하는 것이 아니었음을 알아냈다. 실제로 어느 때보다도 많은 계약 하인이 존재했으며, 혁명은 "백인의 굴레를 종식시키는 일은 전혀 하지 않았고 개선하는 일도 거의 하지 않았다."

칼 데글러Carl Degler(『우리의 과거로부터*Out of Our Past*』)는 이렇게 말했다. "미국혁명의 문을 통해 어떤 새로운 사회계급도 권력에 오르지 못했다. 반란을 교묘히 처리한 사람들은 대부분 식민지 지배계급의 구성원이었다." 조지 워싱턴은 아메리카에서 가장 부유한 사람이었다. 존 행콕John Hancock은 보스턴의 번창하는 상인이었다. 벤저민 프랭클린은 부유한 출판업자였다. 기타 등등.

다른 한편 읍의 숙련기능공, 막노동자, 선원뿐만 아니라 소농들은 혁명의 미사여구에 의해, 군복무의 동료의식에 의해, 약간의 토지분배에 의해 '인민'

으로 휩쓸려 들어갔다. 그리하여 실질적인 지지기반, 국민적 합의, 즉 무시당하고 억압받는 민중을 배제하고도 '아메리카'라고 불려질 수 있는 그 무엇이 창출됐다.

혁명 기간 동안 뉴욕의 더치스Dutchess 군에 대한 스토튼 린드Staughton Lynd의 면밀한 연구는 이것을 확증해 준다. 1766년 뉴욕에서는 거대한 봉건적 토지소유에 맞선 소작인의 봉기가 있었다. 렌셀러위크Rensselaerwyck 가는 100만 에이커의 땅을 소유하고 있었다. 이 땅의 일부에 대한 소유권을 주장하는 소작인들은 법원에서 배상을 받지 못하자 폭력에 호소했다. 파우킵시Poughkeepsie에서는 무장한 소작인들 1,700명이 법원을 폐쇄하고 감옥문을 강제로 열었다. 그러나 봉기는 분쇄됐다.

혁명 기간 동안 더치스군에서는 몰수된 영국파 토지의 처분을 둘러싸고 충돌이 있었지만 주로 각기 다른 엘리트 집단이 벌인 것이었다. 이 가운데 파우킵시의 반연방주의자들anti-Federalists(헌법 반대파)에는 토지와 사업의 신흥세력으로 이익에 급급한 사람들도 있었다. 그들은 정치적 경력을 쌓고 재산을 유지하기 위해 소작인들의 불만을 이용하면서, 소작인들의 지지를 얻으려고 약속을 남발했다.

혁명 기간 동안 병사를 모집하기 위해 소작인들에게 토지분배를 약속했다. 1777년 더치스군의 한 유명한 지주는 소작인들에게 자작농이 되게 해주겠다는 약속을 한다면 "당장 6,000명의 유능한 농부가 전장으로 달려갈 것"이라고 말했다. 그러나 혁명군에 입대하면 무엇인가를 얻을 수 있으리라고 기대했던 농민들은 사병인 자신들이 한 달에 6.66달러를 받는 반면 대령은 한 달에 75달러를 받는다는 사실을 알게 됐다. 사병들은 자신들이 대륙 통화로 받는 보수가 인플레이션으로 인해 가치가 뚝 떨어져 버렸음에 비해 멜랜턴 스미스Melancton Smith나 매슈 패터슨Matthew Paterson 같은 지방의 정부도급업자들은 부자가 되는 모습을 지켜보았다.

이런 모든 상황 때문에 소작인들은 전쟁이 한창인 와중에 위협적인 세력이 됐다. 많은 소작인들이 지대 납부를 중단했다. 이것을 우려한 의회는 영국파의 토지를 몰수하고 군郡에 이미 존재하던 1,800명의 자작농에 새로이 400명을 추가하는 법안을 통과시켰다. 이 사실은 1788년에 반연방주의자가 될 부자들의 당파를 위한 새로운 강력한 유권자 집단을 형성하는 것을 뜻했다. 일단 새로운 토지소유자들이 혁명의 특권적 진영으로 편입되고 정치적으로 통제할 수 있다고 판단되자, 애초에는 헌법 채택에 반대했던 멜랜턴 스미스 같은 지도자들은 헌법 지지로 입장을 선회했으며 뉴욕 정부가 비준하면서 채택이 확실해졌다. 새로운 자작농들은 소작인 노릇은 그만두게 됐지만 지주에게 지대를 바치는 대신에 이제는 은행에서 빌린 대부금을 갚아야 하는 저당권자가 됐음을 알게 됐다.

영국의 지배에 대한 반란은 일부 식민지 엘리트 집단으로 하여금 영국에 대한 충성을 대체하고, 소규모 자작농들에게는 약간의 이익을 주며, 가난한 백인 노동자와 소작농들은 이전의 상태 그대로 살아가게 만들었다.

아메리카 원주민인 인디언에게는 혁명이 어떤 의미였을까? 인디언들은 독립선언서의 고상한 표현에서 무시당했으며, 자신들이 지금껏 살아온 아메리카 영토를 통치하게 될 자를 선택할 수도, 유럽 백인들이 도착하기 전까지 수세기에 걸쳐 추구해 왔던 행복을 찾을 수도 없게 된 채 불평등한 대우를 받고 있었다. 이제 영국을 몰아냄으로써 아메리카인들은 인디언을 그들의 땅에서 몰아내고 이에 저항할 경우 죽여 버리는 무자비한 과정에 착수할 수 있었다. 간단히 말해, 프랜시스 제닝스가 이야기하듯이, 아메리카 백인들은 동부에서는 영국의 제국주의적 통제에 맞서 싸우고 서부에서는 그들 자신의 제국주의를 건설하기 위해 싸우고 있었던 것이다.

혁명 전에 버지니아와 뉴잉글랜드에서는 인디언을 무력으로 정복했다. 다른 지역에서는 인디언들이 식민지와 공존하는 방법을 찾아냈다. 그러나 1750년경 식민지 인구가 급속하게 늘어나면서 새로운 땅을 찾아 서쪽으로 옮겨가려는 압력이 인디언과의 충돌을 예고하고 있었다. 이로쿼이족을 대표로 하는, 서약연맹[Covenant Chain. 식민지 개척자들과 당시 서북부 지역의 인디언 부족을 연결하는 동맹 체계]이라고 불리는 부족연맹의 영토인 오하이오강 유역에 동부에서 온 토지중개상들이 출몰하기 시작했다. 뉴욕에서는 교묘한 속임수를 이용해 모호크족의 땅 80만 에이커를 빼앗음으로써 모호크족과 뉴욕 간의 선린 시대에 종지부를 찍게 됐다. 모호크족의 추장 헨드릭Hendrick은 1753년에 조지 클린턴George Clinton 총독과 뉴욕 상원에 자신의 비통한 심정을 토로했다.

> 형제여, 우리가 우리의 땅에 대한 불만을 이야기하려고 이곳에 왔을 때, 우리는 당신들이 무언가 우리를 위해 해주리라고 기대했고 우리 선조들이 맺은 서약연맹이 깨질 것 같다고 말했는데, 형제여, 당신들은 올버니에서 보상을 해주겠다고 말하고 있지만 우리는 그들을 잘 알고 있으며 그들을 믿지 않을 것이니, 그들[올버니의 상인들(지은이)]은 인간이 아니라 악마이기 때문이다. …… 우리는 집으로 돌아가자마자 다른 다섯 부족의 우리 형제들에게 조가비구슬 띠를 보내 당신들과 우리 사이의 서약연맹이 깨졌음을 알릴 것이다. 그러므로 형제여, 당신들은 이제 내 말을 기대하지 말 것이며, 형제여, 우리 역시 당신들의 이야기를 듣고 싶지 않다.

7년 전쟁에서 북아메리카를 놓고 영국이 프랑스와 싸웠을 때, 인디언은 프랑스의 편에 서서 싸웠다. 프랑스인들은 교역상이지 인디언 땅에 대한 점령자는 아니었던 데 반해, 영국인들은 인디언의 사냥터와 생활공간을 턱없이 탐내고 있는 것이 분명했다. 프랑스와의 싸움에서 델라웨어족 추장 싱가스 Shingas의 도움을 얻으려고 한 영국군 장군 브래도크James Braddock가 나눈 대화를 누군가 기록해 뒀다.

> 싱가스는 영국인들의 친구인 인디언이 영국인과 더불어 생활하고 거래하는 것을 허용 받으며 자신과 가족들을 먹여 살리기에 충분한 사냥터를 가질 수 있을지에 관해 브래도크 장군에게 물었다……. 이에 대해 브래도크 장군이 어떤 야만족도 그 땅을 물려받을 수 없다고 말하자……. 싱가스와 다른 추장들은 그 땅에서 살 자유가 없다면 싸우지 않을 것이라고 답했다.

1763년에 전쟁이 끝나자 프랑스는 옛 동맹자들을 무시한 채 애팔래치아 산맥 서쪽의 땅을 영국에게 할양했다. 따라서 인디언들은 영국의 서부 요새들을 상대로 전쟁을 벌이기 위해 단결했다. 영국인들은 이것을 '폰티악의 음모Pontiacs Conspiracy'라고 부르지만 프랜시스 제닝스는 '독립을 위한 해방전쟁'이라는 용어를 사용했다. 영국 장군 제프리 애머스트Jeffrey Amherst의 명령을 받은 피츠 요새Fort Pitts의 사령관은 공세에 나선 인디언 추장들과 협상을 하면서 천연두 병원에서 가져온 담요를 줬다. 오늘날 세균전이라 불리는 선구적인 시도였다. 인디언들 사이에 곧 전염병이 번져 나갔다.

이런 시도와 인디언 마을을 불태우는 행위에도 불구하고 영국은 인디언들의 의지를 꺾을 수 없었고 인디언들은 게릴라전을 계속했다. 영국이 애팔래치아 산맥에 경계선을 그어 이 선을 넘어 인디언 영토에 정착을 하지 못하도록 하는 데 동의하면서 평화가 이루어졌다. 이것이 1763년의 왕령포고Royal Proclamation로 아메리카인들을 격분하게 만들었다(원래의 버지니아 특허장에는 식민지 영토가 서쪽으로 대양[태평양]까지 이르는 것으로 되어 있었다). 이런 사실은 혁명 기간 동안 대부분의 인디언이 영국을 위해 싸운 이유를 설명하는 데 도움이 된다. 프랑스와의 동맹과 그 뒤 영국과의 동맹이 해체되면서 인디언들은 이제 땅을 턱없이 탐내는 새로운 국가와 홀로 외로이 맞닥뜨리게 됐다.

아메리카인들은 이제 인디언의 영토가 자기들 것이라고 생각했다. 그러나 이런 생각을 확증하려고 서쪽으로 파견한 원정대는 패배를 당했다 — 아메리카인들이 이들 전투에 붙인 이름(하마의 굴욕Harmar's Humiliation과 세인트클레어의 치욕St. Clair's Shame)을 통해 그들이 가졌던 인식을 알 수 있다. 1798년의 폴런팀버스 전투Battle of Fallen Timbers에서 인디언 서부연맹을 격퇴한 앤서니 웨인 장군조차도 인디언의 힘을 인정해야만 했다. 그렌빌 조약Treaty of Grenville을 통해 미국이 일정한 땅을 할양받는 대가로 오하이오 북쪽, 미시시피 동쪽, 오대호 남쪽의 인디언 영토에 대한 소유권을 포기하지만 훗날 인디언이 이 땅을 팔려고 할 때에는 미국에 먼저 판매하기로 합의했던 것이다.

제닝스는 인디언을 미국혁명의 중심에 놓으면서 — 어쨌든 모두가 차지하려고 싸운 땅은 인디언의 영토였다 — 혁명을 "서로를 물어뜯은 억압받고 착취당하는 여러 민중들의 다양함"으로 보고 있다. 해안에 위치한 토지를 동부의 엘리트들이 장악함에 따라 가난한 사람들은 땅을 찾아 서부로 갈 수밖에 없었으며, 제닝스가 말하듯이 "인디언의 손에 들린 손도끼의 일차적인 표적은 개척자들의 두개골"이었으므로 서부 변경지대는 부자들에게 유용한 보루가 됐다.

미국혁명의 결과로 흑인 노예들의 상황은 더 복잡해졌다. 수천 명의 흑인이 영국에 맞서 싸웠다. 5,000명의 흑인 혁명군은 대부분 북부 출신이었지만

폴런팀버스 전투 | 인디언 연맹의 저항을 막기 위한 시도 가운데 세 번째 전투였다. 이를 통해 20년에 걸친 국경전쟁을 마무리 지었고 인디언의 영토였던 오하이오 지역에서 백인들이 정착할 수 있었다.

버지니아와 메릴랜드 출신의 자유 흑인도 있었다. 하남부지방에서는 흑인에게 무기를 주려 하지 않았다. 전쟁의 절박함과 혼란이 한창인 가운데 수천 명이 자유를 얻었다—전쟁이 끝나면서 영국의 배를 타고 떠난 흑인들은 영국, 노바스코샤, 서인도 제도, 아프리카 등지에 정착했다. 많은 다른 노예들도 주인에게서 도망쳐 자유 흑인으로 미국에 머물렀다.

북부 주들에서는 군대를 통한 흑인의 결합과 노예에 대한 강력한 경제적 필요성의 부재, 혁명의 미사여구 등으로 인해 노예제가 종식됐다—그러나 아주 느린 과정이었다. 1810년 당시 북부에서는 전체 흑인의 4분의 1에 해당하는 3만 명이 여전히 노예 상태였다. 1840년에도 북부에는 1,000명의 노예가 남아 있었다. 상남부지방에서는 자유 흑인이 전보다 많아졌고 이 때문에 통제입법이 추가됐다. 하남부지방에서는 쌀과 면화 대농장이 증가하면서 노예제가 확대됐다.

혁명의 결과 덕분에 흑인들은 자신들의 요구를 백인 사회에 제기할 수 있는 공간과 기회를 마련할 수 있었다. 이런 요구는 때로는 볼티모어, 필라델피아, 리치먼드, 서배나Savannah의 새로운 소수 흑인 엘리트로부터, 때로는 또렷하고 대담한 흑인 노예들로부터 나왔다. 그들은 독립선언서를 가리키면서 대륙회의와 각 주 의회에 노예제를 폐지하고 흑인들에게도 동등한 권리를 달라고 청원했다. 보스턴에서는 백인들에게 자녀 교육을 위해 지원하는 시 보조금을 흑인에게도 달라고 요구했다. 노포크Norfolk에서는 흑인도 법정에서 증언할 수 있도록 허용하라고 요구했다. 내시빌Nashville의 흑인들은 자유 흑인도 "어떤 사람이든 갖는 …… 성공의 기회를 똑같이 가져야 한다"고 주장했다. 찰스턴의 도살업자인 자유 흑인 피터 매슈즈Peter Mathews는 또 다른 자유 흑인인 장인 및 직종인tradesman과 결합해 흑인에 대한 차별법을 폐지해 줄 것을 의회에 청원하기도 했다. 1780년 매사추세츠의 다트머스Dartmouth에서는 일곱 명의 흑인이 과세와 대표권을 결부시키면서 의회에 투표권을 청원했다.

…… 우리는 우리에게 과세하는 자들을 선출하는 데 있어 투표를 하거나 영향력을 행사하지 못함으로써 국가의 자유민이 누리는 권리를 인정받지 못하고 있다는 사실에 대해 격분하고 우려했습니다. 하지만 우리 유색인들의 대다수는 (잘 알려진 대로) 공동의 대의를 지키기 위한 전장과, 매우 잘 알려져 있어 여기서 상술할 필요가 없는 (우리가 생각하기에) 똑같은 (과세와 관련된) 권력 행사에 맞선 전장에 기꺼이 뛰어들었습니다…….

독학으로 수학과 천문학을 공부하고 일식을 정확히 예측해 새 도시 워싱턴의 설계자로 임명된 흑인 벤저민 배니커Benjamin Banneker는 토머스 제퍼슨에게 이렇게 썼다.

> 우리 종족이 오랫동안 세상의 학대와 책망을 받으면서 일해 왔다는 점, 오랫동안 경멸의 눈초리를 받아 왔다는 점, 오랫동안 인간이라기보다는 짐승으로서 거의 정신적 능력을 갖지 못한 존재로 간주되어 왔다는 점은 당신에게도 너무나 잘 입증된 사실이므로 더 이상 여기서 증명할 필요가 없는 진실이라고 생각합니다……. 나는 당신이 우리에 관해 극히 널리 퍼져 있는 그런 일련의 터무니없고 그릇된 사고와 의견을 일소할 수 있는 모든 기회를 포착하고, 또한 하나의 전능하신 하나님 아버지가 우리 모두를 창조했으며, 하나님은 하나의 육신으로 우리 모두를 만들었을 뿐만 아니라 조금의 치우침도 없이 우리 모두에게 똑같은 감각을 주고 우리 모두에게 똑같은 재능을 부여했다는 데 저와 의견을 같이 하시리라고 생각합니다.

베니커는 제퍼슨에게 "당신이 갖고 있는 편협한 사고방식을 버리라"고 호소했다.

제퍼슨은 계몽된 사려 깊은 개인이 할 수 있는 최선의 노력을 기울였다. 그러나 아메리카 사회의 구조, 면화 대농장의 힘, 노예무역, 남부와 북부 엘리트들의 통일의 정치, 식민지의 오랜 인종 편견의 문화 등과 더불어 ―현실적 필요성과 이데올로기적 집착의 결합물인― 스스로의 약점 때문에 제퍼슨은 죽을 때까지 노예소유주로 남고 말았다.

새로운 국가에서의 노예의 열등한 지위, 새 사회로부터 인디언의 배제, 부자와 권력자들의 지배권 확립―이 모두는 혁명기 식민지에서 이미 자리를 잡았다. 영국이 물러가자, 필라델피아에서 열린 혁명 지도자들의 총회에서 작성된 합중국 헌법에 의해 문서화되고 굳어지고 조직화되고 합법화될 수 있었다.

오랫동안 대다수 미국인들의 눈에는 1787년에 작성된 헌법이 민주주의와 평등을 위한 법적 틀을 만든, 현명하고 인도적인 사람들에 의해 종합된 천재의 작품처럼 보였다. 19세기 초반의 역사가 조지 밴크로프트George Bancroft는 이런 견해를 약간은 지나치게 드러내고 있다.

> 헌법은 평등과 개인성을 방해하는 내용은 어떤 것도 확립하지 않았다. 헌법은 출신이나 견해에 따른 차별, 선호하는 계급이나 공인된 종교, 재산이 갖는 정치적 힘과는 전혀 무관하다. 개인과 개인을 나란히 둔 것이다……. 바다가 물방울로 이루어지듯이 미국 사회도 분리되고 자유로우며 끊임없이 상호 행동하며 계속 움직이는 원자로 구성되며 …… 따라서 이 나라의 제도와 법률은 대양의 물이 끝없이 순환하는 것처럼 개별적인 사고를 가진 대중으로부터 나온다.

헌법에 대한 다른 견해는 (『뉴욕타임스』의 비난조의 사설을 포함해 분노와 공분을 불러일으키면서) 20세기 초의 역사가 찰스 비어드Charles Beard로부터 나왔다. 비어드는 『헌법의 경제적 해석An Economic Interpretation of the Constitution』에서 이렇게 서술했다.

> 정부의 일차적 목표가 물리적 폭력을 통한 단순한 억압을 넘어서 사회 구성원의 재산관계를 결정하는 규칙을 형성하는 것인 한, 이를 통해 자신들의 권리를 결정해야 하는 지배계급은 필연적으로 자신들의 경제활동을 지속시키는 데

필요한 더 큰 이해와 일치하는 규칙을 정부로부터 획득해야 하며, 또는 그들 스스로 정부기관을 장악해야 한다.

요컨대, 비어드는 부자들은 자신들의 이해를 위해 정부를 직접 장악하거나 정부 운영의 준거가 되는 법률을 장악해야 한다고 말했다.

비어드는 헌법을 작성하기 위해 1787년에 필라델피아에 모였던 55명의 경제적 배경과 정치적 사고를 연구함으로써 이런 일반적인 견해를 헌법에 적용했다. 비어드는 그들 대다수의 직업이 법률가였다는 점, 대부분이 토지, 노예, 제조업, 해운업 등에 종사하는 부자였다는 점, 절반이 이자놀이를 하는 전주錢主였다는 점, 55명 중 40명이 정부 채권을 보유하고 있었다는 점 등을 재무부 기록을 통해 밝혀냈다.

그리하여 비어드는 헌법 제정자들의 대부분이 강력한 연방정부를 수립하는 데 어느 정도 직접적인 이해를 갖고 있었음을 알아냈다. 제조업자는 보호관세를, 금융업자는 채무 상환에서 지폐 사용의 중단을, 토지 투기업자는 인디언 토지를 침범할 경우에 보호를, 노예소유주는 노예 반란이나 탈주를 방지할 수 있는 연방의 보장을, 채권소유자는 채권 상환을 위해 전국적 과세를 통해 돈을 조달할 수 있는 정부를 요구하거나 원했던 것이다.

비어드는 네 개의 집단, 즉 노예, 계약 하인, 여성, 무산자들은 제헌회의 Constitution Convention에 대표를 보내지 못했다고 지적했다. 따라서 제헌회의는 이들 집단의 이해를 반영하지 않았다.

비어드는 비록 벤저민 프랭클린이 보유한 15만 달러의 재산, 알렉산더 해밀턴이 장인과 처남을 통해 부유층의 이해관계와 연결된 사실, 제임스 매디슨의 노예 대농장, 조지 워싱턴의 광대한 토지소유 등을 무시해서는 안 되지만, 헌법이 건국의 아버지들 개인들에게 이익이 되도록 작성된 것이라고 생각하지는 않는다는 점을 분명히 하고자 했다. 그보다는 헌법은 건국의 아버지들이 대표하는 집단에 이익이 되는, 즉 "자신들의 개인적 경험을 통해 구체적이고 명확한 형태로 이해하고 느꼈던 경제적 이해"를 반영한 것이었다.

필라델피아 회의에 참석한 모든 사람이 전부 비어드의 도식에 들어맞지는 않는다. 매사추세츠의 엘브리지 게리Elbridge Gerry는 토지재산의 소유자였으나 헌법의 비준에는 반대했다. 마찬가지로 선조가 뉴저지의 광대한 토지를 획득했던 메릴랜드의 루서 마틴Luther Martin도 비준에 반대했다. 이처럼 몇 가지 예외가 있기는 하지만 비어드는 헌법에 대한 지지와 재산 사이에 강력한 연관관계가 있음을 밝혀냈다.

1787년에 이르면 강력한 중앙정부를 통해 광대한 경제적 이해를 보호할 필요성은 의문의 여지가 없었을 뿐만 아니라 불만에 찬 농민들이 일으키는 반란에 대한 두려움도 당면해 있었다. 이런 두려움을 초래한 주요한 사건은 셰이즈의 반란Shays' Rebellion으로 알려진 1786년 여름 서부 매사추세츠에서 일어난 봉기였다.

매사추세츠 서부의 몇몇 읍에서는 보스턴 주의회에 대한 분노가 들끓었다. 1780년의 새 헌법은 투표를 할 수 있는 재산조건을 더 높여놓은 상태였다. 상당한 재산을 갖지 않고는 누구도 관직에 오를 수 없었다. 게다가 주의회는 로드아일랜드나 몇몇 다른 식민지 국가에서 이루어진 것과 같은, 빚에 시달리는 농민들의 채무 변제를 용이하게 하기 위한 지폐의 발행도 거부하고 있었다.

서부의 몇몇 군郡에서 주의회에 대한 반대를 조직하기 위해 불법적인 집회가 열리기 시작했다. 그 중 한 곳에서 플라우 조거Plough Jogger라는 남자가 자신의 생각을 밝혔다.

나는 몹시 심한 학대를 받아왔고, 전쟁에서 내가 맡은 몫 이상을 강요당했으며,

개인소득세class rate, 읍세, 지방세, 대륙세Continental rate 등 모든 세금을 무겁게 짊어져야 했고 …… 보안관, 경관, 세금 징수인에게 이리저리 끌려다니고 소를 헐값에 팔아야 했습니다…….

…… 높은 놈들은 우리가 가진 모든 것을 가지려고 하며, 이제 우리가 일어나 그런 행위를 중지시키고 더 이상 법정도 보안관도 세금 징수인도 법률가도 없게 만들어야 할 때라고 생각합니다.

집회의 의장은 박수갈채를 멈추기 위해 의사봉을 두드렸다. 의장을 비롯한 사람들은 자신들의 불만 사항이 시정되기를 원했지만 보스턴의 총회(주의회)에 청원을 해 평화적으로 해결하기를 원했다.

그러나 총회가 열리기도 전에 햄프셔Hampshire 군의 노샘프턴Northampton 및 스프링필드Springfield 읍 등에서 빚을 갚지 못한 농민들의 가축을 압류하고 이제 곡식이 다 익어 수확을 준비하고 있는 농토를 몰수하는 법원의 절차가 진행될 예정이었다. 그리하여 ─현금을 즉시불로 받는 대신 나중에 상환하겠다는 증서를 받고─ 제대한 뒤 역시 초라한 대접을 받는 데 화가 나 있던 대륙군 퇴역군인들이 농민들을 소대 및 중대로 조직하기 시작했다. 퇴역군인 가운데 한 명인 루크 데이Luke Day는 고적대를 이끌고 아침에 법원에 도착했는데, 지난여름 뜨거운 열기 속에서 채무자 감옥에 수감됐던 기억으로 여전히 분노를 느끼고 있었다.

보안관은 이들 무장 농민으로부터 법원을 수호하기 위해 지방 민병대에 의지했다. 그러나 민병대의 대부분은 루크 데이 편에 서 있었다. 보안관은 가까스로 500명을 끌어 모았으며, 재판관들은 보안관이 법원 출정을 보호해주기를 기다리면서 검은색 실크 법복을 입었다. 그러나 법정으로 오르는 계단에는 루크 데이가 청원서를 들고 서서, 총회의 위헌적인 행위로부터 인민이 보호받을 수 있는 헌법상의 권리를 주장하면서 재판관들에게 총회가 농민들을 위한 결정을 내릴 때까지 재판을 연기할 것을 요구했다. 루크 데이 옆에는 1,500명의 농민이 무기를 들고 서 있었다. 재판관들은 휴정을 발표했다.

그 직후 우스터Worcester와 애설Athol의 법원에서는 총을 든 농민들이 자신들의 재산을 몰수하지 못하도록 법원 개정을 가로막았으며, 민병대가 이를 막기에는 농민들에게 너무 동정적이거나 수적으로 모자랐다. 콩코드에서는 두 차례의 전쟁〔프랑스-인디언 전쟁과 독립전쟁〕에 참전한 50세의 퇴역군인인 잡 섀턱Job Shattuck이 이륜마차, 사륜마차, 말, 황소 등의 대열을 이끌고 읍 중심부의 풀밭으로 왔으며 그 동안 재판관들은 메시지를 받았다.

이 군郡 사람들의 의견은, 지금의 노동조건에 관한 불만이 시정될 때까지는 법관이 이 법원으로 들어갈 수 없다는 것이다.

그러고는 군郡 집회를 통해 재판관들에게 휴정을 제의했고 재판관들은 이에 따랐다.

그레이트배링턴Great Barrington에서는 1000명의 민병대가 광장에 운집해 있던 무장한 어른 및 소년들과 맞닥뜨렸다. 그러나 민병대는 의견이 엇갈렸다. 재판장이 법정 개정에 찬성하는 사람은 길의 오른쪽으로 가고 반대하는 사람은 왼쪽으로 가라고 민병대를 나눌 것을 제의하자 200명이 오른쪽, 800명이 왼쪽으로 갔고 재판은 연기됐다. 그리고 나서 군중들은 재판장의 집으로 갔으며, 재판장은 매사추세츠 총회가 열릴 때까지 재판을 개정하지 않겠다는 서약서에 서명했다. 군중들은 광장으로 돌아와 군郡 감옥을 부수고 채무자들을 석방시켰다. 지역 의사이기도 했던 재판장은 "나는 자신들의 불만 사항을 시정하기 위해서 그들이 취한 행동보다 더 좋은 방법을 들어본 적이 없다"고 말했다.

　매사추세츠의 주지사와 정치 지도자들은 경각심을 갖게 됐다. 한때 보스턴에서 급진적 지도자로 여겨졌던 새뮤얼 애덤스도 이제는 민중들이 법의 테두리 내에서 행동해야 한다고 주장했다. 애덤스는 "영국인 밀정들"이 농민들을 선동하고 있다고 말했다. 그리니치 읍 민중들의 반응은 이런 식이었다. 보스턴에 사는 당신들은 돈을 가지고 있고 우리는 그렇지 못하다. 그리고 당신들 스스로도 혁명에서 불법적으로 행동하지 않았던가? 반란자들은 이제 감시단원으로 불리고 있었다. 그들의 상징은 솔송나무의 잔가지였다.

　문제는 매사추세츠를 넘어 확대됐다. 로드아일랜드에서는 채무자들이 주의회를 접수해 지폐를 발행했다. 뉴햄프셔에서는 1786년 9월 수백 명이 엑서터Exeter에 있는 주의회를 에워싸고 세금을 되돌려 주고 지폐를 발행하라고 요구했으며, 군사행동의 위협을 받고서야 비로소 해산했다.

　서부 매사추세츠에서는 대니얼 셰이즈Daniel Shays가 전면에 등장했다. 혁명이 발발했을 때 가난한 농장 노동자였던 셰이즈는 대륙군에 입대해 렉싱턴, 벙커힐, 새라토가 전투에서 싸웠으며 교전 중에 부상을 당했다. 1780년에 급료도 받지 못한 채 군에서 제대한 셰이즈는 고향으로 돌아왔고 얼마 지나지 않아 빚을 갚지 않았다는 이유로 재판을 받는 신세가 됐다. 셰이즈는 다른 사람들에게 벌어지고 있는 사태도 직접 목격했다. 빚을 갚지 못한 어느 병든 여자는 누워 있던 침대를 빼앗겼다.

　셰이즈를 반란의 전면으로 몰아간 계기는 우스터에서 개정된 매사추세츠 대법원이 그의 친구 3명을 비롯한 11명의 반란 지도자들을 "불법적인 무력을 행사해 법의 실행과 공화국〔commonwealth. 당시 매사추세츠 주의 명칭으로 매사추세츠, 펜실베이니아, 버지니아, 켄터키에서는 지금도 주의 명칭으로 'state' 대신 이 말을 사용한다〕의 법"을 방해한 "무질서한 폭도이자 선동적인 자들"이라고 기소한 사건이었다. 대법원은 일주일 뒤 스프링필드에서 재개하기로 했고, 루크 데이를 기소한다는 말이 있었다.

셰이즈는 대부분이 퇴역군인인 700명의 무장 농민을 조직해 스프링필드로 갔다. 대포 1문을 갖추고 900명의 병사를 거느린 장군이 기다리고 있었다. 행진을 허용해 달라고 요청하자 장군은 이를 받아들였고, 셰이즈와 농민들은 북을 두드리고 피리를 불면서 광장을 통과했다. 행진이 계속되면서 대열은 점점 불어났다. 일부 민병대도 행진에 가담했고 주변지역에서도 증원부대가 오기 시작했다. 재판관들은 심리를 하루 연기하고는 휴정을 선언했다.

이제 주지사 제임스 보도인James Bowdoin은 보스턴에서 열린 총회에 "모욕 받은 정부의 위엄을 옹호하라"고 말했다. 영국에 대항했던 최근의 반란자들은 안전한 공직에 앉아 법과 질서를 호소하고 있었다. 샘〔새뮤얼의 애칭〕 애덤스는 당국이 재판 없이 투옥할 수 있도록 인신보호권habeas corpus을 유예시키는 결의안과 폭동법Riot Act을 작성하는 데 힘을 보탰다. 이와 동시에 주의회는 성난 농민들에게 일정한 양보를 취하는 방향으로 움직여 일부 지나버린 세금은 현금 대신 물품으로 납부해도 된다고 말했다.

이런 조치에도 성과는 없었다. 우스터에서는 160명의 반란자가 법원에 나타났다. 보안관은 폭동법을 낭독했다. 반란자들은 재판관이 폭동법을 읽으면 해산하겠다고 말했다. 보안관은 교수형에 관해 무슨 말인가를 외쳤다. 누군가 보안관 뒤로 올라가서 그의 모자에 솔송나무 가지를 꽂았다. 재판관들은 자리를 떴다.

이제 농민과 민병대 간의 충돌이 잦아졌다. 겨울이 되자 눈 때문에 농민들이 법원으로 행진하는 것이 어려워졌다. 셰이즈가 농민 1,000명을 이끌고 보스턴으로 행군을 시작했을 때도 눈보라가 심해서 돌아서야 했으며 한 명이 얼어 죽었다.

대니얼 셰이즈와 잡 셰턱 | 셰이즈는 연방정부 무기고를 공격했으나 격퇴당했고 민병대의 추격을 받다가 피터샘에서 결정적으로 패배한다. 이 반란으로 매사추세츠 의회는 채무자들의 경제적인 처지를 완화하는 법률들을 제정했다.

벤저민 링컨Benjamin Lincoln 장군이 이끄는 군대가 보스턴 상인들이 모금한 돈을 받고 전장에 나섰다. 포격전이 벌어져 반란군 3명이 죽었다. 한 병사는 자신의 포 앞으로 발을 딛었다가 두 팔을 잃었다. 겨울 날씨는 점점 험해졌다. 반란군은 수적으로 열세에 놓여 도주하기에 바빴다. 셰이즈는 버몬트로 피신했고 추종자들은 항복하기 시작했다. 전투에서 몇 명이 더 죽고 나자 이제 헛간을 불태우고 장군의 말을 도살하는 등, 당국에 맞선 간헐적이고 비조직적이며 절망적인 폭력행위가 있을 뿐이었다. 한 정부 군인은 한밤중의 무시무시한 썰매 충돌사고로 숨졌다.

체포된 반란군들은 노샘프턴에서 재판에 회부되어 6명이 사형선고를 받았다. 피츠필드Pittsfield의 고등 보안관 집의 문에는 아래와 같은 쪽지가 놓여졌다.

내 고향사람들 다수가 정의를 위해 싸웠다는 이유로 사형을 선고받았다는 사실을 들었소이다. 바라건대 당신은 위의 사실로 보아 사형을 선고한 자나 집행한 자나 똑같이 나누어 가질 그토록 무시무시한 범죄의 집행에 가담하지 않도록 하시오……. 당신이나 나나 목숨은 짧은 것이므로 신속하게 죽음에 대비하시오. 숲이 우거지면 돌아와서 당신을 잠시 방문할 것이외다.

그 밖에도 33명의 반란군이 재판에 회부되어 6명이 사형을 선고받았다. 교수형을 계속 집행할 것인지를 둘러싸고 논란이 벌어졌다. 링컨 장군은 자비를 베풀고 관용위원회Commission of Clemency를 설치할 것을 촉구했지만, 새뮤얼 애덤스는 "군주제의 경우에는 반역죄를 용서하거나 가볍게 처벌할 수도 있지만 감히 공화국의 법률에 반대해 반란을 일으킨 사람은 죽어 마땅하다"고 말했다. 몇 차례의 교수형이 이어졌고 일부는 사면을 받았다. 버몬트에 있던 셰이즈는 1788년에 사면되어 매사추세츠로 돌아왔으며 가난과 세상의 외면 속에서 1825년에 죽었다.

이런 반란이 사회에 유익한 것이라고 말한 사람은 다름 아닌 셰이즈의 반란 당시 프랑스에서 대사로 있던 토머스 제퍼슨이었다. 제퍼슨은 친구에게 보낸 편지에 이렇게 적었다. "나는 이따금 일어나는 소규모 반란은 좋은 일이라고 생각한다네……. 정부의 건강에 필요한 일종의 약이지……. 하나님은 우리가 20년 동안이라도 그런 반란을 겪지 않는 일을 허락하지 않으셨네……. 자유라는 나무는 가끔씩 애국자와 압제자의 피로 원기를 되찾아야만 한다네. 자연의 비료인 셈이지."

그러나 제퍼슨은 현장에서 멀리 떨어져 있었다. 나라의 정치, 경제 엘리트들은 그만큼 관대하지 않았다. 그들은 일이 확산될까 우려했다. 워싱턴 부대의 퇴역장군 헨리 녹스는 (한 역사가의 표현을 빌리면) "자신들이 일익을 담당했던 투쟁의 영웅적인 기억을 마음속 깊이 간직하려는 목적에서", 그러나 또한 새로운 국가에서 급진주의를 경계하기 위해서 퇴역군인들의 조직인 "신시내티단The Order of the Cincinnati"을 창설했다. 녹스는 1786년 후반에 셰이즈의 반란에 관해 워싱턴에게 보낸 편지에서 부유하고 권력을 가진 지도층의 대다수가 갖고 있던 생각을 보여줬다.

> 폭도에 속하는 민중들은 세금을 전혀 내지 않거나 아주 조금만 냅니다. 하지만 저들은 정부의 약점을 알고 있습니다. 또한 저들은 부유층과 비교해 자신들이 가난하며 그럼에도 힘이 있음을 느끼고 있으며, 가난을 치유하기 위해 힘을 행사하려고 합니다. 저들의 신조는 이것입니다. "합중국의 부는 모든 사람의 결합된 노력으로 영국의 몰수로부터 보호되어 왔으므로 모두에게 공통의 재산이어야 한다. 이런 생각에 반대하려는 자는 형평과 정의의 적이며 이 땅에서 쓸어버려야 한다."

전쟁 기간에 워싱턴을 보좌했던 알렉산더 해밀턴은 새로운 귀족 중에서 가장 설득력 있고 빈틈없는 지도자 가운데 한 명이었다. 해밀턴은 자신의 정치철학을 이렇게 밝혔다.

> 모든 사회는 소수와 다수로 나뉜다. 소수란 부자와 명문가 출신이며 나머지는 인민대중이다. 인민의 목소리가 곧 하나님의 목소리라는 말이 있고 대개 이

격언을 인용하고 믿고 있다 할지언정 실제로는 사실이 아니다. 무릇 인민은 난폭하고 변덕스러우며 올바른 판단이나 결정을 하는 일이 드물다. 그러므로 정부는 1등 계급에게 뚜렷하고 영속적인 몫을 부여하라……. 인민대중에 의해 매년 뒤바뀌는 민주적 의회가 과연 착실하게 공익을 추구할 수 있겠는가? 영속적인 기구만이 민주주의의 경망함을 억제할 수 있다…….

제헌회의에서 해밀턴은 대통령과 상원의원의 종신제를 제안했다.

제헌회의는 해밀턴의 제의를 받아들이지 않았다. 그러나 하원을 제외하고는 보통선거도 규정되지 않았고, 하원에 대해서는 주의회가 자격기준을 설정했으며(거의 모든 주에서 투표를 위해 재산 보유를 요건으로 규정했다), 여성과 인디언, 노예는 제외했다. 헌법은 상원의원을 주의원이 선출하고, 대통령은 주의회 의원이 선택한 선거인단이 선출하며, 대법원은 대통령이 임명하도록 규정했다.

그러나 혁명 후의 사회에서 민주주의의 문제는 투표권에 대한 헌법상의 제한이 아니었다. 더 심각한 문제는 헌법의 문제를 넘어서 사회가 부자와 빈자로 나뉘어졌다는 점에 있었다. 만일 몇 사람이 거대한 부와 막대한 영향력을 가지고 있다면, 그들이 토지, 돈, 신문, 교회, 교육제도를 장악하고 있다면 ― 투표가 아무리 폭넓게 이루어진다 하더라도 어떻게 그런 힘에 끼어들 수 있겠는가? 다른 문제도 남아 있었다. 대의정부가 설령 폭넓은 기반을 갖고 있다 하더라도 본성상 보수적이며 소란스러운 변화를 가로막기 마련이 아닌가?

헌법을 비준할 시기가 되어 주 총회[state convention. 각 주의회에서 연방헌법 비준을 위해 특별 소집한 기구]에서 투표에 넘겨졌으며, 13개 주 중 9개 주가 승인하면 비준되는 것으로 정해졌다. 비준을 둘러싸고 격렬한 논쟁이 벌어진 뉴욕에서는 익명으로 된 일련의 신문 논설이 이어졌는데, 이 논설들은 헌법의 본성에 관해 우리에게 많은 것을 말해 준다. 헌법의 채택에 찬성한 이 논설들은 제임스 매디슨, 알렉산더 해밀턴, 존 제이가 쓴 것이었으며 『연방주의론Federalist Papers』으로 알려지게 됐다(헌법 반대자들은 반연방주의자로 알려지게 됐다).

『연방주의론』 10호에서 제임스 매디슨은 당파 간 분쟁에 시달리는 사회에서 평화를 유지하기 위해서는 대의정부가 필요하다고 주장했다. 이런 분쟁은 "여러 불평등한 재산의 분배"에서 발생한다는 것이었다. "재산을 가진 자와 갖지 못한 자는 사회에서 서로 다른 이해관계를 형성해 왔다." 매디슨의 말에 따르면, 문제는 부의 불평등으로부터 오는 당파간 투쟁을 어떻게 통제할 것인가 하는 점이었다. 매디슨은 모든 결정을 다수결의 원리에 따라 내림으로써 소수파를 통제할 수 있다고 말했다.

그러므로 매디슨에 따르면 실질적인 문제는 다수파였고, 이에 대한 해결책은 '광대한 공화국', 즉 13개 주를 아우르는 큰 국가를 만들어 내는 헌법이 제공하는 바, "그렇게 생각하는 모든 사람이 자신들의 힘을 발견하고 서로 일치해서 행동하기가 더 어려워질 것이기 때문이다." "개별 주 내에서는 당파적인 지도자들의 영향력이 불꽃을 피울지도 모르지만 큰불이 되어 다른 주까지 확산되지는 못할 것이다."

매디슨의 주장은 평화를 유지하고 끊임없는 무질서를 피할 수 있는 정부를 세워야 한다는 현명한 주장으로 볼 수 있다. 하지만 정부의 목적이 단지 대등하게 싸우는 두 명의 권투선수 사이에서 심판으로서 질서를 유지하는 데 있을까? 아니면 어떤 특정한 종류의 질서를, 권력과 부의 특정한 분배, 정부 관리가 중립적인 심판이 아니라 참여자인 그런 분배를 유지하는 데 정부가 모종의 특수한 이해를 갖고 있는 것은 아닐까? 이런 경우 그들이 우려하는 무질서란 사회의 부를 독점하고 있는 사람들에 맞서 벌이는 민중의 반란이라는 무질서이다. 헌법 제정자들의 경제적 이해와 사회적 배경을 살펴보면 이런 해석이 의미를 갖게 된다.

제임스 매디슨은 평화를 유지하기 위한 대공화국에 관한 주장의 일환으로 『연방주의론』 10호에서 자신이 유지하고자 하는 평화가 누구의 평화인지에 관해 명쾌하게 이야기하고 있다. "지폐, 채무 철폐, 재산의 평등한 분할, 또는 다른 부적절하거나 사악한 계획에 대한 열광은 연방Union의 개별 구성원에 대해서보다는 연방 전체 기구에 영향을 미치기가 더 어려울 것이다."

헌법의 정치적 표현의 이면에 경제적 이해가 깔려 있음을 본다면, 이 문서는 단순히 고상하고 질서정연한 사회를 수립하려 애쓴 현명한 사람들의 작품이 아니라, 대중의 지지를 확보하기에 충분할 정도로만 민중에게 권리와 자유를 부여하면서 자신들의 특권을 유지하려고 노력한 특정 집단의 작품이 된다.

새 정부에서 매디슨은 제퍼슨과 먼로James Monroe와 함께 같은 당파(민주공화파)에 속하게 됐다. 해밀턴은 워싱턴, 애덤스와 더불어 다른 당파(연방파)가 됐다. 하지만 둘 모두—한 쪽은 버지니아 출신의 노예소유주, 다른 한 쪽은 뉴욕 출신의 상인—는 자신들이 창설하고 있는 이 새 정부의 목적에 뜻을 같이했다. 그들은 미국식 체제에서 양당제도라는 장기적이고 근본적인 합의를 예고하고 있었다. 해밀턴은 『연방주의론』의 다른 글에서 새로운 합중국은 "국내의 당파와 반란을 억제"할 수 있을 것이라고 말했다. 해밀턴은 셰이즈의 반란을 직접 언급했다. "매사추세츠가 가까스로 벗어난 동란 상황은 이런 종류의 위험이 단지 사변적인 것이 아님을 명백하게 보여준다."

"공적인 문제에서는 민중들이 난잡한 열정이나 불법적인 이익에 의해 자극받거나 이해관계가 있는 자들의 교묘한 그릇된 설명에 이끌린 나머지 후에 가서 그들 스스로 후회하고 비난하게 될 조치를 요구하는 특별한 경우가 있기" 때문에 "민중들이 일시적인 실수를 저지르고 현혹되는 사태로부터 보호할 수 있는 시설이 때로 필요하다"며『연방주의론』63호에서 "적절히 구성된 상원"의 필요성을 주장한 사람은 매디슨이나 해밀턴 둘 중 하나였다(각 논설의 필자가 항상 알려진 것은 아니었다). 이렇게도 말했다. "이런 결정적 순간에 이성과 정의와 진리가 대중의 생각에 대해 다시 권위를 획득할 수 있을 때까지 오도된 경로를 저지하고 민중들이 자기 자신에 대해 꾀하는 손해를 중지시키기 위해, 중용을 지키고 존경받는 시민기구가 간섭한다면 얼마나 유익할 것인가?"

헌법은 남부 노예소유주의 이해와 북부 화폐소득자의 이해를 조정한 타협의 결과물이었다. 13개 주를 하나의 거대한 상업시장으로 통합하려는 목적에서 북부의 대표자들은 주간州間 통상을 규제하는 법을 원했으며, 그런 법률이 통과되기 위해서는 연방의회의 다수표만 획득하면 된다고 주장했다. 남부는 노예무역을 불법화하기 전에 20년의 유예기간을 두는 대가로 이에 동의했다.

찰스 비어드는 —합중국 정부를 비롯한— 모든 정부는 중립적이지 않다는 점, 정부는 지배집단의 경제적 이해를 대변한다는 점, 헌법은 이런 이해에 봉사하고자 의도된 것이라는 점을 우리에게 경고했다. 그에 대한 비판 중의 하나(로버트 E. 브라운Robert E. Brown의『찰스 비어드와 헌법Charles Beard and the Constitution』)는 흥미로운 논점을 제기한다. 가령 헌법에서 독립선언서에 나오는 '생명, 자유 및 행복의 추구'라는 말을 삭제하고 '생명, 자유 및 재산'으로 대체했다고 하더라도—글쎄, 헌법이 왜 재산을 보호하면 안 되는가? 브라운이 혁명기 아메리카에 관해 말하듯이, 많은 사람들이 재산을 소유하고 있었기 때문에 "사실상 모든 사람이 재산의 보호에 관심을 갖고 있었다."

그러나 이것은 사실을 오도하고 있다. 그렇다. 많은 재산소유자가 있기는 했다. 하지만 몇몇 사람이 다른 사람들보다 훨씬 많이 갖고 있었다. 소수의 사람이 엄청난 재산을 갖고 있었고 많은 사람들은 적은 재산을 갖고 있었으며 그 나머지는 재산이 하나도 없었다. 잭슨 메인은 혁명기에 전체 인구의 3분의 1이 소농이었던 반면에 3퍼센트만이 실로 대규모 재산가로서 부자로 간주됐다는 사실을 밝혀냈다.

그럼에도 3분의 1이란 수치는 새 정부의 안정에 모종의 이해관계가 달려 있다고 느끼는 사람들이 상당히 많았음을 보여준다. 이것은 18세기 말 세계 어느 곳보다도 더 폭넓은 정부에 대한 지지기반이었다. 아울러 도시 숙련기능공들은 해외의 경쟁으로부터 자신들의 일자리를 보호하게 될 정부에 중요한 이해관계를 갖고 있었다. 스토튼 린드가 말하듯이, "아메리카 전역의 도시 노동자들이 압도적이고 열정적으로 합중국 헌법을 지지한 이유는 무엇일까?"

뉴욕에서 특히 그러했다. 아홉 번째와 열 번째 주가 헌법을 비준했을 때, 뉴욕 시에서는 4,000명의 숙련기능공이 이를 축하하기 위해 무대차를 앞세우고 깃발을 흔들며 행진을 벌였다. 제빵업자, 대장장이, 양조업자, 선박목공과 조선공, 술통 제조업자, 수레꾼, 재단사 등 모두가 행진에 참가했다. 린드가 밝혀낸 사실은 이들 숙련기능공이 한편으로는 식민지에서 엘리트 지배에 반대하면서도 민족주의자였다는 점이다. 숙련기능공들은 대략 뉴욕 인구의 절반 정도를 차지하고 있었다. 부자도 있고 가난한 사람도 있었으나 모두 막노동자, 도제, 직인 등보다는 형편이 좋았으며, 그들이 번창하려면 혁명 이후 식민지로 쏟아져 들어오는 영국산 모자와 구두 그리고 그 밖의 제품으로부터 자신들을 보호해 줄 정부가 필요했다. 그 결과 숙련기능공들은 투표에서 부유한 보수파를 지지하기 일쑤였다.

그러므로 헌법은 미국식 체제의 복잡성을 실례로서 보여준다. 미국식 체제는 부유한 엘리트의 이해에 봉사할 뿐만 아니라, 폭넓은 지지기반을 구축하기 위해 소자산가, 중간소득 숙련기능공 및 농민들에 대해서도 충분한 보상을 해주는 것이다. 이런 지지기반을 구성하는 조금이나마 부유한 사람들은 흑인과 인디언, 매우 가난한 백인들에 대한 완충 역할을 한다. 그들로 인해 엘리트는 최소한의 강압적 수단과 최대한의 법률 — 이 모두는 애국심과 통일이라는 팡파르에 의해 구미에 맞게 만들어진다 — 로 통제를 유지할 수 있게 된다.

제1차 연방의회에서 비판에 대한 대응으로 권리장전Bill of Rights이라 알려진 일련의 수정안을 통과시킨 뒤, 헌법은 국민 대부분에게 훨씬 더 만족스럽게 받아들여졌다. 이들 수정안으로 새 정부는 국민의 자유, 즉 언론, 출판, 신앙, 청원, 집회, 공정한 재판, 공적 침해로부터의 가택 안전 등의 자유에 대한 보호자가 된 듯 보였다. 그러므로 수정안은 전적으로 새 정부에 대한 대중적 지지를 구축하기 위해 고안된 것이었다. 분명하지 않았던 것은 — 당시는 자유라는 언어가 새로운 것이었고 아직 그 실체가 검증되지 않은 때였다 — 부자와 권력자의 정부에게 위임된 개인의 자유가 불확실하다는 것이었다.

실제로 각 주가 '계약상의 채무에 해를 주는' 것을 금지하는 조목이나 연방의회에 조세권과 경비지출권을 부여한 조목 같은, 헌법의 다른 조항에도 똑같은 문제가 있었다. 이 모두는 누구에게 무엇을 위해 세금을 부과하는가, 누구를 위해 어떤 경비를 지출하는가 하는 질문을 던지기 전까지는 자비롭고 중립적인 것처럼 들린다. 모든 사람의 계약을 보호한다는 내용은 부자와 빈자, 고용주와 피고용인, 지주와 소작인, 채권자와 채무자 사이에 계약이 이루어지며 으레 두 당사자 중 힘이 있는 쪽에 유리하게 작용한다는 사실을 고려하기 전까지는, 공정하고 평등한 대우를 하는 행위처럼 보인다. 따라서 이런 계약을 보호한다는 것은 정부와 법률, 법원, 보안관, 경찰의 커다란 힘을 특권층의 편으로 둔다는 것이다 — 또한 전근대에서와 같은 약자에 대한 야만적인 힘의 행사가 아니라 법률상의 문제로서 그렇게 한다는 것이다.

권리장전의 헌법 수정조항 1조는 순수함의 이면에 숨어 있는 이해관계의 성격을 보여준다. 1791년 연방의회에서 통과된 수정조항은 "연방의회는 ······ 언론이나 출판의 자유를 제한하는 ······ 어떤 법률도 제정할 수 없다"고 규정했다. 그러나 헌법 수정조항 1조가 헌법에 추가된 지 7년 뒤에 연방의회는 아주 명백하게 언론의 자유를 제한하는 법을 통과시켰다.

당시 벌어진 프랑스혁명과 아일랜드 반란 때문에, 합중국에 있는 프랑스인과 아일랜드인을 위험한 혁명세력으로 간주하던 시기인 존 애덤스의 행정부하에서 통과된 1798년의 선동금지법Sedition Act이 그것이었다. 선동금지법은 정부나 연방의회, 대통령을 비방하거나 명예를 실추시키거나 대중의 증오를 자극할 의도로 그들에 대해 "그릇되고 중상적이며 악의에 찬" 발언을 하거나 글을 쓰는 행위를 범죄로 규정했다.

이 법은 헌법 수정조항 1조에 직접적으로 위배되는 것처럼 보였지만 결국은 시행됐다. 반정부 발언을 했다는 이유로 10명의 미국인이 투옥됐으며, 1798~1800년 사이에 항소심 재판을 맡았던 대법원 판사는 모두 이 법이 합헌이라는 판결을 내렸다.

여기에는 법적인 근거가 있었으나 법률 전문가들만이 알고 있었고 수정조항 1조를 읽고서 자신이 언론자유의 행사에서 보호받고 있다고 확신하게 된 평범한 미국인들은 알지 못했다. 역사가 레너드 레비Leonard Levy는 이 근거를 설명한 바 있다. 레비는 헌법 수정조항 1조가 있기는 하지만 '선동적인 비방'에 관한 영국의 관습법이 여전히 미국을 지배하고 있다는 사실을 일반적으로 (국민 전체가 아니라 상류계층에서) 이해하고 있었다고 지적하고 있다. 이것은 곧 정부가 '사전 제약prior restraint' ─ 즉 발언이나 출판을 사전에 금지하는 것 ─ 을 행사할 수는 없으나 발언자나 저자를 사후에 법적으로 처벌할 수 있음을 뜻했다. 그러므로 연방의회는 그때 이후로 제정한 법률에 대해 편리한 법적 근거를 가지고서 어떤 종류의 발언을 범죄로 규정하고 있다.

게다가 어떤 사실이 일어난 뒤에 처벌을 한다는 것은 표현의 자유 행사에 대한 탁월한 억제책이므로 '사전 제약 금지'라는 주장 자체가 무의미한 것이 된다. 이 때문에 헌법 수정조항 1조는 언뜻 보기에는 돌담처럼 견고한 모습이지만 실제로는 훨씬 미약한 것에 불과하다.

헌법의 경제 관련 조항들 역시 그처럼 미약하게 시행될까? 재무장관 알렉산더 해밀턴이 연방의회의 조세권과 경비지출권을 즉시 행사한 워싱턴의 첫 번째 행정부에서 거의 즉각적으로 교훈적인 사례를 볼 수 있다.

정부가 강력해지기 위해서는 사회의 가장 부유한 인사들과 동맹해야 한다고 믿었던 해밀턴은 이런 철학을 표명하면서 의회에 일련의 법률을 제안했으며 의회는 이것을 시행했다. 정부와 특정 은행업자 간의 제휴로 합중국은행 Bank of the Unites States이 설립됐다. 제조업자들을 돕기 위한 관세도 통과됐다. 또한 채권보유자—전쟁채권의 대부분은 이제 소수의 부자들에게 집중되어 있었다—에게 액면가 그대로 지불하는 데도 합의가 이루어졌다. 이 채권 상환에 필요한 돈을 조달하기 위해 조세법이 통과됐다.

이 조세법 중 하나가 위스키세였는데, 이것은 특히 곡물을 재배해 위스키를 만들어 판매하는 소농들에게 손해를 끼쳤다. 1794년 펜실베이니아 서부의 농민들은 무기를 들고 위스키세 징수에 맞서 반란을 일으켰다. 재무장관 해밀턴은 군대를 이끌고 반란을 진압했다. 우리는 헌법이 제정된 초기 연간에 그 조항 중 일부—(수정조항 1조처럼) 가장 화려하게 과시됐던 것들조차—는 경시됐음을 보게 된다. 반면 나머지(조세권과 같은)는 강력하게 시행될 것이었다.

그럼에도 건국의 아버지들을 둘러싼 신화는 지속되고 있다. 한 역사가(버나드 베일린Bernard Bailyn)가 최근에 한 말대로 "국가 지도자들에게 책임 있고 인도적인 권력 행사를 요구하는 정치체제의 창설과 특권의 파괴가 그들의 가장 숭고한 열망이었다"라고 말하는 것은 건국의 아버지들이 살았던 아메리카에서 실제로 일어났던 일을 무시하는 처사이다.

베일린은 이렇게 말한다.

> 모두가 현명하고 공명정대한 정부를 위한 기본적 규범을 알고 있었다. 사회의 경쟁하는 세력 간에 균형을 이루기 위해서는 한 세력이 다른 세력을 압도해서는 안 되며, 아무 저지도 받지 않은 채 모든 사람에게 주어지는 자유를 파괴해서는 안 된다는 것이었다. 문제는 이런 균형을 달성하기 위해 정부기관을 어떻게 조정할 것인가 하는 점이었다.

건국의 아버지들이 훌륭한 균형을 이루려고 노력한 현명하고 공명정대한 사람들이었을까? 실제로 그들은 현상을 유지하는 것, 즉 당시 지배세력 간의 균형을 제외하고는 다른 균형을 원하지 않았다. 확실히 그들은 노예와 주인, 무산자와 유산자, 인디언과 백인 간의 평등한 균형을 원하지 않았다.

베일린이 말하는 사회의 '경쟁하는 세력'과 마찬가지로 건국의 아버지들은 국민의 절반을 고려조차 하지 않았다. 그들은 독립선언서에서도 언급되지 않았고 헌법에서도 부재했으며 새로운 정치적 민주주의에서도 보이지 않았다. 초기 아메리카의 여성이 그들이었다.

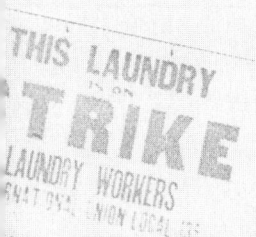

A People's History of the United States

6

친밀하게 억압당한 사람들

1800	• 수도를 필라델피아에서 워싱턴으로 이전
1808	• 노예 수입 법으로 금지
1815	• 뉴올리언스 전투
1817	• 제임스 먼로, 제5대 대통령 취임
1823	• 먼로 독트린 발표

표준적인 역사책을 읽다 보면 그 나라 인구의 절반은 잊어버리게 될 가능성이 있다. 탐험자는 남성이고 지주와 상인, 정치 지도자, 군대의 중요 인물도 남성이다. 여성의 비가시성, 여성에 대한 간과 자체는 여성의 지위가 가장 낮음을 보여주는 징표이다.

이런 비가시성 속에서 여성들은 흑인 노예와 마찬가지인 어떤 존재였다(따라서 노예 여성은 이중적인 억압에 직면했다). 여성의 생물학적 특수성은 흑인의 피부색과 얼굴 생김새와 마찬가지로 그들을 열등한 존재로 대우하는 근거가 됐다. 그렇다. 여성들에게 있어 실제로 피부색보다 생물학적으로 더 중요한 무언가 ― 출산자로서의 지위 ― 가 있었지만, 이것만으로는 아이를 낳지 못하는 여성이나 너무 어리거나 나이가 들어 임신을 할 수 없는 여성들까지 사회의 모든 여성을 뒤로 밀어내는 전반적인 압력을 설명하기에는 불충분하다. 하인, 성적 배우자, 친구, 자기 아이의 출산자·교사·보호자 역할을 동시에 하는 누군가를 이용하고 착취하고 소중히 여기는 남성들에게 여성의 육체적 특성은 편리한 도구가 되어 버린 듯하다.

일부일처제 가족을 노동과 사회화의 실질적 단위로 삼은 사적 소유와 경쟁에 기반을 둔 사회는 여성의 이런 특수한 지위가 특히 유용하다는 사실을 알게 됐다. 그것은 친밀함과 억압의 문제에서는 가내 노예와 비슷하지만, 바로 이런 친밀함과 자녀와 맺는 오랜 관계 때문에 때로는 특히 힘을 과시하는 경우에도 동등한 대우로 미끄러져 들어갈 수 있는 특별한 보호가 필요한 지위이다. 억압은 너무도 개인적인 것이어서 근절하기 어려웠다.

재산을 공동으로 소유하고 숙모, 삼촌, 할머니, 할아버지가 모두 함께 사는 복잡한 확대가족으로 이루어진 아메리카와 다른 지역의 초기 사회에서는, 훗날 '문명'과 사적 소유를 가져오면서 침략해 온 백인사회보다 여성을 동등하게 대우했던 것으로 보인다.

예컨대 남서부 주니족의 경우에는 여성을 중심으로 확대된 가족—대大 씨족—을 이루었으며 남편은 부인의 가족과 함께 살았다. 여성이 집을 소유하고, 토지는 씨족에 속했으며, 여성은 수확에 대해 동등한 권리를 가졌던 것으로 추정된다. 여성은 자기 가족과 함께 살기 때문에 더 안전했으며, 여성이 원하면 재산은 그대로 유지한 채 남편과 이혼할 수 있었다.

중서부의 대초원 인디언족 여성들은 농사일을 해야 한다는 의무가 없었고 의사, 약초 채집자, 그리고 때로는 조언을 해주는 신성한 사람으로서 부족 내에서 매우 중요한 위치를 차지했다. 부족이 남성 지도자를 잃을 경우에는 여성이 추장이 됐다. 수족Siouxs의 경우에는 여성이 공격에 대해 스스로 방어할 수 있다고 생각했기 때문에 작은 활을 쏘는 법을 배우고 칼을 지니고 다녔다.

수족의 성년식은 젊은 소녀에게 강인한 자부심을 불어넣는 의식이었다.

딸애야, 훌륭한 길을 걸어라. 그러면 대초원 위를 떠다니는 구름의 그림자처럼 거무스름하고 많은 들소떼가 너를 따를 것이다……. 딸애야, 충실하고 정중하고 온화하며 겸손하도록 해라. 그리고 자신 있게 걸어가라. 여성이 자부심과 덕을 잃게 되면 샘이 솟아나도 들소떼는 초원으로 방향을 돌리게 될 것이다.

대지에 대한 따뜻하고 강한 마음을 지니고 강인해라. 여성이 약해져서 명예를 잃지 않는 한 어떤 사람도 쓰러지지 않는단다…….

여성이 남성과 동등하게 대우받았다고 말한다면 과장일 것이다. 그러나 그들은 존중받았으며 사회의 공동체적 성격으로 인해 더 중요한 자리를 부여받았다.

백인 정착민들이 아메리카로 왔을 때의 조건에 따라 여성에 대한 여러 가지 상황이 만들어졌다. 초기에 구성원이 모두 남자들로 이루어진 정착지에서는 여성이 성노예, 출산자, 반려자 등으로 수입됐다. 최초의 흑인 노예가 버지니아로 들어온 1619년, 90명의 여성이 배 한 척을 타고 제임스타운에 도착했다. "젊고 깨끗하며 상냥한 여성들이 …… 정착민과의 동의하에 부인으로 팔렸는데, 그 가격으로 운임만 지불하면 됐다."

이 초기 연간의 많은 여성들—대개 10대 소녀—은 계약 하인으로 왔으며 계약 기간이 완료된 경우를 제외하고는 노예와 별반 다름없는 생활을 했다. 그들은 주인과 여주인에게 복종해야만 했다. 『미국의 일하는 여성들 America's Working Women』의 저자들(백샌들 Rosalyn Baxandall, 고든 Linda Gordon, 레버비 Susan Reverby)은 그 상황을 이렇게 묘사했다.

여성들은 보잘것없는 보수를 받고 무례하고 거칠게 다루어지기 일쑤였으며 좋은 음식과 사생활은 생각할 수도 없었다. 물론 이런 끔찍한 상황은 저항을 불러왔다. 자신과 같은 처지의 사람들과 자주 접촉하지 못한 채 각자 분리된 가정에서 생활한 계약 하인들에게는 한 가지 기본적인 저항의 길만이 열려 있었다. 가능한 한 적게 일하거나 주인과 여주인을 곤란에 처하게 하는 수동적인 저항이 그것이었다. 물론 주인과 여주인은 하인의 까다로운 행동을 그런 식으로 해석하지는 않았고, 단지 무뚝뚝하고 게으르며 악의적이고 어리석은 짓이라고 생각했다.

한 예로 1645년에 코네티컷 총회General Court of Connecticut는 "수전 C.는 여주인에게 반항적인 태도를 취했으므로 감화원에 보내 고된 노동을 하고 형편없는 식사를 하도록 하며 다음 설교일에 교회에 나와 공개적으로 잘못을 지적받은 뒤, 명령이 철회될 때까지 매주 그렇게 교정될 수 있도록 하라"고 명령을 내렸다.

하녀에 대한 주인의 성적인 학대도 다반사였다. 버지니아를 비롯한 식민지의 법원 기록을 보면 이런 문제로 법원에 회부된 주인들을 발견할 수 있으며, 따라서 우리는 이런 일이 특히 악명 높은 사건이었다고 추측할 수 있다. 틀림없이 대중적으로 알려지지 않은 사례가 훨씬 더 많았을 것이다.

1756년 엘리자베스 스프릭스Elizabeth Sprigs는 자신의 노예생활에 관해 아버지에게 편지를 보냈다.

우리 불운한 영국인들이 여기에서 겪고 있는 일들은 영국에 있는 아버지께서 생각할 수 있는 모든 상상을 초월한 것으로서, 불운한 무리 가운데 하나인 저의 경우만 해도 거의 매일 밤낮으로 고생하고 으레 마소와 같은 꼬역9)을 감내하고 있으매, 그저 아버지라면 반도 못하고 불평만 하셨으리라는 생각에 위안을 삼을 뿐이고, 아버지라면 짐승에게도 그렇게 하지는 않았을 정도로

---

9) Horses druggery: '고역drudgery'의 오기이다. 당시 이 여성들의 거의 대부분이 문맹자였으며 자신의 경험을 글로 쓸 수 있는 사람은 매우 적었다. 글을 아는 경우에도 제대로 표기하는 경우는 극히 드물었다.

꼭 묶어 매를 맞기도 하고, 먹을 거라고는 인디언 옥수수와 소금뿐이며, 구두나 양말도 신지 않고 거의 맨몸으로 더 잘 버티는 검둥이들이 부러울 정도입니다. …… 우리가 할 수 있는 일이라곤 담요로 몸을 둘둘 말아서 바닥에 드러눕는 것뿐입니다…….

흑인 노예를 아메리카로 수송하는 과정에서 벌어진 상상을 초월하는 끔찍한 일들은 종종 화물의 3분의 1을 차지하곤 했던 흑인 여성들에게는 더욱 증폭된 형태로 나타났다. 노예무역상들은 이렇게 보고했다.

나는 술에 취한 감독관들이 치우지 않고 그대로 둔 시체들과 나란히 사슬에 묶인 채로 임신한 여자들이 아이를 낳는 것을 보았다……. 여자들은 종종 숟가락 모양으로 짐짝처럼 구겨진 채로 사람 화물 속에서 땀으로 목욕을 해가며 아이를 낳기도 했다……. 갑판에는 사슬로 묶인 젊은 검둥이 여자가 타고 있었는데 팔려 와 배에 오르자마자 곧바로 미쳐버렸다.

노예 상태에서 도망쳐 나온 린다 브렌트Linda Brent라는 여성은 자신이 겪었던 또 다른 괴로움에 관해 이렇게 말했다.

그러나 나는 이제 —여자 노예의 삶에 있어서 비참한 시기인— 15세로 접어들었다. 주인은 내 귀에 대고 구역질나는 말을 속삭이기 시작했다. 나는 젊었으므로 그 말들 속에 담긴 뜻을 모르는 체 할 수는 없었다……. 주인은 어디든지 쫓아다니면서 내가 자신의 소유물이라는 사실을 상기시키고 하늘과 땅에 대고 내가 자신에게 복종하게 만들 것이라고 맹세했다. 지칠 줄 모르게 하루 일을 끝낸 뒤 신선한 공기를 마시려고 밖으로 나오면 주인의 발자국이 내 뒤를 끝없이 밟았다. 어머니 무덤 앞에 무릎을 꿇고 있으면 그곳에서도 어두운 그림자가 내 위로 드리워졌다. 천성으로 갖고 있던 밝은 마음은 슬픈 예감으로 무거워지게 됐다······.

하인이나 노예가 아니라 초기 정착민의 부인으로 아메리카에 온 자유 백인 여성조차도 특별한 곤경에 직면했다. 18명의 기혼 여성이 메이플라워호를 타고 건너왔다. 배가 도착하기 전에 임신한 3명의 여성 가운데 한 명이 사산했다. 출산과 질병이 여성을 괴롭혔기 때문에 봄이 됐을 때는 18명 중 4명만이 살아남았다.

남성들과 함께 황무지에서 삶의 터전을 일궈야 했던 살아남은 여성들은 너무도 필요한 존재였기 때문에 종종 특별대우를 받았다. 그리고 남자가 죽으면 여자가 그대로 남자의 일을 떠맡는 일도 다반사였다. 처음 100여 년 동안 아메리카 개척지의 여성들은 평등에 가까운 지위를 누렸던 듯하다.

그러나 모든 여성들은 식민지인들이 영국에서 가져온 사고방식을 지니고 있었고 기독교의 가르침에 영향을 받았다. 영국법은 「여성의 권리에 관한 법률 결의안 *The Lawes Resolutions of Womens Rights*」이라는 1632년의 문서에서 이렇게 요약하고 있다.

우리는 혼인이라고 칭하는 이런 결합을 통해 하나가 된다. 사실 남편과 아내는 한 몸이지만 이렇게 이해할 수 있다. 조그마한 개울이나 작은 강이 모여 론강Rhodanus이나 험버(Humber. 트렌트 강과 우즈 강이 합류하는 영국 동부의 강 어귀), 템즈 강이 되면 보잘것없는 작은 시내는 그 이름을 잃게 된다······. 여성은 결혼을 하자마자 피보호녀covert라고 불린다. ······ 즉 '베일에 가려지게' 된다. 마치 구름에 가려 어두워지는 것처럼 여성은 자신의 원래 모습streame을 잃어버린다. 결혼한 여성에 대해 훨씬 더 진실하게 말한다면, 여성의 새로운 자아는 그의 동반자이자 주인인 윗사람에 다름 아니다…….

줄리아 스프루일Julia Spruill은 식민지 시대 여성의 법적 지위를 이렇게 묘사하고 있다. "부인의 육체에 대한 남편의 지배권은 매질할 수 있는 권리로까지 확대됐다……. 그러나 부인에게 영구적인 손상을 가하거나 죽게 할 수 있는 권리는 부여되지 않았다……."

재산에 관해서는 "부인의 개인적 재산과 토지에 관한 종신 물권life estate에 대한 절대적인 소유 외에도 남편은 부인이 가질 수 있는 다른 모든 소득도 취했다. 부인이 노동해 벌어들이는 임금까지도 거둬들였다……. 따라서 남편과 부인이 공동 노동으로 얻은 수익은 당연히 남편에게 귀속됐다."

여성이 결혼을 하지 않고 아이를 갖는 일은 범죄였으며 식민지 법원 기록에는 '사생아' 문제 때문에 법정에 소환된 여성들의 사례로 가득 차 있다—아이 아버지는 법의 규제를 받지 않은 채 자유롭게 활보했다. 1747년의 식민지의 한 잡지는 "뉴잉글랜드 보스턴 인근 코네티컷의 관할법원에서 사생아를 낳은 죄로 다섯 번째로 기소된 폴리 베이커Polly Baker 양의" 진술을 싣고 있다(이 진술은 벤저민 프랭클린이 비꼬아 조작한 것이다).

몇 마디 말로 저를 농락해서 고귀한 재판관님들이 즐거우시다면 좋겠습니다. 저는 가난하고 불행한 여자로 변론할 변호사를 쓸 돈도 없습니다……. 여러분, 제가 똑같은 이유로 여러분 법정에 끌려 나온 것이 이번으로 다섯 번째입니다. 두 번은 큰 벌금을 물었고 두 번은 벌금을 낼 돈이 없어서 공개적으로 벌을 받았습니다. 이런 일은 법률에는 합치할지 모르며 저는 법률을 논박할 생각은 없습니다. 하지만 법률 자체가 때로 불합리해서 폐지되는 일도 있으며 어떤 경우에는 법률이 국민을 몹시 압박하기도 합니다. …… 외람된 말이지만, 저는 제가 처벌을 받는 이 법이 그 자체로서 불합리하고 특히 저에 관해서라면 가혹하다고 생각한다는 점을 말씀드리고자 합니다……. 법과는 거리가 먼 저로서는 제가 저지른 죄가 대체 어떤 성격인지를 …… 이해할 수가 없습니다. 저는 생명의 위협을 무릅쓰고 다섯 명의 참한 아이들을 세상에 내놓았습니다. 저는 읍민들에게 아무 부담도 주지 않고 열심히 일해서 아이들을 잘 키워왔으며, 제가 지불한 세금과 벌금이 없었더라면 더 잘 키웠을 것입니다……. 또한 제가 결혼을 하지 않고 아이를 낳았기 때문에 결혼료를 받지 못한 성직자, 치안관들을 제외한다면 어느 누구도 저를 고소할 최소한의 이유가 없었습니다. 하지만 이것이 과연 제 잘못인가요?

관습과 천성으로 인해 남자를 유혹할 수도 없고 남편에게 자신을 억지로 떠맡길 수도 없는 가난한 젊은 여자들이, 법률조차 자신들에게 아무것도 제공해주지 않는데도 남편 없이 자신의 의무를, 자연과 자연의 하나님이 주신 첫 번째이자 위대한 명령인 종족 번성의 의무를, 어느 것도 저를 단념케 하지 못한 꾸준한 실행에서 나온 의무이자 그 때문에 제가 세인들의 존중을 잃을 위험을 무릅쓰고 종종 공공연한 불명예와 처벌을 감내했던 의무를 이행하면 가혹한 처벌을 받게 될 때, 도대체 어떻게 해야 한단 말입니까? 그러므로 제 미천한 견해로는 채찍질 대신에 저를 기리는 입상立像을 세우는 것이 마땅하다고 봅니다.

아메리카와 영국에서 영향력 있는 잡지인 『스펙테이터 The Spectator』는 가족 내의 아버지의 위치를 이렇게 표현했다. "힘이나 지배보다 더 남자의 생각을 만족시켜 줄 수 있는 것은 없으며 …… 나는 한 가족의 아버지이므로 …… 명령을 내리고 의무를 부과하고 가족들의 의견을 듣고 정의를 다스리고 상벌을 내리는 일은 영구적인 나의 고유 권한입니다……. 요컨대, 독자 여러분, 나는 나의 가족을 나 자신이 왕이자 사제인 가부장적 독립국으로 보는 바입니다."

뉴잉글랜드의 청교도들이 이런 여성의 복종에 대한 관념을 그대로 들여왔을 것이다. 이것은 의심의 여지가 없다. 남편인 목수가 한 일에 대해 감히 불평을 했던 한 여성에 대한 재판에서 보스턴의 유력한 인사 가운데 한 명인 존 코튼John Cotton 목사는 이렇게 말했다. " …… 남편은 부인에게 복종하고 부인은 남편에게 복종하지 않는다 함은 그릇된 도리입니다. 하나님께서는 여자들에게 또 다른 법을 부과하셨기 때문입니다. 부인들이여, 매사에 남편의 뜻에 따르시오."

런던에서 출간된 베스트셀러 한 권이 1700년대에 아메리카 식민지에서 널리 읽혔다. 『딸에게 주는 충고Advice to a Daughter』라는 책이었다.

> 너는 우선 남성과 여성 간에는 불평등이 존재한다는 점, 그것이 세상의 더 나은 질서를 위한 것이라는 점을 일반적인 토대로 삼아야 하느니라. 법의 창도자여야 하는 남성은 자신들에게 부여된 이성의 더 큰 몫을 가졌으며, 따라서 너희 여성은 가장 적절하게 부여된 의무를 수행하는 데 필요한 순종적인 마음가짐을 더 잘 갖추고 있단다……. 너희 여성은 행동을 함에 있어 우리의 이성을 필요로 하며 보호받기 위해 우리의 힘을 필요로 한다. 우리 남성은 부드러움과 즐거움을 위해 너희의 온화함을 필요로 한다…….

이런 강력한 교육이 있었음에도 여성들이 반발했다는 점은 놀라운 일이다. 반기를 든 여성은 늘 특수한 역경에 직면해 왔다. 그들은 매일 주인의 감시 속에서 생활하고 서로 각각의 가정에 고립되어 있기 때문에 억압받는 다른 집단의 반란에 관심을 갖는 일상적인 동지애를 느끼지 못한다.

앤 허친슨Anne Hutchinson은 13명의 아이의 어머니로서 약초를 이용한 치료법에 식견이 있는 신앙심이 깊은 여성이었다. 허친슨은 매사추세츠 만 식민지의 초기에 자신을 비롯한 보통 사람들도 성경을 스스로 해석할 수 있다고 주장하면서 교회 목사에게 도전했다. 훌륭한 연설가였던 허친슨은 모임을 열었는데 점점 더 많은 여성(과 심지어 몇몇 남성)이 참가하게 됐고, 얼마 지나지 않아 현지 목사들에 대한 그녀의 비판을 듣기 위해 60여 명이 보스턴에 있는 그녀의 집으로 모여들었다. 총독 존 윈스럽은 허친슨을 "오만하고 사나운 태도에 빈틈없는 재치와 적극적인 정신, 매우 유창한 입심을 가진 여성으로, 이해력과 판단력에 있어서는 많은 여자들보다 못하다고 하더라도 남자보다 훨씬 대담한 여성"이라고 설명했다.

앤 허친슨은 두 번의 재판을 받았는데 한 번은 교회가 이단이라며 고발했고, 또 한 번은 정부의 권위에 도전했다는 이유로 기소됐다. 민사재판을 받는 동안 허친슨은 임신 중인데다가 병든 상태였지만, 법정은 그녀가 거의 주저앉을 때까지 자리에 앉는 것을 허락하지 않았다. 종교재판에서는 몇 주일 동안 심문을 받아 병이 재발했지만, 성경에 대한 전문가적 지식과 탁월한 언변으로 심문자들에게 이의를 제기했다. 결국 허친슨이 서면으로 회개를 표했지만 그들은 만족하지 않았다. 그들은 "표정을 보건대 허친슨은 회개하지 않았다"고 말했다.

식민지에서 추방된 허친슨이 1638년에 로드아일랜드를 향해 떠났을 때 35세대가 그 뒤를 따랐다. 뒤이어 롱아일랜드의 해안지역으로 갔는데, 그곳에서 속임수에 속아 땅을 빼앗겼던 인디언들이 허친슨을 적으로 생각하고는 그녀와 가족을 살해했다. 20년 뒤, 매사추세츠 만 시절 재판에서 허친슨을 변호했던 유일한 인물인 메리 다이어Mary Dyer가 "반란, 선동, 스스로 주제넘게 참견함" 등의 이유로 다른 퀘이커교도 두 명과 함께 식민지 정부에 의해 교수형을 당했다.

여성이 공공연하게 공적인 사무에 참여하는 일은 남부와 서부 개척지대에서는 당시 환경 때문에 가끔 있기는 했으나 여전히 드문 일이었다. 줄리아 스프루일은 조지아의 초기 기록에서 메리 머스그로브 매슈즈Mary Musgrove Matthews에 관한 이야기를 발견했다. 그녀는 인디언 어머니와 영국인 아버지 사이에서 태어나 크리크족의 말을 할 수 있었기 때문에, 조지아 총독 제임스 오글소프James Oglethorpe의 인디언 문제 고문이 되었다. 스프루일은 사회가 점차 정착되면서 여성이 공적인 삶에서 뒷전으로 밀리게 됐고 전보다 더 소심하게 행동한 것처럼 보인다는 사실을 밝혀냈다. 한 청원서에는 이런 구절이 있다. "사회질서의 정책에 관해 깊이 이치를 따지는 일은 우리 여성의 본분이 아닙니다."

그러나 스프루일은 혁명을 거치면서 전쟁의 필요성이 여성들을 공적 사무로 이끌어냈다고 기록하고 있다. 여성들은 애국단체를 결성하고 영국에 반대하는 활동을 수행했으며 독립을 주장하는 논설을 썼다. 찻값을 참을 수 없을 만큼 높인 영국의 차세에 반대하는 캠페인에 적극적으로 참여했다. 자유의 딸들Daughters of Liberty을 조직해 영국 상품 불매운동을 벌이면서 여성들에게 자신의 옷은 만들어 입고 아메리카에서 만든 물품만을 사라고 촉구하기도 했다. 1777년에는 보스턴 다회茶會에 해당하는 여성단체가 만들어졌다 ─ 애비게일 애덤스Abigail Adams는 남편 존에게 보낸 편지에서 이 모임을 '커피회coffee party'라고 설명했다.

> 유명하고 부유하지만 인색한 상인(독신이었습니다)이 자신의 창고에 240여 리터들이 커피 한 통을 갖고 있었는데 파운드당 6실링 이하로는 위원회에 팔지 않겠다고 했습니다. 수많은 여자들, 혹자는 100명이라고도 하고 또 혹자

는 그 이상이라고 하는 여자들이 짐마차와 운반차를 가지고 집결해 창고로 행진해가서는 열쇠를 내놓으라고 했지만 상인은 거절했습니다. 그러자 한 사람이 상인의 멱살을 잡고 짐마차로 집어던졌습니다. 사태를 피할 길이 없음을 깨달은 상인이 열쇠를 건네주자 여자들은 마차를 기울여 상인을 바닥에 내동댕이쳤습니다. 그러고는 창고 문을 열고 커피를 손수 끌어올려 운반차에 집어넣고 달아났습니다……. 수많은 남자들은 놀란 표정으로 선 채로 이 거래 과정을 조용히 지켜보기만 했습니다.

최근 여성 역사학자들은 미국혁명에서 노동계급 여성의 공헌이 혁명 지도자들의 지체 높은 부인들(마사 워싱턴Martha Washington, 돌리 매디슨Dolly Madison, 애비게일 애덤스)과 달리 대부분 무시됐다는 점을 지적하고 있다. '상스러운 케이트Dirty Kate'라 불린 마거릿 코빈Margaret Corbin, 데보라 샘슨 가넷Deborah Sampson Garnet, '몰리 피처Molly Pitcher' 등은 거친 하층계급 여성이었지만 역사가들에 의해 숙녀로 치장됐다. 전쟁이 막바지로 접어들었을 때 가난한 여성들이 군대 진지로 달려가서 돕고 싸웠음에도 훗날 매춘부로 기록됐음에 반해, 밸리포지에 있는 남편을 방문했던 마사 워싱턴은 역사책에서 특별한 자리를 부여받았다.

페미니즘적 자극이 기록으로 남아 있는 경우에도 거의 항상 자유롭게 이야기할 수 있고 글을 쓰거나 자신의 글을 기록으로 남길 수 있는 기회가 많았던 일정한 지위의 특권층 여성들의 저술뿐이다. 1776년 3월 독립선언이 있기 전에도 애비게일 애덤스는 남편에게 이렇게 썼다.

…… 추측컨대 당신이 만들어야 할 새로운 법전에서 부디 여성들을 기억하고 당신 선조들보다는 여성들에게 더 관대하시길 바랍니다. 남편들의 손에 무제

한적인 힘을 주어서는 안 됩니다. 모든 남자는 할 수만 있다면 폭군이 된다는 점을 기억하십시오. 만약 여성들이 특별한 배려와 주의를 받지 못한다면, 우리는 반란을 조직하기로 결의하고 우리의 대표의 목소리가 없는 법률을 준수하지 않을 것입니다.

그럼에도 제퍼슨은, 아메리카 여성은 "정치에 관해 이맛살을 찌푸리기에는 너무 현명하다"고 말하면서 "모든 사람all men은 평등하게 태어났다"는 자신의 표현을 강조했다. 그리고 혁명 후 뉴저지를 제외하고는 어떤 새로운 헌법도 여성에게 선거권을 허용하지 않았으며, 뉴저지에서도 1807년에 그 권리를 폐지했다. 특히 뉴욕 헌법은 '남성male'이라는 단어를 사용함으로써 여성의 선거권을 박탈했다.

1750년경 백인 남성의 90퍼센트가 글을 읽고 쓸 수 있었음에 반해 여성은 40퍼센트밖에 되지 않았다. 노동계급 여성은 의사소통의 수단이 거의 없었으며 자신들의 처지에서 느꼈을 반항의 정서를 기록할 수단조차 전혀 없었다. 그들은 매우 어려운 환경에서 많은 아이를 출산했을 뿐만 아니라 집에서도 일을 했다. 독립선언이 나올 무렵 필라델피아에서는 4,000명의 여성과 어린이들이 '선대제先貸制'하에서 지역 공장을 위해 집에서 실을 뽑고 있었다. 여성들은 또한 소매상이나 여관 주인 등 여러 직종에 종사하고 있었다. 그들 중에는 제빵업자, 양철공, 양조업자, 무두질장이, 밧줄 제조공, 벌목꾼, 인쇄공, 장의사, 목세공인, 코르셋 제조공 등도 있었다.

여성의 평등에 관한 사상은 혁명 기간과 이후에 퍼져 나갔다. 톰 페인은 여성의 평등한 권리를 주창했다. 그리고 영국의 메리 울스턴크래프트Mary Wollstonecraft의 선구적인 책인 『여성 권리의 옹호A Vindication of the Right of Women』가 혁명전쟁이 끝난 뒤 미국에서 곧바로 재출간됐다. 울스턴크래프트는 『프랑스혁명에 관한 고찰Reflections on the Revolution in France』에서 "여성이란 동물에 불과하며 그것도 최고의 지위에는 오를 수 없는 동물일 뿐이다"라고 말한 영국의 보수파이자 프랑스혁명 반대파인 에드먼드 버크Edmund Burke에게 반박했다. 울스턴크래프트는 이렇게 썼다.

> 나는 몸과 마음 모두에서 힘을 획득하라고 여성들을 설득하고자 하며, 부드러운 표현과 민감한 가슴, 섬세한 감정, 세련된 취미란 허약함의 별칭에 다름 아니며 동정과 그런 종류의 사랑의 대상에 불과한 존재는 …… 곧 경멸의 대상이 될 것이라는 점을 여성들에게 확신시키고자 한다…….
> 칭찬할 만한 야망의 일차적 목표는 성적 구분과 무관하게 인간으로서의 본성을 획득하는 것임을 보여주고자 한다.

미국혁명과 남북전쟁 사이의 아메리카 사회는 너무도 많은 요소들이 변화 — 인구의 성장, 서부로의 확장, 공장제의 발전, 백인 남성의 정치적 권리 확대, 새로운 경제적 필요에 부응하는 교육의 진전 — 해 여성의 상황에도 변화가 필연적이었다. 산업화 이전의 아메리카에서는 개척사회에서 여성에 대한 실제적 필요성 때문에 어느 정도 평등한 조치가 이루어졌다. 여성들이 신문 발행, 가죽공장 경영, 술집 경영, 숙련 작업 종사 등 중요한 일자리에 발을 들여놓았다. 산파 같은 직업은 여성의 독점 분야였다. 낸시 코트Nancy Cott는, 1795년 메인의 한 농장에 살았던 할머니이자 "빵을 굽고 술을 빚고 피클과 잼을 만들고 실을 뽑아 바느질하고 비누와 양초를 만들었으며" 25년 동안 산파로 일하면서 1,000명이 넘는 아이를 분만시킨 마사 무어 밸러드Martha Moore Ballard에 관해서 이야기하고 있다. 교육이 가정 내에서 이루어졌으므로 여성은 특별한 역할을 맡았다.

여러 가지 방향으로 복잡한 움직임이 있었다. 이제 여성들은 가정의 울타리를 벗어나 공장 생활로 진출하고 있었고, 동시에 다른 한편에서는 보다 수월하게 통제할 수 있는 가정에 머물라는 압력을 받고 있었다. 가정이라는 견고한 고치에 난입한 외부 세계는 지배적인 남성의 세계에 두려움과 긴장을 만들었으며 느슨해진 가족 통제를 대체하는 이데올로기적 통제를 가져왔다. 많은 여성들은 남성이 공표한 '여성의 자리'라는 사고를 받아들였다.

경제가 발전함에 따라 남성은 숙련기능공과 직종인으로 지배력을 발휘했고 공격성이 점점 더 남성의 특징으로 규정됐다. 여성들은 아마도 그들 대부분이 위험한 외부세계로 옮겨가는 중이었기 때문에 수동적이라고 이야기됐다. 무거운 겉옷과 코르셋, 페티코트 등으로 인해 활동적인 세계로부터 여성의 분리를 강조한 의복 스타일이 개발됐다 — 물론 부유층 및 중간계급을 위한 것이었지만 늘 그렇듯이 가난한 사람들에게도 이런 스타일이 강요됐다.

이렇게 여성의 자리가 더 불안정해지고 있었음에도 여성의 자리를 지킬 수 있도록 교회, 학교, 가정에서 가르치는 일련의 사고방식을 개발하는 일이 중요해졌다. 바버라 웰터Barbara Welter(『무명옷감의 설득력Dimity Convictions』)는 1820년 이후에 '진정한 여성성에 대한 숭배'가 얼마나 강력했던가를 보여준 바 있다. 여성들은 신앙심도 깊어야만 했다. 『숙녀의 상식The Ladies' Repository』에 기고한 한 남성은 이렇게 말했다. "종교란 여성의 의존성에 가장 적합한 품위를 제공해 주므로 바로 여성들이 필요로 하는 것이다." 존 샌드퍼드John Sandford 부인은 『사교적이며 가정적인 여성Woman, in Her Social and Domestic Character』에서 "종교야말로 여성이 필요로 하는 것이다. 종교가 없는 여성은 끊임없이 안식을 찾지 못하거나 불행하게 된다"라고 말했다.

성적 순결은 여성의 특별한 덕성이 됐다. 남성은 생물학적 본성 때문에 죄를 짓는 것이지만 여성은 이에 굴해서는 안 된다고 생각됐다. 한 남성 저자가 말한 것처럼 "만약 이에 굴한다면 당신은 당신의 경박함, 어리석음, 이중성, 조숙한 매춘행위를 비통해 하면서 조용한 슬픔에 빠지게 될 것이다." 한 여성은 여자가 "분별없이 기세가 충천하면" 곤란하게 될 것이라고 지적했다.

이런 역할은 사춘기와 함께 일찍이 시작됐다. 복종을 가르침으로써 첫 번째의 적절한 짝에게 순종하도록 소녀를 준비시킨 것이다. 바버라 웰터는 이렇게 묘사하고 있다.

> 이중적인 가정이 있다. 아메리카 여성은 지극히 사랑스럽고 도발적이어서 건장한 남성이 같은 방에 있게 되면 거의 자신을 통제할 수 없다고 생각됐으며 똑같은 소녀가 가족의 보호라는 고치를 "벗어나면" 대상도 없는 애정으로 가슴이 두근거리고 부드러운 감정으로 넘쳐나 처음 만나는 사람에게 사랑을 쏟게 된다고 가정됐다. 소녀는 사춘기의 한여름 밤의 꿈에서 깨어나기 마련이며, 그녀가 엉덩이가 머리에 달린 시골뜨기가 아닌 어울리는 상대에게 눈길을 주도록 살피는 일은 가정과 사회의 책임이다. 그들은 (성적 그리고/혹은 계급적으로) 분리된 학교, 댄스교습반, 여행 같은 제한적인 조치와 그 밖의 외부적인 통제에 의해 자신의 본분을 다한다. 소녀는 복종이라는 내적 통제를 발휘할 것을 요구받는다. 이런 양자의 결합은 결혼 상대자가 나타날 때까지 풀리지 않는 일종의 사회적 정조대를 형성하며 사춘기는 공식적으로 끝난다.

1851년 어밀리어 블루머Amelia Bloomer가 자신의 페미니즘 잡지를 통해 여성이 전통적 의복의 거추장스러움에서 벗어나기 위해 짧은 치마와 바지를 입어야 한다고 제안했을 때, 대중적인 여성 인쇄물은 이것을 공격했다. 한 소녀가 '블루머' 바지에 경탄하자 선생이 그 바지는 "현재 우리나라에서 유행하는 사회주의와 농민 급진주의의 난폭한 정신을 보여주는 다양한 표현 가운

BLOOMERISM—AN AMERICAN CUSTOM.

블루머 | 어밀리어 블루머가 페미니즘 잡지 『백합Lily』을 통해 제안한 여성용 하의이다. 이런 혁신 운동은 여성성을 강요하는 당시의 분위기로 결국 실패로 돌아갔다.

데 하나일 뿐"이라고 훈계했다는 일화가 있다.

　1830년의 『젊은 숙녀를 위한 책The Young Lady's Book』에서도 " …… 어떤 생활 조건에 처해 있더라도 무릇 여자는 요람에서 무덤까지 복종과 순종의 정신, 유순한 기질, 겸손한 마음을 요구받는다"고 지적했다. 또 1850년에 한 여성은 『푸른 나뭇잎Greenwood Leaves』이라는 책에서 "진정한 여성의 특성은 항상 겁이 많고 우유부단하며 끈질기게 의존적인, 즉 영원히 어린이와 같은 것이다"라고 말했다. 또 다른 책 『한 남부 부인의 회상Recollections of Southern Matron』에서는 "남편의 어떤 습관이 나를 괴롭히더라도 나는 조용히 한두 번 말해 본 뒤 말없이 참았다"고 적고 있다. 어느 책은 "결혼과 가정의 행복을 위한 규칙"을 여성에게 제시하면서 "너무 많은 것을 기대해서는 안 된다"라는 말로 끝을 맺고 있다.

여성이 할 일은 가정을 즐겁게 꾸리고, 종교를 유지하며, 간호사, 요리사, 청소부, 재봉사, 정원사 역할을 하는 것이었다. 여성은 너무 많은 책을 읽어서는 안 되며 어떤 책은 절대로 읽어서는 안 됐다. 1830년대의 개혁가였던 해리어트 마티노Harriet Martineau가 『아메리카 사회Society in America』를 저술하자 한 평자는 여성이 그 책을 멀리해야 한다고 주장했다. "그런 책을 읽으면 여자들은 자신들의 진정한 위치를 찾느라 동요하게 될 것이며, 세상을 다시금 혼란으로 빠뜨릴 것이다."

1808년 뉴욕에서 한 목사는 이렇게 설교했다.

아내로서, 남편의 조언자이자 친구로서 …… 남편의 근심을 덜어 주고 슬픔을 달래 주며 기쁨을 더해 주는 일을 나날의 연구로 삼고 있으며, 수호천사처럼 남편의 관심사를 살펴보고 위험에 대해 경고하며 고난에 처한 남편을 위로해 주며, 또한 신앙심 깊고 근면하며 매력적인 품행으로 남편을 더 덕스럽게, 더 유능하게, 더 명예롭게, 더 행복하게 하기 위해 끊임없이 노력하는 여성들에게 지워진 의무는 얼마나 흥미롭고 중요한 것인가요.

또한 여성에게는, 특히 아이를 가르치는 일을 맡고 있기 때문에 애국적이어야 한다는 요구가 있었다. 한 여성 잡지는 "미국 여성이 애국심을 가장 잘 보여줄 수 있는 방법"에 관해 최고의 글을 쓴 여성에게 상을 줬다.

낸시 코트(『여성성의 굴레The Bonds of Womanhood』)가 말하고 있듯이, 가족과 어린이, 여성의 역할에 관한 소설, 시, 수필, 설교문, 안내서가 쏟아져 나온 것은 1820년대와 1830년대였다. 외부 세계는 더욱 더 어렵고 이해타산적이며 각박하게 변해가고 있었다. 어떤 의미에서 가정은 얼마간 유토피아적인 과거나 긴박한 현실로부터의 안식처로서 동경의 역할을 담당했다.

아마도 가정을 안식처로 생각해 새로운 경제를 생활의 일부분에 불과한 것으로 볼 수 있었기 때문에 이런 인식이 더 수월하게 받아들였을 것이다. 1819년 한 신앙심 깊은 여성은 이렇게 쓰고 있다. " …… 세상의 공기가 오염됐다. 해독제를 가지고 있지 않으면 감염이 치명적일 것이다." 코트가 지적했듯이 이 모든 것은 상업, 산업, 경쟁, 자본주의라는 세계에 문제를 제기하는 것이 아니라 그런 세계를 더 구미에 맞게 만드는 것이었다.

여성에게 있어 가정생활의 숭배는 '분리되지만 평등하다separate but equal'는 원리─여성의 일이 남성의 일과 똑같이 중요하지만 분리되며, 그 일에 다른 지위를 부여하는 것─로 자신을 달래는 방법이었다. 그런 '평등'의 이면에는 여성은 배우자를 선택할 수 없고 일단 결혼하면 자신의 삶이 결정된다는 사실이 자리잡고 있었다. 1791년에 한 소녀는 이렇게 썼다. "미래의 내 삶이 행복할지 비참할지를 결정하게 될 주사위가 이제 막 던져지려고 한다……. 나는 언제나 내 현존재에 종지부를 찍는 사건과 거의 동일한 정도의 엄숙함을 가지고 이 일을 기다려왔다."

결혼은 사슬이었고 아이는 그 사슬을 두 배로 만들었다. 1813년에 한 여성은 "세 번째 아이가 곧 태어날 것이라는 생각과 그에 뒤따라 내가 수행해야 할 의무 때문에 괴로운 나머지 바다 깊이 가라앉는 느낌이다"라고 쓰고 있다. 이런 낙담은 여자에게 무언가 중요한 임무가 있다는 생각, 즉 아이에게 공동행동보다는 개인적 탁월함을 통해 출세를 해야 하며 자제심을 가져야 한다고 도덕적인 가치를 심어 주어야 한다는 생각 때문에 조금 가벼워졌다.

새로운 이데올로기가 작동해 성장하는 경제에 필요한 안정성을 낳는 데 일조했다. 그러나 이런 이데올로기의 존재 자체는 다른 흐름 또한 작동하고 있으며 쉽게 억제할 수 없음을 보여줬다. 더불어 여성에게 자신만의 영역을 부여함으로써 이런 공간과 시간을 이용해서 또 다른 종류의 삶을 준비하게 될 가능성이 생겨났다.

'진정한 여성성의 숭배'로 투표를 할 수도 없고, 재산을 소유할 수도 없으며, 같은 일을 하는 경우에도 남성의 4분의 1에서 2분의 1에 불과한 임금을 받는 여성의 뚜렷한 종속적 지위를 완전히 지워 버릴 수는 없었다. 여성은 법률과 의술에 관한 직업, 대학, 성직 등으로부터 배제됐다.

낸시 코트가 지적하듯이, 모든 여성을 동일한 범주로 묶음—그들 모두에게 계발 분야로 동일한 가정 영역을 부여하는 것—으로써 계급적 구분을 흐리게 하는 (성에 의한) 분류가 만들어졌다. 그러나 계급 문제를 계속해서 제기하는 힘이 작동하고 있었다. 새뮤얼 슬레이터Samuel Slater가 1789년에 뉴잉글랜드에 공업용 방적기를 도입했으므로 이제 공장에서 방적기를 다룰 어린 소녀들—말 그대로 '실잣는 여자[spinster. '미혼여성'이라는 뜻도 있다]'—이 필요하게 됐다. 1814년에는 매사추세츠의 월섬Waltham에 동력직기가 도입됨으로써 이제 면섬유를 의복으로 전환시키는 데 필요한 모든 공정이 한지붕 밑에서 이루어지게 됐다. 새로운 직물 공장이 급속히 늘어났으며 직공의 80에서 90퍼센트가 여성으로 채워졌다—이들 여성의 대부분이 15세에서 30세 사이였다.

1830년대에 이들 직물 공장에서 최초의 산업쟁의가 벌어졌다. 엘리너 플렉스너Eleaner Flexner(『투쟁의 세기A Century of Struggle』)는 그 이유를 암시해 주는 수치를 제시하고 있다. 1836년 당시 여성들의 하루 평균 수입은 37.5센트에도 미치지 못했고 수천 명이 하루에 12시간에서 16시간을 일하면서 25센트를 받았다. 1824년 로드아일랜드의 포터킷Pawtucket에서 최초라고 알려진 여성 공장 노동자의 파업이 일어났다. 202명의 여성이 임금 인하와 장시간 노동에 항의하는 남성들의 대열에 합류했지만 각각 따로 모였다. 4년 뒤 뉴햄프셔의 도버Dover에서는 여성들만이 파업을 벌였다. 그리고 1834년 매사추세츠 로웰Lowell에서는 한 젊은 여성이 일자리에서 해고되자 다른 소녀들이 직기에서 손을 놓았고 그 중 한 명은 마을의 양수기에 기어 올라가, 신문기사에 따르면, "청중들에게 강한 영향을 미쳤던 '부유한 귀족'의 죄악과 여성의 권리에 관한 메리 울스턴크래프트의 연설을 했으며, 직공들은 목숨을 내걸고 자신들의 길을 가기로 결의했다."

파업에 공감하지 않는 매사추세츠 치코피Chicopee의 한 주민은 1843년 5월 2일의 사건에 관해 일기에 이렇게 적었다.

> 소녀들의 대규모 동맹파업 …… 오늘 아침식사 후 페인트칠한 창문 커튼을 앞세운 행렬이 광장을 한 바퀴 돌았는데 모두 16명이었다. 그들은 곧 다시 통과했고 …… 그 후 44명으로 늘어났다. 그들은 한 바퀴 돌아 행진한 뒤 해산했다. 저녁을 먹고 난 뒤 다시 모인 그들은, 42명으로 힘차게 출발해 캐버트Cabot까지 돌아왔다……. 그들은 아무것도 주장하지 않았고 그저 거리를 돌며 행진했다…….

1840년대에는 뉴잉글랜드의 초기 '동맹파업'보다 전투적인 파업이 여러 도시에서 일어났으나 대부분 성공을 거두지 못했다. 피츠버그 인근 앨러게이니Allegheny의 공장들에서 잇달아 벌어진 파업은 노동시간 단축을 요구했다. 그 가운데 몇 번은 막대기와 돌로 무장한 여성들이 직물 공장의 나무문을 부수고 직기를 멈추게 했다.

당대의 여성 개혁가였던 캐서린 비처Catharine Beecher는 공장체제에 관해 이렇게 썼다.

TIME TABLE OF THE LOWELL MILLS,

Arranged to make the working time throughout the year average 11 hours per day.

TO TAKE EFFECT SEPTEMBER 21st, 1853.

The Standard time being that of the meridian of Lowell, as shown by the Regulator Clock of AMOS SANBORN, Post Office Corner, Central Street.

From March 20th to September 19th, Inclusive.
COMMENCE WORK, at 6.30 A. M. LEAVE OFF WORK, at 6.30 P. M., except on Saturday Evenings.
BREAKFAST at 6 A. M. DINNER, at 12 M. Commence Work, after dinner, 12.45 P. M.

From September 20th to March 19th, Inclusive.
COMMENCE WORK at 7.00 A. M. LEAVE OFF WORK, at 7.00 P. M., except on Saturday Evenings.
BREAKFAST at 6.30 A. M. DINNER, at 12.30 P.M. Commence Work, after dinner, 1.15 P. M.

BELLS.

From March 20th to September 19th, Inclusive.

Morning Bells.	Dinner Bells.	Evening Bells.
First bell,........4.30 A. M.	Ring out,........12.00 M.	Ring out,........6.30 P. M.
Second, 5.30 A. M. ; Third, 6.20.	Ring in,........12.35 P. M.	Except on Saturday Evenings.

From September 20th to March 19th, Inclusive.

Morning Bells.	Dinner Bells.	Evening Bells.
First bell,........5.00 A. M.	Ring out,........12.30 P. M.	Ring out at........7.00 P. M.
Second, 6.00 A. M. ; Third, 6.50.	Ring in,........1.05 P. M.	Except on Saturday Evenings.

SATURDAY EVENING BELLS.

During APRIL, MAY, JUNE, JULY, and AUGUST, Ring Out, at 6.00 P. M.
The remaining Saturday Evenings in the year, ring out as follows:

SEPTEMBER.	NOVEMBER.	JANUARY.
First Saturday, ring out 6.00 P. M.	Third Saturday ring out 4.00 P. M.	Third Saturday, ring out 4.25 P. M.
Second " 5.45 "	Fourth " 3.55 "	Fourth " 4.35 "
Third " 5.30 "	**DECEMBER.**	**FEBRUARY.**
Fourth " 5.20 "	First Saturday, ring out 3.50 P. M.	First Saturday, ring out 4.45 P. M.
OCTOBER.	Second " 3.55 "	Second " 4.55 "
First Saturday, ring out 5.05 P. M.	Third " 3.55 "	Third " 5.00 "
Second " 4.55 "	Fourth " 4.00 "	Fourth " 5.10 "
Third " 4.45 "	Fifth " 4.00 "	**MARCH.**
Fourth " 4.35 "	**JANUARY.**	First Saturday, ring out 5.25 P. M.
Fifth " 4.25 "	First Saturday, ring out 4.10 P. M.	Second " 5.30 "
NOVEMBER.	Second " 4.15 "	Third " 5.35 "
First Saturday, ring out 4.15 P. M.		Fourth " 5.45 "
Second " 4.05 "		

YARD GATES will be opened at the first stroke of the bells for entering or leaving the Mills.
⁂ SPEED GATES commence hoisting three minutes before commencing work.

로웰 공장의 시간표 | 노동자들은 새벽 다섯 시부터 저녁 일곱 시까지 생리적 욕구를 처리할 수 있는 단 한 시간을 제외하고 계속 일할 것을 요구 받았다.

나는 이제 현장에서 관찰이나 질문을 통해 알게 된 사실을 밝히고 싶다. 나는 한겨울에 그곳에 있었으며 매일 아침 노동시간을 알리는 종소리를 듣고 다섯 시에 일어났다. 옷을 챙겨 입고 아침을 먹는 데 허용된 시간은 많은 사람들이 말한 대로 매우 짧아서 두 가지를 서둘러 해야 했고, 불빛이 켜지면서 시작된 공장일을 열두 시까지 쉼 없이 계속 해야 했다. 작업들은 주로 선 채로 하는 일이었다. 점심시간은 30분밖에 주어지지 않았고 그마저도 왔다 갔다 하는 시간을 빼면 더욱 짧아졌다. 그러고는 공장에 다시 들어가 일곱 시까지 일을 계속했다……. 일하는 시간 내내 모두 합쳐 40명에서 80명의 사람과 석유등잔이 공기 중의 신선한 원소들을 완전히 없애버렸고 …… 공기는 수천 개의 소면기梳綿機, 방추, 직기에서 나오는 면화 먼지로 가득 차 있었다는 사실을 기억해야만 한다.

그러면 상층계급 여성들의 삶은 어떠했을까? 영국인 여성 프랜시스 트롤로프Frances Trollope는 『미국인의 가정예절Domestic Manners of the Americans』에서 이렇게 썼다.

필라델피아의 최상층계급 숙녀의 하루를 그려보고자 한다.
이 부인은 최고의 명성과 활동을 자랑하는 상원의원이나 변호사의 아내일 것이다……. 부인은 자리에서 일어나 우선 옷을 꼼꼼하게 잘 차려 입는다. 이제 깨끗이 정돈되어 있고 단아하며 조용한 거실로 내려온다. 자유 흑인 하인이 아침식사를 가져온다. 부인이 튀긴 햄과 소금에 절인 생선을 먹고 조용히 커피를 마시는 동안 남편은 신문 하나를 팔꿈치 밑에 놓고 다른 신문을 읽는다. 그러고는 아마도 부인은 컵과 접시를 닦을 것이다. 마차는 열한 시에 대령하게끔 말해 놓았다. 그 시간까지 부인은 쥐색 실크를 보호하기 위해 눈처럼 하얀 앞치마를 두르고 주방에서 일을 한다. 마차가 대령하기 20분 전에 부인이 침실로 돌아와서 여전히 눈처럼 하얀 앞치마를 털어서 개어두고 화려한 드레스를 다림질하고 …… 우아한 보닛을 쓰고는 …… 아래층으로 내려가는 바로 그 순간 자유 흑인 마부가 자유 흑인 하인에게 마차가 기다리고 있음을 알린다.

부인은 마차에 올라 "도커스 협회(Dorcas Society. 빈민에게 옷을 지어 주는 자선 여성단체)로 가자"고 명령한다.

로웰에서는 여성노동개혁협회Female Labor Reform Association가 '공장 소책자'를 시리즈로 출간했다. 첫 권은 『한 직공을 통해 본 공장생활Factory Life as It Is By an Operative』이라는 제목으로 직물 공장의 여성에 대해 이렇게 주장했다. "그들은 어느 모로 보나 노예 그 이상도 그 이하도 아니다! 새벽 다섯 시부터 저녁 일곱 시까지 생리적 욕구를 처리할 수 있는 단 한 시간을 제외하고 계속 일할 것을 요구하는 노동조건에 종속된 노예 ― '권력자'의 의지와 요구에 종속된 노예……."

1845년 뉴욕 『선Sun』은 이 문제를 이렇게 보도했다.

'젊은 여성들의 대중 집회' ― 우리는 근면하게 일에 종사해 온 도시의 젊은 여성들로부터 오늘 오후 4시에 공원에서 열릴 대중 집회에 관심을 갖도록 해달라는 요청을 받았다.
우리는 또한 이 도시의 남성들의 정중함에 호소할 것을 요청받았으며 …… 스스로의 이익을 위해서는 스스로 협의하는 것이 더 좋을 것이므로 남성들은 이 집회에 참석하지 말 것을 정중히 부탁하는 바이다.

그 무렵 뉴욕 『헤럴드Herald』는 "노동조건의 부당함과 억압을 시정하려는 노력 속에서" 모인 집회에서 "대부분 가장 흥미로운 옷차림과 외모를 보여준 700명의 여성"에 관한 기사를 실었다. 『헤럴드』는 이런 집회들을 사설로 다루었다. "…… 우리는 이 집회가 어떤 종류의 여성 노동에 얼마나 많은 이익을 주면서 끝나게 될지 매우 우려하고 있다……. 모든 결사는 결국 무위로 끝나게 마련이다."

낸시 코트의 『여성성의 굴레』는 제목부터 19세기 초에 여성들에게 일어났던 일에 대한 저자의 이중적인 견해를 반영한다. 여성들은 가정에 있어서 '여성의 영역'이라는 새로운 이데올로기의 굴레에 걸려들었으며, 공장이나 심지어 중간계급의 직업으로 밀려날 때에도 또 다른 종류의 속박을 발견하게 됐다. 다른 한편으로 이런 조건 때문에 여성들은 자신들의 처지에 관한 공통된 의식을 만들어냈고 그들 사이에서 연대의 결속을 벼려내게 됐다.

고등교육을 받을 수 없었던 중간계급 여성들은 초등학교 교사직을 독점하기 시작했다. 여성 교사들은 더 많이 읽고 더 많이 전달했고 교육 자체가 낡은 사고방식을 전복시키게 됐다. 그들은 잡지와 신문에 글을 쓰기 시작했고 여성을 대상으로 하는 몇몇 출판물 제작에 착수했다. 1780~1840년 사이에 여성들의 문자 해독률이 두 배로 향상됐다. 여성들이 보건 개혁가가 됐다. 그들은 성적 행태와 매춘부의 희생에 관한 이중적인 기준에 대항하는 운동을 전개했다. 종교단체와도 결합했다. 그들 가운데 몇몇 유력한 사람은 노예제 반대 운동에도 가세했다. 1840년대에 뚜렷한 페미니즘 운동이 출현할 때쯤이면 여성들은 이미 경험이 풍부한 조직가, 선동가, 연설가가 되어 있었다.

1819년에 여성교육이라는 주제로 뉴욕 주의회에서 연설한 에마 윌러드 Emma Willard는 한 해 전에 토머스 제퍼슨이 (한 편지에서) 여성은 거의 예외 없이 "쓰레기 더미에 불과한" 소설을 읽어서는 안 된다고 한 주장을 반박했다. "또한 같은 이유로 많은 시에 탐닉해서는 안 됩니다." 제퍼슨은 여성교육이 "꾸미고 장식하는 일과 인생의 즐거움"에 집중되어야 한다고 말했다. "여성의 경우에 사교춤과 그림, 음악 등이 그것입니다."

에마 윌러드는 주의회에서 여성교육이 "여성들의 젊음과 아름다움이라는 매력을 이용하기 위해, 너무 배타적으로 이를 꾸미게 만드는 데에만 초점을 맞추고 있다"고 주장했다. 윌러드의 말에 따르면 문제는 "아무리 우연히 만들어질지언정 남성의 취향이 여성의 특징을 형성하는 기준으로 되어 있다"는 사실이었다. 윌러드는 이성과 종교가 우리에게 "우리 역시 본래적인 존재이지 …… 남성의 부속물이 아니"라는 점을 가르쳐 주고 있다고 주장했다.

1821년 윌러드는 소녀 교육을 위해 최초로 공인된 기관인 트로이여자전문학교Troy Female Seminary를 설립했다. 훗날 윌러드는 학생들에게 인간의 신체에 관해 가르침으로써 사람들을 당황하게 만든 일을 적어뒀다.

> 학교의 한 교실을 방문한 30대 초반의 어머니들은 한 학생이 혈액의 순환을 설명하기 위해 칠판에 심장과 동맥, 정맥을 그리는 광경을 보고 너무도 놀라 부끄럽고 당황한 채 교실을 나섰다. 소녀들의 정숙함을 유지하고 너무 자주 동요하지 않게 하기 위해 인간 신체를 묘사한 교과서의 몇 페이지를 두꺼운 종이로 풀칠해서 붙여버렸다.

여성들은 남성 전용의 직업학교에 들어가기 위해 분투했다. 1835년에 개업한 여성의사 해리어트 헌트Harriot Hunt 박사는 하버드 의과대학에서 입학을 두 차례 거부당했다. 그러나 헌트는 여성과 어린이를 주 대상으로 진료를 계속했다. 헌트는 식이요법, 운동요법, 위생법, 정신건강 등을 굳건히 믿었다. 1843년에는 부인생리학협회Ladies Physiological Society를 조직하고 매달 강연을 했다. 헌트는 또 독신에 대한 인습에 도전하면서 혼자 살았다.

엘리자베스 블랙웰Elizabeth Blackwell은 1849년에 의학 학위를 받았는데, 제네바 대학에 입학하기 전에 여러 번 퇴짜를 맞는 시련을 극복한 뒤의 일이었다. 그 뒤 블랙웰은 "가난한 여성들이 같은 여의사와 상담할 수 있는 기회를 제공하기 위해" 가난한 여성과 어린이를 위한 뉴욕 진료소New York Dispensary for Poor Women and Children를 설립했다. 첫 번째『연차 보고서*Annual Report*』에서 블랙웰은 이렇게 적고 있다.

> 첫 번째 의료 상담은 매우 진기한 경험이었다. 초로의 부인이 폐렴이 심했기 때문에 나는 명망 있고 친절한 의사를 상담에 모셔왔다……. 이 신사는 환자를 살펴본 뒤 나와 함께 응접실로 나왔다. 거기서 그는 다소 흥분한 채 방을 서성이면서 큰 소리로 외쳐댔다. "아주 특이한 경우야! 전에는 이런 일이 한번도 없었는데. 도무지 어떻게 해야 할지를 모르겠는 걸!" 폐렴이 분명했고 보통 이상으로 위험한 경우가 아니었기 때문에 나는 놀라고 크게 당황한 채 그의 말에 귀를 기울였다. 그러나 결국 나는 그가 당황했던 이유는 환자 때문이 아니라 나에 관계되는 것, 즉 여자 의사와 상담할 때의 예절 때문이라는 사실을 알게 됐다.

오벌린 대학Oberlin College은 여성을 입학시키는 데 선구자 역할을 했다. 그러나 신학부에 입학한 최초의 여성으로 1850년에 졸업한 앤트워네트 브라운Antoinette Brown은 학년 초에 출석부에서 자신의 이름이 빠져 있음을 발견했다. 오벌린은 루시 스톤Lucy Stone과 더불어 만만찮은 적수를 만나게 됐다. 평화협회와 노예제 반대 활동에 적극적이었던 스톤은 유색인종 학생들을 가르쳤으며 소녀들을 대상으로 토론회를 조직했다. 스톤은 졸업 연설문 작성자로 선발됐는데, 남학생이 연설문을 읽어야 할 것이라는 말을 들었다. 스톤은 연설문을 쓰지 않겠다고 했다.

루시 스톤은 1847년 자신의 형제가 목사로 있는 매사추세츠 주 가드너Gardner의 한 교회에서 여성의 권리에 관한 강연을 시작했다. 스톤은 몸무게가 45킬로그램 정도의 조그마한 체구를 가지고 있었으나 경이로운 연설가였다.

미국노예제반대협회American Anti-Slavery Society의 연사였던 스톤은 여러 차례 찬물 세례를 받기도 하고 누군가 던진 책에 맞아 휘청거린 적도 있으며 폭도에게 습격을 받기도 했다.

헨리 블랙웰Henry Blackwell과 결혼하는 자리에서 둘은 손을 맞잡고 성명서를 읽었다.

> 우리는 남편과 아내의 관계를 공개적으로 밝힘으로써 우리의 상호애정을 확인하며 …… 반면에 이런 우리의 행위가, 남편에게는 유해하고도 부자연스러운 우월권을 부여하나 아내에 대해서는 독립적이고 이성적인 존재임을 부정하는 현재의 혼인법을 자발적으로 따른다는 인정이나 약속을 뜻함이 아님을 선언하는 것이 우리의 의무라고 생각합니다…….

스톤은 결혼 후 자신의 성姓을 포기하기를 거절한 최초의 여성 중 하나였다. 그대로 '스톤 부인'이었던 것이다. 스톤이 정부에 자신의 대표가 없다는 이유로 세금 납부를 거부하자 관리들은 세금 대신 가재도구 모두를, 심지어 아이의 요람까지 가져갔다.

뉴욕 주 작은 마을의 여성 우체국장이었던 어밀리어 블루머가 블루머 바지를 개발한 뒤로, 여성 활동가들은 낡은 고래수염 달린 보디스, 코르셋, 페티코트 대신에 블루머 바지를 입었다. 당시 여성운동 지도자의 한 사람이었던 엘리자베스 캐디 스탠턴Elizabeth Cady Stanton은 블루머 바지를 입은 사촌을 처음 본 순간의 느낌을 이렇게 적었다.

> 사촌이 한 손에는 램프를 들고 다른 손에는 아이를 안은 채, 쉽고 우아하게 계단을 오른다. 그에 비해 나는 램프와 아이를 생각조차 할 수 없었고, 원피스

를 길게 늘어뜨린 채 힘겹게 올라야 한다는 걸 알았다. 곧 여성의 의복에 시급한 개혁이 필요하다는 사실을 확실하게 인식하고 당장 비슷한 옷을 입었다.

다른 개혁운동 — 노예제 반대 운동, 금주 운동, 복장에 관련된 운동, 감옥의 처우개선 운동 — 에 관여하게 된 뒤로 여성들은 그들 자신이 처한 상황으로 방향을 돌려 대담하게 직접 부딪쳤다. 노예제 반대 운동의 열렬한 연설가이자 조직가였던 남부 출신의 백인 여성 앤젤리나 그림케Angelina Grimké는 이 운동이 앞으로 나아가는 모습을 보았다.

우선 우리 모두 수백만 남녀 노예를 굴욕적인 처지에서 끌어올려 인간으로 되돌려 놓기 위해 국민들을 일깨웁시다. 그러면 …… 수백만 여성을 그들의 무릎 아래에서 끌어내어 스스로 설 수 있게끔 하는 일, 다시 말해 그들을 어린 아이에서 여성으로 변화시키는 일은 쉽게 해결될 것입니다.

아마 마거릿 풀러Margaret Fuller는 페미니스트 가운데 가장 뛰어난 지식인이었을 것이다. 『19세기의 여성Woman in the Nineteenth Century』에서 밝힌 풀러의 출발점은 "남성의 마음속에는 노예를 바라보는 것처럼 여성을 대하는 정서가 존재한다"는 것이었다. 풀러는 말을 이었다. "우리는 모든 독단적인 장벽을 무너뜨릴 것이다. 우리는 여성에게도 남성과 마찬가지로 자유를 향한 모든 길을 열어젖힐 것이다." 그리고 "여성에게 필요한 것은 한 여성으로서 행동하거나 지배하는 것이 아니라, 하나의 자연으로서 성장하고, 하나의 지식인으로서 분별하며, 하나의 영혼으로서 아무 방해도 받지 않고 자유롭게 살아가는 것이다……"

극복해야 할 장애물은 많았다. 19세기 중반의 가장 대중적인 작가 중 한 명이었던 존 토드John Todd 목사(그의 많은 베스트셀러 중 한 책에서 젊은 남성들에게 수음의 결과에 관해 충고했다—"정신이 크게 저하된다")는 새로운 페미니즘적 의복양식을 이렇게 논평했다.

일각에서는 블루머 바지를 입음으로써 반+남성이 되려고 노력하고 있다. 나는 왜 그런 일이 있을 수 없는지를 한마디로 이야기하고 싶다. 말하자면 이렇다. 자고로 여자란 기다란 드레스를 걸쳐야 아름다운 것이다. 그런 여자는 우아하게 걷는다……. 여자가 달리려고 하는 순간 매력은 사라진다……. 긴 드레스를 벗어 버리고 짧은 바지를 입게 되면 다리가 드러나게 되어 우아함과 신비감이 모두 사라져 버린다.

1830년대 매사추세츠 주 성직자총연합회General Association of Ministers of Massachusetts로부터 날아온 한 목사의 서신은 성직자들에게 여성이 설교단에서 설교하는 것을 금하라고 명령했다. "…… 여자가 남자의 자리와 격조를 취하게 되면 …… 우리는 그 여자에 대해 자기방어를 해야 한다."

앤젤리나의 언니 새라 그림케Sarah Grimké는 일련의 논설에 대한 답변으로 「여성의 조건과 양성 간의 평등에 관한 서한Letters on the Condition of Women and the Equality of the Sexes」을 썼다.

인생 초반기 동안 나의 운명은 사교계의 멋쟁이 여성들 속에 던져져 있었다. 이 계급 여성 가운데 한 명으로서 나는 경험과 관찰로부터 그들이 받은 교육이 비참할 정도로 부족하다는 사실을, 그들은 결혼을 고귀한 삶으로 가는 유일한 길로, 없어서는 안 될 단 한 가지로 생각하도록 교육받았다는 사실을 부득이 이야기하지 않을 수 없다.

새라는 말했다. "나는 여성에 대한 어떤 호의도 요구하지 않는다. 나는 평등에 대한 우리의 주장을 굽히지 않는다. 내가 우리 형제들에게 요구하는 것이라고는 우리 목에서 발을 거두고 하나님이 우리에게 차지하도록 해주신 이 땅에 똑바로 설 수 있도록 해달라는 것뿐이다……. 내가 보기에는 무엇이든지 남성이 해서 도덕적으로 옳은 것이라면 여성이 할 때도 옳다는 사실은 더할 나위 없이 자명하다."

새라는 힘찬 저술가였고 앤젤리나는 선동적인 연설가였다. 한때 앤젤리나는 보스턴 오페라하우스에서 6일 동안 매일 밤 연설을 했다. 양성 간의 평등은 보통 사람들의 생각에는 너무도 터무니없는 것이어서 노예제 폐지운동에 해가 될 우려가 있으므로 그런 평등을 주장해서는 안 된다는 일부 호의적인 노예폐지론자의 주장에 대해 앤젤리나는 이렇게 답했다.

> 장애물을 길에서 치울 때까지는 우리의 모든 힘을 다해 노예제 폐지운동을 밀고 나갈 수 없습니다……. 만약 우리가 올해 공개적으로 발언할 수 있는 권리를 포기한다면, 내년에는 청원할 권리를 포기해야 하고 후년에는 쓸 수 있는 권리를 포기해야 할 것입니다. 여성 자신이 남성의 발아래 놓인 채 수치감으로 침묵에 빠져든다면 도대체 흑인을 위해 무엇을 할 수 있겠습니까?

앤젤리나는 (1838년) 매사추세츠 주의회의 노예제 반대 청원에 관한 위원회에서 연설한 최초의 여성이었다. 훗날 앤젤리나는 이렇게 밝혔다. "나는 엄청난 압박감 때문에 거의 정신을 잃을 지경이었다……." 앤젤리나의 연설은 어마어마한 군중을 끌어 모았고 세일럼Salem 출신의 한 주의원은 "매사추세츠 주의회 의사당의 건물 토대가 그림케 양의 또 한 번의 연설을 견뎌낼 수 있을지에 관해 조사할 위원회를 구성하자"고 제의했다.

다른 문제들에 관한 연설은 여성의 처지에 관한 발언을 준비하는 길을 닦았다. 1843년 도로시아 딕스Dorothea Dix는 매사추세츠 주의회에서 보스턴 지역에 있는 교도소와 빈민원에서 직접 목격한 내용을 연설했다.

상세하게 돌아보면서 자주 고통스럽고 놀라웠던 일들에 관해 본 대로 말씀 드리겠습니다……. 신사 여러분, 저는 지금 우리 주 내에서 옥사, 광, 지하실, 칸막이방, 우리 등에 감금되어 쇠사슬에 묶여 벌거벗은 채로 복종하라고 몽둥이질과 매질을 당하고 있는 정신병자들의 현 상태에 관해 간략히 여러분의 관심을 환기시키고자 합니다!

프랜시스 라이트Frances Wright는 1824년에 스코틀랜드에서 이주해 온 사람으로 작가이자 유토피아적 공동체의 창설자였으며, 노예해방과 산아제한, 자유연애sexual freedom를 위해 싸운 투사였다. 라이트는 주가 보조하는 기숙학교를 통해 2세 이상의 모든 어린이를 위한 무상 공교육이 실시되기를 원했다. 라이트는 공상적 사회주의자 샤를 푸리에Charles Fourier가 프랑스에서 주창한 내용, 즉 문명의 진보는 여성의 진보에 달렸다는 주장을 미국에서 밝혔다. 라이트의 말을 들어보자.

분별과 선의가 여성들에게도 똑같이 할당되는 사회에서 여성이 자리를 찾을 때까지는 인간의 진보는 허약할 수밖에 없다고 나는 감히 주장하고자 한다 ……. 남성은 여성의 수준까지 올라오거나 그렇지 않으면 그 수준까지 내려갈 것이다……. 남성들이 정신과 정신, 감정과 감정 사이의 공감을 느끼기 전에는, 모든 애정, 모든 재능, 모든 확신, 모든 우아함, 모든 존경을 여성과의 관계 속에 불어넣기 전에는, 여성과의 관계에서 얻을 수 있는 어떤 기쁨도 상상조차 못하게 하자. 한쪽에서는 힘이, 다른 쪽에서는 두려움과 복종이 근절되어 양쪽 모두 생득권 — 평등 — 을 되찾기 전에는.

여성들은 연방의회에 제출하는 수천 장의 청원서를 모으면서 전국적으로 노예제반대협회에 엄청난 정력을 쏟아 부었다. 엘리너 플렉스너는 『투쟁의 세기』에서 이렇게 쓰고 있다.

> 오늘날 워싱턴의 국립문서보관소에는 수없이 많은 문서 상자가 이름 없는 애절한 노고를 증언하고 있다. 빛이 바랜 채 잡으면 가루가 되어 버릴 것 같은 청원서들은 페이지마다 아교로 붙어 있고, 잉크 얼룩으로 뒤덮여 있으며, 휘갈긴 글씨로 서명되어 있고, 두려운 나머지 그토록 대담한 행동을 철회한 사람에 의해 군데군데 지워진 흔적이 있다…… 청원서들에는 뉴잉글랜드에서 오하이오에 이르는 여성노예제반대협회들의 이름이 담겨 있다.

이런 활동의 와중에 노예제 반대 운동과 앞서거니 뒤서거니 하며 여성들 자신의 평등을 위한 여성운동을 낳은 사건들이 벌어지고 있었다. 1840년 세계 노예제반대협회대회World Anti-Slavery Society Convention가 런던에서 열렸다. 격렬한 논쟁 끝에 표결을 통해 여성을 제외시키기로 했지만, 커튼으로 가려진 곳에서 대회에 참석할 수 있다는 데에는 동의가 이루어졌다. 여성들은 침묵으로 항의하면서 복도에 앉았고 여성의 권리를 위해 싸웠던 노예폐지론자 윌리엄 로이드 개리슨William Lloyd Garrison도 그들 옆에 앉았다.

당시는 엘리자베스 캐디 스탠턴이 루크레시아 모트Lucretia Mott를 비롯한 사람들을 만나 역사상 최초의 여성권리대회Women's Rights Convention로 이어진 계획을 마련하기 시작하던 무렵이었다. 뉴욕 주 세네카폴즈Seneca Falls에서 개최된 대회에서 한 명의 어머니이자 가정주부로 살아오면서 자신의 처지에 대한 분노로 가득 차 있던 엘리자베스 캐디 스탠턴은 "여성은 아무짝에도 쓸모없는 존재입니다. 반면 아내는 가장 소중한 존재입니다"라고 선언했다. 훗날 스탠턴은 이렇게 말했다.

> 나는 이제 대부분의 여성이 각 가정에 고립된 채로 싸워야만 하는 실질적인 어려움, 그리고 생활의 주된 부분을 하인 및 어린이들과 접촉하는 현실에서는 여성의 최대한의 발전이 불가능함을 완전히 이해하게 됐다……. 내가 아내, 어머니, 가정주부, 의사, 정신적 안내자로서의 여성의 역할에서 느낀 전반적인 불만, 여성의 끊임없는 감독 없이는 세상만사가 빠져들게 마련인 혼란한 상황, 대다수 여성들의 지치고 근심 어린 모습 등에서 나는 사회 일반, 특히 여성의 부당한 현실을 시정하기 위해 얼마간 적극적인 조치가 취해져야 한다는 강렬한 느낌을 받았다. 세계 노예제반대대회에서 겪은 경험, 여성의 법적 지위에 관해서 읽은 모든 글들, 어디서든 목격할 수 있는 억압, 이 모두가 내 영혼을 휩쓸고 지나갔다……. 나는 무엇을 해야 할지, 아니 어디에서 시작해야 할지를 알 수 없었다 ― 머릿속에 떠오른 유일한 생각은 항의와 토론을 위한 공개적인 집회였다.

『세네카 카운티 쿠리어*Seneca County Courier*』에 7월 19일과 20일 양일간 '여성의 권리'를 토론하는 집회가 개최된다는 공고가 실렸다. 300명의 여성과 몇몇 남성이 참석했다. 집회가 끝날 무렵 68명의 여성과 32명의 남성이 원칙선언Declaration of Principles에 서명했다. 독립선언서의 구절과 운율을 차용한 것이었다.

인류의 역사에서 지구상의 사람들이 가족 내에서 남성의 몫이 지금까지 그들이 차지해 왔던 것과는 다른 어떤 지위라고 생각할 필요가 있게 되면……우리는 모든 남성과 여성은 평등하게 태어났고, 조물주는 몇 개의 양도할 수 없는 권리를 부여했으며, 생명과 자유와 행복의 추구가 그것이라는 사실을 자명한 진리라고 주장한다.

인류의 역사는 여성에 대해 절대 전제정치를 세우는 것을 직접적인 목적으로 해 남성이 여성에게 위해와 강탈을 되풀이한 역사이다. 이런 사실을 밝히기 위해 다음의 사실을 공정하게 사리를 판단하는 세계에 표명하는 바이다…….

불만 사항이 이어진다. 선거권은 물론이며 임금이나 재산에 대한 권리가 없고 이혼할 권리도 없으며, 고용 기회도 불평등하고 대학에 입학할 수도 없다. 마지막으로 "남성들은 여성들이 갖는 스스로의 힘에 대한 확신을 파괴하고, 자존심을 죽이며, 여성들로 하여금 의존적이고 비천한 삶을 영위하게 만들기 위해 가능한 모든 방면에서 노력해 왔다."

그러고는 이런 사항을 비롯한 결의안이 이어진다. "여성의 양심이 지시하는 사회적 위치를 차지하지 못하게 하거나 남성보다 열등한 지위에 놓이게 하는 모든 법률은 위대한 자연의 법칙에 반하는 것이며, 따라서 효력이나 권위를 갖지 못한다."

세네카폴즈의 여성대회 이후 전국 각지에서 여성대회가 뒤를 이었다. 1851년에 열린 한 대회에서는 뉴욕에서 노예로 태어난 키가 크고 여윈 나이든 흑인 여성이 회색 드레스에 흰 터번을 두른 채 토론을 주도하는 몇몇 남성 성직자들의 말에 귀를 기울이고 있었다. 서저너 트루스Sojourner Truth였다. 트루스는 자리를 박차고 일어나 성적 분노에 인종적 분노를 결합시켰다.

저기 계시는 남자 분께서 여성은 마차에 오르려면 도움을 받아야 하며 도랑을 건너기 위해서도 도움을 받아야 한다고 말씀하셨습니다……. 어느 누구도 내가 마차에 오르거나 진흙 웅덩이를 건널 때 도와주지 않습니다. 그러면 난 여자가 아닌가요?

내 팔을 보세요! 나는 쟁기질을 했고 씨를 뿌렸으며 수확한 곡식을 헛간에 모았지만, 어떤 남자도 나보다 잘하지는 못했습니다! 그러면 난 여자가 아닌가요? 기회만 주어지면 나는 남자들만큼 많은 일을 하고 많이 먹었으며 그만큼 매질도 당했습니다. 그러면 난 여자가 아닌가요?

나는 열세 명의 아이를 낳았고, 아이들 대부분이 노예로 팔려 떠나가는 것을 바라보았으며, 내가 어머니의 슬픔에 마음 아파 크게 울고 있었을 때 예수 말고는 아무도 나에게 귀를 기울여 주지 않았습니다. 그러면 난 여자가 아닌가요?

그리하여 여성들은 1830년대와 1840년대, 1850년대에 자신들을 '여성의 영역'에 가둬두려는 시도에 저항하기 시작했다. 그들은 죄수, 정신이상자, 흑인 노예, 그리고 모든 여성을 위한 모든 종류의 운동에 참여하고 있었다.

이런 운동이 한창이던 와중에 정부의 힘과 돈의 위세와 더불어 더 많은 땅에 대한 탐색, 즉 국토 팽창을 향한 자극이 폭발하고 있었다.

A People's History of the United States

7

풀이 자라거나 물이 흐르는 한

1803	• 루이지애나 매입
1814	• 말편자만곡부전투로 크리크족 800여명 사망
1818	• 세미놀 전쟁, 플로리다 매입의 계기가 됨
1828	• 2월 21일자부터 영어와 세쿼이아의 체로키 문자로 인쇄된 『체로키 피닉스Cherokee Phoenix』라는 신문을 발간
1830	• 인디언 이주령 공포. 이후 8여 년 동안 남동부에서 인디언들이 추방당함
1831	• 버지니아 주 사우샘프턴에서 내트 터너 노예 폭동 발생
1832	• 검은매 전쟁 종료
1838	• 10월 1일, 훗날 '눈물의 행렬'로 불리는 체로키족의 서부 이주 단행. 1만 4,000여 명이 출발했으나 대부분이 중도에 생명을 잃고 단 1,200여 명만이 생존

부유한 백인 남성들이 지배하는 사회의 모든 종속집단 가운데 여성이 가정에 가장 가까이(사실 가정 안에) 있고 가장 내적인 집단이었다면, 인디언은 가장 이질적이고 외부적인 존재였다. 여성은 가까이 있을뿐더러 너무나 필요한 존재였기 때문에 무력보다는 보호에 가까운 대우를 받았다. 인디언들은 필요하지 않았기 때문에—사실 장애물이 됐기 때문에— 때로 마을을 불태우기 전에 온정적으로 말할 경우를 제외하고는 오로지 무력으로만 다루어졌다.

그래서 완곡한 용어 그대로 인디언 이주령Indian Removal을 통해 애팔래치아 산맥과 미시시피 강 사이에 백인 거주지가 개척됐고, 남부의 목화밭과 북부의 곡창지대, 팽창, 이주, 운하, 철도, 새로운 도시, 태평양까지 이르는 광대한 대륙제국의 건설 등을 위한 땅이 깨끗하게 마련됐다. 이 과정에서 야기된 인명의 희생은 정확히 셀 수 없으며 피해 또한 어림으로도 측정할 수 없을 정도이다. 대부분의 어린이용 역사책은 이런 사실을 재빨리 건너뛰어 버린다.

통계자료는 모든 사실을 이야기해 준다. 마이클 로진Michael Rogin의 『아버지와 아들Fathers and Children』에 의하면, 1790년 당시 미국인의 숫자는 390만 명이었고, 대부분은 대서양 연안 80킬로미터 이내에서 살았다. 1830년에는 전체 인구가 1,300만 명으로 늘어났고, 1840년에 이르면 450만 명이 애팔래치아 산맥을 넘어 미시시피 강 연안Mississippi Valley — 동쪽과 서쪽에서 미시시피 강으로 흘러드는 지류들이 십자로 교차되는 광대한 지역 — 으로 갔다. 1820년에는 인디언 12만 명이 미시시피 강 동쪽에 살았다. 1844년에 이르면 그 수는 3만 명이 채 못 됐다. 그들 대부분이 어쩔 수 없이 서부로 이주해야만 했던 것이다. 하지만 '어쩔 수 없이'라는 말은 당시 벌어진 일들을 제대로 전달하지 못한다.

혁명전쟁 기간에는 거의 모든 주요 인디언 부족이 영국의 편에 서서 싸웠다. 영국은 평화조약을 맺고 본국으로 돌아갔다. 인디언들은 이미 자기 땅에서 살고 있었으므로 필사적으로 수호 작전을 벌이면서 개척지대에서 미국인과 줄기차게 싸웠다. 전쟁으로 약화된 워싱턴의 민병대는 인디언을 물리칠 수 없었다. 정찰부대가 차례로 분쇄 당하자 워싱턴은 회유책을 쓰려고 했다. 전쟁장관 헨리 녹스는 이렇게 말했다. "인디언이 먼저 거주하고 있으므로 땅에 대한 권리를 갖는다." 1791년 토머스 제퍼슨은 국경 안에 사는 인디언들은 해치지 않을 것이며, 정부는 인디언 땅을 잠식하려고 하는 백인 정착민들을 이주시켜야 한다고 말했다.

그러나 백인이 계속 서부로 이동해 가자 연방정부에 대한 압력이 커졌다. 제퍼슨이 대통령이 된 1800년 무렵에 애팔래치아 산맥 서쪽의 백인 정착민은 70만 명이었다. 그들은 북부에서는 오하이오, 인디애나, 일리노이로, 남부에서는 앨라배마와 미시시피로 옮겨갔다. 백인 정착민의 수는 인디언보다 여덟 배가 많았다. 이제 제퍼슨은 장차 조지아로부터 크리크족과 체로키족을 이주시키는 일을 연방정부에 위임했다. 윌리엄 헨리 해리슨William Henry Harrison 지사가 다스리는 인디애나 준주[10)]에서는 인디언에 대한 침략행위가 급증했다.

1803년 프랑스로부터 루이지애나 준주를 사들여 영토 규모가 두 배로 되자 — 이로써 서쪽 국경이 애팔래치아 산맥에서 미시시피 강을 건너 로키 산맥까지 확장됐다 — 제퍼슨은 인디언을 그곳으로 이주시켜도 되겠다고 생각했다. 제퍼슨은 인디언들이 좀더 좁은 지역에 정착해 농사를 짓도록 장려해야 한다고 연방의회에 제안했다. 또한 백인과 교역을 시켜 부채를 지게끔 하고 이 부채를 땅으로 상환하게 만들어야 한다고 제안했다. "…… 두 가지 조치가 편리하다고 생각합니다. 첫째는 사냥을 포기하도록 장려하는 것이고……. 둘째는 인디언들 사이에 교역소를 늘려서 …… 그들을 농경과 제조업, 문명으로 이끄는 것입니다……."

"농경 …… 제조업 …… 문명"에 관한 제퍼슨의 발언은 매우 중요하다. 광활한 미대륙 땅에서 농업, 상업, 시장, 화폐와 근대 자본주의 발전의 길을 열기 위해서는 인디언이 물러나야 했다. 이 모두를 위해서는 토지가 절대적으로 필요했으며, 혁명 이후 조지 워싱턴과 패트릭 헨리를 비롯한 부유한 투기업자들은 거대한 땅을 구입했다. 치카소족은 혁명군의 편에서 싸운 몇 안 되는 인디언 부족 가운데 하나였고 그들의 땅을 보증한다는 조약을 체결했는데도 그들이 소유한 노스캐롤라이나의 땅이 판매에 부쳐졌다. 주州 측량기사였던 존 도넬슨John Donelson은 결국 지금의 채타누가Chattanooga 인근의 토지 2만 에이커를 차지했다. 도넬슨의 사위는 1795년에 토지 거래 일로 내시빌에서

---

10) Indiana Territory: 준주州는 아직 주state의 자격을 얻지 못한 지역을 가리키는 말이다. 1787년의 서북부 영지법Northwestern Ordinance에 따르면 성인 남자 자유민의 인구가 5,000명이 될 때까지는 연방의회에서 1명의 지사와 3명의 판사를 파견해 관리하며 5,000명을 넘어서면 주민들이 자체의 의회를 세우고 연방에는 투표권이 없는 1명의 대표자를 파견한다. 성인 남자 자유민의 수가 6만을 넘어서면 비로소 주로서 독립해 다른 모든 주와 같이 연방에 하원의원과 상원의원을 내보낼 수 있었다.

스물두 차례나 출장을 다녔다. 그가 바로 앤드루 잭슨이었다.

잭슨은 토지 투기업자이자 상인, 노예무역상이었다. 또한 초기 미국 역사상 인디언의 가장 호전적인 적이었다. 잭슨은 1812년의 전쟁으로 영웅이 됐는데, 이 전쟁은 (미국 교과서들이 흔히 묘사하듯이) 생존을 위한 영국과의 전쟁이라기보다는 새 국가를 플로리다와 캐나다, 인디언 영토로 팽창시키기 위한 전쟁이었다.

쇼니족Shawnees의 추장이자 저명한 웅변가였던 테쿰세Tecumseh는 백인의 침략에 맞서 인디언을 단결시키기 위해 노력했다.

이런 악을 저지하고 막아내기 위한 방법, 아니 유일한 방법은 모든 인디언이 처음에도 그랬고 지금도 여전히 그러해야 하는 것처럼 토지에 대한 공유권과 평등권을 주장하면서 단결하는 것이다. 우리의 땅은 한번도 나누어진 적이 없고 각자의 쓸모대로 이용하기 위해 모두가 소유하고 있는 것이다. 이방인들 ― 이들은 전부를 원하며 조금으로는 만족하려 하지 않는다 ― 에게는 말할 것도 없고 우리에게도 서로 땅을 팔 수 있는 권리는 아무도 갖고 있지 않다.

동료 인디언들이 미국 정부에 설득당해 넓은 땅을 양도하는 데 화가 난 테쿰세는 1811년에 앨라배마의 탤라푸사Tallapoosa 강변에 5,000명의 인디언을 집결시켜 이렇게 말했다. "백인 족속을 없애 버립시다. 저들은 여러분의 땅을 빼앗고 여자들을 타락시키며 죽은 사람들의 유골을 짓밟고 있습니다! 그들이 온 곳으로 핏자국을 따라 그들을 몰아내야 합니다."

조지아와 앨라배마, 미시시피의 대부분을 차지하고 있던 크리크족은 서로 분열되어 있었다. 일부는 평화롭게 살고자 백인의 문명을 기꺼이 받아들였다. 자신들의 땅과 문화를 고집하는 이들은 '붉은막대기들Red Sticks'이라고 불렸다. 붉은막대기들이 1813년 밈스 요새Fort Mims에서 250명을 몰살하자, 잭슨의 군대는 크리크족 마을 한 곳을 불태워 남자와 여자, 어린이를 죽였다. 잭슨은 여기에서 토지와 약탈품을 보상금으로 약속하는 전술을 수립했다. " …… 체로키족이나 우호적인 크리크족, 백인 등 어느 쪽이든 붉은막대기들의 재산을 뺏는다면 그 재산은 빼앗은 자의 소유가 된다."

잭슨의 사병 모두가 전투에 열광한 것은 아니었다. 항명하는 경우도 있었다. 사병들은 배가 고팠고 이미 복무기간이 끝났으며 싸움에 지쳐 집으로 돌아가기를 원했다. 잭슨은 아내에게 보낸 편지에서 "한때 용감하고 애국적이던 자원병들이 …… 이제는 오로지 푸념과 불평만 일삼는 선동꾼, 항명자가 …… 되고 말았소……"라고 말했다. 자기 식량을 깨끗하게 간수하지 못하고 총으로 지휘관을 위협했던 17살의 한 병사가 군사재판에서 사형선고를 받았을 때, 잭슨은 감형 청원을 기각하고 사형 집행을 명령했다. 그러고는 총살형 집행대의 소리가 들리지 않는 곳으로 가 버렸다.

1,000명의 크리크족과 싸워 아군에는 별 피해 없이 800명을 살상한 1814년의 말편자만곡부전투Battle of Horseshoe Bend로 잭슨은 국민적 영웅이 됐다. 잭슨의 백인부대는 크리크족에 대한 정면공격에 실패했으나, 정부와의 우호 관계를 약속받고 전쟁에 가담한 체로키족이 강을 헤엄쳐 건너 크리크족 배후를 기습해 잭슨에게 승리를 가져다줬다.

전쟁이 끝나자 잭슨과 동료들은 노획한 크리크족 땅을 매점하기 시작했다. 잭슨은 자기 자신을 협정감독관으로 임명하고 크리크족 땅의 절반을 차지하는 협정을 지휘했다. 로진에 의하면 이 협정은 "미대륙 남부에서 단일의 것으로는 가장 큰 인디언 할양지"였다. 이 협정으로 잭슨에 대항했던 크리크족만이 아니라 잭슨 편에 서서 싸웠던 크리크족의 땅도 빼앗았는데, 우호적인 크리크족의 추장 큰전사Big Warrior가 이에 항의하자 잭슨은 이렇게 말했다.

이봐 들어봐……. 설령 당신네 부족의 땅을 모두 빼앗았더라도 위대한 영혼〔Great Spirit. 북미 인디언의 주신主神은 미국이 옳다고 했을 거야……. 들어보라고—사실 크리크족의 추장이나 전사 대부분이 미국의 힘을 존중하지 않았잖아—우리가 대수롭지 않은 국가라고—영국에게 압도당할 것이라고 생각했잖아……. 쇠고기를 먹고도 배가 불렀지—채찍질을 자초한 거야……. 우리는 그럴 때 적들이 제정신을 차리도록 피를 흘리게 만든다고.

로진의 말처럼 "잭슨은 '크리크 부족의 가장 좋은 땅'을 정복했고, 이것은 곧 서남부 지방의 번영을 보장해 줬다. 잭슨은 팽창일로의 면화 왕국에 귀중하고 광활한 토지를 제공했던 것이다."

1814년에 잭슨이 크리크족과 맺은 협정은 새롭고 중대한 사태의 시작을 알리는 것이었다. 이 협정은 인디언들에게 토지에 대한 개인소유권을 부여함으로써 인디언을 서로 분열시키고 토지의 공동소유제를 파괴했으며 일부는 땅으로 매수하고 나머지는 무시해 버렸다—서구 자본주의의 정신을 특징짓는 경쟁과 묵계를 도입한 것이다. 이것은 인디언을 '문명'으로 끌어들임으로써 그들을 다룬다는 낡은 제퍼슨식의 사고와 잘 어울렸다.

1814~1824년까지 남부 인디언들과 체결한 일련의 협정들을 통해 백인들은 앨라배마와 플로리다의 4분의 3, 테네시의 3분의 1, 조지아와 미시시피의 5분의 1, 켄터키와 노스캐롤라이나의 일부 지역 등을 차지하게 됐다. 잭슨은 이런 협정을 체결할 때마다 핵심적인 역할을 했으며, 로진에 따르면 "잭슨의 친구와 친지들이—인디언 대리인이나 거래상, 협정감독관, 측량관, 토지중개인 등의— 임명권 대부분을 차지했다……."

잭슨은 협정이 이루어진 방식을 이렇게 설명했다. "…… 우리는 모든 인디언 부족이 갖고 있는 주된 지배적인 열정, 즉 탐욕이나 공포에 실감나게 호소했다." 잭슨은 백인 개척지 거주민들에게 인디언 땅으로 이동할 것을 장려하고는 인디언들에게는 정부가 백인들을 이주시킬 수는 없으므로 땅을 양도하지 않으면 소탕당할 것이라고 말했다. 로진의 말에 따르면 잭슨은 또한 "대규모의 뇌물행각을 자행했다."

이런 협정과 토지 약탈은 노예 대농장으로 이루어진 면화 왕국을 건설하기 위한 토대를 마련했다. 크리크족이 안전을 약속받으면서 한 지역에서 다음 지역으로 쫓겨나는 협정을 조인할 때마다 백인들은 새로운 지역으로 이동해 왔다. 크리크족은 또 다른 지역에서 안전을 약속받는 대가로 다시 땅을 포기하는, 또 다른 협정을 조인하지 않을 수 없다고 느꼈다.

잭슨의 활약으로 백인 정착지는 스페인령 플로리다 경계까지 뻗어 나갔다. 그곳에는 일부 붉은막대기 피난민들과 함께 세미놀Seminole족이 마을을 이루고 있었으며, 영국인 앞잡이들은 이들에게 미국에 저항하라고 부추기고 있었다. 정착민들이 인디언 땅으로 이동해 왔다. 인디언들은 공격했다. 양편 모두가 잔학행위를 자행했다. 몇몇 마을에서 백인 살해 혐의로 고발당한 사람을 넘겨주길 거부하자 잭슨은 마을을 파괴하라고 명령했다.

또 다른 세미놀족의 도발이 있었다. 도망친 흑인 노예들이 세미놀족 마을로 피신한 것이었다. 일부 세미놀족이 흑인 노예를 사거나 노획했지만, 세미놀족의 노예제는 면화 대농장의 노예제보다는 아프리카 노예제에 가까웠다. 노예들은 대개 자신들만의 마을을 이루어 살았고, 자식들은 종종 자유의 몸이 됐으며, 인디언과 흑인 사이의 결혼이 성행하게 되어 곧 인디언과 흑인이 함께 사는 마을이 생겼다 ─ 이 모든 사태를 자신들의 노예로 하여금 자유를 갈망하게 만드는 유혹이라고 본 남부 노예소유주들은 분노를 금치 못했다.

잭슨은 플로리다가 탈주 노예와 약탈을 일삼는 인디언들의 은신처라고 주장하면서 습격을 시작했다. 잭슨의 말에 따르면 플로리다는 미국의 방위에 없어서는 안 될 지역이었다. 이것은 근대 정복전쟁의 고전적인 서문이 된 말이었다. 그렇게 시작된 1818년의 세미놀 전쟁Seminole War으로 미국은 플로리다를 획득하게 됐다. 학교 교실의 지도에는 "1819년 플로리다 매입Florida Purchase"라고 고상하게 표기되어 있다— 그러나 이것은 스페인이 땅을 팔도록 '설득'당할 때까지, 앤드루 잭슨이 플로리다 국경 전역에 걸쳐 세미놀족 마을을 불태우고 스페인 항구를 탈취한 군사작전의 결과였다. 잭슨은 자기 말에 따르면 '자기 방어라는 불변의 법칙'에 따라 행동했다.

뒤이어 잭슨은 플로리다 준주의 지사가 됐다. 이제 친구와 친지들에게 사업상의 훌륭한 조언을 해줄 수 있게 됐다. 조카에게는 펜사콜라Pensacola의 토지를 팔지 말고 갖고 있으라고 일러 줬다. 군대 의무감醫務監이던 친구에게는 노예가격이 곧 오를 것이므로 가능한 많은 노예를 사 두라고 넌지시 말해 줬다.

잭슨은 또한 군인직을 떠나면서 장교들에게 높은 탈영률에 대처하는 방법에 관해 충고해 줬다. (가난한 백인들은 — 설령 처음에는 기꺼이 목숨을 바치려고 했을지라도 — 전쟁의 보상이 부자들에게 돌아간다는 사실을 알게 됐을 것이다). 잭슨은 처음 한두 번은 매질을 하고 세 번째는 처형을 해버리라고 말했다.

저명한 역사가가 쓴 잭슨 시대에 관한 손꼽히는 책들(아서 슐레진저Arthur Schlesinger의 『잭슨 시대The Age of Jackson』, 마빈 메이어즈Marvin Meyers의 『잭슨주의의 설득력Jacksonian Persuasion』)에는 잭슨의 인디언 정책에 대해서는 언급하지 않은 채 관세정책, 금융정책, 정당정치, 정치적인 미사여구 등에 관해서만 많은 논의를 할애하고 있다. 고등학교나 초등학교의 미국사 교과서를 죽 읽어가다 보면 — 노예소유주, 토지투기업자, 항명 병사를 처형한 인간, 인디언을 절멸시킨 인간으로서의 잭슨이 아니라 — 개척자이자 군인, 민주주의자,

국민적 영웅인 잭슨만이 등장한다.

이것은 단지 지나고 나서 보니 그런(과거에 관해 **다르게** 되돌아보기 위한 표현) 것이 아니다. 1828년에 잭슨이 (제퍼슨, 매디슨, 먼로의 뒤를 이은 존 퀸시 애덤스John Quincy Adams에 뒤이어) 대통령으로 선출된 뒤, 인디언 이주 법안이 연방의회에 상정됐는데, 그것은 당시 잭슨 행정부의 '주요 정책'이자 전쟁과 평화의 문제를 제외하고는 '연방의회에 상정된 가장 큰 현안'이었다. 이 무렵 양당이었던 민주당과 휘그당은 은행과 관세 문제에는 이견을 보였지만 가난한 백인이나 흑인, 인디언에 관한 결정적으로 중요한 쟁점에 관해서는 그렇지 않았다 ― 비록 일부 백인 노동대중이 부자들의 은행에 반대한다는 이유로 잭슨을 자신들의 영웅으로 생각하기는 했지만.

잭슨과 그가 직접 후계자로 고른 마틴 밴 뷰런Martin Van Buren의 통치하에서 미시시피 강 동쪽에 살던 7만 명의 인디언이 서부로 억지로 내몰렸다. 북부에서는 그만큼 많은 수는 아니었고 뉴욕 주의 이로쿼이 연맹은 그대로 머물렀다. 그러나 검은매 전쟁Black Hawk War(에이브러햄 링컨이 직접 전투에 참가하지는 않았지만 장교로 복무했던 전쟁)이 끝난 뒤 일리노이의 색족Sacs과 폭스족Foxes 인디언들은 이주를 해야 했다. 추장 검은매는 전투에서 패해 사로잡힌 1832년에 항복연설을 했다.

> 나는 열심히 싸웠다. 하지만 당신들의 총은 정확히 조준됐다. 총알은 새처럼 대기를 날았고 겨울에 나무 사이를 가르는 바람처럼 우리 귓전을 핑하고 지나갔다. 내 주위에 있던 전사들은 쓰러졌다……. 아침의 태양은 우리 머리 위로 희미하게 떠올랐고 밤에는 어두운 구름 속으로 잠겼으니 마치 둥그런 불덩이처럼 보였다. 그것이 검은매를 비춘 마지막 태양이었다……. 이제는 백인의 포로지만……. 인디언이 부끄러워해야 할 것은 하나도 없다. 검은매는 해마다

몰려와서 우리를 속이고 땅을 빼앗은 백인들에 맞서 자기 동포와 아내, 아이들을 위해 싸웠다. 당신들은 우리가 전쟁을 벌인 이유를 알고 있다. 모든 백인이 다 알고 있다. 백인들은 부끄러워해야 한다. 인디언은 속일 줄 모른다. 백인들은 인디언을 나쁘게 이야기하고 악의에 찬 눈길을 보낸다. 하지만 인디언은 거짓말을 하지 않는다. 인디언은 도둑질을 하지 않는다.

백인만큼 나쁜 인디언은 우리 부족 사이에서 살 수 없으며 사형에 처해져 늑대의 밥이 될 뿐이다. 백인은 사악한 선생으로서 그릇된 책을 갖고 다니면서 잘못된 행동을 하고, 불쌍한 인디언을 속이려고 면전에서 웃음을 흘리고, 믿음을 사려고 악수를 하고, 속이기 위해 술을 먹이고, 우리 부녀자들을 타락시킨다. 우리를 내버려두라고, 우리한테서 떨어지라고 말했지만, 백인들은 계속해서 따라다니면서 우리가 가는 길을 막고 뱀처럼 우리를 휘감았다. 백인들은 우리를 건드려 몹쓸 풍조에 물들게 했다. 우리는 안전하지 않았다. 우리는 위험 속에서 살았다. 우리도 백인들처럼 위선자, 거짓말쟁이, 더러운 게으름뱅이, 일은 하지 않으면서 말만 많은 놈팡이가 되어가고 있었다…….

백인들은 머리가죽을 벗기지는 않지만 더 나쁜 짓을 한다—심장에 독을 풀어 넣는 것이다……. 나의 부족이여 안녕! …… 검은매여 안녕.

검은매의 비탄한 심정은 부분적으로는 그가 사로잡힌 경위 때문이었을 것이다. 백인 부대에 맞서 최후까지 저항할 만한 충분한 지원을 받지 못한 전사들이 굶주린 채 미시시피 강 건너편까지 추적을 당하게 되자 검은매는 백기를 들었다. 미국인 지휘관은 후에 이렇게 설명했다. "우리가 접근하자 인디언들이 백기를 추켜올려 우리를 유인하려 했다. 하지만 그런 미끼에 속아 넘어가기에 우리는 너무 노련했다." 병사들은 발포했고 전사들뿐 아니라 여자와 어린아이까지 죽였다. 검은매는 도망쳤으나 군대에 고용된 수족Siouxs에게 추격당해 사로잡혔다. 어느 정부 관리는 색족과 폭스족 인디언에게 이렇게 말했다. "우리의 큰아버지〔Great Father. 백인들이 인디언을 상대로 미국 대통령을 지칭한 말〕는 …… 이제 더 이상 참지 않을 것이다. 그들을 교화시키려고 해보았지만 점점 나빠지기만 했다. 큰아버지는 이 지구상에서 그들을 쓸어버리기로 결심했다……. 좋아질 가능성이 없으면 죽여 버려야만 한다."

전쟁장관과 미시건 준주 지사 및 프랑스 공사를 역임하고 대통령 후보에 올랐던 루이스 캐스Lewis Cass는 인디언 이주를 이렇게 설명했다.

> 점진적인 개선이라는 원칙은 거의 인간본성으로 타고난 것 같다……. 우리 모두는 많은 명예나 권력, 또는 우리가 상상하는 백일몽을 실현시킬 수 있는 다른 목표를 얻기 위해 일생 동안 노력하며, 이런 노력이 집적되어 사회의 진보를 이룬다. 그러나 우리 야만인들의 체질 속에는 이 가운데 어느 하나도 존재하지 않는다.

캐스 — 거드름피우고 잘난 체 하며 명예를 중시했다(하버드 대학은 인디언 이주가 한창이던 1836년에 그에게 명예법학박사 학위를 수여했다) — 는 인디언 문제의 전문가로 자처했다. 그러나 캐스는, 리처드 드리넌Richard Drinnon의 말을 빌리면(『미국이 경험한 폭력: 서부의 획득Violence in the American Experience: Winning the West』) "인디언의 삶에 대한 믿기 어려울 정도의 무지"를 거듭해서 보여줬다. 미시건 준주 지사 시절 캐스는 협정을 통해 인디언으로부터 수백만 에이커의 땅을 빼앗았다. "우리는 종종 인디언의 기질과 상충되는 그들의 이해를 증진시켜 주어야 한다."

1830년 『북아메리카 평론North American Review』에 실린 캐스의 글은 인디언 이주에 관한 옹호론을 펴고 있다. 그의 말에 의하면, 우리는 "이들 지역을 개척하고 자유와 종교와 과학이 영향력을 확대시키게 만들어 준 문명과 진보의 진척, 산업과 기술의 승리"를 유감스럽게 여겨서는 안 된다. 캐스는 "희생을 최소화"시키면서 이 모든 과정을 이룰 수 있기를 바랐다. "원주민들은 환경의 불가피한 변화에 적응해야 했다……. 그러나 이런 바람은 헛된 것이다. 사냥으로 얻는 부족하고 불안정한 양식에 생계를 의지하는 야만인들이 문명사회와 접촉하면서 살아갈 수는 없는 노릇이다."

이에 대해 드리넌은 (1969년에 글을 쓰면서) 이렇게 논평했다. "체로키족과 세미놀족, 그리고 훗날 샤이언족Cheyennes과 필리핀인, 베트남인과 같은 원주민들의 마을을 불태우고 그들을 몰아낸 모든 필연적인 이유가 여기에 있었다."

캐스는 1825년에 쇼니족 및 체로키족과 만난 협정 회담에서, 인디언들이 미시시피 강을 건너 새로운 땅으로 이동하기만 한다면 "미국은 그곳에서 다시는 당신들 땅을 요구하지 않을 것"이라고 약속했다. "당신들의 큰아버지인 합중국 대통령의 이름을 걸고 약속한다. 여러분은 큰아버지가 자식이나 매한가지인 홍인종들에게 할당한 이 땅에서 자자손손 살아갈 것이다."

캐스의 글이 실린 『북아메리카 평론』의 주필은 캐스에게 그의 계획이 단지 "인디언의 운명을 늦추는 것일 뿐"이라고 말했다. "반세기만 지나면 미시시피 강 건너편의 사정도 지금 이곳의 사정과 마찬가지가 될 것입니다. 인디언의 절멸은 불가피한 일입니다." 드리넌이 지적하듯이, 캐스는 이 말에 대해 논박하지 않은 채 글을 그대로 기고했다.

인디언이 물려받은 모든 전통은 자신들의 땅에서 떠나는 데 반대하는 목소리를 높이게 만들었다. 땅을 넘기는 대가로 돈을 제시받은 크리크족은 회의를 연 뒤 이렇게 말했다. "우리는 우리의 선조와 친구들이 묻혀 있는 땅을 넘겨주고 돈을 받지는 않을 것이다." 몇 해 전, 촉토족의 나이든 추장은 먼로 대통령의 이주에 관한 언급에 답하면서 이렇게 말했다. "아버지[대통령]의 요청에 응할 수 없어 유감이오……. 우리는 숲의 풀처럼 우리가 자라온 이 땅에 남기를 바라지 다른 땅에 옮겨 심어지는 것은 바라지 않소이다." 세미놀족의 한 추장은 존 퀸시 애덤스에게 이렇게 말했다. "우리는 이곳에서 탯줄을 끊고 태어나 그 피를 이 땅에 묻었으며 때문에 이 고장을 소중히 여기게 됐소."

인디언들 모두가 자신들은 '자식'으로 대통령은 '아버지'로 부른 백인 관리들의 명명법을 그대로 받아들인 것은 아니었다. 테쿰세가 인디언 전쟁의 부사이사 장래에 대통령이 된 윌리엄 헨리 해리슨을 만난 자리에서 통역관은 "당신 아버지가 의자에 앉으라고 하십니다"라고 말했다. 테쿰세는 대답했다. "내 아버지라고! 태양이 나의 아버지며, 대지가 나의 어머니다. 난 어머니 가슴에 편히 눕겠다."

잭슨이 대통령에 당선되자마자 조지아, 앨라배마, 미시시피 주는 자신들의 영토에 거주하는 인디언에 대해 주의 통치권을 확대하는 법안을 통과시키기 시작했다. 이들 법률을 통해 인디언들은 법적 단위로서의 부족이 폐지되고, 부족회의가 불법화되고, 추장의 권한이 사라졌으며, 민병대 및 주세州稅의 의무를 지게 됐지만 투표권 및 소송권, 법정에서 증언할 수 있는 권리는 갖지 못했다. 인디언 영토는 분할되어 주에서 실시하는 추첨에 의해 분배됐다. 백인들은 인디언 땅에 정착하도록 장려됐다.

그러나 연방협정과 연방법률은 주 당국이 아니라 연방의회에 인디언 부족에 대한 권한을 부여하고 있었다. 1802년 연방의회에서 통과된 인디언 통상교류법Indian Trade and Intercourse Act에 의하면, 인디언 부족과의 협정에 의하지 않고는 토지를 할양받을 수 없고 인디언 영토에서는 연방법이 적용된다고 되어 있었다. 잭슨은 이를 무시한 채 각 주의 조치를 지지했다.

여기서 연방제도를 활용한 간단한 예를 볼 수 있다. 상황에 따라서는 주정부를 비난할 수도 있었고, 또 훨씬 더 교묘하게 설령 인디언에게 동정적이라 하더라도 모든 사람이 머리를 숙여야 하는 신비로운 법률을 비난할 수도 있었다. 전쟁장관 존 이튼John Eaton이 앨라배마(앨라배마라는 말 자체가 인디언식 명칭으로 '여기 우리 고이 잠들다'라는 뜻이다)의 크리크족에게 설명한 것처럼 "이렇게 하는 이유는 여러분의 큰아버지 때문이 아니라, 큰아버지를 비롯한 모든 국민이 존중해야 하는 이 나라의 법률 때문이다."

이제 적절한 전술이 발견되었다. 인디언들을 '강제로' 서부로 몰아내지는 않을 것이었다. 그러나 만약 계속 머물러 있는 쪽을 택한다면, 인디언들은 그들 부족과 개인의 권리를 파괴하고, 그들의 땅을 턱없이 탐내는 백인 정착민들의 끊임없는 괴롭힘과 침략을 당하게 만드는 주의 법률을 따라야만 하게 됐다. 하지만 자신들의 땅을 떠나는 경우에는 연방정부가 재정적 지원을 해주고 미시시피 강 건너편의 땅을 약속해 줄 것이었다. 촉토족 및 체로키족과 회담을 하기 위해 파견되는 육군 소령에게 내린 잭슨의 지령은 이를 이렇게 표현했다.

> 홍인종인 촉토족 자식들과 치카소족 자식들에게 귀담아 들으라고 말하라 ― 미시시피의 내 백인 자식들이 자기네 법을 인디언의 땅까지 확대시켰다고 …… 인디언들이 지금 있는 곳에서는 아버지도 그들이 미시시피 주의 법률에 복종해야 하는 사태로부터 막아 줄 수 없다고 말하라……. 연방정부general government는 각 주가 자신들의 권리를 행사하는 것을 승인할 수밖에 없을 것이다. 추장과 전사들에게 나는 그들의 친구이고, 친구로서 행동하기를 바라지만, 그들이 미시시피와 앨라배마의 주 경계선을 벗어나 이동해 내가 제공하는 땅에 정착함으로써 내 권한의 틀 내에서 친구가 되어야 한다고 전하라

―어떤 주의 경계에서도 벗어난 그곳에서는 자신의 땅을 소유하게 될 것이며, 풀이 자라거나 물이 흐르는 한 영원히 소유하게 될 것이다. 나는 그들을 보호하고 있고 앞으로도 보호할 것이며 그들의 친구이자 아버지이다.

인디언들은 수세대에 걸쳐 '풀이 자라거나 물이 흐르는 한'이라는 구절을 비통한 심정으로 되뇔 것이었다. (베트남전 참전군인인 한 인디언 병사는 1970년에 전쟁의 참사뿐만 아니라 인디언으로서 자신이 받은 학대에 관해 공개적으로 증언하는 자리에서 이 구절을 거듭 되풀이하며 눈물을 흘렸다).

잭슨이 대통령직에 오른 1829년에 조지아의 체로키족 영토에서 금이 발견됐다. 수천 명의 백인이 인디언 땅에 침입해 훼손하고 권리를 주장했다. 잭슨은 연방군대에 그들을 이주시키라고 명령했으며 백인뿐만 아니라 인디언에게도 채굴을 중단하라고 명령을 내렸다. 그러나 군대가 철수하자 백인들이 다시 모여들었으며, 잭슨은 조지아 당국의 권한에 간섭할 수 없다고 말했다.

백인 침입자들은 땅과 재산을 빼앗고 차지계약에 서명할 것을 강요했으며 이에 항의하는 인디언을 구타하거나 저항을 약화시키기 위해 술을 팔았고 인디언이 식량으로 사용하는 짐승을 재미 삼아 죽였다. 그러나 로진이 말하듯이, 모든 비난을 백인 폭도들에게만 돌려 버린다면 "대농장주의 이해관계와 정부의 정책결정이 행한 본질적인 역할"을 무시하는 처사가 될 것이다. 식량부족과 위스키, 군사공격 등을 통해 부족의 해체과정이 시작됐다. 인디언 사이의 폭력이 늘어났다.

강압과 기만 아래 맺어진 조약들은 크리크족과 촉토족, 치카소족의 부족 토지를 해체시켜 개인 소유지로 만들었고, 그 결과 각각의 개인은 청부업자와 투기업자, 정치인들의 희생양이 됐다. 치카소족은 개별적으로 자신들의 땅을 좋은 값에 팔아넘기고 별다른 어려움 없이 서부로 이주했다. 크리크족과 촉토족은 여전히 개인소유지에 남아 있었지만 대부분이 토지회사의 농간에 속아 땅을 빼앗겼다. 토지회사의 주주였던 조지아의 한 은행 총재에 따르면 "도둑질이 작금의 질서"였다.

인디언들이 워싱턴 당국에 호소하자 루이스 캐스는 이렇게 대답했다.

우리 시민들은 사려 했고 인디언들은 팔고자 했다……. 이런 대금 지불을 통한 양도행위는 정부의 권한을 완전히 벗어난 일로 보인다……. 인디언의 무절제한 습성을 법규로 단속할 수는 없는 노릇이다……. 앞으로도 으레 그렇겠지만 인디언들이 땅을 낭비해 버린다면, 심히 유감스러운 일이기는 하나 조약에 의해 부여된 권리를 행사하는 일일 뿐이다.

사기로 땅을 빼앗긴 크리크족은 돈과 식량이 없었기 때문에 서부 이주를 거부했다. 굶주린 크리크족은 백인들의 농장을 습격하기 시작했고, 조지아 민병대와 정착민들은 인디언 마을을 공격했다. 이렇게 해서 2차 크리크 전쟁 Second Creek War이 시작됐다. 인디언에 동정적이던 앨라배마의 한 신문은 이렇게 보도했다. "크리크족과의 전쟁은 새빨간 거짓말로 가득 차 있다. 이 전쟁은 불순한 인간들이 고안한 야비하고 극악무도한 계획으로, 무지한 종족이 자신들의 정당한 권리를 주장하지 못하게 하고 그나마 남아 있는 약간의 수입조차 모두 빼앗기 위한 것이다."

얼룩뱀Speckled Snake이라는 이름의 백 살이 넘은 크리크족 인디언은 앤드루 잭슨의 이주정책에 반발했다.

형제들이여! 나는 백인 큰아버지로부터 많은 이야기를 들어 왔다. 처음에 너른 바다를 건너왔을 때 그는 작은 …… 아주 작은 사람에 불과했다. 큰 배에 오랫동안 앉아 있어 다리에 쥐가 난 그는 불을 피울 조그만 땅을 구걸했다……. 그러나 인디언이 피워 놓은 불에 몸을 녹이고 인디언이 내준 옥수수죽으로 배를 채우자 백인은 아주 거대하게 되어 버렸다. 한걸음에 산맥을 건너고, 두 발로 평야와 계곡을 뒤덮었다. 손은 동쪽 바다와 서쪽 바다를 휘어잡았고 머리는 달에 기대었다. 그러고는 우리의 큰아버지가 됐다. 큰아버지는 홍인종 자식들을 사랑했고 이렇게 말했다. "내 발에 밟히지 않도록 조금 멀리 떨어져라." 형제들이여! 나는 큰아버지로부터 아주 많은 이야기를 들어 왔다. 그러나 큰아버지의 말은 항상 시작과 끝이 똑같다 ─ "조금 떨어져라. 너무 가까이에 있어."

『물려받은 땅을 빼앗긴 사람들*The Disinherited*』이라는 책에서 데일 밴 에브리Dale Van Every는 인디언들에게 이주가 무엇을 의미했는지를 이렇게 요약하고 있다.

인간의 잔학한 행위에 관한 오랜 기록 속에서 추방은 각기 다른 많은 민족의 고뇌에 찬 신음을 짜내었다. 그 중 동부에 살던 인디언이 당했던 만큼 파괴적인 타격을 받은 민족은 없었을 것이다. 인디언은 자신을 둘러싼 환경이 갖는 모든 자연적 특질 가운데서도 감각적 속성에 특히 민감했다. 인디언은 탁 트인 공간에서 살았다. 사냥꾼들만이 알 수 있는 모든 늪이나 숲 속의 공터, 언덕꼭대기, 바위, 샘, 샛강을 알고 있었다. 공기의 사적 소유만큼이나 불합리한 토지사유의 원칙을 결코 완전히 이해하지는 못했으나, 어떤 토지소유자보다 더 깊은 애정을 갖고 땅을 사랑했다. 인디언은 자신을 바위나 나무, 짐승이나 새처럼 땅의 일부로 생각했다. 고향 땅은 성스러운 땅으로서 조상의 뼈와 자기 종교의 자연물의 성골함이 묻힌 곳으로서 신성한 장소로 표상됐다. 고향땅의 폭포와 산등성이, 구름과 안개, 골짜기와 풀밭은 자신과 매일 영적 교섭을 나누는 무수한 정령들이 사는 곳이었다. 당시 모든 사람이 아메리카 대사막[11]이라고 알고 있던 황량한 지역, 즉 메마르고 나무 한 그루 없는 극서부의 평원으로 내몰리면서 두고 떠나야 했던 땅은, 다름 아닌 조상들의 전통과 자신의 영적 염원으로 지켜왔던 비에 씻긴 숲과 개울과 호수였던 것이다.

밴 에브리에 따르면, 1812년 영미 전쟁과 크리크 전쟁의 격동이 지나간 뒤인 1820년대 잭슨이 대통령이 되기 직전에는 남부 인디언과 백인이 종종 서로 아주 가까이에 정착해 살기도 했으며 그들 모두에게 풍족해 보이는 자연환경 아래서 평화롭게 살고 있었다. 그들은 공동의 문제를 알게 됐다. 당연히 서로 사귀게 됐다. 백인이 인디언 마을을 방문하기도 했고 인디언들도 종종 백인 가정에 손님으로 초대받았다. 이런 환경에서 데이비 크로케트 Davy Crockett나 샘 휴스턴Sam Houston 같은 개척자들이 생겨났으며, ─ 잭슨과는 달리─ 두 사람 모두 인디언들과 평생의 친구가 됐다.

밴 에브리는 이주를 낳은 힘은 인디언의 이웃이던 가난한 백인 개척민들로부터 나온 것이 아니라고 주장한다. 그런 힘은 산업화와 상업, 인구와 철도 및 도시의 증가, 토지 가치의 상승, 사업가들의 탐욕 때문에 생겨난 것이었다. "정당 관리와 토지투기업자들이 점증하는 소동을 조작했고 …… 언론과 종교계에서 재빠르게 광란의 분위기를 만들어냈다." 그런 광란 속에서 인디언들은 결국 죽거나 추방당할 운명이었고, 토지투기업자는 더욱 부유해지고 정치인들의 권력은 더 커졌다. 가난한 백인 개척민들의 경우 최초의 폭력적인 충돌로

---

11) Great American Desert: 지금의 대평원Great Plains을 가리킨다. 1819년과 1820년에 오늘날의 네브라스카와 콜로라도 동부를 탐사한 스티븐 롱Stephen H. Long 소령이 보고서에서 미주리 강 서쪽 지역의 토지는 농경에 적합하지 않다고 하면서 지도에 아메리카 대사막이라고 표기했다.

내몰리면서 앞잡이 역할을 했지만 곧 필요 없는 존재가 됐다.

이미 체로키족들은 서부의 아름답고 숲이 우거진 아칸소 땅으로 세 차례에 걸쳐 자발적으로 이주했지만, 그곳에서 인디언들은 곧바로 백인 정착민, 사냥꾼, 덫사냥꾼 등에게 둘러싸여 침입을 받게 됐다. 서부 체로키족은 이제 더 서쪽으로 이동해야만 했으며 이번에는 메마른 땅으로, 백인 정착민들이 오기에는 너무나도 황량한 땅으로 가야 했다. 1828년에 서부 체로키족과 조약을 체결하면서 연방정부는 새로운 영토를 "미국의 가장 확고한 보증하에 영원히 머무를 수 있는 …… 영구적인 고향"이라고 발표했다. 하지만 이것은 또 하나의 거짓말이었고, 이주하라는 백인들의 압박을 받으면서 여전히 동부에 남아 있던 체로키족의 4분의 3 정도가 서부로 간 체로키족의 곤경을 알게 됐다.

조지아, 앨라배마, 테네시에서 90만 명의 백인들에게 둘러싸여 있던 1만 7,000명의 체로키족은 생존하기 위해서는 백인의 세계에 적응해야겠다고 결심했다. 그들은 농부나 대장장이, 목수, 석공, 자산소유자가 됐다. 1826년의 한 인구조사에 따르면 소 2만 2,000마리, 말 7,600마리, 돼지 4만 6,000마리, 직기 726대, 물레 2,488대, 짐마차 172대, 쟁기 2,943개, 제재소 10개소, 제분소 31개소, 대장간 62개소, 솜틀기계 8대, 학교 18개소가 있었다.

체로키의 언어 — 매우 시적이고 은유적이며 아름답고 인상적인 언어로 춤과 연극, 의식儀式에 의해 보충됐다 — 는 항상 소리와 몸짓으로 이루어진 언어였다. 이제 추장 세쿼이아Sequoyah가 문자를 창안해 수천 명이 배우게 됐다. 새로 창설된 입법회의Legislative Council에서 인쇄소를 만들 예산이 통과됐고, 1828년 2월 21일자부터 영어와 세쿼이아의 체로키 문자로 인쇄된『체로키 피닉스Cherokee Phoenix』라는 신문을 발간하기 시작했다.

이전에는 다른 인디언 부족과 마찬가지로 체로키족도 공식적인 정부가

없었다. 밴 에브리가 말하는 것처럼,

> 인디언 정부의 설립원칙은 언제나 정부를 거부하는 것이었다. 실제로 멕시코 이북의 모든 인디언들은 개인의 자유를 공동체나 부족에 대한 개인의 의무보다 훨씬 더 소중한 규범으로 생각했다. 사회의 최소단위인 가족에서부터 이런 무정부주의적 태도가 모든 행동을 지배했다. 인디언 부모들은 아이들을 벌주는 일을 체질적으로 싫어했다. 아이들이 고집을 부리는 것은 어떤 경우든 성숙한 인격의 발전을 보여주는 좋은 징조라고 받아들여졌다…….

매우 느슨하고 가변적인 성원으로 구성된 회의가 이따금 소집됐지만 여론의 영향을 받는 경우를 제외하고는 회의의 결정사항이 강요되지 않았다. 인디언들과 같이 살았던 모라비아교 성직자는 인디언 사회를 이렇게 묘사했다.

> 격동이나 내부 알력 없이 오랜 세월 동안 이런 식으로 유지되어 온, 이런 전통적인 정부는 아마도 전 세계에서 유례를 찾아볼 수 없을 것이다. 실정법이 아니라 그저 오랫동안 확립된 습성과 관습만이 있고, 법전이 아니라 앞선 시대의 경험이 있으며, 행정관이 아니라 조언자가 있음에도 사람들은 그에게 기꺼이 절대적으로 복종하는데, 여기서는 나이가 지위를 부여하고 지혜가 권한을 주며 도덕적인 선함이 보편적인 존중을 받을 자격을 보증한다.

그런데 백인사회에 둘러싸이게 되자 모든 것이 변화하기 시작했다. 체로키족들은 심지어 주변의 노예사회를 흉내 내기 시작했다. 1,000명 이상의 노예를 소유하게 된 것이다. 미국인들의 호의를 얻고자 밴 에브리가 말하는 것처럼 '엄청난 노력'을 기울이면서 백인들이 말하는 문명을 닮아가기 시작했다. 심지어 선교사나 기독교도 기쁘게 맞이했다. 그러나 어느 하나라도 그들이 사는 땅보다 매력적이지는 않았다.

인디언 사회의 변화 1831년에 조지 캐틀린George Catlin이 그린 것으로 인디언 추장이 백인들의 세계를 관찰하기 위해 여행을 떠날 때와 돌아올 때의 모습을 묘사했다.

1829년 연방의회에 보낸 교서에서 잭슨은 자신의 입장을 분명히 밝혔다. "미국 행정부는 조지아와 앨라배마 지역에 거주하는 인디언들이 독립된 정부를 수립하려는 시도에 찬성하지 않을 것이라고 통보했으며, 미시시피 강을 건너 이주하든지 아니면 해당 주의 법에 따르라고 충고했습니다." 연방의회는 이주법안을 서둘러 통과시켰다.

인디언 옹호론자도 있었다. 가장 유창한 옹호론자로 보이는 뉴저지 출신의 시어도어 프릴링히젠Theodoer Frelinghuysen 상원의원은 상원에서 이주문제에 대해 논박했다.

우리는 남부 개척지의 얼마 되지 않는 초라한 땅에 인디언 부족들을 밀어 넣었습니다. 이 땅이 한때 끝없는 숲 속에서 살았던 그들에게 남겨진 전부입니다. 그럼에도 만족을 모르는 우리의 탐욕은 말거머리처럼 "달라! 달라!"라고 외칩니다……. 여러분 …… 정의에 대한 의무감이 피부색에 따라 달라지는 겁니까?

북부는 대부분 이주법안에 반대했다. 남부는 찬성했다. 하원에서는 102대 97로 통과됐다. 상원에서는 가까스로 통과됐다. 무력에 대한 언급은 없었고, 인디언의 이주를 돕는 내용만을 규정했다. 이것이 함축하는 바는 이주를 하지 않으면 보호나 재정적 지원을 받지 못한 채 주 당국의 임의대로 처리할 수 있다는 것이었다.

이제 인디언 부족에 대한 압력이 차례로 가해졌다. 촉토족은 떠나고 싶은 마음이 없었지만, 대표단 중 50명에게 비밀리에 돈과 땅이라는 뇌물이 제시됐고 춤추는토끼샛강조약Treaty of Dancing Rabbit Creek이 체결됐다. 그들은 이주 시의 재정적 지원, 남겨둔 재산에 대한 보상금, 새로운 고향에서의 1년치 식량, 그리고 다시는 이주를 요구하지 않겠다는 약속을 받고 미시시피 강 동쪽의 땅을 미국 정부에 할양했다. 미시시피 주에 살고 있던 2만여 촉토족 대다수는 이 조약을 증오했지만 압력은 저항할 수 없을 정도로 강해졌다. 술장사와 사기꾼을 비롯한 백인이 촉토족의 땅에 떼거리로 몰려들었다. 미시시피 주는 촉토족이 이주 문제에 관해 서로를 설득하려고 노력하는 행위를 범죄로 규정하는 법안을 통과시켰다.

1831년 말, 촉토족 1만 3,000명은 자신들이 알고 있던 곳과는 전혀 다른 토양과 기후를 가진 서부를 향해 긴 여행길에 올랐다. "호위병들의 인도 아래 대리인들에게 떠밀리고 청부업자들에게 유린당하면서, 그들은 미지의 달갑지 않은 종착지를 향해 병든 양떼처럼 무리 지어 가고 있었다." 우마차나 말을 타거나 두 다리에 의지한 채 길을 걸었고 나룻배를 타고 미시시피 강을 건넜다. 군대가 집단이주를 책임질 예정이었지만 군대는 그 일을 민간 청부업자들에게 넘겨줬고, 청부업자들은 정부에는 가능한 많은 대금을 청구하고 인디언에게는 가능한 한 적은 몫을 줬다. 모든 것이 혼란스러웠다. 식량은 사라져 버렸다. 기아가 닥쳐왔다. 다시 밴 에브리의 말을 들어보자.

> 삐걱거리는 우마차의 칙칙하고 기다란 행렬과 이리저리 내몰리는 가축떼, 질식할 듯한 보행자들이 늪과 숲을 지나고 강을 건너고 언덕을 넘어 천천히 서쪽으로 나아가면서 멕시코 만의 울창한 저지대로부터 서부의 메마른 평원으로 느릿느릿 전력을 다해 발걸음을 옮겼다. 죽기 직전의 발작처럼 고유한 인디언 세계의 마지막 흔적이 해체되고 있었으며, 무너져 내리는 과거 세계의 자취들은 낯선 새로운 세계 속으로 송두리째 쑤셔 넣어졌다.

촉토족의 첫 번째 겨울 이주는 기록상 가장 추운 때에 이루어진 것이었고 사람들은 폐렴으로 죽어가기 시작했다. 여름에는 대규모 콜레라 전염병이 미시시피 주를 휩쓸어 촉토족이 수백 명씩 목숨을 잃었다. 뒤에 남은 촉토족 7,000명은 이주를 거부하고 죽음 대신 복종을 택했다. 그들의 후손 대부분은 지금도 미시시피에 살고 있다.

체로키족은 조지아 주에서 통과된 일련의 법률에 직면하게 됐다. 땅을 빼앗기고 정부가 폐지됐으며 모든 집회가 금지됐다. 다른 사람들에게 이주하지 말라고 충고하는 체로키인은 투옥될 운명이었다. 체로키족은 법정에서 백인에게 불리한 증언을 할 수 없었다. 최근 자신들의 땅에서 발견된 금도 채굴할 수 없었다. 연방정부에 항의한 체로키족 대표단은 잭슨의 신임 전쟁장관 이튼으로부터 이런 답변을 받았다. "해가 지는 곳으로 가면 여러분은 행복을 누릴 것이고 거기서 평화롭고 조용하게 살게 될 것이다. 물이 흐르고 떡갈나무가 자라는 한 그 지방은 여러분의 땅임을 보증하며 어떤 백인도 여러분 근처에 정착하는 일을 허용하지 않을 것이다."

체로키 부족은 국가에 진정서를 접수하고 법원에 공개적인 탄원서를 제출했다. 그들은 자신들의 역사를 회고했다.

> 1783년에 평화가 이루어진 뒤 체로키족은 지구상의 어떤 민족과 마찬가지로 절대적으로 독립된 민족이었다. 그들은 대영제국과 동맹을 맺었다……. 미국은 결코 체로키족을 굴복시키지 못했으며, 오히려 우리 선조들은 땅을 차지한 채 무기를 들고 그대로 남아 있었다……. 1791년에 홀스턴Holston 조약이 체결됐다……. 비로소 체로키족은 자신들이 다름 아닌 미국의 보호 아래 있다는 사실을 깨달았다……. 미국에 땅을 할양하기도 했다. 한편 미국은 …… 백인은 이들 땅에서 사냥해서는 안 되고 통행증 없이 들어가서도 안 된다는 사실을 명문화함으로써 할양되지 않은 모든 체로키족의 땅에 대해서는 엄숙히 보증했다…….

이주에 대해서는 이렇게 논했다.

일각에서 미시시피 강 너머로 이주하는 것이 우리에게 이익이 되리라고 생각하고 있는 줄 안다. 우리는 그렇게 생각하지 않는다. 우리 부족은 대부분 그렇게 생각하지 않는다……. 우리는 우리 선조들의 땅에 그대로 남아 있고 싶다. 우리는 아무런 간섭이나 방해도 받지 않고 머무를 수 있는 완전하고도 원초적인 권리를 갖고 있다. 우리와 맺은 조약과 이 조약을 이행하기 위해 제정된 미국의 법률이 우리의 거주와 특권을 보증하고 있으며 침입자들로부터 우리를 보호해 주고 있다. 우리의 요구는 단지 이런 조약을 성실히 이행하고 법률을 시행하라는 것뿐이다…….

이제 그들은 역사를 넘어서, 법률을 넘어서 나아갔다.

우리는 앞서 말한 구절을 읽는 사람들에게 위대한 사랑의 법을 기억하라고 간절히 부탁하는 바이다. "남에게 받기를 원하는 바를 남에게 행하라" …… 원칙적으로 그대들의 선조는 어쩔 수 없이 고국을 떠날 처지에 놓였었고, 따라서 구세계로부터 쫓겨나 박해의 바람을 타고 대양을 건너 신세계의 해안에 닿았으니, 당시는 인디언이 이 광대한 영토의 유일한 주인이자 소유자였다는 사실을 기억하기를 간청한다 ― 아메리카의 야만인들이 권력을 쥐고 있고 인간의 어떤 무기로도 그들의 잔인성을 억제할 수 없었을 때, 신대륙에 도착한 당신네 선조들이 어떻게 환영받았는지를 기억하게 하라. 그들에게 찬물 한 사발, 땅 한 뙈기도 요구하지 않았던 사람들 …… 그 후예들로서 북아메리카 주민으로서의 기원과 역사, 전통 모두를 온전히 보여주기에는 불충분함을 기억할 것을 촉구한다. 그들에게 이 모든 사실을 기억하게 하라. 그리하면, 우리는 확신하건대, 그들은 틀림없이 기억하게 될 것이고 이런 시련과 고난에 처해 있는 우리에게 공감하게 될 것이다.

이에 대한 대답으로 잭슨은 1830년 12월에 의회에 보낸 두 번째 연례교서에서 촉토족과 치카소족은 이미 이주에 동의했으며, 나머지 인디언들의 '신속한 이주'가 모든 사람에게 많은 이익이 될 것이라고 지적했다. 백인의 경우에는 이를 통해 "지금은 소수 야만족 사냥꾼들이 차지하고 있는 넓은 지역에 많은 문명화된 주민이 들어서게 될 것입니다." 인디언의 경우에는 "아마 정부의 보호와 유익한 충고의 영향 아래 점차로 야만적인 습성을 벗어 던지고 흥미롭고 문명화된 기독교 사회를 이루게 될 것입니다."

잭슨은 귀에 익은 논지를 되풀이했다. "그 지방의 원주민에 대해 나 자신만큼 친밀한 감정에 빠질 수 있는 사람은 아무도 없습니다……." 그러나 "사람과 문명의 물결이 서부로 굽이치고 있으므로, 이에 우리는 적절한 교환조건으로 남부와 서부의 홍인종 지방을 얻고자 제의하는 바입니다."

조지아 주는 백인이 주 당국에 서약하지 않고 인디언 영토에 거주하는 것을 범죄로 규정하는 법안을 통과시켰다. 체로키 영토에 있던 백인 선교사들이 공공연하게 체로키족에 대한 동정을 표하며 거기에 계속 머물러 있자, 1831년 봄 조지아 민병대가 영토에 들어가 새뮤얼 우스터Samuel Worcestor를 포함한 선교사 세 명을 체포했다. 세 명은 자신들은 연방 공무원(우스터는 연방 우체국장이었다)으로서 보호받을 자격이 있다고 주장한 후에야 석방됐다. 잭슨 행정부는 즉각 우스터의 직위를 박탈했고, 그해 여름 민병대는 다시 체로키 영토에 진입해 10명의 선교사와 『체로키 피닉스』의 백인 인쇄공 한 명을 체포했다. 그들은 매를 맞고 사슬로 묶인 채 군郡 형무소까지 하루에 55킬로미터를 행군해야 했다. 배심원들은 심리 후 유죄를 선언했다. 아홉 명은 조지아 주법에 충성을 서약하는 데 동의하고 풀려났으나, 새뮤얼 우스터와 일라이저 버틀러Elizur Butlor는 체로키족을 억압하는 법의 정당성을 인정하지 않아 4년간의 중노동형을 선고받았다.

이 사건은 연방대법원에 상고됐고, 우스터 대 조지아 주 사건Worcester v. Georgia에서 존 마셜〔John Marshall. 당시 연방 대법원장〕은 다수의 견해를 대변하며, 우스터를 구속시킨 조지아 주법이 헌법에 의해 각 주에 구속력이 발휘되는 체로키족과의 조약을 위반한 것이라고 선고했다. 마셜은 우스터의 석방을 명령했다. 조지아 주는 마셜을 무시해 버렸고, 잭슨 대통령은 법원의 명령을 집행하기를 거부했다.

조지아 주는 이제 체로키족의 땅을 경매에 붙였고, 체로키족이 저항할 기미를 조금이라도 보이면 분쇄하기 위해 민병대를 파병했다. 체로키족은 비록 그들의 재산이 약탈당하고, 집이 불태워지고, 학교가 폐쇄되고, 여자들이 능욕당하고, 그들을 더욱 무력화시키기 위해 교회에서조차 술이 팔리고 있었지만 비폭력 노선을 견지했다.

체로키 문제에 대한 조지아 주의 권리를 선언한 바로 그 1832년에 잭슨은 다른 한쪽에서는 연방의 관세를 무효화한 사우스캐롤라이나 주의 권리를 비난하고 있었다. 1832년 잭슨의 무난한 재선(경쟁자 헨리 클레이Henry Clay를 68만 7,000표 대 53만 표로 눌렀다)은 그의 반反인디언 정책이 적어도 선거권이 있는 백인 남성(총인구 1,300만 명 중 약 200만 명)으로부터는 대중적인 지지를 받았음을 보여준다. 이제 잭슨은 인디언 이주를 신속히 진척시켰다. 촉토족의 대부분과 일부 체로키족이 이주를 했지만 아직도 앨라배마에 2만 2,000명의 크리크족이, 조지아에 1만 8,000명의 체로키족이, 플로리다에 5,000명의 세미놀족이 남아 있었다.

크리크족은 콜럼버스의 시대 이래로 스페인, 영국, 프랑스, 미국과 계속 싸워 왔다. 그러나 1832년에 이르면 그들은 앨라배마의 좁은 지역으로 내몰렸고, 반면에 앨라배마의 인구는 계속 증가해 이제 30만을 상회하고 있었다. 워싱턴을 방문한 크리크족 대표단은 연방정부의 터무니없는 약속을 근거로 워싱턴 조약Treaty of Washington을 체결함으로써 미시시피 강을 건너 이주하는 데 동의했다. 크리크족은 200만 에이커는 그들의 개인 소유로 팔든지, 연방정부의 보호 아래 앨라배마에 남아 있을 수 있다는 규정과 함께 500만 에이커를 포기했다.

밴 에브리는 이 조약에 관해 이렇게 적고 있다.

> 1832년까지 인디언과 백인 간에 지루한 외교관계의 역사가 있어 왔지만 백인 측에 의해 곧 파기되지 않은 조약은 단 한 건도 기록되어 있지 않다. …… 그럼에도 '영구적인', '영원히', '항상', '태양이 떠오르는 한'이라는 표현으로 장엄하게 미화됐다. …… 그러나 백인과 인디언 사이에 체결된 어떤 협정도 1832년의 워싱턴 조약만큼 빨리 폐기된 적은 없었다. 미합중국의 이름으로 이루어진 이 약속은 며칠 만에 깨져 버렸다.

크리크족 영토에 대한 백인의 침략이 시작되어 — 약탈자, 토지광, 사기꾼, 위스키 장사꾼, 살인청부업자 — 수천 명의 크리크족이 고향을 등진 채 늪지와 숲으로 내몰렸다. 연방정부는 아무 조치도 취하지 않았다. 오히려 크리크족 스스로 관리하고 연방정부가 재정 지원을 하는 방식으로 서부로 신속한 이주를 하는 내용의 새로운 조약을 협상했다. 이런 방식의 실현 가능성에 의심을 품은 한 대령은 이렇게 기록했다.

> 크리크족은 도중에 굶주리게 되는 사태를 두려워한다. 그들 대다수가 지금도

거의 굶어 죽어가고 있는데, 자신들의 책임 아래 장기간의 여행길에 오르는 일에 어찌 당혹스러워하지 않겠는가……. 당신은 이들 인디언이 지난 2, 3년 동안 겪은, 전반적으로 비교적 풍요로웠던 상태에서 무한한 불행과 궁핍 상태로의 추락에 관해 조금도 알지 못할 것이다. 인디언 땅에 대한 백인의 자유로운 난입, 인디언의 토지, 심지어는 경작지에 대한 잠식, 개개인에 대한 학대와 혹사, 흡사 메뚜기떼처럼 인디언의 생계수단을 게걸스럽게 먹어 치우고 인디언 집에 위스키가 넘쳐흐르게 만들고 한때 인디언이 가졌을지도 모르는 그나마 남아 있는 경작 의욕을 파괴한 상인 무리들……. 인디언들은 합중국의 적절한 보호를 받지 못하고 그들 스스로는 자기보호 능력도 갖지 못하고 있다는 느낌 속에서 위협받고 겁을 집어먹은 채 위압당하고 있다.

인디언을 동정하는 북부의 정치인들은 다른 문제에 정신이 팔려 희미하게 사라지는 듯 보였다. 대니얼 웹스터Daniel Webster가 상원에서 "법의 권위…… 연방정부의 권한"에 관해 격정적으로 연설했지만, 앨라배마와 조지아, 인디언에 대해서는 언급하지 않았다─사우스캐롤라이나의 관세법 무효화에 관해 언급했던 것이다.

많은 곤경 속에서도 크리크족은 생각을 바꾸지 않았으나, 1836년에 이르자 주정부와 연방정부의 모든 관리들은 크리크족이 이주해야 한다는 결정을 내렸다. 절망에 빠진 크리크족이 백인 정착민을 몇 차례 공격한 사건을 구실 삼아, 크리크족이 '전쟁'을 일으켰기 때문에 조약상의 권리를 상실했다는 선언이 이루어졌다.

이제 군대가 서부 이주를 밀어붙일 차례였다. 100명도 안 되는 크리크족만이 '전쟁'에 가담했을 뿐, 1,000여 명은 백인들의 보복을 두려워해 숲으로 달아났다. 1만 1,000명의 군인이 그들을 추격했다. 크리크족은 저항하지 않았고 총 한 방 쏘지 않은 채 항복했다. 군대는 반란자 또는 동조자로 간주한 크리크족을 집결시켜 남자들은 수갑과 사슬을 채우고 군의 호위 아래 서부로 끌고 갔고 여자와 어린이들이 그 뒤를 따랐다. 파견부대가 크리크족 마을에 난입해 주민들을 집결장소로 내몰고 2,000에서 3,000명 단위로 무리를 만들어 서부로 줄줄이 끌고 갔다. 크리크족의 땅이나 재산에 대한 보상에 관한 말은 한마디도 없었다.

촉토족의 이주 때 실패했던 것과 똑같은 방식으로 민간 청부업자들이 이주를 떠맡았다. 이번에도 역시 지연되기 일쑤였고 식량, 수용시설, 의복, 담요, 의약품 등은 부족했다. 마찬가지로 낡고 썩어빠진 기선과 나룻배에 정원을 훨씬 넘는 인원을 태우고 미시시피 강을 건넜다. "겨울이 되자 1만 5,000여 명의 크리크족이 끝없이 비틀거리며 아칸소의 끝에서 끝까지 행렬을 이루고 있었다." 기아와 질병으로 무수히 많은 사람들이 죽어갔다. 밴 에브리는 "뒤를 쫓는 이리떼의 울부짖음과 공중을 선회하는 대머리독수리떼로 멀리서도 추방자들의 행렬을 알아볼 수 있었다"라고 쓰고 있다.

800명의 크리크 남자들이 전투를 마치고 고향에 돌아올 때까지 가족들이 앨라배마에 남아 살면서 연방정부의 보호를 받을 수 있다는 약속을 받고 플로리다에서 세미놀족과 싸우는 미국 군대를 돕기 위해 지원했다. 약속은 지켜지지 않았다. 크리크족 가족들은 땅에 굶주린 백인 비적들의 습격을 받았다—약탈당하고 집에서 쫓겨났으며 여자들은 강간당했다. 그 뒤 군대는 안전을 위한다는 명목으로 가족들을 크리크족 영토에서 모빌 만Mobil Bay의 강제수용소로 이주시켰다. 그곳에서 수백 명의 사람들이 식량 부족과 질병으로 목숨을 잃었다.

세미놀 전쟁을 마치고 돌아온 전사들과 그 가족들은 서부로 내몰렸다. 뉴올리언스를 통과하는 중에는 황열병의 기습을 받았다. 그들은 미시시피 강을 건넜다 — 611명의 인디언이 먼머스Monmouth 호라는 낡은 기선에 빽빽이 실렸다. 배는 미시시피 강 바닥으로 가라앉고 311명이 목숨을 잃었으며, 그 중 4명은 플로리다에서 참전했던 크리크 자원병의 인디언 사령관의 자식이었다.

뉴올리언즈의 한 신문은 이렇게 보도했다.

이처럼 막대한 인명의 희생을 불러온 무시무시한 책임은 청부업자들에게 있다. …… 투기로 이윤을 늘리려는 이들의 탐욕스러운 기질은 단지 값싸게 조달할 수 있다는 이유로 녹슬고 낡아 항해에 견디기 어려운 기선을 전세 내는 결과를 낳았다. 그러고는 그렇게 늘어난 이윤을 더 부풀리기 위해 그 흔들리는 배에 인디언을 그렇게나 많이 태웠고, 친절한 대우는 물론이고 안전이나 편안함은 조금도 고려하지 않았다.

촉토족과 치카소족은 서둘러 이주에 동의했다. 크리크족은 완강히 맞서 결국 강제로 몰아내야 했다. 체로키족은 비폭력 저항을 실천했다. 한 부족 — 세미놀족 — 은 싸우기로 결의했다.

이제 플로리다가 합중국의 땅이 됐으므로 세미놀족의 영토는 미국의 토지약탈자들에게 활짝 개방됐다. 약탈자들은 세인트어거스틴St. Augustin에서 펜사콜라까지 북부 플로리다로 이동했고 뒤이어 비옥한 기다란 해안지대까지 내려왔다. 1823년 북부 플로리다의 대규모 개인토지를 소유하고 있던 소수 세미놀족이 몰트리 막사조약Treaty of Camp Moultrie에 서명함으로써 모든 세미놀족이 북부 플로리다와 해안지대를 떠나 내륙으로 이동한다는 데 동의했다. 이것은 식량을 재배할 수도 없고 야생동물 사냥조차 할 수 없는 중부 플로리다의 늪지대로 물러난다는 뜻이었다.

플로리다를 떠나 서부로 이동하라는 압력이 고조됐으며, 1834년에는 인디언 감독관이 세미놀족 지도자들을 모아 놓고 서부로 이주해야만 한다고 말했다. 당시 모임에서 세미놀족이 보인 몇 가지 반응이 있다.

우리 모두는 같은 큰아버지에게서 태어났으며 모두 그의 자식이다. 우리 모두 같은 어머니로부터 나서 같은 젖을 먹고 자랐다. 따라서 우리는 형제이며, 형제로서 서로를 우호적으로 대하는 것이 마땅하다.

당신네들의 이야기도 좋지만 우리 부족은 가겠다고 말할 수가 없다. 우리는 그렇게는 하고 싶지 않다. 비록 입으로는 그러겠다고 할지언정 마음속으로는 아니라고 절규하며 거짓말쟁이라고 부를 것이다.

갑작스레 우리 심장을 이제껏 얽혀 있는 고향으로부터 떼어 내려 한다면, 심장의 끈이 툭하고 끊겨 버릴 것이다.

인디언 담당관은 가까스로 추장 및 부추장 15명의 이주조약 조인을 얻어 냈고 합중국 상원은 신속하게 이를 비준했으며, 전쟁부는 이주를 위한 준비에 착수했다. 이제 백인과 세미놀족 간의 폭력이 분출했다.

인디언 감독관 톰슨Wiley Thompson에 의해 사슬에 묶인 채 투옥되고 자신의 아내가 노예로 넘겨졌던 세미놀족의 젊은 추장 오시올라Osceola가 점증하는 저항세력의 지도자가 됐다. 1835년 12월 톰슨이 세미놀족에게 이주를 위해 집결하라고 명령했으나 한 명도 나타나지 않았다. 대신 세미놀족은 내륙부터 플로리다 경계선 전역을 따라 연속해서 기습을 가하며 해안의 백인 정착촌을 상대로 일련의 게릴라전을 시작했다. 세미놀족은 백인 일가족을 살해하고

| 세미놀족 추장과 잭슨의 조약 | 1835년 세미놀족의 오시올라 추장이 잭슨 대통령이 제안한 조약 문서를 찢고 있다. 세미놀족은 백인의 침입을 막고 서쪽으로 밀려나지 않기 위해서 세 차례에 걸쳐 전쟁을 치렀다. |

노예를 노획했으며 재산을 파괴했다. 오시올라도 톰슨과 중위 한 명을 번개같은 일격으로 쓰러뜨렸다.

같은 날인 1835년 12월 28일 세미놀족은 종대로 행군하던 110명의 병사를 공격해 3명을 제외한 전원을 살해했다. 생존자 중 한 명은 훗날 이런 이야기를 남겼다.

> 여덟 시였다. 갑자기 라이플총 소리가 들려왔고 …… 머스켓총 소리가 뒤를 이었다……. 총소리를 분간할 겨를도 없이 수천 개의 총이 뿜어내는 듯한 일제 사격이 우리의 전면과 좌측에서 퍼부어졌다……. 멀리 혹은 가까이에서 키 큰 풀과 소나무 뒤로 힐끗 보이는 그들의 머리와 팔만을 볼 수 있었다…….

그것은 우세한 화력을 가진 적과 싸울 때 쓰는 인디언의 고전적인 전술이었다. 조지 워싱턴 장군은 휘하 장교에게 마지막 충고를 한 바 있었다. "세인트 클레어St. Clair 장군, 한마디로 기습을 조심하게……. 거듭 말하건대 장군, 기습을 조심하게."

이제 연방의회는 세미놀족과의 전쟁을 위한 지출을 승인하게 됐다. 켄터키 주의 헨리 클레이는 상원에서 전쟁에 반대했다. 그는 잭슨의 정적으로 인디언 이주정책에 대한 비판자였다. 그러나 클레이의 휘그당 동료 대니얼 웹스터는 당 노선을 뛰어넘는 단결을 보여줬고 이것은 미국이 벌이는 모든 전쟁의 규범이 됐다.

켄터키에서 오신 신사분의 견해는 의심할 여지없이 진실입니다. 그러나 전쟁이 고조되고 적들은 힘이 있으며 그들의 파괴에 관한 보고는 재난에 가깝습니다. 행정부는 이런 전쟁을 막기 위한 수단을 요청했으며, 이 법안의 통과는 전적으로 타당했습니다.

윈필드 스코트Winfield Scott 장군이 책임을 맡았지만, 세미놀 영토로 의기양양하게 행군한 그의 부대는 단 한 명도 찾아내지 못했다. 병사들은 진흙수렁, 늪지대, 무더위, 질병, 기아 등으로 지쳐갔다 — 자기 땅에 사는 민족과 싸우는 문명화된 군대가 겪는 고전적인 피로였다. 어느 누구도 플로리다 늪지대에서 세미놀족과 마주치기를 원치 않았다. 1836년 103명의 장교가 정규군대에서 사임해 46명만이 남았다. 1837년 봄, 제섭Thomas S. Jesup 소장이 1만 명의 군대를 이끌고 전쟁에 참가했으나, 세미놀족은 늪지대로 사라진 채 이따금씩 출몰해 고립된 병력에 타격을 입혔다.

전쟁은 몇 년 동안 계속됐다. 군대는 다른 인디언족을 모병해 세미놀족과 싸우게 했다. 하지만 이것도 효과가 없었다. 밴 에브리의 말을 들어보자. "세미놀족은 환경에 잘 적응했기 때문에 기중기나 수륙양용 전차가 있어야만 맞서 싸울 수 있었다." 전쟁은 8년을 끌었다. 2,000만 달러의 비용과 1,500명의 인명이 소요됐다. 결국 1840년대에 접어들어 세미놀족은 지치기 시작했다. 그들은 막대한 자원을 가진 거대한 국가에 맞서는 조그마한 집단이었다. 세미놀족은 휴전을 요구했다. 그러나 휴전 백기를 들고 나오면 나오는 대로 거듭 체포당하기만 했다. 1837년 오시올라는 백기를 들고 체포되어 수갑이 채워졌으며 감옥에서 병에 걸려 죽었다. 전쟁은 서서히 끝을 향해 나아갔다.

한편 체로키족은 무기를 들고 맞서 싸우지는 않았으나 그들 나름의 방식으로 저항했다. 그래서 정부는 낡은 수법으로 체로키족을 이간질하기 시작했다. 체로키족 사회에 대한 압력이 증대됐다 ─ 신문이 폐간되고 정부가 해체됐으며, 선교사들이 구속되고 체로키 땅은 백인들에게 추첨으로 분배됐다. 1834년 싸움에 지친 700명의 체로키족이 서부 이주에 동의했다. 이주과정에서 45명의 어린아이를 포함해 81명이 목숨을 잃었다 ─ 대부분 홍역과 콜레라로 인한 죽음이었다. 살아남은 사람들은 미시시피 강을 건너 콜레라가 한창이던 종착지에 도착했는데 1년 안에 절반이 죽었다.

1836년 조지아 주 뉴이코타New Echota에서 이주조약을 조인하기 위해 체로키족이 소환됐으나 1만 7,000명의 체로키족 가운데 500명도 안 되는 사람만이 나왔다. 어쨌든 조약은 조인됐다. 한때 인디언을 옹호했던 북부 출신 의원들을 비롯한 상원은, 매사추세츠 출신의 상원의원 에드워드 에버레트Edward Everett의 말처럼, "상황의 압력 …… 엄중한 필요성"에 굴복해 조약을 비준했다. 이제 조지아의 백인들은 이주를 가속화시키기 위해 공격을 한층 강화했다.

연방정부는 즉각적으로 체로키족에 대해 조치를 취하지는 않았다. 1838

년 4월, 랠프 왈도 에머슨Ralph Waldo Emerson은 밴 뷰런 대통령에 보낸 공개서한에서 체로키족과 맺은 이주조약(체로키족의 압도적인 다수가 없는 자리에서 조인된)에 분노를 표하면서 미국의 정의감에 도대체 어떤 일이 벌어진 것이냐고 물었다.

> 메인에서부터 조지아에 걸친 모든 곳에서 인간의 영혼, 정의, 모든 인간의 마음속 고갱이인 자비심이 이런 행위를 혐오하고 있으며 …… 어마어마한 규모로 우리를 당혹스럽게 하는 범죄, 사실상 체로키족뿐만 아니라 우리들로부터도 나라를 빼앗아 가려는 범죄가 계획되고 있는데, 어찌 이들 불쌍한 인디언을 분쇄하려는 음모를 우리의 정부라 부를 수 있겠으며, 또한 최후를 맞이해 죽어가는 그들의 저주를 받는 땅을 더 이상 우리의 나라라고 할 수 있겠습니까? 대통령 각하께서 만약 이 배반의 수단에 도장을 찍는다면 각하가 앉아 있는 바로 그 유명한 의자를 무너뜨리는 일이 될 것이며, 이 나라의 이름과 지금까지 이어온 종교와 자유의 달콤한 조짐이 전 세계에 악취를 풍기게 될 것입니다.

에머슨이 이 서한을 보내기 13일 전에, 마틴 밴 뷰런은 윈필드 스코트 소장에게 체로키 영토에 진입해 필요한 군사력을 얼마든지 사용해 체로키족을 서부로 이주시키라고 명령했다. 정규군 5개 연대와 4,000명의 민병대와 지원병이 체로키 영토로 쏟아져 들어갔다. 스코트 장군은 인디언들에게 이렇게 연설했다.

> 체로키족이여 ─ 합중국 대통령은 1834년의 조약에 따라 당신들이 미시시피강 건너에서 이미 유복하게 자리를 잡은 당신들 부족과 합류하도록 나에게 강력한 군대를 주어 이곳으로 파견했다……. 5월의 보름달도 이미 이지러지고

있으니, 다음 번 보름달이 떠오르기 전에 모든 체로키 남자, 여자, 어린이들은 …… 극서부의 당신네 형제들과 합류하기 위해 움직이도록 하라……. 나의 부대는 이미 당신들이 포기하려고 하는 이 땅의 많은 곳을 점령하고 있으며 수천수만의 병사들이 저항과 탈출 모두를 무력화시키기 위해 사방에서 다가오고 있다……. 추장과 두령과 전사들이여 — 저항을 해서 우리가 어쩔 수 없이 무력에 의존하게 만들 텐가? 절대 그런 일이 없기를 바란다. 또한 도망쳐서 산과 숲으로 숨게 되면 우리는 너희들을 추격할 수밖에 없지 않겠는가?

눈물의 행렬

1830년 인디언 이주법에 따라 체로키족은 윈필드 스콧 장군이 지휘하는 7,000명의 군인들에 의해 영토에서 쫓겨났다. 약 1만 5,000명의 체로키족이 수용소에 모여 있는 동안 백인 주민들이 체로키족의 집을 약탈하고 불태웠다.

일부 체로키족은 비폭력을 단념한 것이 분명했다. 이주조약에 서명한 추장 세 명이 죽은 채로 발견됐다. 그러나 1만 7,000명의 체로키족은 곧 방책防柵 안에 빽빽이 갇히는 신세가 됐다. 1838년 10월 1일, 훗날 눈물의 행렬Trail of Tears로 알려지게 된 1차 분견대가 출발했다. 서부로 이주하는 과정에서 ― 질병, 가뭄, 열병, 비바람 등으로 ― 죽어 가기 시작했다. 645대의 마차가 이어졌고, 인디언은 그 옆을 따라 길을 재촉했다. 수년 후 생존자들은 얼음이 강물을 뒤덮고 있던 한겨울에 미시시피 강변에 멈춰 섰을 때 "수백 명의 환자와 죽어 가는 사람들이 마차 안에 갇혀 있거나 땅바닥 이곳저곳에 늘어져 있었다"고 전했다. 인디언 이주문제에 대한 권위자인 그랜트 포먼Grant Foreman은 방책에 억류되어 있던 동안, 혹은 서부로 이동하던 중에 4,000명의 체로키족이 사망했다고 추정하고 있다.

1838년 12월, 밴 뷰런 대통령은 의회에서 이렇게 연설했다.

체로키 인디언이 미시시피 강 서쪽의 새 정착지로 완전히 이주했다는 사실을 의회에 통고하게 되어 참으로 기쁘게 생각합니다. 지난 회기에 의회가 승인한 조치는 더할 나위 없이 만족스러운 결과를 낳았습니다.

A People's History of the United States

8

다행히도 정복으로 차지한 땅은 하나도 없다

1836	• 텍사스가 멕시코로부터 독립을 선포
1845	• 텍사스 주 연방 편입
1846 ~1848	• 멕시코 전쟁
1848	• 헨리 데이비드 소로 "시민정부에의 저항Resistence to Civil Government" 강연 • 1848년 2월에 과달루페 이달고 협정Treaty of Guadalupe Hidalgo 체결 • 뉴욕 주 세네카폴즈 여성대회 개최

육군사관학교 출신의 직업 군인으로 셰익스피어, 초서, 헤겔, 스피노자를 즐겨 읽던 제3보병연대 연대장 이선 앨런 히치콕Ethan Allen Hitchcock 대령은 일기에 이렇게 썼다.

루이지애나 제섭 요새Fort Jesup, 1845년 6월 30일.
어제 저녁 워싱턴 시로부터 테일러Zachary Taylor 장군 앞으로 새바인Sabine이나 다른 가까운 해변으로 지체없이 이동하고, 텍사스 총회에서 우리 연방의회의 합병 결의안을 수용한다는 소식을 듣는 즉시 휘하 전 병력을 텍사스의 극서 변경지대까지 이동시켜 리오그란데Rio Grande 강변이나 인근에 진지를 구축하고 강을 건너려는 멕시코 무장병력을 몰아내라는 명령이 속달로 하달됐다. 어제 저녁 귀영나팔을 불 때 블리스Bliss가 다급하게 명령서를 읽어 줬다. 필요한 준비를 생각하느라 거의 한숨도 자지 못했다. 지금은 촛불 곁에 앉아 기상나팔 소리에 귀를 기울이며 집합 신호를 기다리고 있다……. 폭력은 폭력을 초래하며, 우리의 이런 움직임이 다른 움직임과 유혈을 가져오지 못하면 나는 크게 잘못 생각하는 셈이 된다.

히치콕은 잘못 생각하지 않았다. 제퍼슨의 루이지애나 매입은 국경을 로키 산맥으로까지 확장시켜 미국의 영토를 두 배로 넓혔다. 1821년 스페인에 맞선 혁명전쟁으로 독립을 성취한 멕시코―텍사스를 비롯, 지금의 뉴멕시코, 유타, 네바다, 애리조나, 캘리포니아, 그리고 콜로라도의 일부를 포함한 거대한 국가―가 남서쪽에 위치하고 있었다. 선동적 움직임과 이에 대한 미국의 지원이'이루어진 뒤, 텍사스는 1836년에 멕시코로부터 떨어져 나와 '론스타 공화국Lone Star Republic'을 선언했다. 1845년에 미국 의회는 텍사스를 연방의 주로 편입시켰다.

당시 백악관의 주인이던 민주당의 제임스 포크James Polk는 팽창주의자로서 취임식 날 밤에 해군장관에게 자신의 주요 목표 가운데 하나가 캘리포니아의 획득이라고 털어놓을 정도의 인물이었다. 테일러 장군에게 군대를 리오그란데 강으로 이동시키라고 한 명령은 멕시코인들에 대한 도전이었다. 비록 텍사스가 전쟁에 패할 때 포로가 된 멕시코의 산타 안나Antonio de Santa Anna 장군에게, 리오그란데 강이 텍사스의 남부 경계선이라고 말하도록 강요한 바 있었지만, 그것은 사실무근이었다. 텍사스와 멕시코의 전통적인 경계선은 240킬로미터가량 북쪽에 있는 누이세스Nueces 강이었으며, 멕시코와 미국 모두 이를 국경선으로 인정하고 있었다. 그러나 포크는 텍사스 사람들에게 합병을 받아들이도록 용기를 북돋우면서 리오그란데 강에 대한 텍사스의 소유권 주장을 지지한다고 확신시켰다.

멕시코인들이 거주하는 영토인 리오그란데 강으로 군대를 이동시킨 명령은 명백한 도발이었다. 테일러는 한때 텍사스 합병을 비난한 적이 있었다. 그러나 진군 명령을 받은 당시에는 태도가 변한 것처럼 보였다. 히치콕은 테일러가 이 조치를 논의하려고 부관인 자신의 막사로 찾아온 일에 관해 일기에서 이렇게 묘사했다.

멕시코 전쟁 미국군의 일방적인 승리로 끝난 이 전쟁의 결과로 미국은 리오그란데 강에서 태평양 연안에 이르는 멕시코의 땅을 차지하게 됐다.

테일러 장군은 멕시코인의 권리를 깡그리 잊은 듯하며, 우리의 경계를 가능한 한 서쪽으로 밀어붙이려는 포크 대통령의 노력에 기꺼이 앞잡이가 되고자 한다. 내가 장군이 이동을 건의하면(장군은 그럴 생각이 있다고 내게 말했다) 포크 대통령이 그런 건의를 활용해 책임을 장군에게 떠넘길 것이라고 말하자 장군은 즉시 책임을 받아들일 것이라고 대답했다. 그는 대통령이 만약 재량권을 행사해도 좋다고 지시하면, 어떤 명령서도 요구하지 않은 채 수송수단을 구하는 즉시 리오그란데 강으로 진격하겠다고 덧붙였다. 장군은 특별한 명예 진급을 원하며, 그것을 얻기 위해 월권행위를 하려는 것 같다.

8. 다행히도 정복으로 차지한 땅은 하나도 없다 | 269

테일러는 누이세스 강 건너편인 텍사스의 코퍼스크리스티Corpus Christi로 병력을 이동시키고 다음 지시를 기다렸다. 1846년 2월에 멕시코 만을 따라 리오그란데 강까지 이동하라는 지시가 내려왔다. 테일러의 군대는 전면과 측면에 척후병을 세우고 보급열차가 뒤따르는 가운데 탁 트인 초원을 가로질러 종대로 행군했다. 그리고는 좁은 길을 따라 검불이 우거진 지대를 거쳐 멕시코 주민들이 강을 건너 마타모로스Matamoros 시로 달아나면서 다급히 버리고 간 경작지와 초가지붕 오두막에 1846년 3월 28일에 도착했다. 테일러는 막사를 설치하고 요새를 구축하기 시작했고 마타모로스의 흰 집들을 향해 대포를 설치했으며, 마타모로스 주민들은 조용한 강둑에서 펼쳐지는 군대의 광경을 호기심 어린 눈으로 바라보았다.

포크 대통령과 민주당의 입장을 표명하는 신문인 워싱턴의 『유니언Union』은 일찍이 1845년에 텍사스 합병의 의미를 발표한 적이 있었다.

> 합병이라는 커다란 조치가 달성되어 국경과 소유권 문제를 해결하도록 해야 한다. 서부를 향해 쇄도할 급류를 어느 누가 막을 수 있는가? 우리에게 캘리포니아로 가는 길이 열릴 것이다. 서부 사람들의 행진을 누가 멈추게 할 것인가?

이 신문에서 다른 언급이 없었다면 이 말은 서부로의 평화적 이동을 뜻할 수도 있었을 것이다. "적절히 조직된 지원병 부대가 …… 멕시코를 침략, 유린하고 점령할 것이다. 이들 덕분에 캘리포니아를 획득할 뿐만 아니라 지킬 수도 있을 것이다." 1845년 여름에 『민주주의 평론Democratic Review』의 주필인 존 오설리번John O'sullivan이 훗날 유명해진 표현을 사용해 "아메리카 대륙에 뻗어나가야 할 우리의 명백한 운명manifest destiny은 해마다 증가하는 수백만 인구의 자유로운 발전을 위해 하느님이 베풀어 주신 것이다"라고 말한 직후의 일이었다.

1846년 봄에 필요했던 일이라고는 포크가 바라는 전쟁을 개시하기 위한 사소한 군사적 사건뿐이었다. 4월에 테일러 장군의 병참장교 크로스 대령이 리오그란데 강을 따라 말을 몰다가 실종된 사건이 계기가 됐다. 11일 후에 발견된 대령의 시체는 둔기에 맞아 두개골이 박살난 상태였다. 강을 건너온 멕시코 게릴라들이 살해한 것으로 간주됐다. 리오그란데 강 건너편 집들의 지붕 위에 모여든 마타모로스의 멕시코인들이 지켜보는 가운데 엄숙한 군대 장례식이 거행됐고, 종교의식과 세 발의 예포와 함께 크로스는 땅에 묻혔다.

다음날(4월 25일) 테일러의 순찰병들이 멕시코인들의 포위공격을 받아 전멸당했다. 16명의 사망자와 다수의 부상자를 제외한 나머지는 포로가 됐다. 테일러는 텍사스와 루이지애나의 지사에게 전문을 보내 5,000명의 지원병을 충원해 줄 것을 요청했다. 텍사스로 떠나기 전에 백악관으로부터 지원병 요청의 권한을 승인받았던 것이다. 또한 포크에게 급보를 보냈다. "이제 교전이 시작됐다고 생각해도 좋습니다."

멕시코 쪽에서 최초의 총성이 울렸다. 그러나 히치콕 대령의 일기에 따르면, 최초의 돌발사건이 터지기 전에도 멕시코인들은 미국 정부가 바라는 대로 행동했다.

> 애초부터 나는 미국이 침략자라고 말한 바 있다……. 우리에게는 이곳에 있을 털끝만큼의 권리도 없다……. 캘리포니아를 비롯해, 이 나라에서 마음대로 고른 많은 지역을 차지하기 위해 정부가 전쟁을 일으킬 목적으로 구실을 만들고자 소규모 군대를 파견한 듯이 보이는데, 이 군대가 어떻게 되든 미국과 멕시코 간에 전쟁이 벌어질 것임은 의문의 여지가 없다……. 이런 일에는 마음이 내키지 않는다. …… 그렇지만 나는 군인으로서 명령을 수행할 의무가 있다.

또한 이런 최초의 충돌이 있기 전에 테일러는 포크 대통령에게 급보를 보내 "교전이 곧 발발할 것 같다"는 사실에 주목하게 만들었다. 전투 소식이 전해지기 전인 5월 9일에 포크는 멕시코에 대한 배상 요구와 멕시코가 미국 측의 협상 대표 존 슬라이들John Slidell을 최근에 거부한 일을 근거로 선전포고를 하자고 각료들에게 제안했다. 포크는 각료회의에서 말한 내용을 일기에 기록해 뒀다.

나는 말했다. …… 우리가 잘 알고 있듯이, 지금까지는 멕시코 군대의 공공연한 침략행위에 관해 들은 바가 없으나, 그런 행위가 벌어질 위험이 임박했다고. 내 견해로는 전쟁을 벌일 충분한 이유가 있으며 …… 이 문제를 놓고 온 나라가 흥분과 조바심으로 들끓고 있는데 …… 내가 더 이상 침묵을 지킬 수만은 없다고 말했다.

온 나라가 "흥분과 조바심으로 들끓고" 있지는 않았다. 하지만 대통령은 들끓고 있었다. 테일러 장군으로부터 멕시코의 공격으로 사상자가 발생했다는 급보가 도착하자 포크는 각료들을 소집해 소식을 전했으며, 내각은 대통령이 선전포고를 요청해야 한다고 만장일치로 동의했다. 포크가 연방의회에 보낸 교서는 분노로 가득했다.

인내의 술잔은 델노르테〔Del Norte. 리오그란데 강(지은이)〕의 경계선에서 최근의 소식이 들려오기 전에도 이미 비어 있었습니다. 그러나 이제 협박이 반복된 뒤, 멕시코가 합중국의 국경을 건너 우리의 영토를 침략했고, 미국 땅에 미국인의 피가 뿌려졌습니다…….
전쟁을 피하려는 우리의 모든 노력에도 불구하고 전쟁이 존재하므로, 멕시코가 스스로 도발해 전쟁이 발발했으므로, 의무에 대한 모든 숙고와 애국심은 우리에게 우리나라의 명예와 권리와 이익을 단호하게 옹호할 것을 요구하고 있습니다.

포크는 필요한 방어조치로서 리오그란데 강으로 미국 병력을 급파해야 한다고 주장했다. 존 슈로더John Schroeder(『포크 씨의 전쟁Mr. Polk's War』)가 말하듯이, "사실은 오히려 그 반대였다. 역사적으로 멕시코인들이 통치하고 거주하던 영토권 분쟁 지역에 미국 병사들을 파견함으로써 전쟁을 도발한 것은 바로 포크 대통령이었다."

의회는 서둘러 전쟁 교서를 승인했다. 슈로더의 말을 들어보자. "연방하원의 질서정연한 민주당 다수파는 포크의 5월 11일 전쟁 권고에 대해 민첩하고 오만하게 부응했다." 포크의 진술에 대한 증빙자료라고 할 수 있는 전쟁 교서에 수반된 공식문서 꾸러미는 검토하지도 않은 채 즉시 하원에 상정됐다. 지원병과 전쟁 비용에 관한 의안을 둘러싼 논의는 두 시간으로 제한됐으며, 이 시간조차 상정된 문서의 발췌문을 읽는 데 대부분 할애되어 토론할 시간은 30분도 채 되지 않았다.

휘그당은 아마 멕시코 전쟁에 반대한 듯하지만 팽창을 반대하지는 않았다. 휘그당 역시 캘리포니아를 원했지만 전쟁 없이 차지하는 쪽을 선호했다. 슈로더가 지적하듯이 "휘그당의 주장은 전쟁에 의지하지 않고 태평양 연안지역을 확보하기 위해 고안된 상업 지향적 팽창주의였다." 아울러 휘그당은 군사작전에 필요한 인력과 비용을 거부함으로써 전쟁을 막을 만큼 군사행동에 강력하게 반대하지 않았다. 전투에 필요한 물자를 조달하지 않아서 미군 병사들을 위험에 빠뜨렸다는 비난을 받고 싶지 않았던 것이다. 결과적으로 휘그당은 민주당에 합세해 174 대 14로 전쟁 결의안을 압도적으로 통과시켰다. 반대표를 던진 의원들은 휘그당의 강력한 노예반대파 소집단이었거나, 전쟁 조치에 찬성표를 던진 매사추세츠의 한 하원의원의 말을 빌자면 "소규모 극단주의 일파"였다.

상원에서도 논쟁이 있었지만 하루로 제한됐고, 역사가 프레드릭 머크 Frederick Merk의 말처럼 "떼거리 전술이 다시금 되풀이됐다." 휘그당이 민주당에 가세함으로써 전쟁 조치는 40 대 2로 통과됐다. 슈로더가 지적한 것처럼, 전쟁 내내 "정치적으로 신중한 휘그당의 소수파는 군사작전에 필요한 경비 지출에는 모두 찬성표를 던지는 한편으로 장광설을 퍼부어 행정부를 귀찮게 했을 뿐이다." 휘그당의 신문인 워싱턴의 『내셔널 인텔리전서*National Intelligencer*』가 이런 입장을 취했다. 원래 '완고한 14인stubborn 14'의 일원으로 반대표를 던졌던 매사추세츠 출신의 존 퀸시 애덤스는 나중에는 전쟁 경비에 찬성표를 던졌다.

일리노이 주의 에이브러햄 링컨은 전쟁이 시작될 당시에는 아직 연방하원에 진출하지 못했으나, 당선 뒤인 1846년에 전쟁에 관해 투표하고 발언할 기회를 갖게 됐다. 링컨의 '지점결의안spot resolutions'은 유명한 일화가 됐다 ─ '미국 땅에' 미국인의 피가 뿌려진 정확한 지점을 설명하라고 포크에게 도전했던 것이다. 하지만 링컨은 병력과 보급품을 위한 비용 조달을 저지해서 전쟁을 종식시키려고 하지는 않았다. 1848년 7월 27일 연방하원에서 재커리 테일러 장군의 대통령 입후보 지지연설을 하면서 링컨은 이렇게 말했다.

> 그러나 테일러 장군은 무엇보다도 멕시코 전쟁의 영웅이고, 민주당 여러분의 말처럼 우리 휘그당은 항상 전쟁에 반대해 왔으므로, 여러분은 우리가 테일러 장군을 지지하는 것이 어색하고 당혹스럽다고 생각할 것입니다. "전쟁에 반대한다"라는 말을 어떻게 이해하느냐에 따라서, 우리가 항상 전쟁에 반대해 왔다

는 선언은 진실도 되고 거짓도 됩니다. 만약 "대통령이 불필요하고도 헌법에 위배되게 전쟁을 개시했다"라고 말하는 것이 전쟁에 대한 반대라면, 휘그당은 일반적으로 전쟁을 반대해 온 셈이 됩니다……. 평화로운 멕시코인 정착지의 한복판으로 군대를 행진시키고 주민들을 겁주어 쫓아 버리고 농작물을 비롯한 재산을 폐허로 만들어 버리는 일이 여러분의 눈에는 완벽하게 온화하고 평화로우며 도발적이지 않은 행위로 보일지 모르지만 우리가 보기에는 그렇지 않습니다……. 그러나 전쟁이 이미 시작되어 나라의 대의가 됐을 때 여러분과 마찬가지로 우리의 돈과 피를 제공하는 일이 전쟁에 대한 지지라면, 우리가 항상 전쟁에 반대해 왔다는 말은 진실이 아닙니다. 소수의 개인적인 예외는 있으나, 여러분은 이곳 하원에서 끊임없이 필요한 모든 보급품 지출에 찬성표를 던졌습니다…….

노예제에 반대하는 소수의 하원의원들은 멕시코 전쟁이 남부의 노예 영토를 확대시키는 수단이라고 보고 모든 전쟁 조치에 반대표를 던졌다. 열렬한 연설가이자 천하장사였던 오하이오 출신의 조슈아 기딩스Joshua Giddings가 그 가운데 한 명으로 멕시코 전쟁을 "침략전쟁이자 신성하지 않고 정의롭지 못한 전쟁"이라고 불렀다. 기딩스는 무기와 병력 공급에 반대표를 던진 이유를 설명했다. "멕시코인들의 땅에서 그들을 살해하거나 그들의 나라를 빼앗는 일에 나는 지금은 물론이고 차후에도 가담할 수 없습니다. 이런 범죄의 죄과는 다른 사람들에게 놓여야만 합니다 ─ 나는 그들에게 가세하지 않을 것입니다……." 기딩스는 미국혁명 기간 중인 1776년에 미국인들을 억누르는 전쟁을 위한 군수보급에 찬성표를 던지지 않겠다고 선언한 영국의 휘그당을 지적했다.

1846년 5월에 의회에서 결정을 내린 뒤 뉴욕, 볼티모어, 인디애나폴리스,

필라델피아 등을 비롯한 여러 곳에서 전쟁에 찬동하는 집회와 시위가 열렸다. 수천 명이 앞 다퉈 군대에 지원했다. 시인 월트 휘트먼Walt Whitman은 전쟁 초기에 브루클린의 『이글Eagle』에 이렇게 썼다. "그렇다. 멕시코는 철저히 응징해야 한다! …… 우리가 자진해서 싸움을 걸지는 않지만 우리 역시 팽창하는 방법뿐만 아니라 분쇄하는 방법도 알고 있음을 온 세상에 가르쳐 주겠다는 정신을 가지고 무기를 들자!"

이 모든 호전성에 동반된 것은 미국이 더 많은 사람들에게 자유와 민주주의의 축복을 주게 될 것이라는 사고였다. 이것은 인종적 우월함이라는 사고와 뉴멕시코 및 캘리포니아의 아름다운 땅에 대한 동경, 태평양을 가로지르는 상업적 모험심의 사고가 뒤섞인 생각이었다.

『일리노이 스테이트 레지스터Illinois State Register』는 캘리포니아를 언급하면서 질문을 던졌다. "이 아름답고 기름진 땅이 거칠고 쓸모없는 무성함 속에서 잠자게 내버려 둘 것인가? …… 무수한 진취적인 미국인이 비옥하고 매력적인 대초원으로 몰려들 것이다. 계곡에서는 앵글로아메리칸의 산업이 발전하는 활기찬 함성이 들려오고, 평야와 해안에는 도시들이 융성할 것이며, 국가의 자원과 부가 한없이 늘어날 것이다." 『아메리카 평론American Review』은 "서서히 멕시코인들의 영토로 스며들어와 그들의 풍습을 뒤바꾸고, 생활과 교역을 지배하며, 그들의 허약한 혈통을 절멸시키고 있는 우월한 민족"에게 멕시코인들이 굴복하고 있다고 지적했다. 1847년에 이르자 뉴욕의 『헤럴드』는 이렇게 말했다. "어디에나 퍼져 있는 양키 민족이 몇 년 안에 멕시코인들에게 새 생명을 주고 해방시킬 수 있으며, 우리는 이 아름다운 나라를 문명화시키는 일이 우리가 가진 운명의 일부임을 믿는다."

『뉴욕 상업 저널New York Journal of Commerce』에는 이 상황에 하나님을 끌어들이는 편지가 실리기도 했다. "우주만물의 최고 통치자가 끼어들어 인류의 이익을 위해 인간 에너지에 도움을 주는 듯하다. 하나님의 개입은 …… 내가 보기에는 우리 전쟁의 성공과 일치하는 것 같다……. 인류에게 만연한 모든 악덕으로부터 700만 영혼을 구제하는 일이 표면상의 목적이라는 사실이 …… 분명해진다."

H. V. 존슨H. V. Johnson 상원의원도 한마디 했다.

만일 현명한 섭리의 지고한 목적에 묵종하기를 거부한다면, 우리는 고귀한 임무를 저버려야만 합니다. 전쟁에는 해악이 따릅니다. 모든 시대를 통틀어 전쟁은 대규모의 죽음과 소름끼치는 폐허를 낳는 원인이었습니다. 하지만 우리 눈에 아무리 불가사의한 것이라 할지라도 전쟁은 지고한 현명함을 지닌 관장자에 의해 인류의 향상과 행복이라는 위대한 목적을 성취하는 대행자의 역할을 해왔습니다……. 내가 '명백한 운명'이라는 원리에 동의하는 이유는 바로 이런 견해 때문입니다.

1847년 2월 11일, 『콩그레셔널 글로브*Congressional Globe*』는 이렇게 보도했다.

메릴랜드의 자일즈William Fell Giles 의원 ― 야누스 신전의 문을 닫기 전에 우리가 영토를 획득할 것이며, 또한 획득해야만 한다는 점을 나는 당연하다고 생각합니다……. 우리는 대양에서 대양까지 행진해야 합니다……. 우리는 텍사스로부터 똑바로 태평양까지 행진해야 하며 우리를 가로막는 것은 노호하는 파도뿐입니다……. 이것이 백인종의 운명이며 앵글로색슨족의 운명인 것입니다…….

다른 한편 미국노예제반대협회는 전쟁이 "단지 멕시코의 광활한 영토에 미국의 노예제를 확대하고 영속시키려는 진저리나게 무시무시한 목적을 위해 수행되는 것"이라고 주장했다. 27세의 보스턴의 시인이자 노예폐지론자인 제임스 러셀 로웰James Russell Lowell은 보스턴 『쿠리어Courier』에 풍자시를 쓰기 시작했다(이 시들은 훗날 『비글로 페이퍼즈Biglow Papers』라는 제목으로 묶여졌다). 이 시에서 뉴잉글랜드의 농부 호지아 비글로Hosea Biglow는 자기 나름의 방언으로 전쟁에 관해 이야기했다.

전쟁에 관허서라면, 나는 살인이라고 부르겠소 ―
   명백허고도 분맹한 사실이지
나는 더 말허고 싶지 않소
   이 사실이 내 유언이라는 점 말고는…….
그덜은 자유의 경박함으로 말헐지 모르나
   얼굴은 시뻘겋다고 말하시오 ―
전쟁은 우리 민족의 생득권이 매장당하는
   크고도 거대한 무덤이오
그덜은 이 땅 캘리포니아를
   새로운 노예주로 끌어덜이기만을 원허지
당신네를 모욕허고 경멸허고
   죽어라 약탈허려고.

전쟁이 막 시작될 무렵인 1846년 여름, 매사추세츠 주 콩코드에서 살던 작가 헨리 데이비드 소로Henry David Thoreau는 멕시코 전쟁을 비난하면서 매사추세츠 주의 인두세 납부를 거부했다. 소로는 투옥되어 하룻밤을 감옥에서 보냈다. 친구가 자신의 동의 없이 인두세를 납부해 소로는 석방됐다. 2년 뒤 소로는 "시민정부에의 저항Resistence to Civil Government"이라는 강연을 했고, 이 강연은 훗날 『시민 불복종Civil Disobedience』이라는 에세이로 발간됐다.

> 권리에 대해서도 마찬가지겠지만, 법에 대한 존중을 의도적으로 조장하는 것은 바람직하지 못하다……. 법은 털끝만큼도 인간을 정의롭게 만들지 못했으며, 법에 대한 존중이라는 수단을 통해 착한 사람들조차 나날이 불의의 대리인이 된다. 법에 대한 부당한 존중이 낳는 일반적이고 자연스러운 결과로, 한 무리의 군인들이 …… 자신들의 뜻과는 반대로, 더욱이 자신들의 상식과 양심과는 반대로 언덕과 골짜기를 넘어 훌륭하게 질서를 유지하면서 행군하는 광경을 볼 수 있으니, 실로 가파른 행군이고 병사들의 심장은 고동을 친다.

소로의 친구이자 동료 작가인 랠프 왈도 에머슨은 뜻은 같았지만 항의하는 일은 무익할 뿐이라고 생각했다. 에머슨이 감옥의 소로를 방문해 "그 안에서 뭐 하고 있나?"라고 묻자, 소로는 "당신은 그 밖에서 뭘 하고 있소이까?"라고 대답했다고 한다.

교회는 대부분 전쟁을 거리낌 없이 찬성하거나 소심하게 침묵을 지켰다. 조합교회Congregational church, 퀘이커교, 유니테리언교Unitarian church를 제외하고는 대체로 전쟁에 대해 분명하게 반대하지 않았다. 그러나 침례교 성직자이자 브라운 대학 총장인 프랜시스 웨일랜드Francis Wayland 목사는 대학 예배에서 행한 세 차례의 설교를 통해 오직 자위를 위한 전쟁만이 정당한 것이며, 부당한 전쟁일 경우에는 각 개인이 전쟁에 저항하고 전쟁 지원을 위해 정부에 돈을 보태 주지 않을 도덕적인 의무가 있다고 주장했다.

보스턴의 유니테리언교 성직자인 시어도어 파커Theodore Parker 목사는 전쟁에 대한 감동적인 비판을 멕시코인들에 대한 멸시와 결합시켰으니, 멕시코인을 "열등한 족속, 즉 기원과 역사, 민족성에서 열등한 족속"이라고 지칭하며 인디언과 마찬가지로 결국은 무너져야 한다고 말했다. 그의 말에 따르면, 미국은 팽창하는 것이 마땅하지만 전쟁을 통해서가 아니라, 사상의 힘과 상업의 압력을 통해서, 그리고 "우월한 사상과 더 나은 문명을 갖춘 우월한 민족의 꾸준한 진보를 통해서 …… 멕시코보다 더 현명하고, 더 인간답고, 더 자유롭고, 더 용맹스럽고, 더 좋게 됨을 통해서" 팽창해야 했다. 1847년에 파커는 전쟁에 대한 적극적인 저항을 촉구했다. "뉴잉글랜드 남자가 군에 입대하는 일, 뉴잉글랜드 상인이 이 사악한 전쟁을 돕기 위해 달러를 대부하거나 배를 빌려주는 일을 파렴치한 행위로 만드십시오. 제조업자가 우리 형제들을 죽이기 위해 대포나 칼, 화약을 만드는 일을 파렴치한 행위로 만드십시오……."

파커의 인종차별주의는 널리 퍼졌다. 노예제반대파 휘그당원인 오하이오 출신의 델러노Columbus Delano 하원의원은 미국인이 "스페인인, 영국인, 인디언, 검둥이의 피가 고약하게 혼합된……온갖 색조의 유색인이 포함된" 열등한 민족과 뒤섞여 "그 결과 나태하고 무지한 인종이 생겨나는 사태"를 두려워하면서 전쟁에 반대했다.

전쟁이 계속되자 반대도 높아졌다. 미국평화협회American Peace Society는 『평화의 주창자Advocate of Peace』라는 신문을 발간해 전쟁에 반대하는 시, 연설, 청원, 설교 등과 병영생활의 타락과 전쟁의 참사에 대한 목격담을 실었다. 노예폐지론자들은 윌리엄 로이드 개리슨이 펴내는 『해방자Liberator』를 통해 "잔인무도한 짓거리, 배반 행위 등 국가적 타락의 모든 특징을 드러내는 공격, 침략, 정복, 약탈 전쟁"이라고 전쟁을 비난했다. 국가 지도자들이 애국적인 지지를 구축하려고 쏟아 부은 노력을 감안하면, 공개적인 반대와 비판의 규모는 놀랄 만한 것이었다. 애국파 폭도들의 공격에도 불구하고 여러 차례 반전 집회가 열렸다.

| 해방자 | 로이드 개리슨이 1831년 1월 1일부터 1865년 12월 29일까지 35년 동안 발행했으며, 미국 남북전쟁 이전 시기에 가장 영향력있던 반노예주의 정기간행물이었다. |

군대가 멕시코시티로 점차 가까이 접근하자 『해방자』는 대담하게도 미국의 패배를 바란다고 선언했다. "자유와 인간애를 사랑하는 세계 모든 사람은 그들(멕시코인들(지은이))의 대성공을 바라야만 한다……. 우리는, 피가 흘러야 했다면 그 피가 미국인의 것이었다는 점, 그 다음으로는 스코트 장군과 그의 군대가 멕시코인들의 손아귀에 잡혔다는 소식을 듣기만을 바랄 뿐이다……. 우리는 스코트와 그의 군대가 몸을 다치지 않기를 바라지만, 또한 가장 철저하게 패배해 불명예를 뒤집어쓰기를 기원한다."

노예 출신으로 탁월한 연설가이자 작가였던 프레드릭 더글러스Frederick Douglass는 로체스터Rochester에서 자신이 펴낸 신문 『북극성North Star』 1848년 1월 21일자에 "우리의 자매 공화국과 현재 벌이고 있는 불명예스럽고 잔혹하고 간악한 전쟁"에 관해 썼다. "멕시코는 앵글로색슨의 탐욕과 지배욕의 희생양이 되는 운명에 처한 듯하다." 더글러스는 실질적인 행동을 꺼리는 전쟁 반대론자들의 우유부단함을 경멸했다(노예폐지론자들조차 세금을 계속 내고 있었다).

노예소유주인 대통령의 전쟁 수행 결정과 이 결정을 실행하기 위해 국민들로부터 인력과 돈을 쥐어 짜내는 데 있어서의 성공 가능성은, 대통령에 맞서 포진한 반대세력이 보잘것없기 때문에 의심스럽다기보다는 오히려 명백하다. 어느 정도나마 상당한 분별력이나 탁월함을 지닌 정치가라면 누구도 전쟁에 대해 공공연히 절대적으로 반대함으로써 …… 자신의 당과 개인의 인기를 위태롭게 하려고 하지 않는 듯하다. 어떤 위험도 무릅쓰고 평화를 위한 입장을 견지하려는 사람은 아무도 없는 것처럼 보인다. 사람들은 기꺼이 어떤 형태로든 전쟁을 수행해야 한다고 생각하는 듯하다.

여론은 과연 어떠했을까? 단적으로 말하기는 어렵다. 초기에 쇄도했던 입대 분위기가 주춤하기 시작했다. 1846년의 선거는 포크에 대한 상당한 반대 정서를 보여줬지만, 어느 누가 이 가운데 전쟁으로 인한 부분이 얼마나 되는지 이야기할 수 있겠는가? 매사추세츠에서는 전쟁에 지지표를 던졌던 로버트 윈스럽Robert Winthrop 하원의원이 휘그당의 반전파 인사를 압도적으로 물리치고 당선됐다. 슈로더는 비록 포크의 인기가 떨어지긴 했지만 "멕시코 전쟁에 찬성하는 전반적인 열정은 여전히 높았다"는 결론을 내리고 있다. 하지만 이런 결론은 추측에 지나지 않는다. 당시에는 믿을 만한 여론조사라고는 없었다. 선거 역시 대다수 국민들은 참여하지 않았다 — 그렇다면 투표하지 않은 이 사람들이 전쟁에 대해 어떤 감정을 가졌을까?

멕시코 전쟁을 연구한 역사가들은 쉽게 '국민'과 '여론'에 관해 이야기해 왔다 — 오랫동안 표준적인 설명의 지위를 차지해 온 두 권짜리 저서 『멕시코와의 전쟁The War with Mexico』의 저자인 저스틴 H. 스미스Justin H. Smith처럼. "물론 역시 우리 국민들 사이에도 모든 호전적인 정서의 압력을 …… 어느 정도 인식해야 했는데, 그런 것은 인기 있는 정부가 갖는 본성이기 때문이다."

그러나 스미스가 제시하는 증거는 '국민'으로부터 나온 것이 아니라, 국민의 목소리임을 자임하는 신문으로부터 나왔다. 1845년 8월, 뉴욕 『헤럴드』는 "전쟁을 지지하는 다수의 커다란 외침"에 관해 이야기했다. 또 뉴욕 『상업 저널Journal of Commerce』은 농담반 진담반으로 이렇게 보도했다. "우리 출전합시다. 세상은 진부하고 싱거워져 버렸으니, 배들을 모두 포획하고 도시들을 쳐부수고 세상을 불살라 버려야 다시 시작할 수 있습니다. 그렇게 되면 재미있을 것입니다. 흥밋거리 — 뭔가 이야기할 거리가 생길 것입니다." 뉴욕 『모닝뉴스Morning News』는 "도시를 가득 메운 젊고 열정적인 정신은 …… 들뜬 에너지라는 한 방향만을 원하며, 그들의 관심은 이미 멕시코로 고정되어 있다"고 말했다.

신문들이 대중의 정서를 보도했던가, 그렇지 않으면 대중의 정서를 조성했던가? 저스틴 스미스처럼 이런 정서를 전하는 사람들 스스로가 전쟁의 필요성에 관한 강력한 견해를 피력한다. (미국 역사의 초超팽창주의자 가운데 한 사람인 헨리 캐버트 로지Henry Cabot Lodge에게 자신의 책을 헌정한) 스미스는 멕시코의 미국에 대한 죄과를 장황하게 열거하면서 이렇게 끝을 맺고 있다. "그러므로 치료약의 처방은 국가적 위신과 이익의 대행자인 우리 정부에 달려 있었다." 저스틴은 포크의 전쟁 요구를 이렇게 논평한다. "사실 다른 어떤 경로를 거쳤더라도 애국적이거나 심지어 합리적이지도 못했을 것이다."

멕시코 전쟁에 대한 대중의 지지도를 알아내기는 불가능하다. 그러나 많은 조직화된 노동자들이 전쟁에 반대했다는 증거가 있다. 일찍이 텍사스 병합이 고려되던 당시, 뉴잉글랜드의 노동자들이 집회를 열어 병합에 항의했다. 뉴햄프셔 주 맨체스터의 한 신문은 이렇게 보도했다.

우리는 지금까지 텍사스 병합 문제를 놓고, 우리나라가 얼마나 비열한 행태를 보일지를 살펴보기 위해 평화를 지켜 왔다. 그런 행태는 다른 사람의 피를 먹고사는 자들에게 노예제라는 죄악에 더 깊숙이 손을 담글 기회를 주기 때문에 우리는 비열하다고 부른다……. 지금도 충분한 노예를 갖고 있지 않은가?

필립 포너Philip Foner의 보고에 따르면 뉴욕, 보스턴, 로웰에서 텍사스 병합에 반대하는 아일랜드인 노동자들의 시위가 일어났다. 5월 들어 멕시코와 전쟁이 벌어지자 뉴욕의 노동자들은 전쟁에 반대하는 집회를 소집했으며 많은 아일랜드 노동자들이 모여들었다. 집회는 전쟁을 노예소유주들의 음모라고 주장하면서, 분쟁지역에서 미국 군대를 철수하라고 요구했다. 그해 뉴잉글랜드 노동자협회New England Workingmen's Association의 총회에서는 전쟁을 비난하면서 "우리 농촌인구의 5분의 1로부터 노동을 강탈하는 남부 노예소유주들을 먹여 살리려고 무기를 들지는 않겠다"고 선언했다.

전쟁이 막 시작되자 일부 신문은 항의했다. 호러스 그릴리Horace Greeley는 1846년 5월 12일자 뉴욕 『트리뷴Tribune』에서 이렇게 주장했다.

우리는 쉽게 멕시코군을 격퇴하고 수천 명씩 학살하며 아마 그들의 수도까지 추격할 수 있을 것이다. 우리는 멕시코의 영토를 정복하고 '합병'할 수 있다. 그러나 그렇게 해서 어쩌자는 것인가? 그렇게 칼로 제국을 팽창시킨 결과, 그리스와 로마의 자유가 파괴됐던 역사에서 우리는 아무런 교훈도 배우지 못했단 말인가? 멕시코에 대한 여러 번의 승리, 그 영토의 절반에 가까운 '합병'이 우리가 지금 누리는 것보다 더 많은 자유와 더 순결한 도덕성, 더 번창하는 산업을 줄 것이라고 믿는 사람이 누가 있는가? …… 전쟁의 가공할 만한 병기에 호소하지 않으면, 생활이 충분히 비참하지 않고 죽음이 충분히 빨리 오지 않는단 말인가?

전쟁에서 싸운 사람들 — 행군하며 땀 흘리다 병들어 죽어간 사람들은 도대체 누구인가? 바로 멕시코 병사와 미국 병사들이었다.

우리는 멕시코 병사들의 반응에 관해서는 거의 알지 못한다. 우리는 멕시코가 크리오요criollo — 스페인 혈통의 백인 — 들의 통치를 받는 인디오와 메스티소(인디오와 스페인인의 혼혈)가 사는 전제국가였다고 알고 있다. 100만 명의 크리오요와 200만 명의 메스티소, 300만 명의 인디오가 살았다. 지주들이 소유한 나라를 위해 싸우기를 꺼려한 농민들의 자연적 본성이 침략자에 대항해 일깨워진 민족주의 정신에 의해 극복됐을까?

우리는 미국 군대 — 군대에서의 진급을 통한 사회적 상승의 기회와 돈에 유혹된, 징집병이 아닌 지원병들 — 에 관해서는 훨씬 더 많이 알고 있다. 테일러 장군이 이끄는 군대의 절반은 최근에 이민 온 사람들로 대부분 아일랜드인과 독일인이었다. 1830년에 미국 인구의 1퍼센트가 외국 태생이었음에 비해, 멕시코 전쟁 시기에 이르면 그 수가 10퍼센트에 육박하고 있었다. 그들의 애국심은 그다지 강하지 않았다. 신문에 줄줄이 나타난 팽창을 옹호하는 모든 주장에 대한 그들의 믿음은 아마 크지 않았을 것이다. 사실 그들 대다수는 돈에 유혹되어 멕시코 쪽으로 탈영했다. 일부는 멕시코 군대에 입대해 그들만으로 이루어진 산파트리시오 대대San Patricio(St. Patrick's) Battalion를 결성했다.

처음에는 군대에서 돈과 애국심에 불붙은 열정이 고조되는 듯했다. 주의회가 5,000명의 지원병을 모집하는 주지사의 권한을 승인한 뉴욕에서는 군의 사기가 드높았다. "멕시코가 아니면 죽음을"이라는 현수막들이 나부꼈다. 필라델피아에서는 2만 명의 대규모 집회가 열렸다. 오하이오에서는 3,000명이 군에 지원했다.

이런 초기의 열기는 곧 사그라들었다. 노스캐롤라이나 주 그린즈버로Greensboro에 사는 한 여성은 아래와 같은 일기를 남겼다.

1847년 1월 5일 화요일, …… 오늘은 일반소집과 고렐 씨와 헨리 씨의 연설이 있었다. 로건 장군이 이 거리에서 그들을 접견하고는 모든 지원병에게 뒤를 따르라고 요구했다. 장군이 거리를 왔다 갔다 하는 동안, 나는 불쌍한 짐 레인을 선두로 예닐곱 명의 초라한 사람들이 뒤따르는 모습을 보았다. 얼마나 많은 불쌍한 사람들이 자만심과 야망의 제단 위에서 희생되어 왔으며, 지금도 희생되고 있을까?

매사추세츠에서는 지원병에게 호소하는 포스터가 나붙었다. "그리운 에식스Essex 사람들이여! 뉴베리포트Newburyport 사람들이여! 대담하고 용감하고 용맹스러운 커싱Caleb Cushing 주위로 모여라. 커싱은 여러분을 승리와 영광으로 이끌 것이다!" 그들은 한 달에 7달러에서 10달러까지 주겠다고 약속했으며 24달러의 연방상여금과 160에이커의 땅을 거론했다. 그러나 한 젊은이는 케임브리지의 『크로니클Chronicle』에 익명으로 이렇게 투고했다.

나는 당신들에게 '합세할' 생각은 조금도 없으며 멕시코와 벌이는 부당한 전쟁에 어떤 식으로든 도움을 줄 생각이 없다. 나는 몬터레이Monterey 등의 점령에서 나타난 것처럼, 여자와 어린이에 대한 '영광스러운' 도살행위에 가담하고 싶지 않다. 아무리 지위가 낮은 군대의 압제자라 하더라도 그의 모든 변덕 앞에 맹종해야 한다면, 그의 휘하로 들어가고 싶은 생각 역시 조금도 없다. 천만에! 내가 일할 수 있고 구걸을 하거나 빈민원에라도 갈 수 있는 한, 멕시코로 가서 축축한 땅에서 잠을 자고, 반쯤 굶으며, 반쯤 햇볕에 그을린 채로 모기와 지네에 물리고 전갈과 타란툴라 독거미의 침에 찔리지는 않을 것이다 ―행군하고 훈련받고 채찍질을 당할 뿐만 아니라, 한 달에 8달러와 썩은 배식을 받으려고 총탄에 내 몸을 맡기지는 않을 것이다. 글쎄, 나는 그렇게 하지 않겠다……. 인간 도살이 전성기에 이르렀다……. 그리하여 직업 군인이 산적이나 유랑민, 자객과 똑같은 지위에 처하게 될 시대가 빠르게 다가오고 있다.

남자들에게 지원을 강요하고 강제로 징병한다는 보도가 늘어났다. 버지니아 주 노포크의 제임스 밀러James Miller는 "상당히 많은 양의 독한 술에 유혹당해" 군복무를 위한 등록명부에 서명했다고 항의했다. "다음날 아침 나는 먼로 요새Fort Monroe에 상륙한 배로 끌려가 16일 동안 영창에 감금됐다."

지원병 부대를 구성하기 위해 터무니없는 약속과 공공연한 거짓말이 난무했다. 뉴욕 시 지원병부대New York Volunteers의 역사를 서술한 한 사람은 이렇게 단언했다.

> 만약 흑인들을 가정에서 끌어내는 일이 잔인한 행위라면, 거짓 유인책으로 백인 남자들을 가정에서 끌어내어 아내와 자식을 동전 한 닢이나 아무런 보호책도 없이 내팽개치게 하고, 결국 1년 중 가장 추운 계절에 질병이 유행하는 외국의 풍토에서 죽게 만드는 일은 얼마나 더 잔인한 짓인가! …… 일자리가 없는 많은 사람들이 '3개월분의 선불'과 자신들이 없는 동안 가족이 급여의 일부를 받을 수 있다는 약속을 받고 가족을 위해 입대했다……. 나는 전 연대가 사기―사병들에 대한 사기, 뉴욕 시에 대한 사기, 합중국 정부에 대한 사기―를 당했다고 단호하게 주장하는 바이다.

1846년 후반에 접어들어 신병 모집 수가 떨어지자, 신체 요건이 낮춰졌고 만족스러운 신병을 데려오는 사람들에게는 2달러를 선불로 줬다. 이런 것도 별 효과가 없었다. 1847년 초, 연방의회는 정규군 10개 연대를 승인해 전쟁 기간 동안 복무하도록 하고 명예제대할 때 100에이커의 공유지를 나눠주겠다고 약속했다. 그러나 불만은 계속됐다. 지원병들은 정규병이 특별대우를 받는다고 불평했다. 입대한 사람들은 장교들이 자신들을 아랫사람 취급한다고 불평했다.

그리고 얼마 안 있어 전투라는 현실이 영광과 약속을 엄습했다. 마타모로스 앞을 흐르는 리오그란데 강에서 아리스타Mariano Arista 장군 휘하에 있던 5,000명의 멕시코 군대가 테일러 장군의 3,000명의 군사와 맞닥뜨리는 순간, 포탄이 날아다니기 시작했고, 포병 새뮤얼 프렌치Samuel French는 전쟁에서 처음으로 죽음을 목격했다. 존 윔즈John Weems는 그 광경을 이렇게 묘사했다.

> 그가 우연히 근처에 말 탄 사람을 바라보는 순간, 포탄이 말안장 앞머리를 부수고 남자의 몸을 관통하면서 반대쪽에서 선홍빛 피가 울컥 쏟아졌다. 뼈인지 쇳조각인지 분간이 안 되는 물체가 말의 엉덩이에 구멍을 내고 입술과 혀를 갈가리 찢었으며, 또 다른 말의 이빨에 부딪친 뒤 세 번째 말의 턱을 박살냈다.

제4연대의 그랜트 중위는 "바로 옆 병사들 한가운데로 포탄이 떨어져, 한 병사의 손에 들려 있던 머스켓총이 날아가고 병사의 머리가 나뒹군 뒤 자신이 아는 대령의 얼굴이 산산이 박살나는 광경을 보았다." 전투가 끝났을 때 500명의 멕시코 병사가 죽거나 부상당했다. 미국 측에는 약 50명의 사상자가 발생했다. 윔즈는 전투의 여파를 묘사하고 있다. "짓밟혀 버린 초원에 쓰러진 그 자리에서 그냥 잠에 빠져든 지친 병사들 위로 어둠이 덮이는 한편에서, 양쪽 군대의 기진맥진한 병사들이 상처의 고통으로 소리를 지르며 신음하고 있었다. 섬뜩한 횃불 아래서 '군의관의 톱질소리가 밤새 들려 왔다.'"

전장에서 떨어진 군대 막사에서는 신병 모집 포스터를 보던 낭만이 재빨리 잊혀졌다. 한 젊은 포병 장교는 전쟁이 시작되기도 전인 1845년 여름에 코퍼스크리스티에 주둔해 있던 병사들에 관해 이렇게 썼다.

> 질병과 고통, 죽음을 범죄와도 같은 태만 때문이라고 넌지시 말하는 일이 우리의 고통스러운 임무가 됐다. 군대를 수용하려고 세운 막사의 3분의 2가 낡아서 너덜거렸고 …… 그 해 3개월 동안 거의 침수됐던 곳에서 출정을 준비했다……. 11월과 12월 내내 비가 맹렬하게 퍼붓거나, 거센 '북풍'이 약해빠진 천막 기둥을 강타해 너덜거리는 천막을 찢어 버렸다. 몇 날 몇 주 동안 수백 개 천막의 모든 물건이 완전히 젖어 버렸다. 무시무시했던 이 몇 달 동안, 붐비는 병원 막사에서 병으로 고통을 받는다는 것은 상상도 할 수 없을 만큼 소름끼치는 일이었다…….

뉴올리언즈로 이동한 미시시피 제2소총연대는 추위와 질병의 습격을 받았다. 연대 군의관은 이렇게 보고했다. "우리 연대가 복무를 시작한 지 6개월 만에 사망 167명, 제대 134명의 손실을 입었다." 연대원 800명은 수송선 3척의 짐칸에 빼곡히 실려 이동했다. 군의관의 말을 계속 들어보자.

> 질병의 암운이 여전히 우리 위를 떠다니고 있었다. 짐칸은 …… 곧 환자들로 들끓었다. 악취가 참을 수 없을 정도였다……. 바다는 점점 거칠어졌다……. 어둡고 긴 밤 내내 울렁이는 배는 환자를 이리저리로 밀어붙여 침상의 거친 모서리에 멍들게 만들곤 했다. 정신착란자들의 거친 울부짖음, 환자들의 탄식 소리, 죽어가는 자들의 구슬픈 신음소리로 혼미한 광경이 끊임없이 이어졌다……. 브라소스Brasos에 상륙하기 전에 메스꺼운 배 안에 틀어박힌 채 보낸 4주 동안, 우리는 병사 28명을 시커먼 파도에 내주고 말았다.

한편 다른 미국 군대가 육지와 바다를 통해 캘리포니아로 이동하고 있었다. 남아메리카의 남단을 도는 긴 항해 끝에 캘리포니아의 몬터레이에 도달한 한 젊은 해군 장교는 일기에 이렇게 썼다.

아시아가 …… 바로 우리 문 앞으로 다가올 것이다. 사람들이 캘리포니아의 기름진 땅으로 몰려들 것이다. 전 국토의 자원이 …… 개발될 것이다……. [철(지은이)]길을 따라 놓여 있는 공유지는 황무지에서 정원으로 뒤바뀔 것이며 대규모 인구가 정착하게 될 것이다…….

캘리포니아에서 계속된 또 다른 전쟁에서는 미국인들이 스페인 정착민들을 습격해 말을 훔치고 캘리포니아가 멕시코에서 분리한다 ― '베어플래그 공화국Bear Flag Republic' ― 고 선언했다. 그곳에는 인디언들이 살고 있었고, 해군 장교 리비어는 인디언 추장들을 모아 놓고 이렇게 말했다(후의 회상에 따름).

할 말이 있어서 당신들을 모두 불렀다. 당신들이 사는 땅은 이제 멕시코의 소유가 아니라, 당신들 모두가 보았거나 들은 적이 있는, 대양[태평양]으로부터 떠오르는 태양을 향해 수천 킬로미터 떨어진 또 다른 대양에까지 그 영토가 뻗치는 강대한 나라의 땅이다……. 나는 그 위대한 나라의 장교이며, 이곳에 오려고 엄청난 소리와 함께 화염을 내뿜으며 파괴수단을 투척해 우리의 모든 적들에게 죽음을 안겨주는 전함을 타고 두 대양을 횡단했다. 이제 우리의 적은 멕시코에 있으며 곧 그 나라를 통째로 정복할 것이다. 하지만 당신들은 제대로만 하면 …… 새로운 지배자에게 충성만 한다면, 우리를 두려워하지 않아도 된다……. 우리는 이 광대한 땅을 다른 사람들이 이용할 수 있도록 준비를 하러 온 것이니, 전 세계 인구가 더 많은 땅을 요구하고 이곳은 수백만 명이 차지해 경작하고 살기에 충분한 땅이 있기 때문이다. 그러나 다른 사람을 받아들인다손 치더라도, 적절하게만 행동하면 당신들을 쫓아내지는 않겠다……. 당신들은 쉽게 배울 수 있건만 빈둥거리면서 산다. 나는 당신들이 습성을 바꾸어 근면하고 검소하게 되기를 바라며, 당신들이 행하는 모든 저열한 악습도 버리기를 바라마지 않는다. 하지만 게으르고 방탕한 생활을 하면 몇 해 지나지 않아서 당신들은 절멸되고 말 것이다. 우리는 당신들을 살펴볼 것이며 당신들에게 진정한 자유를 줄 것이다. 하지만 선동이나 무법행위 등의 모든 범법행위를 조심하지 않으면, 보호하는 군대가 반드시 처벌할 것이고 아무리 외딴 곳에 숨더라도 당신들을 찾아낼 것이다.

커니Stephen W. Kearney 장군은 손쉽게 뉴멕시코로 이동해 전투도 벌이지 않고 샌터페이Santa Fe를 접수했다. 미국의 한 참모장교는 이 주요 도시로 미군이 진입한 것에 대한 멕시코 주민들의 반응을 이렇게 묘사했다.

도시로 진입하는 우리의 행군은 …… 어느 모로 보나 군도(軍刀)와 단검을 휘두르는 극히 호전적인 모습이었다. 사방의 모퉁이에서 퉁명스러운 표정에 풀이 죽은 모습의 남자들이 공포까지는 아니더라도 경계의 눈빛으로 우리를 응시했으며, 까만 눈들이 격자창문을 통해서 우리의 기마대 행렬을 바라보았는데, 일부는 기쁨으로 번득이고 있었고 또 일부는 눈물로 범벅이 되어 있었다……. 미국 국기가 게양되는 순간 언덕 위의 대포가 영광스러운 국가적 예포를 발사하자, 많은 여자들이 이제 울분을 참을 수 없었고 …… 비탄하는 탄식소리가 우리 기병대의 말발굽 소리를 압도하면서 사방팔방의 침울한 건물 깊숙한 곳에서부터 우리 귓전을 울렸다.

그 때가 8월이었다. 12월이 되자 뉴멕시코의 타오스Taos에서 멕시코인들이 미국의 지배에 맞서 반란을 일으켰다. 워싱턴으로 날아든 한 보고서에 따르면 "이 지역의 북부지방에 거주하는 유력한 인사들 다수가 반란에 가담했다." 반란은 진압 당했고 주모자들은 체포됐다. 그러나 반란자 다수가 달아나 산발적인 공격을 계속하면서 많은 미국인을 살해한 뒤 산악지역으로 숨어버렸다. 미군이 뒤를 쫓았고, 결국 600명에서 700명의 반란자들이 합세한 최후의 필사적인 전투에서 150명이 살해됨으로써 반란은 끝난 것처럼 보였다.

그러나 로스앤젤레스에서도 봉기가 일어났다. 1846년 9월 멕시코인들은 그곳에 주둔하고 있던 미군 수비대를 항복시켰다. 미국은 이듬해 1월 유혈전투를 치른 뒤에야 비로소 로스앤젤레스를 탈환할 수 있었다.

리오그란데 강을 건너 마타모로스를 점령한 테일러 장군은 이제 멕시코를 관통해 남쪽으로 향했다. 그러나 휘하의 지원병들이 멕시코 영토에서 점점 제멋대로 날뛰게 됐다. 멕시코 마을들이 약탈을 당했다. 1846년 여름, 한 장교는 일기를 남겼다. "오후 다섯 시쯤에 부리타Burrita에 도착해 보니 많은 루이지애나 지원병들이 있었는데, 술에 취한 무법자들이었다. 그들은 주민들을 내쫓고 집을 차지했으며 앞을 다투어 야수가 되어가고 있었다." 강간 사건이 늘어나기 시작했다.

병사들이 리오그란데 강을 거슬러 카마르고Camargo에 이르자, 견딜 수 없는 무더위와 더러운 물 때문에 ―설사, 이질 등― 여러 가지 질병이 발생해 1,000명이 사망했다. 처음에는 사망자가 발생하면 군악대의 '장송곡'이 연주되는 가운데 장례식이 치러졌다. 사망자의 수가 엄청나게 많아지자 공식적인 군대 장례식은 중단됐다.

몬터레이 남쪽에 이르러서는 또 다른 전투가 벌어져 병사와 말들이 고통스럽게 죽어갔는데, 한 장교는 "거품과 피를 쏟는 …… 이유를 도무지 알 수가 없다"고 설명했다.

휘하의 군대가 몬터레이를 점령한 뒤에 테일러는 텍사스 기마대Texas Rangers가 저지른 '일부 부끄러운 잔학행위'를 보고했으며, 복무기간이 만료되는 대로 그들을 집으로 돌려보냈다. 그러나 다른 병사들은 계속해서 멕시코인들을 약탈하고 살해했다. 켄터키 연대에 소속된 병사들은 어느 멕시코인 가정에 쳐들어가 남편을 쫓아내고 부인을 강간했다. 멕시코 게릴라들은 잔인한 보복으로 앙갚음했다.

미군이 진격하면서 더 많은 전투가 벌어져 양쪽에서 수천 명이 죽고 수천 명이 부상당했으며, 수천 명이 병에 걸렸다. 치후아후아Chihuahua 북쪽에서 벌어진 한 전투에서는, 미국 측의 설명에 따르면, 300명의 멕시코인이 죽고 500명이 부상당했으며, 미국인 사상자는 거의 없었다. "이제 군의관들은 부상당한 멕시코인들에게 구원을 베풀기에 바쁘며, 절단된 팔, 다리가 쌓여 있는 모습은 볼 만한 구경거리이다."

존 빈튼John Vinton이라는 포병 대위는 어머니에게 보낸 편지에서 베라크루스로 가는 항해에 관한 기록을 남겼다.

날씨는 쾌적하고 우리 부대의 건강과 사기도 훌륭하며 모든 상황이 성공의 징조처럼 보입니다. 그저 멕시코 놈들이 우리를 피해 싸움을 안 걸면 어찌하나 만을 근심하고 있습니다 — 우리가 대대적이며 광범위한 준비를 갖추었음에도 불구하고 싸움도 하지 않은 채 모든 것을 획득하게 되면, 우리 장교들은 공적과 명예를 얻을 수 있는 기회가 없어져 버리기 때문입니다.

빈튼은 베라크루스 포위공격에서 전사했다. 도시에 대한 미국의 폭격으로 민간인들이 무차별적으로 살해됐다. 해군이 쏜 포탄 하나는 우체국을 강타했고 나머지도 도시 전역을 파괴했다. 한 멕시코인 목격자는 이렇게 썼다.

> 산토도밍고 수도원Convent of Santo Domingo에 자리잡고 있던 외과병원이 폭격을 당해, 입원환자 몇 명이 그 자리에서 터진 포탄 파편에 맞아 목숨을 잃었다. 부상을 당한 한 남자를 수술하는 동안 포탄이 폭발해 전등이 나가는 바람에 다른 조명을 가져왔으나 환자는 이미 갈가리 조각난 상태였고, 다른 환자들도 죽거나 부상당했다.

항복하기까지 이틀 동안 1,300발의 포탄이 도시를 난타했다. 뉴올리언즈 『델타Delta』의 한 기자는 이렇게 보도했다. "멕시코인들은 사상자 수를 500에서 1,000명까지 각자 다르게 추산하고 있지만, 병력의 손실은 비교적 적었고 여성과 어린이들의 피해가 매우 컸다는 데는 모두가 동의하고 있다."

히치콕 대령은 도시로 진입하면서 이렇게 기록해 뒀다. "박격포의 무시무시한 폭격은 결코 잊을 수 없을 것이다. …… 엄청난 정확성으로 음산한 소리와 함께 민간인 주거지의 한복판에서 폭발하던 그 광경을—무서운 일이었다. 생각할수록 전율을 느끼지 않을 수 없다." 그럼에도 충실한 군인이었던 히치콕은 스코트 장군을 위해 '멕시코인들에게 보내는 일종의 연설문'을 써 줬으니, 나중에 영어와 스페인어로 수만 부가 인쇄된 이 글은 이렇게 말하고 있다. " …… 우리는 당신들에 대해서는 한 치의 악의도 없다—우리는 당신들을 매우 정중하게 대우한다—사실 우리는 당신들의 적이 아니다. 우리는 당신들을 약탈하거나 부녀자나 종교를 모욕하지 않는다. …… 우리는 평화를 이루려는 바람을 제외하고는 다른 어떤 세속적인 목적도 가지고 있지 않다."

이제 역사가 윔즈의 말을 들어보자.

그리하여 노련한 반전反戰 철학자인 히치콕이 "권력의 자리에 있는 사악한 인간이 원하는 대로 움직이는 작은 이동식 요새이자 탄약고"라는 헨리 데이비드 소로의 묘사에 어울리는 것 같다면, 히치콕은 무엇보다도 군인이라는 점 ─ 자신이 적대시했던 상급자들조차도 인정한 것처럼 훌륭한 군인이었다는 점을 기억해야만 한다.

그것은 멕시코 엘리트와 미국 엘리트 간의 전쟁이었으니, 양쪽 모두 자국민은 물론이고 타국민까지도 훈계하고 이용하면서 목숨을 앗아갔다. 멕시코 사령관 산타 안나는 자국에서 잇따른 반란을 분쇄했으며, 휘하의 군대는 승리 뒤에 강간과 약탈을 일삼았다. 산타 안나의 저택에 진입한 히치콕 대령과 윈필드 스코트 장군은 사방의 벽이 화려한 그림으로 가득 차 있는 광경을 목격했다. 그러나 산타 안나 군대의 절반은 죽거나 부상당했다.

윈필드 스코트 장군은 1만 명의 군대를 이끌고 최종 전장 ─ 멕시코시티 ─ 으로 향했다. 병사들은 전투를 갈망하지는 않았다. 멕시코시티까지 3일 거리인 할라파Jalapa에 도착한 뒤, 11개 연대 중 7개 연대가 복무기간이 만료되어 증발해 버렸다. 저스틴 스미스는 이렇게 쓰고 있다.

> 할라파에서 오래 머물렀으면 아주 좋았을 테지만 …… 병사들은 출정의 실제 의미를 이미 알고 있었다. 병사들은 이미 보수나 다른 지급품을 받지 않고 돌아가도록 허락을 받은 상태였다. 모병 시기에는 생각지도 못했던 고난과 궁핍을 겪은 뒤였다. 질병, 전투, 죽음, 무서운 노역, 끔찍한 행군을 현실에서 목도한 것이다……. 몬테수마의 저택Halls of the Montezumas을 보고 싶은 강렬한 욕망이 있기는 했지만 3,700명 가운데 1개 중대를 구성할 만큼의 병사만이 다시 부대에 가담했을 뿐이며, 지휘관으로 복무할 수 있게 해준다는 특별한

유인책을 장군이 제시했지만 아무런 효과도 없었다.

멕시코시티의 교외에 자리잡은 추루부스코Churubusco에서 멕시코군과 미군이 세 시간 동안 충돌했다. 윕즈의 묘사를 들어보자.

추루부스코 근방의 들판은 이제 수천 명의 사상자와 토막난 말과 노새로 뒤덮여 길이 막히고 도랑이 메워졌다. 4,000명의 멕시코인이 사망하거나 부상당했고, 3,000명이 포로가 됐다(그 중에는 69명의 미군 탈영병도 있었는데, 지난날의 동료들의 손에 처형되지 않도록 하기 위해서는 스코트 휘하 장교들의 보호가 필요했다)······. 미군은 거의 1,000명 정도가 사망하거나 부상당하고 실종됐다.

전쟁에서 으레 그렇듯이 전투는 아무 목표도 없는 것이었다. 멕시코시티 인근에서 그런 교전이 벌어져 끔찍한 사상자를 낸 뒤, 한 해군 대위는 스코트 장군을 비난했다. "장군이 실수로 전투를 일으켜 존재하지도 않는 목표를 놓고 부족한 병력으로 싸움을 하게 만들었다."

멕시코시티를 향한 최종전투에서 미군은 차풀테펙Chapultepec 언덕을 장악하고 20만이 살고 있는 도시로 진격했으며, 산타 안나 장군은 북쪽으로 이동했다. 1847년 9월의 일이었다. 멕시코의 한 상인은 친구에게 보낸 편지에서 도시에 대한 포격에 관해 설명했다. "어떤 경우에는 구역 전체가 파괴되어 엄청난 수의 남자와 여자, 어린이가 목숨을 잃거나 부상당했다."

산타 안나 장군은 후아만틀라Huamantla로 달아났지만 그곳에서 또 한 번 전투를 치르고 다시 도망가야 했다. 한 보병 중위는 부모님에게 보낸 편지에서 워커라는 장교가 전투에서 죽은 뒤에 어떤 일이 일어났는지를 적어 보냈다.

레인Walter Paye Lane 장군은 우리에게 "용감한 군인 워커의 죽음을 보복하고 …… 손댈 수 있는 무엇이든 차지하라"라고 말했습니다. 그리고 우리는 장군의 명령을 무서울 정도로 잘 따랐습니다. 우선 술집에 난입해 독한 술로 정신을 잃은 뒤에 온갖 종류의 잔인무도한 행위를 자행했습니다. 늙은 여자와 소녀들의 옷을 벗기기도 했습니다—많은 사람들이 이보다도 훨씬 더한 폭행을 당했지요. 남자들은 수십 명씩 총살했고 …… 재산과 교회, 가게, 가옥을 샅샅이 약탈했습니다……. 말과 남자들의 주검이 수북이 쌓이는 동안, 술에 취한 병사들은 고함과 괴성을 지르면서 가옥에 난입했고, 집을 버리고 목숨을 부지하려고 도망가는 불쌍한 멕시코인들을 추격했습니다. 그런 광경은 다시는 보고 싶지 않습니다. 이 일로 인해 저는 인간의 본성을 한탄하게 됐고 …… 처음으로 제 조국이 부끄럽게 느껴졌습니다.

『미국 놈들의 기록Chronicles of the Gringos』의 편집자들은 미군 병사들이 전쟁에 관해 보인 태도를 아래와 같이 요약했다.

그들은 전쟁에 스스로 지원한 자들이었고, 월등히 많은 수가 고난과 전투를 훌륭하게 견뎌냄으로써 자신들의 헌신을 명예롭게 생각하고 적국의 병사들만큼이나 임무를 잘 수행하긴 했다고는 하나, 군대와 전쟁을 싫어했으며 대체로 멕시코나 멕시코인을 좋아하지 않았다. 자신의 일을 싫어하고 군대의 규율과 폐쇄적인 계급제도에 분개하며 빨리 제대해서 고향으로 돌아가기를 원하는 자들이 대부분이었다.

전쟁 말기에 마타모로스에서 주둔하고 있던 펜실베이니아의 한 지원병은 이렇게 썼다.

여기는 규율이 아주 엄격하다. 장교 가운데 몇몇은 매우 훌륭한 군인이지만, 대부분은 병사들에 대해 극히 포악하고 야만적이다……. 오늘밤 훈련 중에는 한 장교가 칼로 사병의 머리를 동강내 버렸다……. 하지만 시간이 지나면 곧 장교나 병사나 동등한 위치에 서게 될 것이다. 사병의 생활이란 너무도 지긋지긋하다.

1847년 8월 15일 밤, 버지니아, 미시시피, 노스캐롤라이나 등지에서 온 지원병 연대가 북부 멕시코에서 로버트 트리트 페인Robert Treat Paine 대령에 맞서 반란을 일으켰다. 페인이 항명한 사람을 처형했지만, 휘하의 중위 두 명은 항명자들에 대한 진압을 거부했다. 결국 평정을 찾으려는 노력으로 반란 병사들을 사면할 수밖에 없었다.

탈영은 계속 늘어났다. 1847년 3월에는 1,000명이 넘는 수가 탈영했다고 보고됐다. 전쟁을 치르는 동안 총 탈영병 수는 정규군 5,331명과 지원병 3,876명을 합해 9,207명이었다. 탈영하지 않은 병사들도 점점 다루기가 어려워졌다. 커싱 장군은 매사추세츠 보병 제1연대에서는 65명의 병사가 "상습적으로 항명 및 불복종을 일삼고 있다"고 언급했다.

승리의 영광은 대통령과 장군들을 위한 것이었을 뿐, 탈영병이나 전사자, 부상자들을 위한 것은 아니었다. 미시시피 제2소총연대에서는 167명이 질병으로 사망했다. 펜실베이니아에서 온 2개 연대는 1,800명으로 출정했으나 600명만이 고향으로 돌아왔다. 사우스캐롤라이나의 존 캘훈John Calhoun은 연방회의에서 군대의 20퍼센트가 전투나 질병으로 사망했다고 말했다. 매사추세츠 지원병 부대는 630명으로 출발했다. 대부분 질병으로 300명이 죽은 채 고향으로 돌아왔는데, 귀향 환영 만찬 자리에서 사령관 커싱 장군은 병사들의 야유를 들어야 했다. 케임브리지『크로니클Chronicle』의 보도를 보자. "이처럼 군 장교들에 대한 매우 심한 비난이 지원병들의 입에서 매일같이 쏟아져 나왔다."

참전군인들이 고향으로 돌아오자, 투기업자들이 정부가 지급한 토지 보증서를 사들이기 위해 나타났다. 많은 병사들은 돈이 급한 나머지 160에이커를 50달러도 안 되는 금액에 팔아 버렸다. 1847년 6월 뉴욕『커머셜 애드버타이저Commercial Advertizer』는 이렇게 보도했다. "투기업자들이 혁명전쟁에서 피를 흘린 불쌍한 군인들의 곤궁한 상황을 이용해 엄청난 재산을 모았다는 사실은 잘 알려져 있다. 이번 전쟁에서도 비슷한 약탈 방식이 횡행했다."

멕시코는 항복했다. 미국인들 사이에서는 멕시코 전체를 차지하자는 목소리가 터져 나왔다. 미국은 1848년 2월에 체결된 과달루페 이달고 협정Treaty of Guadalupe Hidalgo으로 정확히 절반을 차지했다. 텍사스의 국경은 리오그란데 강으로 정해졌고 뉴멕시코와 캘리포니아를 할양받았다. 합중국은 멕시코에 1,500만 달러를 지불했고, 이로써『휘그 인텔리전서Whig Intelligencer』는 "정복으로 차지한 땅은 하나도 없다……. 다행히도"라고 결론을 내릴 수 있었다.

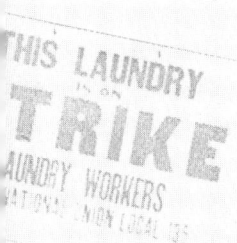

A People's History of the United States

9

복종 없는 노예제, 자유 없는 해방

1850	• 탈주노예법 통과
1853	• 스토 부인의 『톰 아저씨의 오두막집』 출간
1857	• 노예를 사유재산으로 인정한 드레드 스코트 판결
1859	• 존 브라운, 하퍼스페리에 있는 연방 병기고 점령
1860	• 에이브러햄 링컨, 대통령 당선
1857	• 남부연합 결성 • 4월 12일, 남북전쟁 발발
1859	• 헌법 수정조항 제13조에 의해 노예제 공식적 폐지 • 남북전쟁 종결
1860	• 테네시 주에서 백인 우월주의 테러집단인 KKK단 조직

미국 정부의 노예제 지지는 현실의 압도적인 필요성에 토대를 둔 것이었다. 1790년경 남부에서는 매년 1,000톤의 면화가 생산됐다. 1860년에 이르면 그 양이 100만 톤에 이르렀다. 같은 기간 동안 노예는 50만에서 400만 명으로 늘어났다. 노예의 반란과 음모(1800년 게이브리얼 프로서Gabriel Prosser, 1822년 덴마크 베시Denmark Vesey, 1831년 내트 터너Nat Turner)로 골머리를 앓던 체제는 법률과 법정, 군대 및 국가 정치지도자들의 인종적 편견을 뒷받침 삼아 남부 각 주에서 일련의 통제망을 발전시켰다.

이렇듯 철저하게 굳어진 체제를 종식시키기 위해서는 전면적인 노예 반란이나 전쟁이 필요했다. 반란이 일어난다면, 반란의 광풍이 걷잡을 수 없이 번져 노예제를 넘어 자본주의적 부를 이룬 세계에서 가장 성공한 체제로 향할지도 모른다. 전쟁이 벌어진다면, 전쟁을 일으킨 바로 그 사람들이 전쟁의 결과를 조직하게 될 것이다. 따라서 노예를 해방시킨 사람은 존 브라운John Brown이 아니라 에이브러햄 링컨이었다. 1859년 존 브라운은 몇 년 뒤 링컨이 대규모의 폭력으로 하게 될 일―노예제 종식―을 소규모의 폭력으로 이루려 하다가 연방정부의 공모로 교수형에 처해졌다.

정부의 명령으로 노예제도가 폐지됨으로써―그렇다. 정부는 자유 흑인과 노예, 백인 노예폐지론자들의 강력한 압력을 받았다 — 노예제 종식은 해방에 한계를 설정하도록 조정될 수 있었다. 위로부터의 해방은 지배집단의 이해관계가 허용하는 정도까지만 가능하게 마련이다. 만약 해방이 전쟁의 추동력에 의해, 십자군의 미사여구에 의해 더 진척된다면 언제든지 더 안전한 위치로 되돌릴 수 있었다. 그리하여 노예제 종식이 국가 정치와 경제를 재건하는 결과를 낳긴 했지만, 그것은 급진적인 재건이 아니라 안전한 재건 — 사실상 수익성 있는 재건 — 이었다.

버지니아, 노스캐롤라이나, 켄터키에서는 담배 재배에, 사우스캐롤라이나에서는 쌀 재배에 토대를 두고 있던 대농장 체제는 조지아, 앨라배마, 미시시피 등의 새롭고 풍요로운 면화지대로 확대됐다 — 그리고 더 많은 노예가 필요했다. 그러나 노예 수입은 1808년에 법으로 금지됐다. 존 호프 프랭클린John Hope Franklin(『노예제에서 해방으로*From Slavery to Freedom*』)의 말에 의하면 따라서 "애초부터 법은 집행되지 않았다." "길고 경비가 허술한 해안선과 일정하게 존재하는 시장, 어마어마한 이윤의 가능성 등은 미국 상인들에게 너무나도 큰 유혹이었고, 결국 그들은 유혹에 굴복했다……" 프랭클린은 남북전쟁 이전에 25만 명 정도의 노예가 불법으로 수입됐을 것이라고 추정하고 있다.

도대체 노예제를 어떻게 설명해야 할까? 노예제를 경험하지 못한 사람들은 아마 결코 설명할 수 없을 것이다. 북부의 두 자유주의적 역사가가 저술한 베스트셀러 교과서의 1932년 판에서는, 노예제를 흑인들의 "문명화를 위해 필요한 과도기"로 보았다. 경제학자나 계량 경제사가들(통계역사학자들)은 노예들의 식료품과 의료보호에 얼마나 많은 돈을 지출했는가를 추산함으로써 노예제를 평가하고자 했다. 그러나 과연 이것을 통해 노예제하에서 생활했던 인간존재에 관한 것으로서 노예제의 실체를 설명할 수 있을까? 노예제의 **조건**

이 노예제의 존재만큼 중요할까?

노예 출신인 존 리틀John Little은 이렇게 썼다.

그들은 노예들이 웃고 즐길 수 있으므로 행복하다고 한다. 나 자신을 비롯한 서너 명은 하루에 200대 정도의 채찍질을 당했으며 두 다리는 족쇄에 묶였다. 그런 상황에서도 밤에는 노래하고 춤추면서 덜거덕거리는 족쇄 소리로 다른 사람들을 웃기곤 했다. 우리는 행복한 사람들임이 틀림없다! 우리는 고뇌를 억누르려고, 터질 것 같은 심장을 진정시키려고 노래하고 춤을 췄다 ― 그것이 절대적인 진리이다! 자, 보라 ― 우리가 행복에 겨울 리가 없지 않은가? 그럼에도 나는 족쇄를 찬 채로 신나게 뛰어다녔다.

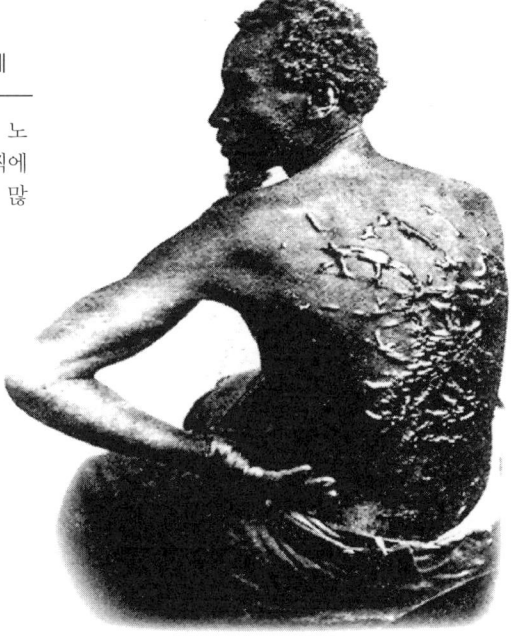

채찍질을 당한 흑인 노예

목화 농장에서 일했던 흑인 노예의 등이다. 노예주의 채찍에 맞아 갈라진 등에 셀 수 없이 많은 흉터가 있다.

한 대농장의 일지(현재 노스캐롤라이나 대학 고문서고에 있음)에 담긴 사망자 기록은 1850~1855년 사이에 대농장에서 죽은 모든 노예의 연령과 사인을 열거하고 있다. 이 시기에 사망한 32명 가운데 4명만이 60대였고, 50대가 4명, 40대가 7명, 20대에서 30대가 7명, 다섯 살도 되기 전에 죽은 아이가 9명이었다.

그러나 주인이 이윤을 위해 남편이나 아내, 아들이나 딸을 팔아버렸을 때, 그 헤어짐이 가족에게 어떤 의미였는지를 통계 기록이 나타낼 수 있을까? 1858년 주인에 의해 팔린 애브림 스크리번Abream Scriven이라는 노예는 부인에게 이렇게 썼다. "부모님께 나의 사랑을 전하고 작별인사를 대신해 주고, 이 세상에서 다시 만나지 못하면 천국에서 만납시다."

노예제에 대한 최근의 한 저서(로버트 포겔Robert Fogel과 스탠리 엥거먼 Stanley Engerman의 『십자가에 못 박힌 시간Time on the Cross』)는 200명의 노예를 보유한 루이지애나의 배로Barrow 농장에서 1840~1842년 동안 있었던 채찍질을 고찰하고 있다. "기록을 보면 2년 동안 총 160회의 채찍질이 가해졌는데, 이것은 1인당 연평균 0.7회에 해당한다. 절반가량은 같은 기간 동안 전혀 매질을 당하지 않았다." "모든 노예의 반수가 매질을 당했다"라고 말할 수도 있다. 두 말이 주는 의미는 다르다. 이 수치(1년에 일인당 0.7회)는 어떤 사람에게는 채찍질이 드문 일이었음을 보여준다. 하지만 달리 보면 **일부** 노예는 4, 5일마다 매질을 당한 셈이다.

농장주인 배로의 일대기에 따르면, 그는 그렇게 나쁜 축에 속하는 주인이 아니었다. 배로는 노예들에게 옷을 사 줬고 휴일에 쉬도록 했으며 무도장도 만들어 줬다. 배로는 또한 감옥을 만들었으며, "끊임없이 교묘한 처벌을 고안했으니, 무리들을 장악하기 위해서는 불안감을 조성하는 것이 큰 도움이 된다는 사실을 깨달았기 때문이었다."

채찍질과 처벌이 노동에 필요한 규율이었다. 그럼에도 허버트 구트먼 Herbert Gutman(『노예제와 숫자놀이 Slavery and the Numbers Game』)은 포겔과 엥거먼의 통계를 상세히 해부함으로써 이런 사실을 밝히고 있다. "전체적으로 볼 때, 1840~1841년 동안에 대개 다섯 명에 네 명 꼴로 목화 따는 노예가 한 차례 이상의 무질서한 행동에 가담했다……. 집단으로 보면, 남자보다는 여자의 비율이 약간 높아 일곱 차례 이상 무질서한 행동을 벌였다." 그래서 구트먼은 배로 농장의 노예들이 "그들 주인의 부와 자신들의 부를 동일시하는, 헌신적이고 근면하며 책임감 있는 노예가 됐다"는 포겔과 엥거먼의 주장을 논박하고 있다.

미국의 노예 반란은 카리브 해 섬이나 남미보다 횟수도 적고 규모도 작았다. 미국 최대 규모의 노예 반란은 1811년에 뉴올리언즈 인근에서 발생한 것이었다. 앤드리 소령의 농장에서 봉기가 일어난 뒤 400에서 500명의 노예가 집결했다. 등나무칼, 도끼, 몽둥이 등으로 무장한 노예들은 앤드리에게 상처를 입히고 그의 아들을 죽였으며, 이곳저곳의 농장을 돌아다니면서 그 수가 더욱 늘어났다. 연방 군대와 민병대가 반란자들을 공격했다. 66명이 현장에서 살해되고 16명은 재판에 회부되어 총살형을 당했다.

1822년 자유 흑인 덴마크 베시의 음모는 실행에 옮기기도 전에 좌절됐다. 사우스캐롤라이나의 찰스턴을 비롯한 전국 6대 도시에 불을 지르고 이 지역에서 노예 총봉기를 일으키려는 계획이었다. 몇몇 증인의 말에 따르면 수천 명의 흑인이 이런저런 형태로 연루되어 있었다고 한다. 허버트 앱시커의 설명에 따르면 흑인들은 250개 정도의 창날과 총검, 300여 개의 단검을 만들어 뒀다고 한다. 그러나 계획은 누설됐고 베시를 비롯한 35명이 교수형에 처해졌다. 찰스턴에서 출간된 재판 기록은 노예들이 보면 너무 위험하다는 이유로 출간되자마자 파기 명령을 받았다.

1831년 여름에 버지니아의 사우샘프턴 군郡에서 일어난 내트 터너의 반란은 남부 노예주들을 공포로 몰아넣어 노예제도의 안전을 보강하기 위한 확고한 노력을 낳았다. 터너는 종교적인 미래상을 주창하면서 노예를 70명 정도 모았고, 곳곳의 농장을 습격하면서 최소한 55명의 남자와 여자, 어린이를 살해했다. 그들은 지지자들을 규합했지만 탄약이 떨어져 사로잡혔다. 터너와 다른 18명 정도가 교수형에 처해졌다.

당시의 일부 온건파 노예폐지론자들의 주장처럼 이런 반란이 해방의 대의에 역행했던 것일까? 노예제 지지자였던 제임스 해먼드James Hammond는 1845년에 하나의 답을 제시했다.

> 하지만 당신네들의 방침이 완전히 다르다면—당신들의 입술에서 과즙을 만들고 감미롭기 그지없는 음악을 이야기한다면……. 우리가 10억 달러의 가치를 갖는 노예를 포기하고 더 나아가 10억 달러에 이르는 우리 토지의 가치 하락을 감수하게끔 설득할 수 있으리라고 생각하는가……?

노예소유주들은 이 점을 인식하고 대처법을 마련했다. 헨리 트래글Henry Tragle(『1831년 사우샘프턴의 노예 반란The Southampton Slave Revolt of 1831』)은 이렇게 말하고 있다.

> 1831년의 버지니아는 무장한 수비대를 갖춘 주였다……. 버지니아는 총인구 121만 1,405명 가운데 기병, 포병, 척탄병, 소총병, 경보병 등 10만 1,488명의 민병대를 전투에 배치시킬 수 있었다! 어떤 의미로는, 즉 군郡 연대들이 충분한 무장과 장비를 갖추지 못했다는 점에서 이 군대가 '종이 군대'에 불과했음은 사실이다. 하지만 민병대의 규모는 당시 대중들의 마음 상태에 관한 놀라운

언급이라고 할 만하다. 주나 연방이나 아무런 외부적인 위협이 없었음에도 불구하고, 버지니아는 흑인이나 백인, 남자나 여자, 노예나 자유민이나 할 것 없이 모든 주민의 10퍼센트를 수비 병력으로 유지할 필요가 있다고 생각했음을 알게 된다.

드문 일이기는 했으나 반란은 노예소유주들에게 끊임없는 두려움이었다. 남부 출신으로 『미국의 흑인 노예제American Negro Slavery』라는 고전적 연구서의 저자인 얼리크 필립스는 이렇게 썼다.

> 절대다수의 남부인들은, 항상 흑인들은 유순하거나 결속력이 부족하며 대개 백인에게 우호적이고 만족스럽게 지내고 있으므로, 재난과도 같은 폭동을 일으키는 일이 불가능할 것이라고 굳게 믿고 있었다. 그러나 전반적으로 살펴보면, 역사가들이 말하는 것을 훨씬 뛰어넘는 불안감이 전 지역에 널리 퍼져 있었다…….

유진 제노비즈Eugen Genovese는 포괄적인 노예제 연구서『굴러라 조던, 굴러Roll, Jordan Roll』에서 "노예제에 대한 순응과 저항의 공존"에 관한 기록을 살피고 있다. 저항으로는 재산의 절도, 기구파괴와 태업, 감독과 주인 살해, 농장 건물 방화, 도주 등이 있었다. 순응하는 경우에도 "비판 정신을 불어넣고 전복적 행위를 위장하는 것이었다." 이런 대부분의 저항은 조직적인 반란에는 미치지 못했지만, 주인이나 노예들이 느낀 반란의 의미는 더 없이 큰 것이었다고 제노비즈는 강조하고 있다.

도주는 무장봉기보다 훨씬 더 현실적인 것이었다. 1850년대 당시 매년 약 1,000명의 노예가 북부 지역, 캐나다, 멕시코 등지로 도망쳤다. 탈주자들은 잡힐 경우에 끔찍한 처벌을 받았지만 짧은 기간 동안 수천 명이 탈주했다. 도주자를 추적하는 데 이용한 개들은 "먹잇감을 물어뜯고 사지를 찢었으며, 제때 제지하지 않으면 죽여 버렸다"고 제노비즈는 말하고 있다.

노예로 태어나 열다섯 살 때 감독에게 맞아 머리에 상처를 입은 해리어트 터브먼Harriet Tubman은 젊은 나이에 홀로 자유를 찾아 길을 떠난 뒤 가장 유명한 지하철도Underground Railroad 안내인이 됐다. 터브먼은 종종 변장하고 항상 권총을 소지한 채 위험한 여행을 19차례나 왕복하면서 300여 명의 노예

해리어트 터브먼과 지하철도

지하철도는 남북전쟁이 일어나기 전 도망친 노예들을 비밀리에 북부나 캐나다의 안전지대로 피신시킬 목적으로 북부의 여러 주에서 만든 비밀조직이다. 노예들을 탈출시키는 일을 도왔던 사람들은 해리어트 터브먼같이 노예였다가 자유의 몸이 된 흑인들의 모임 구성원, 북부지역의 노예제 폐지론자, 박애주의자, 교회지도자 등이었다. 맨 왼쪽이 터브먼이다.

를 자유지역으로 데려다 줬고, 도망자들에게 "자유를 찾거나 죽을 겁니다"라고 말했다. 터브먼은 자신의 철학을 이렇게 표현했다. "내가 가진 권리는 자유와 죽음 둘 가운데 하나였다. 한쪽을 택할 수 없다면 다른 쪽을 가질 것이다. 어느 누구도 나를 살려 두지 않을 것이므로······."

어느 감독은 농장을 찾은 방문객에게 이렇게 말했다. "몇몇 검둥이들은 백인의 채찍질을 절대로 참지 않으며 매질을 하려고 하면 대듭니다. 물론 그런 경우에는 죽여야 하지요."

저항의 한 형태는 일을 열심히 하지 않는 것이었다. 두보이스는 『흑인들의 재능 The Gift of Black Folk』에서 이렇게 적었다.

> 세계의 아름다움에 민감한 감수성을 지닌 열대 태생의 흑인은, 북유럽 노동자들처럼 기계적인 짐수레말로 쉽게 전락하지 않았다. 흑인은 ······ 결과가 만족스러울 때에만 일을 하는 경향이 있었고, 정신적으로 부당한 대우를 받으면 일을 거부하거나 거부하려 했다. 그리하여 실제로는 현대의 육체노동에 새로운 삶의 가치를 가져왔음에도 흑인은 쉽게 게으르다고 비난받고 노예로 내몰렸다.

얼리크 필립스는 '꾀부리기', '도주', '허가받지 않은 휴가', '굴레로부터 완전히 탈출하려는 단호한 노력' 등에 관해 설명했다. 집단행동에 관해서도 묘사했다.

하지만 이따금씩 노예들이 가혹한 처사에 대한 항의로 한 몸이 되어 파업을 하곤 했다. 조지아의 한 감독이 집을 비운 농장주에게 보낸 편지에서 이런 종류의 일화를 볼 수 있다. "주인님, 일꾼 여섯 —잭을 뺀 전부— 이 농장에서 도망쳤다는 사실을 알리고자 몇 줄 적습니다. 일하는 게 영 시원치 않아 톰과 몇 놈에게 매질을 했습니다. 수요일 아침에 보니 사라지고 없었습니다."

가난한 백인이 노예를 도운 예는 흔치는 않으나 두 집단을 서로 적대시하게 만들 필요성이 있었다는 사실을 보여줄 만큼은 충분하다. 제노비즈의 말을 들어보자.

노예소유주들은 …… 노예가 없는 백인들이 흑인에 대한 동정심에서라기보다는 부유한 농장주에 대한 분노와 자신의 가난에 대한 분노에서 노예들의 불복종과 심지어 반란을 부추길 것이라고 의심했다. 때로는 백인들이 노예의 반란 음모에 연루되기도 했으며, 이런 사건이 일어날 때마다 두려움이 다시 피어올랐다.

이런 사실이 흑인과 형제처럼 사귀는 백인들에 대해 가해졌던 엄격한 치안조치를 설명하는 데 도움이 된다.
허버트 앱시커는 1802년의 노예 음모에 관해 버지니아 주지사에게 제출된 보고서를 인용하고 있다. "백인 세 명이 그 음모에 관련되어 있다는 정보를 지금 막 입수했습니다. 그들은 자기 집 지하실에다 무기와 탄약을 숨겨 두고 검둥이들이 반란을 일으키면 도움을 줄 태세였습니다." 음모에 참가한 노예 한 명은 그렇게 자신들에게 가담하는 일이 "가난한 백인들의 일반적인 추세"였다고 말했다.
반대로 흑인이 어려운 백인을 돕기도 했다. 한 흑인 탈주자는 가난하고 병든 백인 이웃에게 먹을 것을 줬다는 이유로 50대의 채찍질을 당한 여성 노예에 관한 이야기를 남겼다.

조지아 주에 브런즈윅Brunswick 운하가 건설될 당시 흑인 노예와 백인인 아일랜드 노동자들을 격리시켰는데, 두 집단 사이에 폭력사태가 일어날지도 모른다는 구실 때문이었다. 그것이 사실일 수도 있으나, 유명한 배우이자 농장주의 부인이었던 패니 켐블Fanny Kemble은 일기에 이렇게 적었다.

> 하지만 아일랜드인들은 트집잡이나 폭도, 싸움꾼, 주정뱅이, 검둥이를 능멸하는 자들이 아닐뿐더러—그들은 열정이 넘치고 충동적이며 따뜻하고 후한 마음씨를 지녔고, 무뚝뚝하게 감정을 표출하도록 강요받지 않을 때는 갑자기 강력하게 분개하는 성향도 있다—사회에 피해를 끼치는 인정 많은 사람들이기도 하며, 가슴속에는 충분한 미국적 분위기가 열정적인 정신과 적당히 어우러져 있어, 노예들에게 실제로 동정심을 가질 것이라고는 말할 나위도 없으니, 그로 인해 생길 법한 결과에 대한 판단은 당신들이 해보라. 내 확신하건대, 브런즈윅 운하 공사에서 두 인종이 뒤섞여 일해서는 안 된다는 생각이 들 것이다.

노예 통제의 필요성은 정교한 장치를 낳았다. 가난한 백인들—이들 자체가 남부의 200년 역사에서 골칫거리였다—에게 보수를 주어 흑인 노동을 감독하도록 함으로써 흑인들의 증오심에 대한 완충 장치로 삼은 것이다.

또 다른 통제 수단으로 종교가 이용됐다. 『면화농장 기록 및 회계서*Cotton Plantation Record and Account Book*』는 많은 농장주들이 참고한 책으로써 감독들에게 이런 가르침을 줬다. "안식일 아침마다 한 시간씩 할애해 도덕 및 종교적 가르침을 주게 되면 검둥이들 사이에서 더 나은 질서를 가져오는 데 큰 도움이 된다는 사실을 알게 될 것이다."

흑인 설교자들의 경우 제노비즈의 말을 빌자면, "그들은 회중 가운데 기세가 충천한 사람들을 잡아두기에 충분할 만큼 도전적인 언어로 말해야 했지만, 동시에 이길 수 없는 싸움을 격발시킬 정도로 선동적이어선 안 됐고 또한 지배 권력의 노여움을 살 만큼 험악하게 말할 수도 없었다." 실용주의가 모든 것을 결정했다. "수적으로 압도적이고 무력으로도 강한 백인들 틈에 끼여 있던 노예사회는 인내, 도움을 받을 수 없는 상황에 대한 수용, 흑인공동체의 생기와 건강을 유지하려는 끈질긴 노력 등의 전략 ― 아프리카의 원래 전략과 마찬가지로 무엇보다도 현세의 삶을 긍정하는 생존 전략 ― 을 권했다."

한때 사람들은 노예제가 흑인 가족을 파괴했다고 생각했다. 그래서 흑인이 처한 조건들 중에서 가난이나 편견보다는 주로 가족의 허약성을 비난했다. 가족이 없어 의지할 데가 없고 친족관계와 정체성을 결여한 흑인들은 저항할 의지가 전혀 없다는 것이었다. 그러나 1930년대 국회도서관을 위한 뉴딜의 연방문필가계획Federal Writers Project을 통해 이루어진 노예 출신 흑인과의 인터뷰에서는 전혀 다른 이야기가 펼쳐졌는데, 조지 라위크George Rawick(『해질녘부터 동틀녘까지From Sundown to Sunup』)는 이렇게 요약하고 있다.

> 노예사회는 모든 어른이 모든 어린이를 돌보며 '내가 책임져야 할 내 자식'과 '네가 책임져야 할 네 자식'이라는 구분이 거의 없는 일반화된 확대 친족관계처럼 움직였다. …… 형제자매 중 큰 아이가 어린 동생을 돌보는 커다란 책임을 지니는 가족관계란, 현대의 고도로 개인화된 성원들로 구성된 중간계급 핵가족에서 자주 볼 수 있는 동기간 경쟁의식과 흔한 반목감의 패턴보다는 분명 기능적으로 통합적이고 노예들에게 유용한 것이었다……. 실제로 기능적으로 통합된 가족생활의 패턴을 창조한 노예들의 활동은 인격의 파괴를 방지한 것 이상이었다……. 앞으로 살펴볼 것처럼, 이것이야말로 미국 내에서 흑인의 자존심, 정체성, 문화, 공동체, 반란을 낳은 사회과정의 한 부분이자 한 조각이었다.

역사가 허버트 구트먼(『노예제 및 자유 시기의 흑인 가족The Black Family in Slavery and Freedom』)이 찾아낸 오래된 편지와 기록들은 해체의 압력에 대한 노예가족의 완강한 저항을 보여준다. 아들과 20년 동안이나 떨어져 살아온 한 부인은 아들에게 편지를 썼다. "이 늙은 나이에 네가 보고 싶어지는구나……. 사랑하는 아들아, 지금 네가 이 늙은 에미를 찾아와 만나게 되기를 간절히 기도한단다. 케이토야 나는 너를 사랑하고 너는 네 에미를 사랑하지 ― 너는 하나밖에 없는 내 아들이란다……."

한 남자는 아이들과 함께 팔려간 아내에게 편지를 보냈다. "아이들의 머리카락을 따로따로 종이에 싸서 이름을 써서 보내 줘요……. 당신과 아이들과 헤어진 것 말고는 어떤 다른 일이라도 감수했을 텐데……. 로라, 지금도 마찬가지로 당신을 사랑해……."

구트먼은 노예들의 결혼 기록을 검토하면서 노예의 혼인율이 얼마나 높았고 결혼은 얼마나 안정적이었는지를 알아냈다. 구트먼은 사우스캐롤라이나의 한 농장에서 작성된 놀랄 정도로 완벽한 기록을 연구했다. 이 농장에서는 18세기부터 남북전쟁 직전까지 200명의 노예가 출생한 것으로 기록되어 있다. 기록은 또한 안정된 친족망, 확고한 결혼, 비범한 정절, 강제 결혼에 대한 저항 등을 보여준다.

노예들은 자기 자신과 가족에 대한 사랑, 가족의 일체성에 단호하게 집착했다. 사우스캐롤라이나 시아일랜즈Sea Islands의 한 제화공은 자기 나름대로 이런 집착을 표현했다. "나는 팔 한쪽을 잃었지만 내 머릿속에서는 사라지지 않았다."

이런 가족적 유대는 20세기에도 이어졌다. 남부의 흑인 농부였던 네이트 쇼는 주목할 만하다. 쇼는 그의 누이가 세 아이를 남기고 죽었을 때, 그의 아버지가 양육을 공동으로 부담하자는 제안에 대해 대답한 일을 회상했다.

저는 좋아요, 아빠……. 이렇게 하죠. 어린애 둘은 아빠 집에 그냥 놔두고 큰애는 제 집에서 키우는 식으로 따로 기르면서 서로 만나게 합시다. 제가 키우는 큰애를 아빠 집으로 데리고 가 두 동생을 만나게 하죠. 아빠는 애들을 제 집으로 보내 서로 형제인 걸 잊지 말고 자라도록 만들어 주세요. 서로 형제간이라는 사실을 잊어버리게 갈라놓지는 말아요. 그러지 마세요, 아빠.

역시 노예제하에서도 흑인들이 강했음을 주장하는 로렌스 레빈Lawrence Levine(『흑인문화와 흑인의식*Black Culture and Black Consciousness*』)은 적응과 반란의 복합적 혼합물인, 이야기나 노래를 지어내는 것을 통한 노예들의 풍부한 문화상을 보여준다.

우리가 밀을 길르면
거들은 옥수수를 준다네
우리가 빵을 꾸우면
거들은 빵껍질은 준다네
우리가 굵은 가루를 체질하면
거들은 깍쟁이를 준다네
우리가 고기 껍질을 벗기면
거들은 껍데기를 준다네
늘 이런 식으로
거놈들은 우리를 속인다네
우리가 술단지에서 웃더껑이를 걷어 내면
거들은 양조수釀造水를 준다네
그러고는 깜둥이들은 그거면 족하다고 지껄인다네.

흉내를 내면서 놀리는 일도 있었다. 시인 윌리엄 컬런 브라이언트William Cullen Bryant는 1843년에 사우스캐롤라이나에서 옥수수의 깍지를 벗기는 일에 참가한 뒤 노예들의 춤이 군대행진을 흉내 내는 것을 보고는 "우리의 군사훈련에 대한 일종의 희화화"라고 말했다.

영가靈歌는 흔히 이중적인 의미를 담고 있었다. "오! 가나안, 감미로운 땅 가나안, 나는 가나안 땅으로 가고 있네"라는 노랫말은 으레 노예들이 자신들의 가나안인 북부로 가려고 한다는 뜻이었다. 남북전쟁 중에 노예들은 대담한 메시지를 담은 새로운 영가를 만들기 시작했다. "노예가 되기 전에 무덤에 묻혀 내 고향 주님에게 돌아가 구원받으리라." 영가 「수천이 가네 Many Thousand Go」의 가사를 보자.

이제 다시는 나의 곡식을 쪼아가지 못하리라, 이제 다시는, 이제 다시는,
이제 다시는 감독이 매질하지 못하리라, 이제 다시는, 이제 다시는…….

레빈은 노예의 저항에 관해 언급하면서 일상생활과 문화 속에서 셀 수 없이 많은 방식으로 표현되는 "정치 이전의 것"이라고 지적했다. 레빈은 노예들이 자신들의 인간성을 계속 부여잡기 위해 음악, 마술, 미술, 종교 등 모든 방법을 사용했다고 말했다.

남부의 노예들이 버티는 동안, 북부의 자유 흑인들(1830년에 약 13만 명, 1850년에 약 20만 명이 존재했다)은 노예제 폐지를 활발하게 거론했다. 노예의 아들이었으나 노스캐롤라이나에서 자유인으로 태어난 데이비드 워커David Walker는 1829년에 보스턴으로 가서 헌옷장사를 했다. 자신이 직접 글을 쓰고 인쇄한 소책자 『워커의 호소Walker's Appeal』는 널리 알려졌다. 남부 노예소유주들은 이에 격분했다. 조지아 주는 워커를 생포하는 사람에게는 1만 달러, 살해

하는 자에게는 1천 달러의 현상금을 걸었다. 『워커의 호소』를 읽어보면 그 이유를 이해하기는 어렵지 않다.

워커의 말로는, 아메리카의 흑인 노예제보다 더 열악한 노예제는 역사상 없었으니 이집트의 이스라엘 노예제도 여기에 미치지 못했다. " …… 신성한 것이든 불경스러운 것이든, 이집트인이 이스라엘의 어린이에게 인간의 가족이 아니라고 하면서 참을 수 없는 모욕을 줬다는 구절이 담긴 역사책이 있다면 한 페이지라도 내게 보여 달라."

워커는 동화되고자 하는 동료 흑인들을 혹독하게 비판했다. "솔직히 말하건대 …… 내 평생 동안 많은 백인 여자를 보았지만 어느 누구도 결혼하려고 타다 남은 초심지 한 쪼가리라도 주고 싶은 마음이 들지 않았다고 고백하고 싶다."

흑인들은 자유를 위해 싸워야 한다고 워커는 말했다.

우리의 적들이 학살을 계속하고 동시에 그들의 술잔을 가득 채우게 내버려두자. 나아갈 길이 분명히 보일 때까지는 잔인한 압제자와 학살자들로부터 우리의 자유나 자연권을 얻으려 하지 말지어다 — 때가 되어 움직인다면, 두려워하거나 당황하지 말라……. 하나님은 저들과 마찬가지로 우리에게도 두 눈과 두 팔, 두 다리, 그리고 우리 머릿속에 일정한 지각을 주셨다. 우리가 저들을 구속할 수 없듯이 저들 역시 더 이상 우리를 노예로 묶어 둘 권리가 없다……. 아메리카 한편에서의 이런 영속성에도 불구하고, 우리의 고난은 끝날 것이다. 그리하여 우리는 우리 자신을 다스리기 위해 우리가 가진 모든 지식과 재능을 원하게 될 것이고, 나아가서는 그 이상의 것을 원하게 될 것이다. "쥐구멍에도 볕들 날이 있으며" 아메리카의 날은 끝장날 것이다.

1830년의 어느 여름날 데이비드 워커는 보스턴에 있던 자신의 가게 근처에서 시체로 발견됐다.

노예로 태어난 몇몇 사람들은 수백만 흑인들의 이루지 못한 바람을 행동으로 옮겼다. 노예 출신으로 볼티모어에 보내져 하인과 조선소 막노동자로 일했던 프레드릭 더글러스는 그럭저럭 읽고 쓰기를 배웠고, 21살이던 1838년에 북부로 도망쳐서 연사, 신문 주필, 작가로서 당대에 가장 유명한 흑인이 됐다. 자서전『프레드릭 더글러스의 생애 이야기』*Narrative of the Life of Fredrick Douglass*에서 더글러스는 자신의 처지에 관해 어린 시절 처음으로 지녔던 생각들을 회고했다.

나는 왜 노예일까? 왜 어떤 사람은 노예이고 어떤 사람은 주인일까? 이렇지 않았던 때가 과연 있었을까? 이런 관계는 어떻게 시작됐을까?

하지만 일단 이런 질문을 던지게 되자, 문제의 진정한 해답을 찾는 데는 오래 걸리지 않았다. 노예제의 존재에 대한 참된 설명은 피부색에 따른 것이 아니라 범죄라는 사실이며, 하나님이 아니라 인간이 만들어 낸 것이라는 사실이었다. 혹은 또 다른 중요한 진실, 즉 인간은 무엇을 만들 수 있고, 무엇을 없앨 수 있는가를 알아내는 데도 오래 걸리지 않았다.

당시에조차 나는 언젠가 자유인이 되리라는 생각을 깊이 새기고 있었음을 뚜렷이 기억한다. 이런 든든한 확신은 내 인간본성 — 노예제에 대한 끊임없는 위협 — 으로 타고난 꿈이었고 노예제의 모든 힘으로도 침묵케 하거나 압도할 수 없는 꿈이었다.

1850년에 통과된 탈주노예법 Fugitive Slave Act은 멕시코 전쟁으로 얻은 영토(특히 캘리포니아)를 자유주 nonslave state로 연방에 편입시키는 대가로 남부 주들에게 양보한 것이었다. 탈주노예법으로 인해 노예주들이 전에 노예였던 사람을 되찾거나 탈주 노예라고 지목한 흑인들을 그냥 잡아가는 일이 용이해졌다. 북부의 흑인들은 탈주노예법에 대한 저항을 조직하면서 법안에 서명한 필모어Millard Filmore 대통령과 법안을 지지한 대니얼 웹스터 상원의원을 비난했다. 노예인 어머니와 백인 주인 사이에서 태어난 J. W. 로건J. W. Loguen도 그 가운데 한 명이었다. 로건은 주인의 말을 타고 자유를 찾아 도망쳐 대학을 다닌 뒤 뉴욕 주 시러큐스에서 목사가 된 인물이었다. 1850년에 시러큐스에서 열린 집회에서 로건은 이렇게 연설했다.

탈주노예법 | 1793년과 1850년 연방의회에서 통과되었으며 1864년 폐지되었다. 이 법은 너무 가혹하게 시행되어 심한 반감을 샀을 뿐만 아니라 여러 준주에서 노예제에 대한 논란을 불러일으키며 지역적 적대감을 부채질하는 결과를 낳았다.

복종에서 도전으로 어조를 바꿀 때가 도래했습니다 ― 이 법안을 우리에게 집행하려면 블러드하운드 경찰견을 보내라고 필모어 씨와 웹스터 씨에게 말할 때가 말입니다……. 나는 하나님으로부터 자유를 받았으며 내가 자유를 누릴 자격을 지키라는 명령도 함께 받았습니다……. 나는 이 법을 존중하지 않습니다 ― 두렵지도 않습니다 ― 나는 이 법을 지키지 않을 것입니다! 이 법은 나를 법률의 테두리 밖으로 몰아냈으며 나 역시 이 법을 몰아내고자 합니다……. 나는 노예로 살지 않을 것이며, 나를 다시 노예로 만들려고 무력을 쓴다면, 인간답게 살기 위해 위기에 대처할 준비를 할 것입니다……. 오늘 저녁 저항을 택한 여러분의 결정은 자유의 정신에 길을 터줄 것이고, 당파 무리들을 깨부술 것이며, 북부 전역에서 환희의 외침을 일으킬 것입니다……. 하나님은 이 고귀하고 용감한 행동이 어디에선가 터져 나오리라는 사실을 알고 계십니다 ― 시러큐스가 바로 그 명예로운 자리가 되도록, 천지를 울리는 지진과도 같은 목소리가 퍼져 나가도록 해주옵소서.

이듬해 시러큐스에 기회가 왔다. 제리Jerry라는 탈주 노예가 체포되어 재판에 회부됐다. 군중들은 쇠 지렛대와 커다란 망치로 법정을 부수고 들어가 총을 뽑아들고 집행관에게 대들었고 제리를 풀어줬다.

로건은 지하철도의 주요 기착지인 시러큐스에 집을 마련했다. 들리는 말에 따르면, 로건은 약 1,500명의 노예를 캐나다로 도주시키는 일을 도왔다고 한다. 노예제에 관한 로건의 회고록을 보면, 노예 시절의 여주인이 자신에게 편지를 보내 돌아오든지 그렇지 않으면 보상금으로 1,000달러를 내라고 한 일화가 관심을 끈다. 로건이 보낸 답장은 노예폐지론 신문인 『해방자』에 실렸다.

새라 로그Sarah Logue 부인······. 당신은 저를 되사기 위해 신청을 넣어놨고 제가 천 달러를 보내지 않으면 팔아 버리겠다고 말했습니다. 동시에 같은 문장에서 "너는 내가 우리 아이들처럼 너를 키웠다는 사실을 알고 있지"라고 쓰고 있습니다. 부인, 당신은 시장에 내다 팔려고 자식을 키웠습니까? 태형 기둥에 매달려고 자식을 키웠습니까? 줄줄이 사슬에 묶어 짐승 부리듯 몰려고 자식을 키웠습니까? ······ 부끄러워하십시오!

그런데 당신은 늙은 암말을 끌고 갔다고 해서 저를 도둑이라고 말하고 있습니다. 매나세스 로그Manasseth Logue가 저에 대해 갖고 있는 권리보다 제가 늙은 암말에 대해 더 많은 권리를 갖고 있다는 사실을 혹시 깨닫지는 못하셨는지요. 제가 로그 씨의 말을 훔친 것이 로그 씨가 제 어머니의 요람을 강탈해 저를 훔친 것보다 더 큰 죄란 말입니까? ······ 인간의 권리는 상호적이고 호혜적이라는 사실을, 그리고 당신이 제 자유와 생명을 가진다면, 당신 자신의 자유와 생명을 박탈당하게 된다는 사실을 혹시 배우지 못하셨는지요. 하나님이 창조하신 하늘 아래 다른 모든 사람에게는 법이 아니면서 단 한 사람에게만 법인 것이 있습니까?

만약 당신이든 아니면 제 몸과 권리를 사려는 다른 투기꾼이든 간에 제가 얼마나 저의 권리를 중시하고 있는지 알고 싶다면, 직접 이곳으로 와서 저를 다시 노예로 만들기 위해 제 몸에 손만 대면 됩니다.

당신의 기타 등등 J. W. 로건[12]

프레드릭 더글러스는 노예제라는 치욕스러운 제도가 남부의 문제만이

---

12) Yours, etc. J. W. Loguen: 보통 편지의 끝마무리인 "친애하는Yours sincerely"이나 "안녕히Yours truly" 등의 의례적인 인사말을 쓰지 않았다.

아니라 국가 전체가 공모하고 있다는 사실을 알고 있었다. 더글러스는 1852년 7월 4일에 독립기념일 연설을 했다.

> 동료 시민 여러분. 실례를 무릅쓰고 질문을 하나 드리겠습니다. 왜 오늘 제가 이 자리에서 연설을 하라고 부탁받았을까요? 저나 혹은 제가 대표하는 사람들이 여러분 국가의 독립과 도대체 무슨 관계가 있습니까? 독립선언서에 구현된 정치적 자유와 타고난 정의라는 위대한 원칙들이 우리에게도 베풀어지는 것입니까? 그렇다면 저는 우리의 보잘것없는 공물을 국가의 제단 앞에 바치고, 은혜를 고백하고, 여러분의 독립이 우리에게 가져다준 축복에 헌신적인 감사를 표하라고 이 자리에 초청받은 것입니까? ……
>
> 여러분의 7월 4일은 미국의 노예에게 과연 무엇일까요? 저는 한 해의 그 어떤 날보다도 노예를 끊임없이 희생시키는 지독한 불의와 잔인성을 생생하게 폭로하는 날이라고 대답하겠습니다. 노예가 보기에는 당신들의 경축이란 허위이고, 당신들이 자랑하는 자유란 신성치 못한 방종이며, 당신들 국가의 위대함이란 오만한 허세이고, 당신들의 기쁨에 찬 소리는 공허하고 무정하며, 폭정에 대한 당신들의 비난이란 철면피한 뻔뻔스러움이고, 자유와 평등을 부르짖는 당신들의 외침은 공허한 조롱거리이며, 장엄한 종교행렬과 의식으로 치장된 당신들의 기도와 찬송, 설교와 감사기도는 노예가 보기에는 한갓 허풍, 속임수, 기만, 불경, 위선일 뿐입니다 ― 야만인들의 나라의 이름을 더럽힐 범죄들을 가리기 위한 얄팍한 덮개에 지나지 않는 것입니다. 지금 이 순간 합중국 국민들만큼 충격적이고 유혈적인 죄를 저지르는 국가는 지구상 어디에도 없습니다.
>
> 마음 내키는 어느 곳이든 가서 둘러보십시오. 구세계(Old World. 아메리카 대륙을 제외한 아시아, 유럽, 아프리카)의 군주제와 전제정을 돌아보고 남아메리

카를 두루 여행하며 악폐를 샅샅이 뒤져보십시오. 여행에서 최후의 악폐를 발견하면, 당신이 찾은 사실들을 이 나라에서 매일 벌어지고 있는 악습과 비교해 보십시오. 그러면 당신은 나와 함께 미국이 지긋지긋한 야만성과 파렴치한 위선에 있어서 타의 추종을 불허한다고 말하게 될 것입니다…….

내트 터너의 반란이 있은 지 10년 뒤 남부에서는 흑인 폭동의 조짐이 전혀 없었다. 그러나 바로 그 해인 1841년에 반란의 의식을 생생하게 간직한 한 사건이 발생했다. 크리올Creole 호로 수송 중이던 노예들이 승무원들을 제압하고 그 중 한 명을 죽이고는 (1833년에 노예제도가 폐지된) 영국령 서인도 제도로 뱃머리를 돌렸다. 영국은 노예의 송환을 거부했고(영국에서는 미국의 노예제에 대한 반대가 크게 일고 있었다), 그 결과 국무장관 대니얼 웹스터를 필두로 한 연방의회에서는 영국과 전쟁을 벌이자는 성난 논의가 진행됐다. 『유색인 프레스Colored Peoples Press』는 웹스터의 "위협적인 태도"를 비난하면서 혁명전쟁과 1812년 전쟁을 상기시켰다.

> 만약 전쟁이 선포되면 …… 우리는 시민권이라는 가장 소중한 권리조차 주지 않는 정부를 지키기 위해 싸울 것인가? …… 우리가 살고 있는 합중국은 우리의 자발적 복무를 이미 두 차례나 이용했고 그에 대한 대가로 우리에게 준 것은 사슬과 노예제뿐이었다. 우리를 짓밟는 그 발에 세 번씩이나 입맞춤을 해야 하는가? 그렇게 한다면 우리는 사슬에 묶인다 해도 할 말이 없다.

남부와 북부의 긴장이 고조되자 흑인들은 점점 전투적으로 되어 갔다. 프레드릭 더글러스는 1857년에 이렇게 말했다.

개혁의 철학에 관해 한 말씀 드리겠습니다. 인간 자유의 진보는 역사 전체에서 자유의 존엄한 주장에 대해 이루어진 모든 양보가 투쟁의 산물이었음을 보여줍니다……. 투쟁하지 않으면 진보는 없습니다. 자유를 지지한다고 공언하면서도 선동을 비난하는 사람들은 땅을 일구지도 않고서 수확을 바라는 것입니다. 이런 사람들은 천둥과 번개가 없는 비를 바랍니다. 또 수많은 강물의 무서운 포효가 없는 대양을 바랍니다. 투쟁은 도덕적일 수도, 물리적일 수도 있으며, 또한 도덕적임과 동시에 물리적일 수도 있지만, 틀림없이 투쟁인 것입니다. 권력은 요구하지 않으면 아무것도 양보하지 않습니다. 지금까지 그래 왔고 앞으로도 그러할 것입니다.

백인 노예폐지론자이며 『해방자』 주필인 윌리엄 로이드 개리슨과 더글러스 사이에는 전술적 차이가 있었다―흑인 및 백인 노예폐지론자 간의 전반적인 차이였다. 백인들에 비해 흑인들은 무장봉기에 기꺼이 가담하고자 했지만, 동시에 자신들의 대의를 향상시킬 수 있는 기존의 정치적 장치―투표함, 헌법―를 활용할 준비도 되어 있었다. 흑인들은 개리슨주의자들만큼 전술에 있어서 도덕적으로 절대적이지는 않았다. 도덕적인 압력만으로는 충분하지 않다는 사실을 흑인들은 잘 알고 있었다. 선거에서 반란에 이르기까지 모든 종류의 전술이 필요했던 것이다.

북부 흑인들의 가슴속에 노예제 문제가 얼마나 끊이지 않는 주제였던가는, 흑인들이 자금을 댄 신시내티의 한 사립학교에 다닌 흑인 어린이들을 통해 알 수 있다. 학생들은 "무엇을 가장 많이 생각합니까?"라는 질문에 답했다. 다섯 명의 대답만이 기록으로 남아 있는데 모두가 노예제를 들고 있다. 일곱 살짜리 한 어린이는 이렇게 썼다.

친구들아, 우리는 내년 여름에 농장을 살 거고, 농장을 가꾸며 살려면 하루 중 몇 시간은 일하고 몇 시간은 공부할 거고, 또 어머니와 누이, 사촌들이 생기면 집에 와서 봐야 하고 좋은 친척들도 봐야 하고 착한 소년이 돼야 되고, 어른이 되면 불쌍한 노예들을 속박에서 빼낼 거야. 불쌍한 노예 200명을 실은 배가 강 상류에서 내려오다가 뒤집어졌다는 …… 얘기를 들으니 정말 슬프다. 정말 그 얘기를 듣고 얼마나 슬픈지. 잠깐 기절할 만큼 가슴이 아프더라.

백인 노예폐지론자들은 강단, 신문, 지하철도 등에서 대담하고 선구적인 활동을 전개했다. 흑인 노예폐지론자들은 덜 알려지긴 했지만 노예제 반대 운동의 중추였다. 1831년에 개리슨이 보스턴에서 유명한 『해방자』를 발간하기에 앞서, 이미 흑인들의 첫 번째 전국대회가 열렸고 데이비드 워커는 '호소'를 집필했으며 『자유 저널Freedom's Journal』이라는 흑인 노예폐지론 잡지가 등장했다. 『해방자』의 처음 25명의 구독자 대부분이 흑인이었다.

흑인들은 백인 노예폐지론자들의 무의식적인 인종차별주의와도 끊임없이 싸워야 했다. 또한 자신들만의 독립적인 목소리로 주장해야 했다. 더글러스도 『해방자』에 기고하다가 1847년에 로체스터에서 자신의 신문인 『북극성』을 발행하기 시작했으며, 이로 인해 개리슨과 결별하게 됐다. 1854년에 한 흑인대회는 이렇게 선언했다. " …… 이것은 단연코 우리의 싸움이다. 다른 누구도 우리를 위해 싸워 줄 수 없다……. 노예제 반대 운동과 우리의 관계는 반드시 바뀌어야 하며 바뀌고 있다. 운동에 의존하는 것이 아니라 이끌어야 한다."

일부 흑인 여성들은 삼중의 장애물 — 노예사회에서 노예폐지론자인 사실, 백인 개혁가들 틈의 흑인이라는 사실, 남성이 지배하는 개혁운동에서 여성이라는 사실 — 에 직면했다. 1853년에 뉴욕에서 열린 제4차 전국여성권리대회National Woman's Rights Convention에서 서저너 트루스가 발언하려고 일어서

자 삼중의 장애물이 덮쳐왔다. 대회장의 군중들은 고함치고 야유하고 위협했다. 트루스는 말했다.

> 유색인 여성이 일어나 문제에 관해, 여성의 권리에 관해 말하는 걸 보면 당신들이 일종의 불만과 비웃음을 느끼리라는 것을 알고 있습니다. 우리 모두는 누가 보기에도 다시 일어설 수 없으리라고 생각할 정도의 깊은 나락으로 떨어졌습니다. 하지만 …… 우리는 다시 일어섰고 지금 저는 이 자리에 서 있습니다……. 우리는 우리의 권리를 갖게 될 것입니다. 그렇게 될지 되지 않을지 지켜보십시오. 그리고 당신들은 우리를 막지 못할 것입니다. 그렇게 할 수 있는지 지켜보십시오. 내키는 대로 야유를 보내십시오. 하지만 시간이 도래하고 있습니다……. 저는 당신들 틈에 앉아 지켜볼 것이며, 이따금씩 나타나서 지금이 저녁 몇 시인지 당신들에게 말해 줄 것입니다.

터너의 폭력적인 봉기와 버지니아의 유혈적인 진압이 이루어진 뒤, 남부 내의 방위체제는 더욱 견고해졌다. 아마도 외부인만이 반란을 개시할 수 있었을 것이다. 무시무시한 용기와 결단력을 지닌 백인 존 브라운이 그런 인물이었는데, 그는 버지니아의 하퍼스페리Harpers Ferry에 있는 연방 병기고를 점령해 남부 전역에서 노예 반란을 일으키려는 대담한 계획을 세웠다.

셀 수도 없는 비밀 임무를 수행한 전문가로 노예제에서 흑인들을 구출한, 152센티미터의 키에 이빨도 몇 개나 빠져 버린 해리어트 터브먼도 존 브라운의 계획에 관여했다. 하지만 병에 걸려 브라운에게 가세할 수 없었다. 프레드릭 더글러스 역시 브라운을 만났다. 더글러스는 성공 가능성을 거론하며 계획에 반대했지만, 60세의 나이로 수척한 큰 키에 백발이 성성하고 병든 이 남자를 존경했다.

더글러스가 옳았다. 계획은 실패로 돌아갔다. 로버트 E. 리Robert E. Lee 휘하의 100명의 해군이 가세한 지방 민병대가 반란자들을 에워쌌다. 동료들이 죽거나 포로가 됐지만 존 브라운은 투항을 거부하고 병기고 입구 근처의 작은 벽돌 건물로 들어가 바리케이드를 쳤다. 군인들이 문을 부수고 들어갔고 한 해군 대위가 진입해서 브라운을 칼로 쳤다. 브라운은 부상당하고 병에 걸린 채로 조사를 받았다. 두보이스는 『존 브라운John Brown』에서 이렇게 적고 있다.

> 그림을 그려보자. 불과 몇 시간 전에 입은 부상으로 초죽음이 된 나이든 피투성이 사내를. 정신을 산산이 파괴하는 55시간 동안 한 잠도 자지 못한 채, 거의 한 끼도 먹지 못한 채, 바로 눈앞에 두 아들의 주검이 놓인 채, 살해당한 일곱 동지의 시신이 곳곳에 널브러진 채, 아내와 유족들이 헛되이 귀를 기울이는 가운데, 평생의 꿈이었던 대의는 패배당해 가슴속에 묻은 채로 차가운 흙 위에 몸을 누인 사내를.

자리에 누워 버지니아 주지사의 심문을 받던 브라운의 말이다. "당신들 ─당신네 남부 사람 모두─ 은 이 문제가 해결되는 사태를 각오해야 할 테요……. 나를 아주 쉽게 처치할 수도 있겠지요 ─ 난 벌써 거의 처치된 상태이지만, 이 문제는 여전히 해결돼야 한단 말이지 ─ 내 말은 흑인 문제 말이오. 아직 끝을 본 게 아니외다."

두보이스는 브라운의 행동을 평가하고 있다.

> 브라운의 습격이 일반적인 노예들은 거부하고 미치광이 한 명에 이끌린 한 줌의 광신자들의 행동이었다면, 이 사건을 무시하고 가장 나쁜 범죄자들만 조용히 처벌하든지 잘못 판단한 지도자를 사면하거나 정신병원으로 보내는

것이 적절한 조치였을 것이다……. 병기고에 대한 급습이 어떤 목표를 이루기에는 너무 무기력하고 우스꽝스러운 것이었다고 주장하면서도 …… 주 당국은 침략자들을 처벌하기 위해 25만 달러를 소모하고 인근에 1,000에서 3,000명에 이르는 병사를 주둔시켰으며 전국을 떠들썩하게 만들었다.

교수대에 오르기 전에 옥중에서 마지막으로 남긴 진술서에서 존 브라운은 이렇게 말했다. "나 존 브라운은 이 죄 많은 땅의 범죄행위는 피가 아니고는 어떤 것으로도 씻을 수 없다는 점을 단연코 확신하는 바이다."

랠프 왈도 에머슨은 행동주의자는 아니었으나 존 브라운의 처형에 관해 말했다. "브라운은 교수대를 십자가만큼 신성한 것으로 만들 것이다."

존 브라운의 타격대 22명 가운데 5명이 흑인이었다. 그 중 2명은 현장에서 살해됐고 1명은 도주했으며 나머지 2명은 당국에 의해 교수형에 처해졌다. 존 코플랜드John Copeland는 처형되기 전에 부모에게 편지를 보냈다.

> 만일 제가 죽어야만 한다면, 저는 하나님이 성경에서 가장 준엄하게 꾸짖으신 노예상태로부터 불쌍하고 짓눌린 몇몇 제 동료들을 해방시키려고 노력하다가 죽는 것임을 기억해 주세요…….
> 교수대는 두렵지 않습니다…….
> 부모님, 아니 어머니, 아버지, 누이, 형제 모두가 말하는 모습을 상상합니다 ─"아냐, 네가 죽는 모습을 보는 슬픔을 덜어 줄 대의명분이란 없단다." 제가 드리는 말씀을 믿으세요. 비록 감옥에 갇혀 있고 사형선고를 받았을지언정, 저는 여기서 더 행복한 시간을 보내고 있고 …… 언제라도 기꺼이 죽음을 맞이 할 터이니, 조물주를 만날 준비가 되어 있으니까요.

연방정부의 승인 아래 버지니아 주가 존 브라운을 처형했다. 노예무역을 종식시키는 법률의 시행에는 우유부단한 태도를 보이면서 탈주 노예를 노예 신분으로 되돌리도록 규정한 법령은 엄격하게 시행한 것이 다름 아닌 연방정부였다. 앤드루 잭슨 행정부하에서 남부와 합작해 노예폐지론 간행물이 남부 주들로 반입되지 못하게 한 것 역시 연방정부였다. 1857년에 노예 드레드 스코트Dred Scott는 인간이 아니라 재산이므로 자유를 위해 소송을 할 수 없다고 선고한 것 또한 다름 아닌 합중국 대법원이었다.

이런 연방정부가 반란을 통한 노예제 종식을 받아들일 리는 만무했다. 연방정부는 백인들이 지배하는 조건에 한해서만, 북부 산업 엘리트들이 정치, 경제적으로 필요로 할 때에만 노예제를 종식시킬 생각이었다. 산업의 요구와 신생 공화당의 정치적 야망, 인도주의의 미사여구를 완벽하게 결합시킨 인물은 다름 아닌 에이브러햄 링컨이었다. 링컨은 노예제 폐지를 정책 명단의 1순위가 아니라 노예폐지론의 압력과 실용적인 정치적 이익에 의해 일시적으로 우선순위로 올라갈 수 있을 만큼만 충분히 가까이 놓아 뒀다.

링컨은 최고 부유층의 이익과 흑인들의 이익이 서로 만나는 역사의 순간에 두 이해를 교묘하게 융합시킬 수 있었다. 또 이 양자를 진취적이고 경제적 야망과 정치적 활력을 갖춘, 백인 중간계급이라는 점증하는 세력과 연결시킬 수 있었다. 리처드 호프스태터가 지적하듯이,

> 사고에 있어서 철저하게 중간계급적이었던 링컨은 임금 노동자 ― 농장 일꾼, 사무원, 교사, 숙련기능공, 평저선下底船 선원, 울타리 가로장 제작공 ― 로 삶을 시작해 토지 보유 농민, 번창하는 식료품상, 법률가, 상인, 의사, 정치가 등의 대열로 들어선 수백만 미국인들을 대변했다.

링컨은 실제 정치에서는 신중하게 행동하면서도 도덕적 이유에서 명료하고 열정적으로 노예제 반대론을 펼 수 있었다. 링컨은 "노예제도는 불의와 잘못된 정책에 뿌리를 둔 것이지만 폐지론의 보급은 노예제의 폐해를 경감시키기보다는 오히려 증대하는 경향이 있다"고 믿었다. (프레드릭 더글러스의 투쟁에 관한 언명이나 "귀하, 노예제도는 동요 없이, 더 없이 무시무시한 동요 없이는 절대 무너지지 않을 것입니다"라는 개리슨의 말과 비교해 보라.) 링컨은 헌법을 엄격하게 해석했고, 헌법 수정조항 10조(연방정부에 구체적으로 주어지지 않은 권한에 대해서는 주에 유보하는 내용)를 근거로 헌법상 연방의회는 각 주의 노예제를 금지할 수 없다고 주장했다.

주의 권리가 없이 연방의회의 관할권에 직접 속해 있던 컬럼비아 특별구에서 노예제 폐지가 제안됐을 때, 링컨은 헌법에는 합치되는 일이지만 특별구 주민들이 원하지 않는다면 시행해서는 안 된다고 말했다. 대부분의 주민이 백인이었으므로 이 안은 부결됐다. 호프스태터가 링컨의 언급에 대해 말한 것처럼, 그것은 "중용에 관한 완고한 고집의 불길을 내뿜는다."

링컨은 탈주노예법을 공개적으로 비난하기를 거부했다. 한 친구에게 보낸 편지에서 링컨은 이렇게 썼다. "고백컨대 불쌍한 놈들이 추적당해 잡히는 모습을 보기는 싫지만 …… 입술을 깨물고 침묵을 지킨다네." 1849년에 하원의원으로서 컬럼비아 특별구에서 노예제를 폐지하는 결의안을 제안했을 때, 링컨은 당국이 워싱턴으로 들어오는 탈주 노예를 체포해 송환하도록 하는 조항을 첨가했다. (이 일 때문에 보스턴의 노예폐지론자 웬델 필립스Wendell Phillips는 수년 후 링컨을 '일리노이 출신의 노예 사냥꾼'이라고 지칭했다.) 링컨은 노예제에 반대했지만 흑인을 동등한 존재로 볼 수는 없었고, 따라서 노예 문제에 접근하는 그의 일관된 논지는 노예를 해방시켜 아프리카로 돌려보내자는 것이었다.

1858년 일리노이에서 스티븐 더글러스Stephen Douglas를 상대로 벌인 연방 상원의원 선거운동에서 링컨은 청중들의 견해에 따라(그리고 또한 아마 당선에 얼마나 유리한가에 따라) 서로 다른 말을 했다. 7월에 일리노이 주 북부(시카고)에서는 이렇게 말했다.

이 사람 저 사람이니, 이 인종 저 인종이니, 다른 인종은 열등하므로 열등한 위치에 놓아야 한다는 등의 이 모든 궤변은 이제 버립시다. 이 모든 걸 버리고 이 땅 전역에서 한 국민으로 단결해 다시 한 번 일어서서 모든 인간은 평등하게 태어났다고 선언합시다.

두 달 뒤 일리노이 주 남부의 찰스턴에서는 청중들에게 이렇게 말했다.

그렇다면 저는 어떤 식으로든 백인과 흑인 사이에 정치, 사회적인 평등을 이루는 일에 찬성하지 않으며 찬성한 적도 없다고 말하겠습니다(박수갈채). 검둥이들이 유권자나 배심원이 되게 하거나 공직 자격을 부여하거나 백인과 결혼할 수 있도록 하는 것 등에 대해 저는 찬성하지 않으며 한번도 찬성해 본 적이 없습니다…….
또한 그들이 그렇게 할 수 없는 한, 한편 그들은 함께 살고 있으므로 우월한 지위와 열등한 지위가 있어야 하며, 다른 어떤 사람과 마찬가지로 저 역시 백인종에게 우월한 지위를 부여해야 한다는 데 찬성합니다.

1860년 가을에 링컨이 신생 공화당의 후보로 대통령에 당선된 뒤 남부가 연방에서 탈퇴한 이면에는 남부와 북부 간의 오래된 일련의 정책 충돌이 있었다. 도덕적 관례로서의 노예제를 둘러싼 충돌이 아니었다 — 대다수 북부인들은 노예제에 대해 희생을 치를 만큼, 분명 전쟁을 치를 만큼은 관심을 기울이지 않았다. 국민 간의 충돌이 아니라(대부분의 북부 백인들은 경제적인 혜택을 누리지 못했고 정치적인 힘이 없었으며, 남부 백인들은 대부분 가난한 농민들이지 정책 결정자가 아니었다), 엘리트 집단 간의 충돌이었다. 북부의 엘리트들은 경제적인 팽창 — 자유토지, 자유노동, 자유시장, 제조업 부문을 위한 높은 보호관세, 합중국은행 — 을 원했다. 노예주의 이해관계는 이 모든 것에 대립적이었다. 남부인들은 링컨과 공화당이 장차 자신들의 활달하고 번창하는 생활방식을 가로막을 것이라고 보았다.

그 결과 링컨이 당선되자 남부 7개 주가 연방에서 탈퇴했다. 링컨은 사우스캐롤라이나 섬터 요새의 연방 기지를 되찾으려 함으로써 교전을 개시했고 4개 주가 추가로 탈퇴했다. 남부연합The Confederacy이 구성되고 남북전쟁이 이어졌다.

1861년 3월에 있었던 링컨의 취임연설은 남부와 탈퇴한 주들을 회유하는 내용이었다. "나는 남부 주들에 존재하는 노예제도에 대해 직접적이든 간접적이든 간섭할 의사가 없습니다. 내가 알기로는 내게는 그렇게 할 법적 권리가 없으며 또 그렇게 할 의향도 없습니다." 전쟁이 넉 달째 이어지면서 존 C. 프레먼트John C. Frémont 장군이 미주리에 계엄령을 선포하고 연방에 저항하는 노예주인들의 노예는 자유인이 될 것이라고 말하자, 링컨은 이 훈령을 철회했다. 링컨은 메릴랜드, 켄터키, 미주리, 델라웨어 등 4개 노예주를 연방에 묶어두려고 안달이 나 있었다.

전쟁이 점점 격화되면서 사상자가 급증하고, 승리에 대한 절망감이 고조되고, 노예폐지론자들의 비판이 링컨을 떠받치는 너덜너덜한 연합세력을 갈가리 찢어 버릴 태세를 보이자, 링컨은 그제야 비로소 노예제에 반대하는 행동에 착수했다. 호프스태터는 이런 식으로 설명한다. "마치 섬세한 기압계처럼 링컨은 압력의 동향을 기록했고, 급진적인 압력이 증가하자 왼쪽으로 움직였다." 웬델 필립스는 링컨이 자랄 수 있었던 것은 "우리가 그에게 물을 줬기 때문이다"라고 지적했다.

북부의 인종차별주의는 남부의 노예제만큼이나 튼튼하게 구축되어 있었고, 양자 모두를 뒤흔들기 위해서는 전쟁이 필요했다. 뉴욕의 흑인은 재산이 250달러가 안 되면 투표를 할 수 없었다(백인에게는 적용되지 않은 자격요건이었다). 이를 폐지하려는 제안이 1860년에 투표에 붙여졌는데 2 대 1로 부결됐다(링컨이 뉴욕에서 5만 표 차이로 승리했음에도 불구하고). 프레드릭 더글러스의 논평을 들어보자. "사람들은 흑인 참정권이라는 검둥이 아이는 너무 추해서 그렇게 중요한 날에 모습을 보여서는 안 된다고 생각했다. 마치 일부 사람들이 손님이 찾아오면 불구의 자식을 보이지 않는 구석에 처박아두는 것처럼 흑인 역시 감춰졌다."

웬델 필립스는 링컨을 비판하긴 했지만 그의 당선에서 어떤 가능성을 엿보았다. 선거 다음날, 보스턴의 트레먼트 예배당Tremont Temple에서 필립스는 이렇게 연설했다.

> 전신 내용이 사실이라면, 우리 역사상 최초로 노예가 미국 대통령을 뽑은 셈입니다……. 링컨 씨는 노예폐지론자가 아니고, 하물며 노예제 반대론자도 아니지만, 노예제 반대 사상을 대변하는 데 동의했습니다. 정치라는 체스판에서 링컨의 가치는 졸卒의 위치에 있습니다. 상당한 노력을 기울인다면 우리는 곧 링컨을 나이트나 비숍, 퀸으로 바꿀 수 있으며 판을 휩쓸 수 있을 것입니다. (박수갈채)

보스턴 상류계급의 보수파들은 남부와의 화해를 원했다. 어느 순간 보수파들은 링컨 당선 직후 트레먼트 예배당에서 열린 노예폐지론자들의 집회를 습격하고는 "상업, 제조업, 농업의 이익을 위해" 남부에 양보해야 한다고 요구했다.

심지어 전쟁이 시작된 뒤에도, 1861년 여름에 극소수의 반대로 통과된 결의안에서 연방의회의 기본방침이 보였다. "…… 이 전쟁은 …… 해당 주에 이미 확립된 제도의 권리를 폐지하거나 간섭하는 등의 목적으로 …… 수행되는 것이 아니며 …… 연방의 보존만을 목표로 한다."

노예폐지론자들은 운동에 박차를 가했다. 1861년과 1862년에는 노예해방 청원이 연방의회에 쇄도했다. 그해 5월, 웬델 필립스는 이렇게 말했다. "에이브러햄 링컨은 노예해방을 바라지 않겠지만 막을 수는 없다. 국가도 노예해방을 원치는 않겠지만 막을 수는 없을 것이다. 나는 사람들이 무엇을 바라거나 원하는지는 관심이 없다. 흑인은 톱니바퀴 사이에 끼인 돌멩이와 같으며 그를 빼내기 전에는 기계는 돌아가지 않을 것이다."

7월에 의회는 연방에 대항해 싸우는 사람들의 노예는 자유인으로 간주할 수 있다는 내용의 몰수법Confiscation Act을 통과시켰다. 그러나 연방의 장군들이 이 법을 집행하지 않았고 링컨 역시 그런 현실에 눈을 감았다. 개리슨은 링컨의 정책을 "비틀거리고 앞뒤가 맞지 않으며 얼버무리고 우유부단하며 허약하고 얼빠진 것"이라고 묘사했으며, 필립스는 링컨이 '1급의 2류 인간 first-rate second-rate man'이라고 지적했다.

1862년 8월에 있었던 뉴욕 『트리뷴Tribune』의 주필인 호러스 그릴리와의 서신 교환은 링컨이 자신의 견해를 밝힐 기회가 됐다. 그릴리는 이렇게 썼다.

> 대통령 귀하. 이미 틀림없이 알고 계시겠지만, 당신의 당선에 기뻐 날뛴 사람들 가운데 절대 다수가 …… 반란자들〔남부연합〕의 노예와 관련해 당신이 추구하

고 있는 듯 보이는 정책으로 인해 몹시 실망하고 심각하게 우려하고 있다는 이야기를 강요하려는 것은 아닙니다……. 청컨대, 공화국의 최고 관리로서 무엇보다도 특히 책임이 있는 대로 법률을 집행하십시오……. 우리는 새로 입법한 몰수법의 노예해방 조항과 관련해 당신이 이상하고 불길하게도 태만하다고 생각합니다…….

우리가 생각하기에 당신은 …… 변경 노예주[13] 출신의 몇몇 정치인들로 이루어진 협의회로부터 과도한 영향을 받고 있습니다.

그릴리는 전쟁에서 승리해야 할 실제적인 필요성에 호소했다. "우리가 남부 흑인들이 우리를 위해 싸울 수 있도록 허락하든 그렇지 않든 간에, 정찰병, 길 안내인, 첩자, 요리사, 마부, 도랑파는 인부, 벌목꾼 등의 흑인이 필요합니다……. 이 땅의 법에 충심으로 그리고 솔직하게 복종할 것을 당신에게 간절히 청하는 바입니다."

링컨은 휘하 사령관 가운데 한 명으로서 탈주 흑인의 부대 입대를 금지했던 헨리 핼렉Henry Halleck 장군의 명령을 철회시키지 못함으로써 이미 자신의 태도를 보여준 바 있었다. 이제 그릴리에게 보낸 링컨의 답장을 살펴보자.

친애하는 그릴리 씨. …… 저는 의문스러운 점은 하나도 남겨 두려 하지 않았습니다……. 이 싸움에서 제가 견지하는 최대의 목표는 연방을 지키는 것이며 노예제를 지키거나 파괴하는 것은 아닙니다. 만약 한 명의 노예도 해방시키지 않고 연방을 지킬 수 있다면 그렇게 할 것이고, 모든 노예를 해방시킴으로써

---

13) Border Slave States: 델라웨어, 메릴랜드, 켄터키, 미주리 등 노예주 가운데 연방을 탈퇴하지 않은 주.

연방을 지킬 수 있다면 그렇게 할 것이며, 일부는 해방시키고 일부는 내버려둠으로써 연방을 지킬 수 있다면 역시 그렇게 할 것입니다. 제가 노예제나 유색인에 대해 취하는 행동은 그것이 이 연방을 지키는 데 도움이 되기 때문이며, 제가 삼가는 행동은 그것이 연방을 지키는 데 도움이 되지 않는다고 생각하기 때문입니다……. 여기서 저는 공적 직무에 관한 제 견해에 따라 제 목적을 언급하고 있으며, 어디서든 모든 사람은 자유로울 수 있다는, 제가 자주 표명했던 개인적 바람을 수정할 생각은 조금도 없습니다.

A. 링컨 드림.

링컨은 이런 식으로 자신의 "개인적 바람"과 "공적 직무"를 구별했다. 1862년 9월에 링컨이 임시 노예해방령Emancipation Proclamation을 선포했을 때, 그것은 일종의 군사적인 조치로서 남부에 4개월 동안 반란을 중단하도록 여유를 주면서 싸움을 계속할 경우 노예를 해방시키겠다고 위협하는 동시에 북부 편으로 넘어오는 주에 대해서는 노예제를 그대로 두겠다고 약속했다.

서기 1863년 1월 1일을 기해 합중국에 대항해 반란을 벌이는 주나 주의 지정된 지역에서 노예로 보유된 모든 사람은 자유인이며 영원히 자유를 누린다…….

따라서 1863년 1월 1일에 노예해방령이 발포됐을 때, 그것은 그때까지 연방에 대항해 싸움을 계속하는 지역(매우 신중하게 열거한 지역)의 노예를 자유인으로 선포했으며, 연방 경계 내의 노예에 관해서는 아무 언급도 하지 않았다. 호프스태터가 지적하듯이, 노예해방령은 "선하(船荷)증권과 같은 모든 도덕적 숭고함을 가졌다." 『런던 스펙테이터London Spectator』는 간명하게 지적했다. "그 원칙은 인간이 다른 인간을 정당하게 소유할 수 없다는 것이 아니라 합중국에 충성하지 않으면 소유할 수 없다는 것이다."

비록 제한적이긴 했으나 노예해방령은 노예제 반대 세력에 박차를 가했다. 1864년 여름이 되자 노예제를 종식시키는 법안을 요구하는 40만 명이 서명을 모아 의회에 제출했는데, 이것은 이 나라 역사상 유례가 없는 일이었다. 그해 4월에 상원은 헌법 수정조항 13조를 채택함으로써 노예제의 종식을 선포했고 1865년 1월에는 하원이 뒤를 이었다.

노예해방령이 선포됨으로써 북부연방 군대가 흑인들에게 문호를 개방했다. 그리고 더 많은 흑인이 전쟁에 가세할수록 전쟁은 흑인의 해방을 위한 전쟁의 성격을 띠게 됐다. 백인들의 희생이 커질수록 분노가 고조됐다. 특히 북부의 가난한 백인들 사이에서 분노가 컸는데, 이들은 부자들로 하여금 300달러로 징병을 피할 수 있는 길을 열어준 법에 의해 부자들을 대신해 징병된 사람들이었다. 그리하여 1863년 징병 폭동이 일어났다. 북부 도시들의 성난 백인들이 일으킨 이 폭동의 목표물은 멀리 떨어진 부유층이 아니라 가까이에 있는 흑인들이었다. 죽음과 폭력의 아수라장이었다. 디트로이트의 한 흑인이 목격한 내용을 살펴보자. 마차에 맥주통을 싣고 곤봉과 벽돌로 무장한 폭도들이 도심을 가로질러 행진하면서 흑인 남녀와 어린이를 공격했다. 그는 한 남자가 이야기하는 것을 들었다. "만일 우리가 검둥이들을 위해 다 죽어야 한다면, 이 마을의 검둥이를 깡그리 죽여 버리겠다."

남북전쟁은 당시까지의 인류 역사에서 가장 피비린내 나는 전쟁 가운데 하나였다. 총 3,000만 명의 인구 가운데 양쪽 합해 60만 명이 죽었다 — 1978년의 시점에서 보면 2억 5,000만 명의 총인구 가운데 500만 명이 사망한 셈이다. 전투가 점점 격해지고, 시체가 쌓이고, 전쟁의 피로가 커지자 400만 명에 달하는 남부 흑인의 존재는 남부에서 점점 더 장애물이 됐고 북부에서는 일종의 기회가 됐다. 두보이스는 『흑인의 재건 Black Reconstruction』에서 이렇게 지적했다.

노예해방령 이 포고령은 흑인병사를 모집하는 신호탄이 됨으로써 남북전쟁에서 매우 실질적인 결과를 낳았지만 현실적인 구속력이나 흑인 인권의 향상과 관련해서는 논란의 여지가 있다.

…… 이 노예들은 수중에 막대한 힘을 보유하고 있었다. 그저 일손을 놓기만 해도 남부연합을 굶주림의 공포로 몰아넣을 수 있었던 것이다. 북부연방군 진영으로 걸어 들어감으로써 노예들은 의심의 눈초리를 던지는 북부인들에게 자신들을 이용할 수 있는 손쉬운 가능성을 보여줬을 뿐만 아니라, 적들이 바로 이 전장에서 자신들을 활용하지 못하게 만들었다…….

리 장군이 갑작스럽게 항복하도록 만든 것은 바로 이런 단순한 양자택일이었다. 남부는 노예들과 타협해서 자유를 주고 북부와의 싸움에 활용함으로써 이제 더 이상 그들을 노예로 간주하지 않거나, 과거에 그랬던 것처럼 전쟁이 끝난 뒤 북부가 노예제의 유지에 도움을 준다는 조건 아래 북부에 항복하는 수밖에 없었다.

사회학자이자 인류학자인 조지 라위크는 남북전쟁에 이르기까지의 시기의 흑인들의 발전에 관해 이렇게 서술했다.

노예들은 친척도 아니고 언어도 통하지 않으며 풍습이나 습관도 서로 다른 동료 노예들을 비롯한 이상한 사람들 사이에 던져진 겁에 질린 존재를 박차고, 두보이스의 말을 빌리면, 수십만 명의 노예가 농장에서 도망침으로써 남부의 군대 부양 능력을 파괴한 총파업으로 나아갔다.

흑인 여성들도 전쟁에서 중요한 역할을 했으며 특히 전쟁의 종식에 이바지했다. 노예 출신으로 적극적으로 여권운동을 벌인 전설적 인물인 서저너 트루스는 보스턴의 조세핀 세인트 피에르 러핀Josephine St. Pierre Ruffin이 그랬던 것처럼 북부연방군 흑인 부대의 모병관이 됐다. 해리어트 터브먼은 흑인과 백인 부대를 이끌고 농장을 습격했으며 한 차례의 원정에서 750명의 노예를 해방시켰다. 여성들은 북부연방군이 남부를 관통해 행군하면서 늘어난 유색인 연대와 함께 이동하면서 남편을 도왔고, 많은 아이가 죽어간 기나긴 행군의 고난을 견뎌냈다. 1864년 4월에 켄터키 주 필로 요새Fort Pillow에서 남부연합 부대가 항복한 북부연방군 — 흑인과 백인, 인근 주둔지의 여성과 어린이들 — 을 학살했을 때처럼, 여성들 역시 군인의 숙명을 피할 수 없었다.

남북전쟁 동안 탈출할 기회가 있었음에도 대부분의 노예가 농장에 그대로 남아 있었다는 사실을 두고 흑인들이 노예제를 받아들였다는 증거라고 흔히 이야기되었다. 사실 50만 명이 도망쳤다 — 이는 다섯 명에 한 명 꼴로 도망친 것으로 어디로 가야 할지, 어떻게 살아야 할지를 알아내기에도 막막했다는 점을 감안한다면 매우 높은 수치라 할 수 있다.

사우스캐롤라이나와 조지아에 대농장을 갖고 있는 한 농장주는 1862년에 이렇게 썼다. "이 전쟁은 검둥이들을 조금도 믿어서는 안 된다는 점을 우리에게 가르쳐 줬다. 우리가 가장 믿었던 자들이 가장 먼저 우리를 저버린 일이 너무나도 많다." 같은 해, 조지아 주 서배나의 시장을 지냈던 남부연합군의 한 중위는 "검둥이들이 아직도 계속해서 적 진영으로 도망치고 있다니 심히 유감이다"라고 적었다.

미시시피의 한 목사는 1862년 가을에 이렇게 썼다. "나는 도착하자마자 우리의 검둥이들이 지난밤에 앞 다퉈 양키들 쪽으로 도망갔다는 소식을 듣고 매우 놀랐다……. 내 생각에는 한두 명을 빼고는 전부 양키들에게 갈 것이다. 일라이자네 가족은 확실히 가 버릴 것이다. 일라이자는 자기 생각을 감추는 법이 없고 ─ 건방지고 무례한 ─ 행동을 통해 솔직하게 자기 의견을 보여주니 말이다." 한 여성이 남긴 1865년 1월의 농장일지는 이렇게 말하고 있다.

> 농장 사람들은 전부 게으르고 대부분 자기 좋은 일만 찾는다. 많은 하인들의 충실함이 증명됐으나 다른 하인들은 불성실하고 모든 권위와 제약에 반항적이다……. 그들의 상태는 일종의 완전한 무정부상태이자 반란상태이다. 그들은 자신의 주인이나 모든 지배와 통제를 완전히 적대시한다……. 거의 모든 가내하인들이 집을 버리고 도망쳤으며 대부분의 농장에서도 떼를 이루어 사라졌다.

1865년 사우스캐롤라이나의 한 농장주는 뉴욕 『트리뷴』에서 이렇게 썼다.

> 최근의 위기 상황에서 검둥이들이 보인 행동을 통해 나는 우리 모두가 망상에 시달리고 있었다는 확신을 갖게 됐다……. 나는 검둥이들이 만족하고 행복해하며 주인을 잘 따른다고 믿었다. 그러나 여러 사건과 이에 대한 숙고를 통해

나는 이런 입장을 바꾸게 됐다……. 그들이 만족스럽고 행복하며 주인에 대한 애착이 강하다면, 왜 주인이 필요로 하는 순간에 주인을 저버리고 알지도 못하는 적에게 떼를 지어 도망침으로써 어릴 적부터 알고 지낸 참으로 훌륭한 주인을 내팽개치겠는가?

제노비즈의 지적에 의하면, 전쟁은 노예들의 총봉기를 낳지는 않았지만, "미시시피 주 라파예트Lafayette 군에서는 노예해방령에 응한 노예들이 감독자를 몰아내고 그들 스스로 토지와 농기구를 나누어 가졌다." 앱시커는 1861년에 아칸소에서 노예주를 살해하려 한 흑인의 음모를 전하고 있다. 신문 보도에 따르면, 그해 켄터키에서는 흑인들이 집과 헛간을 불살랐고, 뉴캐슬New Castle에서는 노예들이 도심을 행진하면서 "정치적인 노래를 부르고 링컨의 이름을 연호했다." 노예해방령이 반포된 뒤, 버지니아 주 리치먼드의 한 흑인 웨이터가 '노예 음모'를 주도한 혐의로 체포됐고, 미시시피 주 야주시티Yazoo City에서는 노예들이 군청과 가옥 14채를 불태웠다.

특별한 순간들도 있었다. 로버트 스몰즈Robert Smalls(후에 사우스캐롤라이나의 하원의원이 됐다)를 비롯한 흑인들이 증기선 플랜터호The Planter를 탈취, 남부연합의 대포를 피해 항해하여 북부연방 해군에게 넘겨줬다.

대부분의 노예는 복종하지도, 반란을 일으키지도 않았다. 그들은 일을 계속하면서 어떤 상황이 벌어질지 기다리며 지켜보았다. 기회가 오면 농장에서 도망쳤고 종종 북부연방군에 합류했다. 20만 명의 흑인이 육군과 해군에 입대했으며 3만 8,000명이 전사했다. 역사가 제임스 맥퍼슨James McPherson의 말을 들어보자. "그들의 도움이 없었다면 북부가 그렇게 빨리 전쟁에서 승리하지 못했을 것이며 어쩌면 전혀 승리를 거두지 못했을 수도 있다."

전쟁 기간에 북부연방 군대와 북부 도시에서 흑인들에게 벌어진 사태는,

설령 남부연합에 대해 전면적인 승리를 거둔다 하더라도 해방이 얼마나 제한적일지에 관한 모종의 암시를 줬다. 1864년 2월에 "검둥이를 죽여라"라는 고함소리가 울려 퍼진 오하이오 주 제인즈빌Zanesville에서처럼, 곳곳의 북부 도시에서 비번인 흑인 병사들이 습격을 받았다. 흑인 병사들은 참호 파기, 통나무와 대포 운반, 탄약 적재, 백인 연대를 위한 우물 파기 등 가장 힘들고 더러운 일에 종사했다. 백인 사병은 한 달에 13달러를 받은 반면 흑인 사병은 10달러를 받았다.

전쟁의 막바지에 이르면, 사우스캐롤라이나 제3지원병단Third South Carolina Volunteers 소속의 흑인 하사관 윌리엄 워커William Walker는 불평등한 봉급이 계약 위반이라고 생각했고 이에 대한 항의로 지휘관의 막사로 중대원을 행진시키고는 총을 걸어 놓고 사임하라고 명령했다. 워커는 군법회의에 회부되어 폭동죄로 총살됐다. 결국 1864년 6월에 연방의회는 흑인 병사에게도 동일한 봉급을 지불하도록 하는 법안을 통과시켰다.

전쟁 후반기에 접어들자 남부연합은 절망적인 상태에 빠졌고, 일부 지도자들은 점점 더 장애물로 변해 가는 노예들을 이용해 입대시키거나 자유를 주자고 제안했다. 수많은 군사적 패배를 겪은 뒤인 1864년 말, 남부연합의 전쟁장관 주다 벤저민Judah Benjamin은 찰스턴의 어느 신문 주필에게 서한을 보냈다. " …… 국민들로부터 크나큰 신임을 받고 있는 리 장군이 검둥이들을 방위에 활용하고 그런 목적을 위해 필요하다면 해방시키는 쪽을 강력히 선호한다는 점은 잘 알려져 있습니다……." 이에 격분한 한 장군은 "노예가 훌륭한 군인이 된다면 노예제에 관한 우리의 이론 전체가 그릇된 것이 된다"고 반박문을 썼다.

1865년 초에 접어들어 압력이 고조되자 데이비스Jefferson Davis 대통령은 3월에 '흑인병사법Negro Soldier Law'에 서명함으로써 노예의 입대를 허가했고 노예주인과 주정부의 동의 아래 자유를 줬다. 하지만 이런 조치가 효과를 발휘하기도 전에 전쟁이 마무리됐다.

1930년대 연방문필가계획에서 인터뷰한 노예 출신자들은 전쟁의 종식을 회상했다. 다음은 수지 멜턴Susie Melton의 말이다.

> 저는 열 살 정도밖에 안 된 어린 여자애였고, 우리는 링컨이 흑인에게 자유를 줄 거라는 말을 들었습니다. 여주인은 그건 아무것도 아니라고 말했지요. 그러고는 한 양키 군인이 윌리엄스버그에서 어떤 사람에게 링컨이 해방령에 서명했다고 말해 줬습니다. 때는 겨울이었고 그날 밤은 몹시 추웠지만 모두가 떠날 준비를 시작했습니다. 주인 여자에 대해서는 신경도 쓰지 않았지요 ─ 북부연방 경계로 가려고 했어요. 그러고는 흑인들이 밤새도록 추운 바깥에서 춤을 추고 노래를 했습니다. 다음날 아침 날이 밝자 담요와 옷가지, 항아리, 냄비, 병아리 등을 등에 짊어지고 모두 길에 나섰는데, 주인 여자가 말이나 수레는 가져갈 수 없다고 해서 이런 것만 챙긴 거였지요. 태양이 나무 위로 떠오르자 흑인들은 노래하기 시작했습니다.
>
> 태양아, 너는 여기 있어라, 나는 떠날 것이니
> 태양아, 너는 여기 있어라, 나는 떠날 것이니
> 태양아, 너는 여기 있어라, 나는 떠날 것이니
> 안녕, 안녕, 내가 떠난 뒤에 슬퍼하지 말아라
> 너에게 내 자리를 주지는 않을 것이니
> 안녕, 안녕, 내가 떠난 뒤에 슬퍼하지 말아라
> 너는 여기 있고 나는 떠날 것이니.

이번에는 애나 우즈Anna Woods의 말이다.

우리가 텍사스에서 살기 시작한 지 얼마 되지 않아 군인들이 진군해 와서 우리는 자유인이라고 말해 줬습니다……. 한 아주머니가 기억나네요. 아주머니는 통 위로 뛰어올라가 소리를 질렀어요. 뛰어내려서 소리를 질렀고요. 그러고는 또 뛰어올라가 소리를 지르고 하기를 몇 번이나 반복했죠. 그 자리에서 오랫동안 통을 오르락내리락 하기만 했답니다.

애니 메이 웨더즈Annie Mae Weathers는 이렇게 말했다.

누군가 와서는 "당신네 흑인은 드디어 자유다"라고 외치자 들고 있던 괭이를 떨어뜨리고는 어질어질한 목소리로 "하느님 감사합니다"라고 말했다는 아버지 말씀이 기억납니다.

연방문필가계획은 노예 출신의 패니 베리Fannie Berry의 말을 녹음해 뒀다.

흑인들은 함성을 지르고 박수를 치고 노래를 불렀지요! 아이들은 마구 뛰어다니면서 박자를 맞추고 소리를 질러댔고요. 모두 행복했어요. 그래서 작은 축하를 했지요. 부엌으로 달려가 창문에 대고 소리를 질렀어요.
"엄마, 이제 요리하지 않아도 돼요.
이제 자유예요! 이제 자유라고요."

흑인들 대다수는 전쟁이 끝난 뒤의 자신들의 지위가, 법적으로 어떠하든 간에, 일할 수 있는 땅을 소유하느냐에 달려 있으며, 그렇지 않으면 다른 사람을 위해 일하는 반半노예로 내몰릴 것이라는 점을 알고 있었다. 1863년에 노스캐롤라이나의 어느 흑인은 이렇게 적어뒀다. "권리와 정의라는 엄격한 법이 준수된다면, 나를 둘러싼 이 나라는 우리 조상들이 채찍과 압제의 멍에 아래 눈물과 신음의 한 평생을 통해 이루 헤아릴 수 없는 노고로 획득한, 아프리카계 미국인들이 남겨 놓은 유산이 되어야 마땅하다."

그러나 버려진 농장들은 전 농장주들과 북부의 백인들에게 임대됐다. 한 흑인 신문에서 말한 것처럼, "노예들은 농노가 되어 땅에 속박 당하게 됐다……. 양키의 수중에서 유색인들이 획득했다고 떠벌려진 자유는 이런 것이었다."

의회에서 링컨이 승인한 정책 아래, 1862년 7월의 몰수법으로 전쟁 기간에 몰수되었던 재산이 남부연합 소유주의 상속인들에게 귀속될 예정이었다. 보스턴의 흑인 의사 존 로크John Rock는 집회에서 이렇게 연설했다. "왜 주인들에 대한 보상을 이야기합니까? 도대체 무엇에 대해 보상을 해주어야 한단 말입니까? 여러분이 그들에게 무엇을 빚졌습니까? 노예가 그들에게 빚을 졌습니까? 사회가 그들에게 빚을 졌습니까? 주인에 대한 보상이라고요? …… 보상받아야 할 쪽은 오히려 노예입니다. 남부의 재산은 당연히 노예들의 재산입니다……."

어떤 땅은 세금 체납을 이유로 몰수되어 경매로 팔렸다. 하지만 극소수의 흑인만이 이 땅을 살 능력이 있었다. 1863년 3월, 사우스캐롤라이나의 시아일랜즈에서는 경매에 붙여진 1만 6,000에이커 가운데 돈을 공동출자한 자유민들이 2,000에이커를 살 수 있었고 나머지는 북부의 투자자와 투기업자들에게 팔렸다. 시아일랜즈의 한 자유민은 필라델피아에 있는 옛 선생님에게 대필로 편지를 보냈다.

친애하는 영 선생님께,

선생님, 링컴〔링컨〕에게 우리가 땅을 원한다고 — 얼굴의 땀과 우리 덩〔등〕으
피로 디범벅뙨 바로 이 땅을 원한다고 전해 주서요……. 우리가 원하는 땅
전부를 살 수도 잇었는데 그넘들이 땅뎅이를 너무 크게 만들어서 우리를 잘라
내고 이씀니다.

우리가 소유권을 주장할 쑤 이쓰며 한 사람마다 10에서 20에이커씩 땅을 가질
수 이또록 해주게따는 말은 링컴 씨 자신이 한 말입니다. 우리는 너무도 기뻐씀
니다. 우리는 말뚝을 박아 땅을 나누고 등기를 했으나 씨를 뿌릴 때가 되자
관리들이 제일로 기름진 땅은 전부 백인들에게 팔고 이씀니다. 링컴은 도대체
어디에 이씀니까?

1865년 초, 윌리엄 T. 셔먼William T. Sherman 장군이 조지아 주 서배나에서 대부분 노예 출신인 20명의 흑인 목사와 교회 임원들과 회담을 가졌는데, 그 가운데 한 명이 자신들의 요구를 이렇게 표현했다. "우리가 자신을 가장 잘 돌볼 수 있는 길은 땅을 가지고 우리 자신의 노동으로 그 땅을 경작하는 것입니다……." 나흘 뒤 셔먼은 '특별야전명령 15호Special Field Order No. 15'를 발표해 남부 해안선 약 50킬로미터 전역의 토지를 흑인 전용 정착지로 할당했다. 자유 흑인은 그곳에 정착할 수 있었고 한 가구당 40에이커의 상한선을 뒀다. 1865년 6월까지 4만 명의 자유 흑인이 이 지역의 새로운 농토로 이주해 왔다. 그러나 1865년 8월, 앤드루 존슨Andrew Johnson 대통령은 이 땅을 남부연합 소유주들에게 돌려 줬으며, 자유 흑인들은 강제로 쫓겨나거나 일부는 무력으로 추방됐다.

노예출신인 토머스 홀Thomas Hall은 연방문필가계획과의 인터뷰에서 이렇게 말했다.

링컨은 우리에게 자유를 줬다고 칭찬받았지만 과연 그가 그렇게 한 걸까요? 링컨은 우리에게 자유를 줬지만 우리가 자신을 돌보며 살 수 있는 기회는 주지 않았으며, 우리는 여전히 일자리와 음식, 의복을 남부 백인들에게 의존해야 하니, 그는 우리를 노예제보다 나을 것이 전혀 없는 예속 상태의 궁핍과 빈곤으로 몰아넣은 것입니다.

미국 정부는 1861년에 노예주들을 상대로 전쟁에 착수했는데, 그것은 노예제의 종식을 위해서가 아니라 광대한 영토와 시장, 자원을 계속 유지하기 위한 것이었다. 그렇지만 승리를 위해서는 십자군이 필요했으며 이 십자군의 추진력은 국가 정치에 새로운 세력을 가져왔다. 그 세력들은 자신들의 자유를 무언가 의미 있는 것으로 만들기 위해 결심한 더 많은 흑인들, 인종 평등에 관심을 갖게 된 더 많은 백인들이었다. ─ 해방흑인국Freedman' Bureau의 관리나 시아일랜즈의 교사, 인도주의와 개인적인 야심 등이 다양하게 뒤섞인 '뜨내기'[14] 등. 또한 남부 흑인들의 표를 통해 연방정부에 대한 지배권을 유지하려는 공화당의 강력한 이해도 존재했다. 북부의 사업가들은 공화당의 정책이 자신들에게 이익이 된다고 보아 잠시 동안 협력했다.

그 결과, 남북전쟁 뒤 잠시나마 남부의 흑인들은 투표를 통해 주의회와 연방의회에 흑인들을 진출시켰으며, 남부에 인종적으로 혼합된 무상 공교육을 도입했다. 법적 골격이 구축됐다. 헌법 수정조항 13조는 노예제를 불법화했다. "노예제도 또는 강제 노역제도는 당사자가 정당하게 유죄 판결을 받은

---

14) carpetbaggers: 대부분 북부의 퇴역 군인들로서 서부보다 남부를 더 유망한 개척지로 여겨 전쟁이 끝난 뒤 농장주, 사업가, 전문직업인 등의 희망을 품고 남부에 정착한 백인들을 가리키며, 남부로 이동할 때 갖고 온 값싼 여행가방 명칭에서 유래한 말이다.

범죄에 대한 처벌이 아니면 미국 또는 그 관할하에 속하는 어느 장소에서도 존재할 수 없다." 헌법 수정조항 14조는 "미국에서 출생하거나 귀화한 사람"은 모두 미국 시민이라고 선언함으로써 전쟁 전의 드레드 스코트 판결을 뒤엎었다. 14조는 또한 '주의 권한'을 엄격하게 제한하면서 인종 평등을 위한 강력한 언명을 제시하는 것처럼 보였다.

> 어떤 주도 미국 시민의 특권과 면책권을 박탈하는 법률을 제정하거나 시행할 수 없다. 어떤 주도 정당한 법 절차에 의하지 아니하고는 어떤 사람으로부터도 생명, 자유, 또는 재산을 박탈할 수 없으며, 그 관할권 내에 있는 어떤 사람에 대해서도 법률에 의한 동등한 보호를 거부하지 못한다.

헌법 수정조항 15조에서는 이렇게 말했다. "미국 시민의 투표권은 인종, 피부색 또는 과거의 예속 상태로 인해서 미국이나 주에 의해 거부되거나 제한되지 아니한다."

연방의회는 1860년대 말과 1870년대 초에 걸쳐 동일한 정신을 담은 수많은 법안을 통과시켰다 ― 흑인의 권리를 박탈하는 것을 범죄로 규정하는 법, 연방관리들로 하여금 흑인의 권리를 시행하도록 요구하는 법, 흑인들에게 차별 없이 계약을 체결하고 재산을 구입하는 권리를 부여하는 법 등. 그리고 1875년에는 민권법Civil Rights Act이 제정되어 호텔, 극장, 철도 및 각종 공공시설에서의 흑인에 대한 차별을 금지했다.

이런 여러 법률과 보호를 위해 주둔한 남부의 연방군, 흑인들을 돕기 위한 해방흑인국의 민간 관리 집단 등이 어우러진 가운데, 남부 흑인들은 표면에 나서 투표를 하고 정치조직을 결성했으며 자신들에게 중요한 문제에 관해 강력하게 의사표시를 했다. 흑인들은 링컨 재임 당시 부통령을 역임했고 전쟁

막바지에 링컨이 암살당한 뒤 대통령에 오른 앤드루 존슨에 의해 여러 해 동안 방해를 받았다. 존슨은 흑인들을 돕는 법안에 대해 거부권을 행사했다. 흑인들에게 동등한 권리를 보장하지 않음으로써 남부연합 주들의 연방 복귀를 수월하게 만들었던 것이다. 이 복귀한 남부 주들에서 존슨 재임 기간 동안 '흑인단속법black codes'을 실시했는데, 이로써 해방된 노예들을 여전히 대농장에서 일하는 농노로 만들어 버리는 결과를 낳았다. 한 예로 미시시피 주에서는 1865년에 자유 흑인이 농지를 빌리거나 임차하는 것을 불법화했으며, 위반하면 감옥형을 치러야만 한다는 파기할 수 없는 노동계약하에서 일하도록 규정했다. 미시시피 주는 또한 18세 이하의 흑인 아이에게 부모가 없거나 가난하면 도제徒弟살이 신분 아래―도주할 경우에는 처벌하는― 강제노역을 부과할 수 있도록 규정했다.

앤드루 존슨은 상원 및 하원의원들과 충돌을 일으켰는데 의원들은 어떤 경우에는 정의를 이유로 어떤 경우에는 정치적 계산에서 자유 흑인의 평등권과 투표권을 지지했기 때문이다. 하원에서는 1868년에 존슨이 사소한 법령을 위반한 것을 구실로 삼아 탄핵에 성공했으나, 상원에서 탄핵에 필요한 3분의 2에 단 한 표가 부족해서 실패했다. 그해 대통령 선거에서 공화당의 율리시즈 그랜트Ulysses Grant가 70만 표의 흑인표를 획득해 30만 표 차이로 승리함으로써 방해꾼인 존슨이 물러났다. 이제 남부 주들은 새로운 헌법 수정조항을 승인해야만 연방으로 복귀할 수 있게 됐다.

북부의 정치가들이 자신들의 대의에 어떤 도움을 주든 간에, 남부의 흑인들은 땅과 자원이 부족했음에도 불구하고 자신들의 자유를 최대한으로 이용할 작정이었다. 역사가 피터 콜친Peter Kolchin이 전쟁 직후 몇 년 동안의 앨라배마 흑인들에 관해 연구한 내용을 보면, 흑인들은 전쟁이 끝나자마자 백인들로부터 독립을 주장하고, 자신들만의 교회를 만들고, 정치적으로 적극성을 띠어가고, 가족의 유대를 강화하고, 아이들을 교육시키려고 노력했다. 콜친은 노예제로 인해 흑인들에게 '깜둥이Sambo'라는 굴종적 정신상태가 만들어졌다고 하는 일부 역사가들의 주장에 동의하지 않는다. "이른바 의존적이고 어린애 같다는 흑인들이 자유를 얻자마자 독립적인 남성과 여성처럼 행동하기 시작했다."

사우스캐롤라이나 주 하원을 제외하고는 모든 주에서 소수에 머무르긴 했지만, 이제 흑인들이 남부 주의회에 진출하게 됐다. 흑인이 공직에 오르면 무능하고 게으르고 부패하며 남부 각 주정부에 파멸을 초래한다는 것을 보여주기 위한 대대적인 선전활동이 북부와 남부에서 행해졌다(미국 각급 학교의 역사교과서에서 20세기까지도 이어지고 있는 선전활동). 의심의 여지없이 부패가 있긴 했지만, 남북전쟁 뒤 재정을 속이는 북부와 남부의 기묘한 풍토 속에서 흑인들이 정치적 묵계를 발명해 냈다고 주장하기는 어렵다.

사우스캐롤라이나의 공공부채가 1865년의 700만 달러에서 1873년에 2,900만 달러로 늘어난 것은 사실이지만, 새로운 주의회는 주 역사상 처음으로 무상 공립학교를 도입했다. 1876년에 이르면 이전에는 학교 문턱에도 가본 적이 없는 7만 명의 흑인 어린이들이 학교에 다니고 있었을 뿐만 아니라, 백인 어린이의 경우에도 1860년의 2만 명에서 5만 명으로 학생 수가 늘어났다.

1869년 이후의 기간 동안 흑인의 투표로 연방상원에 2명의 흑인(둘 모두 미시시피 출신인 하이램 레블즈Hiram Revels와 블랜치 브루스Blanche Bruce)이 진출했으며, 사우스캐롤라이나 8명, 노스캐롤라이나 4명, 앨라배마 3명, 기타 남부연합에 속했던 각 주에서 1명씩 모두 20명이 연방하원의원으로 선출됐다(이 명단은 1876년 이후 급속히 감소해 1901년에 마지막 흑인이 하원을 떠났다).

20세기에 컬럼비아 대학의 학자 존 버제스John Burgess는 흑인의 재건에 관해 아래와 같이 언급했다.

피치자의 이익을 위해 가장 지성적이고 덕성이 높은 사람들로 구성되어야 할 정부를 대신해, 여기 가장 무지하고 부도덕한 사람들로 구성된 정부가 있었다……. 검은 피부색은 스스로 정념을 이성에 복종시키는 데 한번도 성공해보지 못한 인종, 따라서 어떤 문명도 창조하지 못한 인종의 성원임을 뜻하는 것이다.

우리는 이런 발언에 대해 전후 남부의 흑인 지도자들을 평가해 보아야 한다. 열다섯의 나이로 사우스캐롤라이나 농장의 노예신분에서 도망쳐 나온 헨리 맥닐 터너Henry MacNeal Turner는 독학으로 읽기와 쓰기를 배우고, 볼티모어의 법률사무소에서 사환으로 있는 동안 법률 서적을 읽고 볼티모어 의대에서 잡역부로 있을 때는 의학 서적을 읽었으며, 흑인 연대에서 군목으로 근무한 뒤 전후에 최초로 구성된 조지아 주의회에 당선됐다. 1868년에 조지아 주의회는 흑인 의원 전원 ― 2명의 상원의원과 25명의 하원의원 ― 을 추방하기로 결의했고, 터너는 조지아 하원에서 연설을 했다(훗날 애틀랜타 대학의 흑인 여자 대학원생이 터너의 연설 내용을 발견했다).

의장님……. 저는 본 하원의 의원들이 제 입장을 이해해 주시기를 바랍니다. 저는 이 조직체의 일원임을 주장합니다. 그러므로 의장님, 저는 어느 누구에게도 아첨하거나 굽실거리지 않을 것이며 제 권리를 구걸하려고 허리를 숙이지 않을 것입니다……. 저는 제 권리를 요구하기 위해, 그리고 감히 제 인격의 문턱을 넘으려 하는 사람에게 번개를 내려치기 위해 지금 이 자리에 서 있습니다…….

오늘 이 의회에서 벌어지고 있는 광경은 세계사에서 유례가 없는 일입니다. 세계 역사상 동료들보다 검은 색조를 띠고 있다는 이유로 위법이 되어 입법,

사법, 행정상의 기능이라는 옷을 걸치고 있는 기구 앞에서 죄를 추궁당하는 사람은 한 명도 없었습니다……. 한 인간을 법정에 세워 놓고 머리가 어깨보다 위에 있다는 사실이나 마찬가지인 이유로 책임을 지울 수 없는 행동에 대해 고발하는 일이 19세기의 한가운데에서 벌어지고 있는 곳은 오로지 이곳 조지아 주뿐입니다. 의장님, 앵글로색슨족은 놀랍기 그지없는 인종입니다……. 저는 이 인종의 특징이 더없이 소심하고 더없이 비겁하다는 사실을 미처 알지 못했습니다……. 의장님, 저는 당신께 이 문제가 오늘 당장 사라져 버리지 않을 것이라는 점을 말씀드립니다. 후세인들은 아직 오지 않은 먼 미래까지, 태양이 하늘의 언덕을 계속해서 오르는 그 날까지 이번 일을 기억할 것입니다.

…… 흑인들은 말을 하고 싶으면 백인이라는 나팔을 통해서만 해야 한다고, 자신의 감정을 표현하고 싶으면 백인이라는 사자使者를 통해 해야 한다고 말들을 합니다. 그러나 이 사자들은 시계추만큼 빠르게 어물쩍 넘어가고 얼버무리고 핵심을 회피합니다…….

의장님 진짜 질문은 바로 이것입니다. 저는 인간이 아닙니까? 만약 인간이라면, 저는 인간의 권리를 주장하겠습니다…….

왜냐고요? 우리는 비록 백인은 아니지만 그 동안 많은 일을 이루어 냈습니다. 우리는 이곳에 문명을 개척했습니다. 우리는 당신들의 나라를 건설했습니다. 250년 동안 우리는 당신들의 땅에서 일하고 당신들의 수확을 모았습니다! 그렇다고 우리가 당신들에게 그 대가로 무엇을 요구하는 겁니까? 당신들을 위해 우리 조상들이 흘린 땀 ─ 당신들 때문에 흘린 눈물, 당신들이 산산조각 낸 심장, 당신들이 빼앗은 목숨, 당신들이 흐르게 만든 피 ─ 에 대해 보상을 요구하는 겁니까? 우리가 보복을 요구하는 겁니까? 보복을 바라지는 않습니다. 우리는 기꺼이 지나간 과거와 함께 죽은 이들을 묻어 버리고자 합니다. 하지만 지금 당신들에게 우리의 권리를 요구하는 것입니다…….

흑인 어린이들이 학교에 다니게 되면서, 흑인과 백인 교사들은 가끔 문답식 수업을 통해 아이들이 자유롭게 의사를 표현할 수 있도록 장려했다. 켄터키 주 루이빌의 한 학교의 기록을 보자.

교사: 자, 여러분. 여러분은 백인들이 곧은 머리카락에 흰 얼굴이라고 해서 여러분보다 더 낫다고 생각하진 않죠?

학생들: 네, 선생님.

교사: 맞아요, 백인들이 더 나은 게 아니라, 서로 다를 뿐이지요. 백인들은 큰 힘을 가지고 있고 이 커다란 정부를 만들었으며 또 이 광대한 나라를 통치하고 있습니다……. 자, 그러면 백인과 여러분을 다르게 하는 것은 무엇일까요?

학생들: 돈이요!

교사: 맞아요, 하지만 백인은 무엇을 해서 돈을 얻었을까요? 과연 어떻게 돈을 벌었을까요?

학생들: 우리한테 빼앗아 갔습니다. 우리에게서 모두 훔쳐간 거예요!

흑인 여성들은 전후 남부를 재건하는 데 일조했다. 볼티모어에서 자유흑인으로 태어나 열세 살부터 보모로서 자립생활을 했고 훗날 노예폐지론 연사와 자작시 낭송가가 된 프랜시스 엘런 왓킨스 하퍼Francis Ellen Watkins Harper는 전쟁이 끝난 뒤 남부를 순회하며 연설했다. 하퍼는 여권주의자로 1866년에 여성권리대회에 참가했고, 전국유색인여성협회National Association of Colored Women를 창건하기도 했다. 1890년에 하퍼는 흑인 여성으로는 최초로 출간된 소설(『아이올라 러로이 또는 높이 솟은 그림자Iola Leroy or Shadows Up-lifted』)을 저술했다. 1878년에 하퍼는 남부에서 최근 보고 들은 내용을 이렇게 서술했다.

내가 아는 사람 중에 사우스캐롤라이나에서 선교사로 종사하는 한 사람은, 가족을 부양함에 있어서 여성이 주된 버팀목이라고 보고하고 있다. 사우스캐롤라이나의 경우 시장에 내다 파는 채마밭의 3분의 2를 여성이 경작하며, 도시에서도 여성이 남성보다 더 부지런하게 일하고 있다는 것이다……. 남자들이 정치활동을 하느라 일할 시간을 빼앗길 때, 여성들은 그들을 지지하며 "당신의 원칙을 고수하세요"라고 말한다.

흑인들의 평등권 획득을 위한 이 모든 투쟁을 거치면서 일부 흑인 여성은 자신들이 처한 특수한 상황에 관해 발언했다. 서저너 트루스는 미국평등권협회American Equal Rights Association의 회합에서 이렇게 말했다.

유색인 남성들의 권리 획득에 관한 커다란 움직임은 있지만 유색인 여성들에 관해서는 단 한마디의 언급도 없습니다. 만일 유색인 남성들이 권리를 획득하고 유색인 여성들은 그렇지 못하다면, 유색인 남성들이 여성의 주인이 될 것이고 과거와 마찬가지로 열악한 상황이 될 것입니다. 그러므로 저는 움직임이 있을 때 상황을 진전시켜야 한다고 생각합니다. 조용해질 때까지 기다린다면, 그때는 다시 상황을 진전시키는 일이 굉장히 어려울 것이기 때문입니다. 이제 저는 여든 살이 넘었습니다. 죽을 때가 다된 것입니다. 저는 40년은 노예로 지냈고 40년은 자유인으로 지냈으며, 모두가 평등권을 누릴 때까지 40년 동안 여기 남아 있을 겁니다. 제가 여기 있는 이유는 무언가 제가 할 일이 아직 남아 있기 때문입니다. 굴레를 깨뜨리는 데 여전히 제가 도움이 되는 듯합니다. 저는 무척 많은 일을 했습니다. 남자들만큼이나 많은 일을 했지만 남자만큼 대가를 받지는 못했습니다. 저는 젖먹이를 안고서 들판에서 일을 하고 옥수숫단을 묶었지만, 남자들은 저보다 더 많은 일을 한 것도 아니면서 두 배나 많은 보수를 받았습니다……. 저는 제가 유색인 여성의 권리를 발언하려 노력하는 유일한 유색인 여성이라고 생각합니다. 이제 얼음에 금이 갔으니 계속 움직여서 젓고 싶습니다…….

헌법 수정조항과 인종 평등을 위한 법률이 통과됐고, 흑인들이 투표를 하고 공직에 진출하기 시작했다. 그러나 흑인들이 여전히 일자리와 생필품을 특권적인 백인들에게 의존하는 한, 흑인들의 표는 매수되거나 무력의 위협 앞에서 사라질 수 있었다. 그리하여 평등한 대우를 규정하는 법률은 무의미하게 됐다. 연방군―흑인 군대도 포함해―이 남부에 남아 있는 동안에는 이런 과정이 늦춰졌다. 그러나 군사적 힘의 균형은 바뀌기 시작했다.

남부의 소수 백인들로 구성된 지배체제는 자신들의 경제적 힘을 활용해 KKK단Ku Klux Klan을 비롯한 테러집단을 조직했다. 북부의 정치가들은 가난한 흑인들의 정치적 지지―무력에 의해서만 투표와 공직에서 유지되는―라는 이점을, 공화당의 지배와 기업의 입법을 받아들이는 백인 지상주의로 복귀한 남부의 더 안정된 상황과 비교해 보기 시작했다. 흑인들이 다시 한 번 노예제와 별반 다르지 않은 조건으로 후퇴하는 일은 단지 시간문제에 지나지 않았다.

전쟁의 종식과 더불어 거의 즉각적으로 폭력이 시작됐다. 1866년 5월, 테네시 주 멤피스에서 광분한 백인 살인마들이 흑인 46명과 백인 동조자 2명을 살해했는데, 이들 대부분은 연방군 참전군인들이었다. 흑인 여성 5명이 강간당했다. 90채의 가옥과 12곳의 학교, 4곳의 교회가 불타 버렸다. 1866년 여름 뉴올리언즈에서는 흑인들에 대한 또 다른 폭동이 일어나 35명의 흑인과 2명의 백인이 살해됐다. 새라 송Sarah Song 부인은 하원 조사위원회에서 이렇게 증언했다.

KKK단 | 남부의 재건을 급진적으로 추진했던 남부 백인들의 지하 저항 조직으로 이 단체 회원들은 해방된 흑인들을 겨냥한 협박과 폭력으로 백인 우월주의를 확립하고자 했다.

당신은 전에 노예였습니까?

네, 그렇습니다.

폭동 당시 무엇을 보았습니까?

그들이 남편을 살해하는 광경을 목격했습니다. 화요일 밤 10시에서 11시 사이에 벌어진 일이었습니다. 남편은 병으로 누워 있었는데 머리에 총을 맞았습니다……. 20명에서 30명 정도였습니다……. 방으로 들어와서는……. 한 명이 뒤로 물러서더니 남편을 쏘았습니다……. 남편과 1야드도 채 떨어져 있지 않았습니다. 그는 권총을 남편의 머리에 대고 세 번이나 쏘았습니다……. 그러고는 다른 한 명이 남편을 걷어찼고 또 다른 녀석이 쓰러져 있는 남편을 다시 쏘았습니다……남편은 쓰러진 뒤 한마디도 하지 못했습니다. 그들은 곧바로 도망쳤고 다시는 돌아오지 않았습니다…….

KKK단이 습격, 린치, 폭행, 방화 등을 벌이면서 1860년대 말부터 1870년대 초까지 내내 폭력사태가 늘어났다. 연방문서보관소National Archives의 자료에 의하면 1867~1871년 사이에 켄터키 주에서만도 116건의 폭력행위가 있었다. 대표적인 경우만을 살펴보자.

1. 1867년 11월 14일 머서Mercer 군郡의 해로즈버그Harrodsburg에 폭도들이 난입해 로버트슨이라는 자를 감옥에서 빼냄…….
5. 1868년 5월 28일 해로즈버그에서 폭도들이 샘 데이비스Sam Davis를 교수형에 처함.
6. 1868년 7월 12일 크리스천Christian에서 폭도들이 윌리엄 피어스Wm. Pierce를 교수형에 처함.
7. 1868년 7월 11일 브래즈퍼드빌마틴Bradsfordville Martin 군郡에서 폭도들이 조지 로저Geo. Roger를 교수형에 처함…….
10. 변장한 폭도들이 사일러스 우드퍼드Silas Woodford라는 60세 노인을 심하게 폭행함…….
109. 1871년 1월 14일 헤이Hay 군郡에서 KKK단이 흑인을 살해함.

노예로 태어난 대장장이로 훗날 미시시피 주 상원의원에 당선된 찰스 콜드웰Charles Caldwell은 백인들 사이에 '악명 높은 난폭한 검둥이'로 알려져 있었는데, 1868년에 미시시피의 백인 판사의 아들에게 총을 맞았다. 콜드웰은 맞받아 총을 쏘아 그 남자를 죽였다. 백인으로만 구성된 배심원단 앞에서 정당방위를 주장한 콜드웰은 무죄방면됐고, 미시시피 주에서 백인을 죽이고도 재판에서 풀려난 최초의 흑인이 됐다. 그러나 1875년 크리스마스 날, 한 무리의 백인이 콜드웰을 총으로 살해했다. 그것은 일종의 신호탄이었다. 미시시피와 남부 전역에서 과거의 백인 지배자들이 정치권력을 되찾고 있었던 것이다.

1870년대에 백인들의 폭력이 점증함에 따라, 그랜트 대통령이 이끄는 연방정부조차 흑인들을 보호하겠다는 열정을 점점 잃었으며 흑인들을 무장시키기 위한 준비는 더더군다나 하지 않았다. 연방 대법원은 정부의 다른 부서가 지나치게 앞서 나갈 경우 보수적인 방향으로 다시 잡아당기는 자이로스코프와 같은 역할을 수행했다. 대법원은 ― 이른바 인종 평등을 위해 통과된 ― 헌법 수정조항 14조를 이런 목적에 무기력하게 만드는 방식으로 해석하기 시작했다. 1883년에는 공공시설 이용에 있어서 흑인에 대한 차별을 금하는 1875년의 민권법이 대법원에 의해 무효화됐다. "개인의 권리에 대한 개인적 침해는 헌법 수정조항의 주제가 아니다." 대법원의 말에 따르면, 헌법 수정조항 14조는 주의 행위만을 대상으로 한 것이었다. "어떤 주도······할 수 없다."

과거에 켄터키 주의 노예소유주이기도 했던 대법원 판사 존 할런John Harlan이 놀랄 만한 소수의견서를 작성했는데, 그는 사적인 차별을 금지하는 헌법적 정당화가 있다고 말했다. 노예제를 금지한 헌법 수정조항 13조가 주만이 아니라 농장 소유주 개인들에게도 적용되는 것이라는 주장이었다. 그리고는 차별은 노예제의 상징이므로 마찬가지로 불법화할 수 있다고 주장했다. 할런은 또한 미국에서 출생한 사람은 미국 시민이라는 헌법 수정조항 14조 1절과 "각 주의 시민은 다른 어느 주에서도 그 주의 시민이 향유하는 모든 특권 및 면책권을 가진다"는 헌법 4조 2절의 내용을 지적했다.

할런은 논리나 정의보다 더 강력한 세력과 싸우고 있었다. 대법원의 분위기는 북부의 산업가들과 남부의 사업가 겸 농장주들 간의 새로운 정치적 동맹을 그대로 반영했다. 이런 분위기는 분리된 열차 시설이 동일한 것이라면 열차에서 흑인과 백인을 분리시켜도 무방하다고 대법원에서 판결한 1896년의 플레시 대 퍼거슨Plessy v. Ferguson 사건에서 정점에 달했다.

> 헌법 수정조항의 목적은 의심의 여지없이 법 앞에서 두 인종의 절대적인 평등을 시행하는 데 있었지만, 사물의 본성상, 피부색에 따른 구별을 폐지하거나 정치적 평등과 구별되는 사회적 평등을 강요하거나 양쪽 모두에게 불만족스러운 조건으로 두 인종을 섞어놓을 의도는 없었다.

할런은 다시 소수의견을 제출했다. "우리의 헌법은 색맹이다……."
무슨 일이 벌어지고 있는지가 명쾌하고도 극적으로 밝혀진 때는 1877년이었다. 새해로 접어들어 지난해 11월에 있었던 대통령 선거를 놓고 격심한 논쟁이 벌어졌다. 민주당 후보 새뮤얼 틸던Samuel Tilden은 184표를 얻었는데, 당선되기 위해서는 한 표가 더 필요했다. 일반투표에서는 25만 표 차이로 앞섰다. 공화당 후보 러더퍼드 헤이즈Rutherford Hayes는 166명의 선거인단 표를 얻었다. 아직 집계되지 않은 3개 주에는 총 19표의 선거인단이 있었다. 만약 헤이즈가 19표 전부를 획득하면 185표로 대통령에 당선될 수 있었다. 헤이즈의 참모들이 조정을 통해 해결한 방식은 바로 이것이었다. 남부에서 백인의 지배권을 다시 수립하는 것을 가로막는 최후의 군사적 장애물이었던 연방군을 철수하는 데 동의하는 등 민주당과 남부의 백인들에게 양보를 한 것이다.

북부의 정치, 경제적 이해관계는 국가적 위기에 직면한 상황에서 강력한 동맹과 안정을 필요로 했다. 1873년 이래 미국은 경제적 불황에 빠져 있었으며, 1877년에 이르자 농민과 노동자들이 반란을 일으키기 시작했다. C. 밴 우드워드C. Vann Woodward가 1877년의 타협1877 Compromise을 다룬 『재통합과 반향Reunion and Reaction』에서 지적했듯이,

> 당시는 불황의 해, 지금껏 경험해 보지 못했던 가장 극심한 불황의 해였다. 동부에서는 노동자와 실업자들이 격렬하고 폭력적인 모습을 보이고 있었다……. 멀리 서부에서도 농민 급진주의의 물결이 솟아오르고 있었다……. 새로운 경제질서의 토대를 이루는 보호관세, 연방은행, 철도보조금, 통화체제 등의 정교한 구조에 대한 위협이 동서 양쪽에서 밀려왔다.

남부와 북부의 엘리트층이 서로 화해하던 때였다. 우드워드는 질문을 던진다. "…… 북부의 보수파와 결합해 새로운 자본주의 질서에 대한 위협물이 아니라 버팀목이 되도록 남부를 설득할 수 있었을까?"

수십억 달러에 상응하는 노예를 잃음으로써 옛 남부의 부는 흔적도 없이 사라졌다. 이제 남부 주들은 연방정부의 원조, 즉 신용공여, 보조금, 홍수조절 프로젝트 등에 기대를 걸었다. 1865년에 미국은 공공사업에 1억 329만 4,501달러를 지출했으나 남부는 그 중 946만 9,363달러밖에 받지 못했다. 가령, 오하이오 주가 100만 달러 이상을 받았음에 비해 바로 강의 남쪽에 위치한 켄터키 주는 2만 5,000달러를 받았다. 메인 주는 300만 달러를 받은 반면 미시시피 주는 13만 6,000달러를 받았다. 유니언퍼시픽Union Pacific 철도와 센트럴퍼시픽Central Pacific 철도에 8,300만 달러의 보조금이 지급되어 북부를 관통하는 대륙횡단철도가 건설됐으나, 남부에는 그런 보조금이 전혀 없었다. 따라서 남부에서 기대하던 것 가운데는 텍사스앤드퍼시픽 철도회사Texas & Pacific Railroad에 대한 연방보조금 지급도 있었다.

우드워드의 말을 들어보자. "연방의회에서 북부의 자본주의적 기업에 아낌없이 쏟아 부었던 정부 지출금, 보조금, 교부금, 채권 등의 수단을 통해 남부는 자신의 부富 — 또는 어쨌든 특권 엘리트의 부 — 를 언젠가는 정상적인 상태로 돌릴 수 있었다." 이런 특권은 흑인에 대항한 새로운 동맹으로 편입된 가난한 백인 농민들의 지지를 받으며 추진됐다. 농민들은 철도 및 항만의 개수, 홍수조절 등을 원했으며 물론 토지도 원했다 — 이런 것들이 자신들을 도와주는 것이 아니라 착취하는 데 이용되리라는 사실은 알지 못한 채.

예컨대, 새로운 남북 자본가들의 협력을 보여준 첫 번째 조치는 모든 연방 소유의 토지 — 앨라배마, 아칸소, 플로리다, 루이지애나, 미시시피 지역의 3분의 1 — 를 농사를 짓고자 하는 농민들을 위해 묶어두고 있었던 자영농지법 Homestead Act을 폐지한 것이었다. 이로써 부재 투기업자와 벌목업자들이 몰려와서 이 땅의 대부분을 사들일 수 있게 됐다.

그리하여 거래가 이루어졌다. 상하 양원은 선거인단 투표수를 누구에게 줄 것인가를 결정하기 위한 특별위원회를 구성했다. 위원회의 결정은 선거인단 투표수를 헤이즈에게 줌으로써 헤이즈가 대통령직에 올랐다.

우드워드가 요약한 것처럼,

1877년의 타협은 남부의 구舊질서를 회복시키지 못했다……. 이 타협은 지배적인 백인의 정치적 자치권과 인종 정책 문제에 대한 불간섭을 보장했으며 새로운 경제질서의 수립에 따른 혜택에서 남부 백인들에게 일정한 몫을 약속했다. 그 대가로 남부는 사실상 우세한 지역의 위성으로 전락했다…….

앨라배마의 재건Alabama Reconstruction에 관한 호러스 만 본드Horace Mann Bond의 연구는 전후 남부에 존재하던 흑인의 힘을 전복시킨 새로운 자본주의의 중요성을 확인하고 있는데, 그의 연구는 1868년 이후 "상이한 자본가들 간의 투쟁"을 보여준다. 그렇다. 인종주의는 한 요인이었지만 "자본의 축적과 자본을 통제하는 사람들의 축적은 가능한 한 태도상의 편견에 의해 영향을 받지 않았다. 앨라배마의 천연자원에 대한 개발로부터 이윤을 추구한 이들은 감정이나 정서를 배제한 채 다른 사람들의 편견과 태도를 이용했으며 능숙한 솜씨와 무자비한 통찰력으로 돈을 벌어 들였다."

당시는 석탄과 전력의 시대였고 앨라배마 북부에는 두 가지가 모두 있었다. "필라델피아와 뉴욕, 심지어 런던과 파리의 은행가들까지도 근 20년 동안 이 사실을 알고 있었다. 부족한 것은 수송수단뿐이었다." 그리하여 본드가 주목하는 것처럼, 1870년대 중반에 북부의 은행가들이 남부 철도노선의 중역으로 등장하기 시작했다. 1875년에 이르면 J. P. 모건J. P. Morgan이 앨라배마와 조지아 주에 있는 여러 철도노선의 관리자로 등장한다.

1886년에 애틀랜타 『컨스티튜션 Constitution』의 주필인 헨리 그레이디Henry Grady는 뉴욕의 한 만찬석상에서 연설을 했다. 청중 가운데는 모건, H. M. 플래글러H. M. Flagler(록펠러John D. Rockefeller의 동업자), 러셀 세이지Russell Sage, 찰스 티파니Charles Tiffany 등이 있었다. 그레이디의 연설은 "새로운 남부 The New South"라고 불렸으며 그 주제는 다음과 같았다. "과거는 과거로 덮어 두자. 평화와 번영의 새 시대를 누리자. 검둥이는 번창하는 노동계급이다. 검둥이들은 완벽한 법의 보호와 남부인들의 우정을 누리고 있다." 그레이디는 노예를 남부에 팔아 넘겼던 북부인들에 대해 농담을 하면서 이제 남부는 자신들의 인종문제를 처리할 수 있다고 말했다. 우레와 같은 갈채가 쏟아졌고 악대는 「딕시〔Dixie. 남북전쟁 당시 남부에서 유행한 행진곡 풍의 노래〕」를 연주했다.

같은 달 뉴욕 『데일리 트리뷴Daily Tribune』에 실린 기사를 보자.

지난 열흘 동안 이 도시에 머물렀던 남부의 석탄산업 및 철강업계 주요 인사들이 올 1년 동안 이룬 사업에 크게 만족하고 장래에 더 큰 희망을 걸면서 성탄절 휴일을 보내려고 돌아갈 것이다. 그럴 만한 충분한 이유가 있다. 북부의 자본가들이 앨라배마, 테네시, 조지아의 엄청나게 풍부한 석탄과 철 자원의 개발에 투자하는 것이 안전할 뿐만 아니라 그 투자로 얻게 되는 막대한 이윤을 확신하게 될 때까지, 남부인들은 20년 가까이 기다려 왔으며 마침내 그 때가 도래한 것이다.

북부에서 흑인들의 예속을 받아들이기 위해 사고의 혁명을 겪을 필요가 없었다는 점을 상기해야만 한다. 남북전쟁이 끝났을 당시, 북부 24개 주 가운데 19개 주가 흑인의 투표권을 허용하지 않았다. 1900년까지 모든 남부 주가 새로운 헌법과 법령을 통해 흑인에 대한 공민권 박탈과 분리를 법제화했고, 『뉴욕타임스』 사설은 이렇게 말했다. "북부인들은 …… 이제 흑인 투표권에 대한 억압을 비난하지 않는다……. 자기보존이라는 상위법 아래 흑인 투표권 억압의 필요성이 솔직하게 인정되고 있는 것이다."

북부에서는, 법제화되지는 않았지만 인종주의적 사고와 실천의 상응물이 존재했다. 보스턴의 『트랜스크립트 Transcript』 1895년 9월 25일자에는 이런 기사가 실렸다.

헨리 W. 터너Henry W. Turner라는 유색인 남자가 노상강도 혐의로 어젯밤 체포됐다. 오늘 아침 경찰은 터너를 흑인 사진관으로 데려가 '범죄자 사진 대장'용으로 사진을 찍었다. 이에 분개한 터너는 최대한 불쾌한 태도를 보였다. 사진관으로 가는 도중에 터너는 여러 차례 온 힘을 다해 경관에게 저항했고 곤봉세례를 당해야만 했다.

전후 문학작품에 있어서 흑인의 이미지는 주로 토머스 넬슨 페이지Thomas Nelson Page와 같은 남부의 백인 작가들로부터 유래한 것이었는데, 그는 소설 『붉은 바위Red Rock』에서 흑인의 특성을 "우리 속에 갇힌 하이에나", "파충류", "벌레의 한 종류", "야수" 등으로 표현했다. 또 흑인들에 대한 우정을 온정적으로 촉구하는 모습을 간간이 보여준 조엘 챈들러 해리스Joel Chandler Harris는 리머스 아저씨Uncle Remus 이야기를 통해 리머스 아저씨에게 이렇게 말하게 하곤 했다. "검둥이 손에 철자교본을 쥐어 주맨, 거 즉씨 쟁기 들 일소니 엄써진다. 내가 술통 판때기를 들면 이 주와 미지건 주 사이의 모든 하꾜보다 깜씨한테 단 일 분맨에 만사를 분별허게 헐 수 이따."

이런 분위기 속에서, 한때 시어도어 루즈벨트Theodore Roosevelt 대통령의 초대를 받아 백악관을 방문하기도 했던 부커 T. 워싱턴Booker T. Washington 같은, 백인 사회에서 가장 인정받는 흑인 지도자들이 흑인의 정치적 수동성을 강조했다는 사실은 놀라운 일이 아니었다. 1895년 애틀랜타에서 열린 면화주 국제박람회Cotton States and International Exposition의 백인 주최 측으로부터 연설자로 초청받은 워싱턴은 남부 흑인들에게 "지금 여러분이 있는 그 자리에 물통을 내려놓으라"고 촉구했다—즉 남부에 그대로 눌러앉아 농부나 숙련기능공, 하인, 그리고 아마 심지어 전문직이 되라는 것이었다. 워싱턴은 백인 고용주들에게 "이상한 말과 관습"을 가진 이민자들보다는 흑인을 고용하라고 촉구했다. "파업이나 노동전쟁을 일으키지 않는" 흑인들은 "세계에서 유례가 없이 인내심이 강하고 충실하며, 법을 준수하고 화를 내지 않는 종족"이라는 것이었다. "내 종족 가운데 가장 현명한 자들은 사회적 평등 문제를 가지고 선동하는 일이 지극히 어리석은 짓임을 잘 알고 있습니다."

아마도 워싱턴은 그렇게 하는 것이 남부 전역에서 흑인들이 목 매달리고 불태워지는 시기에 필요한 생존 전술이라고 보았을 것이다. 당시는 미국의 흑인들에게 최악의 시기였다. 뉴욕『글로브*Globe*』의 젊은 흑인 주필인 토머스 포천Thomas Fortune은 1883년 상원의 한 위원회에서 미국 흑인들이 처한 상황에 관해 증언했다. 포천은 "만연한 빈곤"과 정부의 배신, 자기 자신들을 교육하려는 흑인들의 필사적인 노력 등에 관해 말했다.

포천에 따르면, 남부의 흑인 농장 노동자가 받는 평균임금은 하루에 약 50센트였다. 대개 흑인들은 임금을 돈이 아니라 '전표'로 받았는데, 이 전표는 농장주가 운영하는 상점에서만 사용할 수 있는 것으로 "일종의 사기성 짙은 체계"였다. 흑인 농민들은 농작물을 심는 데 필요한 자금을 얻기 위해 상점에 수확물을 주겠다는 약속을 해야 했고, 연말에 모든 빚을 합계할 때가 되면 농작물은 항상 누군가에게 빚이 되어 버렸다. 결국 그들은 항상 땅에 얽매여 있는 데 반해 농장주와 상점 주인들이 모든 기록을 했기 때문에 "사기당하고 끝없이 빚을 질" 수밖에 없었던 것이다. 이른바 흑인들이 게으르다는 점에 대해서는 포천은 "나는 대다수의 흑인이 낚시나 사냥을 다니거나 빈둥거리며 놀지 않는다는 점에 놀랐다"고 말했다.

포천은 " …… 흑인들을 공포로 몰아넣어 이 불쌍한 노동력을 헐값에 주로부터 사들이는 계약자들의 희생양으로 만드는 것을 목표로 삼는……. 악명 높은 강제노역chain gang을 갖춘 남부의 감옥제도"에 관해 발언했다. " …… 흑인을 총으로 살해한 백인은 언제나 자유방면되는 반면, 돼지 한 마리를 훔친 흑인은 10년의 강제노역형을 살게 됩니다."

많은 흑인들이 도주했다. 약 6,000명의 흑인이 폭력과 가난에서 벗어나기 위해 텍사스, 루이지애나, 미시시피 등을 떠나 캔자스로 이주했다. 프레드릭 더글러스를 비롯한 일부 지도자들은 이것이 그릇된 방법이라고 생각했지만, 이주자들은 그런 충고를 받아들이지 않았다. 한 이주민은 "우리는 우리 위에 계신 하나님 말고는 믿을 만한 지도자를 본 적이 없다"고 말했다. 연방군 퇴역군인으로 문맹이었던 또 다른 흑인 이주민인 헨리 애덤스Henry Adams는 1880년 상원 위원회에서 자신이 왜 루이지애나 주 슈리브포트Shreveport를 떠났는지를 밝혔다. "우리는 남부 전역—남부의 모든 주—이 우리를 노예로 소유했었던 바로 그 자들의 손에 넘어간 사실을 알고 있었습니다."

이런 최악의 시기에도 남부 흑인들은 계속해서 집회를 열고 자기방어를 위한 조직을 만들었다. 허버트 앱시커는 —볼티모어, 루이지애나, 사우스캐롤라이나, 노스캐롤라이나, 버지니아, 조지아, 플로리다, 텍사스, 캔자스 등에서— 1880년대에 있었던 흑인들의 집회, 청원, 호소문 등 남부 전역 흑인들의 도전과 저항의 정신을 보여주는 13개 문서를 재출간했다. 이 무렵이면 흑인들이 1년에 100차례 이상이나 린치를 당했는데도 그런 행동이 벌어졌던 것이다.

이처럼 명백히 절망적인 상황이었지만 신중과 절제를 옹호하는 잘못을 저지른 부커 T. 워싱턴과 같은 흑인 지도자들이 있었다. 조지아의 젊은 흑인 존 호프John Hope는 워싱턴이 면화박람회에서 한 연설을 듣고는 테네시 주 내시빌의 한 흑인 대학에서 이렇게 발언했다.

> 만일 우리가 평등권을 위해 노력하지 않는다면, 도대체 무엇을 위해 살고 있단 말입니까? 우리 유색인 가운데 누구라도 백인이나 유색인들에게 우리는 평등을 위해 싸우지 않는다고 말한다면, 그것은 비겁하고 부정직한 행동이라고 생각합니다……. 그렇습니다. 벗들이여, 저는 평등을 원합니다. 그 이하는 원치 않습니다……. 자 여러분, 숨을 들이마시고 제가 어떤 형용사를 사용하는지 들으십시오. 저는 우리가 사회적인 평등을 요구한다고 말할 것입니다……. 저는 야수가 아니며 더러운 물건도 아닙니다.
>
> 일어서십시오, 형제들! 우리가 이 땅을 차지합시다……. 불만을 품으십시오. 만족하지 마십시오……. 무한한 바다의 광포한 물결처럼 쉬지 말고 나아갑시

다. 여러분의 산더미 같은 불만으로 편견의 장벽을 무너뜨리고 밑뿌리까지 허물어 버리게 하십시오…….

애틀랜타 대학에서 교편을 잡았던 또 다른 흑인 두보이스는, 19세기 말의 흑인에 대한 배신이 가난한 흑인뿐만 아니라 가난한 백인에게도 영향을 미친, 미국에 있어서 더 커다란 사건의 일부라고 보았다. 1935년에 쓴 『흑인의 재건』에서 두보이스는 이렇게 말했다.

하나님이 눈물을 흘렸다. 그러나 불신의 시대에 이것은 아무 문제도 아니었다. 가장 중요한 것은 세계가 눈물을 흘렸고 아직도 눈물을 흘리고 있으며 눈물과 피로 눈이 멀어 있다는 사실이었다. 1876년 미국에서 새로운 자본주의와 노동력의 새로운 노예화가 일어나기 시작했기 때문이다.

두보이스는 이 새로운 자본주의를 전 세계 모든 '문명화된' 나라에서 일어나고 있는 착취와 매수 과정의 일부라고 보았다.

거대 자본의 독재가 권한을 엄격하게 축소시킨 투표에 의해 유화되고 오도당한, 문명화된 땅의 국내 노동자들은 고임금과 정치적 지위에 의해 매수되어 약소국의 백인, 황인종, 갈색인종, 흑인 노동자들을 착취하는 데 일체가 됐다.

두보이스가 옳았을까 — 남북전쟁을 전후로 한 미국 자본주의의 성장에서 어떤 의미에서는 흑인뿐만 아니라 백인 역시 모두 노예가 됐다는 그의 주장이?

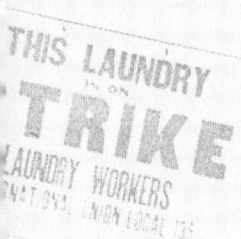

A People's History of the United States

10

또 하나의 남북전쟁

1861	• J. P. 모건앤드컴퍼니 설립
1866	• 전국노동연합 창립
1867	• 전국농민공제조합 결성
1868	• 헌법 수정조항 제14조 제정
1869	• 필라델피아의 재단사들이 중심이 된 노동운동 단체, 노동기사단 창설
1870	• 록펠러, 스탠더드 석유회사 설립
1872	• 카네기, 철강회사 설립
1877	• 철도 노동자 대파업. 전국적으로 100여 명이 사망했고, 1,000명이 투옥됐으며, 10만 명의 노동자가 참가 • 사회주의노동당 결성

1839년 가을, 렌셀러Rensselaer 가家의 광대한 토지를 부쳐 먹는 소작농들로부터 밀린 지대를 받기 위해 막 구릉지대로 떠나려 하던 뉴욕 주 올버니 인근 허드슨 강 연안의 한 보안관은 편지 한 통을 받았다.

…… 소작인들은 하나의 집단으로 조직됐고 불만 사항이 시정될 때까지 한 푼의 지대도 내지 않기로 결정했소이다……. 이제 소작인들은 지금껏 오랫동안 지주가 자신들에게 해왔던 것과 마찬가지로, 즉 마음 내키는 대로, 자신들도 지주에 대해서 할 수 있는 권리를 당연하게 생각하고 있소.
이 편지가 어린애들의 장난이라고 생각할 필요는 없소이다……. 만일 당신이 관리의 자격으로 나타난다면 …… 나는 당신이 안전하게 돌아갈 것이라고 맹세할 수가 없소…….

한 소작인으로부터

대리인 한 사람이 지대를 요구하는 서류를 들고 농장지역에 도착하자, 농민들이 양철나팔 소리를 신호로 갑자기 떼를 지어 나타났다. 농민들은 서류를 빼앗아 불태웠다.

그해 12월에 보안관을 필두로 500명의 민병대 기병이 농장지역으로 들어갔지만, 날카로운 양철나팔 소리와 함께 앞으로는 1,800명의 농민이, 뒤로는 600명이 쇠스랑과 곤봉으로 무장한 채 모두 말을 타고 가로막았다. 보안관과 민병대는 후퇴했고 후방의 농민들은 길을 열어 줬다.

이것이 헨리 크리스먼Henry Christman이 『양철나팔과 사라사Tim Horn and Calico』에서 서술한 허드슨 강 유역 지대 반대 운동Anti-Renter movement의 시작이었다. 이 운동은 (크리스먼의 서술처럼) "근친결혼으로 복잡하게 얽힌 한 줌의 가문이 30만 명의 운명을 좌지우지하고, 200만 에이커에 달하는 땅을 왕과 다름없이 호화스럽게 지배하는" 체제로써, 네덜란드인들이 뉴욕을 통치하던 1600년대로까지 거슬러 올라가는 특권지주 체제에 맞선 항거였다.

소작인들은 세금과 지대를 납부했다. 가장 큰 장원은 렌셀러 가가 소유하고 있었고 약 8만 명의 소작인을 지배했으며 4,100만 달러의 재산을 축적했다. 한 소작인 동조자의 말처럼, 지주는 "포도주를 마시고 푹신한 쿠션에 편안히 앉아서 사교와 음식, 문화생활을 만끽하며 사륜마차와 다섯 마리의 승용마를 몰고 아름다운 계곡과 산을 따라 거닐" 수 있었다.

1839년 여름에 이르러 소작인들은 첫 번째 대규모 집회를 가졌다. 철도 부설의 첫 번째 물결이 끝난 뒤 이리 운하Erie Canal의 완공으로 인한 해고와 더불어, 1837년에 경제위기가 도래하면서 이 지역은 땅을 찾아 헤매는 실업자들로 가득 찼다. 그해 여름 소작인들은 결의했다. "우리는 선조들이 멈추었던 혁명의 공을 집어서 대중의 자유와 독립이 최종적으로 완성되는 날까지 그 공을 굴릴 것이다."

말을 타고 다니는 시골의사 스미스 보턴Smith Boughton이나 혁명적 아일랜드인인 에인저 데비어Ainger Devyr 같은 농장지역의 몇몇 사람들이 지도자와 조직가가 됐다. 데비어는 런던과 리버풀, 글래스고에서 토지와 산업의 독점이 슬럼가 주민들을 비참한 지경으로 몰아넣는 현실을 목도한 뒤 변화를 선동하다가 선동죄로 체포되자 미국으로 도망쳐 온 인물이었다. 데비어는 7월 4일에 렌셀러빌Rensselaerville에서 열린 농민집회에 연사로 초청되어 청중들에게 이렇게 경고했다. "만약 여러분이 파렴치하고 야욕에 찬 자들에게 토지를 독점하도록 허용한다면, 그들은 인과법칙에 따라 이 나라의 주인이 될 것입니다……."

렌셀러빌 지역의 농민 수천 명은 지주들의 소작인 추방을 막기 위해 지대반대 결사를 조직했다. 농민들은 보스턴 차 사건의 상징이자 토지의 원 소유권을 상기시키는 사라사 인디언 복장을 입는 데 뜻을 같이했다. 양철나팔은 무기를 들라는 인디언의 신호를 뜻했다. 얼마 지나지 않아 1만 명이 훈련을 받고 준비를 갖추었다.

이런 조직화는 군郡에서 군으로, 허드슨 강을 따라 수십 개의 읍으로 계속 이어졌다. 전단이 등장했다.

주목

지대반대 운동가들이여! 깨어나라! 일어나라!……
무장한 적들이 모두 사라질 때까지 공격하라,
여러분의 제단과 성화聖火를 위해 공격하라 ―
여러분의 선조들이 누워 있는 푸른 무덤과
하나님과 행복한 가정을 위해 공격하라!

농민들에게 서류를 송달하려던 보안관과 보안관보들은 지역에 울려 퍼지는 양철나팔 소리를 듣고 말을 타고 몰려든 사라사 옷을 입은 사람들에 의해 둘러싸였다 ― 그러고는 타르와 깃털 세례를 받았다. 한때 동조적이었던 뉴욕

『헤럴드』는 이제 "산山사람들의 반란 기질"을 개탄했다.

차지借地계약에서 가장 큰 증오를 불러온 내용은 모든 농장의 목재에 대한 권리를 지주에게 준 것이었다. 지주를 위해 나무를 모으러 소작인들의 땅으로 파견된 한 사람이 살해됐다. 긴장이 고조됐다. 농장의 소년이 누가 저질렀는지 모르는 의문의 죽음을 당했으나 이 일로 보턴 박사가 수감됐다. 주지사는 포병들에게 행동 개시를 명령했고 뉴욕 시로부터 기병대가 도착했다.

1845년에 2만 5,000명의 소작인이 서명한 지대반대 법안 청원이 주의회에 제출됐다. 법안은 기각됐다. 농촌지역에서 '인디언'들과 보안관의 민병대 간에 일종의 게릴라전이 재개됐다. 보턴은 7개월 동안 감옥에 있었는데, 보석으로 석방되기 전의 넉 달 반 동안은 무거운 족쇄를 차고 있었다. 1845년 7월 4일의 집회에 참석한 수천 명의 농민은 계속 저항할 것을 서약했다.

한 보안관보가 160에이커의 돌무지 땅에 대한 밀린 지대 60달러를 받기 위해 모지즈 얼Moses Earle이라는 농부의 가축을 팔려고 하자, 싸움이 벌어져 보안관보가 죽었다. 지대 징수를 위해 가축을 팔려는 비슷한 시도는 거듭 방해를 받았다. 주지사는 반란상태라고 선언하면서 300명의 병력을 파견했고, 곧 지대반대 운동가들 100여 명이 투옥됐다. 스미스 보턴은 재판에 회부됐다. 보턴은 한 보안관의 서류를 빼앗은 죄로 기소됐으나 재판관은 사실상 "대역죄, 자기 정부에 대한 모반, 무장반란" 등을 저질렀다고 선언한 뒤 종신형을 선고했다.

재판관은 보안관보가 살해된 모지즈 얼의 농장에서 무기를 갖고 변장한 채 숨어 있다 발견된 '인디언'들에게 살인죄를 선고했고 배심원들에게도 그렇게 설명했다. 전원이 유죄 평결을 받자 재판관은 4명에게는 종신형을 2명에게는 교수형을 선고했다. 지도자 2명은 중형을 면할 수 있는 유일한 기회로 지대반대 운동가들에게 해산을 종용하는 편지를 쓰라는 말을 들었다. 그들은 편지를 썼다.

　법률의 힘은 이런 식으로 지대반대 운동을 분쇄했다. 그것은 곧 농민들에게 싸움을 통해서는 승리할 수 없다는 점 — 농민들의 노력을 투표로만, 용인할 수 있는 개혁 방법으로만 국한시켜야 한다는 점 — 을 명확히 하기 위한 것이었다. 1845년에 지대반대 운동가들은 주의회 선거에서 14명을 당선시켰다. 주지사 사일러스 라이트Silas Wright는 사형수 2명을 종신형으로 감형하고, 주의회에 소작인에 대한 구제조치와 허드슨 강 유역에 있는 봉건제의 종식을 요청했다. 토지 소유자가 사망하면 대토지를 해체한다는 안은 기각됐지만, 주의회는 지대 미납을 이유로 소작인의 자산을 매각하는 일은 법으로 금지하기로 의결했다. 그해 제헌의회는 새로운 봉건적 차지계약을 불법화했다.

　지대반대 운동의 지지를 받아 1846년에 선출된 후임 주지사는 지대반대 운동으로 투옥된 사람들을 사면하기로 약속했고 실제로 그렇게 했다. 그들이 석방되는 날 수많은 농민들이 반갑게 맞이했다. 1850년대의 법원 판결은 지주-소작인 관계에 근본적인 변화를 가하지 않은 채 장원제도의 가장 나쁜 특징에 제한을 가하기 시작했다.

　미납지대의 징수에 대한 농민들의 산발적인 저항은 1860년대에도 계속됐다. 1869년 말까지도 '인디언' 무리들이 월터 처치Walter Church라는 허드슨 강 연안의 부유한 지주를 위해 일하는 보안관들을 방해하기 위해 계속 모여들었다. 1880년대 초에는 처치를 위해 한 농민을 몰아내려던 보안관보가 엽총으로 살해됐다. 이 무렵이면 대부분의 차지借地가 농민들의 손으로 넘어와 있었다. 지대반대 운동이 활발했던 세 군郡의 경우에는 1만 2,000명의 농민 가운데 2,000명만이 차지계약 아래 남아 있었다.

　농민들의 싸움이 법에 의해 분쇄된 뒤 그 투쟁은 투표로 방향이 바뀌었고, 체제는 부자와 빈자의 기본구조는 그대로 남겨둔 채 소지주계급을 확대시킴으로써 안정을 찾았다. 미국 역사에서 흔히 볼 수 있는 결론이었다.

뉴욕에서 지대반대 운동이 있을 무렵, 로드아일랜드는 도어의 반란Dorr's Rebellion으로 들끓고 있었다. 마빈 게틀먼Marvin Gettleman이 『도어의 반란The Dorr Rebellion』에서 지적했듯이, 이 반란은 선거개혁을 위한 운동이자 급진적 폭동의 한 예였다. 반란은 토지 소유자만이 투표권을 갖는다는 로드아일랜드의 특허장15) 때문에 촉발됐다.

많은 사람들이 농장을 뒤로 한 채 도시로 떠나왔고 이민자들이 일자리를 찾아 공장으로 모여듦에 따라 투표권이 없는 사람들이 점점 늘어났다. 독학으로 공부한 프로비던스Providence의 목수이자 노동대중의 대변자였던 세스 루서Seth Luther는 1833년에 「자유선거권에 관한 논설Address on the Right of Free Suffrage」을 저술해 로드아일랜드의 "신흥 벼락부자, 젊은 귀족 놈들 …… 하찮은 귀족들"이 정치권력을 독점하고 있다고 비난했다. 루서는 정부에 대한 비협조를 촉구하면서 납세나 민병대 복무를 거부했다. 그는 "왜 투표권도 없는 로드아일랜드의 1만 2,000명의 노동대중이 땅도 갖고 있고 투표도 할 수 있는 5,000명에게 복종해야 하는가"라고 질문을 던졌다.

유복한 집안 출신으로 변호사였던 토머스 도어Thomas Dorr가 선거권 운동의 지도자가 됐다. 노동대중은 로드아일랜드선거권협회Rhode Island Suffrage Association를 결성했고, 1841년 봄에는 수천 명이 선거개혁의 깃발과 팻말을 들고 프로비던스에서 행진을 벌였다. 노동자들은 법 체제를 벗어나 독자적인 '민중제헌의회People's Convention'를 조직하고 투표권에 대한 재산자격 조항을 없앤 새로운 헌법을 작성했다.

---

15) 당시 로드아일랜드의 주 헌법은 기본적으로 옛 식민지 특허장의 골격을 그대로 유지하고 있었다.

1842년 초, 새로운 헌법에 관한 투표를 실시한 결과 재산을 가진 5,000명을 포함해 1만 4,000명이 찬성표를 던졌다—특허장에 의해 법적으로 투표권을 부여받은 사람들의 대다수도 찬성했던 것이다. 4월에는 비공식적인 선거를 실시했는데, 도어가 단독으로 주지사에 출마해 6,000명의 지지를 얻었다. 그 동안 로드아일랜드 주지사는 반란이 일어날 경우 연방군을 파견할 것이라는 존 타일러John Tyler 대통령의 약속을 받았다. 미국 헌법에는 바로 그와 비슷한 상황이 일어나면 주정부의 요청에 따라 지방 반란을 평정하기 위해 연방이 개입할 수 있도록 규정하는 조항이 있었다.

도어 측 세력은 이 조항을 무시한 채 1842년 5월 3일에 장인, 소상점주, 숙련기능공, 민병대 등이 프로비던스를 가로질러 대대적인 행진을 벌이면서 취임식을 가졌다. 새로 선출된 민중주의회People's Legislature가 소집됐다. 도어는 주 병기고를 공격하는 과정에서 권총을 오발하는 큰 실수를 저질렀다. 공식 주지사는 도어를 체포하라고 명령했고, 도어는 주 바깥의 은신처로 가서 군사적 지지를 일으키고자 노력했다.

도어와 다른 몇몇의 사람들이 항의를 하기는 했지만 '민중헌법People's Constitution'에는 유권자를 규정하는 조항에서 '백인'이라는 표현이 그대로 남아 있었다. 이에 격분한 로드아일랜드의 흑인들은 새로운 제헌의회를 구성해 흑인들에게 투표권을 주겠다고 약속한 법과 질서Law and Order 동맹의 민병대에 가담했다.

로드아일랜드로 돌아온 도어는 민중헌법을 위해 싸우고자 하는, 대부분 노동자로 구성된 수백 명의 추종자들을 찾아냈지만, 주정부 편의 정규 민병대는 수천 명이나 됐다. 반란은 붕괴됐고 도어는 다시 도망쳤다.

계엄령이 선포됐다. 사로잡힌 한 반란군 병사는 눈이 가려진 채 총살형 집행대 앞에 세워졌는데, 집행대는 공포탄을 쏘았다. 100명의 민병대가 투옥됐다. 그 중 한 명의 설명에 따르면, 죄수들은 8명씩 밧줄에 묶여 프로비던스까지 25킬로미터를 걸어갔고, "우리가 지쳐서 뒤쳐지면 총검으로 위협당하거나 찔렸으며, 묶인 밧줄에 팔이 벗겨지고 피부가 떨어져 나갔다······. 그린빌Greenville에 도착할 때까지 물 한 모금 입에 대지 못했고 ······ 다음날까지 아무 것도 먹지 못했으며······. 군중들에게 공개한 뒤 주 감옥에 투옥됐다."

새 헌법은 몇 가지 개혁조치를 취했다. 그렇지만 여전히 농촌지역에 너무 많은 의원선출권을 주고 있었고, 재산소유자나 인두세 1달러를 납부한 사람들에 한해 투표권을 주었으며, 귀화한 시민의 경우 134달러의 부동산을 소유해야만 투표권이 주어졌다. 1843년 초의 선거에서 이전에 도어 세력의 도전을 받은 법과 질서 집단은 예상대로 표를 얻기 위해 주 민병대의 협박, 고용주에 의한 피고용인 협박, 지주에 의한 소작인 협박이라는 방법을 이용했다. 법과 질서 집단은 산업 도시에서는 졌지만 농촌지역에서 표를 얻었고 결국 모든 주요 관직을 획득했다.

1843년 가을에 도어는 로드아일랜드로 돌아왔다. 프로비던스의 거리에서 체포된 도어는 반역죄로 재판에 회부됐다. 배심원들은 정치적 주장은 모두 무시하고 도어가 어떤 명백한 행위(도어 자신도 결코 부인하지 않은 행위)를 저질렀는지의 여부만을 고려하라는 재판관의 지시를 듣고 유죄를 평결했으며, 이에 따라 재판관은 중노동의 종신형을 선고했다. 도어가 감옥에서 20개월을 보낸 뒤, 새로 선출된 법과 질서 세력의 주지사는 그가 순교자가 되는 것을 막으려고 사면했다.

무력으로 실패했고 투표에서도 실패했으며 법원은 보수파의 편을 들었다. 이제 도어 운동은 1842년, 로드아일랜드에서의 민중정부People's Government가 합법적인 정부였다고 주장하면서 마틴 루서Martin Luther가 법과 질서 민병대를 상대로 제기한 불법침해소송을 통해 연방 대법원으로 운동 방향을 돌렸다.

대니얼 웹스터는 도어 측에 대해 반론을 폈다. 웹스터는 만약 민중들이 기존 정부를 폐지하는 헌법상의 권리를 주장할 수 있다면 더 이상 법률이나 정부가 존재할 수 없으며 무정부상태가 될 것이라고 말했다.

대법원은 판결(1849년의 루서 대 보든 판결Luther v. Borden)을 통해 이후 오랫동안 이어지게 되는 원칙을 수립했다. 대법원은 특정한 '정치적' 문제에는 개입하지 않으며 입법부와 행정부에 맡긴다는 원칙이 그것이었다. 이런 결정은 본질적으로 대법원의 보수적 성격을 강화시키는 것이었다. 중요한 문제들 — 전쟁이나 혁명 — 에 관한 결정은 대통령과 의회에 넘겨지게 됐다.

지대반대 운동과 도어의 반란에 관한 이야기는 미국사 교과서에서 보통 찾아볼 수 없다. 미국의 수백만 젊은이들이 읽는 교과서에는 19세기의 계급투쟁에 관한 내용이 거의 없다. 남북전쟁을 전후로 한 시기는 정치와 선거, 노예제, 인종문제 등으로 채워져 있다. 잭슨 시대를 다루는 전문서적에서 노동문제와 경제문제를 다루는 경우에조차 대통령직에 중점을 두며 따라서 민중의 투쟁보다는 영웅적 지도자들에게 전통적으로 의존하는 성향을 영속화시킨다.

앤드루 잭슨은 자신이 "사회의 비천한 성원들 — 농민, 숙련기능공, 막노동자······"를 대변한다고 말했다. 잭슨은 확실히 자신들의 땅에서 밀려나는 인디언이나 노예들을 대변하지 않았다. 그러나 공장제가 발전하고 이민이 증가하면서 긴장이 고조됨에 따라 정부는 백인들 사이에서 대중적인 지지기반을 구축해야만 했다. '잭슨식 민주주의'란 바로 그런 것이었다.

잭슨 시대에 대한 전문가인 더글러스 밀러Douglas Miller(『현대 미국의 탄생The Birth of Modern America』)에 따르면, 1830년대와 1840년대의 정치는 "점차 대중적 이미지를 창출하고 보통사람에게 알랑거리는 일에 집중됐다." 그러나 밀러는 '잭슨식 민주주의'라는 표현의 정확성에 의문을 던진다.

행렬과 피크닉, 인신비방 캠페인이 잭슨식 정치활동의 특징이었다. 그러나 양당 모두가 민중을 겨냥해 미사여구를 남발하고 민주주의라는 신성한 표어를 과장되게 입에 담았다 하더라도, 이것이 보통사람이 미국을 지배한다는 것을 의미하지는 않았다. 1820년대와 30년대에 전면에 등장한 직업적 정치인들 가운데 일부가 자수성가한 인물이긴 했어도 보통사람은 거의 찾아볼 수 없었다. 주요 양당을 장악한 인물은 대부분 재산가와 야망에 가득 찬 사람들이었다. 변호사, 신문 주필, 상인, 기업가, 대지주, 투기업자들이 휘그당뿐만 아니라 민주당까지도 지배했다.

잭슨은 ― 보통사람을 대변한다는 ― 자유주의적인 수사修辭에 통달한 최초의 대통령이었다. 이것은 ― 로드아일랜드에서처럼 ― 점점 더 많은 민중들이 투표권을 요구하고 주 입법부가 투표권 제한을 완화하던 시기에 정치적 승리를 얻기 위해 필요한 능력이었다. 잭슨 시대를 연구한 또 다른 학자 로버트 레미니Robert Remini(『잭슨의 시대The Age of Jackson』)는 1828년과 1832년의 선거 결과를 연구한 뒤 이렇게 말하고 있다.

잭슨 자신은 이 나라의 모든 계급과 계층에 걸친 폭넓은 지지를 만끽했다. 잭슨은 농민, 숙련기능공, 막노동자, 전문직 및 심지어는 기업가들 사이에서도 인기를 끌었다. 게다가 잭슨은 자신이 친노동자적인지 반노동자적인지, 친기업적인지 반기업적인지, 하층계급·중간계급·상층계급에 우호적인지 반대하는지 등을 명확히 밝히지 않고도 이 모든 지지를 끌어낼 수 있었다. 잭슨이 파업파괴자였음〔잭슨은 체사피크 만―오하이오 운하Chesapeake and Ohio Canal 공사에서 노동자 반란을 억누르기 위해 군대를 파견했다(지은이)〕이 입증됐음에도, 여러 차례에 걸쳐서 …… 그와 민주당은 조직화된 노동자들의 지지를 받았다.

그것은 모호성의 새로운 정치였다—급속한 성장과 잠재적인 소요의 시대에 하층계급과 중간계급의 지지를 얻기 위해 그들을 대변한다고 주장하는. 이 시기에 이르러 양당체제가 모습을 갖추었다. 민중들에게 두 개의 다른 정당 사이에서 선택할 수 있는 권리를 부여하고, 반란의 시기에 약간이라도 더 민주적인 정당을 선택할 수 있도록 허용하는 것은 정교한 지배양식이었다. 미국식 체제의 다른 많은 기제들과 마찬가지로 이것은 몇몇 뛰어난 음모가들이 사악하게 획책한 것이 아니었다. 상황의 요구에 따라 자연스럽게 개발된 것이었다. 레미니는 잭슨의 뒤를 이은 대통령으로 잭슨식 민주주의자였던 마틴 밴 뷰런을 오스트리아의 보수파 정치인인 메테르니히Prince von Metternich에 비교했다. "유럽에서 혁명적 불만을 제거하고자 노력했던 메테르니히처럼, 밴 뷰런 및 그와 비슷한 정치인들은 두 개의 잘 조직된 활동적 정당을 통해 힘의 균형을 이룸으로써 미국에서 정치적 무질서를 없애려고 시도하고 있었다."

잭슨식 사고는, "신중하고 현명하며 잘 고려된 개혁"을 통해 "중간계층······ 특히 이 나라의 상당수 자작농들yeomanry의 이해"를 민주당으로 흡수함으로써 안정과 지배를 이루려는 것이었다. 다시 말해 그 개혁은 너무 많은 변화를 가져오는 개혁이 아니었다. 이것은 개혁가이자 기업 고문변호사였던 잭슨식 민주주의자 로버트 랜툴Robert Rantoul의 말이었다. 이것은 20세기에 와서 민주당의—그리고 이따금은 공화당의— 성공적인 호소력을 예견한 것이었다.

성장으로 인한 혼란과 반란의 가능성 속에서 그런 새로운 형식의 정치적 지배가 필요했다. 이제 운하와 철도, 전신의 시대였다. 1790년에 100만도 채 못 됐던 도시인구가 1840년에는 1,100만으로 늘어났다. 뉴욕 인구는 1820년에 13만이었던 것이 1860년에는 100만으로 증가했다. 그리고 여행자 알렉시스드 토크빌Alexis de Tocqueville이 "민중의 전반적인 평등 상태"에 경이를 표하긴 했지만, 친구 보몽Gustav de Beaumont의 말에 따르면 그는 수치에 관해서는 잘 알지 못했다. 게다가 잭슨 시대의 사회에 대한 연구자인 에드워드 페슨Edward Pessen(『잭슨 시대의 미국Jacksonian America』)에 따르면 토크빌의 관찰은 사실과 일치하지 않는다.

필라델피아의 노동계급 가족들은 쓰레기 처리시설, 화장실, 깨끗한 공기나 물도 없이 보통 한 가족이 방 한 칸씩을 차지한 채 한 집에 55명이 살았다. 슐킬Schuylkill 강에서 새로 끌어올린 깨끗한 물이 있었지만, 그 물은 부자들의 집에만 공급됐다.

뉴욕에서는 쓰레기더미와 함께 거리에 누워 있는 빈민들을 볼 수 있었다. 슬럼가에는 하수도도 없어서 더러운 물이 마당과 골목을 거쳐 빈민 중에서도 가장 가난한 사람들이 사는 지하실로 흘러들었고, 이로 인해 1837년에는 장티푸스가, 1842년에는 발진티푸스가 널리 퍼졌다. 콜레라가 유행한 1832년에는 부자들은 도시에서 피난을 떠났고 빈민들만 그대로 남아 죽어갔다.

이런 빈민들이 정부의 정치적 동맹자로 고려될 리 없었다. 하지만 그들은 ― 노예나 인디언처럼 ― 보통은 눈에 보이지 않지만 들고일어날 수도 있는 위협으로 존재했다. 그러나 체제에 꾸준한 지지를 보낼 수 있는 더 견고한 시민들 ― 더 많은 보수를 받는 노동자, 자작농민 등 ― 이 있었다. 아울러 토머스 코크런Thomas Cochran과 윌리엄 밀러William Miller(『기업의 시대The Age of Enterprise』)의 서술처럼, 도시에는 근대 상업의 발전으로 탄생한 새로운 화이트칼라 노동자들도 있었다.

칙칙한 알파카 옷을 입고 높은 책상에 구부려 앉아 업무를 보는 이 새로운 노동자들은, 대차대조표를 정리하거나 색인을 달고 서류를 정리하며 송장送

狀, 인수필 어음, 선하증권, 영수증 등을 기록하고 날인했다. 이 노동자들은 적절한 급여 외에도 얼마간의 가욋돈과 여가시간을 가졌다. 이들은 스포츠와 연극, 저축은행과 보험회사의 단골손님이었다. 또한 이들은 ―광고로 유지되며 경찰 보고서, 범죄 이야기, 상승하는 부르주아들을 위한 예절 안내 등으로 지면을 가득 메운 '1페니짜리 신문'[16]인 ― 데이Benjamin Day의 『뉴욕선 New York Sun』이나 베네트James Gordon Benett의 『헤럴드』를 구독했다.

이들이 바로 미국에서 점차 늘어나는 화이트칼라 노동자와 전문직 계급의 전위였다. 이들은 충분히 설득할 수 있었고, 스스로 부르주아 계급의 성원이라고 생각할 만큼의 보수를 받았으며, 위기의 시기에는 부르주아 계급에게 지지를 보냈다.

농업의 기계화로 서부 개척이 차근차근 진행되고 있었다. 철제 쟁기는 밭가는 시간을 반으로 단축시켰다. 1850년대에는 존디어 사John Deere Company가 연간 1만 대의 쟁기를 생산하기에 이른다. 사이러스 매커믹Cyrus McCormick은 시카고에 있는 자신의 공장에서 매년 1,000대의 자동수확기를 생산했다. 낫으로는 하루에 0.5에이커의 밀을 수확할 수 있었던 데 비해 자동수확기를 이용하면 10에이커나 수확할 수 있었다.

유료 도로와 운하, 철도는 더 많은 사람들을 서부로 이동시키고 더 많은 수확물을 동부로 이동시켰으며, 혼란스럽고 예측 불가능한 새로운 서부를 통제하는 데 있어 더욱 중요하게 됐다. 서부 외곽에도 차례차례 대학이 설립되자, 코크런과 밀러의 말처럼, 동부의 기업가들은 "서부의 교육을 처음부터

---

[16] penny press. 1833년에 창간된 『뉴욕선』은 현대 대중지의 시조로 여겨지며, 창간 당시 실제로 한 부 가격이 1페니였다.

장악하기로 결심했다." 매사추세츠의 정치가이자 연설가인 에드워드 에버레트는 1833년에 서부 대학들에 대한 재정 지원을 위해 연설했다.

> 보스턴의 자본가, 아니 뉴잉글랜드에 큰 이해관계가 걸린 어떤 사람도 ……자신과 아무 관계도 없는 사람들에게 관대함을 보여야 한다고 생각하지 않도록 하십시오……. 그들은 여러분의 재산을 보존할 수도, 뒤흔들 수도 있는 매우 큰 힘을 가진 빛과 진리라는 수단을 이 지역 전체에 보급시킴으로써 여러분 자신의 재산을 보호하라고 요청하는 것입니다…….

동부의 자본가들은 이런 '여러분 자신의 재산을 보호'할 필요성을 의식했다. 기술이 발전함에 따라 더 많은 자본이 필요하고 더 많은 위험을 감수해야 했으며 대규모 투자에는 안정성이 요구됐다. 이처럼 인간의 필요를 위해 합리적으로 계획된 것이 아니라 이윤 동기에 의해 변덕스럽고 무질서하게 발전된 경제체제에서는 반복적인 호황과 불황을 피할 도리가 없는 듯 보였다. 1837년에 불황이 있었고 1853년에 다시 불황을 겪었다. 안정을 이룰 수 있는 한 가지 방법은 경쟁을 줄이고 사업을 독점으로 조직하는 것이었다. 1850년대 중반에는 가격협정과 기업합병이 빈번했다. 뉴욕센트럴 철도회사New York Central Railroad는 여러 철도회사가 합병한 것이었다. 미국동銅협회American Brass Association는 '파괴적인 경쟁에 대처하기 위해' 형성됐다고 한다. 햄프턴군 면방적업협회Hampton County Cotton Spinners Association는 가격을 통제하기 위해 조직됐으며 미국제철협회American Iron Association 역시 마찬가지였다.

위험을 최소화하는 또 다른 방법은 정부로 하여금 알렉산더 해밀턴과 제1차 대륙회의로까지 거슬러 올라가는 전통적인 역할, 즉 기업의 이익을 돕는 역할을 확실히 하도록 만드는 것이었다. 각 주의 의회는 기업들에 법인 허가서를 주어 사업을 수행하고 자금을 조달할 수 있는 법적 권리를 부여했다 ― 처음에는 특별법인 허가서를, 나중에는 일반법인 허가서를 줬고 그 결과 일정한 요건을 갖춘 사업체는 모두 법인이 될 수 있었다.

철도업자들은 돈과 주식, 무임승차권을 손에 쥐고 워싱턴과 각 주의 주도를 들락거렸다. 1850~1857년 사이에 철도업자들은 주의회들로부터 2,500만 에이커의 공유지를 무상으로 받았고 수백만 달러의 채권 ― 공채 ― 을 받았다. 1856년 위스콘신에서는 라크로스앤드밀워키 철도회사LaCrosse and Milwaukee Railroad가 약 90만 달러의 주식과 채권을 59명의 하원의원과 13명의 상원의원, 주지사에게 살포하고 100만 에이커를 무상으로 얻었다. 2년 뒤 철도회사는 파산했고 채권은 쓸모없는 종이쪽지가 됐다.

동부의 공장주들은 강력하게 조직됐다. 1850년에는 '동업자들Associates'이라고 불리는 보스턴의 15개 가문이 미국 면화용 방추의 20퍼센트, 매사추세츠 보험자본의 39퍼센트, 보스턴 금융재원의 40퍼센트를 장악했다.

각종 교과서는 당시를 노예제를 둘러싼 논쟁으로 가득 채우고 있으나, 남북전쟁 전야에 있어서 국가 운영자들의 최우선적인 관심사는 노예제 반대 운동이 아니라 돈과 이윤에 있었다. 코크런과 밀러가 말하는 것처럼,

> 북부의 영웅은 웹스터였다 ― 에머슨이나 파커, 개리슨, 필립스가 아니었다. 관세의 사나이이자 토지 투기업자, 기업 고문변호사, 보스턴 동업자들을 위한 정치인, 해밀턴의 보관을 물려받은 상속자인 웹스터였던 것이다. 그의 말에 따르면 "정부의 고귀한 목적"은 "국내에서는 재산의 보호, 해외에서는 존경과 명성"이었다. 이를 위해 웹스터는 국가 통일을 설파했고 탈주 노예를 넘겨줬다.

코크런과 밀러는 보스턴의 부자들을 묘사하고 있다.

비컨힐Beacon Hill에서 호화롭게 살면서 자선활동이나 예술과 문화에 대한 후원으로 이웃의 존경을 받는 이 사람들이 스테이트 가State Street에서 [정치인들과] 거래를 하는 동안, 공장장이 이들의 공장을 운영하고 관리인이 철도를 감독하고 대리인들이 수력과 부동산을 판매했다. 이들은 가장 완전한 의미에서 부재지주였다. 공장지대의 질병에 전염되지 않은 이들은 노동자들의 불만에 귀를 기울이거나 음침하고 지저분한 작업 환경에서 오는 우울증을 겪을 필요도 없었다. 대도시에서는 황금시대Golden Day의 예술, 문학, 교육, 과학이 번창했음에 반해, 공장 소도시에서는 아이들이 부모와 함께 일터로 나갔고 학교와 병원은 희망사항에 불과했으며 자기 침대를 갖는 일은 보기 드문 사치였다.

랠프 왈도 에머슨은 당시의 보스턴을 이렇게 묘사했다. "비컨 가Beacon Street와 마운트버넌Mount Vernon 등 모든 거리뿐만 아니라 변호사 사무실과 선창가에서도 일종의 가난한 냄새가 나며, 제화공장에서 알 수 있듯이, 조악하고 무미건조하며 아무 희망도 없는 듯 보인다." 전도사 시어도어 파커는 신도들에게 "오늘날에는 돈이 이 나라에서 가장 강한 힘을 갖고 있다"고 설교했다.

정치적 안정과 경제적 지배를 위한 노력이 완전히 성공을 거두지는 못했다. 새로운 산업화, 인구의 도시집중, 공장의 긴 노동시간, 물가상승과 실업을 초래하는 갑작스런 경제위기, 식품과 식수의 부족, 살을 에는 듯한 겨울의 추위, 여름에 무더운 빈민가 아파트, 전염병의 확산, 유아 사망 등 ─ 이 모든 것들이 빈민들의 간헐적인 저항을 낳았다. 때로는 부자들에 대한 자생적이고 비조직적인 폭동이 있었다. 때로는 분노가 흑인에 대한 인종적 증오, 가톨릭에 대한 종교전쟁, 이주민에 대한 토착민의 격분 등으로 빗나가기도 했다. 또 때로는 시위와 파업으로 조직되기도 했다.

'잭슨식 민주주의'는 체제의 안전을 위해 지지세력의 합의를 만들어 내고자 노력했다. 흑인, 인디언, 여성, 외국인은 분명히 이 합의에서 제외됐다. 그러나 많은 수의 백인 노동대중 역시 자신들은 합의의 경계 바깥에 있다고 선언했다.

다른 모든 시기와 마찬가지로, 이 시기 노동계급 의식의 전체적인 모습은 역사에서 지워지고 있지만 몇 가지 단편이 여전히 남아 있어 노동대중의 실제적인 침묵의 이면에 얼마나 많은 계급의식이 항상 존재했는지에 관해 우리에게 놀라움을 준다. 1827년에는 '일자무식의 숙련기능공'이 '필라델피아의 …… 숙련기능공과 노동계급에게 드리는 …… 제언'을 남겼는데, 아마 젊은 제화공이었을 그는 이렇게 말했다.

> 우리는 우리 자신이 모두에게 억압당하고 있음을 알고 있다 ─ 우리는 다른 사람들의 기쁨을 위해 모든 편리한 생활도구를 힘들게 노동해 생산하지만 빈약한 몫만을 받고 있으며, 사회가 지금과 같은 상황에서는 그것조차도 고용주의 뜻에 맡겨져 있다.

스코틀랜드 출신으로 초기 여권론자이자 공상적 사회주의자였던 프랜시스 라이트는 필라델피아 노동자들의 초청을 받아 미국 최초의 도시단위 노동조합협회들을 상대로 1829년 7월 4일에 연설을 했다. 라이트는 "당신네 나라의 산업역군들인 아들딸들을 …… 나태와 가난, 악습, 굶주림, 질병으로 …… 뭉개 버리려고" 혁명을 위해 싸웠느냐고 물었다. 라이트는 새로운 기술이 과연 인간노동의 가치를 낮추지 않고, 인간을 기계의 부속품으로 전락시키지 않으며, 어린 노동자들의 몸과 마음을 불구로 만들지 않을 것인지에 대해 의문을 제기했다.

그해 말, 『노동자의 옹호자*Workingman's Advocate*』의 발행인이자 주필인 조지 헨리 에번스George Henry Evans는 「노동자의 독립선언*The Working Men's Declaration of Independence*」을 저술했다. '솔직하고 공명정대한' 동료 시민들에게 제출된 '사실들'의 목록 가운데는 이런 것들이 있다.

1. 조세징수법은 …… 사회의 한 계급을 가장 억압하는 방식으로 운영되고 있다…….
3. 사기업에 대한 법률은 모두 편파적이며 …… 다른 계급을 희생시키면서 한 계급만을 위한다…….
6. 법률은 …… 전체 인구의 10분의 9를 차지하는 가난한 사람들에게서 국가의 성원 자격을 박탈했고, '생명과 자유와 행복의 추구'를 누릴 수 있는 평등한 권리를 앗아갔다……. 소작인이 아니라 지주 편을 드는 선취특권법은 …… 무수히 많은 법률 가운데 하나의 실례일 뿐이다.

에번스는 "모든 사람은 성인이 되는 즉시 동등한 재산을 가질 권리가 있다"고 믿었다.

1834년 찰스타운Charlestown에서 온 숙련기능공과 린Lynn에서 온 여성 구두재봉공을 비롯한 보스턴의 도시단위 '직종연합Trades' Union'은 독립선언에 관해 언급했다.

우리는 …… 특권을 부여함으로써 어떤 특정 계급을 동료 시민들 이상으로 끌어올리는 경향이 있는 법률은 독립선언서의 기본 원리에 모순되며 그에 도전하는 것이라고 주장하는 바이다…….

우리의 공공교육제도는 매우 자유롭게 배움의 장을 부여하고 있으나 …… 부자들에게만 문이 열려 있으며, 공립 초등학교는 …… 매우 열악하다……. 따라서 가난한 사람들은 어릴 때부터 자신이 열등하다고 생각하기 쉽다.

에드워드 페슨은 『가장 보기 드문 잭슨주의자들 Most Uncommon Jacksonians』에서 이렇게 말하고 있다. "잭슨 시대의 노동운동 지도자들은 급진주의자들이었다……. 미국 사회는 갈등으로 갈가리 찢어졌고, 대중의 비참함으로 손상을 입었으며, 사유재산을 토대로 힘을 갖게 된 탐욕스러운 엘리트들이 미국인의 삶의 모든 측면을 지배하고 있다고 믿었던 사람들을 달리 어떻게 그릴 수 있겠는가?"

이 시대에 있었던 반란의 일화들은 전통적인 역사에 기록되지 않은 채 사라졌다. 메릴랜드 은행 Bank of Maryland이 파산해 예금자들이 예금을 잃은 1835년 여름에 볼티모어에서 일어난 폭동이 한 예이다. 큰 사기가 있었음을 확신한 군중들이 몰려들어 은행과 관련된 관리의 집에서 유리창을 부수기 시작했다. 폭도들이 집 한 채를 부수자, 민병대가 공격했고, 결국 20명 정도가 죽고 100명이 부상을 당했다. 다음날 저녁에는 다른 집들이 공격을 받았다. 당시 주요신문이던 『나일즈 위클리 레지스터 Niles Weekly Register』는 이 사태를 이렇게 보도했다.

지난 밤(일요일) 어둠 속에서 레버디 존슨 Reverdy Johnson의 집을 다시 공격했다. 이제 아무런 방해도 없었다. 수천 명이 그 광경을 목격한 것으로 추측됐다. 사람들은 곧 집으로 들어가 가구와 수많은 법률 서적을 끌어내 집 앞에서 불태워 버렸다. 집 안에 있던 물건들도 모두 떼어 내 불더미 속에 던졌다. 11시경에는 집 전면의 대리석 현관과 벽 대부분이 떨어져 나갔다……. 이어 그들은 시장 제시 헌트Jesse Hunt 씨의 저택에 난입해 가구를 끌어내 문 앞에서 태웠다…….

이 몇 해 동안 노동조합이 형성되고 있었다(필립 포너의 『미국노동운동사 History of the Labor Movement in the U.S.』에 풍부하게 그려져 있다). 뉴욕에서 장인 재봉사조합협회Union Society of Journeymen Tailors의 회원 25명이 '교역 방해 음모, 폭동, 폭행, 구타' 등으로 유죄 판결을 받은 것처럼, 법원은 노동조합이 교역을 억제하려는 음모라고 규정해 불법화했다. 재판관은 벌금을 부과하면서 이렇게 덧붙였다. "이 훌륭한 법과 자유의 땅에는 성공의 길이 모든 사람에게 열려 있습니다……. 미국인이라면 법보다 더 좋은 친구가 없다는 사실과, 자신을 보호하기 위한 어떤 인위적 결사도 필요치 않다는 사실을 알고 있으며 또한 알아야 합니다. 노동조합은 외국에서 생겨난 것이며, 나로서는 주로 외국인들이 노동조합을 지지하고 있다고 믿습니다."

그 뒤 한 전단이 도시 전역에 뿌려졌다.

빈자들에 반대하는 부자들!
에드워즈 판사는 민중에 반대하는 귀족들의 도구이다! 숙련기능공 및 노동자들이여! 여러분의 자유에 치명적인 타격이 가해졌다! …… 그들은 노동자들에게는 노동의 가격을 조정할 수 있는 어떤 권리도 없다는, 다시 말해 부자들만이 빈민의 필요를 판단하는 유일한 재판관이라는 선례를 만들어 놓았다.

법원의 판결을 비난하며 시청 공원City Hall Park에 집결한 2만 7,000명의 사람들은 교신위원회Committee of Correspondence를 선출했으며, 위원회는 3개월 뒤에 뉴욕 주 여러 읍의 농민과 노동대중이 선출한 숙련기능공, 농민, 노동자들의 대회를 조직했다. 유티카Utica에서 개최된 대회는 기존 정당으로부터의 독립선언Declaration of Independence을 작성하고 평등권당Equal Rights Party을 창설했다.

평등권당은 공직에 독자적인 후보자를 내긴 했지만, 선거를 통해 변화를 일궈낼 수 있다고 크게 확신하지는 않았다. 이 운동의 위대한 연설가 중 한 명이었던 세스 루서는 7월 4일 집회에서 이렇게 말했다. "우리는 우선 선거ballot box에 노력을 기울일 것입니다. 만약 선거를 통해 우리의 정당한 목적을 이루지 못한다면, 다음이자 최후의 수단으로 탄약cartridge box에 호소할 것입니다." 그리고 동조적인 지방신문인 올버니의 『마이크로스코프Microscope』는 이렇게 경고했다.

> 노동자들의 안타까운 파멸을 기억하라 — 조직을 끌어 모아 정당들과 함께 나뒹굶으로써 곧 파멸을 맞이한 사실을. 노동자들은 압도당한 변호사와 정치가들을 자신들의 대오로 받아들였다……. 노동자들은 유혹에 빠졌고, 미처 깨닫지도 못한 채 소용돌이에 휘말려 다시는 벗어나지 못했다.

1837년의 위기로 많은 도시에서 집회와 모임이 열렸다. 은행들은 이미 정화正貨 지불을 중단했다 — 자신들이 발행한 은행권에 대한 경화硬貨 지급을 거부했던 것이다. 물가는 상승했고 이미 식료품 구입에 어려움을 겪고 있던 노동자들은 배럴당 5.62달러에 판매되던 밀가루가 이제 12달러로 올랐음을 알게 됐다. 돼지고기 값이 올랐다. 석탄 값도 올랐다. 2만 명이 운집한 필라델피아에서는 어떤 사람이 밴 뷰런 대통령에게 집회를 설명하는 편지를 보냈다.

오늘 오후 이제껏 제가 본 것 가운데 가장 대규모의 대중집회가 독립 광장 Independence Square에서 열렸습니다. 어제와 지난 밤 도시 전역에 나붙은 벽보로 소집된 집회였습니다. 집회는 전적으로 노동계급이 계획하고 수행한 것이었으며, 통상 그런 문제에서 앞장을 서는 사람들과는 어떤 의논이나 협의가 없었습니다. 진행자와 연사 모두 노동계급이었습니다……. 집회는 은행들에 반대하는 내용이었습니다.

뉴욕에서는 평등권당 당원들(흔히 딱성냥Locofoco들이라고 불렸다)이 집회를 공고했다. "빵, 고기, 지대, 연료! 이 모든 것의 값을 내려야 합니다. 월요일 오후 4시에 날씨와 상관없이 공원에서 집회를 열 예정입니다……. 독점자와 착취자들에 맞서 저항을 결의한 모든 인류의 벗들이 참여하길 바랍니다." 뉴욕의 신문 『커머셜 레지스터Commercial Register』는 집회의 광경과 집회가 끝난 뒤 벌어진 사태를 이렇게 보도했다.

4시경 이미 수천 명의 군중이 시청 앞에 집결해 있었다……. 연사 중 한 사람은 …… 가장 부유한 밀가루 위탁도매상 일라이 하트Eli Hart 씨에 대한 대중의 복수를 특별히 지시했다고 한다. 연사는 이렇게 외쳤다. "동료 시민 여러분! 하트 씨의 창고에는 지금 5만 3,000배럴의 밀가루가 있습니다. 그에게 가서 한 통당 8달러를 주고 가져옵시다. 그가 이를 받아들이지 않으면……."
집회에 참석한 많은 사람들이 하트 씨의 상점으로 향했으며 …… 정문이 강제로 열리고 20통에서 30통, 아니 그 이상의 밀가루가 길거리에 나뒹굴었고 뚜껑은 산산조각이 났다. 바로 이때 하트 씨가 무장한 경찰을 대동하고 현장에 도착했다. 데이 가Dey Street에서 일군의 폭도가 경찰관들을 습격해 곤봉을 빼앗아 모조리 분질러 버렸다…….

십여 통 아니 수십, 수백 통의 밀가루가 문부터 거리까지 나뒹굴었고 창문에서 잇따라 신속하게 던져졌다……. 이런 식으로 약 1,000부셸의 밀과 400에서 500배럴의 밀가루가 사악하게, 뿐만 아니라 제멋대로 어리석게 훼손됐다. 가장 적극적인 파괴자들은 외국인들이었다 ― 실제로 이 집단의 대부분은 외국 출신이었는데 약 500명에서 1,000명의 사람들이 옆에 지키고 서서 선동적인 행동을 부추기기도 했다.

밀가루 통과 밀 부대가 날아다니고 옆구리가 터지는 가운데, 마치 전장에서 주검의 옷을 벗겨 가는 할맹구들처럼, 많은 여자들이 미리 준비한 상자나 바구니, 입고 있는 앞치마 등에 밀가루를 담아 급히 도망쳤다…….

밤이 되어 사방을 분간할 수 없게 된 뒤에도 파괴행위는 중단되지 않았다. 결국 강력한 경찰대가 오고 뒤이어 곧바로 군부대가 출동한 뒤에야 비로소 끝을 맺었다…….

이것이 1837년의 밀가루 폭동Flour Riot이었다. 그해 경제위기 동안 뉴욕시에서만 5만 명(전체 노동계급의 3분의 1)이 일자리가 없었고 (전체 50만 인구 가운데) 20만 명이, 어느 목격자의 말에 따르면 "꼼짝없이 죽을 도리밖에 없는 곤궁상태" 속에서 살고 있었다.

국가가 성장하고 인구가 도시로 밀집되면서 노동조건이 악화되고 생활조건도 견디기 어려워졌지만 지주, 투기업자, 은행가, 상인 등이 경제를 수중에 장악함에 따라 19세기 중반에 일어난 집회, 폭동, 행동은 조직적이든 그렇지 않든, 폭력적이든 그렇지 않든 관계없이 완전한 기록을 찾아볼 수 없다.

1835년에 필라델피아에서는 50개의 각기 다른 직종이 노동조합으로 조직됐고, ―10시간 노동을 목표로 한― 막노동자, 공장 노동자, 제본공, 보석세공인, 석탄운반부, 도살업자, 가구제작공 등의 성공적인 총파업도 있었다. 곧

이어 펜실베이니아를 비롯한 주에서 10시간 노동법이 등장했지만, 이 법들은 고용주가 피고용자와 서면계약을 통해 노동시간을 연장할 수 있도록 규정했다. 이 시기의 법률은 계약에 대한 강력한 보호장치를 발전시키고 있었으며, 노동계약은 대등한 양자 간의 자발적인 합의인 것처럼 가장하고 있었다.

1840년대 초 필라델피아 직조공들 — 대부분 자기 집에서 고용주를 위해 일하는 아일랜드 이민자들 — 은 임금인상을 요구하며 파업을 일으키고 파업에 참여하지 않은 직조공들의 집을 습격해 그들의 작업물을 파괴했다. 보안관의 민병대는 몇몇 파업자를 체포하려 했으나 머스켓총과 막대기로 무장한 400명의 직조공들이 그들을 물리쳤다.

그러나 곧 아일랜드 출신의 가톨릭 직조공들과 본토 태생의 프로테스탄트 숙련 노동자들 간에 종교문제를 놓고 적대감이 생겨났다. 1844년 5월에 필라델피아 교외 켄싱턴Kensington에서 프로테스탄트와 가톨릭 간의 폭동이 벌어졌다. 본토 출신(이민자에 반대하는) 폭도들은 직조공 동네를 파괴하고 가톨릭교회 한 곳을 습격했다. 중간계급 정치인들은 곧 각 집단을 서로 다른 정당으로 끌어들였으며(본토 출신자들은 공화당으로, 아일랜드인들은 민주당으로), 이제 정당정치와 종교가 계급투쟁의 자리를 대신하게 됐다.

켄싱턴 폭동Kensington Riots을 연구한 역사가 데이비드 먼고메리David Montgomery의 말에 의하면, 이 모든 사태의 귀결은 필라델피아 노동계급의 파편화였다. "그로 인해 역사가들은 계급갈등이 없는 사회라는 환상을 품게 됐지만" 실제로 19세기 미국의 계급갈등은 "산업화된 세계에서 일찍이 볼 수 없을 정도로 격렬했다."

감자 농사가 실패하자 기아를 피해 아일랜드를 탈출한 이민자들이 낡은 범선을 가득 메운 채 미국으로 오고 있었다. 이 범선들에 관한 이야기는 처음에는 흑인 노예, 뒤에는 독일, 이탈리아, 러시아 이민자들을 실어 날랐던 배들에 관한 설명과 사소한 점에서만 다를 뿐이다. 당대의 한 사람은 아일랜드에서 출발한 배가 캐나다 국경지대의 그로스 섬Grosse Isle에 억류된 상황을 이렇게 묘사했다.

1847년 5월 18일, 수백 명의 승객 대부분이 발진티푸스에 감염되어 죽어가고 있는, 크록Crok에서 온 유레이니아Urania 호가 그로스 섬에서 검역 정선停船에 들어갔다. 그해 아일랜드를 출발해 세인트로렌스 강을 거슬러 항해해 온 배들 가운데 전염병의 습격을 받은 최초의 배였다. 그러나 6월 첫 주가 지나기도 전에 크고 작은 84척의 배가 동풍을 타고 운항해 왔는데 그토록 많은 선박 가운데 기근과 불결한 선실의 소산인 악성 발진티푸스가 퍼지지 않은 배는 한 척도 없었다……. 아무리 빨리 항해하더라도 6주에서 8주가 걸렸다……. 정원의 최대한도를 훌쩍 넘겨 남녀노소를 막론하고 불행한 인간을 가득 태운 데다 열병까지 횡행하는 상황에서 이주선이 아무리 최단 항로로 항해한다고 하더라도 그 끔찍함을 누가 상상이나 할 수 있겠는가……. 선원들은 극도의 절망감 때문에 무뚝뚝하거나 야수 같았으며 또한 전염병의 공포로 마비되어 있었다 — 비참한 승객들은 스스로 어떻게 해볼 도리가 없었고 서로에 대해 최소한의 도움도 줄 수 없었다. 4분의 1이나 3분의 1, 아니 절반가량이 전염병의 각기 다른 단계에 처해 있었다. 많은 사람들이 사경을 헤맸고 일부는 이미 죽었다. 헐떡이는 환자들이 들이쉬고 내쉬는 형용할 수 없을 정도로 오염된 공기 때문에 치명적인 독소가 정도를 더해 갔다 — 아이들의 울음소리, 환자들의 광란, 죽음의 고통에서 우러나오는 비명과 신음소리!

…… 섬에는 아무런 수용시설도 없었다……. 움막은 비참한 사람들로 빠르게 채워졌다……. 수백 명이 말 그대로 해변에 내동댕이쳐져 개펄과 돌무지뿐인 메마른 땅 위를 엉금엉금 기었다……. 이들 가운데 많은 수가 …… 그 죽음의

해변에서, 개펄에서 헤어 나오지 못한 채 숨을 거두고 말았다…….
11월 1일이 되어서야 그로스 섬의 검역이 폐지됐다. 그 황폐한 섬에서 1만 명에 이르는 아일랜드인이 돌구덩이에 묻혔다…….

가난하고 멸시받는 이 새로운 아일랜드 이민자들이, 어떻게 당시 이 나라에서 점차 관심의 초점이 되고 있었고 선동의 주체였던 흑인 노예들의 동조자가 될 수 있었겠는가? 사실 당시 대부분의 노동계급 활동가들은 흑인들의 곤경에 눈을 감았다. 연방하원의원으로 선출된 뉴욕의 노동조합 지도자 일리무어Ely Moore는 하원에서 노예폐지론자들의 청원을 접수해서는 안 된다고 주장했다. 인종적 적대는 계급적 좌절을 대신하는 손쉬운 대체물이 됐다.

다른 한편 1848년에 어느 백인 제화공은 린의 구두공장 노동자들의 신문인 『송곳Awl』에 이렇게 썼다.

…… 우리는 우리 300만 형제들을 구속하고 있는 상비군에 불과하다……. 벙커힐 기념비의 그림자 아래 살면서 인류애의 이름 아래 우리의 권리를 요구하면서도 피부가 검다는 이유로 다른 사람의 권리를 억누르다니! 정의의 분노를 느끼는 하나님께서 우리에게 쓰디쓴 타락의 술잔을 마시도록 벌을 내린 것이 어찌 이상한 일이겠는가.

도시빈민들의 분노는 종종 출신 국가나 종교를 둘러싼 무익한 폭력으로 표출되곤 했다. 1849년 뉴욕에서는 대부분 아일랜드인으로 구성된 폭도들이, 영국인 배우 윌리엄 찰스 매크리디William Charles MaCready가 맥베스Macbeth를 공연하면서 다른 곳에서 똑같은 역할을 맡은 미국 배우 에드윈 포리스트Edwin Forrest와 경쟁을 벌이고 있던 상류층의 애스터플레이스 오페라하우스

Astor Place Opera House를 습격했다. 군중들은 "빌어먹을 귀족들의 소굴에 불을 질러라"라고 소리치면서 벽돌을 집어던지며 돌격했다. 결국 민병대가 출동했고, 뒤이은 폭력사태로 200명가량이 죽거나 부상당했다.

1857년에 또 다른 경제위기가 찾아왔다. 철도와 제조업의 호황, 이민의 급증, 주식과 채권 투기의 증대, 절도, 부패, 조작 등이 팽창하다가 결국 터져버린 것이었다. 그해 10월에 20만 명이 일자리를 잃었고 막 이민해 온 수천 명이 이제 유럽으로 되돌아갈 생각으로 동부의 항구로 몰려들었다. 『뉴욕타임스』는 이렇게 보도했다. "리버풀로 가는 모든 배는 이제 승객을 전원 확보하게 됐으며, 뱃삯이 없는 많은 사람들이 대신 일을 하겠다고 지원하고 있다."

뉴저지의 뉴어크에서는 수천 명이 집회를 열고 실업자들에게 일자리를 달라고 시에 요구했다. 또 뉴욕에서는 1만 5,000명이 도심지 맨해튼에 있는 탐킨즈 광장Tompkins Square에 모였다. 월스트리트까지 행진한 군중들은 "우리는 일자리를 원한다!"고 외치면서 증권거래소 주위를 돌았다. 그해 여름에 뉴욕의 슬럼 지역에서 폭동이 일어났다. 어느 날 500명의 폭도가 권총과 벽돌로 경찰을 공격했다. 빵과 일자리를 요구하며 가게를 약탈한 실업자들의 행진도 있었다. 11월에는 군중들이 시청을 점거해 해군을 투입해서 몰아내야 했다.

1850년 당시 600만 노동자 가운데 50만 명이 여성이었는데 그 가운데 33만 명은 하녀, 5만 5,000명은 교사였다. 여성 공장 노동자 18만 1,000명 가운데 절반은 직물공장에서 일했다.

여성 노동자들은 조직을 결성했다. 1825년에는 사상 최초로 여성들의 독자적인 파업이 벌어졌다. 임금 인상을 요구한 뉴욕 여성재단사연합United Tailoresses of New York이 그들이었다. 1828년 뉴햄프셔 주 도버에서 여성 공장 노동자들의 독자적인 최초의 파업이 일어나 수백 명의 여성이 깃발과 현수막을 들고 행진을 벌였다. 그들은 지각에 벌금을 물리고, 조업 중 잡담을 금지하며, 교회에 나갈 것을 요구하는 새로운 공장 규칙에 항의하며 화약을 터뜨렸다. 노동자들은 요구가 해결되지 않은 채 공장으로 돌아올 수밖에 없었고, 지도자들은 해고당하거나 블랙리스트에 올랐다.

뉴햄프셔 주 엑서터에서는 감독관이 더 많은 시간 동안 일을 시키기 위해 시계를 뒤로 돌려놓았다는 이유로 여성 공장 노동자들이 파업에 나섰다(당시 표현으로 하자면 '일손을 놓았다turned out'). 파업은 성공을 거둬 감독관들이 시계를 제 시간으로 맞춰 놓겠다는 회사 측의 약속을 받아냈다.

어린 소녀들이 공장에서 일하면서 사감의 감독 아래 기숙사 생활을 하곤 했던 '로웰식 체제Lowell System'는, 처음에는 유익하고 사교적인 것으로 집안의 고된 일과 가사노동에서 벗어날 수 있다는 이유로 환영을 받았다. 매사추세츠 주 로웰은 직물공장 산업을 위해 만들어진 최초의 읍이었다. 읍 이름 역시 부유하고 영향력 있는 로웰 가문에서 따온 것이었다. 그러나 기숙사는 규칙과 규제로 통제되는 감옥처럼 변해 갔다. 저녁식사(여성 노동자들이 새벽 4시에 일어나 저녁 7시 30분까지 일을 한 뒤 먹는)는 종종 빵과 멀건 국물뿐이었다.

로웰의 소녀들은 조직화했고 자신들을 위한 신문을 펴내기 시작했다. 소녀들은 어두컴컴한 조명에 형편없는 환기시설, 여름에는 엄청나게 뜨겁고 겨울에는 축축하고 추운 직조실에 대해 항의했다. 1834년에 임금이 삭감되자 로웰의 여성들은 파업을 일으키면서 이렇게 주장했다. "조합이 힘이다. 우리의 당면 목표는 노동조합을 결성해 힘쓰는 것이며, 우리에게는 의문의 여지없이 권리가 있다······." 그러나 소녀들은 그들 대신에 다른 사람을 고용하겠다는 위협 때문에 삭감된 임금을 받아들이고 일자리로 돌아가야만 했다(주모자들은 해고됐다).

다음에는 좀더 나은 결과를 이루기로 결심한 젊은 여성들은 공장소녀협회Factory Girls' Association를 조직했고, 1836년의 기숙사비 인상에 반대해 1,500

명이 파업을 벌였다. 해리어트 핸슨Harriet Hanson은 공장에서 일하는 11세의 소녀였다. 핸슨은 훗날 파업을 회상했다.

> 아래층 방에서 일하던 중 제안된 파업에 관해 열정적이지는 않으나 충분히 논의하는 소리를 들었습니다. 나는 이런 회사 측의 '억압' 시도에 반대하는 이야기에 열심히 귀를 기울이는 입장이었고, 자연스럽게 파업 대오에 가담하게 됐죠. 일손을 놓기로 한 날이 왔을 때, 위층 방의 소녀들이 먼저 공장을 나가기 시작했고 많은 수가 떠나자 우리 공장은 곧 문을 닫았어요. 그 뒤 내 방에서 소녀들이 무엇을 해야 할지 모르는 채로 우물쭈물하며 서성거렸습니다……. 모든 이야기를 나눈 뒤에는 파업에 나서지 않을지도 모른다는 생각이 든 나는 초조한 나머지 앞장을 서면서 어린애 같은 허세를 부리며 말했어요. "너희들이 뭘 할지는 신경 쓰지 않아. 나는 다른 사람이 하든 안 하든 일손을 놓을 거야." 내가 앞장서 걸어 나가자 다른 이들이 뒤를 따랐습니다.
> 뒤를 따르는 긴 행렬을 돌아보자 이제껏 느낄 수 없었던 커다란 자부심이 밀려왔어요…….

파업 노동자들은 노래를 부르며 로웰의 거리를 행진했다. 한 달을 버텼지만 돈이 다 떨어지고 기숙사에서 쫓겨나게 되자 많은 수가 일터로 돌아갔다. 딸아이가 파업에 가담한 데 대해 문책을 받은, 기숙사 사감인 해리어트 핸슨의 홀어머니를 비롯한 주모자들은 해고됐다.

저항은 계속됐다. 허버트 구트먼의 보고에 따르면, 로웰의 한 공장에서는 28명의 여성 노동자를 "품행이 바르지 못함", "불복종", "무례함", "경솔함", "반항" 등의 이유를 들어 해고했다. 한편 소녀들은 농촌의 신선한 공기와 자유로운 생활방식에 관한 생각을 잊지 않으려고 애썼다. 한 소녀는 과거의 기억을 떠올렸다. "도통 기계에 마음을 줄 수가 없었습니다. 그 복잡한 구조를 알아낼 수도, 기계에 흥미를 느낄 수도 없었어요······. 화창한 6월이면 창밖으로 한껏 몸을 내밀고 공장 안에서 끊임없이 들려오는 기계의 마찰음을 듣지 않으려 애를 썼죠."

뉴햄프셔에서는 제2공장 신축을 위해 느릅나무를 베려던 애모스키그 제조회사Amoskeag Manufacturing Company를 상대로 500명의 남녀가 진정서를 제출했다. 그들은 그 나무가 "바쁘고 보수가 많은 산업의 분주한 소음으로 가득한 두 개의 거대한 건물 대신에 메리맥Merrimack 강의 둑에서 인디언의 외침과 독수리의 울음소리만이 들려오던" 시간을 알려 주는 "아름답고 수려한 나무"라고 말했다.

1835년에 노동시간을 13시간 30분에서 11시간으로 줄이고, 임금을 회사의 전표 대신 현금으로 지급받고, 지각에 물리는 벌금을 폐지하기 위해 20개의 공장이 파업에 돌입했다. 1,500명의 어린이와 부모들이 가담해 6주 동안 파업이 계속됐다. 파업파괴자들〔대체인력〕이 투입되고 일부는 일터로 복귀하기도 했지만, 결국 파업 노동자들은 평일 12시간, 토요일 9시간 노동을 쟁취했다. 그해와 이듬해에 미국 동부에서는 파업이 140회나 일어났다.

1837년의 공황에 이은 경제위기는 1845년 로웰에서 여성노동개혁협회의 결성을 불러왔다. 협회는 10시간 노동을 요구하는 수천 명의 청원서를 매사추세츠 주의회에 제출했다. 결국 주의회는 공청회를 열기로 결정했는데, 이 나라 정부기관에서 처음으로 노동조건에 관해 조사한 역사적인 사건이었다. 일라이자 헤밍웨이Eliza Hemingway는 해뜨기 전과 해진 뒤에 쓰는 기름램프에서 나오는 연기가 공기 속에 짙게 깔려 있다고 위원회에서 증언했다. 주디스 페인Judith Payne은 공장노동으로 얻은 질병에 관해 말했다. 그러나 공장을 방문한 ─ 이 때문에 회사는 대대적인 청소를 했다 ─ 위원회는 이렇게 보고했다. "여러분의 위원회는 공장 내부와 주변의 정돈상태와 단정함, 전반적인 외양이 공장 자체의 계획이나 주의회의 조치를 통해 개선할 필요가 없을 정도로 양호하다는 점에 충분히 만족하고 돌아왔습니다."

여성노동개혁협회는 위원회의 보고를 비난했으며, 투표권이 없기는 했지만 다음 선거에서 위원회 위원장을 낙선시키는 데 성공했다. 그러나 공장의 노동조건에 많은 변화를 가져오지는 못했다. 1840년대 후반, 점점 많은 아일랜드 이민자들이 공장 일자리를 차지하게 되면서 그곳에서 일하던 뉴잉글랜드의 농장 여성들은 공장을 떠나기 시작했다.

로드아일랜드, 코네티컷, 뉴저지, 펜실베이니아의 이민 노동자들은 가족 전원이 1년 동안 일하겠다는 계약에 서명했고, 이들을 활용하려는 공장을 위주로 공장 도시들이 성장했다. 노동자들은 회사 소유의 슬럼가 셋방에서 생활했고, 회사가 운영하는 상점에서만 사용할 수 있는 전표로 임금을 받았으며, 일이 서툰 경우에는 공장에서 쫓겨났다.

뉴저지의 패터슨Paterson에서는 어린이들이 최초로 일련의 공장파업을 시작했다. 회사에서 갑자기 점심시간을 12시에서 1시로 변경하자, 어린이들은 일터를 등지고 나왔고 부모들은 파업을 지지했다. 도시의 다른 노동자들 ― 목수, 벽돌공, 기계공 ― 이 합세해 파업을 10시간 노동을 위한 투쟁으로 전환시켰다. 그러나 일주일 뒤 민병대를 투입하겠다는 위협을 받은 어린이들은 일터로 돌아갔고 주모자들은 해고됐다. 그 직후 골치 아픈 문제가 또 생기지 않도록 회사는 점심시간을 12시로 되돌렸다.

남북전쟁 이전, 미국에서 일어났던 파업 중 가장 대규모의 파업을 시작했던 이들은 보스턴의 동북쪽에 위치한 공장 도시인 매사추세츠 주 린의 제화공들이었다. 린은 장인 제화공 대신 재봉기를 사용한 최초의 도시였다. 1830년대에 조직되기 시작한 린의 공장 노동자들은 후에 투쟁적인 신문인 『송곳』을 발간하기 시작했다. 맑스와 엥겔스의 『공산당선언Communist Manifesto』이 나오기 4년 전인 1844년, 『송곳』에는 이런 글이 실렸다.

> 생산계급과 비생산계급으로의 사회 분리, 그리고 양자 사이에서 발생하는 가치의 불평등한 분배는 즉시 우리에게 또 다른 구별—노동과 자본의 구별—을 보여준다……. 이제 노동은 상품이 됐다……. 이익을 둘러싼 적대와 반감이 공동체에 생겨났으며, 자본과 노동은 서로 대립된다.

1857년의 경제위기로 제화업이 침체하면서 린의 노동자들은 일자리를 잃었다. 제화공을 밀어내는 재봉기에 대한 분노가 이미 존재하고 있었다. 물가가 오르고 임금은 계속 삭감되어 1859년 가을에 이르면 하루 16시간 노동에 남자는 주당 3달러, 여자는 1달러를 받고 있었다.

1860년 초, 새로 결성된 숙련기능공협회Mechanics Association는 대중집회를 개최해 임금인상을 요구했다. 공장주들이 협회 위원회와의 면담을 거절하자, 노동자들은 워싱턴의 생일에 맞춰 파업을 벌이기로 했다. 그날 아침 3,000명의 제화공이 린의 라이시엄 홀Lyceum Hall에 모였는데 그들은 100인 위원회를 구성해 파업불참자 명단을 게시하고, 폭력적 침탈에 맞서 경계하고, 구두를 반출해 다른 곳에서 완성품으로 제조하지 못하도록 했다.

며칠 만에 뉴잉글랜드 전역의 제화공들이 파업에 합세했다—뉴햄프셔와 메인의 소도시는 물론이고, 내틱Natick, 뉴베리포트, 헤이버힐Haverhill, 마블헤드를 비롯한 매사추세츠 소도시들에서도. 일주일도 채 안 돼 25개 소도시에서 숙련기능공협회의 제화공 2만 명이 파업을 벌이면서 뉴잉글랜드의 모든 구두공장 도시에서 파업이 시작됐다. 신문에서는 파업을 가리켜 '북부의 혁명', '뉴잉글랜드 노동자들의 반란', '자본과 노동 간의 투쟁의 개시'라고 했다.

린의 행진

1860년 3월 7일자 신문 삽화로, 공장주들이 점점 더 복잡한 제화 장비를 도입함에 따라 생활조건이 하락하는 데 항의해 파업을 벌이는 매사추세츠 주 린의 여성 제화공의 모습이다.

1,000명의 여성과 5,000명의 남성이 눈보라 속에 미국 국기를 비롯한 깃발을 앞세우고 린의 거리를 행진했다. 여성 구두이음공과 재봉공들 역시 파업에 가담해 독자적인 대중집회를 열었다. 뉴욕 『헤럴드』의 기자가 그들에 관해 보도했다. "그들은 제1차 프랑스혁명에 참가했던 상냥한 여성들을 떠올리는 방식으로 공장 관리자들을 몰아 세웠다." 거대한 숙녀행진Ladies' Procession이 조직되어 여성들이 산처럼 쌓인 눈더미를 헤쳐가며 팻말을 들고 거리를 행진했다. "미국의 숙녀들은 노예가 되지 않을 것이다 …… 육체적 힘은 약하나 정신적 용기는 강건한 우리는 아버지, 남편, 형제들과 어깨를 나란히 하고

감히 정의를 위해 싸우겠다." 행진이 있은 지 열흘 뒤, 세일럼과 마블헤드 등지의 소도시에서 온 대표단을 비롯해 1만 명의 남녀 파업 노동자 대오가 린을 행진했는데 이것은 당시까지 뉴잉글랜드에서 일어났던 노동자 시위 가운데 최대 규모였다.

다른 주에서 제조를 마치기 위한 구두 선적을 파업 노동자들이 방해하지 못하도록 하기 위해 보스턴에서 온 경찰과 민병대가 투입됐다. 파업 행진은 계속됐고 도시 식료품상과 양곡상인들은 파업 노동자들에게 먹을거리를 제공했다. 노동자들의 높은 사기로 3월 내내 파업이 계속됐지만, 4월로 접어들면서 힘을 잃고 있었다. 공장주들은 파업 노동자들을 일터로 복귀시키기 위해 높은 임금을 제시했지만, 노동조합을 인정하지 않았기 때문에 노동자들은 여전히 개별적으로 고용주와 대면해야 했다.

앨런 돌리Alan Dawley는 린의 파업에 관한 연구(『계급과 지역사회Class and Community』)에서 대부분의 제화공들은 본토에서 태어난 미국인이었다고 말했다. 제화공들은 학교와 교회, 신문에서 아무리 좋다고 떠들어대도, 자신들을 가난하게 만드는 사회, 정치질서를 받아들이지 않았다. 돌리의 말을 빌자면, 린에서는 "분명하고 활동적인 아일랜드인 제화 및 피혁 노동자들이 성공의 신화를 단호하게 거부하면서 양키와 결합했다. 아일랜드인 노동자와 양키 노동자들은 연대해 …… 투표장에 갈 때는 노동자 후보를 찾았고 지방 경찰의 파업 방해에 저항했다." 돌리는 이런 격렬한 계급정신이 왜 독자적인 혁명적 정치활동으로 귀결되지 않았는지를 이해하려 노력하면서, 그 주된 이유는 선거정치를 통해 저항자들의 에너지를 체제 내로 빨아들였기 때문이라고 결론짓고 있다.

돌리는 노동자들이 높은 유동성 때문에 혁명적으로 조직되지 못했다고 하는 일부 역사가들의 주장을 논박했다. 그는 린에서도 이직률이 높긴 했지만,

이 때문에 "불만을 조직하는 데 있어서 결정적인 역할을 했던 사실상 변함없는 소수의 존재가 가려졌다"고 말하고 있다. 돌리는 또한 유동성은 사람들이 다른 사람들 역시 비슷한 상황에 처해 있음을 알게 하는 데 도움을 줬다고 지적한다. 정치적 민주주의를 위한 유럽 노동자들의 투쟁은 경제적 평등을 추구하는 와중에도 계급의식을 갖게 해줬다고 돌리는 생각한다. 그러나 미국의 노동자들은 이미 1830년대에 정치적 민주주의를 획득했고, 따라서 경제적 투쟁은 계급구분을 흐리게 만드는 정당들에 의해 접수됐다.

돌리는 "남북전쟁 때문에 1860년대에 한 세대 전체가 옆길로 빠지지 않았다면" 이런 상황조차도 노동자의 전투성과 계급의식의 고양에 제동을 걸지 못했을 것이라고 말하고 있다. 북부연합의 깃발 아래 모여든 북부의 임금노동자들은 고용주들과 동맹자가 됐다. 국가적 문제가 계급문제를 대체했다. "린과 같은 수십 개의 공장지역이 산업화에 대한 저항으로 들끓고 있을 때 국가정치는 전쟁과 복구 문제에 열중하고 있었다." 그리고 정당들은 이런 문제에 관해 각자의 입장을 취하고 선택권을 제공했으며, 자신들이 해결하겠다고 한 문제들에 대한 책임이 정치체제 자체와 그것이 대변하는 부유한 계급에게 있다는 사실을 흐리게 만들었다.

남북전쟁 동안 북부와 남부 모두에서 전쟁의 위기가 요구한 군사적, 정치적 통일이 계급의식을 압도했다. 미사여구라는 어머니의 젖을 떼고 무력에 의해 강요된 통일이었다. 남북전쟁은 자유를 위한 것이라고 선언된 전쟁이었지만, 노동자들이 감히 파업을 벌이면 군대가 공격을 했고, 콜로라도에서는 군대가 인디언을 대량학살했으며, 링컨의 정책을 감히 비판한 사람들은 재판도 받지 않고 투옥됐다 — 정치범이 3만 명에 달했다.

그렇지만 두 방향 — 부자에 대한 빈자의 분노, 지배적인 정치, 경제 세력에 대한 반란 — 에서 그런 통일에 찬성하지 않는 징후가 존재했다.

북부에서는 전쟁으로 식품과 생필품의 가격이 크게 올랐다. 보통 가정에선 오르기 이전 가격으로도 살 수 없었던 우유, 달걀, 치즈의 가격이 60에서 100퍼센트 올랐다. 한 역사가(에머슨 파이트Emerson Fite의 『남북전쟁기 북부의 사회, 산업 상황Social and Industrial Conditions in the North During the Civil War』)는 전쟁 당시의 상황을 이렇게 묘사했다. "고용주들은 가격인상으로 생기는 이윤의 정당한 몫을 임금인상의 형태로 피고용자들에게 나누어주지 않은 채 거의 모든 이윤을 차지하는 데 익숙했다."

전쟁기간 중 전국 각지에서 파업이 있었다. 1863년 스프링필드 『리퍼블리컨Republican』은 "거의 모든 직종의 노동자들이 지난 몇 달 동안 파업을 일으켰다"고 보도했으며, 샌프란시스코 『이브닝 불리틴Evening Bulletin』은 "임금인상을 위한 파업이 이제 샌프란시스코 노동자들 사이에서 크게 유행하고 있다"고 지적했다. 이런 파업의 결과로 노동조합이 형성되고 있었다. 1863년 필라델피아의 제화공들은 높은 물가 때문에 조직이 반드시 필요하다고 선언했다.

1863년 11월 21일자 『핀처의 직종평론Fincher's Trade's Review』의 표제인 「뉴욕의 혁명The Revolution In New York」은 약간 과장된 것이었지만, 기사에 실린 노동자 행동의 목록은 전쟁기간 동안 감추어졌던 가난한 사람들의 분노를 생생하게 보여주는 인상적인 증거였다.

뉴욕 시 노동자 대중의 격동은 시를 비롯한 인근의 자본가들을 깜짝 놀라게 만들었다…….

기계공들이 대담하게 저항하고 있다……. 본지 다른 난에 기계공들의 호소문을 싣는다.

시티철도City Railroad의 피고용인들이 임금인상을 위해 파업에 나서 며칠 동안 모든 사람이 '빨빨거리며 걸어 다녀야' 했다…….

브루클린의 도장공들은 임금을 낮추려는 업주들의 시도를 좌절시키는 조치를 취했다.

목수들은 '곤란한 처지에서 무사히 벗어났고' 그들의 요구는 대체로 받아들여졌다고 한다.

금고제작공들은 임금인상을 쟁취해 이제 일터로 돌아갔다.

석판인쇄공들은 자신들의 노동에 대한 더 나은 보수를 받기 위해 힘쓰고 있다.

도금 노동자들은 지금까지도 계약자들에 맞서 저항하고 있다.

차양도장공들은 25퍼센트의 임금인상을 쟁취했다.

편자공들은 화폐와 교역의 변동이라는 악조건에 대비하고 있다.

창틀 및 차양제작공들은 조직을 결성해 고용주에게 25퍼센트의 추가지급을 요구하고 있다.

설탕포장공들은 자신들의 가격표를 고치고 있다.

유리절단공들은 현 임금에서 15퍼센트 인상을 요구한다.

우리가 열거한 사례들이 완벽하지는 않더라도, 노동자들이 서로에 대해 진실하기만 하다면 지금 이 땅에서 일어나는 사회혁명은 틀림없이 성공할 것이다.

800명에 달하는 역마차꾼들도 파업 중이다…….

보스턴의 노동자들도 전혀 뒤처지지 않는다……. 찰스타운 해군 조선소의 파업 외에도…….

삭구素具장비공들은 파업 중이다…….

이 글을 쓰는 지금, 보스턴 『포스트Post』의 보도에 따르면, 사우스보스턴South Boston을 비롯한 보스턴 지역의 제철소들에서도 노동자들이 총파업을 구상한다는 소문이 들리고 있다.

전쟁을 거치면서 많은 여성들이 상점과 공장으로 진출했는데, 종종 이들이 임금을 떨어뜨린다고 본 남성들의 반대에 부딪치기도 했다. 뉴욕 시에서는 소녀들이 아침 6시부터 자정까지 우산을 꿰맸는데, 고용주들은 주당 3달러의 임금에서 바늘과 실 값을 공제했다. 면 셔츠를 만드는 소녀들은 하루 12시간 노동에 24센트를 받았다. 1863년 말, 뉴욕의 여성 노동자들은 자신들이 처한 문제의 해결책을 찾기 위해 대중집회를 개최했다. 여성노동자보호조합Working Women's Protective Union이 결성되어 뉴욕과 브루클린의 여성 우산 제조공들이 파업을 일으켰다. 로드아일랜드의 프로비던스에서는 여성담배공노동조합Ladies Cigar Makers Union이 조직됐다.

1864년에 이르면 모두 약 20만 명의 남녀 노동자가 노동조합으로 조직됐으며, 일부 직종에서는 전국노동조합을 결성하고 노동자 신문을 발간하기도 했다.

북부연방군이 파업을 분쇄하는 데 이용됐다. 뉴욕 주 콜드스프링즈Cold Springs에서는 임금인상을 요구하는 소총제작소 노동자들의 파업을 종식시키기 위해 연방군이 파견됐다. 세인트루이스의 파업 재봉공과 재단공들은 군대에 밀려 일터로 복귀할 수밖에 없었다. 테네시에서는 연방군의 한 장군이 200명의 파업 재봉공들을 체포해 주 밖으로 몰아냈다. 레딩 철도회사Reading Railroad의 기관사들이 파업을 일으키자, 펜실베이니아의 타이오가Tioga 군郡에서 광부들이 파업을 벌였을 때와 마찬가지로, 군대가 파업을 분쇄했다.

북부의 백인 노동자들은 흑인 노예나 자본가, 아니면 자신들을 제외한 어떤 다른 사람들을 위해 싸우는 것이라고 생각한 전쟁에 열광적인 지지를 보내지 않았다. 백인 노동자들은 노예와 별반 다르지 않은 처지에서 일했다. 그들은 계약자들이 불량 총기를 군대에 팔고, 모래를 설탕으로, 호밀을 커피로 팔며, 공장의 쓰레기가 옷과 담요로 뒤바뀌고, 전선의 병사들에게 종이로 밑창을 댄 신발을 공급하고, 썩은 목재로 해군의 선박을 건조하며, 군인들의 제복이 비를 맞자 누더기가 되는 것을 보았다.

최근 이주해 온 사람들로서 가난하며 토착 미국인들의 경멸을 받고 있던 뉴욕의 아일랜드인 노동자들은 부두 노동자, 이발사, 웨이터, 하인 등의 일자리를 놓고 경쟁하는 흑인들에 대해서 거의 동정심을 가질 수 없었다. 이런 일자리에서 밀려난 흑인들은 흔히 파업을 파괴하는 데 이용됐다. 그때 전쟁과 징병, 죽음의 위험이 찾아왔다. 그리고 1863년의 징병법Conscription Act은 부자들이 군복무를 피할 수 있도록 규정했다. 300달러를 내거나 돈을 주고 대리인을 살 수 있었던 것이다. 1863년 여름, 「징집병들의 노래Song of the Conscripts」가 뉴욕과 다른 도시에서 수천 명의 입을 통해 전해졌다. 한 단락만 보면,

에이브러햄 아버지, 30만이 넘는 우리가 가고 있다
찢어지는 가슴과 쓰라림을 안고 단란한 집을 떠난다
가난하다는 죄 때문에 그대의 포고령에 굴복해야 하다니.
빈민인 우리에게는 자유를 살 수 있는 재산이 하나도 없으니.

1863년 7월에 징병이 시작되자 뉴욕의 폭도들은 주요 징병소를 엉망으로 때려 부쉈다. 그 뒤 3일 동안 여러 무리의 백인 노동자들이 도시를 행진하며 건물, 공장, 전차로, 가정집 등을 파괴했다. 징병 폭동은 흑인, 부자, 공화당에 대한 반대가 뒤엉킨 복합적인 것이었다. 폭도들은 징병본부의 파괴에서 더 나아가 부자들의 저택을 공격하고 흑인들을 살해했다. 폭도들이 시가지를 행진하며 공장문을 닫게 만들면서 그 수는 더욱 늘어났다. 뉴욕 시 흑인고아 수용소가 폭도들이 지른 불에 탔다. 폭도들은 총을 쏘고 불을 질렀으며 거리에서 보이는 흑인들을 목매달았다. 많은 사람들이 강에 던져져 익사했다.
4일째 되던 날 게티스버그 전투에서 돌아온 북부연방군이 뉴욕으로 들어

와 폭동을 진압했다. 400명 정도가 목숨을 잃었다. 정확한 기록은 남아 있지 않지만, 사망자의 수는 미국 역사상 있었던 어떤 국내 폭력사태보다도 많았다.

조엘 타일러 헤들리Joel Tyler Headley(『뉴욕의 대폭동The Great Riots of New York』)는 당시 벌어진 사태를 하루하루 자세히 기술한 바 있다.

> 둘째 날 …… 끊임없이 울리는 화재경보와 함께 매시간 공포가 더욱 확산됐다. 흑인 주민들의 경우에는 특히 그러했다……. 한때 27번 가와 7번 대로가 만나는 모퉁이에 한 흑인의 주검이 거의 벌거벗겨진 채로 놓여 있었는데, 그 주위에는 아일랜드인들이 모여 난폭한 인디언들처럼 춤을 추거나 소리를 지르고 있었다……. 흑인이 운영하는 이발소가 다음 공격대상이 되어 횃불이 던져졌다. 같은 거리에 있는 흑인 하숙집도 이런 격렬한 폭동의 대상이 되어 곧 폐허가 됐다. 70세가량의 노인과 나이가 어려 아무것도 알지 못하는 어린아이들까지 잔인하게 두들겨 맞아 목숨을 잃었다…….

뉴어크, 트로이Troy, 보스턴, 톨리도Toledo, 에번스빌Evansville 등 다른 북부 도시에서도 ─ 그리 오래 지속되거나 유혈적이지는 않았지만 ─ 징병 반대 폭동이 있었다. 보스턴에서는 병기고를 공격하던 아일랜드인 노동자들이 군인들의 총에 맞아 죽었다.

외견상 남부연합의 통일하에 있던 남부에서도 갈등은 존재했다. 대부분 ─ 약 3분의 2 ─ 의 백인들은 노예를 소유하지 않았다. 2,000에서 3,000개 가문이 대농장 엘리트를 이루고 있었다. 1850년의 연방 인구조사에 따르면, 남부에서는 상위 약 1,000여 가구가 연간 약 5,000만 달러의 수입을 올렸던 반면, 약 66만에 이르는 다른 모든 가구는 약 6,000만 달러를 벌었다.

수백만의 남부 백인들은 가난한 농민들로서 오두막집이나 버려진 외양간에서 살면서 대농장 소유주들이 버린 황무지를 경작했다. 남북전쟁이 일어나기 직전에 미시시피 주 잭슨Jackson에서는 면화공장에서 일하는 노예들이 하루에 20센트를 받았고, 백인 노동자는 30센트를 받았다. 1855년 8월 노스캐롤라이나의 한 신문은 "수십만의 노동계급 가족들이 해마다 반半기아상태에서 살아가고 있다"고 보도했다.

반란의 진격소리와 남부연합 군대의 전설적인 사기의 이면에는 전쟁에 대한 상당한 반감이 있었다. 남부에 대해 동정적인 역사가 E. 머튼 콜터E. Merton Coulter는 의문을 제기했다. "왜 남부연합이 패배했는가? 패배를 초래한 요인은 많지만 단 한 가지로 요약할 수 있을 것이다. 즉 남부 사람들의 승리하려는 의지는 충분히 굳세지도 못했고 충분히 오래 가지도 못했다." 돈이나 군인들이 아니라 의지력과 사기가 결정적인 요인이었다.

남부연합의 징병법 역시 부자들은 복무를 회피할 수 있도록 되어 있었다. 남부연합의 병사들은 자신들이 결코 속할 수 없는 엘리트층의 특권을 위해 싸우고 있다고 의문을 품기 시작했을까? 1863년 4월, 리치먼드에서 빵 폭동이 있었다. 그해 여름 남부 여러 도시에서 징병 폭동이 발생했다. 9월에는 앨라배마 주 모빌Mobile에서 빵 폭동이 터졌다. 조지아 리 테이텀Georgia Lee Tatum은 『남부연합에서의 불충Disloyalty in the Confederacy』에서 이렇게 쓰고 있다. "전쟁이 끝나기 전 모든 주는 불만으로 가득 차 있었으며, 충성스럽지 않은 많은 사람들이 무리를 이루었다 ― 어떤 주에서는 잘 조직된 활동적인 협회를 구성했다."

남북전쟁은 현대전의 양상을 보인 세계 최초의 사례로서, 치명적인 포탄, 개틀링 기관총, 총검이 등장하는 기계화된 전쟁의 무차별 살상에 육박전이 결합된 것이었다. 스티븐 크레인의 『붉은 무공훈장The Red Badge of Courage』과 같은 소설이 아니고서는 악몽과 같은 그 광경을 적절하게 묘사할 수 없다.

버지니아 주 피터스버그Petersburg 앞에서 있었던 한 번의 돌격에서 30분 만에 850명의 메인 주 연대가 632명을 잃었다. 인구 3,000만 명인 나라에서 양쪽 합쳐서 62만 3,000명이 죽고 47만 1,000명이 부상을 입어 모두 100만 이상의 사상자가 나왔으니 이것은 엄청난 살육이었다.

전쟁이 계속되면서 남부 병사들 사이에서 탈주병이 늘어났음은 놀라운 일이 아니다. 북부연방군의 경우 전쟁이 끝날 때까지 20만 명이 탈영했다.

그러나 1861년에만 60만 명이 남부연합 군대에 자원했고 북부연방의 경우도 많은 수가 지원병이었다. 정치지도자들이 만들어 낸 애국심, 모험에의 유혹, 도덕적 십자군의 광채 등의 심리가 효과를 발휘해 부자와 권력자들에 대한 계급적 분노를 흐리게 했고 분노의 많은 부분을 '적군'에게 향하게 만들었다. 에드먼드 윌슨Edmund Wilson이 『애국의 선혈Patriotic Gore』(제2차 세계대전 뒤에 쓰였다)에서 지적한 것처럼,

> 우리는 최근의 전쟁에서, 서로 나뉘어 논쟁하는 여론이 어떻게 해 하룻밤 사이에 거의 전 국민적인 합의로 바뀌게 되는지를, 젊은이들을 파멸로 몰아넣고 이에 저항하려는 모든 시도를 압도하는 순종적인 에너지의 범람으로 바뀌게 되는지를 지켜봤다. 전쟁에 직면한 사람들의 합의란 지도부가 없이는 적의 그림자가 보이기만 해도 일제히 흩어지는 물고기나, 한 번의 충동으로 무리를 지어 곡식을 먹어 치우기 위해 하늘을 시커멓게 뒤덮는 메뚜기들의 비행과도 같다.

전쟁의 소란이 귀를 멍멍하게 만드는 가운데, 의회는 대사업가들이 원하는 것이자 농업 중심의 남부가 연방에서 탈퇴하기 전에 가로막았던 일련의 법안들을 법률로 통과시켰으며 링컨은 여기에 서명했다. 1860년 공화당의 강령은 사업가들에 대한 명백한 호소였다. 1861년에는 의회에서 모릴관세법

Morrill Tariff이 통과됐다. 모릴관세는 외국 상품을 비싸게 만들어 미국 제조업자들이 제품 가격을 올릴 수 있게 함으로써 미국 소비자들의 주머니를 터는 것이었다.

이듬해에는 자영농지법이 통과됐다. 이 법은 주인이 없는 서부의 공유지를 경작할 사람 누구나에게 160에이커씩 5년 동안 제공한다는 내용이었다. 1에이커 당 1.25달러를 지불하면 토지를 사들일 수도 있었다. 보통사람들은 땅을 사들이는 데 필요한 200달러를 가진 경우가 거의 없었다. 투기업자들이 몰려와 토지의 대부분을 매입했다. 불하된 토지는 모두 5,000만 에이커에 달했다. 그러나 남북전쟁을 거치면서 1억 에이커 이상이 의회와 대통령에 의해 여러 철도회사에 무상으로 제공됐다. 의회는 또한 국립은행을 설립해 정부가 은행가들과 협력관계를 형성하고 그 이윤을 보장해 주도록 했다.

파업이 확산됨에 따라 고용주들은 의회에 압력을 가해 도움을 청했다. 1864년의 계약노동법은 외국인 노동자들이 12개월분의 임금을 이민에 드는 비용으로 지불하기로 서약을 하면 기업이 그들과 계약을 체결할 수 있도록 했다. 이렇게 함으로써 남북전쟁 기간 동안 고용주들은 저렴한 노동력뿐만 아니라 파업을 방해할 수 있는 세력까지도 얻게 됐다.

부자들을 위해 연방의회에서 통과된 연방법보다 더 중요했던 것은 지주와 상인들을 위해 일상적으로 작동된 지방 및 주의 법률이었다. 거스테이버스 마이어즈Gustavus Myers는 『미국의 거대한 부의 역사History of the Great American Fortunes』에서 대부분 뉴욕 세입자들의 집세를 통해 축적된 애스터Astor 가의 재산 증식에 관해 논하면서 이것을 언급하고 있다.

한 조각의 햇빛도 들어오지 않아 병균의 번식처가 되어 버린 지저분하고 세균이 득실거리는 셋방에서 가난 때문에 사람들이 곪아터지고 있다면 그것은 살인이 아닌가? 알려지지 않은 수천 명이 이처럼 이루 말로 다할 수 없는 곳에서 죽어갔다. 그러나 순전히 법률적 견지에서만 보자면, 애스터를 비롯한 집주인들의 집세 징수는 정직하게 이루어졌다. 의미심장하게도 법률제도 전체는 이런 상황을 극복할 수 있는 방법을 전혀 알지 못했으니, 거듭 말하건대, 법률은 진보적인 인류애의 윤리나 이상을 표상하지 않았기 때문이다. 정확히 말하면 법은 연못에 하늘이 비치듯이 증대하고 있는 유산계급의 요구와 이기심을 반영했다.

남북전쟁에 이르는 30년 동안 법원들은 점차 자본주의적 국가 발전에 적합하도록 법률을 해석하기 시작했다. 이에 관해 연구한 모튼 호위츠Morton Horwitz(『미국법의 변형The Transformation of American Law』)는 상업의 발전을 가로막은 영국의 관습법은 이제 더 이상 신성한 법이 아니라고 지적하고 있다. 공장주들은 자신들의 사업을 수행하기 위해 다른 사람들의 재산을 파괴할 수 있는 법적 권리를 부여받았다. 농민들의 토지를 빼앗아 운하회사와 철도회사에 보조금으로 제공하는 데 '토지수용'법이 이용됐다. 사업가에게 제기된 손해배상에 대한 판결은 예측하기 힘든 배심원들의 손을 거치지 않고 판사가 직접 결정했다. 중재를 통한 개인적인 분쟁 해결이 법원에서의 해결이라는 방식으로 대체됨에 따라 변호사에 대한 의존도가 더욱 커졌고 법률종사직의 중요성이 커졌다. 상품의 공정가격이라는 오랜 사고방식이 법정에서 구매자의 위험부담이라는 사고방식으로 대체된 결과, 이제 소비자들은 상인들의 처분에 내맡겨지게 됐다.

호위츠가 제시하는 19세기 초반의 한 사례를 보면 계약법이 기업에 대해 노동대중을 차별하기 위해 고안된 것임을 알 수 있다. 즉 법원은 노동자가 1년간 계약을 하고 1년이 지나기 전에 일을 그만둔다면 지금까지 일한 것까지 포함한 일체의 임금을 받을 자격이 없다고 판결했다. 하지만 동시에 법원은 건축업자가 계약을 파기한다면 그 시점까지 한 일에 대해 대가를 받을 자격이 있다고 판결했다.

법의 외관을 보면 노동자와 철도회사가 대등한 교섭력을 가지고 계약을 하는 것처럼 되어 있었다. 따라서 매사추세츠의 한 판사는 작업 과정에서 다친 노동자는 계약에 서명을 함으로써 일정한 위험을 감수한다는 데 동의한 것이므로 보상을 받을 자격이 없다고 판결했다. "하나의 순환이 완결됐다. 법은 이제 시장체제가 만들어 낸 불평등의 형태를 단순히 비준하기에 이른 것이다."

법이 —다음 세기에 그러하듯이— 노동대중을 보호한다는 겉치레조차 하지 않던 때였다. 건강과 안전에 관한 법률은 있지도 않았거나 있어도 시행되지 않았다. 1860년 어느 겨울날, 매사추세츠 주 로렌스에서 대부분이 여성인 900명의 노동자가 일을 하고 있던 펨버튼 공장 Pemberton Mill이 무너졌다. 88명이 목숨을 잃었고 공장 구조가 내부의 무거운 기계를 지탱하기에 부적합하다는 증거가 있었으며 건축기사 역시 이런 사실을 잘 알고 있었음에도 배심원들은 '범죄의 의도를 보여주는 증거가 전무하다'는 결론을 내렸다.

호위츠는 남북전쟁 당시 법원에서 있었던 일들을 이렇게 요약하고 있다.

> 19세기 중엽에 이르면, 이미 사법제도는 농민, 노동자, 소비자 등을 비롯한 사회 내의 힘없는 집단의 희생 위에서 대상인과 기업가들에게 유리하게 새로이 고쳐졌으며…… 사회의 가장 취약한 집단에게 불리한 부의 법적인 재분배를 적극적으로 촉진했다.

근대 이전의 시대에는 부의 잘못된 분배가 단순히 힘에 의해 이루어졌다.

근대에 이르자 착취는 가면을 썼다—중립성과 공정성이라는 외양을 갖춘 법에 의해 이루어지는 것이다. 남북전쟁 시기에 이르러 미국의 근대화는 순조롭게 진행됐다.

전쟁이 끝나자 국가통일의 긴급성은 느슨해졌고, 보통사람들은 일상생활과 생존문제로 돌아설 수 있었다. 해산된 군인들은 이제 일자리를 찾아 거리를 배회했다. 1865년 6월 『핀처의 직종평론』은 "예상했던 대로 일자리를 찾지 못한 제대군인들이 이미 거리를 가득 메우고 있다"고 보도했다.

군인들이 돌아온 도시들은 발진티푸스, 결핵, 기근, 화재로 가득한 죽음의 덫이었다. 뉴욕에서는 10만 명이 슬럼가의 지하실에서 생활했고, 1만 2,000명의 여성이 굶주림을 면하기 위해 사창가에서 몸을 팔았으며, 길거리에 60센티미터 높이로 쌓인 쓰레기더미에는 쥐가 득실거렸다. 필라델피아에서는, 부자들은 슈킬 강에서 깨끗한 물을 끌어 쓰는 반면, 다른 사람들은 모두 매일 1,300만 갤런의 하수가 쏟아져 들어가는 델라웨어 강의 물을 먹었다. 1871년의 시카고 대화재Great Chicago Fire 당시, 빈민가 공동주택이 차례차례 순식간에 허물어지는 소리에 사람들은 지진이 난 줄로만 알았다고 말했다.

전쟁이 끝난 뒤, 최초의 전국적 노동조합 연합체인 전국노동조합National Labor Union이 결성된 데 힘입어 노동자들 사이에서 8시간 노동을 위한 운동이 시작됐다. 뉴욕에서는 10만의 노동자들이 3개월에 걸친 파업으로 8시간 노동을 쟁취하고 1872년 6월의 승리기념식에서 15만의 노동자가 도심을 가로질러 행진을 벌였다. 『뉴욕타임스』는 파업 노동자 가운데 어느 정도가 '순수한 미국인'인지 의문을 제기했다.

전쟁기간 중 공장으로 진출한 여성들도 노동조합을 조직했다. 담배공, 재단사, 우산 재봉공, 모자 제조공, 인쇄공 등의 노조가 속속 결성됐다. 여성 노동자들은 성聖 크리스피누스의 딸들17)이라는 단체를 결성했으며, 전국인쇄공노동조합National Typographers' Union과 담배공노동조합Cigarmakers Union에서 최초로 여성들을 조합원으로 받아들이게 만드는 데 성공했다. 뉴욕의 거시 루이스Gussie Lewis라는 여성은 인쇄공노조의 교신간사가 됐다. 그러나 담배공노조와 인쇄공노조는 30여 개에 달하는 전국노조 가운데 두 개일 뿐이었고, 여성에 대한 일반적인 입장은 받아들이지 않는 쪽이었다.

1869년 (당대의 설명에 따르면) "한쪽에는 세탁통을, 다른 한쪽에는 평균 온도가 100도가 넘는 아궁이와 다림질판을 놓고서 일을 하면서 주당 2달러에서 3달러를 받는" 뉴욕 주 트로이의 칼라세탁여공들이 파업을 일으켰다. 지도자 케이트 멀레이니Kate Mullaney는 전국노동조합의 부위원장이었다. 그들을 지지하는 집회에 7,000명이 모였고 칼라세탁여공들은 칼라 및 소매 제조공장과 협력해 일거리를 받고 파업을 계속했다. 그러나 시간이 흐르자 외부의 지원은 점차 줄어들었다. 고용주들은 세탁부가 덜 필요한 종이 칼라를 제조하기 시작했다. 파업은 실패로 돌아갔다.

공장노동이 불러온 위험은 조직화를 위한 노력을 더욱 강화시켰다. 작업은 흔히 24시간 동안 계속됐다. 로드아일랜드 주 프로비던스의 한 공장에서 1866년 어느 날 밤에 화재가 발생했다. 대부분 여성인 600명의 노동자는 크게 당황했고 많은 사람이 높은 창문에서 뛰어내리다 목숨을 잃었다.

매사추세츠 주 폴리버Fall River에서는 여성 직조공들이 남성 직조공들로부터 독립적인 노동조합을 결성했다. 여성 직조공들은 남자들이 수락한 10퍼센트의 임금삭감을 거부하면서 3개 공장에서 파업을 일으켜 남성들의 지지를 얻었으며, 3,200명의 노동자가 파업에 참여해 3,500대의 직기와 15만 6,000개의

---

17) Daughters of St. Crispin: 성 크리스피누스는 3세기 로마의 그리스도교 순교자로 제화공의 수호성인이다.

방추를 정지시켰다. 그러나 아이들에겐 먹을 것이 필요했다. 노동자들은 노동조합에 가입하지 않겠다는 '철갑선서iron-clad oath(훗날 '누렁이계약yellow-dog contract'이라 불려졌다)'를 하고 일터로 복귀해야만 했다.

당시 흑인 노동자들은 전국노동조합이 자신들을 조직하기를 꺼린다는 사실을 알게 됐다. 그래서 그들은 독자적인 노동조합을 결성하고 그들 스스로 파업을 벌였다 — 1867년에 앨라배마 주 모빌의 부두 노동자들과 찰스턴의 흑인 항만 노동자들, 서배나의 선창 노동자들이 그러했다. 이것이 전국노동조합에 자극을 줬는지 1869년 총회에서 전국노동조합은 "노동자의 권리라는 문제에 있어 피부색이나 성별"을 따지지 않는다고 선언하면서 여성과 흑인을 조직하기로 결정했다. 한 언론인은 이 총회에서 인종적 통합이라는 놀랄 만한 징후가 나타났다고 지적했다.

> 미시시피 토박이이자 전前 남부연합 관리였던 사람이 총회 인사말에서 자기보다 앞서 발언한 흑인 대표를 '조지아에서 오신 신사 분'이라 칭할 때 …… (뉴욕에서 온) 한 열성적인 민주당원이 풍부한 아일랜드 사투리로 자기는 한 사람의 숙련기능공으로서 또는 시민의 한 사람으로서 어떤 특권도 요구하지 않으며, 백인이든 흑인이든 다른 모든 사람에게 기꺼이 양보할 것이라고 선언할 때 …… 참으로 시간의 흐름이 묘한 변화를 가져온다고 자신 있게 주장할 수 있다.

그러나 대부분의 노동조합은 여전히 흑인을 배제하거나 흑인만의 지부를 결성하라고 요구했다.

전국노동조합은 점점 더 자신의 에너지를 정치문제, 특히 통화개혁, 즉 지폐인 그린백[18] 발행 요구로 확대해 나가기 시작했다. 노동자 투쟁의 조직가 역할보다는 투표에 관심을 기울여 의회 로비스트 역할을 더 맡게 됨에 따라 전국노동조합은 생명력을 잃었다. 노동현장을 관찰한 F. A. 소지F. A. Sorge는 1870년 영국에 있는 칼 맑스에게 편지를 보냈다. "전국노동조합은 출범 당시에는 빛나는 전망을 가졌지만 그린백주의Greenbackism에 중독된 나머지 이제 서서히 그러나 분명하게 죽어가고 있습니다."

노동조합들은 개혁입법이 처음으로 통과되던 시대에 법적 개혁이 갖는 한계를 쉽게 파악할 수 없었기 때문에 큰 희망을 가졌을 것이다. 1869년 펜실베이니아 주의회는 "광산에 대한 규제와 환풍장치의 설치 및 광부들의 생명에 대한 보호책"을 규정한 광산안전법을 통과시켰다. 그 뒤 광산에서 100여 년 동안 끊임없이 사고가 일어난 뒤에야 그런 말들이 ―광부들의 분노를 가라앉히기 위한 수단 말고는― 얼마나 불충분한 것인지 밝혀지게 됐다.

1873년에 또 한 번의 경제위기가 국가를 황폐화시켰다. 공황의 물결을 일으킨 것은 ―전쟁 기간 동안 정부채권의 판매로만 연간 300만 달러의 수수료를 벌어들인 은행가인― 제이 쿡Jay Cooke의 은행이 문을 닫은 사건이었다. 1873년 9월 18일, 그랜트 대통령이 필라델피아에 있는 쿡의 대저택에서 잠을 자는 동안, 그 은행가는 은행문을 닫기 위해 시내로 나왔다. 이제 사람들은 저당을 잡히고 대부받은 돈을 갚을 수 없었다. 5,000개의 사업체가 문을 닫았고 노동자들은 거리로 나앉았다.

제이 쿡만이 아니었다. 경제위기는 그 본성상 무질서한 체제이자 부자들만이 안전한 체제 아래 등장한 것이었다. 애스터, 밴더빌트Vanderbilt, 록펠러, 모건 가 등의 재산이 전쟁과 평화, 위기와 회복기 등을 거치면서 끊임없이

---

18) Greenback: 남북전쟁 당시 북부연방 정부의 재정을 충당하기 위해 발행된 정부 지폐로 뒷면이 녹색이었기 때문에 그린백이라는 명칭이 붙었다.

증대됐던 것과는 달리, 소상인을 싹 쓸어버리고 노동자들에게 추위와 굶주림, 죽음을 가져다준 것은 다름 아닌 주기적인 위기 — 1837년, 1857년, 1873년(후에는 1893년, 1907년, 1919년, 1929년) — 의 체제였다. 1873년 위기 동안에 카네기Andrew Carnegie는 철강 시장을 장악했고 록펠러는 석유업계에서 경쟁자들을 전멸시켰다.

1873년 11월 뉴욕『헤럴드』의 머리기사는 「브루클린의 노동자 대공황Labor Depression In Brooklyn」이었다. 기사는 펠트스커트 공장, 액자 공장, 유리절단 공장, 강철제품 공장 등의 폐업과 정리해고를 열거했다.

공황은 1870년대 내내 계속됐다. 1874년 첫 석 달 동안 거의 절반이 여성이었던 9만 명의 노동자가 뉴욕의 경찰서에서 잠을 자야 했다. 그들은 한 경찰서에서 한 달에 하루나 이틀밖에 잘 수 없었기 때문에 계속 옮겨 다녀야 했고, 그래서 '뱅뱅이들revolvers'이라는 이름을 얻었다. 전국 곳곳에서 사람들이 자기 집에서 쫓겨났다. 많은 사람들이 먹을 것을 찾아 도시를 어슬렁거렸다.

절망에 빠진 노동자들은 유럽이나 남미로 가려고 애썼다. 1878년 막노동자들을 가득 싣고 미국을 떠나 남미로 향하던 SS메트로폴리스SS Metropolis 호가 승객을 태운 채 침몰했다. 뉴욕『트리뷴』의 보도를 들어보자. "배가 가라앉았다는 소식이 필라델피아로 날아온 지 한 시간 만에 콜린즈 사Messrs. Collins의 사무실은 익사한 막노동자들의 소재를 묻는 굶주림에 지친 말쑥한 사람들로 둘러싸였다."

실업자들의 대중집회와 시위가 전국 각지에서 벌어졌다. 여러 곳에서 실업자협의회가 세워졌다. 1873년 후반에 노동조합들과 제1인터내셔널(1864년 유럽에서 맑스를 비롯한 사람들이 창설했다) 미국 지부가 조직한 집회가 뉴욕의 쿠퍼 대학Cooper Institute에서 열리자 엄청난 군중이 참석해 온 시가지를 들끓게 했다. 집회에 모인 사람들은 법안이 법률로 제정되기 전에 대중의 투표를 거쳐야 하며 어떤 개인도 3만 달러 이상을 소유해서는 안 된다고 요구했으며 8시간 노동을 요구했다. 또한,

> 반면에, 우리는 모든 세금을 납부하고 정부에 지지를 보내고 충성을 다하는 근면하고 법을 준수하는 시민으로서,
> 이 어려운 시대에 우리 자신과 가족들에게 적절한 음식과 잠자리를 마련할 것이며 일자리를 얻을 때까지 우리의 각종 청구서를 시 재무부에 보내 변제하도록 할 것임을 결의하는 바이다.

시카고에서는 2만 명의 실업자가 "굶주리는 자에게 빵을, 벌거벗은 자에게 옷을, 집 없는 자에게 주택을" 요구하면서 시청까지 거리를 행진했다. 이런 행동의 결과 1만여 가구가 약간의 구제를 받을 수 있게 됐다.

1874년 1월, 뉴욕 시에서는 시청에 접근하려던 노동자들의 거대한 행렬이 경찰에 의해 가로막히자 노동자들은 탐킨즈 광장으로 향했지만 그곳에서도 경찰로부터 집회를 허가할 수 없다는 말을 들었다. 대열이 그 자리에 그대로 있자 경찰이 공격했다. 한 신문은 이렇게 보도했다.

> 경찰 곤봉이 허공을 갈랐다. 여자와 어린아이들은 소리를 지르며 사방으로 흩어졌다. 그 중 많은 사람들이 문을 찾아 몰리는 바람에 서로 발에 짓밟혔다. 길거리에 있던 구경꾼들도 말을 탄 경관들에게 짓밟히고 무자비한 곤봉세례를 받았다.

매사추세츠 주 폴리버의 방직공장들에서 파업을 결의했다. 펜실베이니아의 무연탄지대에서도 '장기 파업'이 진행되고 있었는데, '아일랜드 옛질서단

Ancient Order of Hibernians'이라는 〔공제〕협회의 아일랜드인 회원들이, 대부분 광부들 사이에 끼여 있던 밀정들의 증언에 의해 폭력행위로 기소됐다. 이들이 바로 '몰리 매과이어단'19)이었다. 그들은 재판에서 유죄판결을 받았다. 필립 포너는 증거자료를 살펴본 뒤 그들이 노동조직가였다는 이유 때문에 무고하게 죄를 뒤집어쓴 것이라고 믿게 됐다. 포너는 동조적인『아이리시 월드Irish World』에서 그들을 가리켜 "비인간적인 임금삭감에 대해 광부들이 저항할 수 있도록 힘을 준, 지도력을 발휘한 지적인 사람들"이라고 부른 부분을 인용하고 있다. 또 포너는 탄광 소유주들이 발행하는『광부저널Miner's Journal』에서 처형된 사람들을 지칭한 내용을 지적한다. "그들이 무엇을 했는가? 그들은 노동력의 가격이 만족스럽지 않을 때마다 파업을 조직하고 선포했다."

앤서니 빔바Anthony Bimba(『몰리 매과이어단The Molly Maguires』)에 따르면, 모두 합쳐 19명이 처형됐다. 노동자 조직들이 산발적인 항의를 하긴 했지만 사형 집행을 막을 수 있는 대중운동은 없었다.

당시는 고용주들이 파업을 파괴하기 위해 ─일자리를 찾으려고 혈안이 된데다가 파업 노동자들과는 언어와 문화가 다른─ 새로 도착한 이민자들을 끌어들이던 때였다. 1874년에 피츠버그 인근의 역청탄지대에서는 파업 중인 광부들을 대체하기 위해 이탈리아인들이 수입됐다. 이 일로 3명의 이탈리아인들이 살해됐는데, 재판에서 지역 배심원단이 파업 노동자들에게 무죄를 선언함으로써 이탈리아인과 다른 조직 노동자들 간에 적의에 찬 감정이 생겨났다.

독립을 선언한 지 100년째 되는 1876년에는 수많은 새로운 선언이 발표됐

---

19) Molly Maguires: 18세기 후반부터 대기근이 시작될 때까지 아일랜드 농촌지역에서 결성된 소작농들의 비밀결사 가운데 하나로 강제 퇴거, 토지 합병, 지대 인상 등에 항의해 지대징수인이나 부동산중개인 등을 습격했다.

다(필립 포너의 『우리 또 다른 인민들We the Other People』에 잘 정리되어 있다). 백인과 흑인들은 각기 환멸감을 나타냈다. 「흑인 독립선언Negro Declaration of Independence」은 한때 완전한 자유를 얻기 위해 흑인들이 의존했던 공화당을 비난하면서 유색인 유권자들의 독자적인 정치적 행동을 제안했다. 그리고 시카고에서 독일계 사회주의자들이 개최한 독립기념식에서 일리노이 노동자당Workingmen's party of Illinois은 자신들의 「독립선언」을 통해 이렇게 천명했다.

> 현재의 체제는 자본가들로 하여금 자신들의 이익을 위해 노동자들을 해치고 억압하는 법률을 만들 수 있게 했다.
> 현 체제는 유산자들에게 부당한 대표권과 입법부에 대한 통제권을 부여함으로써, 우리 선조들이 쟁취하기 위해 싸우다 죽어간 민주주의라는 이름을 가짜와 환영으로 만들었다.
> 현 체제는 자본가들에게 …… 운송수단을 독점함으로써 생산자와 소비자 모두를 사취할 수 있게 된 이기적인 철도회사들에게 …… 정부 원조, 국내 보조금, 금전대부를 얻을 수 있도록 했다…….
> 현 체제는 국가의 모든 부를 창조해 온 대다수의 백인들이 너무나도 고통스럽고 비굴한 굴레 속에서 고통을 강요당하고 있는데, 흑인 노예제를 폐지하기 위해 처참한 내전을 벌이는 터무니없는 광경을 전 세계에 내보였다…….
> 현 체제는 한 계급으로서의 자본가들에게 매년 국가 총생산의 6분의 5를 전유하도록 하고 있다…….
> 그리하여 현 체제는 인류가 이 세상에서 자연의 운명을 충족시키지 못하도록 했고 — 야망을 뭉개 버리고 결혼을 가로막거나 그릇되고 부자연스러운 결혼을 초래했다 —, 인간 수명을 단축시키고 도덕을 파괴하고 범죄를 조장했으며, 판사와 성직자, 정치인들을 타락시키고 사람들의 신념과 사랑, 명예를 산산이

부수었고, 모두가 동등한 편의를 부여받고 인간 생활이 빵을 향한 부도덕하고 비천한 경쟁으로부터 벗어나는 완성된 경지를 위한 숭고하고 고결한 투쟁 대신에 생존을 위한 이기적이고 무자비한 투쟁으로 우리의 삶을 바꿔 버렸다. 그러므로 우리 시카고의 노동자 대표들은 대중집회에서 엄숙히 공표하고 선언하는 바이다…….

우리는 이 나라의 기존 정당과 일체 제휴하지 않을 것이고, 자유롭고 독립된 생산자로서 우리 자신의 법률을 만들고 스스로 생산을 관리하며 의무 없는 권리나 권리 없는 의무 없이 스스로 통치할 수 있는 전면적인 권한을 쟁취하기 위해 노력할 것이다. 그리고 우리는 모든 노동자의 원조와 협력에 굳건히 의지해 이 선언을 지지하며 우리의 생명과 생계수단, 우리의 성스러운 명예를 서로에게 서약하는 바이다.

1877년 온 나라가 대공황의 수렁에 빠졌다. 그해 여름, 빈민 가족들이 지하실에서 생활하고 오염된 물을 마시고 있던 뜨거운 도시들에서 어린이들이 집단적으로 병에 걸렸다. 『뉴욕타임스』의 설명을 보자. " …… 이미 사경을 헤매는 어린아이들의 신음소리가 들리기 시작했다……. 과거의 선례로 보건대 곧 이 도시에서 매주 1,000명의 유아가 사망할 것이다." 온 시가지가 하수로 넘치던 볼티모어에서는 7월 첫 주에 139명의 유아가 목숨을 잃었다.

그해 10여 개 도시에서 철도 노동자들의 격렬한 파업이 잇달아 벌어졌다. 노동자들의 투쟁은 사상 유례가 없을 정도로 온 나라를 뒤흔들었다.

파업은 이미 낮은 임금(12시간 일하는 제동수의 임금이 일당 1.75달러였다), 철도회사들의 계략과 부당이득 취득, 노동자들의 죽음과 부상 ― 손발과 손가락의 절단이나 차량 사이에서의 압사 ― 등으로 긴장상태가 존재하는 가운데 철도회사들이 잇따라 임금을 삭감하면서 시작됐다.

웨스트버지니아 주 마틴스버그Martinsburg의 볼티모어앤드오하이오 철도 회사Baltimore & Ohio에서 임금삭감에 맞서 싸우기로 결심한 노동자들은 파업에 들어가면서 엔진을 떼어 기관차고에 밀어 넣고 10퍼센트의 임금삭감이 철회될 때까지는 단 한 대의 기차도 마틴스버그를 떠날 수 없다고 발표했다. 파업을 지지하는 많은 군중이 모여들었는데, 그 수가 너무 많아 경찰로는 해산시킬 수 없었다. 볼티모어앤드오하이오 철도회사의 간부들은 주지사에게 군대의 보호를 요청했고, 주지사는 민병대를 투입시켰다. 기차 한 대가 민병대의 보호 아래 출발하려 하자 파업 노동자 한 명이 기차를 탈선시키려고 했고, 그를 저지하려는 민병대원과 총격전이 벌어졌다. 노동자는 허벅지와 팔에 총을 맞았다. 몇 시간 뒤 팔을 절단했으나 9일 만에 사망했다.

이제 마틴스버그 차량기지에는 600대의 화물열차가 꼼짝도 못한 채 들어차 있었다. 웨스트버지니아 주지사는 신임 러더퍼드 헤이즈 대통령에게 주 민병대로는 부족하므로 연방군을 파견해 달라고 요청했다. 사실상 민병대는 많은 철도 노동자들로 구성되어 있어 믿을 수가 없었다. 육군 대부분은 서부의 인디언 전투에 묶여 있었다. 연방의회에서 아직 군대 투입 비용을 승인하지 않은 상황이었지만, 이제 J. P. 모건과 오거스트 벨먼트August Belmont를 비롯한 은행가들이 육군 장교(사병은 제외)에게 지급할 돈을 빌려 주겠다고 제의했다. 연방군이 마틴스버그에 도착했고 화물열차가 움직이기 시작했다.

볼티모어에서는 파업 중인 철도 노동자들에게 동조하는 수천 명의 군중이 볼티모어앤드오하이오 철도회사의 요청에 따라 주지사가 소집한 주방위군의 병기고를 포위했다. 군중이 돌을 던지자 군인들이 나와 총을 쏘았다. 이제 거리 곳곳은 피의 전장으로 변했다. 저녁이 지나자 10명의 어른과 소년이 숨졌고 많은 사람들이 심하게 부상을 입었으며 군인도 한 명이 부상당했다. 120명의 병력 가운데 절반은 물러나고 나머지는 기차역으로 갔는데, 그곳에서는 200명의 군중이 승객열차의 엔진을 때려 부수고 선로를 뜯어내면서 다시 민병대와 추격전을 벌이고 있었다.

이제 1만 5,000명의 군중이 기차역을 에워쌌다. 얼마 안 있어 객차 세 량과 역 승강장, 기관차 한 대에 불이 붙었다. 주지사는 연방군을 요청했고 헤이즈는 이에 응했다. 500명의 군인이 도착해 볼티모어를 진정시켰다.

철도 노동자들의 반란은 확산됐다. 세인트루이스『리퍼블리컨』의 주필 조지프 데이커스Joseph Dacus는 이렇게 보도했다.

> 거의 매시간 파업이 일어나고 있었다. 거대한 펜실베이니아 주가 소요에 휘말렸고, 뉴저지는 온몸을 마비시키는 공포에 사로잡혔으며, 뉴욕은 민병대를 소집했고, 오하이오는 이리 호에서 오하이오 강에 이르기까지 뒤흔들렸으며, 인디애나는 무시무시한 긴장상태에 빠져들었다. 일리노이 주, 특히 거대한 도시 시카고는 바야흐로 혼란과 소요의 소용돌이에 빠져 있었다. 세인트루이스는 이미 봉기의 조짐이 주는 충격의 효과를 느꼈다…….

파업은 피츠버그와 펜실베이니아 철도회사Pennsylvania Railroad로 번져 갔다. 이번에도 역시 공식 노동조합 바깥에서 억눌린 분노가 무계획적으로 폭발했다. 1877년의 파업사태를 연구한 역사가 로버트 브루스Robert Bruce(『폭동의 해, 1877년1877: Year of Violence』)는 거스 해리스라는 신호수에 관해 이야기하고 있다. 해리스는 더 적은 숫자의 노동자만을 필요로 하고 제동수의 작업을 더 위험하게 만든다는 이유로 철도 노동자들이 반대해 온 '더블헤더double-header', 즉 기관차가 두 대 달려 있어 두 배의 차량을 끌 수 있는 열차에 탑승하기를 거부했다.

그 결정은 협의된 계획이나 전체적인 의견일치의 일환이 아니라 해리스 자신이 내린 것이었다. 해리스는 지난밤 빗소리에 귀를 기울이면서 과감히 그만둘 것인가를 자문하고, 자신과 함께 행동할 사람이 있을지를 궁금해 하고, 성공가

피츠버그

1877년 8월 4일자 신문 삽화로 일찍이 볼 수 없었던 가장 폭력적인 노사분쟁을 묘사하고 있다. 철도 노동자들과 지지자들이 펜실베이니아 주 피츠버그의 열차 차고에 불을 지르고 있다.

능성을 재보면서 밤을 지새웠을까? 아니면 그저 아침에 일어나서 배도 차지 않는 아침을 먹고, 아이들이 반쯤 배를 채운 채 누더기를 걸치고 나가는 것을 보고, 습기 찬 아침공기를 맞으며 곰곰이 생각하면서 걷다가 이제껏 쌓인 분노에 충동적으로 휩싸였던 것일까?

해리스가 가지 않겠다고 말하자 나머지 승무원들도 열차 운행을 거부했다. 각종 제작소와 공장에서 어린 소년들과 남자들이 합세함에 따라 파업 노동자들은 이제 더욱 불어났다(피츠버그에는 제철공장 33개, 유리공장 73개, 정유공장 29개, 탄광 158개소가 있었다). 도시 외부로 나가는 화물열차가 운행을 멈췄다. 승무원노동조합Trainman's Union은 파업을 조직하지는 않았지만 행동에 나서기로 결정했고, 집회를 개최해 "철도에서 일하는 우리 형제들과 공동의 대의를 만들자고 모든 노동자들"에게 호소했다.

철도회사 및 지방 관리들은 피츠버그 민병대가 동료 시민들을 죽이게 해서는 안 된다고 결정하고 필라델피아 군대를 불러들이자고 역설했다. 피츠버그에서 2,000대의 차량이 오도 가도 못하고 있었다. 필라델피아 군대가 진입해 선로를 정리하기 시작했다. 돌멩이가 날았다. 군중과 군대 간에 총격이 오갔다. 적어도 10명이 사망했는데, 전부 노동자이긴 했지만 대부분 철도 노동자가 아니었다.

이제 도시 전체가 분노로 일어섰다. 군중이 군대를 에워싸 군대는 기관차고로 이동했다. 철도차량이 불탔고 건물이 불타기 시작했으며 마침내 기관차고까지 불에 타 군대는 안전한 곳을 찾아 빠져나올 수밖에 없었다. 총격전이 계속됐고 연방보급창에 불이 붙었으며 수천 명이 화물열차를 약탈했다. 거대한 곡물창고와 도시의 일부 구역이 화염에 휩싸였다. 며칠 만에 4명의 군인을 포함한 24명이 사망했다. 79채의 건물이 불에 타 무너져 버렸다. 피츠버그에서는 제작소 노동자, 철도차량 노동자, 광부, 막노동자, 카네기 철강공장 노동자 등이 한데 뭉쳐 일종의 총파업을 전개하고 있었다.

펜실베이니아의 주방위군 전원인 9,000명이 소집됐다. 그러나 다른 소도시의 파업 노동자들이 교통을 차단했기 때문에 많은 중대가 이동할 수 없었다. 펜실베이니아 주 레바논Lebanon에서는 주방위군 1개 중대가 폭동을 일으켜 흥분상태의 도심을 가로질러 행진했다. 알투나Altoona에서는 폭도들에게 둘러싸인 군대가 열차 엔진이 파괴되어 오도 가도 못하게 되자 항복하고 무기를 버리고는 군중들과 화해했으며, 흑인으로만 구성된 민병대의 4중창단이 부르는 노래에 맞춰 집으로 돌아가도록 허용됐다.

주도인 해리스버그Harrisburg에서도 다른 많은 곳에서와 마찬가지로 군중의 대다수가 십대들이었으며 흑인도 일부 포함되어 있었다. 알투나에서 집으로 돌아가던 필라델피아 민병대는 군중들과 악수를 나누고 총을 버렸으며 포로들처럼 시가를 행진한 뒤 호텔에서 밥을 먹고 집으로 돌아갔다. 군중들은 넘겨받은 총을 시청에 맡겨 놓으라는 시장의 요청에 동의했다. 공장과 가게는 문을 닫았다. 얼마간의 약탈이 일어난 뒤 시민 순찰대가 밤새도록 거리에서 질서를 유지했다.

펜실베이니아 주 포츠빌Pottsville에서처럼 파업 노동자들이 지배권을 장악하지 못한 것은 단결이 이루어지지 않았기 때문이었을 것이다. 필라델피아 앤드레딩 석탄·제철회사Philadelphia & Reading Coal & Iron Company의 포츠빌 시 대변인의 말을 들어보자. "그 사람들은 조직이 전혀 없었으며, 인종 간에 시기심이 너무 많아 하나의 조직을 형성하기가 힘들었다."

펜실베이니아 주 레딩에서는 그런 문제가 전혀 없었다—90퍼센트가 토박이이고 나머지 대부분은 독일계였다. 그곳에서 철도회사가 2개월분의 임금을 체불하자 승무원노동조합이 지부를 결성했다. 2,000명의 사람이 모였는데,

얼굴에 탄가루를 검게 칠한 남자들이 질서정연하게 선로를 뜯어내고 스위치를 부수고 차량을 탈선시키고 승무원 전용차량과 철도 교량에 불을 질렀다.

몰리 매과이어단의 사형 집행을 막 끝낸 주방위군 중대가 도착했다. 군중들은 돌을 던지고 권총을 쏘았다. 군인들은 군중을 향해 발포했다. 브루스의 보고에 따르면 "황혼녘이 되자 6명이 죽었는데, 레딩 회사의 피고용인이었던 화부와 기관사, 목수, 행상인, 압연공장 노동자, 막노동자 등이 그들이었고……. 경관 한 명과 또 다른 남자가 사경을 헤매고 있었다." 부상자 중에서도 5명이 죽었다. 군중들의 분노가 커져 더욱 위협적으로 됐다. 군대의 한 분견대는 발포하지 않겠다고 선언했으며, 한 병사의 말처럼 차라리 필라델피아앤드레딩석탄·제철회사의 사장에게 총알을 먹이겠다고 표현했다. 모리스타운Morristown의 제16연대 지원병들은 총을 들지 않았다. 일부 민병대는 총을 내동댕이치고 탄약을 군중들에게 줘버렸다. 주방위군이 고향으로 돌아가자 연방군이 도착해 통제권을 쥐었고 지방 경찰이 체포를 시작했다.

한편 거대한 철도 노동조합들, 즉 기관사노동조합Brotherhood of Engineers, 철도차장노동조합Order of Railway Conductors, 기관차화부노동조합Brotherhood of Locomotive Firemen의 지도자들은 파업을 거부했다. 언론들은 "광산과 공장, 철도 등에 고용된 노동자들에게 …… 널리 환영받고 있는 …… 공산주의 사상"에 관한 이야기를 들먹였다.

실제로 시카고에는 독일과 보헤미아 출신 이민자들이 주를 이룬 수천 명의 당원을 보유한 매우 활동적인 노동자당Workingmen's party이 있었다. 노동자당은 유럽의 제1인터내셔널과 연계를 맺고 있었다. 1877년 여름, 철도 파업이 한창일 때 노동자당은 집회를 열었다. 6,000명이 모여 철도의 국유화를 요구했다. 앨버트 파슨즈Albert Parsons는 격렬한 연설을 했다. 파슨즈는 앨라배마 출신으로 남북전쟁 중에 남부연합에서 싸웠고 스페인인과도 싸운 전력이 있는 인물로 인디언 사이의 혼혈인 갈색 피부의 여성과 결혼했고 식자공으로 일했으며, 노동자당에서 영어를 사용하는 가장 뛰어난 연설가였다.

다음날, 특별히 전날 저녁의 집회와 연관된 것은 아니었으나, 젊은이 무리가 철도기지를 가로질러 이동하면서 하역작업을 중단시켰고 공장으로 몰려가 제작소 노동자, 가축수용소 노동자, 미시건 호 선박회사의 승무원 등을 불러냈으며, 벽돌공장과 목재 하치장을 폐쇄시켰다. 바로 그날 앨버트 파슨즈는 시카고 『타임스』에서 해고되어 블랙리스트에 올랐다.

경찰이 군중을 공격했다. 언론의 보도를 들어보자. "처음 얼마간 골통을 내리치는 곤봉소리가 계속 들려와 귀에 익을 정도였다. 일격을 가할 때마다 폭도가 나가떨어져 온 땅바닥이 자빠진 폭도들로 뒤덮인 듯했다." 연방군 보병 2개 중대가 도착해 주방위군 및 남북전쟁 퇴역군인들과 합세했다. 경찰이 밀려오는 군중에게 발포해 3명이 사망했다.

다음날 무장한 5,000명의 군중이 경찰에 맞서 싸웠다. 경찰은 계속해서 총을 쏘았고, 상황이 종료되어 사망자 수를 세어보니 흔히 그렇듯 노동자와 소년들이 대부분인 사망자들 가운데 18명은 곤봉에 두개골이 으깨지고 장기臟器가 총탄에 관통된 상태였다.

노동자당이 확실하게 반란을 주도한 곳은 제분공장, 주물공장, 통조림공장, 기계제작소, 양조장, 철도회사의 도시인 세인트루이스였다. 다른 곳과 마찬가지로 이 도시에서도 철도회사들이 임금삭감을 단행했다. 그리고 이곳에는 약 1,000여 명의 노동자당 당원이 있었는데 그 가운데 많은 수가 제빵공, 통 제조공, 가구 제조공, 담배공, 양조 노동자였다. 당은 출신국가에 따라 독일인, 영국인, 프랑스인, 보헤미아인의 4개 지부로 조직됐다.

4개 지부 모두 나룻배를 타고 미시시피 강을 건너 이스트세인트루이스에서 열린 철도 노동자들의 대중집회에 참가했다. 당의 한 연사는 집회에서 이렇게 말했다. "신사 여러분, 여러분은 다수이므로 해야 할 일이라곤 하나의 사상—노동자가 이 나라를 통치해야 한다는 사상으로 단결하는 것뿐입니다. 자기가 만든 것은 자기 것이며 이 나라를 만든 것은 바로 노동자들입니다." 이스트세인트루이스의 철도 노동자들은 파업을 선언했다. 이스트세인트루이스 시장은 유럽 출신 이민자로서 젊은 시절에 활동적인 혁명가였으며 철도 종사원들의 표가 시를 장악하고 있었다.

세인트루이스에서 노동자당이 옥외 대중집회를 소집하자 5,000명이 모여들었다. 당은 분명히 파업을 지도하고 있었다. 군중이 모이자 흥분한 연사들은 더욱 전투적이 됐다. "…… 자본은 자유를 예종隷從으로 뒤바꿨으며, 우리에겐 투쟁이 아니면 죽음뿐입니다." 연사들은 철도와 광산을 비롯한 모든 산업의 국유화를 소리 높여 외쳤다.

노동자당의 또 다른 대규모 집회에서 한 흑인은 기선과 부두에서 일하는 노동자들을 대변했다. 그는 질문을 던졌다. "여러분은 피부색에 관계없이 우리와 함께 하겠습니까?" 군중들이 되받아쳤다. "물론이오!" 집행위원회가 구성되어 세인트루이스에 있는 모든 산업부문의 총파업을 호소했다.

총파업을 호소하는 전단이 곧 도시 전역에 배포됐다. 400명의 흑인 기선 노동자와 부두 노동자들이 강을 따라 행진을 벌였고, 600명의 공장 노동자들이 '독점에 반대한다—노동자들의 권리를'이라고 쓰인 깃발을 들고 나왔다. 대규모 행렬은 시가를 가로지른 뒤 1만 명이 모여 공산주의자 연사들에 귀를 기울이는 집회로 끝났다. "민중들은 스스로의 힘으로 일어서고 있으며 이제 더 이상 비생산적인 자본의 억압에 굴하지 않을 것임을 선언하고 있습니다."

데이비드 버뱅크David Burbank는 세인트루이스 사태를 연구한 『하층민들의 지배Reign of the Rabble』에서 이렇게 적고 있다.

오직 세인트루이스 근방에서만, 초기의 철도 파업이 총파업이란 용어에 걸맞게 체계적으로 조직되고 모든 산업을 완벽하게 폐쇄시키는 방향으로 확대됐다. 그리고 그곳에서만 아무런 논란 없이 사회주의자들이 지도적 위치를 떠맡았다……. 1877년 당시 미국의 어떤 도시에서도, 미주리 주 세인트루이스만큼 오늘날의 표현대로 하자면 노동자 소비에트의 통치에 근접했던 경우는 없다.

철도 파업은 유럽에서 뉴스가 되고 있었다. 맑스는 엥겔스에게 편지를 썼다. "자네는 미국의 노동자들을 어떻게 생각하나? 남북전쟁 이후 형성된 연합 자본의 과두체제에 저항하는 이 최초의 폭발은 물론 다시금 억압될 테지만, 중대한 노동자 정당의 출발점이 될 것이 틀림없네……."

뉴욕에서는 수천 명이 탐킨즈 광장에 모였다. 집회의 어조는 온건했으며 "선거를 통한 정치혁명"을 주장했다. 그리고 "단결하기만 한다면 우리는 이 나라에 5년 내에 사회주의 공화국을 세울 수 있습니다……그러면 이 어둠의 땅에 감미로운 아침이 열릴 것입니다"라는 연설도 있었다. 평화로운 집회였다. 집회는 정리됐다. "우리 가난한 민중들은 비록 가진 것은 없으나 자유롭게 말할 수 있으며 어느 누구도 이 자유를 빼앗을 수는 없습니다"라는 발언이 연단에서 들려 온 마지막 말이었다. 그때 경찰이 들이닥쳐 곤봉을 휘둘렀다.

다른 곳과 마찬가지로 세인트루이스에서도 군중과 집회, 열기의 추진력이 한결같이 지속될 수는 없었다. 이런 추진력이 사그라지자 경찰과 민병대, 연방군이 들어왔으며 당국이 지배권을 회복했다. 경찰은 노동자당의 본부를 습격해 70명을 체포했다. 한동안 사실상 시의 행정을 떠맡고 있던 집행위원회는 이제 감옥으로 자리를 옮겼다. 파업 노동자들은 굴복했고 임금삭감은 그대로 실행됐다. 벌링턴 철도회사Burlington Railroad는 파업 지도자 131명을 해고했다.

1877년의 철도 노동자 대파업이 끝났을 때 100여 명이 사망했고, 1,000명이 투옥됐으며, 10만 명의 노동자가 파업에 참가했고, 여러 도시에서 셀 수 없이 많은 실업자들의 행동을 가져왔다. 파업이 정점에 달했을 때 총연장 12만 킬로미터에 달하는 이 나라 철도 수송의 절반 이상이 마비됐다.

  철도회사들은 일정한 양보를 하고 임금삭감을 철회하기도 했지만 '석탄 및 철강의 치안Coal and Iron Police' 역시 강화했다. 많은 대도시에 총안銃眼을 설치한 주방위군의 병기고가 세워졌다. 로버트 브루스는 파업을 통해 많은 사람들이 다른 이의 고통을 알게 됐고 연방의회가 철도 관련 규제를 마련하게 됐다고 믿고 있다. 1877년의 파업은 노동기사단Knights of Labor이 제안한 전국적인 노동자 단결만이 아니라 미국노동연맹American Federation of Labor이라는 실리적 노동조합운동business unionism, 그리고 다음 20년간의 독자적인 노동자와 농민 정당들을 자극했을 것이다.

  흑인들이 평등이라는 남북전쟁의 약속을 실현시킬 만큼 충분한 힘을 갖고 있지 않다는 사실을 깨달았던 1877년, 노동자들은 사적 자본과 정부권력의 결합을 물리칠 만큼 충분히 단결되어 있지 못하며 충분한 힘도 없음을 알게 됐다. 그러나 아직도 고난이 기다리고 있었다.

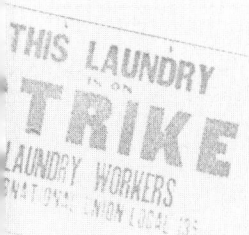

A People's History of the United States

11

악덕 자본가들과 반란자들

1879	• 에디슨, 전구 발명 • 헨리 조지, 「진보와 빈곤」 출간
1884	• 클리블랜드, 대통령 당선
1886	• 헤이마킷 유혈 사태. 5월 4일, 시카고의 헤이마켓 광장에서 1일 8시간 노동을 요구하는 시위 중 수십 명의 사상자 발생 • 미국노동총연맹(AFL) 창설
1890	• 대기업의 횡포와 시장 독점을 막기 위한 셔먼 반反트러스트법 제정 • 운디드니 학살
1892	• 펜실베이니아 주의 카네기 철강공장에서 홈스테드 파업 발발
1896	• (열차에서 흑인과 백인을 차별해도 무방하다는, '분리되지만 평등하다'는 대법원의) 플래시 대 퍼거슨 판결

1877년은 19세기의 나머지 기간을 알리는 일종의 신호탄이었다. 흑인들은 다시 제자리로 되돌아가야 했고, 백인 노동자들의 파업은 용인되지 않았다. 북부와 남부의 산업 및 정치 엘리트들은, 국가를 장악해 인류 역사상 가장 거대한 경제성장의 행진을 조직하려고 했다. 엘리트들은 흑인 노동자, 백인 노동자, 중국인 노동자, 유럽 이민 노동자, 여성 노동자 등의 도움과 희생을 통해 경제성장을 이루었으며 인종, 성별, 출신 국적, 사회계급 등에 따라 차별적으로 보수를 주어 분리된 억압 층위를 만들어냈다 — 부의 피라미드를 안정화시키기 위한 교묘한 계층화였다.

남북전쟁에서 1900년에 이르는 동안 증기와 전기가 인력의 자리를 차지했고, 철이 목재를, 강철이 철을 대체했다(베세머Bessemer 제강법이 나오기 전까지 철을 강철로 만들 때 철 5톤당 강철 3톤을 만드는 데 하루가 걸렸으나 이제는 15분 만에 만들 수 있었다). 나아가 기계가 강철 도구를 작동시킬 수 있었다. 석유는 기계 윤활제로 쓰일 뿐만 아니라 가정과 거리, 공장을 환하게 밝혔다. 증기로 움직이는 기차가 강철 선로를 따라 인력과 재화의 이동을 가능하게 했으며 1900년에 이르면 31만 킬로미터의 선로가 만들어졌다. 전화, 타자기, 계산기 등은 사무작업을 가속화시켰다.

기계가 농업을 바꾸었다. 남북전쟁 전에는 1에이커의 밀을 생산하는 데 61시간의 노동이 필요했으나 1900년이 되면 3시간 19분이 걸렸다. 얼음의 제조로 식료품의 장거리 운송이 가능해졌으며 정육산업이 탄생했다.

증기가 직물공장의 방추를 작동시키고 재봉틀을 움직였다. 그 원천은 석탄이었다. 착압기의 등장으로 더 깊은 땅속의 석탄을 채굴할 수 있었다. 1860년에는 1,400만 톤의 석탄을 채굴했는데, 1884년에 이르면 1억 톤으로 증가했다. 석탄을 사용하는 용광로에서 철을 강철로 만들었으므로 석탄 채굴량의 증가는 강철 생산의 증가를 의미했다. 1880년에 100만 톤이 생산되던 강철은 1910년에 이르면 2,500만 톤으로 늘어났다. 이때쯤 전력이 증기를 대체하기 시작했다. 전선 생산에는 구리가 필요했는데 1880년에는 3만 톤이 생산되던 것이 1910년이 되면 50만 톤으로 늘어났다.

이 모든 것을 이룩하기 위해서는 새로운 기술과 기계를 만들어 내는 천재적인 발명가와 새로운 기업의 유능한 조직자, 또는 관리자가 필요했으며 또한 토지와 광물이 풍부한 국토, 고되고 비위생적이며 위험한 노동을 할 수 있는 엄청난 인력이 필요했다. 유럽과 중국에서 온 이민자들이 새로운 노동력을 형성했다. 새 기계를 구입하거나 새로운 철도요금을 지불할 능력이 없는 농민들은 도시로 옮겨갔다. 1860~1914년 사이에 뉴욕 인구는 85만에서 400만으로 늘었고 시카고는 11만에서 200만으로, 필라델피아는 65만에서 150만으로 늘어났다.

어떤 경우에는 전기기구를 발명한 토머스 에디슨Thomas Edison처럼, 발명가 스스로가 사업의 조직자가 되기도 했다. 다른 경우에는 냉동 창고와 냉동 열차를 결합시켜 1885년에 최초로 전국적 정육회사를 세운 시카고의 육류업자 거스테이버스 스위프트Gustavus Swift처럼, 사업가가 다른 사람의 발명을 끌어 모으기도 했다. 제임스 듀크James Duke는 새로운 담배말이 기계를 사용해 하루에 10만 개비의 담배를 말고 붙이고 절단했다. 1890년에 듀크는 대규모 담배회사 4개를 합병해 아메리칸 담배회사American Tobacco Company를 세웠다.

몇몇 백만장자는 무일푼에서 출발했지만 대부분은 그렇지 않았다. 1870년대 섬유, 철도, 강철 회사의 중역 303명의 출신에 관한 한 연구를 보면 90퍼센트가 중간계급이나 상류계급 집안 출신이었다. '거지에서 부자로'라는 호레이쇼 앨저Horatio Alger식 이야기는 소수 사람들의 경우에는 사실이었지만, 대부분은 신화, 즉 통제를 위해 유용한 신화였다.

재산 형성은 대개 정부와 법원의 협조 아래 합법적으로 이루어졌다. 때로는 협조에 대해 대가를 주어야 했다. 토머스 에디슨은 유리한 입법을 만들어 주는 대가로 뉴저지의 정치인들에게 각각 1,000달러씩 주겠다고 약속했다. 대니얼 드루Daniel Drew와 제이 굴드Jay Gould는 이리 철도회사Erie Railroad 명의로 '불입금 없는 주식'(실제 가치를 반영하지 않는 주식) 800만 달러어치를 발행하는 일을 합법화해 달라고 뉴욕 주의회에 100만 달러를 뇌물로 바쳤다.

유니언퍼시픽 철도와 센트럴퍼시픽 철도가 만나면서 완성된 최초의 대륙횡단철도는 피와 땀, 책략과 도둑질로 건설된 것이었다. 센트럴퍼시픽 철도는 서부해안에서 출발해 동쪽으로 깔아 나갔다. 이 철도회사는 900만 에이커의 무상토지와 2,400만 달러의 채권을 얻기 위해 워싱턴에 20만 달러의 뇌물을 뿌렸으며, 사실상 자사 소유인 건설회사에 7,900만 달러를 지불함으로써 3,600만 달러를 초과로 지급했다. 3,000명의 아일랜드인과 1만 명의 중국인이 하루에 1달러나 2달러를 받고 4년 동안 일해서 철도를 부설했다.

유니언퍼시픽 철도는 네브래스카에서 출발해 서쪽으로 나아갔다. 이 철도회사는 1,200만 에이커의 무상토지와 2,700만 달러의 정부채권을 받았다. 회사는 크레디모빌리에Credit Mobilier 회사를 설립해 실제 비용인 4,400만 달러를 훨씬 넘는 9,400만 달러를 지불했다. 그리고 감사를 막기 위해 하원의원들에게 싼값에 주식을 팔았다. 삽 제조업자이자 크레디모빌리에의 중역인 매사추세츠 출신 하원의원 오크스 에임즈Oakes Ames의 제안에 의한 것이었는데, 그는 이렇게 말했다. "사람들에게 자기 재산을 잘 살피게 만드는 일은 전혀 어렵지 않습니다." 유니언퍼시픽 회사는 2만 명의 노동자를 고용했다— 남북전쟁 퇴역군인과 아일랜드 이민자들은 하루에 8킬로미터의 철도를 깔았고, 더위와 추위, 영토 침입에 반대하는 인디언과의 싸움으로 수백 명씩 죽어 나갔다.

두 철도회사는 철도가 통과하는 마을로부터 보조금을 받기 위해 일부러 멀리 돌아서 철도를 부설했다. 1869년 음악과 연설이 울려 퍼지는 가운데 구부러진 두 철도가 유타에서 연결됐다.

철도를 둘러싸고 벌어진 광적인 사기행각은 안정— 도둑질보다는 법에 의한 이윤 —을 바란 은행가들이 철도 금융을 장악하는 결과를 낳았다. 1890년대에 이르면 이 나라 철도의 대부분은 6개의 거대한 체제로 집중됐다. 이 가운데 4개는 모건 가가 완전히, 혹은 부분적으로 장악했고 다른 2개는 쿤·로브앤드컴퍼니Kuhn, Loeb and Company의 은행가들에게 넘어갔다.

J. P. 모건은 상당한 수수료를 받고 철도회사를 위해 주식을 판매하기 시작했던 은행가의 아들로서 남북전쟁 전에 사업을 시작했다. 전쟁 기간 동안 모건은 군 병기창에서 개당 3.5달러에 5,000자루의 소총을 사들여 전장의 한 장군에게 22달러씩에 팔아 넘겼다. 불량품이었던 소총은 병사들의 엄지손가락을 날려 버렸다. 의회의 한 위원회가 세간에 알려지지 않은 보고서에서 작은 글씨로 이 일을 지적했지만, 연방 판사는 이 거래가 타당한 법적 계약조건을 갖추었다고 확인했다.

모건은 300달러에 대리인을 사서 전쟁 복무를 회피한 인물이었다. 존 D. 록펠러, 앤드루 카네기, 필립 아머Philip Armour, 제이 굴드, 제임스 멜론James

Mellon 등도 마찬가지였다. 멜론의 아버지는 멜론에게 보낸 편지에서 "남자는 자신의 목숨을 위험에 빠뜨리거나 건강을 해치지 않고도 애국자가 될 수 있다. 세상에는 쓸모없는 생명이 많이 있으니까"라고 말했다.

드렉슬·모건앤드컴퍼니Drexel, Morgan and Company는 2억 6,000만 달러의 채권 발행 계약서를 미국 정부로부터 받아내기도 했다. 정부는 채권을 직접 판매할 수도 있었지만 은행가들에게 500만 달러의 수수료를 지불하는 쪽을 택했다.

1889년 1월 2일, 거스테이버스 마이어즈에 따르면,

…… 드렉슬·모건앤드컴퍼니, 브라운브라더즈앤드컴퍼니Brown Brothers & Company, 키더·피바디앤드컴퍼니Kidder, Peabody & Company 등 3개 은행으로부터 '친전親展'이라고 겉봉에 쓰인 회람장이 발송됐다. 언론에 공개되거나 대중에게 알려지지 않도록 극도로 세심한 노력을 기울인 것이었다……. 무엇을 두려워했던 것일까? 회람장은 거대 철도왕들에게 보내는 초대장이었으며, 매디슨 대로 219번지에 있는 모건의 저택에 모여 오늘날 표현대로 하자면 철갑결사체iron-clad combination를 만들자는 내용이었기 때문이다……. 즉 일정한 철도 회사 간에 경쟁을 없애고 전보다 더욱 효과적으로 미국 국민들을 착취할 수 있는 합의 아래 이해관계를 통일시키는 계약을 맺자는 것이었다.

금융가들의 천재성에 관한 흥미진진한 이야기 뒤에는 사람들의 희생이 있었다. 같은 해인 1889년의 주간州間통상위원회Interstate Commerce Commission의 기록을 보면 22,000명의 철도 노동자가 죽거나 부상을 입었다.

1895년 미국의 금 보유고는 고갈된 반면, 뉴욕 시의 26개 은행은 1억 2,900만 달러의 금을 금고에 보관하고 있었다. J.P.모건앤드컴퍼니J. P. Morgan &

Company, 오거스트벨몬트앤드컴퍼니August Belmont & Company, 내셔널시티은행National City Bank 등이 이끄는 은행 신디케이트는 정부에게 채권과 금을 교환하자고 제안했다. 그로버 클리블랜드Grover Cleveland 대통령은 이 제안을 받아들였다. 은행가들은 즉시 채권을 더 높은 가격에 되팔아 1,800만 달러의 이윤을 남겼다.

한 언론인은 "고기를 사려면 정육점으로 가야 한다……. 클리블랜드 씨가 많은 금을 원한다면 거대 은행가에게 가야만 한다"고 썼다.

모건은 재산을 형성하는 과정에서 국가경제에 합리성과 조직성을 가져왔다. 모건은 체제를 안정시켰다. 모건의 말을 들어보자. "우리는 금융상의 변동을 원치 않으며 하루하루가 달라지는 사태를 바라지 않는다." 모건은 철도회사들을 연결시켰고, 이 모두를 은행으로 연결시켰으며, 은행은 다시 보험회사에 연결시켰다. 1900년에 이르면 모건은 전국 철도의 절반인 16만 킬로미터의 철도를 장악했다.

모건 그룹이 지배하는 3개 보험회사는 10억 달러의 자산을 보유하고 있었다. 이 회사들은 연간 5,000만 달러 — 보통사람들이 보험료로 낸 돈 — 를 투자했다. 루이스 브랜다이스Louis Brandeis는 (대법원 판사가 되기 전에) 『다른 사람들의 돈Other People's Money』에서 이를 묘사하면서 이렇게 썼다. "그들은 사람들 자신의 돈을 통해 사람들을 지배한다."

존 D. 록펠러는 클리블랜드에서 장부계원으로 출발해 상인이 되어 돈을 모았다. 그는 새로운 석유산업에서는 정유공장을 장악하는 사람이 산업 전체를 장악하게 될 것이라고 확신했다. 록펠러는 1862년에 최초로 정유공장을 매입했고, 1870년에 이르러 오하이오 스탠더드 석유회사Standard Oil Company of Ohio를 설립했으며, 철도회사들과 운임을 리베이트 — 할인 — 해주면 석유를 수송하겠다는 비밀 협정을 맺어 석유산업에서 경쟁자들을 몰아냈다.

어느 독립 정유업자는 이렇게 말했다. "매각하지 않으면……. 우리는 괴멸될 것이다……. 시장에는 구매자가 한 사람뿐이라 우리는 그의 조건에 맞춰 팔아야만 했다." 스탠더드 석유회사의 간부들 사이에 이런 메모가 전달됐다. "월요일인 13일에 윌커슨앤드컴퍼니Wilkerson & Company에 석유차가 들어왔음……압력을 넣기 바람." 버팔로의 한 경쟁 정유공장은 스탠더드 사 간부들이 그 공장의 수석 정비공과 짜고 벌인 소규모 폭발사건으로 큰 충격을 받았다.

1899년에 이르면 스탠더드 석유회사는 다른 많은 회사의 주식을 장악한 지주회사가 됐다. 자본금은 1억 1,000만 달러였고 연간 이윤은 4,500만 달러였으며 존 D. 록펠러의 재산은 2억 달러로 추산됐다. 오래지 않아 록펠러는 철, 구리, 석탄, 운송, 은행(체이스맨해튼 은행Chase Manhattan Bank) 등으로 확장하게 된다. 또 이윤은 연간 8,100만 달러가 되고 록펠러의 재산은 20억 달러가 넘게 된다.

앤드루 카네기는 17세에 전신원이었고, 그 뒤 펜실베이니아 철도회사 Pennsylvania Railroad 사장의 비서를 지냈으며, 엄청난 수수료를 받고 철도 채권을 판매하는 월스트리트의 중개인이 되어 곧 백만장자가 됐다. 카네기는 1872년에 런던으로 가서 새로운 베세머 제강법을 보고 미국으로 돌아와 100만 달러를 들여 철강공장을 지었다. 연방의회가 설정한 높은 관세는 해외의 경쟁을 편리하게 막아 줬고, 1880년에 이르러 카네기는 한 달에 1만 톤의 강철을 생산해 연간 150만 달러의 이윤을 벌어들였다. 1900년 카네기는 연간 4,000만 달러를 벌었고 그해 한 디너파티에서 J. P. 모건에게 철강회사를 팔기로 합의했다. 카네기는 공책에 판매가격을 휘갈겨 놓았다. 4억 9,200만 달러.

그 뒤 모건은 카네기의 회사와 다른 회사들을 합병해 유에스 철강U.S. Steel Corporation을 설립했다. 모건은 13억 달러(합병된 기업들의 총가치보다 4억 달러가량 높은 금액이었다)어치의 주식과 채권을 팔았고 합병을 조정하는 대가로 1억 5,000만 달러의 수수료를 챙겼다. 하지만 어떻게 모든 주식소유자와 채권소유자에게 배당금을 줄 수 있었을까? 그것은 연방의회로 하여금 외국의 강철을 가로막는 관세를 통과시키도록 함으로써, 경쟁을 막아 톤당 가격을 28달러로 유지함으로써, 20만 노동자를 겨우 가족의 목숨을 부지할 만큼의 임금으로 하루 12시간씩 일하게 만듦으로써 가능한 일이었다.

이런 현상은 모든 산업에서 잇따라 벌어졌다 ― 약삭빠른 유능한 사업가들은 제국을 구축하고 경쟁을 종식시켰으며, 높은 가격을 유지하고, 임금을 억누르고, 정부 보조금을 활용했다. 이들 산업이야말로 '복지국가'의 첫 번째 수혜자였다. 세기 전환기에 이르러, 아메리칸 전화전신회사American Telephone and Telegraph는 전국 전화체계를 독점했고, 인터내셔널 수확기회사International Harvester는 농기구 전체의 85퍼센트를 장악했으며, 다른 모든 산업에서도 자원이 집중되거나 장악됐다. 은행들은 이런 독점산업 다수에 이해관계가 있었기 때문에 각각 서로 다른 기업의 이사회에 참석하는 강력한 기업 중역들의 겸직망interlocking network을 수없이 만들어냈다. 20세기 초 상원의 한 보고서에 따르면, 전성기의 모건은 48개 기업의 이사회에 참석했으며 록펠러는 37개 기업의 이사였다.

한편 미국 정부는 칼 맑스가 묘사했던 자본주의 국가와 거의 똑같이 행동하고 있었다. 질서 유지라는 중립성을 가장하면서 부자들의 이해에 봉사했던 것이다. 부자들이 서로 합의를 이루기만 한 것은 아니었다. 정책을 둘러싸고 논란을 벌이기도 했다. 그러나 국가의 목표는 상층계급의 분쟁을 평화롭게 해결하고 하층계급의 반란을 통제하며 체제의 장기적인 안정을 향상시키는 정책을 채택하는 것이었다. 1877년에 러더퍼드 헤이즈를 당선시킨다는 민주당과 공화당의 합의는 이런 경향을 마무리 지었다. 민주당이나 공화당 어느 쪽이 승리하든, 국가 정책의 중요한 틀은 조금도 변하지 않을 것이었다.

민주당의 그로버 클리블랜드가 대통령에 출마한 1884년, 국민들이 받은 전반적인 인상은 그가 독점과 기업의 권력에 반대하는 반면 제임스 블레인James Blaine을 후보로 내세운 공화당은 부자들을 대변한다는 것이었다. 그러나 클리블랜드가 블레인을 누르고 당선되자 제이 굴드는 그에게 전보를 보냈다. "제 느낌으로는 …… 이 나라의 막대한 기업의 이해관계가 귀하의 손에서 전적으로 안전할 것입니다." 굴드의 느낌이 옳았다.

클리블랜드의 주요 고문 중의 한 명인 윌리엄 휘트니William Whitney는 백만장자이자 기업 고문변호사였는데, 스탠더드 석유회사의 상속녀와 결혼하고 클리블랜드에게 발탁되어 해군장관으로 임명됐다. 휘트니는 즉시 카네기의 공장에서 일부러 높은 가격에 철강을 매입해 '강철 해군'의 구축에 착수했다. 클리블랜드는 자신의 당선으로 기업가들이 두려워할 필요가 전혀 없다고 확신시켰다. "제가 대통령으로 있는 한 정부 정책의 결과로 인해 피해를 입는 기업은 전혀 없을 것입니다. …… 한 당에서 다른 당으로 행정권이 이전된다고 해서 기존 상황에 조금이라도 심각한 혼란이 발생하지는 않을 것입니다."

대통령 선거 자체는 실제 쟁점을 회피했으며, 어떤 정책이 채택되면 누가 이익을 얻고 누가 손해를 보는지 아무도 명확하게 이해할 수 없었다. 인물 됨됨이와 험담, 사소한 이야깃거리 등을 길게 늘어놓음으로써 양당의 기본적인 유사성을 감추는 것은 여느 선거운동과 마찬가지였다. 당대의 날카로운 문필가 헨리 애덤스Henry Adams는 친구에게 선거에 관해 편지를 써보냈다.

우리는 이루 말로 다할 수 없는 우스꽝스러운 정치에 몰두하고 있다네. 매우 중대한 쟁점이 포함되어 있지……. 하지만 우스운 일은 어느 누구도 실제적인 이해관계에 관해 말을 하지 않는다는 거야. 그들은 공통된 합의에 따라 이런 문제는 제쳐두는 것이지. 우리가 이 문제들을 논의하는 게 두려운 거야. 대신에 언론은 클리블랜드 씨가 사생아가 있는지, 정부情婦가 한 명 이상인지 아닌지 등등 우습기 그지없는 논쟁에만 몰두하고 있네.

국고에 어마어마한 잉여금이 있었던 1887년, 클리블랜드는 가뭄 동안 텍사스 농민들이 종자를 구입할 수 있도록 10만 달러의 구제기금을 편성하는 법안에 거부권을 행사했다. 클리블랜드는 "이런 경우에 연방정부가 원조를 하게 되면 …… 정부의 온정적인 배려가 있을 것이라는 기대감을 낳게 해 우리의 국민적 특성인 불굴의 의지를 약화시킵니다"라고 말했다. 그러나 같은 해, 클리블랜드는 잉여금을 지출해 부유한 채권소유자들에게 액면가 100달러의 채권당 28달러씩을 더 지불해 4,500만 달러를 선물로 주었다.

클리블랜드 행정부의 주요 개혁은 미국의 개혁입법의 비밀을 낱낱이 보여준다. 1887년의 주간통상법Interstate Commerce Act은 소비자를 위해 철도회사를 규제한다는 취지였다. 그러나 보스턴앤드메인 철도회사Boston & Maine를 비롯한 여러 철도회사의 고문변호사이자 곧 클리블랜드 행정부의 법무장관에 오르게 될 리처드 올니Richard Olney는 주간통상위원회에 관해 불평하는 철도회사 간부들에게, 위원회를 폐지하는 것은 "철도회사의 입장에서 보더라도" 현명한 일이 아닐 것이라고 말했다. 올니는 이렇게 설명했다.

> 위원회는 …… 철도회사에게 크게 유용한 기구이며 또 그렇게 될 수 있습니다. 위원회는 철도회사에 대한 정부 감독을 요구하는 대중의 아우성을 만족시킬뿐더러 동시에 그 감독은 거의 전적으로 이름뿐인 것입니다……. 위원회를 파괴하기보다는 활용하는 것이 지혜로운 일입니다.

클리블랜드 스스로도 1887년의 연두교서에서 비슷한 주장을 펼치면서 경고를 덧붙였다. "안전하고 세심하며 신중한 개혁의 기회가 이제 주어졌습니다. 혹사당해 성난 사람들이 …… 자신들이 겪은 손해를 급진적이고 전면적으로 정정할 것을 주장할지도 모르는 시기임을 우리 모두 유념해야 합니다."

매슈 조지프슨Matthew Josephson은 남북전쟁 이후 시기에 관한 다채로운 연구서 『정치꾼들The Politicos』에서 클리블랜드의 뒤를 이어 1889~1893년까지 대통령을 지낸 공화당의 벤저민 해리슨Benjamin Harrison에 관해 묘사하고 있다. "벤저민 해리슨은 법률가이자 군인이라는 이중 역할 속에서 철도회사들에 봉사하는 탁월한 역량을 보여줬다. 해리슨은 〔1877년의(지은이)〕 파업 노동자들을 연방법원에 기소했으며 …… 파업 기간에는 중대를 조직해 지휘했다……."

해리슨 재임기에는 또한 개혁을 향한 몸짓이 보이기도 했다. 1890년에 통과된 셔먼 반트러스트법Sherman Anti-Trust Act은 "불법적인 제약에 대해 교역과 통상을 보호하는 법"임을 자임했으며 주간 통상이나 외국무역을 제약하는 "담합이나 음모"를 불법으로 규정했다. 이 법의 작성자인 상원의원 존 셔먼John Sherman은 독점 비판세력을 달랠 필요성을 설명했다. "그들은 과거에도 …… 독점을 경험했으나, 오늘날처럼 거대한 독점을 본 적은 없습니다. 그들의 호소에 관심을 기울이지 않는다면 사회주의나 공산주의, 허무주의의 등장을 보게 될 것입니다. 오늘날의 사회는 일찍이 보지 못했던 세력들에 의해 교란되고 있습니다……."

클리블랜드가 다시 대통령에 당선된 1892년, 유럽에 체류하던 앤드루 카네기는 자신의 철강공장 경영자인 헨리 클레이 프릭Henry Clay Frick으로부터 편지를 한 통 받았다. "해리슨 대통령에게는 미안한 얘기이지만, 행정부가 바뀐다고 해서 우리의 이해관계가 어떤 식으로든 영향을 받지는 않는다고 생각합니다." 1893년의 공황과 경기침체가 불러온 국가적 소요에 직면한 클리블랜드는 워싱턴으로 행진해 온 실업자 시위대인 '콕시의 군대Coxey's Army'를 분쇄하기 위해 군대를 동원했으며, 이듬해에 전국적인 철도파업을 분쇄하는 데도 역시 군대를 이용했다.

한편 대법원은 거무스름한 법복으로 상징되는 공정성의 외양을 띠고 있었지만 사실은 지배 엘리트를 위해 본분을 다하고 있었다. 대통령이 대법원 판사를 임명하고 상원이 비준하는 상황에서 어떻게 대법원이 독립적일 수 있었겠는가? 판사들이 흔히 부유한 변호사를 지냈고 거의 대부분 상층계급 출신인 가운데 어떻게 대법원이 부자와 빈민 사이에서 중립적일 수 있었겠는가? 일찍이 19세기에 대법원은 주간 통상에 대해 연방의 통제를 확립함으로 전국적으로 규제되는 경제를 위한 법적 기반을 마련했으며 계약을 신성시함으로써 법인자본주의를 위한 법적 토대를 세웠다.

1895년 대법원은 셔먼 반트러스트법이 무해한 것이 될 수 있도록 이 법을 해석했다. 대법원은 제당 산업의 독점이 통상상의 독점이 아니라 제조상의 독점이며, 따라서 셔먼 반트러스트법을 통해 연방의회의 규제를 받을 수 없다고 판결했다(미국 정부 대 E. C. 나이트 사 판결U. S. v. E. C. Knight Company). 대법원은 또한 셔먼 반트러스트법은 주간州間 파업(1894년의 철도파업)에 대해서도 적용될 수 있는데, 이런 파업이 통상을 제약하기 때문이라고 지적했다. 또 대법원은 고소득에 대해 높은 세율을 적용하려는 연방의회의 작은 시도를 위헌이라고 선언했다(폴록 대 농민대부신용회사 판결Pollock v. Farmers' Loan & Trust Company). 그 뒤 몇 년간 대법원은 셔먼 반트러스트법은 통상을 제약하는 "불합리한" 결합만을 금지한다고 말하며 스탠더드 석유회사와 아메리칸 담배회사의 독점을 파괴하지 않았다.

1895년에 뉴욕의 한 은행가는 대법원을 위해 축배를 들었다. "신사 여러분, 여러분께 미국 대법원을 바칩니다 — 달러의 수호자이자 사유재산의 옹호자, 약탈의 적, 공화국의 마지막 보루 말입니다."

　헌법 수정조항 14조가 제정된 직후, 대법원은 흑인의 보호수단인 이 조항을 거꾸로 뒤집어 기업의 보호수단으로 발전시키기 시작했다. 그러나 1877년의 한 대법원 판결(먼 대 일리노이 주 판결Munn v. Illinois)은 농민들의 곡물창고 사용료를 규제하는 주법을 승인했다. 곡물창고 회사는 재산을 박탈당하는 측이 개인이므로 "어떤 주도 정당한 법 절차에 의하지 아니하고는 어떤 사람으로부터도 생명, 자유, 또는 재산을 박탈할 수 없다"는 헌법 수정조항 14조의 선언에 위배된다고 주장했다. 대법원은 곡물창고는 단순한 사유재산이 아니라 '공익'을 띤 것이므로 규제될 수 있다고 말하며 회사 측의 주장에 동의하지 않았다.

　이런 판결이 있은 지 1년 뒤, 부자들에게 봉사하는 데 익숙해진 변호사들의 조직인 미국변호사협회American Bar Association에서 대법원 판결을 뒤집기 위한 전국적인 교육 캠페인에 착수했다. 협회 회장단은 여러 차례에 걸쳐 "트러스트가 공산주의적 추세에 대항해 자산가의 이해를 방어하는 무기라면 그것은 바람직하다"라거나 "독점은 종종 필요하며 이익이 되기도 한다"라고 단언했다.

　1886년에 이르러 그들은 성공을 거뒀다. 각 주의회는 분노한 농민들의 압력 아래 철도회사가 농민들에게 부과하는 요금을 규제하는 법률을 통과시킨 바 있었다. 그해 대법원(워배시 대 일리노이 주 판결Wabash v. Illinois)은 주는 이런 조치를 취할 수 없으며 이것은 연방 권한에 대한 침해라고 말했다. 그해에만도 대법원은 기업을 규제하려는 목적으로 통과된 230개의 주법을 폐지시켰다.

　이 무렵이면 대법원은 기업이 '인격체person'이며 기업의 돈은 헌법 수정조항 14조의 정당한 법 절차에 의해 보호된다는 주장을 이미 받아들인 상태였다. 헌법 수정조항은 흑인의 권리를 보호하기 위해 통과된 것이었겠지만, 1890~1910년 사이에 대법원에 올라온 헌법 수정조항 사건 가운데 19건이 흑인 문제였고, 기업 관련 사건이 288건이었다.

대법원 판사들은 헌법의 해석자만은 아니었다. 그들은 일정한 배경과 이해관계를 가진 사람들이었다. 대법원 판사 가운데 한 명(새뮤얼 밀러Samuel Miller 판사)은 1875년에 이렇게 말한 바 있다. "철도회사나 모든 형태의 연합자본 밑에서 변호인으로 40년 동안 법정에 서 왔던 판사들과 싸운다는 것은 헛된 일이다……." 1893년 대법원 판사 데이비드 J. 브루어David J. Brewer는 뉴욕 주 변호사협회New York State Bar Association에서 이렇게 연설했다.

> 공동체의 부가 몇 사람의 수중에 있게 되리라는 것은 불변의 법칙입니다…… 대다수의 사람들은 부의 축적을 가능케 하는 오랫동안의 금욕과 저축을 감내하려 하지 않으며 …… 따라서 국가의 부가 소수에게 집중되고 대다수의 사람들은 하루하루의 고된 노동의 결실에 의존해 살아가는 일은 항상 진리였으며, 인간 본성이 변하지 않는 한 앞으로도 진리일 것입니다.

이는 1880년대와 1890년대의 일시적인 생각에 불과한 것이 아니었다 — 『블랙스톤의 영국법 주석Blackstone's Commentaries』의 시대에 법률을 배웠던 건국의 아버지들로까지 거슬러 올라가는 것으로, 이 책에서는 이렇게 말했다. "사유재산에 대한 법의 배려는 너무나도 절대적인 것이어서 최소한의 위반도 인정하지 않을 것이다. 설령 공동체 전체의 공동선을 위한 것일지라도 마찬가지이다."

현대의 지배는 무력이나 법률 이상의 것을 필요로 한다. 지배를 위해서는 도시와 공장에 위험하게 집중된 채 반란의 원인으로 가득한 삶을 살아가는 국민들에게 모든 것이 지금 모습 그대로 올바르다는 점을 가르쳐야만 한다. 따라서 학교와 교회, 대중문학은 부자가 된다는 것이 우월함의 징표이고 가난은 개인적 실패의 징표이며, 가난한 사람이 신분상승할 수 있는 유일한 길은 비상한 노력과 특별한 행운을 통해 부자들의 대열에 올라가는 것뿐이라고 가르쳤다.

남북전쟁 이후 시기에 예일 법대를 졸업한 성직자로 베스트셀러 책을 여러 권 펴낸 러셀 콘월Russell Conwell은 '다이아몬드의 땅Acres of Diamonds'이라는 똑같은 강연을 전국 곳곳에서 5천 번이나 해서 모두 합하면 수백만 명을 상대로 한 셈이었다. 콘월의 메시지는 열심히 노력만 하면 누구든지 부자가 될 수 있으며 눈을 크게 뜨고 살펴보기만 하면 어느 곳이든 '다이아몬드의 땅'이라는 것이었다. 한 예로,

> 여러분은 부자가 되어야 하고 그것이야말로 여러분의 의무라고 저는 말하겠습니다……. 부자가 된 사람들은 이 사회에서 여러분이 찾을 수 있는 가장 정직한 사람들입니다. 분명히 말해 …… 미국의 부자 100명 가운데 98명은 정직합니다. 정직함이야말로 그들이 부자인 이유입니다. 정직함이야말로 그들이 돈을 가진 이유인 것입니다. 또 정직하기 때문에 거대한 기업을 가지고 함께 일할 많은 사람들을 찾는 것입니다. 다름 아닌 정직한 사람이기 때문입니다……. …… 저는 가난한 사람들을 동정하지만 정말 동정을 보내야 할 가난한 사람은 한 줌밖에 되지 않습니다. 하나님께서 벌한 죄 지은 사람에게 동정을 보낸다 함은 …… 그릇된 행동입니다……. 미국의 빈민 한 사람 한 사람은 모두 자신의 결함 때문에 가난해진 것입니다…….

콘월은 템플 대학의 설립자이기도 했다. 록펠러 역시 전국 각지 대학의

기증자였고 시카고 대학의 설립을 도왔다. 센트럴퍼시픽 철도회사의 헌팅턴 Collis Huntington은 햄프턴 기술대학Hampton Institute과 터스키기 기술대학 Tuskegee Institute 등 두 흑인대학에 돈을 기부했다. 카네기는 대학과 도서관들에 돈을 기부했다. 존스홉킨즈 대학은 한 백만장자 상인이 설립한 것이었고, 코넬리어스 밴더빌트Cornelius Vanderbilt, 에즈라 코넬Ezra Cornell, 릴랜드 스탠퍼드Leland Stanford, 제임스 듀크 등의 백만장자는 자신들의 이름을 딴 대학을 창설했다.

부자들은 이런 식으로 자신들의 막대한 수입의 일부를 기부함으로써 박애주의자로 알려지게 됐다. 이들 교육기관은 체제에 대한 반감을 고무하지 않았다. 대학들은 체제가 안정적으로 돌아가게 만들고 문젯거리에 대한 충실한 완충제가 되는 대가로 보수를 받는, 미국 체제의 중간층 — 교사, 의사, 변호사, 행정관리, 기술자, 전문가, 정치인 — 을 양성했다.

한편 공립학교 교육의 확산은 숙련, 반숙련 노동자 전체 세대에 읽기와 쓰기, 산수 학습을 가능하게 함으로써 새로운 산업시대의 교육받은 노동력을 만들어 냈다. 이들이 권위에 대한 복종을 배우는 일은 중요한 것이었다. 한 언론인은 1890년대의 학교를 관찰하면서 이렇게 썼다. "교사의 불친절한 태도는 놀랄 정도로 명백하다. 교사의 뜻에 완전히 복종하는 학생들은 한 치의 미동도 없이 조용히 앉아 있으며, 교실의 고상한 분위기는 축축하고 냉랭하다."

일찍이 1859년에 매사추세츠 교육위원회 서기는 노동자들을 교육시켜야 한다는 로웰 읍 공장주들의 바람을 설명한 바 있다.

> 공장주들은 노동자들의 사고력에 대해 다른 어떤 계급이나 업자들보다 더 관심이 많다. 노동자들이 잘 교육받고 공장주들이 공정하게 대우할 의향이 있을 때 논쟁과 파업은 결코 일어날 수 없으며, 대중의 마음 역시 선동가들에 휘말려

편견을 갖거나 일시적이고 당파적인 관심사에 지배당하지 않을 것이다.

조엘 스프링Joel Spring은 『교육과 법인형 국가의 발흥Education and the Rise of the Corporate State』에서 이렇게 말하고 있다. "19세기 교실에서 이루어진 공장식 체제의 발전은 우연한 일이 아니었다."

윌리엄 배글리William Bagley의 『학급 운영Classroom Management』이 표준적인 교사 양성을 위한 교재가 되어 30판이나 거듭 인쇄된 20세기까지 이런 상황은 계속 이어졌다. 배글리의 말을 들어보자. "교육이론을 올바르게 연구하는 사람은 교실이라는 기계적인 일상 속에서 교육의 힘이 아이들을 작은 야만인에서 문명사회의 삶에 적합한 법과 질서의 인간으로 서서히 변화시키는 것을 볼 수 있다."

중고등학교가 산업체제의 보조물로 발전하고 애국심을 양성하기 위해 역사과목이 교과과정에서 크게 요구된 시기가 바로 19세기 후반이었다. 교사들의 교육적, 정치적 자질을 통제하기 위해 충성선서, 교사자격증, 시민권이라는 자격요건이 도입됐다. 또한 19세기 후반에는 ─교사가 아니라─ 학교 관리들이 교과서를 좌지우지할 수 있었다. 각 주에서 통과된 법률은 특정한 종류의 교과서를 금지했다. 예를 들어 아이다호와 몬태나 주에서는 '정치적' 교의를 선전하는 교과서를 금지했으며, 다코타 준주에서는 학교 도서관에 '당파적인 정치 소책자나 책자'를 보유해서는 안 된다고 규정했다.

정통 교의와 복종을 위한 지식 및 교육의 이런 거대한 조직화에 대항해 불만과 항의를 담은 문헌들이 등장했으나, 이 책자들은 커다란 장애물에 부딪쳐 일일이 독자를 찾아 다녀야만 했다. 필라델피아의 빈민 가정 출신으로 독학으로 공부한 노동자였던 헨리 조지Henry George는 신문기자 및 경제학자가 되어 1879년에 책을 한 권 출간했는데, 이 책은 미국뿐만 아니라 전 세계적으로 수백만 부가 팔렸다. 『진보와 빈곤Progress and Poverty』에서 헨리 조지는 부의 근원은 토지인데 토지가 독점되고 있으므로, 다른 모든 세금을 폐지하고 토지에 대한 단일세만을 두면 빈곤 문제를 해결하기에 충분한 세입을 얻을뿐더러 국가의 부를 균등하게 만들 수 있다고 주장했다. 독자들이 그의 해결책에 설득되지 않았을지도 모르지만 자신들의 삶 속에서 그의 관찰이 정확하다는 것을 알 수 있었다.

> 부가 크게 증가하고 안락함과 여가, 교양이 평균적으로 상승되었다 하더라도, 이런 증가가 일반적인 것은 아니다. 최하층계급은 이 증가에서 아무것도 누리지 못한다……. 진보와 빈곤의 이런 결합은 우리 시대의 가장 큰 수수께끼이다……. 모호하지만 전반적인 실망감이 존재했으며 노동계급들 사이에서는 비통함이 늘어나고 소요와 그림자처럼 다가오는 혁명의 정서가 널리 퍼져 있었다……. 문명세계는 바야흐로 거대한 움직임에 직면해 떨고 있다. 그 움직임은 이제껏 꿈꾸지 못한 길을 열어젖히는 위로의 도약이든가 우리 모두를 야만상태로 몰고 갈 아래로의 추락일 것이다…….

경제 및 사회 체제에 대한 다른 종류의 문제 제기는 매사추세츠 서부의 변호사이자 작가인 에드워드 벨라미Edward Bellamy로부터 나왔는데 단순하지만 흥미를 자아내는 언어로 쓴 『뒤를 돌아보며Looking Backward』라는 소설에서 작가는 2000년에 잠에서 깨어나 사람들이 협동적으로 노동하고 생활하는 사회주의 사회를 보게 된다. 사회주의 사회를 생생하고 사랑스럽게 묘사하는 『뒤를 돌아보며』는 몇 년 만에 100만 부가 팔렸으며, 이 꿈을 현실화하려고 노력하는 100여 개 집단이 전국적으로 조직됐다.

정부와 기업, 교회, 학교 등이 국민들의 사고를 통제하기 위해 불굴의 노력을 기울였지만 수백만 미국인이 기존 체제를 격렬하게 비판하고 가능한 다른 삶의 방식을 숙고할 준비가 되어 있었다. 1880년대와 1890년대에 전국을 휩쓴 노동자, 농민의 거대한 운동은 이 점에서 그들에게 많은 도움이 됐다. 이 운동들은 1830~1877년 시기의 산발적인 파업과 소작인 투쟁을 능가했다. 그것은 전국적인 운동이었으며 과거 어느 때보다도 지배 엘리트에게 위협적이고 무서운 인상을 줬다. 당시는 미국 주요 도시에 혁명 조직들이 존재하며 혁명적인 논의가 무성한 때였다.

1880년대와 1890년대에는 유례를 찾아볼 수 없을 정도로 많은 이주민이 유럽으로부터 쏟아져 들어오고 있었다. 그들 모두는 가난한 이들이 으레 겪는 비참한 항해를 거쳐 왔다. 이제 아일랜드와 독일 출신 이민자보다는 이탈리아인, 러시아인, 유대인, 그리스인이 더 많았다―남유럽과 동유럽에서 온 이들은 앞선 이민자들보다 토박이 앵글로색슨 사람들에게 훨씬 더 이질적이었다.

보헤미아계 신문인『조화*Svornost*』1880년 2월 27일자에 실린 한 기사는 각기 다른 인종 집단의 이민이 어떻게 노동계급의 분절화에 이바지했는가, 또 똑같이 어려운 처지에 직면한 집단들 사이에 어떻게 갈등이 야기됐는가를 보여준다. 해당 학군 납세자의 절반 이상이 서명한 뉴욕 스룹 초등학교 258명의 부모와 후견인의 청원서는 이렇게 말했다고 한다. "본 청원자들은 독일인 시민이 공립학교에서 독일어를 배울 수 있는 것처럼 보헤미아인 역시 보헤미아어를 배울 수 있도록 요청할 권리가 있습니다……. 이에 반대해 포케Vocke 씨는 독일인과 보헤미아인 간에는 엄청난 차이가 있다고, 다시 말해 독일인이 더 우월하다고 주장하고 있습니다."

처음 미국에 도착했을 당시 자신들에게 표출됐던 증오를 여전히 잊지 않고 있던 아일랜드인들은 그들의 표를 원한 새로운 정치기구에서 일자리를 얻기 시작했다. 경찰관이 된 사람들은 새로운 유대인 이민자들과 마주쳤다. 뉴욕의 유대인 지역에서 저명한 유대교 랍비의 대규모 장례식이 열린 1902년 1월 30일, 유대인들이 자신들의 구역을 침범하는 데 분노한 아일랜드인들이 폭동을 일으켰다. 경찰은 대부분 아일랜드인이었고, 폭동에 대한 공식 조사내용은 경찰이 폭동자 편을 들었음을 보여준다. "…… 정당한 이유 없이 잔인하기 그지없게 곤봉세례를 퍼부은 책임은 경찰에게 있었던 듯하지만 결국 경찰관들은 문책을 당하거나 하루 급료분의 벌금을 받았을 뿐 직위는 계속 유지했다."

새로운 이민자들 간에 필사적인 경제적 경쟁이 벌어졌다. 1880년경, 비참한 임금으로 고된 노동을 시키려고 철도회사들이 유입한 중국인 이민자들은 캘리포니아에서 7만 5,000명에 이르렀는데, 거의 전체 주민의 10분의 1에 해당하는 수였다. 중국인들은 잇따른 폭력의 희생물이 됐다. 소설가 브렛 하트Bret Harte는 완 리Wan Lee라는 중국인의 부고를 썼다.

> 죽었다, 존경하는 벗들이여, 그가 죽었다. 서기 1869년 샌프란시스코 거리에서 아직 어린 소년들과 기독교 학교 학생들로 이루어진 폭도들의 돌에 맞아 목숨을 거뒀다.

1885년 여름 와이오밍 주 록스프링즈Rock Springs에서는 백인들이 500명의 중국인 광부들을 습격해 28명을 잔인하게 학살했다.

새로운 이민자들은 막노동자, 집 칠장이, 석수, 도랑 파는 인부 등이 됐다. 종종 계약업자들이 대규모로 이민자들을 유입했다. 코네티컷으로 철도 일을 하러 갈 것이라는 말을 듣고 온 한 이탈리아 남자는 대신 남부의 황산염 광산으로 보내졌으며 막사와 광산에서 동료들과 함께 무장 경비대의 감시를 받으면서 철도 요금과 작업도구 값을 치르고 입에 풀칠이나 할 정도의 임금을 받았다. 그와 동료들은 달아나기로 결심했다. 총부리 앞에 사로잡힌 그들은 일하거나 죽거나 중에서 선택하라는 말을 들었다. 그들은 여전히 이것을 거부해 수갑을 찬 채 재판정에 섰고, 결국 미국 땅에 도착한 지 5개월 만에 추방됐다. "내 동지들은 뉴욕행 기차를 탔다. 수중에 1달러밖에 없었던 나는 지리나 언어를 전혀 모르는 채로 뉴욕까지 걸어가야 했다. 42일 만에 완전히 탈진한 채 뉴욕에 도착했다."

때로 그들의 처지는 반란을 낳았다. 당대의 한 목격자는 "뉴저지 주 딜 호수Deal Lake 인근 지역에서 일하던 몇몇 이탈리아인이 임금을 받지 못하자 계약업자를 붙잡아 오두막집에 가둬 군郡 보안관이 민병대를 대동하고 구출하러 올 때까지 죄수 취급을 했다"고 말한다.

본국에서 생활고에 허덕이는 부모와 계약을 맺거나 단순히 납치를 하는 등 어린 이주민 막노동자를 인신매매하는 일이 다반사였다. 어린이들은 일종의 노예제 상태에서 '십장padrone'의 감독을 받았으며, 때로는 악기를 손에 들고 거지로 길에 나섰다. 어린 거지 떼가 뉴욕과 필라델피아의 거리를 배회했다.

이민자들은 귀화해 미국 시민이 되면서 점차 미국의 양당제도로 편입되어 두 당 중 하나에 충성할 것을 권유받았고 그들의 정치적 에너지는 선거로 흡수됐다. 1894년 11월 『이탈리아L'Italia』에 실린 한 기사는 이탈리아인들에게 공화당을 지지할 것을 호소했다.

> 외국에서 태어난 미국 시민이 공화당에 줄서기를 거부한다 함은 자신들의 복지를 상대로 전쟁을 벌이는 것이다. 공화당은 구세계 사람들이 몸을 바쳐 싸웠던 모든 대의를 대표한다. 공화당은 자유와 진보, 법과 질서의 옹호자이다. 공화당은 군주제적 계급지배에 맞서는 확고한 대항자이다.

1880년대에 550만, 1890년대에는 400만 명의 이민자가 들어와 노동력의 과잉상태를 만들었고 그로 인해 임금은 계속 낮은 수준을 유지했다. 이민자들은 토박이 노동자보다 통제가 수월하고 무기력했다. 그들은 문화적으로 뿌리가 뽑힌 사람들이었고 서로 사이가 좋지 않았으며, 따라서 파업파괴자로 유용했다. 종종 이민자들의 아이들까지 일을 했기 때문에 노동력 포화상태와 실업 문제는 더욱 악화되었다. 1880년 당시 미국에서 16세 미만 어린이 111만 8,000명(여섯 명에 한 명꼴)이 노동을 했다. 모두가 오랜 시간 동안 일을 했기 때문에, 종종 가족들끼리도 서로를 알지 못했다. 모리스 로젠펠드Morris Rosenfeld라는 바지 다림공이 쓴 「내 아들My Boy」이라는 시는 인쇄를 거듭해 널리 낭송됐다.

집에 꼬마 녀석이 하나 있네,
귀여운 어린 아들,
때로는 세상이 내 것이라고 생각하네
그놈, 하나뿐인 아들놈 속에 들어 있는…….

동이 트기 전에 일터로 나가
밤이 되어야 자유의 몸이 되니
내 자식 눈에 나는 이방인
내 눈에 자식은 이방인…….

이민 여성들은 하인이나 매춘부, 가정주부, 공장 노동자, 그리고 때로는 반란자가 됐다. 리오노라 배리Leonora Barry는 아일랜드에서 태어나 미국으로 건너왔다. 배리는 결혼을 했고, 남편이 죽자 어린 세 아이를 부양하기 위해 뉴욕 주 북부의 양말공장에 일자리를 얻어 첫 주에 65센트를 벌었다. 배리는 노동기사단에 가입했는데, 1886년 당시 노동기사단에는 5만 명의 여성단원과

192개의 여성 모임이 있었다. 배리는 927명의 여성으로 구성된 모임의 '조합장master workman'이 됐고 기사단의 총감독관에 임명되어 "여성 노동자들의 곤궁과 궁핍에 관해 자매 근로여성들과 일반 대중을 교육시켰다." 배리는 여성 노동자들이 처한 가장 큰 문제를 이렇게 묘사했다. "오랜 세월 동안 참기만 한 결과, 여성들은 아무 희망도 보이지 않는 삶에 대해 비관적인 시각을 가진 채, 주어지는 어떤 조건도 의문 없이 순종적으로 받아들이는 습성을 제2의 본성으로 얻게 됐다." 1888년에 배리가 제출한 보고서를 보면 여성 조직화를 도와달라는 요청이 537건, 도시와 읍 방문이 100회, 전단 배포가 1,900회였다.

1884년 섬유 노동자와 모자 제조공들로 이루어진 여성 모임에서 파업을 벌였다. 이듬해 뉴욕에서는 망토 및 셔츠 제조공 남녀가 (집회는 따로 가지지만 행동은 함께 하면서) 파업에 들어갔다. 뉴욕『월드World』는 이를 가리켜 "빵과 버터를 위한 반란"이라 불렀다. 노동자들은 임금인상과 노동시간 단축을 쟁취했다.

그해 겨울 용커스Yonkers에서는 몇몇 카펫직조공 여성이 노동기사단에 가입했다는 이유로 해고됐고, 2월의 추위 속에 2,500명의 여성이 일손을 놓고 파업파괴자들이 들어오지 못하게 공장을 감시했다. 그 중 700명만이 노동기사단 단원이었지만, 얼마 지나지 않아 파업 노동자 전원이 기사단에 가입했다. 경찰이 파업보호선[20]을 습격해 노동자들을 체포했지만, 배심원단은 무죄를

---

20) picket line: 노동조합 등에서 쟁의행위를 할 때 파업파괴자를 감시하고 이들이 파업 중에 불법 조업을 위해 작업장에 몰래 들어가는 것을 막기 위해 설치하는 것이다. 우리나라에서는 '파업' 하면, 보통 공장 한 귀퉁이에서 집회를 하거나 그조차도 전투경찰에 진압당해 공장 바깥의 대학교나 거리를 전전하며 파업의 대의를 선전하는 장면이 연상되는 데 반해, 서구에서는 파업보호선을 설치하는 것이 당연한 권리이자 필수적인 행동으로 인식되고 있다.

11. 악덕 자본가들과 반란자들 | 459

평결했다. 뉴욕 시 전역의 노동조합에서 2,000명의 대표단이 참석한 가운데 무죄방면된 노동자들을 환영하는 대규모 만찬이 열렸다. 파업은 6개월 동안 지속됐고, 여성들은 요구사항의 일부를 관철시킨 채 일자리로 되돌아갔지만, 노동조합은 인정받지 못했다.

셀 수 없이 많은 이런 투쟁에서 놀라운 점은 파업 노동자들이 원하는 모든 것을 쟁취하지 못했다는 사실이 아니라 그토록 커다란 역경을 뚫고 감히 저항했으며 패배하지 않았다는 사실이다.

아마도 이 시기에 혁명적인 운동의 성장을 자극한 것은, 일상적인 투쟁으로는 충분치 않으며 근본적인 변화가 필요하다는 사실에 대한 인식이었을 것이다. 1877년에 결성된 사회주의노동당Socialist Labor party은 규모도 작고 내부 논쟁으로 분열되기까지 했지만, 외국인 노동자들을 노동조합으로 조직하는 데 일정한 영향을 끼쳤다. 뉴욕에서는 유대인 사회주의자들이 조직을 결성해 신문을 펴냈다. 시카고에서는 독일계 혁명가들이 앨버트 파슨즈 같은 토박이 급진주의자들과 함께 사회혁명주의Social Revolutionary 클럽들을 결성했다. 1883년 피츠버그에서는 무정부주의자들의 대회가 개최됐다. 대회는 선언문을 작성했다.

…… 모든 법률은 노동대중에 반하는 것이다……. 학교조차 부유층 자식들에게 계급지배를 유지하는 데 필요한 자질을 부여한다는 목적에만 봉사하고 있다. 빈민층의 아이들은 형식적인 기초 교육조차도 거의 받지 못하며, 이런 교육 역시 주로 편견과 교만, 굴종, 즉 지각의 부족을 낳는 경향이 있는 과목들로 이루어져 있다. 교회는 마침내 대중을 완벽한 백치로 만들어 가공의 천상을 약속함으로써 지상의 낙원을 포기하도록 독려하고 있다. 다른 한편, 자본주의 언론은 공적 생활에서 정신의 혼란을 조장한다……. 따라서 노동자들은 기존

체제에 맞선 자신들의 싸움에서 어떤 자본주의 당파로부터도 도움을 기대할 수 없다. 노동자들은 자기 자신의 노력으로 자신들의 해방을 달성해야만 한다. 이전 시대에 그러했듯이, 특권 계급은 결코 폭정을 그만두려 하지 않으며 이 시대의 자본가들이 외부로부터의 강제 없이 자신들의 지배를 포기할 것이라고 기대할 수도 없다…….

선언문은 "성별이나 인종의 구분 없이 모두에게 동등한 권리"를 줄 것을 요구했다. 『공산당선언』을 인용하기도 했다. "만국의 노동자여, 단결하라! 노동자가 잃을 것은 족쇄뿐이요, 얻을 것은 전 세계이다!"

시카고에서 새롭게 조직된 국제노동자협회International Working People's Association는 5,000명의 회원을 보유하고 5개 언어로 신문을 발간했으며 대규모 시위와 행진을 조직하고 파업 지도를 통해 시카고 중앙노동조합Central Labor Union of Chicago에 속한 22개 노동조합에 강력한 영향을 끼쳤다. 이 모든 혁명주의 집단들 사이에는 이론상의 차이점이 있었지만 이론가들은 종종 노동자 투쟁의 실질적 요구 아래 한데 뭉쳤다. 1880년대 중반에는 이런 일이 다반사였다.

1886년 초반, 텍사스앤드퍼시픽 철도회사에서 노동기사단 지구의 지도자를 해고한 일 때문에 일어난 파업은 서남부 전역으로 확산되어 세인트루이스와 캔자스시티까지 교통이 두절됐다. 뉴올리언즈에서 연방 보안관으로 채용되어 회사 자산을 보호하기 위해 텍사스로 파견된 9명의 젊은이는 파업에 관해 알게 되어 일을 그만두면서 이렇게 말했다. "우리가 아무리 먹을 빵이 필요하더라도, 사나이로서 우리 동료 노동자들의 입에 들어갈 빵을 빼앗아 먹을 수는 없는 노릇이다." 그들은 일을 거부했고 회사를 기만한 죄로 체포되어 갤버스턴Galveston 군郡감옥에서 3개월을 살았다.

파업 노동자들은 설비를 파괴하기도 했다. 캔자스 주 애치슨Atchison에서 날아온 급보를 보면,

> 오늘 아침 12시 45분, 미주리퍼시픽 철도Missouri Pacific 기관차고의 경비원들이 복면을 뒤집어쓴 35명에서 40명 정도의 습격을 받았다. 방문객 한 조가 경비원들을 권총으로 위협해 석유 창고로 몰아넣는 동안 …… 나머지 괴한들은 차고에 있던 기관차 12량을 완전히 못쓰게 만들어 놓았다.

4월에는 이스트세인트루이스에서 파업 노동자들과 경찰 간에 전투가 벌어졌다. 7명이 경찰에게 살해되자 노동자들은 루이빌앤드내시빌 철도회사 Louisville & Nashville의 화물차량기지를 불태웠다. 주지사는 계엄령을 선포하고 700명의 주방위군을 파견했다. 수많은 노동자가 체포되고 보안관과 보안관보補의 폭력적인 침탈을 당했지만 철도노동조합Railway Brotherhoods의 숙련고임금 노동자들은 파업 노동자들을 전혀 지지하지 않았다. 파업 노동자들은 더 이상 버틸 수 없었다. 몇 달 뒤 파업 노동자들은 굴복했고 많은 수가 블랙리스트에 올랐다.

1886년 봄에 이르면 8시간 노동을 위한 운동은 이미 성장해 있었다. 5월 1일, 이제 5년째로 접어든 미국노동연맹은 8시간 노동을 거부하는 모든 공장에서 전국적인 파업을 벌일 것을 호소했다. 노동기사단 단장 테런스 파우덜리 Terence Powderly는 우선 고용주와 피고용인을 상대로 8시간 노동에 대해 교육을 해야 한다고 말하며 파업에 반대했지만, 노동기사단의 모임들은 파업 계획을 세웠다. 기관사노동조합Brotherhood of Engineers의 위원장grand chief은 "두 시간 덜 일하면 두 시간 더 빈둥빈둥 돌아다니고 두 시간 더 술을 마시게 된다"고 말하며 8시간 노동에 반대했지만, 철도 노동자들은 위원장의 말에

동의하지 않고 8시간 노동제 운동을 지지했다.

그리하여 전국 1만 1,562개 공장에서 35만 명이 파업에 돌입했다. 디트로이트에서는 1만 1,000명의 노동자가 8시간 노동제 행진을 벌였다. 뉴욕에서는 2만 5,000명이 브로드웨이를 따라 횃불 행진을 벌였는데 제빵공노동조합Bakers' Union의 3,400명이 행렬의 선두에 섰다. 시카고에서는 4만 명이 파업을 벌였고, 4만 5,000명이 파업 예방조치로 노동시간 단축을 얻어냈다. 시카고의 모든 철도가 운행을 멈췄고 대부분의 산업이 마비됐다. 가축수용소 역시 문을 닫았다.

시카고 사업가들이 결성한 '시민위원회Citizens' Committee'는 매일 회동을 갖고 전략을 짰다. 주 민병대가 이미 소집된 상태였고, 경찰이 만반의 준비를 갖추었으며, 시카고『메일Mail』5월 1일자는 국제노동자협회의 무정부주의 지도자인 앨버트 파슨즈와 오거스트 스파이즈August Spies를 감시할 것을 촉구했다. "한시도 그들에게서 눈을 떼어서는 안 된다. 어떤 문제가 발생하든 그들에게 책임을 지워라. 문제가 발생하면 그들을 본보기로 삼아라."
일찍이 1885년 가을, 22개 노조로 구성된 중앙노동조합은 파슨즈와 스파이즈의 지도 아래 격렬한 결의안을 채택한 바 있었다.

> 우리는 임금소득 계급에게 착취자에 맞서 효과를 발휘할 수 있는 유일한 주장, 즉 폭력을 펼치기 위해 스스로 무장하라고 긴급히 호소할 것을 결의하며, 비록 8시간 노동제의 도입으로 기대할 것은 거의 없지만, 이 계급투쟁을 통해 뒤처진 형제들이 우리 공동의 압제자와 귀족 깡패, 착취자들에 대한 공공연하고 결연한 전선을 보여주는 한 가능한 모든 수단과 힘을 동원해 그들을 도울 것을 굳게 약속하겠다고 결의하는 바이다. 우리의 표어는 "인류의 적들에게 죽음을"이다.

5월 3일, 파슨즈와 스파이즈를 시카고『메일』에서 암시("문제가 발생하면 그들을 본보기로 삼아라")한 바로 그 위치에 놓게 될 일련의 사태들이 벌어졌다. 그 날, 파업 노동자와 동조자들이 파업파괴자들과 싸우고 있던 매커믹 수확기 공장McCormick Harvester Works 앞에서 경찰이 현장에서 도망치는 파업 노동자들에게 발포해 다수에게 부상을 입히고 4명을 살해했다. 이에 격분한 스파이즈는『노동자신문Arbeiter-Zeitung』인쇄소로 가서 영어와 독일어로 된 전단을 인쇄했다.

복수를!

노동자여, 무기를 들라!!
여러분은 오랫동안 비천하기 짝이 없는 굴욕을 감내해 왔다. …… 여러분은 죽도록 일만 했으며 …… 자식들을 공장주에게 희생물로 바쳤다 — 다시 말해 이 모든 세월 동안 비참하고 굴종적인 노예였던 것이다. 왜 그랬는가? 게으른 도적 주인들의 한없는 탐욕을 만족시키려고? 저들의 금고를 가득 채워 주려고? 이제 여러분이 짐을 덜어 달라고 저들에게 요구하자, 저들은 사냥개를 풀어 총을 쏘아 여러분을 죽였다!
…… 무기를 들라고 호소한다, 무기를 들라고!

5월 4일 헤이마킷 광장Haymarket Square에서 집회가 소집되어 약 3,000명이 모였다. 집회는 조용하게 진행됐고 먹구름이 몰려오고 시간이 늦어지면서 군중들은 몇 백 명으로 줄어들었다. 180명의 경찰 파견대가 나타나 연단으로 다가가서 군중을 해산시키라고 명령했다. 연사는 집회가 거의 끝나간다고 말했다. 그 때 경찰 대열 한가운데서 폭탄이 터졌고, 경관 66명이 부상을 입어 그 중 7명은 결국 죽었다. 경찰은 군중들에게 총을 쏘아 몇 명을 살해하고

헤이마킷

1886년 5월 15일자『하퍼즈 위클리*Harper's Weekly*』에 실린 헤이마킷 사건의 삽화이다. 이 그림은 경찰이 앞으로 나서는 가운데 노동자들이 총을 쏘고 급진주의자들이 선동을 계속했다는 식으로 잘못된 내용을 전달하고 있다.

200명에게 부상을 입혔다.

누가 폭탄을 던졌는지 아무런 증거가 없었지만 경찰은 시카고에서 8명의 무정부주의 지도자를 체포했다. 시카고『저널』은 이렇게 보도했다. "판사는 체포된 무정부주의자들을 신속하게 다뤄야 한다. 이 주에서는 종범從犯에 관한 법률이 극히 명백하므로 재판은 짧게 끝날 것이다." 일리노이 주법은 살인을 선동한 행위는 살인죄에 해당한다고 되어 있었다. 8명의 무정부주의자에게 적용된 증거는 그들의 사상과 글이었다. 폭탄이 터질 때 연설을 하고 있던

11. 악덕 자본가들과 반란자들 | 465

필든Samuel Fielden을 제외하고는 어느 누구도 그날 헤이마킷 광장에 있지 않았다. 배심원단은 유죄를 평결했고 판사는 사형을 선고했다. 항소는 기각됐다. 주 대법원에서 자신의 관할이 아니라고 말한 것이다.

이 사건은 국제적인 흥분을 불러일으켰다. 프랑스, 네덜란드, 러시아, 이탈리아, 스페인 등지에서 집회가 열렸다. 런던에서는 조지 버나드 쇼George Bernard Shaw, 윌리엄 모리스William Morris, 페체르 크로포트킨Peter Kropotkin 등이 후원한 항의집회가 열렸다. 쇼는 일리노이 주 대법원이 8명의 항소를 기각한 데 대해 자신만의 독특한 방식으로 일침을 놓았다. "만약 세상 사람 가운데 8명이 없어져야 한다면, 일리노이 주 대법원의 판사 8명이 없어지는 편이 나을 것이다."

재판이 있은 지 1년 뒤, 유죄판결을 받은 무정부주의자 가운데 4명— 인쇄공 앨버트 파슨즈, 가구공 오거스트 스파이즈, 아돌프 피셔Adolph Fischer, 조지 엥겔George Engel — 이 교수형에 처해졌다. 스물한 살의 목수 루이스 링Louis Lingg은 감방에서 다이너마이트를 입에 문 채 터뜨려 자살했다. 3명은 그대로 수감되어 있었다.

사형집행은 전 국민을 분노하게 만들었다. 시카고에서는 2만 5,000명이 참석한 가운데 장례행렬이 벌어졌다. 무정부주의자 행세를 했지만 사실은 경찰의 앞잡이, 즉 끄나풀agent provocateur인 루돌프 슈나우벨트Rudolph Schnaubelt 라는 남자가 돈을 받고 폭탄을 던져 수백 명을 체포하게 함으로써 시카고 혁명운동 지도부를 파괴했다는 몇몇 증거가 제시됐다. 그러나 오늘날까지도 누가 폭탄을 던졌는지는 밝혀지지 않았다.

이 사건이 불러일으킨 즉각적인 결과는 급진운동에 대한 탄압이었지만, 장기적인 효과는 많은 사람들에게 계급적 분노를 생생하게 만들고 다른 사람들—특히 그 세대 젊은이들—에게는 혁명적 대의를 위해 행동하도록 영감을 준 것이었다. 신임 일리노이 주지사 존 피터 올트겔드John Peter Altgeld는 6만 명이 서명한 청원서를 받고 사건을 조사한 뒤 당시 벌어진 일을 비난하고는 남은 3명의 죄수를 사면했다. 해가 지날수록 전국 곳곳에서 헤이마킷 순교자들을 추모하는 집회가 열렸다. 헤이마킷 사건Haymarket Affair으로 정치적 각성을 얻은 사람들 — 다음 세대에 오랫동안 완강한 혁명가의 삶을 산 에마 골드먼Emma Goldman, 알렉산더 버크먼Alexander Berkman 등 — 의 수는 헤아리기가 힘들 정도이다.

(1968년에 이르기까지 헤이마킷 사건은 생생하게 살아 있었다. 그해 시카고의 한 젊은 급진주의자 집단은 오래 전부터 당시 폭발로 사망한 경찰관을 기념하기 위해 세워져 있던 기념탑을 폭파시켰다. 그 무렵 시카고의 반전운동 지도자 8명에 대한 재판은 언론과 집회, 문헌을 통해 사상을 이유로 재판을 받은 최초의 '시카고의 8인Chicago Eight'의 기억을 불러일으켰다.)

헤이마킷 사건 이후, 파업과 공장폐쇄, 블랙리스트 작성, 파업을 무력으로 분쇄하기 위한 핑커튼 흥신소 탐정[21] 및 경찰 동원, 법으로 분쇄하기 위한 법원 활용 등 계급적 충돌과 폭력은 계속됐다. 헤이마킷 사건 한 달 뒤 벌어진 뉴욕 3번 대로 노선Third Avenue Line의 전차 차장 파업 당시 경찰은 수천 명의 군중에게 무차별적으로 곤봉세례를 퍼부었다. 뉴욕 『선』은 "머리통이 깨진 사람들이 사방을 기어다니고 있었다"고 보도했다.

1886년 후반에는 분노의 에너지 가운데 일부가 그해 가을 뉴욕 시장 선거 운동으로 쏟아져 들어갔다. 노동조합들은 독립노동당Independent Labor party을 결성해 수만 명의 노동자가 읽은 『진보와 빈곤』의 저자이자 급진적 경제학

---

[21] Pinkerton detective: 앨런 핑커튼Allan Pinkerton의 흥신소는 몰리 매과이어단을 분쇄한 뒤 전국 각지에서 노동조합 운동에 침투, 파괴하는 활동을 했다.

자인 헨리 조지를 후보로 지명했다. 조지의 강령은 1880년대 뉴욕 노동자들의 생활상태에 관해 무언가를 말해 준다. 강령은 이런 요구안을 담고 있었다.

1. 배심원이 되기 위한 재산 자격요건을 폐지하라.
2. 대배심은 대배심을 장악하고 있는 상층계급뿐만 아니라 하층계급에서도 선출하라.
3. 경찰은 평화로운 집회에 간섭하지 말라.
4. 건물에 대한 위생검사를 실시하라.
5. 공공 토목공사에서 계약노동제를 폐지하라.
6. 여성에 대해 동일노동 동일임금을 지불하라.
7. 전차를 시 정부 소유로 하라.

민주당은 제철업자인 에이브럼 휴이트Abram Hewitt를 후보로 지명했고, 공화당은 시어도어 루즈벨트를 지명했는데, 공화당의 후보 지명 대회는 기업 고문변호사 엘러휴 루트Elihu Root가 사회를 보고 철도회사 중역 천시 더퓨 Chauncey Depew가 지명 연설을 했다. 강압과 뇌물이 횡행하는 가운데 휴이트가 41퍼센트를 득표해 당선되고 조지가 31퍼센트로 2위, 루즈벨트가 27퍼센트로 3위를 차지했다. 뉴욕 『월드』는 이런 결과를 하나의 징후로 보았다.

양당과 월스트리트, 기업계, 대중언론이 결탁한 권력에 대항해 헨리 조지에게 쏠린 67,000표에 담긴 장중한 항의의 목소리는 노동자들의 요구가 정의롭고 합리적인 한, 그들의 요구에 귀를 기울이라는 경고를 사회에 보내는 것으로 받아들여야 한다…….

다른 도시에서도 노동자 후보가 출마했는데 시카고에서는 전체 9만 2,000표 중 2만 5,000표를 득표했으며, 밀워키에서는 시장으로, 텍사스 주 포트워스Fort Worth, 오하이오 주 이튼Eaton, 콜로라도 주 레드빌Leadville 등지에서는 지방관리로 당선됐다.

노동운동은 헤이마킷의 중압감에 짓눌리지 않은 것처럼 보였다. 1886년 바로 그해는 동시대인들에게 '거대한 노동자 봉기의 해'로 알려지게 됐다. 1881년부터 1885년까지 매년 연평균 500건의 파업이 일어나 매년 약 15만 명의 노동자가 파업에 참여했다. 1886년에는 1,400여 회의 파업에 50만 명의 노동자가 참여했다. 존 카먼즈John Commons는 『미국 노동운동의 역사History of the Labor Movement in the United States』에서 이렇게 서술했다.

> …… 미숙련 계급의 거대한 운동 조짐이 마침내 반란으로 나타났다……. 운동은 모든 측면에서 사회적 전쟁이라는 양상을 띠었다. 중요한 모든 파업에서 자본에 대한 노동자의 격렬한 증오가 표출됐다……. 노동기사단의 모든 활동은 자본을 향한 극도의 신랄함을 보여줬으며, 기사단 지도자들이 행동에 한계를 설정할 때마다 단원들은 으레 지도자들을 내동댕이쳐 버렸다…….

심지어 연방정부의 묵인 아래 각 주의 군사, 정치, 경제의 모든 힘이 흑인들을 유순하게 일하도록 유지시키는 데 집중되어 있던 남부에서도 흑인 사이에서 간헐적인 반란이 일어났다. 목화밭에서는 흩어져 일을 했지만, 사탕수수밭에서는 무리를 지어 일을 했기 때문에 조직된 행동을 벌일 기회가 있었다. 1880년 흑인들은 일당 75센트를 1달러로 올리기 위해 파업을 벌이면서 주를 떠나겠다고 위협했다. 파업에 가담한 흑인들은 체포당해 투옥됐지만, 석방되자마자 "하루 1달러가 아니면 캔자스로 간다A DOLLAR A DAY OR KANSAS"

라고 쓰인 깃발을 들고 사탕수수밭을 따라 난 길을 걸어 다녔다. 그들은 사유지 침입죄로 거듭 체포됐고 파업은 분쇄됐다.

그러나 노동기사단의 영향력이 최고조에 달한 해인 1886년에 이르러 기사단은 사탕수수밭 노동자들을 조직했다. 임금으로는 가족을 먹이고 입힐 수도 없는데다가 종종 상점 전표로 급여를 받고 있던 흑인 노동자들은 다시 한 번 일당 1달러를 요구했다. 이듬해 가을에 1만에 가까운 사탕수수밭 막노동자들이 파업을 벌였는데, 그 중 90퍼센트가 흑인이나 노동기사단 단원이었다. 민병대가 도착했고 총격전이 시작됐다.

농장 오두막집에서 내쫓긴 수백 명의 파업 노동자가 무일푼에 초라한 옷차림으로 침대보와 아기를 안고 모이는 일종의 난민촌이 된 시보두Thibodaux 마을에서 폭력사태가 발생했다. 이들이 일을 거부하자 사탕수수 수확 자체가 위협을 받았으며 시보두에는 계엄령이 선포됐다. 노동기사단 지도자인 헨리 콕스Henry Cox와 조지 콕스George Cox 두 흑인 형제가 체포되어 감금됐는데, 감방에서 끌려 나온 뒤로는 누구도 둘의 소식을 듣지 못했다. 11월 11일 밤에는 총격전이 벌어졌는데 양측 모두 상대방의 잘못이라고 주장했다. 다음날 정오까지 계속된 싸움으로 30명의 흑인이 죽거나 사경을 헤맸고 수백 명이 부상을 입었다. 백인 부상자는 2명이었다. 뉴올리언즈의 흑인 신문은 이렇게 보도했다.

> 절름발이와 맹인, 여성들도 총에 맞았고 어린아이와 흰머리가 성성한 노인들까지도 가차없이 내몰렸다! 흑인들은 아무 저항도 할 수 없었다. 사람을 죽이는 사태가 일어나리라고 미처 예상하지 못했기 때문이었다. 목숨을 건진 사람들은 숲으로 숨어들었고 그들 대다수가 이 도시에서 피난처를 찾고 있다……. 주 재판관의 명령을 받은 폭도들이 미국 시민을 죽인 것이다……. 임금인상을

바라던 근로자들은 개만도 못한 대접을 받았다!

그런 때, 그런 경우에, 비난의 언어는 달궈진 납에 떨어지는 눈처럼 허망할 뿐이다. 흑인들은 자신의 생명을 지켜야 하며, 꼭 죽어야만 한다면, 박해자들에게 얼굴을 들이대고 자신의 가정과 아이들, 자신의 합법적인 권리를 위해 싸우다 죽어야 한다.

토박이 백인 빈민들 역시 형편이 좋지는 않았다. 남부의 백인 빈민들은 토지 소유자가 아닌 소작농이었다. 남부 도시들에서는 주택 소유자가 아닌 세입자였다. C. 밴 우드워드(『새로운 남부의 기원Origins of the New South』)는 미국에서 주택임차율이 가장 높은 도시는 그 수치가 90퍼센트에 달하는 버밍엄Birmingham이었다고 지적하고 있다. 또 남부 도시들의 빈민가는 가장 가난한 백인들이 흑인이나 매한가지인 삶을 살아가는 곳이었는데 어느 주의 보건위원회 보고서에 따르면 "음식물 쓰레기와 오물, 진흙탕으로 뒤덮인" 포장도 안 된 더러운 거리였다.

죄수들을 기업에 노예 노동력으로 임대해 전반적인 임금 수준을 떨어뜨리고 파업을 깨뜨리는 데 이용되는 남부의 죄수 노역제도에 대한 분노가 분출됐다. 1891년 테네시 석탄광산회사Tennessee Coal Mine Company의 광부들은 '철갑서약iron-clad contract'에 서명하라는 요구를 받았다. 파업을 벌이지 않겠다고 서약하고, 임금을 전표로 받는 데 동의하며, 자신들이 채굴한 석탄의 무게를 잴 권리(광부들은 채탄량에 따라 임금을 받았다)를 포기한다는 내용이었다. 광부들은 서명을 거부했고 집에서 퇴거당했다. 회사 측은 죄수들을 데려와서 광부 대신 일을 시켰다.

1891년 10월 31일 밤, 무기를 든 1,000명의 광부가 광산지역을 장악해서 500명의 죄수를 풀어 주고는 죄수들이 갇혀 있던 울타리를 불태웠다. 굴복한 회사 측은 죄수를 사용하지 않고 '철갑서약'을 강요하지 않으며 광부들이 채굴한 석탄의 무게를 재도록 하겠다는 데 동의했다.

이듬해에는 테네시에서 비슷한 사건이 빈발했다. C. 밴 우드워드는 이것을 '반란'이라 부르고 있다. 광부들은 테네시 석탄제철회사Tennessee Coal and Iron Company의 경비원들을 압도했고, 울타리를 부수고 죄수들을 배에 태워 내시빌로 보냈다. 테네시의 다른 노동조합들도 광부들을 도왔다. 한 목격자는 채타누가직종연맹Chattanooga Federation of Trades에 이렇게 보고했다.

> 이 운동의 규모에 대해 사람들에게 깊은 인상을 주어야만 하겠습니다. 저는 첫 총성이 울린 지 10시간 만에 7,500명의 증원부대가 광부들을 도우러 올 것이라는 보증서를 직접 보았습니다······. 이 지역 전체가 '죄수들은 돌아가야 한다'라는 핵심 신조 아래 하나가 되어 있습니다. 지난 월요일 광부들이 행진하는 와중에 제가 세어 본 바로는 840정의 라이플총이 있었고 그 뒤를 따르는 엄청난 군중들 역시 권총을 지니고 있었습니다. 각기 다른 중대의 지휘관들은 모두 남북전쟁 참전군인회Grand Army 회원입니다. 백인과 흑인이 어깨를 맞대고 서 있습니다.

같은 해 뉴올리언즈에서는 대부분 백인이지만 일부 흑인(파업위원회에는 한 명의 흑인이 있었다)을 포함한 2만여 조합원을 지닌 42개 노동조합 지부가 도시 주민 절반이 참여하는 가운데 총파업을 벌였다. 뉴올리언즈의 모든 활동이 정지됐다. 3일 뒤 ─파업파괴자들이 투입되고 계엄령이 선포되고 민병대의 위협이 제기되는 가운데─ 파업은 타협으로 끝을 맺었고, 노동시간과 임금에서는 성과가 있었지만 노동조합이 협상대리자로 인정받지는 못했다.

1892년은 전국적인 파업투쟁의 해였다. 뉴올리언즈의 총파업과 테네시 석탄광부들의 파업 외에도 뉴욕 주 버팔로Buffalo의 철도 전철수 파업, 아이다호 주 코들레인Coeur d'Alene의 구리광산 광부 파업이 있었다. 코들레인 파업에서는 파업 노동자와 파업파괴자 사이의 총격전이 벌어져 많은 인명이 희생됐다. 1892년 7월 11일의 한 신문 기사는 이렇게 보도했다.

…… 파업 노동자들과 그들의 자리를 차지한 비조합원들 간의 끔찍하고 오래된 충돌이 이제 막바지에 이르렀다. 그 결과 5명이 사망한 것으로 알려졌으며 16명이 이미 병원에 누워 있다. 캐넌 샛강Canyon Creek의 프리스코Frisco 공장은 폐허가 됐고, 젬Gem 광산은 파업 노동자들에게 굴복하고 피고용인들에게 무기를 빼앗겼으며, 피고용인들 자신이 이 지역의 질서를 유지하고 있다. 이런 잇따른 승리로 사기가 고양된 일부 과격한 파업 노동자들은 비조합원들의 다른 근거지로 옮겨갈 준비를 하고 있다…….

주지사가 투입한 주방위군에 연방군이 증강됐다. 600명의 광부가 검거되어 유치장에 투옥됐고, 파업파괴자들이 돌아왔으며, 노동조합 지도자들은 해고되고 파업은 분쇄됐다.

1892년 초, 펜실베이니아 주 피츠버그에 인접한 홈스테드Homestead의 카네기 철강 공장은 카네기가 유럽에 체류하는 동안 헨리 클레이 프릭이 경영하고 있었다. 프릭은 노동자들의 임금을 삭감하고 노동조합을 분쇄하기로 결정했다. 프릭은 공장 주변에 높이 3.6미터, 길이 5킬로미터의 울타리를 두르고 꼭대기에는 철조망을 쳤으며 라이플총용 총안까지 설치했다. 노동자들이 임금삭감을 받아들이지 않자, 프릭은 전원을 해고했다. 핑커튼 흥신소가 파업파괴자들을 보호하기 위해 고용됐다.

홈스테드 전체 노동자 3,800명 중 750명만이 노동조합에 소속되어 있었음

홈스테드 | 이 파업은 1892년 그로버 클리블랜드 주지사가 벤저민 해리슨을 이기고 주지사로 재당선되는 데 직접적인 영향을 끼쳤으며, 따라서 철강노동자 연합노조 설립이 40년 이상 지연됐다.

에도 3,000명의 노동자가 오페라하우스Opera House에서 집회를 갖고 압도적인 표차로 파업을 결의했다. 공장은 모농가헬라Monongahela 강변에 자리하고 있었는데, 1,000명의 파업순찰대picket가 강변 16킬로미터를 순찰하기 시작했다. 파업 노동자들의 위원회가 홈스테드 읍을 접수했고 보안관은 노동자들에 맞서기 위해 주민들로 민병대를 구성할 수조차 없었다.

1892년 7월 5일 밤, 수백 명의 핑커튼 흥신소 경비원들이 홈스테드에서 강을 따라 8킬로미터 아래쪽에서 평저선에 올라 1만 명의 파업 노동자와 동조자들이 기다리고 있는 공장을 향해 움직였다. 군중들은 핑커튼 경비원들에게 배에서 내리지 말라고 경고했다. 배다리에 벌렁 드러누운 한 파업 노동자는 핑커튼 경비원이 밀쳐내려 하자 총을 쏘아 허벅지에 부상을 입혔다. 잇따른 총격전에서 7명의 노동자가 살해됐다.

핑커튼 경비원들은 평저선으로 후퇴해야 했다. 사방에서 공격이 가해지고 항복하라는 요구를 받은 뒤, 경비원들은 성난 군중들에게 뭇매를 맞았다. 그 뒤 며칠 동안 파업 노동자들이 지역을 지휘했다. 이제 주 당국이 행동에 나섰다. 주지사는 민병대를 소집해 최신형 라이플총과 개틀링 기관총으로 무장시킨 뒤 파업파괴자들의 공장 진입을 보호하기 위해 투입시켰다.

파업 지도자들은 살인죄로 기소됐고 그 밖에도 160명의 파업 노동자가 이런저런 범죄 혐의로 재판을 받았다. 우호적인 배심원단은 전원을 무죄방면했다. 그러자 이번에는 파업위원회Strike Committee 전원이 국가반역죄로 체포됐지만, 어떤 배심원도 그들에게 유죄를 선고하지 않았다. 파업은 넉 달 동안 지속됐지만, 공장은 파업파괴자들을 불러들여 계속 철강을 생산했다. 파업파괴자들은 종종 열차에 갇힌 채로 파업이 진행되고 있는지도 모르는 상태에서 공장까지 왔다. 물자가 떨어진 파업 노동자들은 조업 복귀에 찬성했고, 지도자들은 블랙리스트에 올랐다.

패배하게 된 이유 중 하나는 파업이 홈스테드에만 국한되고 카네기 소유의 다른 공장들은 계속 가동 중이었다는 점이다. 일부 용광로 노동자들이 파업을 벌였지만 곧 괴멸됐고, 이들 용광로에서 나온 선철은 홈스테드에서 사용됐다. 이 패배로 인해 카네기 소유 공장들의 노동조합 결성은 20세기까지 미뤄졌으며, 노동자들은 조직적인 저항 없이 임금삭감과 노동시간 연장을 받아들였다.

홈스테드 파업이 한창이던 가운데, 뉴욕 출신의 알렉산더 버크먼이란 젊은 무정부주의자가 연인인 에마 골드먼을 비롯한 뉴욕의 무정부주의자 친구들이 준비한 계획 아래 피츠버그로 와서 헨리 클레이 프릭을 죽이려고 그의 사무실에 들어섰다. 버크먼의 조준 솜씨는 형편없었다. 프릭에게 부상을 입히긴 했지만 곧 제압당했고, 재판에 회부되어 살인미수 혐의에 대해 유죄를 선고받았다. 버크먼은 주 교도소에서 14년 동안 복역했다. 그가 쓴 『어느 무정부주의자의 회고록 Memoirs of an Anarchist』에는 암살 기도 사건과, 암살의 유용성에 관해서는 생각을 바꿨지만 여전히 헌신적인 혁명가로 지낸 감옥생활이 생생하게 묘사되어 있다. 에마 골드먼의 자서전 『나의 생애 Living My Life』에는 당대 젊은 급진주의자들 사이에서 자라났던 분노와 불의에 대한 지각, 새로운 삶을 향한 욕망 등이 담겨 있다.

1893년에는 이 나라 역사상 최대의 경제위기가 도래했다. 수십 년에 걸친 급격한 산업성장, 금융조작, 통제되지 않은 투기와 부당이득 등이 모두 붕괴됐다. 642개의 은행이 파산했고 1만 6,000개의 사업체가 문을 닫았다. 1,500만 전체 노동자 가운데 300만 명이 일자리를 잃었다. 어느 주정부에서도 구호를 결의하지 않았지만, 전국 곳곳에서 벌어진 대규모 시위로 인해 시 정부들은 무료급식소를 세우고 공공근로로 거리나 공원을 정비하고 만들었다.

뉴욕 시 공화국 광장 Union Square에서 에마 골드먼은 실업자들이 구름처럼 모인 집회에서 연설을 하며 아이를 먹일 음식이 필요한 사람은 누구든 가게로 가서 집어가라고 촉구했다. 골드먼은 '폭동을 선동했다'는 이유로 체포되어 2년형을 선고받았다. 20만 명이 일자리가 없는 것으로 추산된 시카고에서는 집 없는 사람들이 잠자리를 찾아 시청과 경찰서의 복도와 계단을 가득 메웠다.

대공황이 몇 년 동안 계속되어 전국적으로 파업의 물결이 일어났다. 그중 최대의 파업은 1894년, 일리노이 주 시카고에 인접한 풀먼 회사 Pullman Company에서 시작된 철도 노동자 전국파업이었다.

1890년 노동감독관의 보고에 따르면, 철도 노동자의 연평균 임금은 철도 귀족인 기관사의 경우 957달러였다 — 그러나 차장은 575달러, 제동수는 212달러, 막노동자는 124달러였다. 철도 작업은 미국에서 가장 위험한 일 중 하나였다. 철도 노동자의 경우 매년 2,000명 이상이 사망하고 3만 명이 부상을 당했다. 철도회사들은 이런 사고를 '하나님의 소관'이라거나 노동자들의 '부주의' 탓이라고 돌렸지만, 『기관차 화부 매거진 *Locomotive Firemen's Magazine*』의 말에 따르면, "사고의 이유는 다음과 같다. 철도 운영자들은 인력을 줄이거나 사람들에게 두 배의 업무를 요구해 휴식하고 잠잘 틈도 주지 않는다. …… 사고는 기업의 탐욕 때문이다."

유진 뎁스Eugene Debs가 평생에 걸쳐 노동조합운동과 사회주의를 위한 행동으로 나아가게 된 계기가 바로 1893년의 대공황이었다. 뎁스는 인디애나 주 테러호트Terre Haute 출신으로 부모님은 그곳에서 상점을 운영했다. 뎁스는 열아홉 살까지 4년 동안 철도에서 일했지만, 친구 한 명이 기관차 아래로 떨어져 죽은 뒤 그만뒀다. 뎁스는 재정 담당으로 다시 철도노동조합으로 돌아갔다. 1877년 대파업 시기에 뎁스는 파업에 반대하면서 "자본과 노동 사이에 불가피한 충돌"이란 없다고 주장했다. 그러나 에드워드 벨라미의 『뒤를 돌아보며』를 읽고는 깊은 영향을 받았다. 뎁스는 홈스테드와 코들레인 사태, 버팔로 전철수 파업 등을 알게 된 뒤 이런 글을 남겼다.

> 1892년이 노동자들에게 유의할 만한 어떤 교훈을 가르쳐 줬다면, 그것은 자본주의 국가가 마치 문어처럼 노동자들을 다리로 움켜쥐고 깊이를 알 수 없는 나락으로 끌어당기고 있다는 사실이었다. 이 괴물의 다리에서 빠져나가는 것이야말로 1893년 조직 노동자들에게 제기된 변하지 않는 도전이다.

1893년의 경제위기가 한창이던 때, 뎁스를 비롯한 소수의 철도 노동자 집단은 모든 철도 노동자들을 단결시키기 위해 미국철도노동조합American Railway Union을 결성했다. 뎁스는 이렇게 말했다.

> 내 일생일대의 목표는 철도 종업원들의 연맹을 만드는 것이다. 철도 노동자들을 하나의 거대한 조직체로 단결시키는 것이 나의 목표이다……. 계급의 단합은 계급적 편견과 계급적 이기주의를 육성시킨다……. 철도 종업원들을 단결시키고 노동귀족을 제거하는 일은 내 일생의 바람이며 …… 그렇게 모든 철도 노동자를 조직하는 것은 평등에 기반하게 될 것이다…….

노동사학자인 데이비드 먼고메리에 따르면, 노동기사단 사람들이 들어와서 사실상 옛 노동기사단과 미국철도노동조합이 통합됐다고 한다.

뎁스는 모든 사람을 포괄하기를 원했지만 흑인들은 배제됐다. 1894년 총회에서 흑인들의 가입을 금지하는 조항이 112 대 100표로 확정됐다. 훗날 뎁스는 이것이 풀먼 파업의 결과에 중대한 영향을 미칠지도 모른다고 생각했는데, 흑인 노동자들이 파업 노동자들에게 협조할 분위기가 전혀 아니었기 때문이었다.

1894년 6월, 풀먼 호화객차회사Pullman Palace Car Company 노동자들이 파업에 돌입했다. 풀먼 공장촌에서 3년 동안(파업 노동자들을 지지한 뒤 쫓겨났다) 감리교 사제로 일한 윌리엄 H. 카워딘William H. Carwardine 목사가 취합한 기부금 내역은 파업 초기 몇 달 동안 대부분 시카고 인접 지역에서 보내 온 목록인데, 이를 보면 파업 노동자들이 어떤 지지를 받았는지 알 수 있다.

인쇄공노동조합 16지부Typographical Union #16

도장공 및 실내장식공 노동조합 147지부Painters and Decorators Union #147

목수 노동조합 23지부Carpenters' Union No. 23

34지구 공화당 클럽Thirty-fourth Ward Republican Club

그랜드크로싱Grand Crossing 경찰 일동

하이드 공원 수도국

가드너즈 공원 소풍객 일동

우유 거래상 조합Milk Dealer's Union

하이드 공원 주류 거래상 일동

14구역 경찰서

스웨덴인 연주회

시카고 소방서

독일인 노래패

몬태나 주 애나콘다Anaconda에서 온 수표

풀먼 파업 노동자들은 미국철도노동조합 총회에서 지지를 호소했다.

위원장님을 비롯한 미국철도노동조합 형제 여러분. 우리는 풀먼에서 아무 희망도 없어서 파업을 시작했습니다. 우리가 미국철도노동조합에 가입한 이유는 희미한 희망이 보였기 때문입니다. 2만 명의 남자와 여자, 어린이들의 마음이 오늘 이 총회로 쏠려 있으며, 어두운 낙담을 뚫고 이 지상에서 여러분만이 우리에게 줄 수 있는, 하늘이 보낸 메시지의 희미한 빛에 열렬한 눈길을 보내고 있습니다…….

여러분 모두는 우리가 파업에 나서게 된 직접적인 원인이 고충처리위원회의 위원 두 명이 해고됐기 때문이라는 사실을 알아야 합니다……. 다섯 차례에 걸쳐 임금이 삭감됐는데……. 마지막에는 삭감 폭이 너무 커서 거의 30퍼센트에 이르렀고, 그 동안 집세는 한번도 내리지 않았습니다…….

풀먼은 시로부터 1,000갤런당 8센트에 물을 구입해 우리에게는 다섯 배의 값을 선금으로 받고 되팝니다……. 우리 공장촌 바로 북쪽인 하이드 공원에서 평방피트당 75센트에 판매되는 가스는 2.25달러에 우리한테 팝니다. 우리가 고충을 말하려고 풀먼의 사무실에 갔을 때 그는 우리 모두가 자기 '자식'이라고 말했습니다…….

한 사람의 이름이자 마을의 이름인 풀먼은 국가의 암적 존재입니다. 풀먼은 자신의 비천한 이름을 딴 이 마을에서 주택과 학교, 하나님의 교회를 소유하고 있습니다…….

그리하여 이 즐거운 전쟁 — 눈물로 뒤범벅되고 피골이 상접한 사람들의 춤 — 은 계속되며, 형제들이여, 여러분, 미국철도노동조합이 막지 않는다면, 끝장을 내지 않는다면, 박살을 내지 않는다면, 앞으로도 영원히 계속될 것입니다.

미국철도노동조합은 반응을 보였다. 노동조합은 전국 곳곳의 조합원들에게 풀먼 회사 객차를 운전하지 말라고 요청했다. 사실상 모든 여객열차에 풀먼 차량이 포함되어 있었으므로, 이것은 모든 열차에 대한 보이콧 — 전국적인 파업 — 을 뜻하는 것이었다. 곧 시카고에서 출발하는 24개 철도노선의 모든 운행이 정지됐다. 노동자들은 화물열차를 탈선시키고 선로를 봉쇄했으며, 협조하지 않는 기관사를 기차에서 끌어내렸다.

철도회사 소유주들을 대표하는 총경영자협회General Managers Association는 파업을 분쇄하기 위한 대체노동력 2,000명의 비용을 대기로 뜻을 모았다. 그러나 파업은 계속됐다. 철도회사 변호사를 지낸 전력이 있는 연방 법무장관

리처드 올니Richard Olney가 연방 우편물의 수송을 방해받는다는 법적 근거로 열차 봉쇄를 금지하는 법원명령을 얻어냈다. 파업 노동자들이 법원명령을 무시하자 클리블랜드 대통령은 연방군을 시카고로 파견할 것을 명령했다. 7월 6일, 파업 노동자들은 수백 대의 차량을 불태웠다.

이튿날, 주 민병대가 진입했고, 시카고『타임스』는 그 뒤 벌어진 사태를 보도했다.

> 제2연대 2중대가 …… 어제 오후 49번 가와 루미스Loomis 가에서 폭도들에게 벌을 줬다. 경찰이 도와 …… 일을 끝냈다. 얼마나 많은 폭도가 죽거나 부상당했는지는 알 길이 없다. 폭도들은 죽어가는 이들과 부상당한 이들을 다수 데리고 갔다.

5,000명의 군중이 모여들었다. 민병대를 향해 돌멩이가 날아갔고 발포 명령이 떨어졌다.

> …… 폭도들이 난폭해졌다고 말한다면 약간 부족한 표현일 것이다……. 공격 명령이 내려졌다……. 그 순간부터 오로지 총검만이 사용됐다……. 폭도 대열 앞줄에 있던 10여 명이 총검에 찔려 부상을 당했다…….
> 폭도들은 도로에 깔린 자갈을 뜯어내 던지면서 결연하게 돌격했다……. 대열의 각 장교들에게 몸조심하라는 말이 전달됐다. 상황이 요구하는 대로 한 명 한 명씩 군중을 향해 정면으로 총을 쏘았다……. 곤봉을 든 경찰이 뒤를 이었다. 선로에는 철조망을 빙 둘러 세웠다. 폭도들은 까맣게 잊고 있다가 달아나려고 돌아서는 순간 덫에 걸려 버렸다.
> 경찰은 자비를 베풀 의향이 없었으며 폭도들을 철조망으로 몰아넣고 무자비하

게 곤봉세례를 가했다······. 철조망 바깥의 군중들이 폭도들을 도우려고 몰려들었다······. 돌 세례가 끊임없이 퍼부어졌다······.

싸움이 벌어졌던 지역은 전장을 방불케 했다. 군대와 경찰의 총에 맞은 자들이 통나무처럼 널브러져 있었다······.

그 날 시카고에서 13명이 죽고 53명이 중상을 입었으며 700명이 체포됐다. 파업이 끝날 때까지 아마도 34명은 죽었을 것이다. 1만 4,000명의 경찰, 민병대, 군대가 시카고에서 작전을 벌임으로써 파업은 분쇄됐다. 뎁스는 파업을 계속 이어나가는 행동이나 말을 하지 못하도록 금지하는 법원명령을 위반했다는 이유로 법정모독죄로 체포됐다. 뎁스는 법정에서 이렇게 말했다. "제가 보기에는 처지가 악화되는 상황에서 저항하지 않는다면 우리 문명 전체의 추세가 하향하게 될 것이고, 얼마 후에는 어떤 저항도 없는 시점에 다다라 노예제가 도래할 것입니다."

법정에서 뎁스는 자신이 사회주의자는 아니라고 했다. 그러나 감옥에서 보낸 여섯 달 동안 뎁스는 사회주의를 공부했고 사회주의자인 동료 죄수들과 이야기를 나눴다. 훗날 뎁스는 이렇게 썼다. "나는 투쟁의 포효 속에서 ······ 계급투쟁으로 드러난 총검의 번득임과 라이플총의 섬광 속에서 사회주의의 세례를 받았다······. 이것이 사회주의를 향한 나의 첫 번째 투쟁이었다."

2년 뒤 석방된 뎁스는 『철도 타임스*Railway Times*』에 이런 글을 썼다.

문제는 사회주의인가 자본주의인가 하는 것이다. 내가 사회주의를 지지하는 이유는 인류애를 지지하기 때문이다. 우리는 이미 충분히 황금의 지배라는 저주를 받아 왔다. 돈은 결코 문명의 적절한 토대가 될 수 없다. 사회를 다시 만들어야 할 때가 됐다 — 우리는 세계적인 변화의 전야에 살고 있는 것이다.

그리하여 1880년대와 1890년대는 노동자 반란의 폭발을 보게 되었는데, 1877년의 자생적인 파업보다 더 조직적인 성격을 띠었다. 이제 노동자 투쟁에 영향을 미치는 혁명운동이 있었고 노동자 지도자들에게 감화를 주는 사회주의 사상이 있었다. 급진적 문헌이 등장해 근본적인 변화와 새로운 삶의 가능성을 설파하고 있었다.

같은 시기에 땅에서 일하는 사람들 — 북부와 남부의 흑백 농민들 — 은 남북전쟁 이전 시기의 산발적인 소작인 항의를 훨씬 뛰어넘으면서 이 나라에서 일찍이 보지 못한 농민반란의 거대한 운동을 만들어 내고 있었다.

연방의회에서 자영농지법을 토론하던 1860년, 위스콘신 출신의 한 상원의원은 이 법안을 지지한다고 밝혔다.

…… 왜냐하면 이 법의 자비로운 운용으로, 옛 자유주들에서 잉여인구를 줄이고 생계수단을 더 풍요롭게 만듦으로써 자본과 노동 사이의 모든 심각한 갈등을, 영원히는 아닐지언정, 몇 세기 동안 연기시킬 것이기 때문입니다.

자영농지법은 그런 효과를 발휘하지 못했다. 이 법은 미국인들을 서부로 이동시킴으로써 동부에 평온함을 가져오지 못했다. 그런 식으로 억누르기에는 불만이 너무나도 컸기 때문에 이를 막을 수 있는 안전판이 아니었던 것이다. 헨리 내시 스미스Henry Nash Smith(『미개간지Virgin Land』)가 말한 것처럼, 그리고 우리가 직접 본 것처럼, "오히려 자영농지법이 통과된 뒤의 30년은 일찍이 미국에서 경험하지 못했던 격렬하고 광범위한 노동 분규로 특징지어졌다."

또한 자영농지법은 서부의 농업지역에 평화를 가져오는 데도 실패했다. 수많은 미국인들에게 농부의 삶을 알게 해준 햄린 갈런드Hamlin Garland는 소설 『제이슨 에드워즈Jason Edwards』 서문에서 이렇게 적었다. "무상 공유지는 사라졌다. 농지로 쓸 수 있는 마지막 땅이 개인이나 기업의 손으로 건네졌다." 『제이슨 에드워즈』에 등장하는 보스턴의 기계공은 광고 전단에 이끌려 가족을 데리고 서부로 간다. 그러나 그는 선로 주변의 땅은 전부 투기업자들이 차지하고 있음을 알게 됐다. 그는 5년 동안 대출금을 갚아 자신의 농장을 가지기 위해 분투하지만, 수확 직전에 폭풍이 불어와 밀 농사를 망쳐 버린다.

그 시절 농촌을 다룬 문헌에서 그토록 자주 등장했던 절망의 이면에는, 이따금씩 다른 삶의 방식에 관한 통찰력이 있었음이 분명하다. 갈런드의 또 다른 소설 『엽관獵官A Spoil of Office』의 여주인공은 농민들의 소풍에서 이렇게 말하고 있다.

나는 농민이 외딴 농장의 오두막에서 살 필요가 없게 되는 때를 생각해 봅니다. 농민들이 함께 사는 때를 말입니다. 농민들이 시간을 내 책을 읽고 친구네 집을 방문하게 되는 때를 생각해 봅니다. 마을마다 세워진 아름다운 회관에서 농민들이 강연을 즐기게 되는 때를 생각해 봅니다. 옛 잉글랜드 사람들처럼 저녁 무렵이면 잔디밭에 모여 노래하고 춤추게 되는 때를 생각해 봅니다. 농촌 가까이 학교와 교회, 콘서트홀과 극장을 갖춘 도시가 세워지는 때를 생각해 봅니다. 농사꾼이 소처럼 죽어라 일만 하는 존재가 아니고 농사꾼의 아내 또한 노예가 아니며, 행복한 남녀가 풍요로운 농장에서 노래 부르며 즐거운 노동을 하게 되는 날을 생각해 봅니다. 남자애건 여자애건 기를 쓰고 서부나 도시로 가지 않게 되는 날, 삶이 살 만하게 되는 날을 말입니다. 그 날이 오면 달은 휘영청 밝을 것이고 별은 찬란할 것이며, 땅을 경작하는 이들에게 삶의 기쁨과 시와 사랑이 다시 돌아올 것입니다.

햄린 갈런드는 1891년에 쓴 『제이슨 에드워즈』를 농민동맹Farmers Alliance에게 헌정했다. 훗날 인민주의 운동Populist Movement이라 알려진 1880년대와 1890년대의 거대한 운동의 핵심에 있던 주체가 바로 농민동맹이었다.

1860~1910년 사이에 미국 군대는 대평원의 인디언 촌락을 휩쓸면서 철도가 들어서기에 가장 좋은 땅을 빼앗을 수 있는 토대를 닦았다. 그 뒤 농민들이 남은 땅을 찾아 왔다. 1860~1900년에 이르는 동안 미국 인구는 3,100만에서 7,500만으로 늘어났다. 이제 2,000만 명이 미시시피 강 서쪽에서 살고 있었고 농장의 수는 200만에서 600만으로 증가했다. 동부의 혼잡한 도시들에서 식량을 필요로 함에 따라, 국내 식량시장은 두 배가 넘게 커졌고 농작물의 82퍼센트가 국내에서 판매됐다.

농업은 기계화됐다 ― 강철 쟁기, 풀 베는 기계, 수확기, 자동수확기, 씨앗에서 섬유질을 뽑아내는 데 쓰이는 개량형 조면기繰綿機, 그리고 세기 전환기에 등장한, 낟알을 베고 타작해서 부대에 담는 거대한 콤바인에 이르기까지. 1830년에는 1부셸의 밀을 생산하는 데 3시간이 걸렸다. 1900년에 이르면 시간이 10분으로 단축됐다. 지역별로 전문화가 이루어져, 남부에서는 면화와 담배, 중서부에서는 밀과 옥수수가 집중적으로 재배됐다.

토지를 사고 기계를 구입하는 데는 돈이 필요했다 ― 농민들은 수확물이 계속 높은 가격을 유지해서 은행 융자금과 철도 운송비, 곡물상에 대한 수수료, 곡물창고 사용료 등을 갚을 수 있기를 바라면서 돈을 빌려야만 했다. 하지만 농민들이 발견한 것은, 개별 농민은 자신이 수확한 곡물의 가격을 통제할 수 없지만 독점 철도업자와 은행가는 마음대로 요금을 매길 수 있기 때문에 농작물 가격이 계속 떨어지고 운송료와 융자금은 계속 오르는 현실이었다.

윌리엄 포크너William Faulkner는 소설 『촌락The Hamlet』에서 남부 농민들이 의존하는 한 남자를 묘사했다.

그는 한 군郡에서 …… 가장 땅이 많은 지주로서 차기 치안판사이자 두 곳 모두의 선거위원이었다……. 그는 농민이자 고리대금업자, 수의사였다……. 그는 가장 좋은 땅 대부분을 소유하고 있었고 나머지 땅도 대개 저당권을 설정해 놓고 있었다. 그는 창고와 조면기, 그리고 제분소와 대장간을 소유했다…….

대금을 갚지 못한 농민들은 자신들의 집과 땅이 사라지는 모습을 보았다. 그들은 소작농이 됐다. 1880년경, 전체 농장의 25퍼센트를 소작인이 임대하고 있었으며 그 수치는 계속 상승했다. 많은 수는 임대할 돈도 없어서 농장 막노동자가 됐다. 1900년에 이르면 농촌지역의 막노동자 수가 450만 명을 헤아렸다. 농장 막노동자야말로 빚을 갚지 못하는 모든 농민들을 기다리는 운명이었다.

착취와 절망에 빠진 농민들이 정부에 도움을 호소할 수 있었을까? 로렌스 굿윈Lawrence Goodwyn은 인민주의 운동에 관한 연구서(『민주주의의 약속The Democratic Promise』)에서 남북전쟁 이후 자본가들이 양대 정당을 장악하게 됐다고 말하고 있다. 두 당은 북부-남부 노선을 따라 분할된 채 여전히 남북전쟁 당시의 적대감에 매달리고 있었다. 이로 인해 ─흑인과 백인, 외국 태생과 토박이는 말할 것도 없고─ 남부와 북부의 노동대중을 단결시키기 위해 두 당을 넘어서는 개혁정당을 만드는 일은 매우 어려웠다.

정부는 은행가들을 돕고 농민들에게 해를 끼치는 역할을 했다. 정부가 ─금 공급에 기반해─ 통화량을 그대로 유지한 반면 인구는 증가했으므로, 유통되는 통화량은 점점 적어졌다. 농민들은 구하기 어려운 달러로 빚을 갚아야만 했다. 은행가들은 대출금을 회수하면서 처음 대출할 때보다 높아진 가치의 달러를 거둬들였다─이자 위에 또 이자를 받는 셈이었다. 이 시절 농민운동에서 ─그린백(국고에 금을 비축하지 않고 발행하는 지폐)을 발행하거나 은을 화폐발행 기준으로 삼아 — 더 많은 통화를 유통시키라는 요구가 그토록 많았던 이유는 바로 이 때문이었다.

농민동맹 운동이 시작된 곳은 텍사스였다. 작물 선취특권 제도가 가장 야만적이었던 곳은 남부였다. 이 제도 아래 농민들은 수확철에 조면기를 사용하는 등 필요한 물품은 무엇이든 상인들로부터 얻었다. 농민들은 대금을 치를 돈이 없었고 따라서 상인이 25퍼센트의 이자를 받는 대가로 선취특권 — 작물에 대한 저당권 — 을 얻곤 했다. 굿윈은 "작물 선취특권 제도는 흑백을 막론하고 수백만 남부인을 노예제나 다름없는 상황으로 몰아넣었다"고 말한다. 장부를 쥐고 다니는 사람은 농민들에게는 '조달 상인the furnishing man'이, 흑인 농민들에게는 그냥 '주인the Man'이 됐다. 농민들은 매년 더 많은 돈을 빌려 결국 농장을 빼앗기고 소작인이 됐다.

굿윈은 이를 보여주기 위해 두 사람의 일대기를 예로 든다. 사우스캐롤라이나의 한 백인 농부는 1887~1895년 사이에 조달 상인으로부터 2,681.02달러 어치의 물품과 설비를 구입했지만 687.31달러밖에 갚지 못했고, 결국 자기 땅을 상인에게 주어야 했다. 미시시피 주 블랙호크Black Hawk에 사는 매트 브라운Matt Brown이라는 흑인 농부는 1884~1901년까지 존스 상점에서 물품을 샀는데 점점 돈을 갚지 못했고, 1905년에 상점 주인이 마지막으로 장부에 기록한 내역은 관棺과 장례도구였다.

이런 제도에 대해 얼마나 많은 반란이 일어났는지는 알 수 없다. 1889년 루이지애나 주 델리Delhi에서는 한 무리의 소농민이 읍내로 몰려와, 상인들의 표현대로 하자면 "자신들의 빚을 없애 버리려고" 상점을 파괴했다.

1877년의 대공황이 정점에 달하자 일군의 백인 농민이 텍사스의 한 농장에 모여 최초의 '농민동맹'을 결성했다. 몇 년 안에 농민동맹은 주 전역으로 퍼져 나갔다. 1882년에 이르자 12개 군에 120개의 동맹 하부조직이 활동을 벌였다. 1886년에는 10만 명의 농민이 2천 개의 동맹 하부조직에 가입되어 있었다. 농민들은 낡은 체제에 대한 대안을 제시하기 시작했다. 그 방법은 농민동맹에 가입해 협동조합을 결성하고 물품을 공동으로 구매해 가격을 낮추는 것이었다. 농민들은 면화를 한데 모아 공동으로 판매하기 시작했다 ─ 이것을 '덩어리 만들기bulking'라고 불렀다.

몇몇 주에서는 공제조합 운동Grange movement이 발전했다. 공제조합 운동은 농민들을 돕기 위한 법률을 통과시킬 수 있었다. 그러나 공제조합은 조합에서 펴낸 한 신문에서 지적한 것처럼 "본성상 보수적이며, 무법적이고 필사적인 공산주의의 시도와는 대조적으로, 국민의 자유에 대한 침해에 맞서 안정되고 조직적이며 합리적이고 질서정연한 반대를 제시"하는 조직이었다. 당시는 위기의 시대였고 공제조합은 너무 작은 일을 하고 있었다. 공제조합은 조합원을 잃은 반면 농민동맹은 계속 성장해 나갔다.

처음부터 농민동맹은 성장하는 노동운동에 대한 공감을 보여줬다. 노동기사단 단원들이 텍사스 주 갤버스턴의 증기선 회사에 맞서 파업에 돌입했을 때, 텍사스 농민동맹Texas Alliance의 급진적 지도자 가운데 한 명인 윌리엄 램William Lamb이 동맹 회원들에게 보낸 공개서한에서 언급한 내용은 (전부는 아니지만) 다수의 동맹 회원들을 대변한 것이었다. "농민동맹이 물품을 직접 조달하기 위해 제조업자들에 맞서 불매운동을 벌여야 할 때가 그리 멀지 않았음을 알고 있기 때문에, 우리는 지금이 노동기사단을 도와 줄 적기라고 생각합니다……." "농민동맹의 급진주의 ─ 인민주의 ─ 는 이 편지로 시작됐다"고 굿윈은 말하고 있다.

텍사스 농민동맹의 의장은 불매운동에 가세하는 것에 반대했지만 텍사스의 동맹 회원들은 결의안을 통과시켰다.

자본가들이 모든 부문의 노동자들에 대해 가하는 부당한 침해를 보면서 ……
우리는 독점의 억압에 맞선 노동기사단의 주요한 투쟁에 진심에서 우러나온
공감을 보내며 …… 기사단을 지지할 것을 제안하는 바이다.

1886년 여름, 농민동맹은 댈러스 인근 클리번Cleburne 읍에 집결, 훗날 '클리번 요구안Cleburne Demands'이라 알려진 인민주의 운동 최초의 문서를 작성해 "산업생산 계급들이 오만한 자본가와 강력한 기업의 수중에서 현재 겪고 있는 수고롭고 치욕스러운 학대로부터 우리 민중의 자유를 보장할 수 있는 입법"을 요구했다. 동맹 농민들은 "근로계급들에게 이익이 될 수 있는 조치들을 논의하기 위한" 모든 노동조직의 전국회의를 호소했으며, 철도요금에 대한 규제, 투기적 목적의 토지 거래에 대한 중과세, 통과 공급량의 증대 등을 제안했다.

농민동맹은 성장을 거듭했다. 1887년 초반, 농민동맹은 회원 20만에 3,000천 개의 하부조직을 갖추게 됐다. 1892년에 이르기까지 농민 연설가들이 43개 주에서 연설을 벌여 굿윈의 말을 빌자면 "19세기 미국에서 시민단체가 한 것 가운데 가장 대규모적인 조직화 사업"으로 200만 농가에 영향을 미쳤다. 이 사업은 농민들 간의 협동과 독자적인 농민 문화와 정당을 만들고 이 나라의 강력한 산업계 및 정치 지도자들이 주지 않았던 존중을 얻어 내려는 생각에 바탕을 둔 시도였다.

텍사스의 조직가들이 조지아로 가서 동맹을 결성해, 3년 만에 조지아 전체 137개 군 가운데 134개 군에 10만 명의 회원을 확보했다. 얼마 지나지 않아 테네시에서는 전체 96개 군 가운데 92개 군에 3,600개의 동맹 하부조직이 건설되어 12만 5,000명의 회원이 생겨났다. 동맹은 누군가의 표현대로 '회오리바람처럼' 미시시피를 거쳐 루이지애나로, 노스캐롤라이나로 옮겨갔다. 그

러고는 북쪽으로 캔자스와 노스다코타 및 사우스다코타로 확산되어 35개의 협동조합 창고가 세워졌다.

캔자스의 지도적 인물 가운데 한 명으로 1886년에 『미국의 불복종자와 캔자스의 산업 해방자 The American Nonconformist and Kansas Industrial Liberator』라는 잡지를 창간한 헨리 빈센트Henry Vincent는 창간호에서 이렇게 언급했다.

이 잡지에서 담고자 하는 내용은 근로계급과 농민, 생산자들을 교육시키는 것을 목표로 하며 모든 투쟁에서 억압자에 맞서 피억압자의 편에 서기 위해 노력할 것이다…….

1889년에 이르러 캔자스 농민동맹Kansas Alliance은 회원 5만 명을 보유하고 지방관리 후보자들을 선출했다.

이제 전국농민동맹National Farmers Alliance의 회원은 40만 명이 됐다. 그리고 농민동맹에 박차를 가하는 생활조건은 더욱 악화됐다. 1870년에 1부셸당 45센트를 받던 옥수수 값은 1889년에 10센트로 떨어졌다. 수확기의 밀이 너무 마르기 전에 기계로 묶어 둬야 하는데 기계 값이 수백 달러에 달했다. 농민들은 몇 년 뒤에는 200달러를 구하기가 두 배로 어려워질 것임을 알면서도 외상으로 기계를 구입했다. 게다가 1부셸당 운송료를 1부셸씩 지불했다. 종착역에서는 곡물창고에서 요구하는 높은 값을 치러야 했다. 남부는 다른 어느 곳보다도 상황이 나빴다—농민의 90퍼센트가 외상에 의존해 살고 있었던 것이다.

이런 상황에 대처하기 위해 텍사스 농민동맹은 주 차원의 협동조합인 거대한 텍사스 거래소Texas Exchange를 세워 농민들의 면화를 한데 모아 대단위로 거래했다. 그러나 조합원들에게 대금을 선금으로 주려면 거래소 자체가 대출을 받아야 했다. 은행들은 거부했다. 거래소를 운영하는 데 필요한 자본금을 함께 모으자는 호소문이 발표됐다. 1888년 6월 9일, 수천 명이 200곳의 군청에 모여 기부금을 낸 결과 20만 달러가 가불입됐다. 최종적으로 모인 돈은 8만 달러였다. 이 액수로는 충분하지 않았다. 농민들의 가난이 자조自助를 가로막은 것이었다. 은행들이 승리했고, 이로 인해 농민동맹은 통화개혁이 핵심적인 문제라고 생각하게 됐다.

그 와중에 한 차례의 승리가 있었다. 농민들은 한 트러스트가 장악하고 있는 (면화를 담는) 황마부대를 너무 비싼 값에 구입하고 있었다. 농민동맹은 황마섬유 불매운동을 조직하고 면섬유로 부대를 만들어 씀으로써 황마섬유 제조업자들이 1야드당 14센트가 아니라 5센트에 판매하도록 만들었다.

텍사스의 핵심 지도자 가운데 한 명인 찰스 매큔Charles Macune은 인민주의 신조의 복잡성을 보여줬다. 매큔은 경제에서는 급진파(반反트러스트, 반자본주의)였고 정치에서는 보수파(민주당으로부터 독립적인 새로운 정당에 대한 반대)였으며 인종차별주의자였다. 매큔은 인민주의 강령의 핵심이 된 한 가지 계획 ─ 분고分庫sub-Treasury 계획 ─ 을 제시했다. 정부에서 농민들이 생산물을 저장하고 이 분고로부터 보관증을 받는, 정부 소유의 창고를 세운다는 것이었다. 이 보관증이 곧 그린백으로, 따라서 금이나 은에 의존하지 않고 농업 생산물에 기초해 통화량이 증가하게 된다.

이 밖에도 농민동맹은 여러 실험을 했다. 노스다코타와 사우스다코타에서는 농민들을 위한 거대한 협동보험계획으로 작물의 피해를 보상해 줬다. 거대 보험회사들이 에이커당 보험료로 50센트를 요구했던 곳에서 협동조합은 25센트나 그 이하를 요구했다. 협동조합은 200만 에이커에 걸쳐 3만 장의 보험증권을 발행했다.

매큔의 분고 계획은 정부에 의존하는 것이었다. 그리고 두 거대정당은 이를 받아들이지 않을 것이었기 때문에, 매큔의 계획은 (그 자신의 신념과는 반대되게) 제3당을 조직하는 것을 의미했다. 농민동맹은 작업에 착수했다. 1890년에 동맹 회원 38명이 연방의회 의원으로 선출됐다. 남부에서는 조지아와 텍사스에서 주지사를 당선시켰다. 조지아에서는 동맹이 민주당을 접수해 주의회 의석의 4분의 3을 장악했고 조지아 출신 연방하원의원 10명 가운데 6명을 차지했다.

하지만 굿윈의 말에 따르면, 이것은 "실체가 없는 혁명이었다. 왜냐하면 당기구는 여전히 옛 패거리의 수중에 있었고, 연방하원과 각 주의회의 중요한 위원회의 핵심 의장직은 계속 보수파가 장악했으며, 각 주와 연방의 기업권력은 자금을 풀어 원하는 것을 무엇이든 얻을 수 있었기 때문이다."

농민동맹은 실질적인 권력을 얻지는 못했지만 새로운 사상과 정신을 퍼뜨리고 있었다. 이제 농민동맹은 인민당People's party(또는 Populist party)이라는 정당이 되어 1890년에 캔자스 주 토피카Topeka에서 당대회를 열었다. 캔자스 주의 위대한 인민당 연설가 메리 엘런 리즈Mary Ellen Lease는 열광적인 군중을 상대로 연설했다.

> 월스트리트가 이 나라를 소유하고 있습니다. 이제 정부는 국민의, 국민에 의한, 국민을 위한 정부가 아니라 월스트리트의, 월스트리트에 의한, 월스트리트를 위한 정부가 됐습니다……. 우리의 법률은 악당들에게 법복을 입히고 정직한 사람들에게는 누더기를 입히는 체제의 산물이며……. 정치인들은 우리가 과잉생산 때문에 고통받고 있다고 말합니다. 미국에서 매년 …… 1만 명의 어린아이가 굶어죽고 뉴욕의 여점원 10만 명이 빵을 위해 정조를 팔아야만 하는 지금 …… 과잉생산이라니요…….
>
> 미국에는 15억 달러가 넘는 재산을 가진 자가 30명입니다. 일자리를 찾아 헤매는 사람은 50만 명입니다……. 우리는 돈과 땅과 수송수단을 원합니다. 우리는

국립은행의 폐쇄를 원하며 정부가 직접 대부 권한을 행사하기를 원합니다. 우리는 저주스러운 저당권행사제도가 없어지기를 원합니다……. 필요하다면 우리는 무력을 써서라도 우리의 집과 가정을 지킬 것이며, 정부가 우리의 빚을 갚을 때까지 우리가 고리대금을 일삼는 회사들에게 진 빚을 갚지 않을 것입니다. 민중들이 궁지에 빠져 있으므로, 우리를 뒤쫓는 돈에 굶주린 사냥개들이 매우 조심하도록 만듭시다.

1892년 세인트루이스에서 열린 인민당 전국대회에서는 강령을 작성했다. 인민당 운동의 또 다른 위대한 연설가인 이그네이셔스 도널리Ignatius Donnelly가 강령 전문前文을 작성하고 청중 앞에서 낭독했다.

우리는 이 나라가 도덕적, 정치적, 물질적으로 파멸되려 하는 와중에 이 자리에 모였다. 부패가 선거와 주의회, 연방의회를 지배하고 사법부까지도 건드리고 있다. 국민들의 사기가 꺾이고 있다……. 신문들은 매수되거나 재갈이 물리고, 여론은 침묵하고 있으며, 사업은 쇠퇴하고, 우리의 집들은 저당권으로 뒤덮이고, 노동자들은 가난해지고, 토지는 자본가들의 손아귀로 집중되고 있다. 도시 노동자들은 자기보호를 위한 조직 결성권을 박탈당하고, 가난한 수입 노동자들이 임금을 깎아 내리며, 용병 상비군이 …… 노동자들을 끽소리 못하게 만들기 위해 설립됐다……. 수백만 명의 노고의 결실이 어마어마한 부를 쌓기 위해 노략질당하고 있다……. 정부의 불의라는 똑같은 풍요로운 뱃속에서 우리는 두 계급을 키우고 있다 — 빈민과 백만장자를…….

1892년 7월 오마하Omaha에서 열린 인민당의 후보지명대회는 아이오와의 인민당원이자 북부연방군 장군이었던 제임스 위버James Weaver를 대통령 후보로 지명했다. 인민당 운동은 이제 선거제도와 손을 잡았다. 인민당 대변인 포크Leonidas LaFayette Polk는 자신들이 "손과 마음을 한데 모으고 투표소로 행진해 정부를 장악함으로써, 우리 선조들의 원칙을 정부에 다시 회복시키고 민중의 이익을 위해 정부를 운영"할 수 있다고 말했다. 위버는 100만 표 이상을 얻었지만 선거에서 이기지는 못했다.

새로운 정당은 다양한 집단—북부의 공화당원과 남부의 민주당원, 도시 노동자와 농촌의 농민, 흑인과 백인—을 단결시키는 역할을 했다. 남부에서는 전국유색인농민동맹Colored Farmers National Alliance이 성장해 약 100만 명의 회원을 확보했지만, 백인이 조직하고 이끈 조직이었다. 흑인 조직가들도 있었지만, 설령 경제개혁을 쟁취한다고 하더라도 흑인들이 동등한 기회를 누릴 것이라고 흑인 농민들을 설득하기는 쉽지 않았다. 흑인들은 링컨의 당이자 민권법의 당인 공화당에 결합되어 있었다. 민주당은 노예제와 인종차별의 정당이었다. 굿윈이 지적하듯이, "백인의 편견이 압도적으로 지배하던 시대에 '악독한 기업 독점'에 재갈을 물린다고 해서 백인 농부들에게처럼 흑인 농민들에게 구원의 종이 울리는 것은 아니었다."

인종 간 단합의 필요성을 깨달은 백인들도 있었다. 앨라배마의 한 신문은 이렇게 주장했다.

> 백인 및 유색인 농민동맹은 트러스트에 맞서 전쟁을 벌이는 데 있어, 그리고 농민들이 협동조합 상점 및 제작소를 세우고 독자적인 신문을 발간하고 독자적인 학교를 운영하며, 시민으로서 관련되거나 개인적, 집단적으로 자신들에게 영향을 미치는 다른 모든 문제에 관여해야 한다는 원칙을 도모하는 데 있어 단결하고 있다.

앨라배마 노동기사단의 기관지 『센터널*Sentinel*』은 이렇게 보도했다. "남부 민주당의 완고한 보수주의Bourbon Democracy는 '깜둥이'라는 옛날 옛적의 외침으로 농민동맹을 때려눕히려 하고 있다. 그렇게 되지는 않을 것이다."

농민동맹의 일부 흑인들 역시 단결을 호소했다. 플로리다 유색인농민동맹Florida Colored Alliance의 지도자는 이렇게 말했다. "우리는 근로 유색인의 이해와 근로 백인의 이해가 똑같다는 사실을 잘 알고 있다."

1891년 여름 댈러스에서 창설된 텍사스 인민당은 흑백 통합의 급진적인 정당이었다. 백인과 흑인 사이에 퉁명스럽고 활발한 논쟁이 이루어졌다. 노동기사단 활동에 적극적이던 한 흑인 대의원은 '평등'에 관한 모호한 언급에 불만을 표시하며 이렇게 말했다.

> 만일 우리가 평등하다면, 왜 보안관은 흑인들을 배심원으로 소환하지 않습니까? 그리고 객차에다 왜 '검둥이칸'이라는 간판을 달아 놓습니까? 저는 흑인들에게 인민당이 하고자 하는 바를 말해 주고자 합니다. 저는 인민당이 검은 말과 흰 말을 같은 마장에서 키울 것인지를 말해 주고자 합니다.

한 백인 지도자는 이에 대해 텍사스 주의 모든 구역에서 흑인 대의원을 선출해야 한다고 촉구했다. "흑인들 역시 우리와 똑같은 도랑에서 허우적대고 있습니다." 누군가가 인민당에서 백인 클럽과 흑인 클럽을 분리 운영하고 '서로 협의'하도록 하자고 제안하자, 유색인 농민동맹의 백인 지도자 R. M. 험프리R. M. Humphrey는 이에 반대했다. "그렇게 해서는 안 됩니다. 유색인 역시 국민의 일부이며 똑같이 인정되어야 합니다." 뒤이어 흑인 두 명이 당의 주州 집행위원회 위원으로 선출됐다.

흑인과 백인은 서로 다른 상황에 처해 있었다. 흑인들은 대부분 농장 일꾼이나 일당직 막노동자였던 데 반해 농민동맹의 백인 대다수는 농장 소유주였다. 1891년에 유색인 농민동맹에서 목화 따는 사람들의 일당을 1달러로 인상할 것을 요구하며 목화밭 파업을 선언했을 때, 백인 농민동맹의 지도자 리오니다스 포크는 그렇게 되면 농민동맹의 농민들이 그만한 임금을 주어야 하기 때문에 손해를 보게 된다며 파업을 비난했다. 아칸소에서는 벤 패터슨Ben Patterson이라는 30세의 목화 따는 흑인이 대농장을 돌며 지지를 얻어 무리를 키웠고 백인 민병대와 총격전을 벌였다. 대농장 감독 한 명이 살해됐고 조면기 한 대가 불탔다. 패터슨과 그의 무리는 사로잡혔고 15명이 총살됐다.

남부에서는 선거에서 흑인과 백인의 단결이 일부 있기도 했다―노스캐롤라이나 지방선거에서 몇몇 흑인이 당선되는 결과를 낳았다. 앨라배마의 한 백인 농부는 1892년에 한 신문에 이렇게 기고했다. "나는 흑인들도 공정한 표를 얻을 수 있도록 8월의 첫 번째 월요일에 미국 정부가 투표함 주변에 군대를 배치하도록 해줄 것을 하나님께 바란다." 조지아에서 열린 제3당 당대회에는 흑인 대의원이 참여했다. 1892년에는 2명, 1894년에는 24명이었다. 아칸소 인민당 강령은 '인종에 관계없이 짓밟힌 자들'을 대변했다.

인종 단결의 순간들도 있었다. 로렌스 굿윈은 동부 텍사스에서 흑인 및 백인 관리들이 독특하게 제휴한 사례를 찾아냈다. 남북전쟁 재건기에 시작되어 인민주의 시기까지 이어진 것이었다. 주정부는 백인 민주당의 수중에 있었지만, 그라임즈Grimes 군에서는 흑인들이 공직에 당선되고 주의원으로 선출됐다. 지방 사무관이 흑인이었고 흑인 보안관보와 교장도 있었다. 폭력단인 백인연방White Man's Union이 이런 흑백 제휴를 깨뜨리기 위해 협박과 살인을 저질렀지만, 굿윈은 "그라임즈 군에서 오랫동안 이어진 인종 간 협력"을 지적하며 오히려 놓쳐버린 기회를 의아해하고 있다.

인종주의는 강력했고, 민주당은 이런 경향을 부추기면서 인민당으로부터 많은 농민들을 빼냈다. 작물 선취특권 제도 아래 파산한 백인 소작인들이 땅에서 쫓겨나고 저임금 흑인 노동자들이 그 자리를 차지하자 인종적 증오는 더욱 커졌다. 1890년 미시시피 주를 출발점으로 남부 각 주는 다양한 장치를 통해 흑인의 투표를 가로막고 생활의 모든 측면에서 엄격한 인종분리를 유지하기 위해 새로운 주 헌법을 작성했다.

흑인들에게서 투표권을 빼앗은 법률—인두세, 문맹 시험, 재산 자격조항—은 종종 백인 빈민들 역시 투표를 하지 못하게 만들었다. 남부의 정치 지도자들은 이것을 알고 있었다. 앨라배마의 제헌의회에서 정치 지도자 가운데 한 명은 자신은 "부적절하고 자격이 없는 사람은 누구나" 선거에서 제외시키기를 바란다면서 "규정상 흑인뿐만 아니라 백인까지 배제하더라도 그렇게 해야 한다"고 말했다. 노스캐롤라이나의 샬럿Charlotte에서 『옵저버*Observer*』는 선거권 박탈을 "흑인 및 백인 하층계급의 지배라는 위험을 없애기 위한 노스캐롤라이나 백인들의 분투"라고 보았다.

조지아의 인민당 지도자 톰 왓슨Tom Watson은 인종 간 단결을 호소했다.

> 여러분은 서로 나뉘어 있어서 벌어들인 소득을 각각 쉽게 강탈당합니다. 여러분은 서로를 증오하도록 되어 있는데, 그 이유는 여러분 모두를 노예로 만드는 금융전제정financial despotism이 바로 그 증오에 기반을 둔 것이기 때문입니다. 여러분의 눈은 이런 인종적 적대감이 어떻게 두 인종 모두를 가난하게 만드는 금융체제를 영속화하고 있는지 보지 못하도록 기만당하고 가려져 있습니다.

흑인 학자 로버트 앨런Robert Allen이 인민주의를 고찰한 『개혁을 꺼리는 개혁가들*Reluctant Reformers*』에서 말한 바에 따르면, 왓슨은 흑인들이 백인의 정당을 지지하기를 원했다. 의심할 나위 없이, 이런 지지가 당혹스럽고 더 이상 아무 소용이 없음을 알게 되자, 왓슨은 인종주의에 반대했던 것만큼이나 유창하게 인종주의를 지지하게 됐다.

그렇지만 왓슨이 계급적 억압 때문에 흑인들과 모종의 공통된 이해를 갖게 된 백인 빈민들의 진정한 정서에 호소했음은 분명하다. 왓슨의 연방하원 진출을 지원한 젊은 흑인 설교자인 H. S. 도일H. S. Doyle은 린치를 가하겠다는 폭도의 위협을 받자 왓슨에게 보호를 요청했으며, 2,000명의 백인 농민이 도일의 탈출을 도왔다.

당시는 계급적, 인종적 갈등이 복잡했던 시기였다. 왓슨의 선거운동 기간 동안 15명의 흑인이 린치를 당했다. 그리고 앨런이 지적하듯이, 조지아에서는 1891년 이후 농민동맹이 장악한 주의회에서 "조지아 주 역사상 한 해에 제정된 것으로는 가장 많은 수의 반反흑인 법안을 통과시켰다." 그렇지만 1896년에 조지아 주 인민당 강령은 린치법과 테러를 비난하고 죄수 임대제의 폐지를 요구했다.

C. 밴 우드워드는 남부에서 경험한 인민주의의 독특한 특징을 지적하고 있다. "인민당의 투쟁 시기만큼 남부에서 두 인종이 서로 긴밀히 협력한 경우는 유례가 없다."

인민당 운동은 또한 농촌 지역 농민들의 새롭고 독자적인 문화를 창출하려는 놀랄 만한 시도를 했다. 농민동맹의 강연국Lecture Bureau은 3만 5,000명의 연사를 보유해 전국 곳곳으로 강연을 다녔다. 인민당의 인쇄소들은 서적과 소책자를 쏟아냈다. 우드워드의 말을 들어보자.

> 농촌의 이데올로그들이 주민들을 처음부터 다시 재교육시키기 위해 만든 소책자들로부터 우리는 추측해 본다. '우리 학교에서 가르친 역사'를 '현실에서는

아무 쓸모도 없는 것'이라고 내팽개친 채, 그들은 역사를 다시 쓰는 데 착수했다―그리스 시대까지 거슬러 올라가 방대한 역사의 기둥을 다시 세운 것이다. 그들은 아무런 양심의 가책도 느끼지 않고 경제학과 정치이론, 법률, 정부를 수정하는 쪽으로 온힘을 쏟았다.

인민당의 잡지 『내셔널 이코노미스트 National Economist』의 독자는 10만 명이었다. 굿윈은 1890년대에 인민당의 정기간행물이 천 종을 넘었다고 헤아리고 있다. 루이지애나의 면화 지역에서 출간된 『동지 Comrade』와 조지아 농촌 지방의 『근로자의 벗 Toiler's Friend』 같은 신문들이 있었다. 조지아에서는 『혁명 Revolution』도 간행됐다. 노스캐롤라이나에서는 인민당의 인쇄공장이 불에 탔다. 앨라배마에서는 『생생한 진실 Living Truth』이 간행됐다. 1892년에는 폭도들이 『생생한 진실』 인쇄소에 난입해 활자를 흐트러뜨리고 이듬해에는 인쇄소 자체가 불에 탔지만, 다행히 인쇄기는 손상을 입지 않았고 편집자는 한 호도 빠뜨리지 않고 발간했다.

「농민도 인간이다 The Farmer Is the Man」와 같은 수백 편의 시와 노래가 인민당 운동으로부터 나왔다.

…… 농민도 인간이다
농민도 인간이다
가을이 올 때까지 빚으로 사는 삶
이자가 그렇게나 높은데
죽지 않고 사는 걸 보면 이상한 일
저당 잡은 놈들이 모두 다 가져가 버리는데도.

농민도 인간이다

농민도 인간이다

가을이 올 때까지 빚으로 사는 삶

이젠 바지도 다 헤어지고

죄악과도 같은 처지에서

농민은 자신들이 모든 사람을 먹여 살리는

인간이라는 것도 잊어 버렸네.

헨리 디마레스트 로이드Henry Demarest Lloyd의 『국민에 반하는 부*Wealth Against Commonwealth*』나 윌리엄 하비 코인William Harvey Coin의 『금융교실 *Financial School*』 같은 인민당 지도자들의 저서가 널리 읽혔다. 당대 앨라배마 역사가인 윌리엄 개럿 브라운William Garrott Brown은 인민당 운동에 관해 "다른 어떤 정치운동—1776년이든 1860~1861년이든—도 남부의 삶을 그렇게 심대하게 바꾸지 못했다"고 말했다.

로렌스 굿윈에 따르면, 인민당이 농촌 지역에서 한 일을 노동운동이 도시에서 했다면, 즉 "도시 노동자들 사이에서 협동과 자긍심, 경제적 분석의 문화를 창출했다면" 미국에서 변화를 위한 거대한 운동이 있었을 것이다. 농민운동과 노동운동 간에는 간헐적이고 일시적인 연결만 존재했다. 또한 서로 상대편의 요구를 웅변하지도 않았다. 그렇지만 상황이 달랐다면 단합된 지속적인 운동으로 귀결됐을 수도 있는 공통된 의식의 징후는 있었다.

노먼 폴락Norman Pollack은 중서부 인민당 신문들을 면밀하게 분석한 뒤 "인민주의는 농민과 노동자가 사회에서 같은 위치에 있다고 판단하면서 스스로를 계급운동으로 간주했다"고 말하고 있다. 『농민동맹*Farmers' Alliance*』에 실린 한 사설은 하루에 14시간에서 16시간을 일하는 한 남자에 관해 말했다.

"그는 도덕적으로나 육체적으로나 짐승이 됐다. 그에게는 사고가 없고 습성만이 있으며 신념이 없고 본능만이 있다." 폴락은 이것을 자본주의하에서 노동자들이 겪는 인간 본성으로부터의 소외라는 맑스 사상의 소박한 판본으로 파악하고, 이 외에도 인민주의 사상과 맑스주의 사상 간의 많은 유사점을 찾고 있다.

의심의 여지없이, 인민주의자들은 대부분의 미국 백인들과 마찬가지로 인종주의와 토박이주의의 사고를 갖고 있었다. 그러나 그 일부는 인종주의를 경제체제만큼 중요하게 생각하지 않았을 뿐이었다. 따라서 『농민동맹』은 이렇게 주장했다. "인민당은 흑인을 자유롭게 하기 위해서가 아니라 모든 인간을 해방하기 위해 …… 산업의 자유가 없이는 어떤 정치적 자유도 있을 수 없으므로 모든 사람이 산업의 자유를 얻게 하기 위해……. 갑자기 등장하게 된 것이다."

이론적 연계보다 중요한 것은 인민당이 실제 투쟁에서 노동자들에게 지지를 표명한 사실이다. 네브라스카의 『독립동맹 Alliance-Independent』은 카네기 철강공장 대파업 당시 이렇게 주장했다. "사태의 이면을 들여다본 사람이라면 누구나 홈스테드의 유혈적인 싸움이 자본과 노동 간의 거대한 갈등의 한 사례에 지나지 않음을 알 것이다." 실업자들의 콕시 행진은 농촌 지역에서 공감을 얻었다. 네브라스카 주 오시올라 Osceola에서는 콕시 행진을 축하하는 소풍에 약 5,000명이 모였다. 풀먼 파업 당시 한 농부는 캔자스 주지사에게 편지를 보냈다. "전부 다는 아닐지언정 확실히 거의 모든 농민동맹 사람들은 이 파업 노동자들에게 전적인 공감을 보내고 있습니다."

흑인과 백인, 도시 노동자와 농촌 농민을 단결시키지 못한 심각한 잘못 외에도 선거 정치의 유혹이 있었다 ― 이 모든 것이 결합되어 인민당 운동을 파괴했다. 1896년에 민주당과 제휴해 윌리엄 제닝스 브라이언 William Jennings

콕시의 군대 | 1894년 4월 19일의 행진 모습이다. 캔자스 주 주지사 로렌조 리웰링Lorenzo Lewelling이 행진을 환영한 데서도 알 수 있듯이, 콕시의 군대는 인민주의 운동의 불만을 더욱 증폭시켰다.

Bryan을 대통령 후보로 지지하면서 인민주의는 민주당 정치라는 바다에서 익사하게 됐다. 선거에서 승리해야 한다는 압력 때문에 인민주의는 여러 도시에서 잇따라 주요 정당과 타협하게 됐다. 민주당이 승리하면 인민주의는 흡수될 판이었다. 만약 패배하면 인민주의 운동 자체가 해체될 수도 있었다. 선거정치는 상층 지도부에 농민 급진파 대신 정치 브로커를 유입시켰다.

이것을 인식한 급진적인 인민주의자들이 있었다. 그들은 '승리'를 얻기 위해 민주당과 연합하면 그들이 원하는 바, 즉 독립적인 정치운동을 잃게 될 것이라고 말했다. 그들은 너무나도 요란하게 선전된 자유로운 은화 발행이 자본주의 체제의 근본을 전혀 바꾸지 못할 것이라고 말했다. 텍사스의 한 급진파는 은화를 발행한다고 해도 "부당한 부의 집중을 낳는 상황은 전혀 건드리지 못할 것"이라고 지적했다.

헨리 디마레스트 로이드는 브라이언을 후보로 지명한 것은 부분적으로는 (애나콘다 구리회사Anaconda Copper의) 마커스 데일리Marcus Daly와 (서부 은 광업계의) 윌리엄 랜돌프 허스트William Randolph Hearst의 매수에 의한 것이라고 지적했다. 로이드는 민주당 전당대회에서 2만 명의 군중을 흥분시킨 브라이언의 미사여구("우리는 청원을 했지만 경멸만을 받았습니다. 우리는 간청했지만 무시당하기만 했습니다. 우리는 애걸했지만 우리가 어려움에 처하자 그들은 우리를 조롱했습니다. 우리는 이제 애걸하지 않고, 간청하지 않으며, 청원하지 않을 것입니다. 우리는 저들에게 도전할 것입니다!")를 꿰뚫어 보았다. 로이드는 쓰라린 심정으로 지적했다.

> 가난한 사람들은 통화개혁이라는 수단으로 광야로부터 인도해 주겠다고 약속한 사람들을 위해 모자를 벗어 던지며 환호하고 있다……. 민중들은 지난 40년 동안 관세법에 따라 이리저리 끌려다닌 것과 마찬가지로 앞으로 40년 동안 통화라는 미궁 속에서 헤매게 될 것이다.

1896년 선거에서 민주당 후보 브라이언은 인민당 운동을 민주당으로 유인하면서까지 선거에 임했지만, 기업과 언론을 동원하고 선거운동 사상 최초로 대규모 자금을 사용한 윌리엄 매킨리William McKinley에게 패배했다. 민주당 내에서는 인민주의를 암시하는 것조차 허용되지 않았고, 기존체제의 거대한 총포는 이것을 확실히 하기 위해 탄약을 모두 뽑아들었다.

미국의 선거철이 흔히 그러하듯, 당시는 저항과 반란의 몇 년이 지난 뒤

체제를 공고화하는 시기였다. 남부의 흑인들은 계속 통제당하고 있었다. 인디언들은 서부의 평원에서 영원히 쫓겨났다. 1890년의 어느 추운 겨울날, 미육군 병사들이 사우스다코타 주의 운디드니(Wounded Knee, 상처 난 무릎)에 있는 인디언 막사를 습격해 300명의 남성과 여성, 어린이를 살해했다. 이 학살은 콜럼버스와 함께 시작된 400년간의 폭력 중에서 정점을 이루었고, 이로써 이 대륙은 백인들의 소유임이 굳어졌다. 그러나 이것은 일부 백인들에게만 해당하는 사항이었다. 1896년에 이르면 국가가 가능하다면 법으로, 필요하다면 무력으로 노동자 파업을 분쇄할 태세가 되어 있음이 분명해졌기 때문이다. 그리고 위협적인 대중운동이 전개되는 경우에는 양당제도가 한쪽 날개를 내밀어 운동을 에워싸고 운동의 생명력을 고갈시킬 준비가 되어 있었다.

아울러 계급적 분노를 국민적 단합이라는 구호의 물결 속에 익사시키는 수단인 애국주의가 늘 존재했다. 매킨리는 드물게도 돈과 국기를 연결시키는 미사여구를 구사하며 이렇게 말했다.

> …… 올해는 국가에 대한 애국과 헌신의 해가 될 것입니다. 저는 이 나라 곳곳의 국민들이 하나의 깃발, 영광스러운 성조기에 헌신하고자 한다는 점, 즉 이 나라 국민들이 국기에 대해 경의를 갖는 것처럼 이 나라의 재정에 대해서도 성스럽게 경의를 표하려 한다는 점을 알게 되어 기쁘기 그지없습니다.

애국심의 최고의 발로는 전쟁이었다. 매킨리가 대통령에 오르고 2년 뒤, 미국은 스페인에 전쟁을 선포했다.

A People's History of the United States

12

제국과 민중

1897	• 펜실베이니아 탄광파업 시기에 래티머 학살 발생
1898	• 쿠바에 파견한 전함 메인 호 격침으로 스페인과 전쟁 발발 • 하와이, 필리핀, 푸에르토리코 병합
1899	• 미군 점령 기간 중, 쿠바의 아바나에서 8시간 노동을 요구하는 대규모 노동시위 발생 • 필리핀, 곳곳에서 미군에 대한 저항 운동 발발 • 미국반제국주의동맹 결성

시어도어 루즈벨트는 1897년에 한 친구에게 보낸 편지에서 이렇게 말했다. "우리끼리만 은밀하게 하는 얘길세만. …… 나는 거의 어떤 전쟁이든 환영하는 것이 마땅하다고 보네. 이 나라에는 전쟁이 필요하기 때문이네."

운디드니 학살이 있었던 1890년, 인구조사국은 내륙 국경 설정이 완료됐다고 공식적으로 발표했다. 팽창을 본성으로 하는 이윤 체제는 이미 해외로 눈을 돌리기 시작했다. 1893년에 시작된 심각한 불황은 이 나라의 정치, 경제 엘리트들 내에서 발전하고 있던 사고를 강화시켰다. 미국 상품을 위한 해외시장이 국내 저소비 문제를 경감시키고 1890년대에 계급전쟁을 야기했던 경제 위기를 막을 수 있다는 사고가 그것이었다.

또 해외에서 모험을 벌임으로써 파업과 저항운동으로 나아가는 반란의 에너지 가운데 일부를 외부의 적에게로 돌릴 수 있지 않을까? 이런 모험을 통해 국민들이 정부와 군대에 대항하는 대신에 그 주위로 단합하게 되지 않을까? 아마도 대부분의 엘리트 사이에서 이루어진 의식적인 계획은 아니었을 것이다—그러나 이것은 자본주의와 민족주의라는 쌍두마차로부터 나온 자연스러운 결과였다.

해외로의 팽창은 새로운 사고가 아니었다. 멕시코와의 전쟁을 거쳐 미국

운디드니

1890년 12월 29일, 정부의 병력에 의하여 운디드니에서 학살된 수족의 시신이 사우스다코타의 눈속에 파묻혀 있다. 이 학살은 콜럼버스와 함께 시작된 400년간의 폭력 중에서 정점을 이루었다.

이 태평양으로 진출하기 전에도, 먼로 독트린Monroe Doctrine은 남쪽으로 카리브 해와 그 너머까지 눈을 돌렸다. 라틴아메리카 국가들이 스페인의 지배하에서 독립을 쟁취하던 1823년에 발표된 먼로 독트린은 미국이 라틴아메리카를 자신의 영향권으로 간주한다는 점을 유럽 각국에 명백히 밝힌 것이었다. 그 후 오래지 않아 몇몇 미국인들은 태평양, 즉 하와이와 일본, 그리고 중국이라는 거대한 시장으로까지 눈을 돌리기 시작했다.

생각으로만 멈춘 것이 아니었다. 이미 미국의 군대가 해외로 진출했던 것이다. 「1798년에서 1945년 시기, 미국의 해외 군사력 사용 사례Instancces of *the Use of United States Armed Forces Abroad 1798~1945*」라는 (1962년에 쿠바에 대한 무력 사용의 선례를 인용하기 위해 국무장관 딘 러스크Dean Rusk가 상원의 한 위원회에 제출한) 국무성의 목록을 보면 1798~1895년 사이에 다른 나라의 문제에 103차례나 개입했음을 알 수 있다. 국무성이 덧붙인 설명 그대로 몇몇 사례를 살펴보자.

> 1852~1853년, 아르헨티나. 혁명 중에 미국의 이권을 보호하기 위해 해병대가 부에노스아이레스에 상륙, 주둔함.
> 1853년, 니카라과. 정치적 소요로부터 미국인의 생명과 이권을 보호하기 위해.
> 1853~1854년, 일본. '일본 개방'과 페리Matthew Calbraith Perry의 원정. 〔국무부는 이 이상 상세한 설명을 하고 있지 않으나, 여기에는 일본으로 하여금 미국에 항구를 개방하도록 강요하기 위한 군함 사용이 포함된다(지은이).〕
> 1853~1854년, 류큐流球 열도와 오가사와라小笠原 제도. 페리 제독은 일본에 도착하기 전과 일본의 답변을 기다리는 동안 해병대를 두 차례 상륙시키면서 군사력을 과시했고 오키나와 섬 나하那覇의 통치자로부터 석탄채굴권을 양도받았음. 페리 제독은 또한 오가사와라 제도에서도 군사력을 과시했음. 이 모두는 통상 편의를 확보하기 위한 것이었음.
> 1854년, 니카라과. 산후안델노르테San Juan del Norte. 〔니카라과 주재 미국 공사를 모욕한 데 대한 보복으로 그레이타운(Greytown. 산후안델노르테의 옛 이름)을 파괴했다(지은이).〕
> 1855년, 우루과이. 몬테비데오에서 실패로 돌아간 혁명 기간 동안 미국의 이권을 보호하기 위해 미국과 유럽의 해군이 상륙했음.
> 1859년, 중국. 상하이에서 미국 이권을 보호하기 위해.
> 1860년, 앙골라, 포르투갈령 서아프리카. 키셈보Kissembo에서 원주민들이 말썽

을 부렸을 때 미국인의 생명과 자산을 보호하기 위해.

1893년, 하와이. 표면상으로는 미국인의 생명과 자산을 보호하기 위해서였지만, 실제로는 샌퍼드 B. 돌Sanford B. Dole의 임시정부를 지원하기 위해서. 미국은 이런 행동을 부인했음.

1894년, 니카라과. 혁명 뒤 블루필즈Bluefields에서 미국의 이권을 보호하기 위해.

이처럼 1890년대에 이르기까지 이미 많은 해외 탐색과 개입의 경험이 있었다. 군과 정계, 기업의 상층부에서—그리고 해외시장이 도움이 될 것이라 생각한 일부 농민운동 지도자들 가운데조차도—팽창의 이데올로기가 널리 확산됐다.

인기 있는 팽창 선전가인 미 해군의 A. T. 머핸A. T. Mahan 대령은 시어도어 루즈벨트를 비롯한 미국 지도자들에게 큰 영향을 미쳤다. 머핸은 최대 규모의 해군을 보유한 나라가 지구를 물려받게 될 것이라고 말했다. "미국인들은 이제 바깥으로 눈을 돌려야 한다." 매사추세츠 출신 상원의원 헨리 캐버트 로지는 한 잡지 기사에서 이렇게 썼다.

> 우리의 통상을 위해 …… 우리는 니카라과 운하를 건설해야 하며, 그 운하를 보호하고 태평양에서 우리의 통상 지배권을 확보하기 위해 하와이 제도를 장악하고 사모아에 대한 영향력을 유지해야 한다……. 또 니카라과 운하가 건설되면 쿠바 섬이 …… 필요하게 될 것이다……. 지금 대국들은 미래의 영토 확장과 현재의 방위를 위해 지구상의 모든 쓸모없는 땅을 흡수하고 있다. 이것은 인류의 문명과 진보를 위한 움직임이다. 세계의 대국 가운데 하나로서 미국은 그 행진에서 뒤쳐져서는 안 된다.

스페인-미국 전쟁 전야에 워싱턴 『포스트』에 실린 사설은 다음과 같다.

새로운 의식 — 힘의 의식 — 이 우리에게 생겨난 것처럼 보이며, 그와 더불어 우리의 힘을 보여주고자 하는 새로운 욕망이 생겨난 듯하다……. 야망, 이권, 땅에 대한 굶주림, 자존심, 싸움으로부터 얻는 단순한 기쁨 등 어떤 것이든 간에 우리는 새로운 감정으로 활기를 띠고 있다. 우리는 낯선 운명에 직면해 있다. 밀림에서 피 맛을 본 것일지라도 국민들의 입 속에는 제국의 맛이 맴돌고 있다…….

국민들의 입안에 있는 그 맛은 침략을 향한 어떤 본능적 욕망이나 어떤 절박한 이기심에 따른 것이었을까? 아니면 (실제로 그런 맛이 존재했다면) 백만장자 언론, 군대, 정부, 비위를 맞추려고 안달이 난 당대의 학자들이 만들어 내고, 조장하고, 광고하고, 과장한 맛이었을까? 컬럼비아 대학의 정치학자 존 버제스는 튜튼족과 앵글로색슨족이 "민족국가를 건설하는 능력을 특별히 부여받았으며 …… 근대 세계의 정치문명을 지휘하는 사명을 위임받았다"고 말했다.

대통령으로 선출되기 몇 해 전에 윌리엄 매킨리는 이렇게 말했다. "우리는 잉여생산물을 팔기 위한 해외시장을 원한다." 인디애나 출신 상원의원 앨버트 베버리지Albert Beveridge는 1897년 초에 이렇게 선언했다. "미국의 공장들은 미국인이 사용할 수 있는 양보다 많이 생산하고 있습니다. 미국의 토지는 소비할 수 있는 양보다 많이 산출하고 있습니다. 운명의 여신이 우리를 위해 우리의 정책을 세웠습니다. 세계 무역은 우리 것이어야 하고 우리 것이 될 것입니다." 국무부는 1898년에 이렇게 설명했다.

만일 미국의 직공과 기능공들이 1년 내내 계속 고용된다면 우리는 매년 제조품 잉여가 늘어나 해외시장에 판매해야 할 사태에 직면하게 되리라는 점은 누구나 인정할 것이다. 따라서 우리 공장과 작업장에서 생산하는 제품의 해외소비를 확대하는 문제는 통상뿐만 아니라 정치적 수완에서도 심각한 지경에 이르렀다.

팽창주의적 군부와 정치인들은 서로 접촉했다. 시어도어 루즈벨트의 전기작가 가운데 한 명은 이렇게 말하고 있다. "1890년에 이르면 로지와 루즈벨트, 머핸은 이미 견해를 교환하고 있었으며, 머핸이 팽창에 관한 선전활동에 계속 전념할 수 있도록" 그를 해군에서 빼내려고 노력했다. 한번은 루즈벨트가 헨리 캐버트 로지에게 루디야드 키플링Rudyard Kipling의 시 한 편을 보내면서 이 시가 "썩 좋지는 않지만 팽창주의적 견지에서 보면 뛰어난 감각을 보여 준다"고 말했다.

일부 미국인들(돌Dole 가家라는 선교 및 파인애플 농업 결합체)이 독자적인 정부를 세운 뒤인 1893년에 미국이 하와이를 병합하지 않았을 때, 루즈벨트는 이런 머뭇거림이 "백인 문명에 대한 범죄행위"라고 지적했다. 또 해전 대학 Naval War College에서는 이렇게 연설했다 "모든 위대하고 주인다운 민족은 호전적인 민족이었습니다……. 평화를 통한 승리는 그 어떤 것도 전쟁을 통한 최종적인 승리만큼 위대하지 않습니다."

루즈벨트는 자신이 보기에 열등한 인종과 민족을 경멸했다. 뉴올리언즈에서 폭도들이 수많은 이탈리아인 이민자들에게 린치를 가했을 때, 루즈벨트는 미국이 이탈리아 정부에 일정한 보상을 해줘야 한다고 생각했지만, 누이에게 사적으로 보낸 편지에서는 자신은 린치를 "오히려 잘한 일"이라고 생각한다면서 "린치 사태로 흥분한 …… 여러 이탈리아 외교관 놈들과 가진" 오찬자리에서도 그렇게 말했다고 적었다.

당대의 지도적 반제국주의자 가운데 한 명인 철학자 윌리엄 제임스William James는 루즈벨트가 "전쟁이 남자다운 불굴성을 담고 있다는 이유로 전쟁을 인간사회의 이상적인 상황으로 과장되게 이야기하며, 평화는 어슴푸레한 황혼이 깃드는 곳에서 숭고한 삶과는 무관하게 살아가는 약골 보따리장수에게나 적합한 것으로, 눈물로 퉁퉁 부어오른 수치스러운 상황으로 간주한다……"고 지적했다.

팽창주의에 관한 루즈벨트의 논의는 단순히 사내다움이나 영웅주의의 문제가 아니었다. 루즈벨트는 "중국과 우리의 교역 관계"를 알고 있었다. 로지는 아시아 시장에 눈을 돌리는 매사추세츠의 섬유업계를 인식하고 있었다. 역사학자 마릴린 영Marilyn Young은 중국에 대한 미국의 통상 영향력을 확대한 미중개발회사American China Development Company의 활동과 중국에 파견된 미국 밀사에게 "중국에서 미국의 이권 확장을 위해 적절한 모든 수단을 동원하라"고 한 국무성의 지시에 관해 언급한 바 있다. 영(『제국의 수사修辭The Rhetoric of Empire』)은 중국시장에 관한 이야기가 당시에 실제로 관계된 달러 액수보다 훨씬 과장됐지만 하와이, 필리핀, 그리고 아시아 전역에 대한 미국의 정책을 형성하는 데 있어 중요했다고 말하고 있다.

1898년 당시 미국 제품의 90퍼센트가 국내에서 판매된 것은 사실이지만, 해외에서 팔리는 10퍼센트가 10억 달러에 이르렀다. 월터 레이피버Walter Lafeber(『새로운 제국The New Empire』)는 이렇게 적고 있다. "1893년에 이르면 미국의 무역은 영국을 제외한 모든 나라를 추월했다. 물론 농업 생산물은 특히 핵심 작물인 담배, 면화, 밀의 경우에 오랫동안 국내시장에 크게 의존한 채 번영하고 있었다." 그리고 1895년까지 20년 동안 미국 자본가들의 해외 신규 투자는 10억 달러에 이르렀다. 1885년 철강산업 간행물인 『철강의 시대Age of Steel』는 국내시장으로는 불충분하며 "장래에는 해외무역의 증대를 통해"

산업의 과잉생산을 "해소하고 방지해야 한다"고 썼다.

1880년대와 1890년대에 석유는 대규모 수출품목이 됐다. 1891년에 이르러 록펠러 가의 스탠더드 석유회사는 미국 등유 수출의 90퍼센트를 점했으며 세계시장의 70퍼센트를 장악했다. 이제 석유는 면화 다음으로 주요한 해외 수출품이 됐다.

윌리엄 애플먼 윌리엄스William Appleman Williams가 『현대 미 제국의 뿌리The Roots of the Modern American Empire』에서 밝힌 것처럼, 인민주의 지도자 일부를 비롯한 대규모 상업적 농민들은 팽창을 요구하고 있었다. 1892년 캔자스 출신 인민당 하원의원 제리 심슨Jerry Simpson은 하원에서 거대한 농업 잉여가 있는 상황에서 농민들은 "필연적으로 해외시장을 찾아야 한다"고 말했다. 그렇다. 심슨은 침략이나 정복을 호소하지는 않았다 ─ 그러나 일단 해외시장이 번영에 관건이 되는 것으로 간주되기만 하면 팽창주의 정책, 심지어 전쟁은 광범위한 호소력을 갖게 마련이었다.

쿠바의 경우처럼 ─ 반란집단을 도와 외국의 지배를 전복하는 식으로 ─ 팽창이 관대한 행위로 보이기만 하면, 그런 호소는 특히 강력해진다. 1898년까지 쿠바의 반란자들은 독립을 쟁취하기 위해 스페인 정복자들에 맞서 3년 동안 싸우고 있었다. 그 무렵에는 국내에서 개입을 위한 분위기를 조성하는 것이 가능했다.

미국 산업계는 처음에는 쿠바에 대한 군사개입을 원하지 않았던 것으로 보인다. 미국의 상인들은 시장에 자유롭게 접근할 수만 있다면 식민지나 정복전쟁을 필요로 하지 않았다. '문호개방open door'이라는 사고는 20세기에 이르러서야 미국 대외정책의 기본 주제가 됐다. 이것은 유럽의 전통적인 제국 건설보다 더 세련된 제국주의였다. 윌리엄 애플먼 윌리엄스는 『미국 외교의 비극The Tragedy of American Diplomacy』에서 이렇게 말하고 있다.

이 국가적인 논쟁은 보통 루즈벨트, 로지를 필두로 한 제국주의자와 윌리엄 제닝스 브라이언, 칼 슈어츠Carl Schurz가 이끄는 반제국주의자 사이의 투쟁으로 해석된다. 그러나 삼각관계의 싸움으로 보는 것이 훨씬 더 정확하게 사실을 드러낸다. 세 번째 집단은 전통적인 식민주의에 반대하면서 그 대신 미국의 압도적인 경제력이 세계 모든 저개발 지역으로 진출, 지배하게 될 문호개방 정책을 지지한 사업가와 지식인, 정치인들의 연합이었다.

그러나 윌리엄스가 전쟁 없는 '비공식적 제국informal empire'이라 부른 사고에 대한 일부 사업가 집단과 정치인들의 선호도는 언제나 변화하기 쉬웠다. 평화적 제국주의가 불가능하다고 판명된다면 군사행동이 필요하게 될 것이었다.

한 예로 1897년 말과 1898년 초, 중국이 일본과의 전쟁으로 약화된 틈을 타 독일 군대가 자오저우 만膠川灣 입구에 위치한 칭다오靑島 항을 점령하고는 그곳에 해군을 주둔시킬 권리와 인근 산둥山東 반도의 철도와 석탄 광산에 대한 권리를 요구했다. 그 후 몇 달 안에 다른 유럽 강대국들이 중국으로 들어왔고, 미국을 제쳐둔 채 주요 제국주의 강대국들은 중국을 분할하기 시작했다.

자유무역의 평화로운 발전을 옹호해 왔던 뉴욕 『상업 저널』은 이런 시점에서 옛날 방식의 식민주의를 촉구하고 나섰다. 미국 팽창주의를 연구하는 역사학자인 줄리어스 프래트Julius Pratt는 이런 선회를 서술하고 있다.

이제까지 평화주의, 반제국주의를 표방했고, 자유무역 세계의 통상 발전에 헌신해 온 이 신문은 중국의 분할이라는 위협적인 결과 때문에 자신이 견지한 신념의 토대가 산산이 무너지는 것을 보았다. 4억 인구를 가진 중국시장에 대한 자유로운 접근은 우리 제조업의 잉여생산물 처리 문제를 크게 해결해 줄 것이라고 선언하면서, 『상업 저널』은 중국에 대한 완전히 동등한 권리를 완고하게 고집했을 뿐만 아니라 ―이제까지 격렬하게 반대해 온 세 가지 조치인― 파나마 지협 운하, 하와이 합병, 해군력의 상당한 증대 등에 대해서도 기탄없이 옹호했다. 그 어떤 것도 이 신문이 몇 주 만에 방향을 바꾼 방식만큼 중요하지는 않다…….

1898년에는 쿠바에 대한 미국 산업계의 태도에서 이와 비슷한 선회가 있었다. 스페인에 맞선 쿠바의 봉기가 시작될 때부터 사업가들은 쿠바의 상업적 가능성에 미치는 효과에 관심을 기울이고 있었다. 이미 상당한 경제적 이해가 이 섬을 둘러싸고 있었던 것이다. 그로버 클리블랜드 대통령은 1896년에 이렇게 요약했다.

이 섬에는 적어도 3,000만에서 5,000만 달러의 미국 자본이 대농장과 철도, 광산, 기업 등에 투자되어 있는 것으로 추산된다. 1889년에 6,400만 달러에 달했던 미국과 쿠바의 교역량은 1893년에는 약 1억 300만 달러에 이른다.

쿠바혁명에 대한 대중적 지지는 1776년의 미국처럼 쿠바인들이 자신의 해방을 위해 전쟁을 벌이고 있다는 생각에 근거한 것이었다. 하지만 또 다른 혁명전쟁의 보수적 산물인 미국 정부는 쿠바 사태를 바라보면서 권력과 이윤을 염두에 두고 있었다. 쿠바 봉기 초기에 대통령이었던 클리블랜드나 후임 대통령인 매킨리는 쿠바의 반란자들을 공식적으로 교전주체로 인정하지 않았다. 만약 법적으로 인정했다면 미국이 군대를 보내지 않고도 반란자들을 원조할 수 있었다. 그러나 반란자들이 혼자 힘으로 승리하고 미국을 배제할지도 모른다는 두려움이 있었던 듯하다.

또 다른 종류의 두려움도 있었던 것으로 보인다. 클리블랜드 행정부는 쿠바가 두 인종이 뒤섞여 있으므로 만약 그들이 승리하면 "백인과 흑인의 공화국이 수립"되는 결과가 나올지도 모른다고 말했다. 게다가 흑인이 우세한 공화국이 될 것이었다. 이런 사고는 미국인 어머니와 영국인 아버지 사이에서 태어난 젊고 유창한 제국주의자 — 윈스턴 처칠Winston Churchill — 가 『토요평론The Saturday Review』에 쓴 기사에서 표명됐다. 처칠은 스페인의 통치가 도덕적으로 나쁘고 반란자들이 주민의 지지를 얻고 있긴 하지만 스페인이 지배를 유지하는 편이 더 좋을 것이라고 썼다.

> 심각한 위험이 나타나고 있다. 전투를 벌이는 반란자들의 5분의 2가 검둥이들이다. 이들은 …… 성공할 경우에 이 나라의 정부에게 압도적인 몫을 요구할 것이며 …… 그 결과 수년간의 싸움 끝에 또 다른 흑인 공화국이 탄생할 것이다.

'또 다른' 흑인 공화국이란 1803년에 프랑스를 상대로 혁명을 일으켜 신세계에서 최초로 흑인이 통치하는 국가가 된 아이티를 염두에 두고 한 말이었다. 미국 주재 스페인 공사는 미국 국무장관에게 편지를 보냈다.

> 이 혁명은 검둥이라는 요소가 가장 중요한 부분을 차지하고 있습니다. 주요 지도자들이 유색인일뿐더러 지지자 가운데 적어도 10분의 8도 마찬가지이며……. 전쟁의 결과로 이 섬이 독립을 선포하게 되면 흑인 집단이 분리해 흑인 공화국을 세우게 될 것입니다.

『스페인-쿠바-미국 전쟁The Spanish-Cuban-American War』에서 필립 포너가

말하고 있는 것처럼 "매킨리 행정부는 쿠바의 상황에 대처하기 위한 계획을 갖고 있었지만, 여기에는 이 섬의 독립이 포함되지 않았다." 포너는 미국 정부가 스페인 주재 공사 스튜어트 우드퍼드Stewart Woodford에게 보낸 훈령을 통해, 전쟁이 산업의 정상적인 기능에 해로운 영향을 끼치며 번영의 상태를 지연시키는 경향이 있으므로 전쟁을 진정시키기 위한 노력을 하라고 요구하면서도 쿠바인들을 위한 자유와 정의는 언급하지 않았음을 지적하고 있다. 포너는 "미국이 너무 오래 기다리면, 쿠바의 혁명세력이 승자로 등장해 붕괴하는 스페인 정권의 자리를 차지했을 것"이라는 사실을 들며 매킨리 행정부의 전쟁 돌입(미국의 최후통첩은 스페인에게 협상할 시간을 거의 주지 않았다)을 설명한다.

1898년 2월, 쿠바 사태에 대한 미국의 이해를 보여주는 상징적인 사건으로 아바나 항구에 정박해 있던 미국 전함 메인Maine 호가 원인불명의 폭발로 침몰해 268명이 희생되는 일이 벌어졌다. 폭발 원인에 관한 증거는 하나도 없었지만, 미국에서는 급격히 흥분이 확산됐고 매킨리는 전쟁을 향해 움직이기 시작했다. 월터 레이퍼버의 말을 들어보자.

> 대통령은 전쟁을 원하지 않았다. 매킨리는 평화를 유지하기 위해 성실하고도 끊임없는 노력을 기울인 바 있었다. 그러나 3월 중순에 이르러 매킨리는 자신 스스로는 전쟁을 원하지 않지만 전쟁을 통해서만 얻을 수 있는 무언가를 원한다는 사실을 깨닫기 시작했다. 미국의 정치, 경제생활에서 끔찍한 불확실성을 제거하고 새로운 아메리카 상업제국의 건설에 다시 착수할 수 있는 견고한 기반이 필요했던 것이다.

그해 봄 언제부터인가 매킨리와 산업계 모두 스페인을 쿠바에서 몰아낸

메인호의 폭발

스페인은 책임 여부를 밝히기 위해 이 사건을 국제 중재재판에 회부하자고 제의했지만 정확한 사고원인은 끝내 밝혀지지 않았다. 그러나 미국의 일부 신문들은 여론을 몰아갔고, 결국 그해 4월 미국은 쿠바를 지원했다.

다는 자신들의 목표가 전쟁을 통하지 않고는 이룰 수 없으며, 그에 수반되는 부수적 목표, 즉 쿠바에 대한 미국의 군사적, 경제적 영향력 확보 역시 쿠바 반란자들의 손에 내버려두는 것이 아니라 미국의 개입을 통해서만 보장될 수 있음을 깨닫기 시작했다. 처음에는 전쟁에 반대했던 뉴욕 『커머셜 애드버타이저』는 3월 10일에 이르러 "인류애와 자유에 대한 사랑, 그리고 무엇보다도 세계 모든 지역의 상업과 산업이 전 세계의 이익을 위해 발전할 수 있는 전면적인 자유를 누려야 한다는 바람" 때문에 쿠바에 대한 개입을 호소했다.

이에 앞서 연방의회는 미국이 쿠바를 병합하지 않겠다고 약속한 텔러 수정안〔Teller Amendment. 제안자인 콜로라도 출신 공화당 상원의원 헨리 텔러 Henry Teller의 이름을 딴 것이다〕을 통과시켰다. 이 수정안은 쿠바의 독립에 이해관계를 가지면서 미국의 제국주의에 반대하는 사람들과 '문호개방'으로 충분하며 군사적 개입은 불필요하다고 본 사업가들이 제안하고 지지한 것이었다. 그러나 1898년 봄에 이르러 산업계는 행동을 갈망하고 있었다.『상업저널』은 이렇게 말했다. "텔러 수정안은 …… 제안자가 의도했던 것과는 약간 다른 의미로 해석되어야 한다."

전쟁으로부터 직접적인 이득을 얻게 될 특별한 세력이 있었다. 제철산업의 중심지인 피츠버그에서는 상공회의소가 무력을 지지했으며,『채타누가 트레이즈먼Chattanooga Tradesman』은 전쟁 발발 가능성 때문에 "철 교역이 뚜렷한 성장세를 보였다"고 보도했다. 신문은 또 "실제 전쟁이 벌어지면 운송업계가 매우 크게 신장될 것"이라고 지적했다. 워싱턴에서는 "메인 호가 침몰된 뒤 해군부로 떼를 지어 몰려간 포탄, 대포, 탄약, 기타 군수품 생산 수주업자들"에 힘을 얻어 해군부가 "호전적인 정신"에 물들었다고 보도됐다.

은행가 러셀 세이지는 전쟁이 발발하면 "부자들이 어느 편에 설 것인지는 의문의 여지가 없다"고 말했다. 사업가들에 대한 한 조사에 따르면, 존 제이콥 애스터John Jacob Astor, 윌리엄 록펠러〔William Rockefeller. 존 D. 록펠러의 동생〕, 토머스 포천 라이언Thomas Fortune Ryan 등은 "호전적인 사고"를 갖고 있었다. 또 J. P. 모건은 스페인과 더 이상의 대화는 무익할 뿐이라고 믿었다.

1898년 3월 21일, 헨리 캐버트 로지는 매킨리에게 장문의 편지를 보내 보스턴과 린, 너한트Nahant의 "은행가, 중개상, 사업가, 신문 편집인, 성직자 등"과 대화를 나눠본 결과 "가장 보수적인 계급"을 비롯한 "모든 사람"이 쿠바 문제의 "해결"을 원했다고 말했다. 로지는 이렇게 보고했다. "그들 말로는 사업의 측면에서 볼 때, 한 차례 충격으로 모든 것을 끝내는 편이 이 쿠바 전쟁이 계속될 경우 있을 수밖에 없는 발작적인 사태들보다 낫다고 합니다." 3월 25일, 매킨리의 한 보좌관이 백악관에 전보를 한 장 보냈다. "지금 이곳의 거대 주식회사들은 우리가 전쟁을 벌일 것이라고 믿고 있습니다. 지금과 같은 어정쩡한 상황에 대한 해결책이라고 모두가 전쟁을 환영하고 있습니다."

이 전보를 받고 이틀 뒤, 매킨리는 스페인에 최후통첩을 보내면서 전쟁을 끝내라고 요구했다. 쿠바의 독립에 관해서는 아무 언급도 없었다. 뉴욕에 거주하는 쿠바인 집단의 일부 중에서 쿠바 반란자들의 한 대변인은 이를 두고 미국이 단순히 스페인의 자리를 차지하기만을 원한다는 것으로 받아들였다. 그 대변인은 이렇게 응답했다.

> 독립을 인정하지 않은 채 개입을 제안하는 작금의 사태에 직면해, 우리는 한 걸음 나아가 그런 개입은 미국이 쿠바 혁명가들을 상대로 전쟁을 선포한 것에 다름 아니라고 간주해야 하며 그렇게 간주할 것이라고 말할 수밖에 없다······.

실제로 의회에 전쟁을 요청한 4월 11일에 매킨리는 반란자들을 교전주체로 인정하거나 쿠바의 독립을 요구하지 않았다. 9일 뒤 의회는 상하 양원 합동 결의안을 통해 매킨리에게 개입할 권한을 주었다. 미군 병력이 쿠바로 진입하자, 반란자들은 텔러 수정안이 쿠바의 독립을 보장해 주리라고 기대하면서 그들을 환영했다.

스페인-미국 전쟁을 다룬 많은 역사서는 미국의 '여론'으로 인해 매킨리가 스페인에 전쟁을 선포하고 쿠바에 병력을 파견했다고 언급하고 있다. 그렇다. 일부 영향력 있는 신문은 열심히, 심지어는 신경질적으로 전쟁을 독촉했다. 그리고 많은 미국인들은 개입의 목적이 쿠바의 독립이라고 생각하면서

— 그리고 텔러 수정안이 이런 의도를 보장한다고 믿으면서 — 개입을 지지했다. 그러나 산업계의 촉구가 없었더라도 매킨리가 언론과 일부 여론(당시에는 여론조사라곤 없었다) 때문에 전쟁을 벌였을까? 쿠바 전쟁 몇 년 뒤, 상무부의 해외통상국 국장은 그 시기에 관해 이렇게 썼다.

> 시간이 지나면 연기처럼 사라져 버렸을지도 모를, 스페인의 쿠바 지배에 맞서 미국이 무기를 들게 만든 대중의 정서에 토대가 된 것은 서인도 제도와 남아메리카 공화국들에 대한 우리의 경제적 관계였다······. 스페인-미국 전쟁은 우리의 국내 소비력을 훨씬 뛰어넘는 산업 생산능력이라는 변화된 환경에 뿌리를 둔 전반적인 팽창 움직임 가운데 한 사건이었을 뿐이다. 우리 상품에 대한 해외 구매자를 찾아야 할 뿐만 아니라 쉽고 경제적이며 안전하게 해외시장에 접근할 수 있는 수단을 제공하는 사건이 필요해 보였다.

미국 노동조합들은 1895년에 스페인에 맞선 반란이 시작되자마자 쿠바의 반란자들에게 공감을 보냈다. 그러나 미국의 팽창주의에는 반대했다. 노동기사단과 미국노동연맹 모두 1897년에 매킨리가 제안한 하와이 병합에 대해 이의를 제기했다. 쿠바 반란자들에 대한 공감에도 불구하고, 미국노동연맹의 1897년 총회에서는 미국의 개입을 요구하는 결의안이 부결됐다. 미국노동연맹의 새뮤얼 곰퍼스Samuel Gompers는 한 친구에게 편지를 보냈다. "우리 운동이 쿠바에게 갖는 공감은 순수하고 진지하며 성실한 것이지만, 그렇다고 해서 우리가 히스테리로 고생하는 것이 분명한 몇몇 모험론자들한테 잠시라도 몸을 맡긴다고 생각해서는 안 된다네······."

2월에 메인 호의 폭발을 계기 삼아 언론에서 흥분된 목소리로 전쟁을 요구했을 때, 국제기계공협회International Association of Machinists의 월간지는 그 사건이 끔찍한 재난이라는 데는 동의하면서도 산업재해로 인한 노동자들의 죽음은 그런 국민적 아우성을 불러일으키지 못했음을 지적했다. 잡지는 펜실베이니아 탄광파업 시기인 1897년 9월 10일의 래티머 학살Lattimer Massacre을 거론했다. 원래 파업파괴자로 수입됐지만 스스로 조직되어 래티머로 가는 간선도로를 행진하던 — 오스트리아인, 헝가리인, 이탈리아인, 독일인 — 광부들이 해산을 거부하자 보안관과 보안관보들이 발포, 대부분 등 뒤에 총을 맞아 19명이 목숨을 잃었다. 하지만 언론에서는 아무런 항의도 하지 않았다. 이 노동자 잡지는 말하기를,

…… 산업 분야에서 매년, 매달, 매일 벌어지는 대학살의 광란, 탐욕의 신 몰록Moloch의 신전에 매년 바쳐지는 수천 명의 목숨, 노동자들이 자본주의에 바치는 피의 공물은 복수와 배상을 요구하는 외침을 낳지 못한다……. 공장과 광산의 수천 가지 사례에서 죽음이 찾아와 희생자를 앗아가는데도, 대중의 야단법석은 어디에서도 들리지 않는다.

코네티컷 주 미국노동연맹의 공식 기관지인 『숙련공 The Craftsman』 또한 메인 호의 침몰로 야기된 병적 흥분상태에 관해 경고했다.

표면상 미국을 군사력에서 1위에 오르게 만들기 위한 거대하고 …… 교활한 계획이 실행되고 있다. 진짜 이유는 자본가들이 모든 것을 장악하고, 노동자들이 감히 생존임금을 요구하면 …… 길거리의 개처럼 쏴 죽이려는 것이다.

전미광산노동조합United Mine Workers 같은 몇몇 노동조합은 메인 호가 침몰한 뒤 미국의 개입을 요구했다. 그러나 대부분은 전쟁에 반대했다. 미국부

두 노동조합American Longshoremen's Union의 회계담당 볼튼 홀Bolten Hall이 쓴 「노동자에게 보내는 평화 호소문A Peace Appeal to Labor」은 널리 읽혀졌다.

> 만일 전쟁이 일어난다면, 여러분은 시체와 세금을 떠맡고 다른 사람들이 영광을 차지하게 될 것이다. 투기업자들은 전쟁으로 돈을 벌 것이다—즉 여러분들로부터. 사람들은 저질 물건, 물이 새는 배, 겉만 번지르르한 옷, 종이 밑창을 댄 신발을 비싼 값에 팔 테고 여러분은 그 값을 치러야 할 것이다. 여러분이 얻는 유일한 만족이란, 실은 여러분의 형제이자 여러분과 마찬가지로 쿠바가 입는 피해와 아무 상관이 없는 스페인의 동료 노동자들을 미워하는 특권뿐이다.

사회주의자들은 전쟁에 반대했다. 예외가 있다면 유대계 신문 『매일 전진 Daily Forward』뿐이었다. 사회주의노동당의 신문 『민중The People』은 쿠바의 자유에 관한 언급은 "구실"일 뿐이라고 말하면서 "노동자들의 관심을 그들의 실제 관심사로부터 돌리기 위해" 정부가 전쟁을 원한다고 역설했다. 또 다른 사회주의 신문 『이성에의 호소Appeal to Reason』는 전쟁을 향한 움직임이 "국민들이 국내의 실정失政을 시정하지 못하도록 하기 위해 통치자들이 선호하는 방식"이라고 주장했다. 샌프란시스코 『노동자의 목소리Voice of Labor』에서는 한 사회주의자가 이렇게 썼다. "단지 한 줌도 안 되는 지도자들이 선동한다고 해서 이 나라의 가난한 노동자들이 스페인의 가난한 노동자들을 해치고 죽이기 위해 파병된다고 생각하니 끔찍할 따름이다."

그러나 전쟁이 선포된 뒤, 포너의 말을 빌리면 "노동조합 대다수가 전쟁 열병熱病에 굴복했다." 새뮤얼 곰퍼스는 전쟁이 "영광스럽고 정의롭다"고 말하며 25만 명의 노동조합원이 군대에 자원했다고 주장했다. 전미광산노조는 전쟁의 결과로 석탄 가격이 올랐음을 지적하며 말했다. "지난 몇 년간 석탄과 철 업종이 지금처럼 활발했던 적은 없다."

전쟁은 더 많은 일자리와 높은 임금을 가져왔지만 물가 역시 올랐다. 포너의 말을 들어보자. "생활비가 놀랄 만큼 상승했을 뿐만 아니라, 소득세가 없는 상황에서, 빈민들은 설탕, 당밀, 담배 등에 부과되는 세금이 인상된 나머지 엄청난 전쟁 비용을 자신들이 거의 전적으로 부담하고 있음을 깨닫게 됐다." 공개적으로는 전쟁에 찬성한 곰퍼스는 사적인 자리에서 전쟁이 노동자 임금의 구매력을 20퍼센트 축소시키는 결과를 낳았다고 지적했다.

1898년 노동절에 뉴욕 시에서 사회주의노동당이 조직한 반전 행진은 당국의 허가를 받지 못한 반면, 유대계 신문 『매일 전진』에서 유대인 노동자들의 전쟁 지지를 촉구하며 소집한 노동절 행진은 허가를 받았다. 시카고의 『노동자세계 Labor World』는 이렇게 말했다. "이 전쟁은 가난한 사람들의 전쟁이다 — 가난한 사람들이 돈을 내서 치르는. 늘 그렇듯 부자들은 전쟁으로 이득을 본다……."

미국노동연맹이 미숙련 노동자들을 조직하지 않았기 때문에, 1898년 5월 10일 솔트레이크시티 Salt Lake City에서 서부노동연맹 Western Labor Union이 창설됐다. 서부노동연맹은 "직종, 민족, 신념, 피부색에 관계없이" 모든 노동자들을 단결시키고 "미국 노동자들이 흘린 피땀의 결실을 강탈하는 모든 주식회사와 트러스트에게 조종弔鐘을 울리고자" 했다. 연맹의 기관지는 전쟁 중의 하와이 병합을 거론하며 이것은 "굶주리는 쿠바인들을 구제하기 위해 시작된 전쟁이 갑자기 정복전쟁으로 바뀌었음"을 증명한다고 지적했다.

전시의 부패와 폭리에 관한 부두 노동자 볼튼 홀의 예측은 놀랄 만큼 정확한 것이었음이 드러났다. 리처드 모리스의 『미국사 백과사전 Encyclopedia of American History』은 놀라운 수치를 보여준다.

스페인-미국 전쟁 당시와 동원 해제 뒤, 복무했던 27만 4,000여 명의 장교와 사병 가운데 5,462명이 미국의 여러 작전 지역과 막사에서 사망했다. 사망자 가운데 379명만이 전사였고 나머지는 질병이나 다른 원인으로 인한 것이었다.

월터 밀리스Walter Millis의『군인정신The Martial Spirit』에서도 똑같은 수치를 볼 수 있다.『미국사 백과사전』은 간결하게 수치만을 제시하면서 정육업자들이 "약품처리를 한 쇠고기"(한 군 장성의 표현임)— 붕산, 질산칼륨, 인공색소로 절인 쇠고기 — 를 군에 판매했다는 사실은 언급하지 않는다.

1898년 5월, 시카고의 정육회사인 아머앤드컴퍼니Armour and Company는 1년 전에 리버풀로 보냈다가 되돌아온 쇠고기 230톤을 군에 판매했다. 두 달 뒤, 육군 검사관은 축산국 검사관이 승인한 소인이 찍힌 아머 사의 고기를 검사했는데, 751개의 깡통에 부패한 고기가 들어 있었다. 검사관이 처음 열어본 60개의 깡통 가운데 14개가 이미 터져서 "악취가 나는 거품덩어리 내용물이 근처 깡통들에 흘러 넘쳐 있었다." (1900년에 상원에 제출된『대對스페인 전쟁 시기 전쟁부 업무수행 조사위원회 보고서Report of the Commission to Investigate the Conduct of the War Department in the War with Spain』의 구절이다.) 수천 명의 병사가 식중독에 걸렸다. 5,000명의 비전투원 사망자 가운데 얼마나 많은 사람이 식중독으로 죽은 것이었는지에 관한 자료는 없다.

훗날 미 국무장관 존 헤이John Hay가 "눈부신 작은 전쟁splendid little war"이라 부른 전쟁에서 스페인 군대는 석 달 만에 패배했다. 미군은 쿠바 반란군이 존재하지 않는 것처럼 행동했다. 스페인이 항복했을 때, 어떤 쿠바인도 항복조건을 협의하거나 항복문서에 서명할 수 없었다. 윌리엄 섀프터William Shafter 장군은 무장 반란군은 수도인 산티아고에 진입할 수 없다고 말하며, 쿠바 반란군 지도자 칼리스토 가르시아Calixto García에게 쿠바인들이 아니라 과거의 스페인 민정당국이 계속해서 산티아고의 시 업무를 담당하게 될 것이라고 통보했다.

보통 미국 역사학자들은 전쟁에서 쿠바 반란군이 한 역할을 무시해 왔다. 필립 포너는 자신의 역사서에서 처음으로 가르시아가 섀프터 장군에게 보낸 항의서한을 수록했다.

> 나는 강화 협상이나 스페인의 항복조건에 관해 귀국 측으로부터 단 한마디도 통보받지 못했습니다.
> …… 쿠바의 산티아고에서 당국을 임명하는 문제가 제기될 때 …… 나로서는 그런 당국은 쿠바 사람들이 선출한 것이기는커녕 스페인 여왕이 고른 당국과 똑같다는 심각한 유감을 표명할 수밖에 없습니다…….
> 너무 터무니없어 믿을 수 없는 소문이지만, 장군이 취한 여러 조치와 저의 군대가 산티아고에 진입하는 것을 금지한 것이 스페인인들을 대량학살하고 보복하는 사태를 우려해서였다고 들었습니다. 장군, 그런 생각이 티끌만치도 있다면 제게 이의를 제기하도록 해주십시오. 우리는 문명화된 전쟁의 규칙을 무시하는 야만인들이 아닙니다. 우리는 독립을 위한 고귀한 전쟁을 치렀던 당신네 선조들의 군대와 마찬가지로 가난하고 헐벗은 군대일 뿐입니다…….

쿠바에 주둔하는 미군을 따라 미국의 자본이 유입됐다. 포너는 이렇게 쓰고 있다.

> 쿠바에서 스페인 깃발이 채 내려지기도 전에, 미국 산업계는 자신들의 영향력을 행사하기 시작했다. 대상인, 부동산 중개업자, 주식 투기업자, 앞뒤 안 가리는 모험가, 부자가 될 수 있는 온갖 계획을 짜내는 사업기획자 등이 수천 명씩

쿠바로 몰려들었다. 아바나 전차Havana Street Railway의 독점영업권을 장악하려고 7개의 신디케이트가 서로 싸웠는데, 결국 뉴욕 월스트리트 업계를 대표하는 퍼시벌 파쿠하Percival Farquhar가 승리했다. 이처럼 군사적 점령이 시작됨과 동시에 …… 상업적 점령이 시작됐다.

목재산업의 대변자격인 『제재업 평론Lumbermen's Review』은 전쟁이 한창인 와중에 이렇게 말했다. "스페인이 쿠바 정부에 대한 지배권을 상실하는 순간이 …… 미국 제재업계가 쿠바 삼림의 생산물을 얻기 위해 그 섬으로 들어갈 순간이 도래할 것이다. 지금도 쿠바에는 값비싼 목재가 풍부한 1,000만 에이커의 처녀림이 있으며 …… 이 숲의 거의 모든 쪼가리가 미국에서 높은 값에 잘 팔릴 것이다."

전쟁이 끝나자 미국인들이 철도, 광산, 사탕수수 농장 등을 접수하기 시작했다. 몇 년 만에 3,000만 달러의 미국 자본이 투자됐다. 유나이티드 청과회사 United Fruit는 쿠바 제당산업에 침투했다. 유나이티드 사는 에이커당 약 20센트에 190만 에이커를 사들였다. 아메리칸 담배회사도 진출했다. 포너의 추산에 따르면, 점령이 끝날 무렵인 1901년 당시 쿠바 광물 수출량의 최소한 80퍼센트가 미국의 수중에 장악됐고 그 대부분을 베슬리엄 철강회사Bethlehem Steel가 차지했다.

군사점령 기간 동안 일련의 파업이 벌어졌다. 1899년 9월, 아바나에서 수천 명의 노동자가 모여 8시간 노동을 요구하며 총파업에 돌입했다. "…… 우리는 노동자와 자본가 사이의 투쟁을 진척시키기로 결의했다. 쿠바 노동자들은 이제 더 이상 완전한 굴종을 참을 수 없기 때문이다." 미군 장성 윌리엄 러들로William Ludlow는 아바나 시장에게 11명의 파업 지도자들을 체포할 것을 명령했고, 미군 병력이 철도역과 부두를 장악했다. 경찰은 시가지를 돌면서 집회를 해산시켰다. 그러나 도시의 경제활동은 이미 중단된 상태였다. 담배 노동자들이 파업에 들어갔다. 인쇄공들도 파업을 벌였다. 제빵공들 역시 파업에 참여했다. 수백 명의 파업 노동자들이 체포됐고, 투옥된 지도자 가운데 일부는 협박에 못 이겨 파업을 중단하라고 호소했다.

미국은 쿠바를 병합하지 않았다. 그러나 쿠바 제헌의회는 1901년 2월에 미국 의회에서 통과된 플래트 수정안[Platt Amendment. 제안자인 코네티컷 출신 공화당 상원의원 오빌 플래트Orville Platt의 이름을 딴 것이다]을 새로운 쿠바 헌법에 삽입시킬 때까지 미군이 계속 쿠바에 주둔하겠다는 말을 들었다. 이 수정안은 "쿠바의 독립을 보전하고 생명과 재산, 개인의 자유를 보호하는 적절한 정부를 유지하기 위해 개입할 권리"를 미국에게 부여하는 것이었다. 수정안은 또한 미국이 특정한 장소에 석탄 공급기지나 해군기지를 세울 수 있도록 규정했다.

텔러 수정안과 전쟁 전, 그리고 전쟁 기간에 쿠바의 자유에 관한 논의로 인해 많은 미국인들 ― 그리고 쿠바인들 ― 은 진정한 독립을 기대하고 있었다. 이제 플래트 수정안은 급진 언론 및 노동자 언론만이 아니라 미국 전역의 신문과 단체들이 보기에 일종의 배신이었다. 미국반제국주의동맹[American Anti-Imperialist League. 1898년 11월에 보스턴에서 결성된 반제국주의 동맹이 이듬해 10월에 전국적으로 확대되면서 이름을 바꾼 것이다]은 보스턴의 패뉴얼홀Faneuil Hall에서 대규모 집회를 열어 플래트 수정안을 비난했으며, 전 주지사 조지 부트웰George Boutwell은 "우리는 쿠바에 대한 자유와 주권의 약속을 무시한 채 그 섬에 식민지 예속상태를 강요하고 있다"고 주장했다.

아바나에서는 쿠바인 1만 5,000명이 제헌의회가 열리는 의사당 앞에서 횃불행진을 벌이며 플래트 수정안을 거부할 것을 촉구했다. 그러나 점령군 사령관 레너드 우드Leonard Wood 장군은 "쿠바인들은 온갖 시위와 행진에 전력을 다하고 있으나 이것은 아무 의미도 없습니다"라고 매킨리를 안심시켰다.

플래트 수정안을 헌법에 포함시켜야 한다는 미국의 고집에 답하기 위해 제헌의회는 위원회를 구성했다. 위원회의 보고서 『제헌의회의 논쟁Penencia a la Convención』은 산티아고의 한 흑인 대표가 작성했다. 보고서는 이렇게 말하고 있다.

이 독립이 언제 위협받을지, 따라서 언제 독립을 보전하기 위해 개입해야 할지를 결정할 권한을 미국이 보유한다 함은, 우리 집 열쇠를 건네주어 낮이든 밤이든 마음 내키는 대로, 좋은 의도이건 나쁜 의도이건, 아무 때나 집에 들어오게 하는 것과 매한가지이다.

그리고,

살아남을 수 있는 쿠바 정부란 오로지 미국의 지지와 호의에 의존하는 그런 정부일 뿐이고, 이런 상황이 낳을 필연적인 결과는 우리가 허약하고 비참한 정부만을 갖게 되리라는 것이며……. 이런 정부는 운명적으로 쿠바의 이익에 봉사하고 그 이익을 수호하기보다는 미국의 은총을 얻는 데 더 관심을 쏟을 것이다…….

보고서는 석탄 공급기지나 해군기지에 대한 요구를 "조국을 불구로 만드는 것"이라고 규정했다. 보고서는 결론짓기를,

군사적으로 점령된 국민들은 그들 자신의 정부를 고려하기에 앞서, 자기 자신의 영토에서 자유롭기에 앞서, 친구이자 동맹자로 온 점령군에게 다름 아닌

자신들의 주권을 무효화하게 될 권리와 권한을 부여하라는 말을 듣고 있다. 이것이 미국이 이제 막 채택한 방식에 의해 우리에게 주어진 상황이다. 이것이야말로 더 없이 해로우며 받아들일 수 없는 요구이다.

이 보고서와 함께 제헌의회는 압도적으로 플래트 수정안을 거부했다. 그러나 3개월도 채 되지 않아 미국의 압력과 군사점령, 수정안을 받아들일 때까지 쿠바인들의 정부 수립을 허용하지 않겠다는 위협이 효력을 발휘했다. 제헌의회는 몇 차례 거부한 뒤 플래트 수정안을 받아들였다. 레너드 우드 장군은 1901년에 시어도어 루즈벨트에게 편지를 보냈다. "물론 플래트 수정안 아래에서 쿠바에게 독립이란 거의, 아니 전혀 없습니다."

이로써 쿠바는 공공연한 식민지는 아니지만 미국의 영역으로 편입됐다. 한편 스페인-미국 전쟁은 미국이 수많은 나라를 직접 병합하는 결과를 낳았다. 쿠바에 인접한 카리브 해의 스페인령 푸에르토리코가 미군에 의해 접수됐다. 거리상 태평양 전체의 3분의 1이나 떨어져 있는 섬으로, 이미 미국 선교사와 파인애플 대농장 소유주들이 침투해 미국 관리들이 "수확할 일만 남은 다 익은 배"라고 묘사한 하와이 제도는 1898년 7월 상하 양원 합동 결의안으로 병합됐다. 비슷한 무렵에 일본으로 가는 길목인 하와이 서쪽 3,700킬로미터 거리에 위치한 웨이크Wake 섬도 점령됐다. 그리고 필리핀만큼이나 멀리 떨어진 태평양의 스페인령 괌 역시 접수됐다. 1898년 12월에 스페인과 조인한 강화조약으로 미국은 2,000만 달러를 지불하고 괌, 푸에르토리코, 필리핀 등을 공식적으로 넘겨받았다.

필리핀을 차지할 것인가를 둘러싸고 미국에서는 열띤 논쟁이 전개됐다. 전하는 이야기에 따르면, 매킨리는 백악관을 방문한 일단의 성직자들에게 자신이 어떻게 결단을 내리게 됐는지에 관해 말했다.

가시기 전에 필리핀 문제에 관해 한마디만 드리고 싶군요……. 사실 저는 필리핀을 원치 않으며, 필리핀이 우리에게 신의 선물로 떨어졌을 때, 저는 필리핀을 가지고 도통 무엇을 해야 할지 몰랐습니다……. 사방으로 문의를 해보았지만 ─공화당원만이 아니라 민주당원에게까지 말입니다─ 거의 도움을 받지 못했습니다.

저는 우선 마닐라만 차지하자고 생각했습니다. 그리고 난 다음에 아마 루손 섬을 비롯한 다른 섬들 역시도 차지할 수 있겠지요.

저는 밤이면 밤마다 자정 무렵까지 백악관 복도를 서성거렸습니다. 신사 여러분, 저는 하룻밤 넘도록 전능하신 하나님께 빛과 인도를 구하며 무릎 꿇고 기도했다는 말을 아무 부끄럼 없이 합니다. 그리고 어느 날 밤늦은 시각에 이런 생각이 갑자기 떠올랐습니다 ─ 어떻게 떠올랐는지는 모르지만 아무튼 떠올랐습니다.

1. 필리핀을 스페인에 돌려줄 수는 없다 ─ 그렇게 하면 비겁하고 불명예스러운 일이 될 것이다.

2. 동양에서 상업을 둘러싸고 우리와 경쟁을 벌이고 있는 프랑스나 독일에 넘겨줄 수도 없다 ─ 그것은 밑지는 장사일뿐더러 망신살 뻗치는 일이다.

3. 필리핀인들 손에 넘겨줄 수도 없다 ─ 그들은 자치를 감당할 수 없다 ─ 게다가 그렇게 하면 곧 무질서한 무정부상태가 되어 스페인 지배 때보다도 상황이 악화될 것이다.

4. 그렇다면 필리핀을 전부 우리가 차지해 필리핀인들을 교육시키고, 그들의 정신을 앙양하고, 개화시키고, 기독교로 개종시키며, 그리스도께서 우리와 마찬가지로 저들을 위해서도 목숨을 바치셨으니, 하나님의 은총으로 우리가 할 수 있는 최선을 다해 같은 인간인 저들을 돕자.

그러고는 잠자리에 들어 단잠을 잤습니다.

필리핀인들은 하나님으로부터 같은 메시지를 받지 않았다. 1899년 2월, 그들은 스페인에 맞서 수차례 반란을 일으켰던 것처럼 미국의 지배에 맞서 봉기했다. 일찍이 미국이 스페인에 맞서 병사들을 지휘하도록 중국으로부터 군함을 태워 데리고 온 필리핀의 지도자 에밀리오 아기날도Emilio Aguinaldo는 이제 미국과 싸우는 반란군insurrectos의 지도자가 됐다. 아기날도는 미국 보호령 아래 독립할 것을 제안했지만 거부당했다.

미국이 7만 병력—쿠바에 상륙한 수의 4배—을 동원해 반란을 분쇄하기까지 3년이 걸렸고, 쿠바에서보다 몇 배나 많은 수천 명의 전쟁 사상자가 발생했다. 잔혹한 전쟁이었다. 필리핀인들의 사망률은 전쟁 사상자와 질병으로 인해 엄청난 수치를 보였다.

이제 전국 곳곳의 정치인과 산업계 인사들의 입술이 제국의 맛을 보게 됐다. 인종주의와 간섭주의, 돈에 관한 이야기가 운명과 문명에 관한 이야기와 뒤섞였다. 1900년 1월 9일, 앨버트 베버리지는 상원에서 이 나라의 지배적인 경제적, 정치적 이해를 옹호했다.

> 대통령 귀하, 시대는 솔직함을 요구합니다. 필리핀은 영원히 우리 것입니다……. 그리고 필리핀 바로 너머에 중국이라는 무한한 시장이 있습니다. 우리는 그 어느 쪽에서도 후퇴하지 않을 것입니다……. 우리는 하나님이 우리에게 맡기신 우리 민족의 사명, 세계를 문명화한다는 사명을 저버리지 않을 것입니다. 태평양은 우리의 바다입니다……. 우리가 잉여생산물의 소비자를 찾아 어디로 가야 하겠습니까? 지리학이 답을 줍니다. 중국은 우리의 당연한 고객입니다……. 필리핀은 우리에게 동방 전역으로 향하는 문턱에 있는 근거지를 제공해 줍니다…….
>
> 미국의 어떤 땅도 루손 섬의 평야와 계곡의 비옥함을 능가하지 못합니다. 쌀,

커피, 코코넛, 삼, 담배……. 필리핀의 삼림은 다가올 한 세기 동안 전 세계에 가구를 공급할 수 있습니다. 세부Cebu 섬에서 가장 박식한 남자는 64킬로미터에 이르는 이 섬의 산맥이 사실상 석탄으로 이루어졌다고 내게 말했습니다……. 저는 필리핀의 한 샛강 모래톱에서 주운 순금 한 덩이를 갖고 있습니다……. 제가 믿는 바로는 앵글로색슨의 자치라는 말이 무슨 뜻인지를 이해하는 필리핀인은 100명도 채 안 되며, 500만이 넘는 수가 통치받기를 기다리고 있습니다. 우리의 전쟁이 잔인했다는 비난이 있었습니다. 상원의원 여러분, 그 반대입니다……. 여러분께서는 우리가 미국인이나 유럽인을 상대하는 것이 아님을 상기해야 합니다. 우리는 동양인들을 상대하고 있는 것입니다.

매킨리는 폭도들이 미군을 공격하면서 반란자들과 전투가 시작됐다고 말했다. 그러나 훗날 미군 병사들은 미국이 먼저 발포했다고 증언했다. 전쟁이 끝난 뒤, 보스턴의 패뉴얼홀에서 연설한 한 육군 장교는 자신의 상관이 폭도들과 충돌을 일으키라는 명령을 내렸다고 밝혔다.

1899년 2월, 보스턴에서는 스페인과의 강화조약에 대한 상원의 비준을 축하하기 위한 연회가 열렸다. 부유한 섬유 제조업자 W. B. 플런키트W. B. Plunkett가 매킨리 대통령을 연사로 초청했다. 이 날의 행사는 미국 역사상 가장 큰 규모의 연회였다. 2,000명의 손님이 400명에 달하는 웨이터의 시중을 받았다. 매킨리는 "미국의 심중에는 어떤 제국주의적 의도도 숨어 있지 않습니다"라고 말했고, 바로 그 연회에서 우정장관 찰스 에머리 스미스Charles Emory Smith는 "우리가 원하는 것은 잉여생산물을 위한 시장입니다"라고 말했다.

하버드의 철학자 윌리엄 제임스는 보스턴 『트랜스크립트』에 "최근 보스턴 연회에서 매킨리가 보여준 위선적인 말투의 느끼함"에 관해 편지를 써 보내면서, 필리핀에서 벌인 군사작전은 "대중의 비명이나 소요를 전혀 불러일으키지 않고 인접한 소상점들을 조용히 죽여 버리는 완벽한 경지에 다다른 거대 백화점처럼 악독한 기민성의 악취를 풍긴다"고 언급했다.

제임스는 1898년에 반제국주의 동맹을 결성해 미국민들에게 필리핀 전쟁의 참사와 제국주의의 해악을 가르치는 오랜 캠페인을 수행한 미국의 저명한 사업가, 정치가, 지식인들이 모인 운동의 일원이었다. 반제국주의 동맹은 반反노동자적 귀족과 학자들을 포함한 기묘한 집단(앤드루 카네기도 속했다)이었는데, 그들은 자유라는 이름 아래 필리핀인들에게 가해진 행위에 대해 공통된 도덕적 분노로 단결했다. 다른 문제에 관해서는 어떤 차이를 보였을지라도, 그들 모두는 윌리엄 제임스의 성난 발언에 뜻을 같이했다. "하나님은 필리핀 제도에서 미국이 행한 비열한 행동을 저주한다."

반제국주의 동맹은 필리핀에서 임무를 수행하는 병사들이 보내온 편지를 출간했다. 캔자스 출신의 한 대위는 이렇게 썼다. "캘루컨Caloocan에는 1만 7,000명의 주민이 살고 있다고 추정됐습니다. 캔자스 20연대가 싹 쓸어버린 결과 이제 살아있는 원주민은 단 한 명도 없습니다." 같은 부대의 이등병은 "캘루컨에서 승리한 뒤 필리핀인들의 가옥 50여 채에 내 손으로 직접 불을 질렀습니다. 우리가 쏜 총에 여자와 어린이들이 부상당했습니다"라고 말했다.

워싱턴 주 출신 지원병은 이렇게 썼다. "우리는 전투를 향한 열기가 고조된 상태였고, 우리 모두는 '검둥이'들을 죽이고 싶었습니다. …… 이 인간사냥은 토끼몰이를 여지없이 능가하는 일입니다."

당시는 미국에서 인종주의가 격렬하게 고조되던 때였다. 1889~1903년 사이에 매주 평균 2명의 흑인이 폭도들에게 린치 — 목매달고 불태우고 사지를 절단하는 — 를 당했다. 미국인들의 눈에 갈색 피부를 가진 필리핀인들은 신체적으로 뚜렷이 구별되었고 이상한 말에 이상한 외모를 지니고 있었다.

그리하여 모든 전쟁의 속성인 무차별적인 야만성에 인종적 적개심이라는 요소가 덧붙여졌다.

1901년 11월, 필라델피아 『레저Ledger』의 통신원은 이렇게 보도했다.

지금 벌어지는 전쟁은 무혈의 희가극 교전이 아니다. 우리 병사들은 냉혹하고, 남자와 여자와 어린이, 죄수와 포로, 열 살 이상의 적극적인 반도와 반란 용의자 모두를 절멸시키려고 죽이고 있으며, 필리핀인들은 개만도 못한 존재라는 사고가 횡행하고 있다……. 우리 병사들은 사람들에게 소금물을 먹여 자백을 이끌어내고 있으며, 손을 들고 평화적으로 항복한 사람들을 죄인 취급한다. 한 시간 뒤, 그들이 반란군이라는 증거가 털끝만큼도 없었지만, 총알 박힌 시체를 발견하는 사람들에 대한 본보기로서 다리 위에 세워 놓고 한 사람씩 총으로 쏘아 강물로 떠내려가게 했다.

1901년 초에 루손 섬 남부에서 미국으로 귀환하는 한 미군 장성은 이렇게 말했다.

지난 몇 년 동안 루손 섬 원주민의 6분의 1이 살해되거나 뎅그열병에 걸려 죽었다. 직접 살해한 것만으로도 엄청난 인명이 손실됐지만, 내 생각에 전쟁의 정당한 목적에 도움이 되는 경우가 아닌데도 살해된 사람은 단 한 명도 없다. 다른 나라에서라면 가혹한 것으로 간주됐을 조치를 취할 필요가 있었다.

전쟁장관 엘러휴 루트는 야만적이라는 비난에 이렇게 대꾸했다. "필리핀에서 벌어지는 전쟁은 자제력과 인간애라는 면에서 어느 누구에게도 뒤지지 않으며…… 문명화된 교전수칙을 꼼꼼하게 지키는 미군에 의해 수행되고 있습니다."

마닐라에서는 리틀타운 월러Littletown Waller라는 해병대 소령이 사마르Samar 섬에서 무방비 상태인 필리핀인 11명을 재판도 없이 총살한 혐의로 기소됐다. 다른 해병대 장교들은 월러의 증언을 이렇게 묘사했다.

소령은 스미스 장군이 자신에게 살해하고 불태우라는 명령을 내리면서 더 많은 수를 살해하고 불태울수록 자신을 만족시킬 것이라고 말했다고 한다. 지금은 포로를 잡을 때가 아니며 사마르 섬을 무시무시한 황무지로 만들고 싶다는 것이었다. 월러 소령이 스미스 장군에게 살해할 대상의 연령 제한을 정해 달라고 하자 장군은 "열 살 넘는 모든 것들"이라고 답했다고 한다.

바탕가스Batangas 주의 주지사는 전체 주 인구 30만 가운데 3분의 1이 전투나 굶주림, 질병으로 목숨을 잃었다고 추산했다.

마크 트웨인은 필리핀 전쟁에 관해 이렇게 언급했다.

우리는 수천 명의 섬사람들을 평정하고 땅에 묻었다. 우리는 그들의 들판을 파괴하고 마을을 불태우고 과부와 고아들을 집밖으로 내몰았다. 또 마음에 들지 않는 수십 명의 애국자들을 추방함으로써 가슴이 찢어지는 고통을 자아냈다. 남은 1,000만 명은 머스켓총의 경건한 새 이름인 우호적인 동화Benevolent Assimilation에 종속시켰다. 우리는 300명의 첩과 사업 파트너라는 이름의 다른 노예들, 그리고 술루Sulu 열도의 술탄을 자산으로 획득했으며, 그 약탈품 위로 우리가 보호한다는 깃발을 게양했다.

그리하여 하나님의 섭리―이 말은 내가 지어낸 것이 아니라 정부가 쓴 표현이다―에 의해 우리는 세계대국이 됐다.

미국의 화력은 필리핀의 반란자들이 끌어 모을 수 있는 것보다 압도적으로 우세했다. 첫 번째 전투에서 듀이George Dewey 제독은 파시그Pasig 강을 따라 올라가서 필리핀 진지를 향해 230킬로그램짜리 포탄을 발사했다. 필리핀인들의 시체가 산더미처럼 쌓여 미군 병사들은 시체를 흉벽으로 사용하기까지 했다. 한 영국인 목격자는 이렇게 말했다. "이건 전쟁이 아니다. 그냥 대학살, 잔인한 도살일 뿐이다." 영국인의 말은 틀렸다. 그것은 전쟁이었다.

반란자들이 그런 역경을 수년간 견뎌냈다는 사실은 그들이 자국민의 지지를 받았음을 의미한다. 필리핀 전쟁 사령관 아서 맥아더〔Arthur MacArthur. 더글러스 맥아더Douglas MacArthur의 아버지〕 장군은 이렇게 말했다. "…… 나는 아기날도의 군대가 한 무리의 도당에 불과할 뿐이라고 생각했다. 루손섬 주민 ─ 원주민 ─ 전체가 우리에게 반기를 들고 있다고 생각하고 싶지 않았다." 그러나 맥아더는 필리핀 군대의 게릴라 전술이 "원주민 전체의 거의 일치단결된 행동에 의존"하고 있기 때문에 "어쩔 수 없이" 그렇게 생각할 수밖에 없다고 말했다.

야만행위의 증거가 늘어나고 반제국주의 동맹의 활동도 활발했지만, 미국의 일부 노동조합은 필리핀에서 벌이는 행동을 지지했다. 인쇄공노동조합은 더 많은 영토를 병합해서 그 지역에 영어를 사용하는 학교가 생기면 인쇄업에 도움이 될 것이라는 이유로 병합에 찬성했다. 유리 제조공들의 간행물은 유리를 구매하게 될 새로운 영토의 가치에 주목했다. 철도노동조합은 미국 상품이 새로운 영토로 수송되면 철도 노동자들의 일이 많아질 것이라고 생각했다. 일부 노동조합은 영토 팽창은 잉여상품에 대한 시장을 창출함으로써 공황의 재발을 방지할 것이라는 대기업의 말을 그대로 되풀이했다.

다른 한편, 『가죽 노동자 저널Leather Workers' Journal』에서 국내의 임금이 인상되면 더 많은 구매력이 창출됨으로써 잉여생산물의 문제를 해결할 수

And this is what they call civilization!

필리핀 전쟁 항의 포스터

1901년에 발간된 『동지*The Comrade*』에 실린 삽화이다. 야만행위의 증거가 늘어나면서 많은 인민주의자와 사회주의자들이 미국의 필리핀 정복에 항의했다.

있다고 지적하자, 『목수 저널Carpenters' Journal』은 이렇게 질문했다. "영국의 노동자들은 그 모든 식민지 소유를 통해 얼마나 잘 살고 있는가?" 철·강철·양철노동조합Iron, Steel, and Tin Workers의 간행물인 『내셔널 레이버 트리뷴 National Labor Tribune』은 필리핀이 풍부한 자원을 보유한 나라라는 데 동의하면서도 이렇게 덧붙였다.

> 이 나라에 대해서도 똑같이 말할 수 있지만, 누군가 당신에게 석탄광산이나 사탕수수 농장, 철도를 소유하고 있느냐고 묻는다면 아니라고 대답해야만 할 것이며 …… 이 모두는 한 줌도 안 되는 이들이 지배하는 트러스트들의 수중에 있기 때문이다…….

필리핀을 병합하는 조약이 의회에서 계류 중이던 1899년 초에 보스턴과 뉴욕의 중앙노동조합은 병합에 반대했다. 뉴욕에서는 병합에 반대하는 대규모 집회가 열렸다. 반제국주의 동맹은 필리핀 병합에 반대하는 인쇄물을 100만 장 넘게 배포했다(포너의 말에 따르면, 지식인과 사업가들이 반제국주의 동맹을 조직하고 지배하고 있었지만, 50만 회원 가운데 대부분은 여성과 흑인을 비롯한 노동계급 대중이었다고 한다). 반제국주의 동맹의 지부들은 전국 각지에서 집회를 개최했다. 병합 조약에 반대하는 캠페인은 강력했지만, 상원은 결국 한 표 차이로 조약을 비준했다.

전쟁에 대한 노동자들의 복합적인 반응 ─ 경제적 이점으로 유혹당하면서도 자본주의적 팽창과 폭력에는 반감을 가진 ─ 때문에 노동자들은 전쟁을 중단시키거나 국내 체제에 반대하는 계급전쟁을 수행하기 위해 단결할 수 없었다. 전쟁에 대한 흑인 병사들의 반응 또한 복합적이었다. 흑인들에게는 성공의 기회가 척박한 사회에서 출세하고 싶다는 단순한 욕구가 존재했으며,

군대생활은 그런 가능성을 부여했다. 흑인이 다른 사람들만큼 용감하고 애국적이라는 사실을 보여줄 필요성과 인종적 자부심도 있었다. 그러나 이 모든 것과 더불어 유색인종과 싸우는 전쟁이자 미국 내에서 흑인들에게 자행된 폭력과 마찬가지인 야만적인 전쟁에 관한 의식도 존재했다.

윌러드 게이트우드Willard Gatewood는 『그을린 양키들과 제국을 위한 투쟁Smoked Yankees and the Struggle for Empire』에서 1898~1902년간에 흑인 병사들이 흑인 신문에 기고한 114통의 편지를 재수록하고 분석하고 있다. 이 편지들은 그 모든 상충되는 감정을 보여준다. 플로리다 주 탬파Tampa에서 숙영을 하던 흑인 병사들은 그곳 백인 주민들의 격렬한 인종적 증오감에 직면했다. 그 뒤 쿠바에서 훌륭하게 싸운 뒤에도 흑인들은 장교로 임명되지 못했다. 백인 장교들이 흑인 연대를 지휘했던 것이다.

플로리다 주 레이크랜드Lakeland에서는 약방 주인이 흑인 병사의 주문을 거절하자 흑인 병사들이 권총으로 그를 갈겼고, 곧이어 백인 군중들과 충돌이 벌어져 민간인 한 명을 죽였다. 탬파에서는 술에 취한 백인 병사들이 사격 솜씨를 자랑하려고 흑인 아이 한 명을 과녁으로 삼자 인종 폭동이 벌어졌다. 언론 급보에 따르면, 흑인 병사들은 똑같은 방식으로 앙갚음했고 뒤이어 온 거리가 "검둥이의 피로 붉게 물들었다." 흑인 병사 27명과 백인 3명이 중상을 입었다. 탬파에 주둔한 한 흑인 연대의 군목軍牧은 클리블랜드 『가제트』에 이런 글을 기고했다.

> 미국이 스페인보다 나은 것이 무엇인가? 미국 역시 이 땅 한복판에서 판사나 배심원의 재판 없이 매일같이 사람들을 살해하고 있지 않은가? 미국 역시 그 국경 안에 아버지의 피부가 검다는 이유로 헐벗고 굶주리는 아이들이 있지 않은가……. 그런데도 흑인들은 이 나라의 국기에 충성을 다하고 있다.

바로 이 목사 조지 프리올로George Prioleau는 미주리 주 캔자스시티에서 "불친절하고 냉소적인 대접을 받은" 쿠바 전쟁의 흑인 참전군인들에 관해 말하고 있다. "우리나라의 영웅들인 이 흑인 소년들은 식당 카운터에 서서 샌드위치와 커피 한 잔을 먹는 것도 허락받지 못했던 데 반해, 백인 병사들은 환영을 받고 테이블로 안내받아 공짜로 뭐든지 먹었다"고 목사는 말한다.

그러나 미국의 많은 흑인들을 전쟁에 대해 전투적으로 반대하도록 일깨운 것은 다름 아닌 필리핀의 상황이었다. 아프리카계 감리회 감독교회[22]의 총감독 헨리 M. 터너Henry M. Turner는 필리핀에서 벌이는 군사작전을 "사악한 정복전쟁"으로 규정하면서 필리핀인들을 "검은 애국자들"이라고 지칭했다.

필리핀에는 4개 흑인 연대가 주둔하고 있었다. 많은 흑인 병사들이 갈색 피부의 섬 원주민들과 친밀한 관계를 맺었고, 백인 군대가 필리핀인들을 '깜둥이'라고 부르는 데 대해 분노를 느꼈다. 필리핀에서의 군사작전 기간 동안 흑인 병력 가운데 "유례가 없이 많은 수"가 탈영했다고 게이트우드는 말하고 있다. 필리핀 반란자들은 종종 "유색인 미군 병사"를 주제로 포스터를 만들면서 흑인들에게 미국 내에서 벌어지는 린치를 상기시키고 다른 유색인에 대항해서 백인 제국주의자에게 봉사하지 말라고 요청했다.

일부 탈영병들은 필리핀 반란자들에 합류했다. 이 가운데 가장 유명한 사람은 제24보병연대의 데이비드 페이건David Fagan이었다. 게이트우드에 따르면, "페이건은 반란군에서 장교 직을 받아들이고 2년 동안 미군에 엄청난 피해를 입혔다."

---

[22] African Methodist Episcopal Church: 1866년 미국 남부 감리회 감독교회 내부에서 흑인 교인들을 독자적인 교회로 조직하기 위한 운동이 벌어져 1870년에 조직된 흑인 감리교회. 1956년에 기독교 감리회 감독교회Christian Methodist Episcopal Church로 이름을 바꿨다.

윌리엄 심즈William Simms가 필리핀에서 보낸 편지를 보자.

나는 한 필리핀 꼬마가 던진 질문에 깜짝 놀랐는데 이런 내용이었습니다. "미국의 흑인들은 …… 우리는 그들에게 아무런 해도 가하지 않고 오히려 친구로 대하는데 왜 이 땅에서 우리와 싸우나요. 흑인은 나랑 똑같고 나도 흑인과 똑같잖아요. 왜 미국에서 흑인들을 불태우고 짐승처럼 대하는 사람들과 싸우지 않지요……?"

1899년에 다른 병사가 편지를 보냈다.

우리는 당연히 필리핀 사람들과 인종적인 공감을 느낍니다. 그들은 자신들의 최선의 이익이라고 생각하는 바를 위해 남자답게 싸우고 있습니다. 하지만 우리는 감정에 치우쳐 우리의 조국에 등을 돌릴 수는 없습니다.

제24보병연대의 하사관 패트릭 메이슨Patrick Mason은 필리핀 병합에 대해 강력한 반대 입장을 견지하고 있던 클리블랜드『가제트』에 편지를 보냈다.

존경하는 독자 여러분. 저는 이곳에 온 이래로 한번도 전투를 치르지 않았으며 전투에 참가하고 싶은 마음도 없습니다. 이 나라 사람들과 미국의 지배를 당하고 있는 모든 사람들에 관해 유감스럽게 생각합니다. 저는 이 사람들이 정당하게 대우받을 것이라고 생각하지 않습니다. 아침에 일어나서 처음 듣는 말이 '깜둥아'이고 저녁에 마지막으로 듣는 말도 '깜둥아'입니다. …… 귀측 신문의 견해가 옳습니다. 저는 군인이기 때문에 너무 많은 이야기를 해서는 안 됩니다…….

윌리엄 풀브라이트William Fulbright라는 흑인 보병은 1901년 6월에 마닐라에서 인디애나폴리스의 신문 편집장에게 편지를 보냈다. "이 섬에서 벌이는 싸움은 강탈과 압제를 위한 거대한 계획에 불과할 뿐입니다."

한편 국내에서는 필리핀인들을 상대로 전쟁이 진행되는 동안 매사추세츠에서는 한 무리의 흑인들이 매킨리 대통령에게 메시지를 보냈다.

> 대중집회에 모인 우리 매사추세츠의 유색인들은 …… 당신이 우리나라의 잘못에 대해 이상할 정도로 이해할 수 없는 침묵을 지키고 있다 하더라도 당신에게 공개서한을 보내기로 결의했습니다…….
> …… 당신은 우리의 고난을 지켜보았고 높은 자리에 앉아 우리가 겪는 끔찍한 학대와 비참함을 봤으면서도, 아직도 우리를 위해서 입을 열 시간과 기회를 찾지 못하고 있습니다…….
> 노스캐롤라이나 주 윌밍턴Wilmington이 이틀 밤낮 동안 끔찍하기 그지없는 유혈혁명[1898년 11월 10일에 발발해 수십 명에서 수백 명의 흑인이 목숨을 잃은 인종 폭동을 가리킨다]에 휘말렸을 때, 잔인한 희망과 두려움으로 우리의 심장을 쥐어짰던 근심 속에서 미국의 유색인들은 한결같이 당신에게 기대를 걸었습니다. 피부색이 검다는 죄, 미국 시민으로서의 권리를 행사하고자 했다는 죄 말고는 어떤 죄도 없는 흑인들이 그 불행한 읍의 거리 곳곳에서 개처럼 도살당했습니다. …… 당신이 줄 의사도 없었고 주지도 않았던 연방의 도움을 받지 못한 채 말입니다…….
> 이 사건은 사우스캐롤라이나 주 피닉스에서 백인 야만인들이 흑인들을 살해하고 백인들[이들은 피닉스의 급진주의자들이었다(지은이)]에게 총을 쏘아 몰아낸 것과 똑같은 끔찍한 폭도정신의 분출이었습니다. 우리는 당신이 몇 마디 말이나 조금의 행동이라도 보이길 기대했지만 아무 소용이 없었습니다…….

얼마 뒤 당신이 남부를 순방했을 때 우리는 당신이 얼마나 교활하게 인종적 편견에 비위를 맞추었는지를 보았습니다……. 어떻게 당신은 오랫동안 고통을 겪어 온 흑인 동료 시민들에게는 인내와 근면, 절제를 설교하고, 백인 동료 시민들에게는 애국심과 호전적인 국수주의, 제국주의를 설교했습니까?

흑인들에게 설교된 "인내와 근면, 절제", 그리고 백인들에게 설교된 "애국심"은 완전히 스며들지는 않았다. 20세기의 첫 몇 년간, 국가의 힘이 그토록 입증됐음에도 많은 수의 흑인과 백인, 남성과 여성이 인내와 절제와 애국심을 잃게 됐으니 말이다.

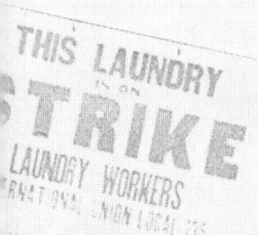

A People's History of the United States

13

사회주의의 도전

1905	• 시카고에서 세계산업노동자연맹(IWW) 결성
1906	• 싱클레어, 사회주의의 이상에 관한 소설 『정글』 출간 • 잭 런던, 『강철군화』 출간
1911	• 3월 25일, 트라이앵글 블라우스 공장 화재로 146명의 노동자들이 사망
1912	• 매사추세츠 주의 로렌스에서 2만 3,000여 명이 참여한 섬유 파업 발발
1913	• 헌법 수정조항 제16조(소득세), 17조(연방 상원의원의 직선제) 제정 • 콜로라도 석탄파업(~14년) 파업 중에 13명이 총격으로 사망하는 등 총 26명이 희생된 러들로 학살 사건 발생

전쟁과 호전적 국수주의는 일상생활의 현실에서 기인하는 계급적 분노를 유보시킬 수는 있었지만 완전히 억누르지는 못했다. 20세기가 시작되면서 분노가 다시 수면 위로 떠올랐다. 공장노동과 헤이마킷 처형, 홈스테드 파업, 연인이자 동지인 알렉산더 버크먼의 오랜 수감생활, 1890년대의 공황, 뉴욕의 파업투쟁, 블랙웰즈아일랜드 교도소Blackwell's Island에서의 수감생활 등을 통해 정치적 의식을 형성한 무정부주의자이자 페미니스트인 에마 골드먼은 스페인-미국 전쟁이 끝나고 몇 년 뒤 한 집회에서 이렇게 연설했다.

저 잔학한 스페인인들에 대한 분노로 우리의 가슴이 얼마나 타올랐습니까! …… 그러나 포연이 걷히고 주검이 매장되면서 전쟁의 대가가 물가와 임대료의 인상이라는 형태로 사람들에게 돌아왔을 때—다시 말해 우리가 애국심의 향연에서 깨어나 제정신을 차렸을 때—, 우리는 스페인-미국 전쟁을 가져왔던 원인이 설탕가격이라는 사실을 불현듯 깨닫게 됐습니다…… 미국 자본가들의 이익을 보호하기 위해 미국민의 생명과 피, 돈을 쏟아 부었다는 사실을 말입니다.

마크 트웨인은 무정부주의자나 급진주의자가 아니었다. 65세이던 1900년까지 트웨인은 익살스러우면서도 진지한, 철저한 미국식 이야기를 쓰는 세계적으로 인정받는 작가였다. 20세기가 시작될 무렵 트웨인은 미국과 서구 국가들이 세계를 장악하는 모습을 보면서 뉴욕『헤럴드』에 글을 기고했다. "자오저우膠州, 만주, 남아프리카, 필리핀에서 해적질을 마치고 더러운 몰골에 흠뻑 망신당한 채 돌아온 기독교라는 이름의 위풍당당한 부인을 소개하는 바이니, 이 부인의 정신은 비열함으로, 주머니는 더러운 돈으로, 입은 경건한 위선으로 가득 차 있다."

20세기 초반에는 사회주의를 옹호하고 자본주의 체제를 격렬하게 비판한 작가들이 있었다 ─ 무명의 소책자 저자들이 아니라 수백만의 독자를 가진 미국 문학계에서 가장 유명한 작가, 업튼 싱클레어Upton Sinclair, 잭 런던Jack London, 시어도어 드라이저Theodore Dreiser, 프랭크 노리스Frank Norris 등이 그들이었다.

1906년에 출간된 업튼 싱클레어의 소설『정글The Jungle』은 시카고 정육공장의 현실을 묘사해 전국을 충격으로 몰아넣었고, 정육산업을 규제하는 법안에 대한 요구를 자극했다. 또한 이 책은 이민 막노동자 유르기스 루드쿠스Jurgis Rudkus의 이야기를 통해 사회주의에 관해, 그리고 만약 사람들이 지구상의 부를 협동적으로 소유하고 노동하고 나눈다면 삶이 얼마나 아름다울지에 관해서도 이야기했다.『정글』은 원래 사회주의 신문『이성에의 호소』에 실렸으며, 단행본으로 출간되어 수백만의 독자를 확보하고 17개 언어로 번역됐다.

업튼 싱클레어의 사고에 영향을 미친 책 가운데 하나는 잭 런던의『밑바닥 사람들People of the Abyss』이었다. 런던은 사회당 당원이었다. 런던은 샌프란시스코의 빈민가에서 사생아로 태어났다. 그는 신문팔이, 통조림공장 노동자, 선원, 어부 등을 전전하다가 황마섬유 공장과 세탁소 등에서 일했고, 철도를 따라 동부 해안지방까지 방랑생활을 하다가 뉴욕 거리에서 경관의 곤봉세례를 받았다. 나이아가라 폭포에서 부랑자로 체포되어 감옥에서 죄수들이 구타와 고문을 당하는 모습을 보았으며, 샌프란시스코 만 굴 양식장에서 도둑질을 하기도 했다. 플로베르, 톨스토이, 멜빌, 『공산당선언』 등을 읽은 뒤 1896년 겨울에는 알래스카 금광에서 사회주의를 설교했고, 베링 해를 건너 3,200킬로미터를 항해해 돌아와서 세계적으로 유명한 모험소설 작가가 됐다. 1906년 런던은 『강철군화 The Iron Heel』라는 소설을 통해 미국의 파시즘에 대해 경고하면서 인류의 사회주의적 형제애라는 이상을 보여줬다. 소설 속 등장인물들을 통해 런던은 기존 체제를 고발했다.

> 현대인은 동굴시대의 원시인보다도 더 비참하게 사는데, 그 생산능력이 원시인보다도 천 배나 더 크다는 엄연한 사실을 직면해 볼 때, 자본가들이 관리를 부당하게 했다는 …… 범죄적이고 이기적으로 부당한 관리를 해왔다는 결론밖에는 나올 수가 없습니다.

그리고 이런 공격과 더불어 미래상이 제시된다.

> 우리 그처럼 능률적으로 값싸게 생산할 수 있는 훌륭한 기계들을 파괴하지 맙시다. 우리가 기계를 장악합시다. 기계의 능률과 값싼 비용으로 우리가 이익을 보는 겁니다. 기계를 우리 손으로 운영합시다. 신사 여러분, 그것이 바로 사회주의입니다…….

당시는 자진해서 유럽으로 망명해 살면서 정치적 발언을 꺼리던 문학계 인물 — 소설가 헨리 제임스 Henry James — 조차도 1904년에 미국을 여행하고는 이 나라를 "돈을 향한 열정이라는 온갖 종류의 독성 식물이 무성한 거대한 라파치니의 정원[23]"이라고 본 시기였다.

쓰레기더미와 두엄을 파헤친 '추문폭로자들'〔Muckrakers. 시어도어 루즈벨트가 '두엄을 파헤치는 사람들'이라고 붙여준 이름으로 주로 기자들이었다〕은 자신들이 본 사실을 단순히 전달하는 것만으로도 체제에 대한 비판적인 분위기를 형성하는 데 이바지했다. 엄청난 발행부수를 자랑하며 새롭게 등장한 잡지들 가운데 일부는 역설적이게도 이윤을 추구하는 과정에서「스탠더드 석유회사에 관한 아이다 타벨Ida Tarbell의 폭로」,「미국 주요도시의 부패에 관한 링컨 스티븐스Lincoln Steffens의 연재기사」등을 실었다.

1900년이 되자 전쟁을 통한 애국심 고양이나 선거에 의한 에너지 흡수로는 체제의 문제를 가릴 수 없게 됐다. 이미 기업 집중이 진척됐고 은행가들의 지배는 더욱 분명해진 상태였다. 기술이 발전하고 주식회사들의 규모가 더 커짐에 따라, 더 많은 자본이 필요했고 이런 자본을 소유한 것은 다름 아닌 은행가들이었다. 1904년에 이르면 1,000여 개의 철도노선이 6개의 거대 기업연합으로 통합되고 그 각각은 모건이나 록펠러 일가와 연결됐다. 코크런과 밀러가 말하는 것처럼,

> 새로운 과두체제의 제왕은 모건 가였다. 모건 가는 사업 과정에서 (조지 F. 베이커George F. Baker가 총재를 맡고 있는) 뉴욕 제1내셔널은행First National Bank of New York과 (록펠러 가의 대리인인 제임스 스틸먼James Stillman이 회장

---

23) Rappacini garden: 너새니얼 호손의 단편소설「라파치니의 딸」(나사니엘 호손 지음, 천승걸 옮김,『나사니엘 호손 단편선』, 민음사, 1998)에 나오는 라파치니라는 과학자의 정원으로 라파치니는 이 정원에서 자라는 독성 식물로 자신의 딸을 독으로 길들여 결국 숨결만으로 모든 생물을 즉사시킬 수 있게 만든다.

으로 있는) 뉴욕 내셔널시티은행(National City Bank of New York. 이 두 은행은 오늘날 시티은행의 시조이다)에서 교묘하게 지원을 받았다. 이들 세 사람과 금융가의 동업자들은 112개의 거대 주식회사에서 341개의 이사직을 차지하고 있었다. 1912년 당시 이들 주식회사의 총자산은 222억 4,500만 달러로 미시시피 강 서쪽 22개 주와 준주의 모든 자산의 평가액을 상회했다……

모건은 언제나 질서, 안정성, 예측가능성을 원했었다. 모건의 동업자 중 한 명은 1901년에 이렇게 말했다.

모건 씨 같은 사람이 한 거대 산업의 수장으로서 다양하고 수많은 이해집단의 낡은 계획에 맞선다면, 생산은 더욱 질서가 잡히고, 노동자들은 더 나은 임금에 꾸준히 고용되며, 과잉생산으로 인한 공황은 과거의 유물이 될 것입니다.

그러나 모건과 그의 동업자들조차도 그런 체제를 완전히 통제하지는 못했다. 1907년에 공황과 금융 붕괴, 위기가 닥쳤다. 사실 거대 사업체들은 타격을 받지 않았지만, 1907년 이후 이윤은 자본가들이 원하는 만큼 높지 못했고, 산업은 예상한 대로 확대되지 않았으며, 기업가들은 비용을 줄이기 위한 방식을 찾기 시작했다.

그 중 하나가 테일러주의Taylorism였다. 프레드릭 W. 테일러Frederick W. Taylor는 철강공장의 직공장으로 일하면서 공장의 모든 직무를 면밀히 분석한 뒤 생산성과 이윤을 증대시키기 위한 정교하고 상세한 분업 체제와 기계화, 성과급 임금제를 만들어냈다. 1911년에 테일러는 '과학적 경영'에 관한 책을 한 권 출간해 산업계에 강력한 영향을 끼쳤다. 이제 경영진이 공장에서 노동자의 에너지와 시간의 모든 세부사항을 지배할 수 있게 된 것이다. 해리 브레이버맨Harry Braverman(『노동과 독점자본*Labor and Monopoly Capital*』)이 말한 것처럼, 테일러주의의 목적은 노동자를 새로운 —개성과 인간성을 박탈당한, 상품처럼 사고 팔 수 있는 정규 부품처럼— 노동분업이 요구하는 단순직무를 할 수 있는 대체가능한 존재로 만드는 것이었다.

테일러주의는 새로운 자동차산업에 잘 들어맞는 체제였다. 1909년 포드 자동차회사는 1만 607대의 자동차를 판매했으며 1913년에는 16만 8,000대, 1914년에는 24만 8,000대(생산된 전체 자동차 수의 45퍼센트)로 판매량이 증가했다. 이윤은 3,000만 달러였다.

전체 노동력에서 이민자가 차지하는 비율이 점차 높아지면서(1907년 당시 앨러게이니 군郡의 카네기 소유 공장들의 경우 1만 4,359명의 일반 노동자 가운데 1만 1,694명이 동유럽에서 온 사람들이었다), 단순화된 미숙련 직무를 특징으로 하는 테일러주의가 더욱 유용해졌다.

뉴욕 시에서는 이민자들이 노동착취공장sweatshop에서 일했다. 1907년 1월에 시인 에드윈 마컴Edwin Markham은 잡지 『코스모폴리탄*Cosmopolitan*』에 이렇게 기고했다.

> 어머니와 아버지들은 환기도 되지 않는 작업실에서 낮이고 밤이고 재봉질을 한다. 가내 노동착취공장에서 일하는 이들은 공장제 노동착취공장에서 일하는 노동자들보다 더 싼값에 일해야만 한다······. 그리고 어린아이들은 놀지도 못하고 형이나 누나, 언니나 오빠들 옆에서 힘들고 단조로운 일을 한다······. 뉴욕을 비롯한 여러 도시에서 1년 내내 어린아이들이 그런 비참한 집을 들락날락하는 모습을 볼 수 있다. 뉴욕 시의 이스트사이드[East Side. 맨해튼 섬 동부 지역으로 당시의 대표적인 빈민가였다. Lower East Side라고도 한다]에서는 거의 언제든 그들 —핏기 하나 없는 소년이나 빼빼 마른 소녀— 을 볼 수 있는데

그들은 침울한 표정으로 머리와 어깨에 산더미처럼 짊어지는 무거운 옷 보따리 때문에 등은 굽어 있고 온몸의 근육은 오랜 과로에 찌들어 있다…….
같은 도시에서 애완견 퐁개가 보석으로 치장하고 갖은 어리광을 부리면서 아름다운 가로수 길에서 세련된 숙녀의 벨벳 옷 무릎 위에 앉아 바람을 쐬고 있는데, 작은 가슴과 가냘픈 어깨의 어린이들에게 어른이나 감당할 수 있는 힘든 일을 하도록 내버려두는 것은 잔인한 문명 아닌가?

뉴욕 시는 전쟁터가 됐다. 1905년 8월 10일, 뉴욕 『트리뷴』은 로워이스트사이드Lower East Side의 페더먼Philip Federman 소유 제빵공장에서 파업이 일어나 페더먼이 생산을 계속하기 위해 파업파괴자를 고용하자 폭력사태가 발생했다고 보도했다.

지난 밤 폭풍 같은 소동이 한창인 와중에 파업 노동자와 동조자들이 오처드Orchard 가 183번지에 있는 필립 페더먼의 제빵소를 엉망으로 파괴했다. 폭도들이 경관 두 명을 거칠게 몰아붙이자 경관들은 야경봉으로 폭도들의 머리를 닥치는 대로 후려쳤다…….

뉴욕에는 500개의 의류공장이 있었다. 한 여성은 훗날 이 공장들의 노동조건에 관해 회상했다.

…… 다 부서진 위험한 계단 …… 창문은 거의 없고 그나마도 더럽기 짝이 없었죠……. 마룻바닥은 1년에 한 번 쓸었지요. …… 밤낮으로 타는 가스등 말고는 조명이라곤 없었고 …… 어두운 복도 끝에 더럽고 냄새나는 화장실이 있었어요. 깨끗한 마실 물도 없는데다가……. 쥐와 바퀴벌레는 왜 그리 득실대

는지…….

겨울철에는 …… 추위 때문에, 여름이면 더위로 얼마나 고생했는지요…….
질병의 온상인 이런 누추한 집에서 우리 어린아이들은 어른들하고 같이 일주
일에 칠팔십 시간씩 고된 일을 했습니다! 토요일이나 일요일도 말이에요! ……
토요일 오후면 공고가 나붙곤 했습니다. "일요일에 출근하지 않는 사람은 월요
일에 출근할 필요 없음." …… 하루라도 쉬고 싶다는 어린이들의 꿈은 산산이
부서졌지요. 우린 울음을 터뜨렸어요. 아무튼 우린 아이에 불과했으니까요.

1909년 겨울, 트라이앵글 블라우스회사Triangle Shirtwaist Company의 여성
들이 조직을 결성하고 파업을 벌이기로 결정했다. 곧이어 추위 속에 파업보호
선을 행진하는 여성들은 다른 공장이 조업을 계속하는 한 승리할 수 없음을
알게 됐다. 다른 작업장 노동자들의 대중집회가 소집됐고, 10대의 유창한 연설
가인 클라라 렘리크Clara Lemlich가 파업보호선에서 구타당한 상처가 채 아물
기도 전에 벌떡 일어섰다. "지금 당장 총파업을 선포하자는 결의안을 내놓는
바입니다!" 집회는 격렬해졌고 노동자들은 파업을 결의했다.

파업 노동자 중 한 명인 폴린 뉴먼Pauline Newman은 훗날 당시 총파업이
시작된 상황을 회상했다.

수천, 수만 명이 사방의 공장을 박차고 나와 공화국 광장을 향해 걸어갔습니다.
때는 11월이라 매서운 바람이 불어 닥쳤는데, 추위를 막을 털외투 한 벌 없었지
만 집회를 열 만한 장소를 찾아 걸음을 재촉할 수 있는 사기는 있었습니다.
대부분이 여성인 젊은이들이 무슨 일이 닥칠지 …… 굶주림이나 추위, 외로움
에도 개의치 않고 …… 계속 걷는 모습을 볼 수 있었지요……. 젊은 여성들은
이 특별한 날에 아무 걱정도 없었습니다. 그 날은 우리의 날이었어요.

애초 노동조합은 3,000명이 파업에 참여할 것이라고 기대했다. 그런데 2만 명이 동맹파업을 벌였다. 파업이 있기 전까지 여성이 거의 없던 국제숙녀복노동조합International Ladies Garment Workers Union에 매일 1,000명의 신규 조합원이 가입했다. 겨울 내내 계속된 파업에서 유색인 여성들은 경찰과 파업파괴자, 체포와 감옥행에 맞서 적극적으로 투쟁했다. 여성들은 300여 개 작업장에서 요구사항을 관철시켰다. 이제 노동조합에 여성간부가 등장했다. 다시 폴린 뉴먼의 말을 들어보자.

> 우리는 스스로 배우려고 노력했습니다. 여자들을 내 방에 초대해서 읽기 실력을 키우려고 번갈아가며 영시를 읽었지요. 우리가 좋아한 시는 토머스 후드Thomas Hood의 「블라우스의 노래Song of the Shirt」였고 또 …… 퍼시 비시 셸리Percy Bysshe Shelley의 「무정부주의의 가면Mask of Anarchy」도 좋아했지요…….
> "잠에서 깬 사자처럼 일어서라
> 저들이 도저히 격파할 수 없을 만큼 많은 수를 모아!
> 잠든 새 떨어졌던 이슬방울을 털어 내듯
> 너희 몸에 묶인 족쇄를 떨쳐내라 ─
> 너희는 다수이고, 저들은 소수이다!"

공장들의 노동조건은 그다지 바뀌지 않았다. 1911년 3월 25일 오후, 트라이앵글 블라우스회사의 옷감조각 바구니에서 불이 나서 사다리가 닿을 수 없는 8층, 9층, 10층까지 휩쓸어 버렸다. 뉴욕 소방서장은 소방사다리로는 7층까지만 닿을 수 있다고 말한 바 있었다. 그러나 뉴욕의 50만 노동자 가운데 절반이 7층보다 높은 곳에서 매일 12시간씩 일하고 있었다. 법률에는 공장문이 바깥으로 열리도록 규정되어 있었다. 그러나 트라이앵글 회사의 문은 안쪽으로 여는 식이었다. 법률은 작업시간 중에 문을 잠그지 못하도록 규정하고 있었지만, 트라이앵글 회사는 피고용인들의 일거수일투족을 통제하기 위해 항상 문을 잠가 놓았다. 그리하여 꼼짝없이 갇힌 젊은 여성들은 작업대에서 불에 타 죽거나 닫힌 비상구 앞에서 엉겨 죽거나 승강기 통로 아래로 뛰어내리다 목숨을 잃었다. 뉴욕『월드』는 이렇게 보도했다.

> …… 남자와 여자, 소년과 소녀들이 비명을 지르며 창문 난간으로 몰려나와 까마득한 높이에서 길로 몸을 던졌다. 옷에 불이 붙은 채 뛰어내리는 사람도 있었다. 어떤 소녀들은 머리에서 불길을 펄럭이며 뛰어내렸다. 건물 아래 보도에서는 쿵 하는 소리가 잇달아 들렸다. 공장 건물 양쪽의 그린Greene 가와 워싱턴 플레이스〔Washington Place. 워싱턴 광장 서쪽에 있는 조그만 구역으로 이리저리 얽힌 길이 길쭉한 구획들을 형성하고 있다〕에 주검과 죽어가는 사람들이 산처럼 쌓여 있는 광경은 끔찍하기 그지없었다……. 반대편 창문에서는 구경꾼들이 죽음 앞에 선 소녀들의 가련한 동료애를 지켜보고 있었다 — 소녀들은 서로 팔짱을 낀 채 뛰어내린 것이다.

이 화재로 대부분 여성인 146명의 트라이앵글 회사 노동자들이 타 죽거나 추락사했다. 브로드웨이에서 열린 추모행진에는 10만 명이 참가했다.

그 밖에도 화재사고를 비롯한 재해나 질병이 많았다. 1904년에만 제조업과 운송업, 농업에서 2만 7,000명의 노동자가 작업 중에 목숨을 잃었다. 뉴욕의 공장에서만도 한해에 5만 건의 사고가 발생했다. 모자 제조공들은 호흡기 질환에 걸렸고, 채석공들은 치명적인 화학물질을 들이마셨으며, 석판 인쇄공들은 비소중독에 시달렸다. 뉴욕 주 공장조사위원회는 1912년에 이렇게 보고했다.

세이디Sadie는 영리하고 단정하고 깔끔한 소녀로 미성년자 취로증명서가 나온 때부터 자수공장에서 일하고 있다……. 세이디는 공장에서 작업하면서 구멍낸 도안에 백색 분말(보통 백악白堊[분필의 원료]이나 활석滑石이다)을 솔로 문질러 천에 옮기는 일을 주로 했다. 백악이나 활석 가루로 도안을 옮기면 쉽게 지워지곤 했다……. 그래서 세이디가 마지막으로 일한 공장의 고용주는 도안이 쉽게 벗겨져 다시 옮기는 비용을 들이지 않으려고 백연白鉛 분말을 송진가루와 섞어서 사용했다.

공장의 소녀들은 분말이 바뀐 것을 전혀 알지 못했고 납의 위험성도 알지 못했다…….

원래 튼튼하고 건강한데다가 식욕과 혈색도 좋았던 세이디는 차츰 먹지 못하게 됐다……. 손과 발이 부어오르고 한쪽 팔은 아예 쓰지를 못했으며 치아와 잇몸은 파랗게 변했다. 몇 달 동안 위장장애로 치료를 받고도 결국 일을 그만둬야 했을 때, 의사는 큰 병원에 가보라고 충고했다. 검진을 받은 결과 세이디가 납중독 상태임이 밝혀졌다…….

노사관계위원회의 한 보고서에 따르면 1914년에 산업재해로 사망한 사람은 3만 5,000명, 부상이 70만 명이었다. 그해 연간 100만 달러 이상을 벌어들이는 44개 가구의 소득이 500달러를 버는 10만 가구의 총소득과 맞먹었다. 이 보고서는 노사관계위원회 위원장 해리스 웨인스톡Harris Weinstock과 록펠러 일가가 지배하는 콜로라도의 석탄회사 사장인 존 오스굿John Osgood 사이에 이루어진 대화를 보여준다.

웨인스톡: 노동자가 생명을 잃는 경우 부양가족에게 어떤 식으로든 보상을 해줍니까?

오스굿: 반드시 그렇지는 않습니다. 경우에 따라 다릅니다.

웨인스톡: 평생 불구가 되면 어떤 보상이 있습니까?

오스굿: 아닙니다. 전혀 없습니다…….

웨인스톡: 그렇다면 모든 부담을 전적으로 당사자에게만 전가한다는 거군요?

오스굿: 그렇습니다.

웨인스톡: 기업은 전혀 책임을 지지 않고 말이지요?

오스굿: 그렇습니다. 기업은 전혀 책임을 지지 않습니다.

노동조합의 조직화는 성장을 거듭하고 있었다. 세기 전환기 직후에 노동조합 조합원은 200만 명(14명당 1명꼴)이었는데 그 중 80퍼센트가 미국노동연맹 소속이었다. 미국노동연맹은 배타적인 노동조합이었다 — 거의 모두가 남성이고 거의 모두가 백인이며 거의 모두가 숙련 노동자였다. 여성 노동자의 수는 계속 증가하고 있었지만 — 1890년의 400만에서 1910년의 800만으로 두 배가 늘었으며 전체 노동력의 5분의 1이 여성이었다 — 100명당 1명꼴로 노동조합에 가입해 있었다.

1910년 당시 흑인 노동자들의 임금은 백인 노동자의 3분의 1 수준이었다. 미국노동연맹의 위원장 새뮤얼 곰퍼스가 기회균등에 관한 연맹의 신념에 관해 발언하곤 했지만, 대부분의 연맹 산하 노동조합들은 흑인을 배제시켰다. 곰퍼스는 자신은 남부의 "내부 문제"에 간섭하고 싶은 마음이 없다고 거듭 밝혔다. "제가 보기에 인종문제는 남부지방 사람들 여러분이 해결해야 할 문제입니다. 외부에서 간섭하는 사람들의 방해 없이 말입니다."

현실의 투쟁에서 기층 노동자들은 때로 이런 분열을 극복했다. 포너는 시카고 가축수용소에서 여성 노동조합을 결성한 일에 관한 메리 맥도웰Mary McDowell의 설명을 인용하고 있다.

아일랜드 소녀 한 명이 문간에서 소리를 지른 그날 저녁 극적인 기회가 온 거죠 — "유색인 자매가 가입하겠다고 하는데요. 어떻게 하면 좋죠?" 의자에 앉아 있던 아일랜드 처녀가 대답했습니다 — "물론 받아야지. 그리고 모두 그 아이를 따뜻하게 환영하자고."

1907년 뉴올리언즈 부두에서 흑인과 백인 노동자(부두 노동자, 트럭 운전사, 화물인부) 1만 명이 참여하는 총파업이 벌어져 20일 동안 계속됐다. 흑인 부두 노동자들의 지도자인 E. S. 스완E. S. Swan은 이렇게 말했다.

백인과 흑인이 공동의 유대 속에서 이토록 강력하게 결속되는 모습은 일찍이 없었으며, 제가 지금까지 39년 동안 부두에서 일해 오면서도 이런 연대는 결코 본 적이 없습니다. 예전 파업에서는 흑인이 백인에 대항해서 이용됐지만 이제 그런 상황은 과거사가 됐고 두 인종은 공동의 이익을 쟁취하기 위해 단결하고 있습니다…….

이런 경우는 예외에 속했다. 일반적으로 흑인들은 노동조합운동에서 계속 배제됐다. 두보이스는 1913년에 이렇게 썼다. "이 모든 현실이 가져 온 최종적인 결과는 미국의 흑인들에게 가장 커다란 적이 자신들을 강탈하는 고용주가 아니라 동료 백인 노동자라는 확신을 심어 줬다는 사실이다."

미국노동연맹에게 있어 인종주의는 실용적인 것이었다. 여성과 외국인에 대한 배제 또한 실용적인 이유에 이루어졌다. 그들은 대부분 미숙련 노동자였고, 숙련 노동자에 국한된 미국노동연맹은 '실리적 노동조합주의business unionism'(실제로 미국노동연맹 산하 노동조합의 최고 간부는 '사업 관리자business agent'라고 불렸다)라는 철학에 뿌리를 두고 고용주에 의한 생산 독점에 대항해 노동조합에 의한 노동자 독점으로 맞서고자 했다. 이런 식으로 미국노동연맹은 일부 노동자를 위해 더 나은 처우를 따내면서 대다수 노동자들은 무시해 버렸다.

미국노동연맹 간부들은 높은 연봉을 받고 고용주들과 허물없이 지내면서 상류사회에 드나들기까지 했다. 1910년 여름에 상류사회 사람들의 해변 휴양지인 뉴저지 주 애틀랜틱시티에서 날아든 언론의 급보를 살펴보자.

> 오늘 아침 해변에서 전미광산노동조합 전 위원장 존 미첼John Mitchell이 샘[새뮤얼의 애칭] 곰퍼스 위원장과 프랭크 모리슨Frank Morrison 서기 등 미국노동연맹 지도자들과 수영복 차림으로 야구경기를 하다가 펜실베이니아 탄광 대파업을 수습한 뒤 숭배자들로부터 선물로 받은 천 달러짜리 반지를 잃어 버렸다. 노련한 인명구조원인 조지 버크 구조대장이 반지를 찾아내자 미첼은 주머니에 있던 지폐뭉치 속에서 백 달러짜리를 한 장 꺼내 반지를 찾아준 대가로 건네줬다.

후한 보수를 받는 미국노동연맹 지도자들은 회의를 철저하게 통제하고 '폭력단goon squad' — 원래 파업파괴자들을 물리치기 위해 고용된 깡패들이었으나 얼마 뒤에는 노동조합 내부의 반대자들을 협박하고 구타하는 데 이용됐다 — 을 고용함으로써 비판을 피했다.

이런 상황 — 끔찍한 노동조건, 노동조합으로부터의 배제 — 에서 자본주의 체제에 싹트는 빈곤의 뿌리를 발견하고 근본적인 변화를 바라던 노동자들은 새로운 종류의 노동조합으로 향해갔다. 1905년 6월, 시카고의 한 회관에서 미국 전역의 사회주의자, 무정부주의자, 급진적 노동조합 운동가 200명이 대회를 가졌다. 세계산업노동자연맹Industrial Workers of the World(IWW)의 결성식이었다. 서부광부연맹Western Federation of Miners의 지도자 거인 빌〔본명인 윌리엄의 애칭〕헤이우드Big Bill Haywood는 연단에 있던 널빤지를 집어 들어 대회 개막을 알리는 의사봉으로 사용한 이야기를 자서전에서 회고한 바 있다.

> 동료 노동자 여러분……. 이 대회는 노동계급의 대륙회의입니다. 우리는 자본주의의 노예적 속박으로부터 노동계급을 해방하는 것을 목적으로 하는 노동계급운동으로 이 땅의 노동자들을 단결시키고자 이 자리에 모였습니다…….본 조직의 목표와 목적은 노동계급이 자본가 주인들과 관계없이 경제력, 즉 생활수단을 소유하고 생산과 분배 기구를 장악하는 것입니다.

연단에는 헤이우드 외에도 사회당 지도자 유진 뎁스, 전미광산노조의 조직가로 75세의 백발이 성성한 여성인 어머니 메리 존스Mother Mary Jones가 자리하고 있었다. 대회에서 채택된 규약의 전문前文은 이렇게 말하고 있다.

> 노동계급과 고용주계급은 아무런 공통점이 없다. 수백만 노동대중이 굶주림과 빈곤에 허덕이는 데 반해 고용주계급으로 이루어진 소수가 모든 좋은 생활수단을 차지하고 있는 한, 결코 평화란 있을 수 없다.
> 모든 근로자들이 경제영역만이 아니라 정치영역에서도 단결하고 어떤 정당과도 제휴하지 않는 노동계급의 경제조직을 통해 자신들의 노동으로 만든 생산물을 차지할 때까지, 두 계급 사이의 투쟁은 계속되어야만 한다…….

세계산업노동자연맹의 한 소책자는 왜 미국노동연맹이 숙련직 중심의 직종별 노동조합 노선과 결별하게 됐는지를 설명하고 있다.

시카고 노동조합 주소록은 1903년 현재, 통조림공장들에는 총 56개의 노동조합이 존재하고 게다가 미국노동연맹은 각기 다른 14개 전국 노동조합으로 분열되어 있음을 보여준다.
고용주들의 강력한 결사 앞에서 스스로 분열된 군대의 모습을 보여주는 끔찍한 사례라고 아니할 수 없다…….

세계산업노동자연맹(또는 무슨 이유에서인지 알려지진 않았지만 훗날 불리게 된 대로 하자면 '워블리들Wobblies')은 전체 산업의 모든 노동자를 성별이나 인종, 숙련도에 의해 분열되지 않는 '거대 단일 노동조합One Big Union'으로 조직하는 일을 목표로 삼았다. 연맹은 고용주와 계약을 맺는 것에 반대했는데, 왜냐하면 이 경우 노동자들이 스스로 파업하거나 또는 다른 파업 노동자들에게 동조하는 것을 가로막고 결국 노동조합 사람들을 파업파괴자로 바꾸어 놓기 때문이었다. 워블리들은 지도부의 계약 협상이 기층 노동자들의 끊임없는 투쟁을 대체해 버렸다고 믿었다.
워블리들은 '직접행동'을 주장했다.

직접행동이란 노동자를 오도하는 지도자나 음모를 꾸미는 정치인들의 믿을 수 없는 도움을 받지 않고 벌이는 노동자 자신에 의한, 노동자를 위한, 노동자의 쟁의행위를 뜻한다. 직접적으로 영향을 받는 노동자들이 시작하고 통제하며 해결하는 파업이야말로 직접행동인 것이다……. 직접행동은 산업민주주의이다.

세계산업노동자연맹의 한 소책자는 이렇게 말한다. "직접행동이 무엇을 뜻하는지 말해 볼까요? 현장의 노동자가 언제 어디서 일할지, 얼마나 오래,

워블리들

1905년 미국 시카고에서 창설된 급진적인 노동운동조직으로 미국노동총연맹(AFL)이 자본주의를 수용하고 직업별 노동조합에 미숙련 노동자들을 받아들이기를 거부하자 이러한 정책에 반대하는 서부광산노동자연합의 윌리엄 D. 헤이우드, 사회주의노동당의 대니얼 드리온, 사회당의 유진 V. 뎁스 등이 만들었다.

어느 정도의 임금에, 그리고 어떤 작업조건에서 일할지를 사장에게 말하는 것입니다."

세계산업노동자연맹 사람들은 전투적이고 용감했다. 언론에서 붙인 평판에도 불구하고 그들은 폭력을 유발하지 않았으며 다만 공격당하는 경우에 맞서 싸웠다. 1909년에 펜실베이니아 주 매키즈락스McKees Rocks에서는 유에스철강회사의 한 자회사에 맞서 6,000명의 노동자가 참여한 파업을 이끌면서 주州 경찰에 맞서 싸웠다. 그들은 노동자가 한 명 살해될 때마다 그 수만큼

13. 사회주의의 도전 | 565

주 경찰관의 목숨을 빼앗겠다고 약속했고(한 총격전에서는 파업 노동자 4명과 주 경찰관 3명이 죽었다), 결국 파업에서 승리할 때까지 파업보호선을 지켜냈다.

세계산업노동자연맹은 파업 이상의 것을 보고 있었다.

파업은 계급전쟁에서 단순한 사건에 지나지 않는다. 파업은 노동자들이 일치된 행동을 하기 위해 스스로를 단련하는 과정에서 거치는 시험이자 주기적인 훈련일 뿐이다. 이런 단련은 최후의 '대단원', 즉 고용주들에 대한 몰수를 완성하는 총파업을 위해 대중을 준비시키는 데 있어서 가장 필수적인 것이다.

스페인과 이탈리아, 프랑스에서는 무정부노동조합주의anarcho-syndicalism 사상이 강력하게 발전하고 있었다 — 노동자가 권력을 장악하되 무장반란을 통해 국가기구를 접수하는 것이 아니라, 총파업으로 경제체제를 마비시킨 뒤 그 체제를 접수해 모든 사람의 이익을 위해 사용한다는 것이었다. 세계산업노동자연맹의 조직가 조지프 에터Joseph Ettor는 이렇게 말했다.

만약 세계의 노동자들이 승리하고자 한다면, 그들이 해야 할 일은 그들 자신의 연대를 인식하는 것뿐이다. 노동자들은 팔짱을 끼고 전 세계가 마비되게 만드는 일 말고는 할 일이 아무것도 없다. 노동자들이 손을 주머니에 찔러 넣기만 하면 자본가들의 재산을 모두 합한 것보다 더 강력한 힘을 발휘하는 것이다…….

그것은 대단히 강력한 사상이었다. 탄생 직후의 피 끓는 10년이 지나고 난 뒤, 세계산업노동자연맹은 거대한 규모의 자본주의적 성장이 이루어지고 엄청난 이윤이 발생하던 바로 그 시기에 자본가계급에게 위협적인 존재가 됐다. 세계산업노동자연맹은 한번도 등록 조합원 수가 5,000에서 1만 명을 넘은 적이 없었다. 사람들은 들락날락했고 아마 10만 명 정도가 한 차례나 그 이상 연맹에 참가해 본 조합원이었을 것이다. 그러나 그들의 에너지와 끈기, 다른 사람들을 고무시킨 영감, 한 장소에 수천 명을 동원할 수 있는 능력 등으로 인해 연맹은 조합원 수를 훨씬 뛰어넘는 영향력을 전국적으로 미쳤다. 워블리들은 어디든지 돌아다녔고(많은 수가 실업자나 계절 노동자였다), 조직하고 글을 쓰고 연설을 하고 노래를 부르면서 자신들의 메시지와 정신을 확산시켰다.

워블리들은 체제가 끌어 모을 수 있는 모든 무기, 즉 신문, 법원, 경찰, 군대, 폭도 등으로부터 공격받았다. 지방 당국들이 워블리들의 연설을 저지하기 위한 법안을 통과시켰지만 그들은 법에 공공연하게 도전했다. 삼림지역이자 광산지역인 몬태나 주 미졸라Missoula에서는 워블리들의 연설을 가로막는 일이 발생한 뒤 수백 명의 워블리가 유개有蓋화차를 타고 들이닥쳤다. 차례차례 체포된 워블리들이 감옥과 법원을 가득 메우자 결국 읍 당국은 연설금지법령을 폐지할 수밖에 없었다.

1909년에는 워싱턴 주 스포케인Spokane에서 거리집회를 금지하는 법령이 통과되어 거리에서 연설한 워블리 조직가 한 명이 체포됐다. 수천 명의 워블리들이 연설을 하려고 읍 중심가로 행진해 들어갔다. 한 명씩 연설하고 체포되어 결국 600명이 감옥에 수감됐다. 감옥의 사정은 매우 참혹해서 여러 명이 감방에서 목숨을 잃긴 했지만, 세계산업노동자연맹은 연설할 권리를 쟁취했다.

1911년 캘리포니아 주 프레즈노Fresno에서도 발언의 자유를 위한 투쟁이 벌어졌다. 샌프란시스코 『콜Call』은 이렇게 논평했다.

이것은 갑자기 제기되어 이해하기 어려운 이상한 상황 가운데 하나이다. 손을 써서 일하는 사람들 수천 명이 터벅터벅 걷거나 기차를 훔쳐 타고 온갖 고난과 위험을 무릅쓰는데—그게 감옥에 가기 위해서라니…….

감옥에서 그들은 노래를 부르고 소리를 지르며 바깥에 모인 사람들에게 창살을 통해 연설했다. 세계산업노동자연맹의 문서를 모아놓은 주목할 만한 저서 『반란의 목소리*Rebel Voices*』에서 조이스 콘블루Joyce Kornbluh가 언급하는 것처럼,

그들은 교대로 계급투쟁에 관해 강연하고 워블리의 노래를 가르쳐 줬다. 그들이 멈추라는 말을 듣지 않자, 교도관은 소방차를 불러들여 죄수들을 향해 전력으로 물을 뿌리라고 주문했다. 워블리 죄수들은 매트리스를 방패막이 삼아 버텼고, 감방에 얼음장 같은 물이 무릎 높이까지 차올라서야 사태가 진정됐다.

수천 명이 더 오기로 계획하고 있다는 소식을 들은 시 관리들은 거리 연설에 대한 금지령을 철회하고 죄수들을 몇 명씩 나눠 석방했다. 바로 그해 워싱턴 주 애버딘Aberdeen에서 다시 한 번 발언의 자유를 금지하는 법령과 체포, 감옥행이 이어졌고, 예상치 못한 승리로 귀결됐다. 체포된 사람 가운데 한 명으로 목수이자 농장 일꾼, 세계산업노동자연맹 신문 편집인인 '땅딸보' 페인'Stumpy' Payne은 이때의 경험에 관해 이렇게 썼다.

여기 그들이 왔으니, 삶의 활기로 넘치는 18명의 이 남자들 대부분은 한 푼도 없이 굶주린 채 눈보라와 적대적인 마을을 지나 먼 길을 헤치면서, 예상되는 가장 친절한 대접이라고는 감옥행일 뿐이고 이미 많은 사람들이 웅덩이로

떠밀려 죽도록 얻어맞은 이곳에 온 것이다……. 그러나 여기 그들이 왔으니, 비극적인 사태조차도 농담처럼 천진난만한 웃음으로 받아들이면서 이곳에 온 것이다…….

이 사람들의 행동 이면에 있는 동기는 무엇이었을까? …… 그들은 왜 여기에 왔을까? 삶을 좌지우지하는 지배자들이 우리의 마음에서 우러나오는 형제애의 외침을 뿌리째 뽑아 버리려고 6,000년 동안 노력을 기울였음에도, 인류에게 남아 있는 형제애를 향한 외침은 어떤 두려움이나 불편함보다 더 큰 것일까?

샌디에이고에서는 1912년에 잭 화이트Jack White라는 워블리가 언론의 자유를 위해 투쟁하다 체포되어 감옥에서 빵과 물만 먹는 6개월형을 선고받고 법정에서 최후진술을 하게 됐다. 한 속기사가 화이트의 말을 기록해 뒀다.

검사는 배심원단에 제출한 소송적요서에서 내가 대중집회 연단에서 "법원을 타도합시다. 우리는 무엇이 정의인지 압니다"라고 외쳤다는 죄로 나를 기소했습니다. 검사는 거짓말을 하는 와중에 위대한 진실을 말했는데 내 마음속 가장 깊은 곳을 샅샅이 뒤졌다면 내가 전에는 한번도 겉으로 밝히지 않은 생각, 즉 "법원을 타도합시다. 우리는 무엇이 정의인지 압니다"라는 생각을 알아냈을 것이며, 또 나는 매일같이 당신네 법정에 앉아 나와 같은 계급의 사람들이 이 법정, 이른바 정의의 법정을 거쳐가는 모습을 지켜보았기 때문입니다. 나는 슬론Sloane 판사를 비롯한 당신네 부류의 사람들이 단지 감히 신성한 재산권을 침해했다는 이유로 그들을 감옥으로 보내는 모습을 보았습니다. 당신들은 생명과 행복을 추구할 수 있는 인간의 권리에 눈과 귀가 멀게 되어 신성한 재산권을 지키기 위해 인간의 권리를 짓밟았습니다. 그러고는 나보고 법을 존중하라고 말하고 있습니다. 나는 법을 존중하지 않습니다. 나는 법을 위반했으며,

앞으로도 당신네의 법을 모조리 위반하고 당신들 앞에 나와 "법원을 타도하자"라고 외칠 것입니다.

검사는 거짓말을 했지만, 나는 검사의 거짓말을 진실로 받아들이고 당신, 슬론 판사가 나의 입장을 오해하는 일이 없도록 다시 한 번 말하겠습니다. "법원을 타도하자. 우리는 무엇이 정의인지 안다."

구타와 타르칠과 깃털세례, 패배 역시 있었다. 세계산업노동자연맹의 조합원 존 스톤John Stone은 샌디에이고에서 연맹의 다른 조합원 한 명과 함께 자정에 석방되어 자동차에 강제로 실렸을 때의 상황을 말하고 있다.

시외로 30킬로미터쯤 달리다가 차를 멈추더니……. 뒷자리에 있던 남자가 가죽 곤봉으로 머리와 어깨를 마구 내리쳤고 다른 남자는 주먹으로 입을 때렸습니다. 그러고는 뒷자리 남자가 벌떡 일어나서는 배를 걷어차더군요. 도망치기 시작하는데 총알이 바로 옆을 스치는 소리가 들렸습니다. 저는 멈췄죠……. 아침에 조 마코Joe Marko를 살펴보니 뒤통수가 깨져서 벌어져 있었습니다.

1916년 워싱턴 주 에버레트Everett에서는 보안관이 모집한 200명의 무장 자경단원이 보트 한 척에 가득 탄 워블리들에게 발포해 5명이 죽고 31명이 부상당했다. 자경단원은 2명이 죽고 19명이 부상을 입었다. 이듬해 — 미국이 제1차 세계대전에 참전한 해 — 에는 몬태나 주의 자경단이 세계산업노동자연맹 조직가 프랭크 리틀Frank Little을 사로잡아 고문한 뒤 철도 버팀다리에 목매달아 죽이고 주검을 방치한 사건이 일어났다.

세계산업노동자연맹의 조직가 조 힐Joe Hill은 — 신랄하고 재미있으며 계급의식을 고무시키는 — 수십 곡의 노래를 작곡했는데, 연맹의 간행물에 실린 이 노래들은 연맹에서 펴낸 『작은 붉은 노래책Little Red Song Book』에 수록됐다. 조 힐은 당대에는 물론이고 그 후에도 전설적인 인물이 됐다. 조 힐의 노래 「목사와 노예The Preacher and the Slave」는 세계산업노동자연맹이 즐겨 표적으로 삼은 교회를 겨냥한 것이었다.

머리 긴 목사들이 매일 밤 나오네,
무엇이 그르고 무엇이 옳은지 말해 주려고.
하지만 먹을 것에 관해 물어보면
목사들의 대답은 그렇게 달콤하기만 하네.

머지않아 먹게 될 겁니다,
천상의 영광스러운 땅에서.
노동하고 기도하고 풀만 먹고살면,
여러분은 죽어 하늘나라에서 파이를 먹게 되리라고.

조 힐의 노래 「소녀 반역자Rebel Girl」는 매사추세츠 주 로렌스 섬유공장 여성들의 파업, 특히 세계산업노동자연맹의 파업 지도자 엘리자베스 걸리 플린Elizabeth Gurley Flynn에게서 영감을 얻은 곡이었다.

여러 부류의 여자들이 있다네.
이 괴상한 세상에서, 누구나 알듯이,
어떤 사람은 멋진 대저택에 살면서,
멋지기 짝이 없는 옷을 입는다네.
귀족의 피가 흐르는 여왕과 공주들이 있다네,

다이아몬드와 진주로 만든 장식물로 치장한,

그러나 순수한 혈통의 숙녀는

소녀 반역자뿐.

1915년 11월, 조 힐은 유타 주 솔트레이크시티에서 강도짓을 하면서 식료품상을 살해한 죄로 기소됐다. 조 힐이 살인을 저질렀다는 직접적인 증거는 하나도 없었지만, 배심원들을 설득해서 유죄를 평결하도록 만들 정도의 단편적인 증거는 충분했다. 이 사건은 전 세계적으로 알려져 항의편지 1만 통이 주지사에게 전달됐지만, 기관총으로 감옥 문을 지키는 가운데 조 힐은 총살형을 당했다. 조 힐은 바로 직전에 빌 헤이우드에게 편지를 썼다. "슬퍼하느라고 시간을 낭비하지 마세요. 조직활동에만 전념하세요."

1912년에 아메리칸 모직회사American Woolen Company가 네 곳의 공장을 소유하고 있던 매사추세츠 주 로렌스에서 세계산업노동자연맹은 일련의 극적인 사태에 휘말리게 됐다. 노동자 대부분이 이민자 가족 ─ 포르투갈인, 프랑스계 캐나다인, 영국인, 아일랜드인, 러시아인, 이탈리아인, 시리아인, 리투아니아인, 독일인, 폴란드인, 벨기에인 ─ 으로 불이 나기 쉬운 목조 빈민주택에 밀집해서 살고 있었다. 평균 임금은 주당 8.76달러였다. 로렌스의 여의사 엘리자베스 섀플리Elizabeth Shapleigh 박사는 이렇게 썼다.

상당수의 소년과 소녀가 일을 시작한 지 2, 3년 안에 죽으니 …… 공장에서 일하는 남녀 100명 가운데 36명이 25세가 되기 이전에 죽는다.

이들 공장 가운데 한 곳에서 일하는 직조공들 ─ 폴란드 여성 ─ 이 그나마 가족을 먹여 살리기도 벅찬, 임금이 더 삭감된 급여봉투를 받은 때는 한겨울인 1월이었다. 직조공들은 직기를 멈추고 공장문을 나섰다. 다음날 다른 공장의 노동자 5,000명이 일손을 놓고는 또 다른 공장으로 행진해 문을 부수고 들어가서 직기의 전원을 내리고 다른 노동자들에게 일손을 놓으라고 호소했다. 곧 1만 명의 노동자가 파업에 돌입했다.

26세의 이탈리아인으로 세계산업노동자연맹의 뉴욕 지도자인 조지프 에터는 로렌스로 와서 파업을 지도해 달라는 전보를 받았다. 중요한 결정을 내리기 위해 노동자들의 각 민족을 대표하는 50인위원회가 구성됐다. 세계산업노동자연맹에 소속된 공장 노동자들은 1,000명도 되지 않았지만, 미국노동연맹이 미숙련 노동자들을 무시하고 있었기 때문에 노동자들은 파업 과정에서 세계산업노동자연맹에 의지했다.

세계산업노동자연맹은 대중집회와 행진을 조직했다. 파업 노동자들은 5만 명에게 음식과 땔감을 공급해야 했다(로렌스의 전체 인구는 8만 6,000명이었다). 무료식당이 세워지고 전국 각지 — 노동조합, 세계산업노동자연맹 지부, 사회주의 단체, 개인 등 — 에서 성금이 답지하기 시작했다.

시장은 지역 민병대를 소집했고 주지사는 주 경찰을 동원했다. 파업이 시작되고 몇 주 뒤 파업 노동자들이 행진을 벌이다 경찰의 습격을 받았다. 이일 때문에 하루 종일 폭동이 이어졌다. 저녁에는 파업 노동자인 애나 로피조 Anna Lopizzo가 총에 맞아 숨졌다. 목격자들은 경찰의 소행이라고 말했지만, 당국은 조지프 에터와 로렌스에 온 또 다른 세계산업노동자연맹 조직가이자 시인인 아투로 지오바니티 Arturo Giovanitti를 체포했다. 둘 다 총격 현장에 있지 않았지만 기소된 내용은 "조지프 에터와 아투로 지오바니티가 전기의 성명 미상의 인물에게 전기의 살인을 하도록 교사나 알선, 권고, 명령했다……"는 것이었다.

파업위원회 위원장인 에터가 감옥에 갇히자 거인 빌 헤이우드가 요청을 받고 위원장 자리를 맡았고, 엘리자베스 걸리 플린을 비롯한 세계산업노동자연맹의 다른 조직가들도 로렌스로 속속 도착했다. 이제 도시에는 민병대 22개 중대와 기병대 2개 중대가 포진했다. 계엄령이 선포되어 시민들은 거리에서 이야기하는 것조차 금지됐다. 파업 노동자 36명이 체포됐고 그 중 다수가 1년형을 선고받았다. 화요일인 1월 30일, 젊은 시리아인인 파업 노동자 존 레이미John Ramy가 총검에 찔려 사망했다. 그러나 파업 노동자들은 여전히 파업을 계속했고 공장은 가동되지 않았다. 에터는 "총검으로는 옷감을 짤 수 없다"고 말했다.

    2월에 접어들어 파업 노동자들은 대규모 파업보호선을 만들기 시작했다. 7,000에서 1만 명의 파업보호선 감시원들이 공장지구를 빙 둘러 끝없는 사슬을 이루어 행진했는데, 그들이 찬 흰 완장에는 "파업파괴자가 되지 말라"라고 적혀 있었다. 그러나 노동자들의 식량은 바닥나고 어린이들은 굶주리고 있었다. 사회당 신문인 뉴욕 『콜Call』은 파업 노동자들의 아이를 다른 도시의 파업 지지자 가족들에게 보내 파업을 계속하는 동안 돌보게 하자고 제안했다. 유럽에서는 파업 노동자들이 이렇게 한 바 있었지만 미국에서는 처음 있는 일이었다 — 뜻밖에도 3일 만에 『콜』에는 아이를 맡아주겠다는 400통의 편지가 답지했다. 세계산업노동자연맹과 사회당이 어린이 출애굽exodus을 조직하기 시작해서 아이를 맡기 원하는 가정으로부터 신청을 받고 어린이들에 대한 건강진단을 실시했다.

    2월 10일, 4살에서 14살 사이의 어린이 100명이 로렌스에서 뉴욕 시를 향해 출발했다. 그랜드센트럴 역Grand Central Station에서 5,000명의 이탈리아인 사회당원들이 「라마르세예즈Marseillaise」와 「인터내셔널가Internationale」를 부르면서 어린이들을 환영했다. 다음 주에 또 뉴욕에 100명, 버몬트 주 배러Barre에 35명의 어린이가 도착했다. 파업 노동자들은 사기가 높았기 때문에 아이들을 돌볼 수만 있다면 파업을 계속할 수 있음이 분명해지고 있었다. 로렌스 시 관리들은 아동 유기에 관한 법규를 들먹이며 이제 어떤 어린이도 로렌스를 떠날 수 없다고 주장했다.

시의 포고령에도 아랑곳하지 않고 2월 24일에 40명의 어린이가 필라델피아로 가기 위해 모였다. 기차역은 경찰로 가득 찼고, 필라델피아여성위원회 Women's Committee of Philadelphia의 한 위원이 하원의원들에게 전한 바에 따르면 그 뒤 벌어진 광경은 다음과 같았다.

> 출발시각이 임박해서 어린이들이 부모들이 바로 옆에서 지켜보는 가운데 둘씩 질서정연하게 줄지어 서서 기차를 향해 막 걸어가려고 하는 순간, 곤봉을 든 경찰이 우리에게 다가와서는 짓밟혀 죽을 지경에 빠진 아이들은 안중에도 없다는 듯이 마구 때리기 시작했습니다. 그러고는 어머니와 아이들을 한데 밀어붙여 송두리째 군용트럭으로 질질 끌고 가서는 공포에 질린 여성과 어린이들의 비명에도 아랑곳하지 않고 또 다시 곤봉을 휘둘렀습니다…….

일주일 뒤 집회를 마치고 돌아오는 여성들이 경찰에 둘러싸여 곤봉세례를 당해 한 임신부는 의식불명 상태로 병원에 실려가 사산하기도 했다.

노동자들은 굴복하지 않았다. 메리 히튼 보스Mary Heaton Vorse 기자는 "그들은 항상 행진하고 노래를 부른다"고 썼다. "지치고 어두운 표정으로 끊임없이 공장만 왔다 갔다 하던 군중들이 깨어나서 입을 열어 노래하고 있다."

아메리칸 모직회사는 결국 굴복하기로 결정했다. 회사 측은 임금을 5퍼센트에서 11퍼센트(파업 노동자들은 가장 낮은 임금을 받는 노동자들에게 가장 높은 인상폭을 요구했다) 인상하고, 잔업에 대해 125퍼센트의 수당을 지급하며, 파업 노동자들에 대해 차별하지 않겠다고 제시했다. 1912년 3월 14일,

1만 명의 파업 노동자가 로렌스 공원Lawrence Common에 모여 빌 헤이우드가 사회를 보는 가운데 파업을 끝내기로 결의했다.

에터와 지오바니티는 재판을 받았다. 전국 각지에서 두 사람에 대한 지지가 이미 고조된 상태였다. 뉴욕과 보스턴에서는 행진이 벌어졌으며, 9월 30일에는 로렌스에서 1만 5,000명의 노동자들이 두 사람에 대한 지지를 보여주기 위해 24시간 동안 파업을 벌였다. 그 뒤 적극적으로 파업에 가담한 2,000명이 해고됐지만, 세계산업노동자연맹이 다시 파업을 조직하겠다고 위협해 모두 복직됐다. 배심원단은 에터와 지오바니티가 무죄라고 평결했고, 그 날 오후 이 일을 축하하기 위해 1만 명이 로렌스에 모였다.

세계산업노동자연맹은 자신의 구호인 '거대 단일 노동조합'을 진지하게 주창했다. 공장이나 광산에서 노동조합을 조직할 때 여성과 외국인, 흑인 노동자, 가장 비천하고 숙련도가 낮은 노동자들을 모두 받아들였다. 루이지애나에서 목재노동조합Brotherhood of Timber Workers이 조직되어 (로렌스에서 승리를 거둔 직후인) 1912년에 빌 헤이우드를 연사로 초청했을 때, 헤이우드는 흑인이 한 명도 집회에 참석하지 않았다는 사실에 놀라움을 표시했다. 누군가 루이지애나에서는 흑백이 한데 모여 집회를 갖는 일은 불법이라고 헤이우드에게 말해 줬다. 헤이우드는 집회에 모인 사람들에게 말했다.

> 여러분은 같은 공장에서 함께 일하고 있습니다. 흑인과 백인이 같은 나무를 함께 베기도 합니다. 여러분은 지금 여러분의 노동조건을 논의하기 위해 집회에 참석하고 있습니다······. 왜 이 점을 자각하지 못하고 흑인들을 집회에 부르지 않았습니까? 만약 그것이 불법이라면 지금이 그 법을 위반할 때입니다.

흑인들이 초청된 집회에서 세계산업노동자연맹에 가입하기로 의결됐다.

1900년 당시 50만 명의 사무직 여성 노동자가 있었다 — 1870년에는 1만 9,000명이었다. 여성들은 전화교환수, 점원, 간호사 등으로 일했다. 50만 명이 교사였다. 교사들은 교사연맹Teachers League을 결성해 임신한 여성을 자동으로 해고하는 데 맞서 싸웠다. 매사추세츠의 한 읍의 교육위원회는 아래와 같은 「여교사 수칙Rules for Female Teachers」을 게시했다.

1. 결혼하지 말 것.
2. 교육위원회의 허가 없이 한시라도 읍을 떠나지 말 것.
3. 남자와 교제하지 말 것.
4. 오후 8시에서 오전 6시까지는 집에 있을 것.
5. 읍내 아이스크림 가게에서 빈둥거리지 말 것.
6. 담배 피우지 말 것.
7. 아버지나 남자 형제들 말고는 남자와 마차를 함께 타지 말 것.
8. 밝은 색 옷을 입지 말 것.
9. 머리를 염색하지 말 것.
10. 발목 위 5센티미터 이상이 드러나는 옷을 입지 말 것.

어머니 메리 존스는 1910년(당시 80세에 가까운 나이였다)에 밀워키의 한 양조공장에서 잠시 일하면서 그곳에서 일하는 여성들의 노동조건에 관해 이렇게 묘사했다.

날이면 날마다 상스러운 욕을 퍼부어대는 야수 같은 십장들에게 둘러싸여 신발과 옷은 흠뻑 젖은 채 세척실에서 노예처럼 일하도록 운명지어진 …… 불쌍한 소녀들은 시큼한 맥주의 고약한 냄새를 맡으면서 45킬로그램에서 70킬로그램의 무게가 나가는 술병 상자를 옮기는 일을 한다……. 류마티즘은 만성병 중의 하나이고 으레 폐병이 뒤따른다……. 십장은 심지어 여자애들의 화장실 사용시간까지 통제한다……. 여자애들 대부분이 집도 없고 부모도 없어…… 일주일에 3달러로 …… 의식주를 해결해야만 한다.

세탁공장에서도 여성들이 조직됐다. 1909년에 산업별여성노동조합연맹 Women's Trade Union Industrial League의 『편람Handbook』은 증기세탁공장에서 일하는 여성들에 관해 이렇게 기록했다.

잠시 동안 블라우스 다리는 일을 좋아하십니까? 세탁실 바로 위에 있는 다림기계 앞에 서서 하루에 10시간, 12시간, 14시간, 아니 때로는 17시간 동안 바닥에서 올라오는 뜨거운 김을 쐬면서 일한다고 생각해 보십시오! 어떤 곳은 바닥이 시멘트라 뜨거운 석탄더미 위에 서 있는 것 같고, 노동자들은 비 오듯 땀을 흘립니다……. 노동자들은 …… 소다, 암모니아 등의 화학물 분자로 가득한 공기를 들이마십니다! 어느 도시의 세탁노동조합Laundry Workers Union에서는 …… 이 긴 노동시간을 9시간으로 줄이고 임금을 50퍼센트 인상시켰습니다.

노동자투쟁으로 상황을 개선할 수는 있었지만 이 나라의 자원은 여전히 한 줌도 안 되는 강력한 주식회사들의 수중에 놓여 있었으며, 이윤만을 목표로 삼는 이 기업들의 힘이 미국 정부를 좌우하고 있었다. 점점 더 뚜렷해지고 힘을 더해 가는 이념이 확산되고 있었는데 그 이념은 칼 맑스의 이론에 불과한 것이 아니라 모든 세대의 작가와 예술가들이 가진 꿈이었다. 지구상의 모든 재화를 협동적으로 사용함으로써 소수만이 아니라 모든 사람의 삶을 향상시킨다는 꿈이 그것이었다.

세기가 바뀔 무렵 파업투쟁은 급증하고 있었다 — 1890년대에는 한해에 약 1,000건의 파업이 있었으나, 1904년에 이르면 그 수가 4,000건에 달했다. 법률과 군대는 거듭 부자들의 편을 들었다. 당시는 수십만 명의 미국인들이 사회주의에 관해 생각하기 시작하는 시기였다.

뎁스는 사회당 결성 3년 뒤인 1904년에 이렇게 썼다.

> 과거의 '순수하고 단순한' 노동조합은 오늘날의 요구에 답을 주지 못한다……. 다른 노동조합과 분리되어 개별적으로 자신의 독립을 유지하려는 노동조합의 시도는 관할권 분쟁을 증대시키고, 알력과 경쟁, 그리고 궁극적으로는 붕괴를 낳을 뿐이다…….
>
> 노동조합 조합원은 …… 노동운동이 보잘것없는 임금인상이나 그런 임금인상을 확보하는 데 필요한 파업보다 더 큰, 훨씬 더 큰 의미를 갖고 있음을, 그리고 노동조합은 조합원들의 노동조건을 개선하기 위해 가능한 모든 일을 하고 있지만, 더 원대한 목표는 노동수단의 사적 소유라는 자본주의 체제를 전복하고 임금노예제를 폐지하며 전체 노동계급, 아니 전체 인류의 해방을 달성하는 데 있음을 배워야 한다…….

뎁스가 이룬 것은 이론이나 분석이 아니라 민중들이 느끼고 있는 것을 웅변적이고 열정적으로 표명한 데 있었다. 헤이우드 브라운Heywood Broun 기자는 사회당 동료들이 뎁스에 관해 말한 바를 인용한 적이 있다. "불타는 듯한 눈빛을 가진 그 노인은 인류의 형제애와 같은 것이 있을 수 있다고 실제로 믿고 있습니다. 우스운 일은 이것만이 아니죠. 뎁스가 있는 한 저 자신도 그렇게 믿습니다."

유진 뎁스는 풀먼 파업으로 감옥에 갇혀 있는 동안 사회당원이 됐다. 이제 뎁스는 사회당 대변인으로 다섯 차례나 대통령 후보로 출마했다. 사회당은 한때 10만 명의 당원을 확보했었고 340개 지방자치체에 1,200명의 공직자를 보유하기도 했다. 뎁스가 기고하던 사회당의 주요 신문 『이성에의 호소』는 50만 명의 독자를 갖고 있었고, 전국 곳곳에 다른 많은 사회당 신문이 있어서 모두 합쳐 100만 명이 사회당의 신문을 구독했다.

사회주의는 도시 이민의 소규모 집단 — 그들 자신의 언어를 사용하는 유대인과 독일인 사회주의자들 — 을 벗어나 미국적인 것으로 변모했다. 사회당의 주 조직 가운데 가장 강력한 곳은 오클라호마였는데, 1914년에 당비를 납부하는 당원이 1만 2,000명(뉴욕 주보다도 많았다) 있었고 오클라호마 주의회 의원 6명을 비롯해 100여 명을 지방관직에 당선시켰다. 오클라호마, 텍사스, 루이지애나, 아칸소 등에서는 55종의 사회당 주간지가 발간됐고 여름 캠프에는 수천 명이 모여들었다.

제임스 그린James Green은 『풀뿌리 사회주의Grass-Roots Socialism』에서 이들 서남부의 급진파를 "빚에 시달리는 자영농부들homesteaders, 이민 소작농, 석탄 광부, 철도노동자, 소나무숲에서 나온 '레드본〔redbone. 원래 황갈색의 사냥개 종자의 명칭으로 벌목꾼의 햇볕에 탄 피부색을 가리키는 별명〕' 벌목꾼, 땡볕이 내리쬐는 초원에서 온 전도사와 교사들, …… 마을의 장인과 무신론자들 …… 미국 역사상 가장 강력한 지역적 사회주의 운동을 만들어 낸 무명의 사람들"로 그리고 있다. 그린의 말을 계속 들어보자.

> 사회당 운동은 …… 많은 전前 인민당원들, 전투적인 광부들, 블랙리스트에 올라 있는 철도노동자들이 온갖 고난을 겪으며 조직한 것이었다. 비범한 간부인 직업 선동가와 교육가들이 지원하고 유진 V. 뎁스와 어머니 존스 같은 전국적인 인물이 이따금 방문해서 큰 용기를 줬다……. 이 조직가들의 중핵은 그

지역의 반체제 인물들 …… 신문을 판매하고, 독서회를 결성하고, 지부를 조직하고, 가두연설을 수행하는 등의 활동을 벌이며 지역을 돌아다니는 수많은 아마추어 선동가들까지 포용할 만큼 성장했다.

뎁스의 웅변에 나타난 것과 같이 이 운동에는 거의 종교에 가까운 열정이 있었다. 빌 헤이우드와 서부광부연맹의 두 간부가 날조된 것이 분명한 살인 혐의로 아이다호에서 감옥에 갇힌 1906년, 뎁스는 『이성에의 호소』에 분노로 타오르는 기사를 썼다.

법의 이름 아래 법의 형식으로 살인이 계획되어 이제 막 집행되려 한다…….
이것은 비열한 책략이자 가증스러운 음모, 흉악한 불법행위이다…….
만약 저들이 모이어Charles H. Moyer와 헤이우드, 그리고 그들의 형제들을 학살하려 한다면, 적어도 100만 명의 혁명가들이 총을 들고 맞설 것이다…….
자본가들의 법정은 노동계급을 위해서 지금까지 어떤 것도 해준 게 없으며 앞으로도 결코 없을 것이다…….
프롤레타리아의 혁명적인 특별총회가 …… 마련될 것이며, 극단적인 조치가 요구될 경우 총봉기의 예비단계로서 총파업을 지시해 산업을 마비시킬 것이다. 부자들이 계획을 시작한다면, 우리가 마무리를 할 것이다.

시어도어 루즈벨트는 이 기사를 읽은 뒤 법무장관 W. H. 무디W. H. Moody에게 메모와 함께 기사를 보냈다. "뎁스와 이 신문의 소유주를 형사상 고발하는 게 가능합니까?"

투표에서 점점 성공을 거두고(뎁스는 1912년에 1908년의 두 배인 90만 표를 얻었다) 자신들의 호소력을 증대시키는 데 더 많은 관심을 쏟게 됨에 따라, 사회당원들은 세계산업노동자연맹의 '파괴'와 '폭력' 전술에 비판적인 태도를 취하게 됐고, 1913년에는 폭력을 옹호했다는 이유로 (뎁스의 몇몇 글들이 훨씬 더 선동적이었음에도) 빌 헤이우드를 사회당 집행위원회에서 제명하기에 이르렀다.

여성들은 지도자로서보다는 평당원으로서 — 그리고 때로는 사회주의 정책에 대한 날카로운 비판자로서 — 사회주의 운동에서 적극적이었다. 한 예로 시각, 청각, 언어 장애인으로 비범한 사회적 시각을 타고났던 헬렌 켈러는 빌 헤이우드의 제명에 관해 뉴욕 『콜』에 이렇게 논평했다.

> 헤이우드 동지에 대한 공격 …… 하나이어야 할 당이 두 파벌로 갈라져 저열한 싸움을 벌이고, 그것도 프롤레타리아 투쟁에서 가장 결정적인 시기에 그런 행태를 보이고 있다는 기사를 읽으면서 …… 나는 깊은 유감을 느끼지 않을 수 없다…….
> 도대체 무엇 때문인가? 노동자들의 절망적인 빈곤보다 당의 전술에 대한 견해 차이가 더 중요한 것인가? …… 오랜 노동의 세월로 인해 셀 수 없이 많은 여성과 어린이의 가슴이 찢어지고 몸이 결딴나고 있는데, 우리는 서로 싸우고 있다. 부끄러운 줄 알아야 한다!

1904년에 사회당 당원 가운데 여성은 3퍼센트에 불과했다. 그해 전당대회에서 여성 대의원은 8명뿐이었다. 그러나 몇 년 안에 지역 사회주의 여성조직들과 전국 잡지인 『여성 사회주의자 *Socialist Woman*』가 점점 더 많은 여성들을 당으로 끌어들여 1913년에 이르면 당원의 15퍼센트가 여성이었다. 『여성 사회주의자』의 편집자 조세핀 콩거-카네코 Josephine Conger-Kaneko는 여성 독자조직의 중요성을 역설했다.

독자적인 조직 속에서야말로 순진무구한 어린 여성이 회의를 주재하고 안건을 제출하고 짧은 '발언'을 통해 자신의 입장을 옹호하는 방법을 단기간에 배울 수 있다. 이런 훈련을 1, 2년 한 뒤에 이 여성은 남성과 함께 일할 준비를 갖추게 된다. 그리고 남성과 함께 일하는 것과 남성들의 공격적인 힘의 그늘 아래 순종적인 경의를 표하며 앉아 있기만 하는 것과는 크나큰 차이가 있다.

사회당 여성들은 1990년대〔'1900년대'의 오기〕 초반의 페미니즘 운동에 적극적으로 참여했다. 오클라호마 출신의 사회당 지도자 케이트 리처즈 오헤어Kate Richards O'Hare에 따르면, 뉴욕의 사회주의자 여성들이 특히 훌륭하게 조직됐다고 한다. 여성 참정권에 관한 뉴욕 주민투표 캠페인 기간 당시, 캠페인이 절정에 달한 어느 날 하루에만 사회주의자 여성들은 영어 전단 6만 장과 이디시어〔Yiddish. 독일어에 슬라브어, 헤브루어 등이 조합된 언어로 유럽과 미국의 유대인 사이에서 사용된다〕 전단 5만 장을 배포하고 1센트짜리 책자 2,500부, 5센트짜리 책자 1,500부를 판매했으며, 스티커 4만 개를 붙이고 100여 회의 집회를 열었다.

그런데 사회주의 체제에 의해 자동적으로 해결되지 않는, 정치와 경제를 넘어서는 여성의 문제가 있었을까? 성적 억압의 경제적 토대가 교정되기만 하면 평등은 그냥 수반되는 것이었을까? 투표권을 위한 투쟁이나 혁명적 변혁보다 중요하지 않은 어떤 것을 위한 투쟁 — 이런 것은 무의미한 투쟁이었을까? 20세기 초반의 여성운동이 성장함에 따라, — 투표권을 위해, 성관계와 결혼을 비롯한 모든 영역에서 동등한 존재로 인정받기 위해 — 여성들이 더욱 목소리를 높이고 조직하고 항의하고 행진함에 따라, 이런 질문을 둘러싼 논쟁은 더욱 첨예해졌다.

양성 간의 경제적 평등이라는 결정적인 문제를 강조하는 저술활동을 펼친 샬럿 퍼킨스 길먼Charlotte Perkins Gilman이 쓴 「사회주의자와 참정권론자 The Socialist and the Suffragist」라는 시는 이렇게 끝맺고 있다.

"향상된 세계가 여성들을 향상시킨다"라고
사회주의자는 설명했다.
"세계의 절반이 그토록 왜소한 상황에서
절대로 세계를 향상시킬 수는 없다"라고
참정권론자는 주장했다.
세계가 깨어나 신랄하게 말했다.
"두 사람의 활동은 똑같다.
함께 활동하든 따로 활동하든
둘 모두 진심으로 활동하라 ―
오직 승부에 뛰어들라!"

여든 살의 수전 앤서니Susan Anthony가 유진 뎁스의 연설을 들으러 갔을 때(25년 전에 뎁스가 앤서니의 연설을 들으러 간 이후로 둘은 처음 만나는 것이었다), 둘은 따뜻하게 악수를 나눈 뒤 짧막한 대화를 주고받았다. 앤서니가 웃으며 말했다. "우리에게 참정권을 주세요. 그러면 당신에게 사회주의를 드리지요." 뎁스는 대답했다. "우리에게 사회주의를 주세요. 그러면 참정권을 드리지요."

남성과 여성이 전통적인 결혼과는 달리 서로 독립성을 유지하며 함께 사는 새로운 방식을 꿈꾼 크리스털 이스트먼Crystal Eastman처럼 사회주의와 페미니즘이라는 두 가지 목표를 통합할 것을 역설한 여성들이 있었다. 이스트먼은 사회주의자였지만, 한때 여성은 "여성 노예제 전체가 이윤체제로 요약되는 것도 아니고 여성의 완전한 해방이 자본주의의 몰락으로 보장되는 것도 아님을 알고 있다"고 쓴 바 있다.

20세기의 첫 15년 동안 더 많은 여성이 노동력에 편입되어 노동자투쟁에서 많은 경험을 쌓게 됐다. 여성에 대한 억압을 인식하고 무언가 실천하기를 원한 일부 중간계급 여성들은 대학에 진학해 단순한 가정주부가 아닌 자기 자신을 깨달아 가고 있었다. 역사학자 윌리엄 체이프William Chafe(『여성과 평등Women and Equality』)는 이렇게 쓰고 있다.

> 여자대학 학생들은 사명에 대한 자의식과 세계를 개선시키겠다는 열정적인 헌신으로 고취되어 있었다. 여대생들은 의사, 대학교수, 사회복지관 일꾼, 사업가, 법률가, 건축가 등이 됐다. 동료애뿐 아니라 강렬한 목적의식에도 고무된 이들은 압도적인 난관에 맞서 놀랄 만한 성취를 이루어냈다. 제인 애덤스Jane Addams, 그레이스 애버트와 이디스 애버트 자매Grace and Edith Abbott, 앨리스 해밀턴Alice Hamilton, 줄리아 래스럽Julia Lathrop, 플로렌스 켈리Florence Kelley — 이들 모두가 이 개척자 세대로부터 나왔고 20세기의 다음 20년간을 위한 사회개혁의 의제를 제시했다.

이 여성들은 동반자이자 아내, 가정주부로서의 여성이라는 메시지를 퍼뜨리는 대중잡지 문화에 도전했다. 이들 페미니스트 가운데 몇몇은 결혼을 했고 다른 이들은 독신으로 살았다. 산아제한 교육의 선구자로서, 겉으로는 행복해 보이지만 삶을 구속하는 결혼생활로 인해 신경쇠약을 겪은 나머지, 자기 자신을 위한 일을 가지고 건강을 되찾기 위해 남편과 아이들을 떠나야만 했던 마거릿 생어Margaret Sanger처럼, 이들 모두는 남성과의 관계라는 문제와 분투했다. 생어는 『여성과 새로운 인류Woman and the New Race』에서 이렇게 쓴 바 있다. "자기 자신의 육체를 소유하고 통제하지 못하는 여성은 결코 스스로 자유롭다고 말할 수 없다. 어머니가 될지 안 될지를 의식적으로 선택할 수 있을 때까지는 어떤 여성도 스스로 자유롭다고 말할 수 없다."

그것은 복잡한 문제였다. 예를 들면 케이트 리처즈 오헤어는 가정을 믿었지만 사회주의가 가정을 더 좋게 만들 것이라고 생각했다. 1910년에 캔자스시티에서 하원의원 선거에 출마하면서 오헤어는 이렇게 말했다. "저는 온 몸과 온 마음으로 가정생활과 가정과 아이들을 갈망합니다……. 가정을 회복시키기 위해서는 사회주의가 필요합니다."

다른 한편, 엘리자베스 걸리 플린은 자서전 『소녀 반역자*Rebel Girl*』에서 이렇게 썼다.

> 가정생활, 더 나아가 대가족은 내게 아무 매력도 주지 못했다……. 나는 발언하고, 글을 쓰고, 여행하고, 사람들을 만나고, 여러 지방을 구경하고, 세계산업노동자연맹을 위해 조직하기를 원했다. 나는 한 명의 여성으로서 가정을 위해 내 일을 포기해야만 하는 이유를 도무지 찾지 못했다…….

이 시기 많은 여성들이 급진주의자, 사회주의자, 무정부주의자였지만 훨씬 더 많은 수가 참정권 운동에 관여하고 있었고 페미니즘에 대한 대중적 지지는 이들에게서 나왔다. 의류노동조합Garment Workers의 로즈 슈나이더먼Rose Schneiderman과 같은 노동조합 투쟁의 전문가들이 참정권 운동에 합세했다. 뉴욕에서 열린 술통제조공노동조합Cooper Union 집회에서 슈나이더먼은 여성들이 투표권을 얻게 될 경우 여성성femininity을 잃어버리게 될 것이라는 한 정치인의 말에 이렇게 대꾸했다.

세탁공장의 여성들은 …… 끔찍한 수증기와 열기 속에서 뜨거운 풀에 손을 담그면서 13시간, 14시간을 서서 일합니다. 확실히 이 여성들은 1년에 한 번 투표함에 표를 넣는다고 해서 주물공장이나 세탁공장에서 1년 내내 서서 일하느라 잃어버리는 것보다 아름다움과 매력을 더 잃지는 않을 것입니다.

뉴욕에서는 매년 봄마다 여성 참정권을 위한 행진이 규모를 더해갔다. 1912년에 한 신문기사는 이렇게 말하고 있다.

워싱턴 광장Washington Square에서 출발해 5번 대로를 쭉 따라 이어져 57번 가에서 해산한 행진에는 뉴욕의 수천 명의 남녀가 모였다. 그들은 행진 대열 양쪽의 교차로를 모두 가로막았다. 많은 사람들이 비웃고 조롱을 퍼붓고 싶어 했지만 한 명도 그렇게 하지는 않았다. 거리 한복판을 다섯 명씩 줄지어 걸어가는 여성들의 인상적인 모습은 놀리고 싶다는 생각을 억눌러 버렸으니……. 여의사, 여변호사 …… 여건축가, 여류화가, 여배우, 여류조각가, 웨이트리스, 하녀, 산업 노동자들의 거대한 대오 …… 이들 모두가 보여준 열성과 목적의식은 거리에 줄지어 늘어선 군중들을 깜짝 놀라게 만들었다.

1913년 봄, 워싱턴으로부터 『뉴욕타임스』의 보도가 날아들었다.

오늘 있었던 여성 참정권 시위에서 이 나라의 수도는 역사상 최대의 여성 행진을 목도했다……. 5,000여 명의 여성들이 참여한 행진은 펜실베이니아 대로를 통과했다……. 놀라운 시위였다. 여성들이 자신들의 대의를 위해 행진하는 광경을 지켜본 사람만 해도 …… 50만 명에 이르는 것으로 추산된다.

몇몇 급진주의자 여성들은 이에 대해 회의적이었다. 무정부주의자이자 페미니스트인 에마 골드먼은 언제나 그렇듯 여성 참정권이라는 문제에 관한 자신의 의견을 강렬하게 밝혔다.

> 우리 시대의 미신은 보통 선거권이다……. 오스트레일리아와 뉴질랜드의 여성들은 투표를 하고 법을 만드는 데 일조할 수 있다. 그런데 이들 나라의 노동조건이 더 좋은가?
> 남성의 정치활동의 역사를 보면, 더 직접적이고 희생을 덜 치르면서 더 지속적인 방식으로 이룰 수 없었던 것을 정치활동을 통해 얻은 적은 한번도 없다는 사실을 알 수 있다. 사실 남성이 차지한 땅 한 조각 한 조각은 끊임없는 전투, 자기주장을 위한 중단 없는 투쟁을 통해 얻은 것이지 투표를 통해 얻은 것이 아니다. 해방을 향한 도정에서 여성이 투표를 통해 도움을 받았거나 앞으로 도움을 받을 것이라고 가정할 수 있는 근거는 전혀 없다.
> 여성의 발전과 여성의 자유, 여성의 독립은 여성 자신으로부터, 여성 자신을 통해 이루어진다. 첫째, 여성 자신이 스스로를 하나의 인격체로 주장함으로써. 둘째, 여성 자신의 몸에 대한 권리를 어느 누구에게도 주기를 거부하고 원하지 않을 경우 아이 낳기를 거부하며 하나님과 국가, 사회, 남편, 가족 등의 하인이 되기를 거부하고 자신의 삶을 더 단순하게, 그러나 더 심오하고 풍부하게 만듦으로써……. 투표가 아니라 오로지 이것만이 여성을 자유롭게 할 것이다…….

그리고 헬렌 켈러는 1911년에 영국의 한 참정권론자에게 편지를 보냈다.

> 우리의 민주주의는 이름뿐입니다. 우리가 투표를 한다고요? 그것이 무슨 뜻입

니까? 그것이 의미하는 바는 스스로 그렇게 언명하지는 않을지언정 실제로는 독재자에 불과한 두 집단 가운데에서 선택을 한다는 것뿐입니다. 그놈이 그놈인데 선택을 하는 거지요…….

당신은 여성의 투표권을 요구합니다. 대영제국의 11분의 10이 20만 명의 소유이고 단지 11분의 1만이 나머지 4,000만 명의 소유인 상황에서 투표가 무슨 소용이 있겠습니까? 당신네 나라 남성들은 자기들의 수백만 표를 가지고 이런 불의로부터 그들 자신을 해방시켰습니까?

에마 골드먼은 여성의 상태를 변화시키는 일을 미래의 사회주의 시대로 미루지 않았다 — 골드먼은 투표보다 더 직접적이고 더 즉각적인 행동을 원했다. 헬렌 켈러는 무정부주의자는 아니었으나 역시 투표소 바깥에서 벌어지는 지속적인 투쟁을 신뢰했다. 눈멀고 귀먹은 헬렌 켈러는 정신과 펜으로 싸웠다. 헬렌 켈러가 적극적이고 공개적인 사회주의자가 되자, 과거에 그녀를 영웅으로 다루었던 브루클린 『이글*Eagle*』은 "헬렌 켈러의 오류는 그녀의 발전을 가로막는 명백한 한계에서 기인하는 것이다"라고 썼다. 헬렌 켈러는 반박글을 썼지만 『이글』에서 받아주지 않아 뉴욕 『콜』에 실어야 했다. 헬렌 켈러는 이전에 브루클린 『이글』의 편집장을 만났을 때 그가 자신을 아낌없이 칭찬했다고 썼다. "그런데 이제 내가 사회주의를 지지하고 나서니까 내가 눈멀고 귀먹은데다가 특히 실수까지 하기 쉽다고 나와 대중에게 새삼스럽게 상기시키고 있다……." 헬렌 켈러는 이렇게 덧붙였다.

오오, 우스꽝스러운 브루클린 『이글』이여! 얼마나 비겁한 새란 말인가! 사회에 대한 시각장애와 청각장애에 걸린 『이글』은 참을 수 없는 체제, 우리가 막으려 애쓰는 수많은 육체적인 시각장애와 청각장애를 만들어 내는 체제를 옹호하고 있다……. 『이글』과 나는 전쟁을 벌이고 있다. 나는 『이글』이 대변하는 체제를 증오한다……. 반격하고자 한다면 정당하게 하라……. 나와 다른 사람들에게 내가 보거나 들을 수 없음을 상기시키는 일은 정당한 싸움도 올바른 주장도 되지 못한다. 나는 읽을 수 있다. 나는 시간만 있으면 영어나 독일어, 프랑스어로 된 모든 사회주의 서적을 읽을 수 있다. 이 책 가운데 몇 권이라도 읽는다면 브루클린 『이글』의 편집장은 더 현명한 사람이 될 것이고 더 좋은 신문을 만들 수 있을 것이다. 만일 내가 때로 꿈꾸는 것처럼 사회주의 운동에 책 한 권을 헌정할 수 있다면, 나는 그 책의 제목을 『산업의 시각장애와 사회의 청각장애Industrial Blindness and Social Deafness』라고 붙일 것이다.

어머니 존스는 여성운동에 특별한 관심을 갖지 않았던 것으로 보인다. 존스는 섬유 노동자와 광부들을 조직하고 그들의 부인과 아이들을 조직하느라 바빴다. 존스의 많은 업적 가운데 하나는 아동노동(20세기가 개막될 무렵 10세에서 15세 사이의 어린이 28만 4,000명이 광산과 제작소, 공장에서 일하고 있었다)의 종식을 요구하기 위해 워싱턴까지 어린이행진을 조직한 것이었다. 어머니 존스는 아동노동의 상황을 이렇게 묘사했다.

1903년 봄, 나는 7만 5,000명의 섬유 노동자들이 파업을 벌이고 있던 펜실베이니아 주 켄싱턴으로 갔다. 이 가운데 적어도 1만 명이 어린이들이었다. 노동자들은 임금인상과 노동시간 단축을 위해 파업을 하고 있었다. 매일같이 어린이들이 노동조합 본부로 찾아왔는데, 어떤 아이는 두 손이 모두 잘리고, 어떤 아이는 엄지손가락이 잘려 나가고, 어떤 아이는 손가락이 뭉텅 없어져 있었다. 아이들은 새우등에 어깨가 굽었고 비쩍 말라 있었다…….
나는 아이들의 부모에게 아이들을 안전하고 건강하게 데리고 돌아오겠다고 약속하면서 남자애와 여자애들을 일주일이나 열흘 정도 데리고 가도 되겠느냐고 물었다……. 경찰서장은 스위니Sweeny라는 자였다……. 어른 몇 명이 나와 함께 갔다……. 아이들은 나이프와 포크, 양철 컵과 접시가 든 배낭을 등에 지고 갔다……. 한 어린 친구는 북을 들고 왔고 다른 친구는 피리를 가지고 왔다……. 우리는 깃발을 들고 갔다. …… "우리는 놀 시간을 원한다……."

뉴저지와 뉴욕을 거쳐 행진해 간 아이들은 시어도어 루즈벨트 대통령을 만나려고 오이스터 만〔Oyster Bay. 루즈벨트의 여름철 대통령 관저로 사용하던 새그모어힐이 이곳에 있었다〕까지 갔지만 루즈벨트는 면담을 거절했다. "그러나 우리의 행진은 성과를 거뒀다. 우리는 아동노동의 범죄에 관해 전 국민의 관심을 이끌어냈다."

같은 해, 필라델피아의 섬유공장에서 일주일에 60시간을 일하던 어린이들이 "우리도 학교에 가고 싶다!", "55시간 노동을 쟁취하자!"라는 구호를 내걸고 파업에 들어갔다.

엘리자베스 걸리 플린에 관한 경찰 기록을 살펴보면 이들 세기 전환기의 급진주의자들의 에너지와 정열을 느낄 수 있다.

1906~1916년, 조직가, 세계산업노동자연맹 강사
1918~1924년, 조직가, 노동자방어연맹Workers Defense Union
1906년, 뉴욕에서 자유연설 사건으로 체포, 기소유예. 1909년, 워싱턴 주 스포케인에서 자유연설 투쟁에 적극 가담. 1909년, 몬태나 주 미졸라에서 세계산업노동자연맹의 자유연설 투쟁으로 체포. 워싱턴 주 스포케인에서 세계산업노동자연맹의 자유연설 투쟁으로 수백 명 체포. 1911년, 필라델피아 볼드윈 기관차공장Baldwin Locomotive Works의 파업집회에서 세 차례 체포. 1912년,

로렌스 섬유파업에 적극 참여. 1912년, 뉴욕 호텔 노동자 파업. 1913년, 패터슨 섬유파업. 1912년 에터-지오바니티 사건 변호 공작. 1916년, 미네소타 주 메사비 산맥Mesaba Range 파업. 1916년, 워싱턴 주 스포케인에서 에버레트Everett 시 세계산업노동자연맹 사건. 1914년, 조 힐 변호. 1917년, 미네소타 주 덜루스Duluth에서 세계산업노동자연맹과 평화주의자들의 연설을 막기 위해 통과된 법률에 의해 부랑죄로 체포, 기소유예. 1917년, 시카고 세계산업노동자연맹 사건으로 기소…….

흑인 여성들은 이중적 억압에 직면했다. 한 흑인 간호사는 1912년에 신문에 이렇게 기고했다.

우리 남부의 가난한 유색인 여성 임금 노동자들은 끔찍한 싸움을 하고 있다……. 한편으로 우리는 당연히 우리를 보호해야 할 흑인 남성들로부터 시달림을 받고 있고, 다른 한편으로는 부엌이든, 빨래통이나 재봉틀, 유모차, 다림판 앞이든 간에 우리는 짐말이나 짐 나르는 짐승, 노예만도 못한 대접을 받고 있다!

수세대에 걸친 백인 학자들이 '혁신주의 시대Progressive period'라 이름붙인 이 20세기 초반에 린치행위가 매주 보도되고 있었다. 당시는 북부와 남부의 흑인들에게 있어 최악의 시대, 흑인 역사가 레이퍼드 로건Rayford Logan의 표현을 빌리자면, '구렁텅이nadir'와 같은 시대였다. 1910년 당시 미국에 1,000만 명의 흑인이 있었는데 그 가운데 900만이 남부에 살았다.

미국 정부(1901~1921년 사이의 대통령은, 시어도어 루즈벨트, 윌리엄 하워드 태프트William Howard Taft, 우드로 윌슨Woodrow Wilson이었다)는 —

공화당 정부든 민주당 정부든 간에 — 흑인이 린치를 당하는 모습을 목격하거나 조지아 주 스테이츠버로Statesboro, 텍사스 주 브라운스빌Brownsville, 조지아 주 애틀랜타 등에서 흑인을 표적으로 한 지독한 폭동이 벌어지는 광경을 지켜보면서도 아무런 행동도 하지 않았다.

사회당에 흑인들이 있기는 했지만, 사회당은 인종문제에 관해 행동을 벌이는 모험을 하려 들지 않았다. 레이 진저Ray Ginger가 뎁스에 관해 쓴 것처럼, "인종적 편견을 갖고 있다는 비난이 가해질 때마다 뎁스는 반박했다. 뎁스는 항상 절대적 평등을 역설했다. 그러나 뎁스는 이런 평등을 이루기 위해서는 때로 특별한 조치가 필요하다는 견해를 받아들이지는 못했다."

흑인들은 점점 조직화되기 시작했다. 1903년에 린치와 채무노역, 차별, 공민권 박탈 등에 항의하기 위해 전국아프리카계미국인협의회National Afro-American Council가 결성됐고 비슷한 무렵에 결성된 전국유색인여성협회는 인종차별과 린치를 비난했다. 조지아에서는 1906년에 평등권대회Equal Rights Convention가 열려 1885년 이래 조지아 주의 흑인 260명이 린치를 당했다고 지적했다. 대회는 투표할 권리와 민병대에 입대할 수 있는 권리, 배심원이 될 수 있는 권리를 요구했다. 그리고 흑인들이 열심히 일해야 한다는 데 뜻을 같이했다. "이와 동시에 우리는 인간으로서 우리의 권리를 침해하는 데 맞서 선동하고 불평하고 항의해야 하며 계속 저항해야 한다……."

조지아 주 애틀랜타에서 학생을 가르치고 있던 두보이스는 1905년에 전국 각지의 흑인 지도자들에게 편지를 보내 나이아가라 폭포 근처의 버팔로 맞은편 캐나다 접경에서 회의를 갖자고 요청했다. 이것이 '나이아가라 운동Niagara Movement'의 출발이었다.

매사추세츠에서 태어나 하버드 대학에서 박사학위(1895년)를 받은 최초의 흑인이었던 두보이스가 시적이고 강렬한 저서 『흑인의 영혼The Souls of Black

나이아가라 회의 1905년 여름, 두보이스를 비롯한 흑인 저명인사 29명은 온타리오 주 나이아가라 폭포에서 은밀히 만나 시민으로서의 완전한 자유, 인종차별 철폐, 사해동포주의 인정을 요구하는 선언서를 만들었다. 1910년 해산했으나 전국유색인종지위향상협회(NAACP)의 모체가 되었다.

Folk』을 저술, 출간한 직후의 일이었다. 두보이스는 당원으로 활동한 기간은 짧았지만 사회당 동조자였다.

두보이스와 함께 나이아가라 회의를 소집한 친구 중 한 명인 윌리엄 먼로 트로터William Monroe Trotter는 전투적 관점을 견지한 보스턴의 젊은 흑인으로 주간지 『가디언*Guardian*』의 편집장이었다. 트로터는 이 신문에서 부커 T. 워싱턴의 온건한 사고를 공격했다. 워싱턴이 보스턴의 한 교회에서 2,000명의 청중을 대상으로 강연을 한 1903년 여름, 트로터와 그의 지지자들은 아홉 개의 도발적인 질문을 던져 소동을 야기했고 결국 주먹다짐으로까지 이어졌다. 트로터와 한 친구가 체포됐다. 아마 이 사건이 두보이스의 분노에 불을 지펴 나이아가라 회의의 선봉에 서게 만들었을지도 모른다. 나이아가라 그룹의 어조는 강력했다.

> 우리는 흑인계 미국인들이 열등함을 인정하고, 억압에 굴종하고, 모욕을 받고도 변명을 늘어놓는다는 인상을 받아들이지 않는다. 무기력한 상황에서 굴종할지도 모르지만, 미국이 정의롭지 못하는 한 1,000만 미국인들의 항의의 목소리가 동료 미국인들의 귓전을 계속해서 때릴 것이다.

일리노이 주 스프링필드에서 일어난 인종 폭동이 1910년 전국유색인지위향상협회National Association for the Advancement of Colored People(NAACP) 결성의 도화선이 됐다. 이 새로운 조직의 지도부는 백인들이 장악했다. 두보이스가 유일한 흑인 간부였다. 두보이스는 전국유색인지위향상협회의 정기간행물인 『위기*The Crisis*』의 초대 편집장이기도 했다. 전국유색인지위향상협회는 법적 활동과 교육에 집중했지만, 두보이스는 "지속적이고 용감한 선동이야말로 자유로 가는 길이다"라는 나이아가라 운동의 선언으로 구체화된 정신을 조직

내에서 대변하고 있었다.

이 시기에 흑인, 페미니스트, 노동조직가, 사회주의자 등에게 분명했던 것은 연방정부에 의존할 수 없다는 사실이었다. 그렇다. 당시는 '혁신주의의 시대', 개혁의 시대Age of Reform의 출발점이었다. 그러나 그것은 마지못한 개혁으로, 근본적인 변화를 만들어 내는 게 아니라 민중의 봉기를 진정시키기 위한 것이었다.

이 시대가 '혁신주의'라는 이름을 얻게 된 것은 새로운 법안들이 통과됐다는 점에 있었다. 시어도어 루즈벨트 행정부 아래 육류검사법Meat Inspect Act, 철도와 송유관을 규제하기 위한 헵번법Hepburn Act, 순정식품의약품법 Pure Food and Drug Act 등이 통과됐다. 태프트 행정부에서는 만-엘킨스법 Mann-Elkins Act으로 전화 및 전신 체계를 주간통상위원회의 규제 아래 뒀다. 우드로 윌슨 대통령 시기에는 독점의 성장을 통제하기 위해 연방통상위원회 Federal Trade Commission를 창설하고 전국의 통화와 은행체제를 규제하기 위해 연방지불준비법Federal Reserve Act을 도입했다. 태프트 행정부는 누진소득세를 허용하는 헌법 수정조항 16조와 원래의 헌법이 규정하는 대로 주의회의 간접선거 대신 일반투표로 직접 상원의원을 선출하도록 하는 헌법 수정조항 17조를 제안했다. 이 시기에는 또한 많은 주에서 임금과 노동시간을 규제하고 공장에 대한 안전감독과 재해를 당한 노동자들에 대한 보상을 규정하는 법률이 통과됐다.

당시는 항의를 무마하기 위한 공적 조사의 시기였다. 1913년 하원 푸조위원회Pujo Committee of Congress는 은행산업의 권력 집중에 관해 조사했고 상원 노사관계위원회는 노사분쟁에 관한 청문회를 개최했다.

의심할 나위 없이, 보통 사람들은 이런 변화에서 어느 정도 혜택을 받았다. 체제는 풍요롭고 생산적이고 복잡했으며, 사회 밑바닥과 최상층 사이에 보호

막을 만들어 내기에 충분할 만큼의 몫에 해당하는 부를 노동계급에게 줄 수 있었다. 1905~1915년 사이에 뉴욕의 이민자들에 관한 조사를 살펴보면, 이탈리아인과 유대인의 32퍼센트가 육체노동 계급에서 더 높은(훨씬 높은 수준은 아니라 하더라도) 수준으로 상승했음을 알 수 있다. 하지만 많은 이탈리아 이민자들이 계속 뉴욕에 머무를 만한 기회를 찾지 못했음도 사실이다. 이민 첫 4년 동안 이탈리아에서 이민해 온 사람들 중 100명당 73명꼴로 뉴욕을 떠났다. 그럼에도 충분히 많은 이탈리아인들이 건설 노동자가 됐고, 또 많은 유대인들이 사업가나 전문직이 되어 계급갈등을 완화시키는 중간계급 완충지대를 형성했다.

하지만 소작농과 공장 노동자, 빈민가 거주자, 광부, 농업 노동자 등 남성과 여성, 흑인과 백인 노동대중에게 있어 근본적인 상황은 바뀌지 않았다. 로버트 위비Robert Wiebe는 혁신주의 운동을 더 많은 안정성을 달성하기 위해 변화하는 상황에 적응하려는 체제의 노력으로 보고 있다. "비개인적인 제재를 갖춘 규칙을 통해 체제는 끝없이 변화하는 세계에서 지속성과 예측가능성을 추구했다. 체제는 정부에 훨씬 더 큰 권력을 부여했으며 …… 권한의 중앙집중화를 장려했다." 해롤드 포크너Harold Faulkner는 강력한 정부에 관한 이런 새로운 강조가 "가장 강력한 경제집단"의 이익을 위한 것이었다고 결론짓고 있다.

게이브리얼 콜코Gabriel Kolko는 이것을 일컬어 "정치적 자본주의"의 등장이라 이름 붙였는데 이 체제에서는 사적 경제가 아래로부터의 저항을 가로막을 만큼 충분히 효율적이지 않기 때문에 사업가들이 정치체제를 더욱 굳건히 통제하기 때문이다. 콜코에 따르면, 사업가들은 새로운 개혁에 반대하지 않았으며, 오히려 불확실성과 골칫거리의 시기에 자본주의 체제를 안정화하기 위해 개혁에 착수하고 밀어붙였다.

한 예로 시어도어 루즈벨트는 '트러스트 파괴자trust-buster'로 명성이 높았다('혁신주의자' 루즈벨트에 비해 그의 후임자인 태프트가 '보수주의자'였는데도 루즈벨트보다 더 많은 반反트러스트 소송을 했음에도 불구하고). 위비가 지적하듯이, 사실 J. P. 모건 휘하의 두 사람—유에스철강회사 회장 엘버트 그레이Elbert Gray와 훗날 루즈벨트의 선거운동원이 된 조지 퍼킨스George Perkins—은 "루즈벨트와 전반적인 이해를 조정했고 그에 의거해서 …… 그들 회사의 적법성을 보장받는 대가로 대기업국Bureau of Corporations의 조사에 기꺼이 협조했다." 대통령과의 사적인 협상을 통해 이렇게 한 것이다. 이것은 위비의 약간 비꼬는 듯한 말처럼 "합리적인 사람들 간에 이루어진 신사협정"이었다.

사회당과 세계산업노동자연맹, 노동조합들의 성장하는 힘뿐만 아니라 1907년의 공황도 개혁과정을 가속화시켰다. 위비에 따르면 "1908년 무렵 이들 권력 당국자의 많은 수가 견해를 질적으로 전환하는 일이 벌어졌다……" 이제 "유인책과 타협"에 강조를 두었다. 이런 강조는 윌슨과 더불어 계속됐고 "개혁적 사고를 지닌 대다수 시민들은 혁신주의의 완성이라는 환상에 탐닉했다."

당시(1909년)의 『은행가 매거진Bankers' Magazine』은 이 시기의 개혁에 관해 오늘날의 급진적 비판자들이 말하곤 하는 내용을 언급했다. "결합의 비밀을 알게 된 이 나라의 기업들은 점차 정치인의 권력을 전복시켜 자신들의 목적에 순종하는 사람으로 만들고 있다……."

많은 것을 안정화시키고 보호해야 했다. 1904년에 이르면 70억 달러 이상의 자본을 보유한 318개의 트러스트가 미국 제조업의 40퍼센트를 지배했다.

1909년에는 새로운 혁신주의의 선언문—『뉴리퍼블릭New Republic』의 편집장으로 시어도어 루즈벨트의 숭배자였던 허버트 크롤리Herbert Croly의 『미국적 삶의 약속The Promise of American Life』이라는 책—이 등장했다. 크롤리는 미국식 체제가 지속되려면 규율과 규제가 필요하다고 보았다. 크롤리는 정부가 더 많은 일을 해야 한다고 말했으며, "영웅과 성인聖人들을 본받는 신실하고 열정적인 모습"을 보기를 원했다—아마 시어도어 루즈벨트를 염두에 둔 말이었을 것이다.

리처드 호프스태터는 대중의 눈에 자연과 건강한 신체를 애호하는 인물이자 전쟁영웅, 백악관의 보이스카우트로 비춰졌던 남자에 관해 한 장에서 이렇게 신랄하게 말하고 있다. "루즈벨트가 귀를 기울였던 조언자들은 거의 대부분 산업자본 및 금융자본의 대표자들—모건 가의 해나Edwin P. Hanna와 로버트 베이컨Robert Bacon과 조지 W. 퍼킨스, 그리고 엘러휴 루트, 상원의원 넬슨 W. 올드리치Nelson W. Aldrich …… 록펠러 가의 제임스 스틸먼—뿐이었다." 월스트리트에서 처남이 보낸 우려 섞인 편지에 대한 답장에서 루즈벨트는 이렇게 썼다. "나는 가장 보수적이려고 하네만, 이것은 대기업들 자체의 이익과 무엇보다도 국가의 이익을 위해서라네."

루즈벨트는 철도를 규제하는 헵번법을 지지했지만 그 이유는 사태가 더 악화되는 일을 두려워했기 때문이었다. 루즈벨트는 이 법안에 반대하는 철도 로비스트들이 틀렸다고 헨리 캐버트 로지에게 편지를 보냈다. "내가 보기에는 그 사람들은 너무 안목이 좁아서 그 법안을 두들겨대면 정부의 철도 소유로 향하는 움직임만 커질 것이라는 점을 이해하지 못하는 듯하네." 루즈벨트가 벌인 반트러스트 소송은 트러스트들로 하여금 파괴를 방지하기 위해 정부감독을 받아들이도록 유인한 것이었다. 루즈벨트는 북부증권회사 소송Northern Securities Case으로 모건 가의 철도 독점을 기소하면서 이것을 트러스트에 대한 승리로 간주했지만, 이 소송은 거의 아무것도 바꾸지 못했으며, 셔먼 반트러스트법에서 형사처벌을 규정하고 있었음에도 독점을 계획한 사람들—모건, 해리먼Edward Henry Harriman, 힐James Jerome Hill—에 대한 기소는 전혀 없었다.

우드로 윌슨의 경우, 호프스태터는 그가 애초부터 보수주의자였다고 지적하고 있다. 역사학자이자 정치학자였던 윌슨은 (자신의 저서 『국가The State』에서) 이렇게 썼다. "정치에 있어서는 근본적으로 새로운 어떤 것도 안전하게 시도할 수 없다." 윌슨은 "느리고 점진적인" 변화를 촉구했다. 호프스태터에 따르면 노동자들에 대한 윌슨의 태도는 "일반적으로 적대적"이었으며, 인민주의자들에 관해서는 "노골적으로 무시하는 생각"을 공공연하게 표출했다.

제임스 와인스타인James Weinstein(『자유주의 국가에서의 대기업의 이상 The Corporate Ideal in the Liberal State』)은 혁신주의 시대의 개혁, 특히 기업과 정부가 때로는 노동지도자들의 도움을 받으면서 자신들이 필요하다고 생각한 법률상의 변화를 달성한 과정을 연구한 바 있다. 와인스타인은 "연방, 주, 지방정부의 경제, 사회 정책을 인도하고 통제하기 위해 광범위한 업계에서 다양한 기업가 집단들의 의식적이고 성공적인 시도"를 관찰하고 있다. 개혁을 향한 "최초의 자극"은 저항자와 급진주의자들로부터 나왔지만 "금세기에 있어, 특히 연방 차원에서의 어떤 개혁도 대기업 진영이 주도하지 않거나 그들의 암묵적인 승인이 없이는 법제화되지 못했다." 이들 대기업 진영은 그런 문제에서 도움을 받기 위해 자유주의 개혁가와 지식인들을 자신의 주위로 결집시켰다.

자유주의에 관한 와인스타인의 정의—대기업의 이익을 위해 체제를 안정화시키는 수단—는 자유주의자들의 정의와 다르다. 아서 슐레진저는 이렇게 쓴 바 있다. "미국의 자유주의는 보통 기업계의 권력을 제한하기 위해 다른 사회계층에서 벌인 운동이었다." 만약 이 다른 계층의 희망이나 의도를 서술하고 있는 것이라면, 슐레진저의 말은 맞을 수도 있다. 만약 슐레진저가 이 자유주의적 개혁의 실제 효과를 묘사하고 있는 것이라면, 그런 제한은 일어나지 않았다.

통제는 교묘하게 구축됐다. 1900년 교사이자 언론인이며 공화당원이자 보수주의자인 랠프 이즐리Ralph Easley라는 사람이 전국시민연맹National Civic Federation을 조직했다. 이 조직의 목적은 자본과 노동 사이에 더 나은 관계를 설정하고자 하는 것이었다. 전국시민연맹의 간부들은 대부분 대사업가, 유력한 전국적 정치인이었지만 초대 부의장으로 오랫동안 재임한 사람은 미국노동연맹의 새뮤얼 곰퍼스였다. 모든 대기업들이 전국시민연맹이 하는 일을 좋아한 것은 아니었다. 이즐리는 이 비판자들을 체제의 합리적 조직화에 반대하는 무정부주의자들이라고 불렀다. 이즐리는 "사실 우리의 적은 노동자들 사이에 끼여 있는 사회주의자들과 자본가들 사이에 끼여 있는 무정부주의자들이다"라고 썼다.

전국시민연맹은 노동조합이 불가피한 현실이라고 보았기 때문에 그들과 싸우기보다는 타협하기를 원했으며 노동조합에 대해 더 세련된 접근을 원했다. 전투적인 노동조합에 직면하기보다는 보수적인 노동조합을 다루는 게 낫다고 생각한 것이다. 1912년의 로렌스 섬유파업 이후, 보수적인 미국노동연맹 산하 섬유노동조합Textile Union Workers 위원장 존 골든John Golden은 이즐리에게 보낸 편지에서 이 파업은 제조업자들에게 "매우 신속한 교육"을 시킨 셈이고 "그들 중 몇몇은 이제 우리 조직과 손을 잡으려고 안달하고 있다"고 말했다.

전국시민연맹이 기업계의 모든 의견을 대표한 것은 아니었다. 전국제조업자협회National Association of Manufacturers는 어떤 식으로든 노동자조직을 인정하려 하지 않았다. 많은 기업가들은 전국시민연맹이 제안한 보잘것없는 개혁조차도 원치 않았다 — 그러나 전국시민연맹의 접근방식은, 설령 일부 자본가들을 성나게 한다 하더라도 전체 자본가계급에게 최선의 방도를 실행하기로 결심한 현대국가의 세련화와 권위를 대변하는 것이었다. 이 새로운 접근방식은 비록 때로는 단기적인 이윤을 희생하는 일이 있더라도 체제의 장기적인 안정성에 관심을 뒀다.

그리하여 연맹은 1910년에 〔재해〕노동자보상법의 시범안을 작성했으며 이듬해에는 12개 주에서 보상법이나 상해보험법을 통과시켰다. 그해 대법원에서 뉴욕 주의 보상법이 정당한 법 절차 없이 기업의 자산을 박탈한다는 이유로 위헌 판결을 내렸을 때, 시어도어 루즈벨트는 격분했다. 루즈벨트는 그런 판결이 "사회당에 막대한 힘"을 더해 주는 것이라고 말했다. 1920년에 이르면 42개 주에 노동자보상법이 마련됐다. 와인스타인이 말하듯이, "이는 시어도어 루즈벨트가 자주 말한 것처럼, 정확하게 말한다면 사회개혁도 보수적인 것이라는 점을 이해하게 된 많은 대기업 지도자들 편에서 성장하고 있던 성숙함과 세련화를 나타내는 것이었다."

이른바 트러스트를 규제한다는 목적 아래 하원에서 제정된 연방통상위원회의 경우, 전국시민연맹의 한 지도자는 위원회가 생기고 몇 년 경험을 해본 뒤 이 위원회는 "다른 사람들뿐만 아니라 대기업 경영자들과 선의의 기업가들의 신뢰를 확보할 목적으로 업무를 수행하고 있는 것이 분명하다"고 보고했다.

이 시기에 도시들 또한 개혁을 추진했다. 많은 도시에서 효율성과 안정성을 높인다는 생각 아래 시장 대신 시의회에 권한을 부여하거나 도시경영자city manager를 채용했다. "이런 운동의 최종 결과는 기업가계급이 시정부를 확실히 장악하게 되었다는 것이었다"고 와인스타인은 말하고 있다. 개혁가들이 시정부의 민주주의의 확대라고 본 것을 도시사학자 새뮤얼 헤이즈Samuel Hays는 시정부에 대해 기업계와 전문직 인사들이 더 직접적인 통제를 하게 된 소수로의 권력 집중으로 평가한다.

위스콘신 출신 상원의원 로버트 러팔러트Robert La Follette 같은 성실한 개혁가가 주도하든, 루즈벨트(1912년에 혁신당Progressive party 후보로 대통령에 출마했다) 같은 위장한 보수주의자가 주도하든, 혁신주의 운동은 자신이 사회주의를 배격하고 있음을 이해하고 있었던 것으로 보인다. 혁신당의 기관지였던 밀워키『저널』은 보수주의자들이 "맹목적으로 사회주의와 싸우는 데 반해 …… 혁신주의자들은 지능적으로 사회주의에 맞서 싸우며 사회주의가 번성하게 되는 뿌리인 학대와 노동조건을 치유하고자 노력한다"고 말했다.

유에스철강회사의 중역인 프랭크 먼시Frank Munsey는 루즈벨트가 1912년에 대선에 나선 후보 가운데 최선이라고 보면서 그에게 보낸 편지에서, 미국은 "국가의 지속적인 안내의 손길"을 필요로 하는 국민들에게 "어버이 같은 보호"를 해주는 쪽으로 더 나아가야 한다고 털어놓았다. 이 철강회사 중역은 "국민들을 위해 생각하고 국민들을 위해 계획하는 것이야말로 국가가 할 일"이라고 말했다.

혁신주의적 개혁을 향한 강력한 활동의 대부분이 사회주의를 피해 방향을 돌리기 위해 고안된 것이었음은 매우 분명해 보인다. 이즐리는 "대학과 교회, 신문에서의 성장으로 입증된 사회주의의 위협"에 관해 말했다. 1910년에는 빅터 버거Victor Berger가 사회당원으로는 최초로 하원의원이 됐다. 1911년에는 73명의 사회당 시장이 당선됐고 340개 도시와 읍에서 1,200명의 사회당원이 공직자로 선출됐다. 언론은 '사회주의의 상승하는 파고'를 들먹였다.

전국시민연맹의 한 부서에 은밀하게 유포된 비망록은 "미국에서 사회주의의 교의가 급속하게 확산되고 있다는 견지에서 보건대" 필요한 작업은 "사회주의가 실제로 뜻하는 바에 관해 여론을 교육시키기 위한 세심하게 계획되고 현명하게 지도된 노력"이라고 지적했다. 그런 캠페인은 "매우 교묘하고 빈틈없이 수행되어야 하고 사회주의나 무정부주의를 폭력적으로 공격해서는 안 되며, 끈기 있고 설득력 있게" 이루어져야 하고 "개인의 자유, 사적소유, 계약의 불가침성"이라는 세 가지 이념을 옹호해야 한다고 비망록은 제안했다.

개혁이 자본주의에 얼마만큼 유익한지에 관해 얼마나 많은 사회주의자들이 명확하게 이해했는지는 말하기 어렵지만, 1912년에 코네티컷 출신 좌익 사회주의자인 로버트 러먼트Robert LaMonte는 이렇게 썼다. "노령연금과 의료보험, 재해보험, 실업보험 등이 감옥이나 빈민원, 정신병원, 병원 등보다 저렴하고 더 좋은 일이다." 러먼트는 혁신주의자들은 개혁을 위해 일하겠지만 사회주의자들은 개혁가들의 한계를 드러낼 수 있는 "불가능한 요구"만을 제기해야 한다고 지적했다.

혁신주의적 개혁은 의도했던 바 — 자본주의의 최악의 결점을 보완함으로써 체제의 안정을 기하고, 사회주의 운동의 칼날을 무디게 만들며, 자본과 노동 간의 격렬한 충돌이 더해가는 시기에 계급평화를 위한 일정한 조치를 부활시키는 것 — 를 성공적으로 이루었을까? 아마 어느 정도는 성공한 듯하다. 그러나 사회당은 성장을 거듭했다. 세계산업노동자연맹 역시 선동을 계속했다. 그리고 우드로 윌슨이 집권한 직후 콜로라도에서는 이 나라 역사상 노동자와 법인자본 사이에 가장 격렬하고 폭력적인 투쟁이 시작됐다.

1913년 9월에 시작되어 1914년 4월의 '러들로 학살Ludlow Massacre'에서 절정에 이른 콜로라도 석탄파업이 바로 그것이었다. 콜로라도 남부에서는 대부분이 외국 태생 — 그리스, 이탈리아, 세르비아 — 인 1만 1,000명의 광부들이 록펠러 가가 소유한 콜로라도 석탄·철 회사Colorado Fuel & Iron Corporation에서 일하고 있었다. 조직가 한 명이 살해된 데 격분한 광부들은 지임급과 위험한 작업조건, 광산회사들이 완전히 통제하는 광산촌의 삶에 대한 봉건적 지배에 맞서 파업에 들어갔다. 당시 전미광산노조의 조직가였던 어머니 존스가 이 지역으로 와서 웅변으로 광부들의 가슴에 불을 지르고 결정적인 국면이었던 파업의 초기 몇 달 동안 그들을 도왔으나 결국 체포되어 지하 감옥에 갇힌 뒤 강제로 주에서 추방됐다.

파업이 시작되자마자 광부들은 광산촌에 있는 오두막집에서 쫓겨났다. 광부들은 전미광산노조의 지원을 받아 근처 언덕 위에 천막을 세우고 이 천막촌에서 파업과 파업보호선 감시활동을 이어갔다. 록펠러 측이 고용한 총잡이들―볼드윈-펠츠 흥신소Baldwin-Felts Detective Agency―이 개틀링 기관총과 라이플총으로 천막촌을 습격했다. 사망자 명단은 계속 늘어갔지만 광부들은 계속 버티면서 총격전으로 무장열차를 몰아내고 파업파괴자들을 막기 위해 계속 싸웠다. 광부들이 굴복하지 않은 채 저항을 계속해 광산을 가동하지 못하자, 콜로라도 주지사(록펠러 가의 한 광산 경영자는 그를 "우리의 귀여운 카우보이 주지사"라고 불렀다)는 주방위군을 소집했고 주방위군의 급료는 록펠러 측에서 지급받았다.

광부들은 처음에는 자신들을 보호하기 위해 주방위군이 파견된 줄 알고 깃발과 환호로 방위군을 맞이했다. 곧 광부들은 주방위군이 파업을 파괴하기 위해 온 사실을 알게 됐다. 주방위군은 파업이 벌어지고 있다고 알려주지도 않은 채 야음을 틈타 파업파괴자들을 들여왔다. 주방위군은 광부들을 구타하고 수백 명씩 체포했으며 지역의 중심 읍인 트리니다드Trinidad 거리에서 벌어진 여성들의 행진대열을 말발굽으로 짓밟았다. 그럼에도 광부들은 굴복하지 않았다. 광부들이 1913~1914년의 추운 겨울을 버텨내자, 파업을 분쇄하기 위해서는 특단의 조치가 필요하다는 사실이 분명해졌다.

1914년 4월, 주방위군 2개 중대가 파업광부들의 가장 큰 천막촌으로 1,000여 명의 남녀와 어린이들이 살고 있던 러들로의 천막촌을 내려다보는 언덕 위에 주둔해 있었다. 4월 20일 아침, 천막촌에 대한 기관총 공격이 시작됐다. 광부들도 맞받아 총을 쏘았다. 주방위군의 한 중대가 휴전을 논의하자고 광부

러들로 학살 | 콜로라도 석탄파업은 러들로 학살에서 절정을 이루었다. 결국 많은 사람이 희생되고 노동조합은 인정받지 못했지만 이 사건이 불러일으킨 정서적 반향은 20세기 전체에 울려 퍼졌다.

지도자인 루 티카스Lou Tikas라는 이름의 그리스인을 언덕 위로 꾀어내 총으로 쏘아 죽였다. 여자와 어린이들은 총격을 피하려고 천막촌 밑에 구덩이를 팠다. 해가 질 즈음, 주방위군이 횃불을 들고 언덕에서 내려와 천막촌에 불을 질렀고 가족들은 언덕 위로 도망쳤다. 13명이 총격으로 사망했다.

다음날, 러들로 천막촌의 폐허를 지나가던 전화보선공이 한 천막 안의 구덩이를 덮은 철제침대를 들춰보고는 시커멓게 타고 뒤틀린 어린이 11명과 여자 2명의 주검을 발견했다. 이것이 훗날 러들로 학살이라 알려지게 된 사건이다.

이 소식은 온 나라로 신속하게 퍼졌다. 덴버에서는 전미광산노조가 「무장호소문Call to Arms」— "방어를 위해 합법적인 모든 무기와 탄약을 모으자" — 을 발표했다. 다른 천막촌에서 300명의 무장한 파업광부들이 러들로 지역으로 행진해 와서는 전화선과 전신선을 끊고 전투를 준비했다. 철도 노동자들은 트리니다드에서 러들로로 병사들을 수송하는 일을 거부했다. 콜로라도스프링즈Colorado Springs에서는 300명의 노동조합 광부들이 일손을 놓고 권총과 라이플총, 산탄총을 들고서 트리니다드 지역으로 향했다.

트리니다드에서는 광부들이 러들로에서 죽은 26명의 장례식에 참석한 뒤 무기를 쌓아놓은 근처 건물로 걸어갔다. 광부들은 라이플총을 집어 들고 언덕으로 이동, 광산을 파괴하고 광산 경비원들을 살해하며 갱도를 폭파시켰다. 언론은 "사방의 언덕이 갑자기 나타난 사람들로 살아 움직이는 것 같다"고 보도했다.

덴버에서는 트리니다드를 향해 가는 수송열차에 탄 한 중대에서 82명의 병사가 트리니다드행을 거부했다. 언론은 이렇게 보도했다. "병사들은 여자와 어린이에 대한 총격전에는 가담하지 않겠다고 선언했다. 그들은 출발한 350명의 병사들에게 야유를 보내면서 저주를 퍼부었다."

덴버 시 주정부 청사 앞 잔디밭에서는 5,000명이 시위를 벌이면서 러들로에 있던 주방위군 장교들을 살인죄로 재판에 회부할 것을 요구하며 주지사는 부속품에 불과하다고 비난했다. 덴버담배공노동조합Denver Cigar Makers Union은 러들로와 트리니다드에 무기를 든 500명을 파견하기로 결의했다. 덴버의 전미피복노동조합United Garment Workers Union 소속 여성들은 조합원 400명이 파업광부들을 돕기 위한 간호사로 자원했다고 발표했다.

전국 곳곳에서 집회와 시위가 벌어졌다. 뉴욕 시 브로드웨이 26번지에 있는 록펠러 사무실 앞에서는 피켓을 든 행진이 이어졌다. 어떤 목사는 록펠러가 가끔 설교를 하던 교회 앞에서 항의를 하다가 경찰에게 곤봉세례를 당했다.

『뉴욕타임스』는 바야흐로 국제적 관심을 끌어 모으고 있던 콜로라도 사태를 사설로 다뤘다. 이 신문은 잔학행위가 아니라 전술상의 실수를 강조했다.

러들로 학살을 다룬 신문의 사설은 이렇게 시작된다. "누군가 큰 실수를 했다……." 이틀 뒤, 광부들이 무기를 들고 광산지역의 언덕에 나타나자 신문은 이렇게 썼다. "문명의 가장 치명적인 무기가 야만적인 사고를 지닌 사람들의 수중에 있는 상황에서, 무력으로 진정시키지 않는다면 콜로라도의 전쟁이 얼마나 오래 지속될 것인지 알 수가 없다…… 대통령은 콜로라도에 대한 엄격한 조치를 취하기 위해 충분히 많은 시간을 멕시코에서 관심을 돌려야 한다."

콜로라도 주지사는 질서 회복을 위해 연방군을 요청했고 우드로 윌슨은 이에 응했다. 이로써 파업은 점차 약해졌다. 하원의 여러 위원회가 콜로라도를 방문해 수천 쪽의 증언을 수집했다. 노동조합은 결국 인정받지 못했다. 모두 합해 66명의 남성과 여성, 어린이가 살해됐다. 민병대원이나 광산 경비원은 한 명도 기소되지 않았다.

그럼에도 콜로라도는 잔인한 계급갈등의 현장이 됐고, 이 사건이 불러일으킨 정서적 반향은 20세기 전체에 걸쳐 울려 퍼졌다. 계급적 반란의 위협은 미국의 산업환경 속에, 노동대중의 꺾이지 않는 반란정신 속에 여전히 엄존하고 있었다—어떤 법이 통과됐거나, 어떤 자유주의적 개혁이 책에 기록됐거나, 어떤 조사가 수행되고 유감이나 화해의 발언이 나왔다 하더라도.

『뉴욕타임스』는 멕시코를 거론했다. 러들로 천막촌의 구덩이에서 시체가 발견된 그날 아침, 멕시코가 미국의 수병을 체포하고 미국에 대한 사과의 표시로 21발의 예포를 쏘지 않았다는 이유로 미국의 군함들이 멕시코 만에 인접한 도시 베라크루스를 공격했다—포격을 퍼부어 점령하면서 100여 명의 멕시코인을 살해했다. 애국적 열정과 군인정신으로 계급투쟁을 덮을 수 있었을까? 1914년에는 실업과 경제적 역경이 높아가고 있었다. 총포로 관심을 전환해 외부의 적에 대한 모종의 국민적 합의를 만들어 낼 수 있었을까? 그것—베라크루스 포격과 러들로 천막촌 공격—은 분명히 우연의 일치였다.

아니 어쩌면 그것은 누군가 인류의 역사를 묘사하면서 한 말처럼 "사건들의 자연선택〔natural selection of accidents. 『나의 생애』에서 트로츠키가 한 말〕"였을지도 모른다. 아마도 멕시코 사건은 내부의 갈등으로 갈가리 찢겨진 국민 사이에서 전쟁이라는 목적 아래 단결을 이루어 내려는, 생존을 위한 체제의 본능적인 반응이었을 것이다.

베라크루스 포격은 작은 사건이었다. 그러나 4개월 뒤에 유럽에서 제1차 세계대전이 시작됐다.

참고문헌

　몇 년 동안 집필한 이 책은 미국사를 가르치고 연구한 20년의 시간과 또 사회운동에 참여한 그만큼의 시간에 토대를 두고 있다. 하지만 여러 세대에 걸친 학자들의 작업, 특히 흑인, 인디언, 여성, 그리고 모든 노동대중의 역사에 관해 거대한 성과를 낳은 우리 세대 역사가들의 작업이 없었다면 이 책을 쓰지 못했을 것이다. 또 전문 역사가는 아니지만, 자기 자신을 둘러싼 사회적 투쟁에 자극받아 더 나은 세상을 만들기 위해 또는 단지 살아남기 위해 애쓴 보통사람들의 삶과 행동에 관한 자료를 취합한 많은 사람들의 작업이 없었다면 이 책을 쓰지 못했을 것이다.

　본문에 있는 모든 정보의 출처를 밝히려 했다면 눈이 어지러울 만치 각주가 널린 책이 되었을 터이지만, 나 역시 놀라운 사실이나 신랄한 인용문이 어디에 근거한 것인지를 궁금해 하는 독자들이 있음을 안다. 그래서 가능한 한 자주 저자와 저서명을 본문에서 언급했으며 아래 참고문헌에 자세한 서지사항을 밝혀둔다. 본문에서 인용 출처를 바로 알 수 없는 경우 해당 장에서 별표(*)를 표시한 책들을 찾아보면 될 것이다. 별표를 표시한 책들은 내가 특히 유용하게 참고했으며 대부분 없어서는 안 될 책들이었다.

나는 『계간 윌리엄 앤드 메리William and Mary Quarterly』, 『흑인역사저널Journal of Negro History』, 『남부역사저널Journal of Southern History』, 『노동사Labor History』, 『미국역사학평론American Historical Review』, 『사회사저널Journal of Social History』, 『미국역사저널Journal of American History』, 『미국정치학평론American Political Science Review』, 『종족Phylon』, 『미시시피밸리 역사학평론Mississippi Valley Historical Review』 『위기The Crisis』 같은 권위 있는 학술지들을 세밀하게 검토했다.

또한 다소 덜 정통적이지만 중요하게 참고한 정기간행물들인 『사인즈: 여성문화사회저널Signs: Journal of Women in Culture and Society』, 『진보아시아연구자회보Bulletin of Concerned Asian Scholars』, 『과학과 사회Science and Society』, 『급진정치경제학평론The Review of Radical Political Economics』, 『래디컬 아메리카Radical America』, 『애쿼새스니 노트Akwesasne Notes』, 『급진역사학평론Radical History Review』, 『먼슬리리뷰Monthly Review』, 『사회주의 혁명Socialist Revolution』, 『흑인연구자The Black Scholar』 등도 참고했다.

1. 콜럼버스, 인디언, 인간의 진보

1. Brandon, William. *The Last Americans: The Indian in American Culture*. New York: McGraw-Hill, 1974.
*2. Collier, John. *Indians of the Americas*. New York: W. W. Norton, 1947.
*3. de las Casas, Bartolomé. *History of the Indies*. New York: Harper & Row, 1971.
*4. Jennings, Francis. *The Invasion of America: Indians, Colonialism, and the Cant of Conquest*. Chapel Hill: University of North Carolina Press, 1975.
*5. Koning, Hans. *Columbus: His Enterprise*. New York: Monthly Review Press. 1976.
*6. Morgan, Edmund S. *American Slavery, American Freedom: The Ordeal of Colonial Virginia*. New York: W. W. Norton, 1975. 〔국역〕 에드먼드 S. 모건 지음, 황혜성 외 옮김, 『미국의 노예제도와 미국의 자유』, 비봉, 1997.
7. Morison, Samuel Eliot. *Admiral of the Ocean Sea*. Boston: Little, Brown, 1942.
8. _____. *Christopher Columbus, Mariner*. Boston: Little, Brown, 1955.

*9. Nash, Gary B. *Red, White, and Black: The Peoples of Early America*. Englewood Cliffs: Prentice-Hall, 1970.

10. Vogel, Virgil, ed. *This Country Was Ours*. New York: Harper & Row, 1972.

2. 피부색에 따른 차별

*1. Aptheker, Herbert, ed. *A Documentary History of the Negro People in the United States*. Secaucus, N.J.: Citadel, 1974.

2. Boskin, Joseph. *Into Slavery: Radical Decisions in the Virginia Colony*. Philadelphia: Lippincott, 1966.

3. Catterall, Helen. *Judicial Cases Concerning American Slavery and the Negro*. 5 vols. Washington: Negro University Press, 1937.

4. Davidson, Basil. *The African Slave Trade*. Boston: Little, Brown, 1961.

5. Donnan, Elizabeth, ed. *Documents Illustrative of the History of the Slave Trade to America*. 4 vols. New York: Octagon, 1965.

6. Elkins, Stanley. *Slavery: A Problem in American Institutional and Intellectual Life*. Chicago: University of Chicago Press, 1976.

7. Federal Writers Project. *The Negro in Virginia*. New York: Arno, 1969.

8. Franklin, John Hope. *From Slavery to Freedom: A History of American Negroes*. New York: Knopf, 1974.

*9. Jordan, Winthrop. *White Over Black: American Attitudes Toward the Negro, 1550-1812*. Chapel Hill: University of North Carolina Press, 1968.

*10. Morgan, Edmund S. *American Slavery, American Freedom: The Ordeal of Colonial Virginia*. New York: W. W. Norton, 1975. 〔국역〕에드먼드 S. 모건 지음, 황혜성 외 옮김, 『미국의 노예제도와 미국의 자유』, 비봉, 1997.

11. Mullin, Gerald. *Flight and Rebellion: Slave Resistance in Eighteenth-Century Virginia*. New York: Oxford University Press, 1974.

12. Mullin, Michael, ed. *American Negro Slavery: A Documentary History*. New York: Harper & Row, 1975.

13. Phillips, Ulrich B. *American Negro Slavery: A Survey of the Supply, Employment and Control of Negro Labor as Determined by the Plantation Regime*. Baton Rouge: Louisiana State University Press, 1966.

14. Redding, J. Saunders. *They Came in Chains*. Philadelphia: Lippincott, 1973.

15. Stampp, Kenneth M. *The Peculiar Institution*. New York: Knopf, 1956.
16. Tannenbaum, Frank. *Slave and Citizen: The Negro in the Americas*. New York: Random House, 1963.

3. 천하고 상스러운 신분의 사람들

1. Andrews, Charles, ed. *Narratives of the Insurrections 1675-1690*. New York: Barnes & Noble, 1915.
*2. Bridenbaugh, Carl. *Cities in the Wilderness: The First Century of Urban Life in America*. New York: Oxford University Press, 1971.
3. Henretta, James. "Economic Development and Social Structure in Colonial Boston," *William and Mary Quarterly*, 3rd Series, Vol. 22, January 1965.
4. Herrick, Cheesman. *White Servitude in Pennsylvania: Indentured and Redemption Labor in Colony and Commonwealth*. Washington: Negro University Press, 1926.
5. Hofstadter, Richard. *America at 1750: A Social History*. New York: Knopf, 1971.
6. Hofstadter, Richard, and Wallace, Michael, eds. *American Violence: A Documentary History*. New York: Knopf, 1970.
7. Mohl, Raymond. *Poverty in New York, 1783-1825*. New York: Oxford University Press, 1971.
*8. Morgan, Edmund S. *American Slavery, American Freedom: The Ordeal of Colonial Virginia*. New York: W. W. Norton, 1975. 〔국역〕 에드먼드 S. 모건 지음, 황혜성 외 옮김, 『미국의 노예제도와 미국의 자유』, 비봉, 1997.
*9. Morris, Richard B. *Government and Labor in Early America*. New York: Harper & Row, 1965.
*10. Nash, Gary B., ed. *Class and Society in Early America*. Englewood Cliffs: Prentice-Hall, 1970.
*11. _____. *Red, White, and Black: The Peoples of Early America*. Englewood Cliffs: Prentice-Hall, 1974.
*12. _____. "Social Change and the Growth of Prerevolutionary Urban Radicalism," *The American Revolution*, ed. Alfred Young. DeKalb: Northern Illinois University Press, 1976.
*13. Smith, Abbot E. *Colonists in Bondage: White Servitude and Convict Labor in America*. New York: W. W. Norton, 1971.
*14. Washburn, Wilcomb E. *The Governor and the Rebel: A History of Bacon's Rebellion in Virginia*. New York: W. W. Norton, 1972.

4. 폭정은 폭정이다

1. Bailyn, Bernard, and Garrett, N., eds. *Pamphlets of the American Revolution*. Cambridge: Harvard University Press, 1965.

2. Becker, Carl. *The Declaration of Independence: A Study in the History of Political Ideas*. New York: Random House, 1958.

3. Brown, Richard Maxwell. "Violence and the American Revolution," *Essays on the American Revolution*, ed. Stephen G. Kurtz and James H. Hutson. Chapel Hill: University of North Carolina Press, 1973.

4. Countryman, Edward, "'Out of the Bounds of the Law': Northern Land Rioters in the Eighteenth Century," *The American Revolution: Explorations in the History of American Radicalism*, ed. Alfred F. Young. DeKalb: Northern Illinois University Press, 1976.

5. Ernst, Joseph. "'Ideology' and an Economic Interpretation of the Revolution," *The American Revolution: Explorations in the History of American Radicalism*, ed. Alfred F. Young. DeKalb: Northern Illinois University Press, 1976.

6. Foner, Eric. "Tom Paine's Republic: Radical Ideology and Social Change," *The American Revolution: Explorations in the History of American Radicalism*, ed. Alfred F. Young. DeKalb: Northern Illinois University Press, 1976.

7. Fox-Bourne, H. R. *The Life of John Locke*, 2 vols. New York: King, 1876.

8. Greene, Jack P. "An Uneasy Connection: An Analysis of the Preconditions of the American Revolution," *Essays on the American Revolution*, ed. Stephen G. Kurtz and James H. Hutson. Chapel Hill: University of North Carolina Press, 1973.

9. Hill, Christopher. *Puritanism and Revolution*. New York: Schocken, 1964.

*10. Hoerder, Dirk. "Boston Leaders and Boston Crowds, 1765-1776," *The American Revolution: Explorations in the History of American Radicalism*, ed. Alfred F. Young. DeKalb: Northern Illinois University Press, 1976.

11. Lemisch, Jesse. "Jack Tar in the Streets: Merchant Seamen in the Politics of Revolutionary America," *William and Mary Quarterly*, July 1968.

12. Maier, Pauline. *From Resistance to Revolution: Colonial Radicals and the Development of American Opposition to Britain, 1765-1776*. New York: Knopf, 1972.

5. 일종의 혁명

1. Aptheker, Herbert, ed. *A Documentary History of the Negro People in the United States*. Secaucus, N.J.: Citadel, 1974.
2. Bailyn, Bernard. "Central Themes of the Revolution," *Essays on the American Revolution*, ed. Stephen G. Kurtz and James H. Hutson. Chapel Hill: University of North Carolina Press, 1973.
3. _____. *The Ideological Origins of the American Revolution*. Cambridge, Mass.: Harvard University Press, 1967. 〔국역〕 버나드 베일린 지음, 배영수 옮김, 『미국 혁명의 이데올로기적 기원』, 새물결, 1999.
*4. Beard Charles. *An Economic Interpretation of the Constitution of the United States*. New York: Macmillan, 1935. 〔국역〕 찰스 A. 비어드 지음, 양재열·정성일 옮김, 『미국헌법의 경제적 해석』, 신서원, 1997.
5. Berlin, Ira. "The Negro in the American Revolution," *The American Revolution: Explorations in the History of American Radicalism*, ed. Alfred F. Young. DeKalb: Northern Illinois University Press, 1976.
6. Berthoff, Rowland, and Murrin, John. "Feudalism, Communalism, and the Yeoman Freeholder," *Essays on the American Revolution*, ed. Stephen G. Kurtz and James H. Hutson. Chapel Hill: University of North Carolina Press, 1973.
7. Brown, Robert E. *Charles Beard and the Constitution*. New York: W. W. Norton, 1965.
8. Degler, Carl. *Out of Our Past*. Harper & Row, 1970.
9. Henderson, H. James. "The Structure of Politics in the Continental Congress," *Essays on the American Revolution*, ed. Stephen G. Kurtz and James H. Hutson. Chapel Hill: University of North Carolina Press, 1973.
*10. Hoffman, Ronald. "The 'Disaffected' in the Revolutionary South," *The American Revolution: Explorations in the History of American Radicalism*, ed. Alfred F. Young. DeKalb: Northern Illinois University Press, 1976.
11. Jennings, Francis. "The Indians' Revolution," *The American Revolution: Explorations in the History of American Radicalism*, ed. Alfred F. Young. DeKalb: Northern Illinois University Press, 1976.
12. Levy, Leonard W. *Freedom of Speech and Press in Early American History*. New York: Harper & Row, 1963.

*13. Lynd, Staughton. *Anti-Federalism in Dutchess County, New York*. Chicago: Loyola University Press. 1962.
14. _____. *Class Conflict, Slavery, and the Constitution*. Indianapolis: Bobbs-Merrill, 1967.
15. _____. "Freedom Now: The Intellectual Origins of American Radicalism," *The American Revolution: Explorations in the History of American Radicalism*, ed. Alfred F. Young. DeKalb: Northern Illinois University Press, 1976.
16. McLoughlin, William G. "The Role of Religion in the Revolution," *Essays on the American Revolution*, ed. Stephen G. Kurtz and James H. Hutson. Chapel Hill: University of North Carolina Press, 1973.
17. Morgan, Edmund S. "Conflict and Consensus in Revolution," *Essays on the American Revolution*, ed. Stephen G. Kurtz and James H. Hutson. Chapel Hill: University of North Carolina Press, 1973.
18. Morris, Richard B. "We the People of the United States." Presidential address, American Historical Association, 1976.
*19. Shy, John. *A People Numerous and Armed: Reflections on the Military Struggle for American Independence*. New York: Oxford University Press, 1976.
20. Smith, Page. *A New Age Now Begins: A People's History of the American Revolution*. New York: McGraw-Hill, 1976.
21. Starkey, Marion. *A Little Rebellion*. New York: Knopf, 1949.
22. Van Doren, Carl. *Mutiny in January*. New York: Viking, 1943.
*23. Young, Alfred, ed. *The American Revolution: Explorations in the History of American Radicalism*. DeKalb: Northern Illinois University Press, 1976.

6. 친밀하게 억압당한 사람들

1. Barker-Benfield, G. J. *The Horrors of the Half-Known Life*. New York: Harper & Row, 1976.
*2. Baxandall, Rosalyn, Gordon, Linda, and Reverby, Susan, eds. *America's Working Women*. New York: Random House, 1976.
*3. Cott, Nancy. *The Bonds of Womanhood*. New Haven: Yale University Press, 1977.
*4. _____. ed. *Root of Bitterness*. New York: Dutton, 1972.
5. Farb, Peter. "The Pueblos of the Southwest," *Women in American Life*, ed. Anne Scott. Boston: Houghton Mifflin, 1970.

*6. Flexner, Eleanor. *A Century of Struggle*. Cambridge, Mass.: Harvard University Press, 1975.

7. Gordon, Ann, and Buhle, Mary Jo. "Sex and Class in Colonial and Nineteenth-Century America," *Liberating Women's History*, ed. Berenice Carroll. Urbana: University of Illinois Press, 1975.

*8. Lerner, Gerda, ed. *The Female Experience: An American Documentary*. Indianapolis: Bobbs-Merrill, 1977.

9. Sandoz, Mari. "These Were the Sioux," *Women in American Life*, ed. Anne Scott. Boston: Houghton Mifflin, 1970.

10. Spruill, Julia Cherry. *Women's Life and Work in the Southern Colonies*. Chapel Hill: University of North Carolina, 1938.

11. Tyler, Alice Felt. *Freedom's Ferment*. Minneapolis: University of Minnesota Press, 1944.

12. Vogel, Lise. "Factory Tracts," *Signs: Journal of Women in Culture and Society*, Spring 1976.

13. Welter, Barbara. *Dimity Convictions: The American Woman in the Nineteenth Century*. Athens, Ohio: Ohio University Press, 1976.

14. Wilson, Joan Hoff. "The Illusion of Change: Women in the American Revolution," *The American Revolution: Explorations in the History of American Radicalism*, ed. Alfred F. Young. DeKalb: Northern Illinois University Press, 1976.

7. 풀이 자라거나 물이 흐르는 한

1. Drinnon, Richard. *Violence in the American Experience: Winning the West*. New York: New American Library, 1979.

2. Filler, Louis E., and Guttmann, Allen, eds. *The Removal of the Cherokee Nation*. Huntington, N.Y.: R. E. Krieger, 1977.

3. Foreman, Grant. *Indian Removal*. Norman: University of Oklahoma Press, 1972.

*4. McLuhan, T. C., ed. *Touch the Earth: A Self-Potrait of Indian Existence*. New York: Simon & Schuster, 1976.

*5. Rogin, Michael. *Fathers and Children: Andrew Jackson and the Subjugation of the American Indian*. New York: Knopf, 1975.

*6. Van Every, Dale. *The Disinherited: The Lost Birthright of the American Indian*. New York: Morrow, 1976.

7. Vogel, Virgil, ed. *This Country Was Ours*. New York: Harper & Row, 1972.

8. 다행히도 정복으로 차지한 땅은 하나도 없다

*1. Foner, Philip. *A History of the Labor Movement in the United States*. 4 vols. New York: International Publishers, 1947-1965.
2. Graebner, Norman A. "Empire in the Pacific: A Study in American Continental Expansion," *The Mexican War: Crisis for American Democracy*, ed. Archie P. McDonald.
3. _____, ed. *Manifest Destiny*. Indianapolis: Bobbs-Merrill, 1968.
4. Jay, William. *A Review of the Causes and Consequences of the Mexican War*. Boston: B. B. Mussey & Co., 1849.
5. McDonald, Archie P., ed. *The Mexican War: Crisis for American Democracy*. Lexington, Mass.: D. C. Heath, 1969.
6. Morison, Samuel Eliot, Merk, Frederick, and Friedel, Frank. *Dissent in Three American Wars*. Cambridge, Mass.: Harvard University Press, 1970.
7. O'Sullivan, John, and Meckler, Alan. *The Draft and Its Enemies: A Documentary History*. Urbana: University of Illinois Press, 1974.
8. Perry, Bliss, ed. *Lincoln: Speeches and Letters*. Garden City, N.Y.: Doubleday, 1923.
*9. Schroeder, John H. *Mr. Polk's War: American Opposition and Dissent 1846-1848*. Madison: University of Wisconsin Press, 1973.
*10. Smith, George Winston, and Judah, Charles, eds. *Chronicles of the Gringos: The U.S. Army in the Mexican War 1846-1848*. Albuquerque: University of New Mexico Press, 1966.
*11. Smith, Justin. *The War with Mexico*. 2 vols. New York: Macmillan, 1919.
*12. Weems, John Edward. *To Conquer a Peace*. New York: Doubleday, 1974.
13. Weinberg, Albert K. *Manifest Destiny: A Study of Nationalist Expansion in American History*. Baltimore: Johns Hopkins Press, 1935.

9. 복종 없는 노예제, 자유 없는 해방

1. Allen, Robert. *The Reluctant Reformers*. New York: Anchor, 1975.
*2. Aptheker, Herbert. *American Negro Slave Revolts*. New York: International Publishers, 1969.
*3. _____, ed. *A Documentary History of the Negro People in the United States*. New York: Citadel, 1974.
4. _____. *Nat Turner's Slave Rebellion*. New York: Grove Press, 1968.
5. Bond, Horace Mann. "Social and Economic Forces in Alabama Reconstruction," *Journal of Negro History*, July 1938.
6. Conrad, Earl. *Harriet Tubman*. Middlebury, Vt.: Eriksson, 1970.
7. Cox, LaWanda and John, eds. *Reconstruction, the Negro, and the Old South*. New York: Harper & Row, 1973.
8. Douglass, Ferderick. *Narrative of the Life of Frederick Douglass*, ed. Benjamin Quarles. Cambridge, Mass.: Harvard University Press, 1960. 〔국역〕 프레더릭 더글러스 지음, 안유회 옮김, 『노예의 노래: 흑인 노예해방운동가 프레더릭 더글러스의 증언』, 모티브, 2003.
9. Du Bois, W. E. B. *John Brown*. New York: International Publishers, 1962. 〔국역〕 W. E. B. 뒤보아 지음, 김이숙 옮김, 『3일간의 자유』, 휴머니스트, 2003.
10. Fogel, Robert, and Engerman, Stanley. *Time on the Cross: The Economics of American Negro Slavery*. Boston: Little, Brown, 1974.
11. Foner, Philip. ed. *The Life and Writings of Frederick Douglass*. 5 vols. New York: International Publishers, 1975.
*12. Franklin, John Hope. *From Slavery to Freedom*. New York: Knopf, 1974.
*13. Genovese, Eugene. *Roll, Jordan, Roll: The World the Slaves Made*. New York: Pantheon, 1974.
*14. Gutman, Herbert. *The Black Family in Slavery and Freedom, 1750-1925*. New York: Pantheon, 1976.
*15. _____. *Slavery and the Numbers Game: A Critique of "Time on the Cross."* Urbana: University of Illinois Press, 1975.
16. Herschfield, Marilyn. "Women in the Civil War." 미간행 원고, 1977.
*17. Hofstadter, Richard. *The American Political Tradition*. New York: Knopf, 1973. 〔국역〕 리처드 호프스태터 지음, 이춘란 옮김, 『미국의 정치적 전통』 상·하, 탐구당(서양사학총서 119-120), 1976.
18. Killens, John O., ed. *The Trial Record of Denmark Vesey*. Boston: Beacon Press, 1970.
19. Kolchin, Peter. *First Freedom: The Response of Alabama's Blacks to Emancipation and Reconstruction*. New York: Greenwood, 1972.

*20. Lerner, Gerda, ed. *Black Women in White America: A Documentary History*. New York: Random House, 1973.

21. Lester, Julius, ed. *To Be a Slave*. New York: Dial Press, 1968.

*22. Levine, Lawrence J. *Black Culture and Black Consciousness: Afro-American Folk Thought from Slavery to Freedom*. New York: Oxford University Press, 1977.

*23. Logan, Rayford. *The Betrayal of the Negro: From Rutherford B. Hayes to Woodrow Wilson*. New York: Macmillan, 1965.

*24. MacPherson, James. *The Negro's Civil War*. New York: Pantheon, 1965.

*25. _____. *The Struggle for Equality*. Princeton: Princeton University Press, 1964.

*26. Meltzer, Milton, ed. *In Their Own Words: A History of the American Negro*. New York: T. Y. Crowell, 1964-1967.

27. Mullin, Michael, ed. *American Negro Slavery: A Documentary History*. New York: Harper & Row, 1975.

28. Osofsky, Gilbert. *Puttin' on Ole Massa*. New York: Harper & Row, 1969.

29. Painter, Nell Irvin. *Exodusters: Black Migration to Kansas After Reconstruction*. New York: Knopf, 1977.

30. Phillips, Ulrich B. *American Negro Slavery: A Survey of the Supply, Employment and Control of Negro Labor as Determined by the Plantation Regime*. Baton Rouge: Louisiana State University Press, 1966.

31. Rawick, George P. *From Sundown to Sunup: The Making of the Black Community*. Westport, Conn.: Greenwood Press, 1972.

*32. Rosengarten, Theodore. *All God's Dangers: The Life of Nate Shaw*. New York: Knopf, 1974.

33. Starobin, Robert S., ed. *Blacks in Bondage: Letters of American Slaves*. New York: Franklin Watts, 1974.

34. Tragle, Henry I. *The Southampton Slave Revolt of 1831*. Amherst, Mass.: University of Massachusetts Press, 1971.

35. Wiltse, Charles M., ed. *David Walker's Appeal*. New York: Hill & Wang, 1965.

*36. Woodward, C. Vann. *Reunion and Reaction: The Compromise of 1877 and the End of Reconstruction*. Boston: Little, Brown, 1966.

37. Works Progress Administration. *The Negro in Virginia*. New York: Arno Press, 1969.

10. 또 하나의 남북전쟁

1. Bimba, Anthony. *The Molly Maguires*. New York: International Publishers, 1970.
2. Brecher, Jeremy. *Strike!* Boston: South End Press, 1979.
*3. Bruce, Robert V. *1877: Year of Violence*. New York: Franklin Watts, 1959.
4. Burbank, David. *Reign of Rabble: The St. Louis General Strike of 1877*. Fairfield, N.J.: Augustus Kelley, 1966.
*5. Christman, Henry. *Tin Horns and Calico*. New York: Holt, 1945.
*6. Cochran, Thomas, and Miller, William. *The Age of Enterprise*. New York: Macmillan, 1942.
7. Coulter, E. Merton. *The Confederate States of America 1861-1865*. Baton Rouge: Louisiana State University Press, 1950.
8. Dacus, Joseph A. "Annals of the Great Strikes of the United States," *Except to Walk Free: Documents and Notes in the History of American Labor*, ed. Albert Fried. New York: Anchor, 1974.
*9. Dawley, Alan. *Class and Community: The Industrial Revolution in Lynn*. Cambridge, Mass.: Harvard University Press, 1976.
*10. Feldstein, Stanley, and Costello, Lawrence, eds. *The Ordeal of Assimilation: A Documentary History of the White Working Class, 1830's to the 1970's*. New York: Anchor, 1974.
11. Fite, Emerson. *Social and Industrial Conditions in the North During the Civil War*. New York: Macmillan, 1910.
*12. Foner, Philip. *A History of the Labor Movement in the United States*. 4 vols. New York: International Publishers, 1947-1964.
*13. _____. ed. *We, the Other People*. Urbana: University of Illinois Press, 1976.
14. Fried, Albert, ed. *Except to Walk Free: Documents and Notes in the History of American Labor*. New York: Anchor, 1974.
*15. Gettleman, Marvin. *The Dorr Rebellion*. New York: Random House, 1973.
16. Gutman, Herbert. "The Buena Vista Affair, 1874-1875," *Workers in the Industrial Revolution: Recent Studies of Labor in the United States and Europe*, ed. Peter N. Stearns and Daniel Walkowitz. New Brunswick, N.J.: Transaction, 1974.
17. _____. *Work, Culture and Society in Industrializing America*. New York: Random House, 1977.
18. _____. "Work, Culture and Society in Industrializing America, 1815-1919," *American Historical Review*, June 1973.

19. Headley, Joel Tyler. *The Great Riots of New York, 1712-1873*. Indianapolis: Bobbs-Merrill, 1970.

*20. Hofstadter, Richard, and Wallace, Michael, eds. *American Violence: A Documentary History*. New York: Knopf, 1970.

*21. Horwitz, Morton. *The Transformation of American Law, 1780-1860*. Cambridge, Mass.: Harvard University Press, 1977.

22. Knights, Peter R. *The Plain People of Boston 1830-1860: A Study in City Growth*. New York: Oxford University Press, 1973.

23. Meyer, Marvin. *The Jacksonian Persuasion*. New York: Vintage, 1960.

24. Miller, Douglas T. *The Birth of Modern America*. Indianapolis: Bobbs-Merrill, 1970.

25. Montgomery, David. "The Shuttle and the Cross: Weavers and Artisans in the Kensington Riots of 1844," *Journal of Social History*, Summer 1972.

*26. Myers, Gustavus. *History of the Great American Fortunes*. New York: Modern Library, 1936.

27. Pessen, Edward. *Jacksonian America*. Homewood, Ill.:Dorsey, 1969.

28. _____. *Most Uncommon Jacksonians*. Albany: State University of New York Press, 1967.

29. Remini, Robert V. *The Age of Jackson*. New York: Harper & Row, 1972.

30. Schlesinger, Arthur M., Jr. *The Age of Jackson*. Boston: Little, Brown, 1945.

31. Stearns, Peter N., and Walkowitz, Daniel, eds. *Workers in the Industrial Revolution: Recent Studies of Labor in the United States and Europe*. New Brunswick, N.J.: Transaction, 1974.

32. Tatum, Georgia Lee. *Disloyalty in the Confederacy*. New York: A.M.S. Press, 1970.

*33. Wertheimer, Barbara. *We Were There: The Story of Working Women in America*. New York: Pantheon, 1977.

34. Wilson, Edmund. *Patriotic Gore: Studies in the Literature of the American Civil War*. New York: Oxford University Press, 1962.

35. Yellen, Samuel. *American Labor Struggles*. New York: Pathfinder, 1974.

36. Zinn, Howard. "The Conspiracy of Law," *The Rule of Law*, ed. Robert Paul Wolff. New York: Simon & Schuster, 1971.

11. 악덕 자본가들과 반란자들

1. Allen, Robert. *The Reluctant Reformers: Racism and Social Reform Movements in the United States*. New York: Anchor, 1975.
2. Bellamy, Edward. *Looking Backward*. Cambridge: Harvard University Press, 1967.
3. Bowles, Samuel, and Gintis, Herbert. *Schooling in Capitalist America*. New York: Basic Books, 1976. 〔국역〕 보울즈·진티스 지음, 이규환 옮김, 『자본주의와 학교교육』, 사계절, 1986.
4. Brandeis, Louis. *Other People's Money*. New York: Frederick Stokes, 1914.
5. Brecher, Jeremy. *Strike!* Boston: South End Press, 1979.
6. Carwardine, William. *The Pullman Strike*. Chicago: Charles Kerr, 1973.
*7. Cochran, Thomas, and Miller, William. *The Age of Enterprise*. New York: Macmillan, 1942.
8. Conwell, Russel H. *Acres of Diamonds*. New York: Harper & Row, 1915.
9. Crowe, Charles. "Tom Watson, Populists, and Blacks Reconsidered," *Journal of Negro History*, April 1970.
10. David, Henry. *A History of the Haymarket Affair*. New York: Collier, 1963.
11. Feldstein, Stanley, and Costello, Lawrence, eds. *The Ordeal of Assimilation: A Documentary History of the White Working Class, 1830's to the 1970's*. Garden City, N.Y.: Anchor, 1974.
*12. Foner, Philip. *A History of the Labor Movement in the United States*. 4 vols. New York: International Publishers, 1947-1964.
13. _____. *Organized Labor and the Black Worker 1619-1973*. New York: International Publishers, 1974.
14. George, Henry. *Progress and Poverty*. New York: Robert Scholkenbach Foundation, 1937. 〔국역〕 헨리 조지 지음, 김윤상 옮김, 『진보와 빈곤』, 비봉출판사, 1997.
15. Ginger, Ray. *The Age of Excess: The U.S. from 1877 to 1914*. New York: Macmillan, 1975.
*16. _____. *The Bending Cross: A Biography of Eugene Victor Debs*. New Brunswick: Rutgers University Press, 1949.
*17. Goodwyn, Lawrence. *Democratic Promise: The Populist Movement in America*. New York: Oxford University Press, 1976.
18. Hair, William Ivy. *Bourbonism and Agrarian Protest: Louisiana Politics, 1877-1900*. Baton Rouge: Louisiana State University Press, 1969.
19. Heilbroner, Robert, and Singer, Aaron. *The Economic Transformation of America*. New York: Harcourt Brace Jovanovich, 1977.

20. Hofstadter, Richard, and Wallace, Michael, eds. *American Violence: A Documentary History*. New York: Knopf, 1970.

*21. Josephson, Matthew. *The Politicos*. New York: Harcourt Brace Jovanovich, 1963.

*22. _____. *The Robber Barons*. New York: Harcourt Brace Jovanovich, 1962.

23. Mason, Alpheus T., and Beaney, William M. *American Constitutional Law*. Englewood Cliffs, N.J.: Prentice-Hall, 1972.

*24. Myers, Gustavus. *History of the Great American Fortunes*. New York: Modern Library, 1936.

25. Pierce, Bessie L. *Public Opinion and the Teaching of History in the United States*. New York: DaCapo, 1970.

26. Pollack, Norman. The Populist Response to Industrial America. Cambridge, Mass.: Harvard University Press, 1976.

27. Smith, Henry Nash. *Virgin Land*. Cambridge, Mass.: Harvard University Press, 1970.

28. Spring, Joel H. *Education and the Rise of the Corporate State*. Boston: Beacon Press, 1973.

29. Wasserman, Harvey. *Harvey Wasserman's History of the United States*. New York: Harper & Row, 1972.

*30. Wertheimer, Barbara. *We Were There: The Story of Working Women in America*. New York: Pantheon, 1977.

*31. Woodward, C. Vann. *Origins of the New South*. Baton Rouge: Louisiana State University Press, 1972.

*32. _____. *Tom Watson, Agrarian Rebel*. New York: Oxford University Press, 1963.

*33. Yellen, Samuel. *American Labor Struggles*. New York: Pathfinder, 1974.

12. 제국과 민중

1. Aptheker, Herbert, ed. *A Documentary History of the Negro People in the United States*. New York: Citadel, 1973.

2. Beale, Howard K. *Theodore Roosevelt and the Rise of America to World Power*. New York: Macmillan, 1962.

3. Beisner, Robert. *Twelve Against Empire: The Anti-Imperialists, 1898-1902*. New York: McGraw-Hill, 1968.

*4. Foner, Philip. *A History of the Labor Movement in the United States*. 4 vols. New York: International

Publishers, 1947-1964.

*5. _____. *The Spanish-Cuban-American War and the Birth of American Imperialism*. 2 vols. New York: Monthly Review Press, 1972.

6. Francisco, Luzviminda. "The First Vietnam: The Philippine-American War, 1899-1902," *Bulletin of Concerned Asian Scholars*, 1973.

*7. Gatewood, Willard B. *"Smoked Yankees" and the Struggle for Empire: Letters from Negro Soldiers, 1898-1902*. Urbana: University of Illinois Press, 1971.

8. Lafeber, Walter. *The New Empire: An Interpretation of American Expansion*. Ithaca, N.Y.: Cornell University Press, 1963.

9. Pratt, Julius. "American Business and the Spanish-American War," *Hispanic-American Historical Review*, 1934.

10. Schirmer, Daniel Boone. *Republic or Empire: American Resistance to the Philippine War*. Cambridge, Mass.: Schenkman, 1972.

11. Williams, William Appleman. *The Roots of the Modern American Empire*. New York: Random House, 1969.

12. _____. *The Tragedy of American Diplomacy*. New York: Dell, 1972. [국역] 윌리엄 애플맨 윌리엄스 지음, 박인숙 옮김, 『미국 외교의 비극』, 늘함께, 1995.

13. Wolff, Leon. *Little Brown Brother*. Garden City, N.Y.: Doubleday, 1961.

14. Young, Marilyn. *The Rhetoric of Empire*. Cambridge, Mass.: Harvard University Press. 1968.

13. 사회주의의 도전

*15. Aptheker, Herbert. *A Documentary History of the Negro People in the United States*. New York: Citadel, 1974.

*16. Baxandall, Rosalyn, Gordon, Linda, and Reverby, Susan, eds. *America's Working Women*. New York: Random House, 1976.

17. Braverman, Harry. *Labor and Monopoly Capital: The Degradation of Work in the Twentieth Century*. New York: Monthly Review, 1975. [국역] 해리 브레이버맨 지음, 이한주·강남훈 옮김, 『노동과 독점자본: 20세기에서의 노동의 쇠퇴』, 까치, 1993.

18. Brody, David. *Steelworkers in America: The Non-Union Era*. Cambridge, Mass.: Harvard University Press, 1960.
19. Chafe, William. *Women and Equality: Changing Patterns in American Culture*. New York: Oxford University Press, 1977.
20. Cochran, Thomas, and Miller, William. *The Age of Enterprise*. New York: Macmillan, 1942.
21. Dancis, Bruce. "Socialism and Women," *Socialist Revolution*, January-March 1976.
22. Dubofsky, Melvyn. *We Shall Be All: A History of the Industrial Workers of the World*. New York: Quadrangle, 1974.
23. Du Bois, W. E. B. *The Souls of Black Folk*. New York: Fawcett, 1961.
24. Faulkner, Harold. *The Decline of Laissez Faire 1897-1917*. White Plains, N.Y.: M. E. Sharpe, 1977.
*25. Flexner, Eleanor. *A Century of Struggle*. Cambridge, Mass.: Harvard University Press, 1975.
26. Flynn, Elizabeth Gurley. *The Rebel Girl*. New York: International Publishers, 1973.
27. Foner, Philip. ed. *Helen Keller: Her Socialist Years*. New York: International Publishers, 1967.
*28. _____. *A History of the Labor Movement in the United States*. 4 vols. New York: International Publishers, 1947-1964.
29. Gilman, Charlotte Perkins. *Women and Economics*. New York: Harper & Row, 1966.
*30. Ginger, Ray. *The Bending Cross: A Biography of Eugene Victor Debs*. New Brunswick: Rutgers University Press, 1949.
31. Goldman, Emma. *Anarchism and Other Essays*. New York: Dover, 1970. 〔국역〕 엠마 골드만 지음, 김시완 옮김, 『저주받은 아나키즘』, 우물이있는집, 2001.
32. Green, James. *Grass-Roots Socialism: Radical Movements in the Southwest, 1895-1943*. Baton Rouge: Louisiana State University Press, 1978.
33. Hays, Samuel. "The Politics of Reform in Municipal Government in the Progressive Era," *Pacific Northwest Quarterly*, October 1964. (New England Free Press에서 재출간.)
34. Haywood, Bill. *The Autobiography of Big Bill Haywood*. New York: International Publishers, 1929.
35. Hofstadter, Richard. *The American Political Tradition*. New York: Random House, 1954. 〔국역〕 리처드 호프스태터 지음, 이춘란 옮김, 『미국의 정치적 전통』 상·하, 탐구당(서양사학총서 119-120), 1976.
36. James, Henry. *The American Scene*. Bloomington: Indiana University Press, 1968.

37. Jones, Mary. *The Autobiography of Mother Jones*. Chicago: Charles Kerr, 1925.

38. Kaplan, Justin. *Mr. Clemens and Mark Twain: A Biography*. New York: Simon & Schuster, 1966.

*39. Kolko, Gabriel. *The Triumph of Conservatism*. New York: Free Press, 1977.

*40. Kornbluh, Joyce, ed. *Rebel Voices: An I.W.W. Anthology*. Ann Arbor: University of Michigan Press, 1964.

*41. Lerner, Gerda, ed. *Black Women in White America*. New York: Random House, 1973.

*42. _____. *The Female Experience: An American Documentary*. Indianapolis: Bobbs-Merrill, 1977.

43. London, Jack. *The Iron Heel*. New York: Bantam, 1971. 〔국역〕잭 런던 지음, 차미례 옮김,『강철군화』, 한울, 1989.

44. Naden, Corinne J. *The Triangle Shirtwaist Fire, March 25, 1911*. New York: Franklin Watts, 1971.

45. Sanger, Margaret. *Woman and the New Race*. New York: Brentano's, 1920.

46. Schoener, Allon, ed. *Portal to America: The Lower East Side, 1870-1925*. New York: Holt, Rinehart and Winston, 1967.

47. Sinclair, Upton, *The Jungle*. New York: Harper & Row, 1951. 〔국역〕업튼 싱클레어 지음, 채광석 옮김,『정글』, 동녘, 1991.

48. Sochen, June. *Movers and Shakers: American Women Thinkers and Activists, 1900-1970*. New York: Quadrangle, 1974.

49. Stein, Leon. *The Triangle Fire*. Philadelphia: Lippincott, 1965.

50. Wasserman, Harvey. *Harvey Wasserman's History of the United States*. New York: Harper & Row, 1972.

*51. Weinstein, James. *The Corporate Ideal in the Liberal State, 1900-1918*. Boston: Beacon Press, 1968.

*52. Wertheimer, Barbara. *We Were There: The Story of Working Women in America*. New York: Pantheon, 1977.

53. Wiebe, Robert H. *The Search for Order, 1877-1920*. New York: Hill & Wang, 1966.

*54. Yellen, Samuel. *American Labor Struggles*. New York: Pathfinder, 1974.

55. Zinn, Howard. *The Politics of History*. Boston: Beacon Press, 1970.

찾아보기

【ㄱ】

가르시아Calixto García 526
감시단원운동Regulator movement 124, 125, 126
개간파Diggers 141
개리슨William Lloyd Garrison 221, 280, 281, 325
거스테이버스 마이어즈Gustavus Myers 413, 441
건국의 아버지들Founding Fathers 31, 117, 169, 170, 185, 186, 450, 611
검은매 전쟁Black Hawk War 235
게이지Thomas Gage 127
게이트우드Willard Gatewood 541
게틀먼Marvin Gettleman 376
결손법deficiency law 111
골드먼Emma Goldman 467, 475, 476, 549, 588, 589
곰퍼스Samuel Gompers 522, 524, 560, 601
공제조합 운동Grange movement 488
과달루페 이달고 협정Treaty of Guadalupe Hidalgo 299
관용위원회Commission of Clemency 176
구트먼Herbert Gutman 307, 315, 499
국제기계공협회International Association of Machinists 522
국제노동자협회International Working People's Association 461, 464
국제숙녀복노동조합International Ladies Garment Workers Union 557
굴드Jay Gould 439, 440, 445
굿윈Lawrence Goodwyn 486, 496, 500
권리장전Bill of Rights 11, 123, 157, 183
그랜트Ulysses Grant 350
그렌빌Richard Grenville 36
그린백주의Greenbackism 419
그린James Green 580
그린Nathanael Greene 157
그릴리Horace Greeley 284, 335
그림케Angelina Grimké 217
그림케Sarah Grimké 218
금박시대Gilded Age 32, 611
기관사노동조합Brotherhood of Engineers 430, 462
기관차화부노동조합Brotherhood of Locomotive Firemen 430
길먼Charlotte Perkins Gilman 584

【ㄴ】

나이아가라 운동Niagara Movement 593, 595

내셔널시티은행National City Bank 442
내시Gary B. Nash 49, 50, 103, 109, 119, 120, 122
노동기사단Knights of Labor 434, 458, 459, 461, 462, 469, 470, 478, 488, 489, 495, 522
노동조합운동business unionism 434, 477, 561
노리스Frank Norris 550

【ㄷ】

대륙회의Continental Congress 136, 137, 140, 153, 154, 166, 384
더글러스Frederick Douglass 281, 319, 322, 324, 327, 331, 334, 366
더글러스Stephen Douglas 332
데이비드슨Basil Davidson 62
데이비스Jefferson Davis 343
데이Luke Day 171, 172, 174
데일리Marcus Daly 503
덴버담배공노동조합Denver Cigar Makers Union 607
도널리Ignatius Donnelly 493
도어의 반란Dorr's Rebellion 376, 379
도어Thomas Dorr 376
도일H. S. Doyle 498
독립노동당Independent Labor party 467

돌리Alan Dawley 404
두보이스W. E. B. Du Bois 55, 311, 328, 338, 340, 368, 561, 593, 594, 595
듀크James Duke 438, 452
드라이저Theodore Dreiser 520
드리넌Richard Drinnon 237

【ㄹ】

라위크George Rawick 314, 340
라이슬러Jacob Leisler 100
라이트Frances Wright 220, 387
라이트Silas Wright 375
래티머 학살Lattimer Massacre 523
랜덜프Edmund Randolph 133
랜툴Robert Rantoul 381
러들로 학살Ludlow Massacre 604, 606, 608
러들로William Ludlow 528
러스크Dean Rusk 509
러팔러트Robert La Follette 603
런던Jack London 550
레딩J. Saunders Redding 55
레먼James T. Lemon 103
레미니Robert Remini 380
레블즈Hiram Revels 351
레비Leonard Levy 184

레빈Lawrence Levine 316
레이피버Walter Lafeber 513, 518
렌셀러위크Rensselaerwyck 160
로건J. W. Loguen 320, 321, 322
로건Rayford Logan 592
로열나인Loyal Nine 128, 142
로웰Lowell 32, 209, 210, 212, 398, 399, 400, 610, 612
로이드Henry Demarest Lloyd 500, 503
로지Henry Cabot Lodge 283, 510, 512, 520, 599
로진Michael Rogin 227
로크리지Kenneth Lockridge 102
로크John Locke 99, 140
루서 대 보든 판결Luther v. Borden 379
루서Martin Luther 378
루서Seth Luther 376, 391
루즈벨트Theodore Roosevelt 365, 468, 507, 510, 512, 513, 515, 531, 552, 581, 591, 592, 596, 598, 599, 602, 603
루트Elihu Root 468, 536, 599
리즈Mary Ellen Lease 492
리Richard Lee 90

【ㅁ】

마컴Edwin Markham 554

마티노Harriet Martineau 206
만-엘킨스법Mann-Elkins Act 596
맑스 36, 402, 419, 420, 433, 444, 501, 578
매디슨James Madison 74, 169, 179, 180
매큔Charles Macune 491
매킨리William McKinley 503, 511
맥아더Arthur MacArthur 538
맥퍼슨James McPherson 342
머크Frederick Merk 274
먼 대 일리노이 주 판결Munn v. Illinois 449
먼로 독트린Monroe Doctrine 508
멀레이니Kate Mullaney 417
메릴랜드 은행Bank of Maryland 389
메이슨John Mason 41
메이어즈Marvin Meyers 234
메이어Pauline Maier 131
메인Maine 호 518, 519, 520, 522, 523
메타콤Metacom 42
모건Edmund Morgan 37, 59, 80, 112, 159
모건J. P. Morgan 363, 425, 440, 443, 520, 598
모리스Richard Morris 95, 96, 159, 525
모리스Robert Morris 136, 152, 153
모리스William Morris 466
모리슨Samuel Eliot Morison 28, 29, 44
모릴관세법Morrill Tariff 413

모트Lucretia Mott 221

모호크족Mohawks 48, 162

몰리 매과이어단Molly Maguires 422, 430, 467

몰수법Confiscation Act 335, 336, 346

몰트리 막사조약Treaty of Camp Moultrie 257

무정부노동조합주의anarcho-syndicalism 566

미국 정부 대 E. C. 나이트 사 판결U. S. v. E. C. Knight Company 448

미국노동연맹American Federation of Labor 434, 462, 522, 523, 525, 560, 561, 562, 563, 564, 573, 601

미국노예제반대협회American Anti-Slavery Society 216, 277

미국동철협회American Brass Association 384

미국반제국주의동맹American Anti-Imperialist League 529

미국철도노동조합American Railway Union 478, 479, 480

미국평등권협회American Equal Rights Association 355

미국혁명American Revolution 74, 85, 90, 99, 103, 107, 117, 140, 158, 159, 164, 200, 202, 275

민권법Civil Rights Act 349, 359, 494

민중의 선언Declaration of the People 88

밀가루 폭동Flour Riot 393

밀러Samuel Miller 450

밀러William Miller 382

【ㅂ】

배글리William Bagley 453

배니커Benjamin Banneker 167

밴크로프트George Bancroft 168

밸러드Martha Moore Ballard 202

버거Victor Berger 603

버제스John Burgess 351, 511

버크먼Alexander Berkman 467, 475, 549

버클리William Berkeley 86

버틀러Elizur Butlor 253

벙커힐Bunker Hill 148, 149, 151, 173, 396

베버리지Albert Beveridge 511, 533

베시Denmark Vesey 303, 307

베이컨Nathaniel Bacon 80, 85, 86, 87, 88, 89, 90, 91, 96, 109, 111, 112, 117

벨라미Edward Bellamy 454, 477

벨먼트August Belmont 425

벨처Andrew Belcher 104

보글Virgil Vogel 42

보스턴 명사회Boston Caucus 120

보스턴 차 사건 131, 135, 136, 373
보스턴 학살Boston Massacre 129, 130, 134, 136
보스턴참의회Boston Council 79
보턴Smith Boughton 372, 374
본드Horace Mann Bond 362
뷰런Martin Van Buren 235, 262, 381
브라운Robert E. Brown 181
브라운William Garrott Brown 500
브라이언트William Cullen Bryant 317
브라이언William Jennings Bryan 501, 515
브래드퍼드William Bradford 41
브랜다이스Louis Brandeis 442
브랜든William Brandon 51
브레이버맨Harry Braverman 554
브루스Blanche Bruce 351
브루스Robert Bruce 426, 434
브루어David J. Brewer 450
브리던보그Carl Bridenbaugh 99, 100
블랙웰Elizabeth Blackwell 214, 215
블레인James Blaine 445
블루머Amelia Bloomer 204, 205, 216
비어드Charles Beard 168, 181
빈센트Henry Vincent 490
빔바Anthony Bimba 422

【ㅅ】

사회주의노동당Socialist Labor party 460, 524, 525, 565
산업별여성노동조합연맹Women's Trade Union Industrial League 568
상류계급여단silk stocking brigade 153
색족Sacs 235, 237
생어Margaret Sanger 585
샤이John Shy 147, 149
섀턱Job Shattuck 172
섀프터William Shafter 526
서부광부연맹Western Federation of Miners 563, 581
서부노동연맹Western Labor Union 525
서약연맹Covenant Chain 162
서저너 트루스Sojourner Truth 223, 326, 340, 355
선동금지법Sedition Act 184
섬유노동조합Textile Union Workers 601
성직자총연합회General Association of Ministers of Massachusetts 218
세계노예제반대협회대회World Anti-Slavery Society Convention 221
세계산업노동자연맹Industrial Workers of the World(IWW) 562, 563, 564, 565, 566, 567, 568,

570, 571, 572, 573, 574, 576, 582, 586, 591, 592, 598, 604
세미놀 전쟁Seminole War 234, 256
세미놀Seminole족 233, 234, 238, 239, 253, 256, 257, 258, 259, 260, 261
세이지Russell Sage 363, 520
세퀴이아Sequoyah 245
센트럴퍼시픽Central Pacific 철도 361, 439, 452
셔먼 반트러스트법Sherman Anti-Trust Act 447, 448, 599
셔먼William T. Sherman 347
셰이즈의 반란Shays' Rebellion 170, 176, 177, 180
셰이즈Daniel Shays 173, 174, 175, 176, 177, 180
소로Henry David Thoreau 278, 279, 295
소지F. A. Sorge 419
쇼George Bernard Shaw 466
수족Siouxs 190, 236, 508
숙련기능공협회Mechanics Association 402
순정식품의약품법Pure Food and Drug Act 596
슈나이더먼Rose Schneiderman 586
슈로더John Schroeder 273
슈어츠Carl Schurz 515
슐레진저Arthur Schlesinger 234, 600
스몰즈Robert Smalls 342

스미스Abbot Smith 91, 95, 97, 98, 108
스미스Adam Smith 142
스미스John Smith 37, 58
스미스Justin H. Smith 282
스코트Winfield Scott 260, 262, 295
스탠턴Elizabeth Cady Stanton 216, 221, 222
스탬프Kenneth Stampp 70, 77
스파이즈August Spies 463, 466
스파츠우드Alexander Spotswood 75
스프루일Julia Spruill 195, 199
스프링Joel Spring 453
슬레이터Samuel Slater 208
승무원노동조합Trainman's Union 428, 429
시민위원회Citizens' Committee 463
시카고의 8인Chicago Eight 467
시플라워Sea-Flower 호 93
신시내티단The Order of the Cincinnati 177
심슨Jerry Simpson 514
싱클레어Upton Sinclair 550

【ㅇ】

아기날도Emilio Aguinaldo 533, 538
아라와크족Arawaks 15, 18, 19, 20, 21, 22, 31, 32, 34, 610, 612
아프리카계 미국인Afro-American 71, 346

안나Antonio de Santa Anna 268, 295, 296
애덤스Abigail Adams 199, 200
애덤스John Adams 129, 132, 135, 147, 184
애덤스John Quincy Adams 235, 239, 274
애덤스Samuel Adams 120, 129, 173, 176
앨라배마의 재건Alabama Reconstruction 362
앨런Robert Allen 497
앨저Horatio Alger 439
앱시커Herbert Aptheker 79, 307, 312, 342, 367
에디슨Thomas Edison 438, 439
에머슨Ralph Waldo Emerson 262, 279, 329, 385, 386
에버레트Edward Everett 261, 384
에번스George Henry Evans 388, 489
에터Joseph Ettor 566, 573
엥거먼Stanley Engerman 306
엥겔스 402, 433
엥겔George Engel 466
여성노동개혁협회Female Labor Reform Association 212, 400, 401
여성노동자보호조합Working Women's Protective Union 408
여성담배공노동조합Ladies Cigar Makers Union 408

연기年期계약 하인indentured servant 56, 71
연방문서보관소National Archives 358
연방문필가계획Federal Writers Project 314, 344, 345, 347
연방지불준비법Federal Reserve Act 596
연방통상위원회Federal Trade Commission 596, 602
영국파Loyalists 148, 157, 158, 160, 161
영Marilyn Young 513
영Thomas Young 122
오티스James Otis 113, 120, 129
올니Richard Olney 446, 481
와인스타인James Weinstein 600
왓슨Tom Watson 497
왕당파Tory 113, 122
왕령포고Royal Proclamation 163
요크타운Yorktown 포위전 152
우드워드C. Vann Woodward 361, 471, 472, 498
우드Leonard Wood 529, 531
우스터 대 조지아 주 사건Worcestor v. Georgia 253
우스터Samuel Worcestor 252, 253
울스턴크래프트Mary Wollstonecraft 201, 202, 209
워배시 대 일리노이 주 판결Wabash v. Illinois

449

워블리Wobblies 564, 565, 567, 568, 569, 570

워시번Wilcomb Washburn 88

워싱턴 조약Treaty of Washington 254

워싱턴Booker T. Washington 365, 367, 595

워싱턴Martha Washington 200

워커David Walker 317, 319, 326

웰터Barbara Welter 203, 204

웹스터Daniel Webster 255, 260, 320, 324, 379

위버James Weaver 493

위비Robert Wiebe 597, 598

윈스럽John Winthrop 39, 99, 198

윈스럽Robert Winthrop 282

윌러드Emma Willard 213

윌리엄스Roger Williams 42, 43

윌리엄스William Appleman Williams 514

윌슨 요새 반란Fort Wilson riot 153

윌슨Edmund Wilson 412

윌슨Woodrow Wilson 592, 596, 600, 604, 608

유니언퍼시픽Union Pacific 철도 361, 439

유에스 철강U.S. Steel Corporation 443

유진 제노비즈Eugen Genovese 309

육류검사법Meat Inspect Act 596

의류노동조합Garment Workers 586

이스트먼Crystal Eastman 584

이즐리Ralph Easley 601

2차 크리크 전쟁Second Creek War 242

인디언 이주령Indian Removal 227

인디언 통상교류법Indian Trade and Intercourse Act 239

인민당People's party 492, 493, 494, 495, 496, 497, 498, 499, 500, 501, 503, 514, 580

인민주의 운동Populist Movement 485, 486, 489, 502

인신보호권habeas corpus 174

인지세법Stamp Act 121, 127, 128, 132, 134, 136

1763년 포고령Proclamation of 1763 118

입법회의Legislative Council 245

잉글랜드 은행Bank of England 141

잉카족Inca 34

【ㅈ】

자영농지법Homestead Act 362, 413, 483

자유의 딸들Daughters of Liberty 199

자유의 아들들Sons of Liberty 127, 131, 132, 136

잭슨Andrew Jackson 32, 230, 234, 242, 330, 379, 610

전국노동조합National Labor Union 408, 416, 417, 418, 419

전국농민동맹National Farmers Alliance 490
전국시민연맹National Civic Federation 601, 602, 603
전국아프리카계미국인협의회National Afro-American Council 593
전국여성권리대회National Woman's Rights Convention 326
전국유색인농민동맹Colored Farmers National Alliance 494
전국유색인여성협회National Association of Colored Women 354, 593
전국유색인지위향상협회National Association for the Advancement of Colored People(NAACP) 595, 641
전국인쇄공노동조합National Typographers' Union 417
전국제조업자협회National Association of Manufacturers 601
전미광산노동조합United Mine Workers 523, 562
제1인터내셔널 420, 430
제닝스Francis Jennings 40, 161, 163
제빵공노동조합Bakers' Union 463
제임스Henry James 551
제임스William James 513, 534, 535

제퍼슨Thomas Jefferson 136, 139, 157, 167, 176, 213, 228
제헌회의Constitution Convention 169, 178
조지프슨Matthew Josephson 447
조지Henry George 453, 454, 468
존스Mother Mary Jones 563, 577
존슨Andrew Johnson 347, 350
주간통상법Interstate Commerce Act 446
중앙노동조합Central Labor Union of Chicago 463
지오바니티Arturo Giovanitti 573, 576, 592
지하철도Underground Railroad 310, 321, 326
진저Ray Ginger 593
징병법Conscription Act 409, 411

【ㅊ】

처칠Winston Churchill 517
철・강철・양철노동조합Iron, Steel, and Tin Workers 540
철도노동조합Railway Brotherhoods 462, 477
체이프William Chafe 585
총경영자협회General Managers Association 480
7년 전쟁Seven Year's War 108, 118, 119, 162

【ㅋ】

카먼즈John Commons 469

카사스Bartolomé de las Casas 22, 24, 25, 27, 28

캐롤라이나기본법Fundamental Constitutions 99

캐스Lewis Cass 237, 242

케이트 리처즈 오헤어Kate Richards O'Hare 583, 586

케이Marvin L. Michael Kay 124

KKK단Ku Klux Klan 356, 357, 358

켄싱턴 폭동Kensington Riots 394

코넬Ezra Cornell 452

코르테스Hernando Cortés 34, 35, 40, 44, 45

코인William Harvey Coin 500

코크런Thomas Cochran 382

코트Nancy Cott 202, 206, 208, 213

콕시의 군대Coxey's Army 448, 502

콘블루Joyce Kornbluh 568

콘웰Russell Conwell 451

콜리어John Collier 51

콜친Peter Kolchin 350

콜코Gabriel Kolko 597

콜터E. Merton Coulter 411

쿡Jay Cooke 419

크래프트Thomas Craft 143

크리스먼Henry Christman 372

크리크족Creeks 109, 110, 199, 228, 230, 231, 232, 233, 238, 240, 241, 242, 253, 254, 255, 256, 257

클리번 요구안Cleburne Demands 489

클리블랜드Grover Cleveland 442, 445, 446, 447, 448, 474, 481, 516, 517, 541, 543

【ㅌ】

탄압법Coercive Act 131

탈주노예법Fugitive Slave Act 319, 320, 331

태프트William Howard Taft 592

터너Nat Turner 303, 308, 324, 327

터브먼Harriet Tubman 310, 327, 340

테이텀Georgia Lee Tatum 411

텔러 수정안Teller Amendment 520, 521, 529

토크빌Alexis de Tocqueville 382

통상 및 농장규제국Lords of Trade and Plantation 96

트래글Henry Tragle 308

트로터William Monroe Trotter 595

트롤로프Frances Trollope 211

틸던Samuel Tilden 360

【ㅍ】

파슨즈Albert Parsons 430, 431, 460, 463, 466
파우덜리Terence Powderly 462
파이트Emerson Fite 406
파커Theodore Parker 279, 280, 385, 386
페슨Edward Pessen 382, 389
페이건David Fagan 542
페이지Thomas Nelson Page 365
페인Thomas Paine 122
평등권당Equal Rights Party 391, 392
평등권대회Equal Rights Convention 593
포겔Robert Fogel 306
포너Eric Foner 151
포너Philip Foner 284, 390, 422, 423, 517, 527
포크너William Faulkner 485
포크James Polk 268
폭동법Riot Act 174
폭스족Foxes 235, 237
폰티악의 음모Pontiacs Conspiracy 163
폴락Norman Pollack 500, 501
폴런팀버스 전투Battle of Fallen Timbers 164, 165
폴록 대 농민대부신용회사 판결Pollock v. Farmers' Loan & Trust Company 448
푸리에Charles Fourier 220
풀러Margaret Fuller 217

포랑스-인디언 전쟁French and Indian War 118, 172
프랭클린Benjamin Franklin 94, 151, 159, 169, 195
프랭클린John Hope Franklin 304
프릭Henry Clay Frick 447, 473, 476
프릴링히전Theodoer Frelinghuysen 248
플래트 수정안Platt Amendment 529, 530, 531
플레시 대 퍼거슨Plessy v. Ferguson 360
플레처Benjamin Fletcher 100
플렉스너Eleaner Flexner 208, 221
플로리다 매입Florida Purchase 234
피사로Pizarro 34, 35, 36, 44, 45
피셔Adolph Fischer 466
피스크John Fiske 154
피쿼트족Pequots 34, 39, 40, 41, 42
필립 왕의 전쟁King Philip's War 86, 87
필립스Ulrich Phillips 74, 309, 311
필립스Wendell Phillips 331, 334, 335

【ㅎ】

하위직위원회Privates Committee 122
하퍼Francis Ellen Watkins Harper 354
할런John Harlan 359
합중국은행Bank of the Unites States 185, 333

항해조례Navigation Acts 90
해리슨Benjamin Harrison 447, 474
해리슨William Henry Harrison 228, 239
해먼드James Hammond 308
해밀턴Alexander Hamilton 147, 169, 177, 169, 185, 384
해방흑인국Freedman' Bureau 348, 349, 483, 485
허친슨Anne Hutchinson 198
허친슨Thomas Hutchinson 107, 113, 121
험프리R. M. Humphrey 495
헤들리Joel Tyler Headley 410
헤밍웨이Eliza Hemingway 400
헤이마킷 사건Haymarket Affair 465, 467
헤이우드Big Bill Haywood 563, 565, 572, 573, 576, 581, 582
헤이즈Rutherford Hayes 360, 425, 444
헤이즈Samuel Hays 602
헨리Patrick Henry 132, 133, 229
헵번법Hepburn Act 596, 599
호어더Dirk Hoerder 127, 131
호위츠Morton Horwitz 414
호프스태터Richard Hofstadter 114, 330, 331, 333, 337, 599, 600
홀스턴Holston 조약 250

황금시대Golden Day 386
휘트니William Whitney 445
휘트먼Walt Whitman 276
휴이트Abram Hewitt 458
흑백혼혈mulatto 71, 129, 150
흑인단속법black codes 350
흑인병사법Negro Soldier Law 343
히치콕Ethan Allen Hitchcock 265, 266, 269, 292, 293
힐Christopher Hill 139